Reinhard Hempelmann (Hrsg.) · Handbuch der
evangelistisch-missionarischen Werke, Einrichtungen und Gemeinden

D1728891

Handbuch der evangelistisch-missionarischen Werke, Einrichtungen und Gemeinden

Deutschland – Österreich – Schweiz

Herausgegeben von Reinhard Hempelmann
in Zusammenarbeit mit Ingrid Reimer und Ulrike Liebau

Eine Publikation der
Evangelischen Zentralstelle für Weltanschauungsfragen – EZW

Christliches Verlagshaus Stuttgart

Die Deutsche Bibliothek – CIP-Einheitsaufnahme

Handbuch der evangelistisch-missionarischen Werke, Einrichtungen und Gemeinden : Deutschland – Österreich – Schweiz; eine Publikation der Evangelischen Zentralstelle für Weltanschauungsfragen – EZW / hrsg. von Reinhard Hempelmann. In Zusammenarbeit mit Ingrid Reimer, Ulrike Liebau u. a. – Völlig neu bearb. Ausg. – Stuttgart : Christliches Verl.-Haus, 1997

> Früher u. d. T.: Reimer, Ingrid: Evangelistisch-missionarische Werke und Einrichtungen im deutschsprachigen Raum
> ISBN 3-7675-7763-1

Völlig neu bearbeitete Ausgabe
© 1997 Christliches Verlagshaus GmbH, Stuttgart
Umschlaggestaltung: Dieter Betz, Weissach
Gesamtherstellung: Druckhaus West GmbH, Stuttgart
ISBN 3-7675-7763-1

Inhalt

Vorwort

Das Buch verdankt sich im wesentlichen den Fragen, die immer wieder, sei es brieflich, telefonisch, per Fax und neuerdings auch per E-mail, an die EZW gestellt werden – genauer an eines von sechs Referaten – und ist ein Antwortversuch darauf. Wer einmal anfängt, Materialien zu sammeln, wird bald merken, wie vielfältig und unübersichtlich das Feld missionarischer Aktivitäten und Gruppenbildungen im deutschsprachigen Raum geworden und wie groß auch hier die Veralterungsgeschwindigkeit ist. Wir mußten nicht damit anfangen, Informationen zusammenzustellen, sondern konnten auf den umfangreichen Textbestand der 1991 von Ingrid Reimer herausgegebenen Auflage zurückgreifen und daran anknüpfen. Auch an dieser Auflage hat Ingrid Reimer mitgearbeitet, uns wichtige Hilfestellungen geleistet und eine Reihe neuer Informationstexte geschrieben, die Gruppen und Gemeinden vor allem aus dem pfingstlich-charismatischen Raum betreffen. Ulrike Liebau hatte die Federführung bei der Überarbeitung und Aktualisierung der bisherigen Texte, der Zusammenstellung eines druckfertigen Manuskriptes sowie der Erstellung des Registers. Ihnen beiden gilt mein besonderer Dank. Das Christliche Verlagshaus war an einer erneuten Publikation dieses Buches interessiert und gab für die Gestaltung wichtige Hinweise und Anregungen. Bei der Beschaffung der Adressen von Gruppen, Gemeinden und Einrichtungen in Österreich und der deutschsprachigen Schweiz waren dankenswerterweise Dr. Friederike Valentin, Wien, und Oswald Eggenberger, Zürich, behilflich. Der lexikalische Charakter ist in der Konzeption und Gestaltung des Buches deutlicher unterstrichen worden. Wer etwas sucht, kann sich am Alphabet orientieren. Die im Register „fett" gedruckten Namen von Werken, Gemeinden oder Einrichtungen zeigen an, daß zu ihnen ein eigener Eintrag im Buch erfolgte. Den Einführungsteil und die thematischen Ausführungen hat der Herausgeber geschrieben. Möge das Buch für seine Benutzerinnen und Benutzer eine Hilfe zur sachlichen Information und eine Grundlage für eine differenzierte Urteilsbildung sein.

Berlin, im August 1997   *Reinhard Hempelmann*

Einführung

Die Notwendigkeit, dieses Nachschlagewerk erneut und in veränderter Form zu publizieren, ergibt sich aus verschiedenen Sachverhalten. Nicht nur die religiöse, sondern auch die christliche Landschaft befindet sich in unübersehbaren Wandlungsprozessen. Konfessionelle Bindungen sind im Schwinden begriffen, der Einfluß transkonfessioneller Bewegungen ist auch im deutschsprachigen Kontext gewachsen. Die weltweite Erfolgsstory der Ausbreitung evangelikaler Frömmigkeitsformen ist auch bei uns erkennbar, allerdings in vergleichsweise gebremsten Formen. Religiöse Pluralisierungsprozesse führen dazu, daß Christsein aufgrund von Erfahrung und persönlicher Entscheidung stärker, während Christsein aufgrund von Tradition schwächer wird. Für die Ausbildung christlicher Identität hat die Mitgliedschaft in Gruppen eine oft wichtigere Bedeutung als die Konfessionszugehörigkeit. Missionsaktivitäten tragen zur fortschreitenden innerchristlichen Pluralisierung bei, die sich in zahlreichen neuen Gruppenbildungen konkretisiert, die ihrerseits innerhalb der Kirchen und Freikirchen wie auch öffentlicher Institutionen einen intensiven Informationsbedarf hervorrufen. Schon seit Jahren bezieht sich ein nicht unerheblicher Teil der Anfragen, die sich an die Evangelische Zentralstelle für Weltanschauungsfragen richten, auf das weite Spektrum evangelikaler Gruppierungen.

Hintergrund und Zielrichtung solcher Anfragen sind dabei sehr unterschiedlicher Art. Oft handelt es sich um Informationsanfragen. Man will wissen, wer z. B. die „Kings Kids" oder die „Jesus Freaks" sind. Kirchengemeinden und Stadtverwaltungen möchten Auskunft darüber haben, wer diejenige christliche Musikgruppe ist, der sie ihr Gemeindehaus für ein Konzert zur Verfügung stellen sollen. Andere Anfragen kommen aus Besorgnis und erlebten Konfliktsituationen. Angehörige eines Studenten sind erstaunt und verwundert darüber, wie „fromm und religiös" er geworden ist und können nicht verstehen, daß er sich in einer neuen Gemeinde, die „allein nach der Bibel lebt", erneut taufen ließ und als Student den „Zehnten" (Teil) seines ihm monatlich zur Verfügung stehenden Geldes abgibt. Durch beobachtete Persönlichkeitsveränderungen sind sie irritiert und haben Angst, ihr Bekannter oder Freund könnte in einer „Sekte" gelandet sein. Pädagoginnen und Pädagogen sind erschrocken über die pädagogischen Implikationen mancher Glaubensauffassungen, über das Schwarz-Weiß-Denken und die moralische Enge, die in manchen christlichen Gruppen vorherrschen. In zahlreichen Anfragen vermischen sich Beziehungsprobleme mit Informationsdefiziten. Es kann geschehen, daß Gruppen völlig unbegründet unter den Verdacht des Problematischen gestellt werden, andererseits treten berechtigte Sorgen insbesondere dann auf, wenn die Alltagstauglichkeit etwa im Blick auf berufliche oder schulische Herausforderungen abnimmt und das, was als erlebte „Bekehrung" oder „Erfahrung des Heiligen Geistes" bezeichnet wird, den Menschen nicht für andere öffnet, sondern ihn kommunikationsunfähig macht.

Anhand solcher Anfragen wird Verschiedenes deutlich. Wo christliche Religion in intensiven, fast als kommunitär zu bezeichnenden Ausdrucksformen gelebt wird, wird sie wahrgenommen, teils mit Bewunderung und Zustimmung, teils mit Distanz und Ablehnung. Wo christlicher Glaube mit großem persönlichen Einsatz und der Bereitschaft zu konsequenter Christusnachfolge gelebt wird, treten freilich auch die Gefährdungen und Schatten erwecklicher Frömmigkeitsformen ans Licht (vgl. die Ausführungen zum Fundamentalismus). Neue Gruppen und Gemeinden müssen oft noch lernen, mit ihrem sozialen Umfeld angemessen zu kommunizieren. Wenn Missions- und Evangelisationsteams aus dem angloamerikanischen Bereich oder aus Ländern der sog. Zweidrittelwelt im deutschsprachigen Kontext tätig werden, gilt dies umso mehr, weil sie oft sehr pauschale Wahrnehmungsmuster im Blick auf die kirchlichen und gesellschaftlichen Rahmenbedingungen mitbringen. Zugleich hat ein elementares Wissen über unterschiedliche konfessionelle Prägungen und Frömmigkeitsformen nachgelassen, während die Angst, daß religiöse Bindungen gefährlich werden könnten, gewachsen ist. Es scheint schwer geworden zu sein, zwischen einem authentischen christlichen Engagement und vereinnahmenden und problematischen Formen erwecklicher Frömmigkeit zu unterscheiden. Gerade dieses Unterscheidenlernen und Unterscheidenkönnen ist jedoch nötig.

Anliegen

Das Buch informiert über evangelistisch-missionarische Aktivitäten im deutschsprachigen Raum. Es hat lexikalischen Charakter und konzentriert sich auf Einzeldarstellungen freier Werke und übergreifender Zusammenschlüsse und Organisationen, die in ihren Frömmigkeitsformen hauptsächlich dem evangelikalen Spektrum zuzuordnen sind. Die Bandbreite der dargestellten Aktivitäten ist durchaus groß. Sie dokumentiert insbesondere Vielfalt und Verschiedenheit des evangelikalen Spektrums im deutschsprachigen Protestantismus. Der Bereich der Römisch-Katholischen Kirche blieb unberücksichtigt. Die Methode, die zur Entstehung dieses Buches geführt hat, folgt einem einfachen Schema. Die dargestellten Organisationen wurden angeschrieben und darum gebeten, uns authentische Informationen anhand eines mitgeschickten Fragebogens zur Verfügung zu stellen. Nicht alle Gruppen waren bereit, den Fragebogen auszufüllen und mit uns in einen Kommunikationsprozeß einzutreten, manche aus purer Vergeßlichkeit, manche aus bewußter Distanz.

Eine schwierige Frage ist, wer in dieses Buch hineingehört und wer nicht. Wesentliches Kriterium ist das Selbstverständnis im Zusammenhang evangelistisch-missionarischer Aktivitäten. Die zahlreichen Werke und Einrichtungen, die dem Gnadauer Gemeinschaftsverband angehören, werden aufzählend genannt, jedoch nur vereinzelt näher dargestellt. Werke, deren Arbeitsprofil auf dem karitativen Engagement liegt, wie beispielsweise Christian Solidarity International (CSI), wurden nicht aufgenommen. Nicht alles, was mit evangelistisch-missionarischem Anspruch auftritt, kann landeskirchliche Anerkennung finden. Christliche Extremgruppen wie die Internationationalen Gemeinden Christi, die Revival Centers International oder die Schaffranek-Gruppe wurden in der Darstellung bewußt nicht berücksichtigt. Man kann darüber streiten, ob einzelne Gruppen aus dem pentekostal-charismatischen Bereich, die Berührungen mit der sog. „Glaubensbewegung" aufweisen, Erwähnung finden sollten, obgleich das christliche Zeugnis in diesen Ausprägungen charismatischer Frömmigkeit deutliche Verzerrungen erfährt.

Vollständigkeit kann das Buch nicht beanspruchen. Sie ist annäherungsweise leichter erreichbar bei Nachschlagebüchern, die im wesentlichen Adressen auflisten (vgl. „Die guten Seiten" im Literaturverzeichnis). Einzelne Gruppen können sehr kurzlebig sein, u.a. weil sie stark bestimmt sind von den Gründungs- und Leitungspersonen. Namen und Aufgabenbereiche können sich ändern. Dies gilt vor allem im Blick auf den Bereich neu entstandener Gemeinden, von denen einzelne beispielhaft und eklektisch mit aufgeführt wurden. Eine Gesamtübersicht neu entstandener Gemeinden im deutschsprachigen Bereich hätte ein zweites Buch erforderlich gemacht. Selbstverständnis und Arbeitsprofil von sog. Werken einerseits und Gemeinden andererseits unterscheiden sich durchaus. Zugleich gibt es unverkennbare Tendenzen und Veränderungen im Selbstverständnis freier Werke. Vor allem im pentekostal-charismatischen Bereich sind einzelne Werke dazu übergegangen, Gemeinden zu gründen. Insgesamt muß konstatiert werden, daß die Tendenz zur Verselbständigung intensiver Glaubenskreise ein generell zu beobachtendes Phänomen ist. Auch im Bereich der Evangelischen Allianz, auf deren Glaubensbasis sich eine Vielzahl der hier dargestellten Gruppen versteht (manchmal ohne Wissen und Anerkenntnis der Allianz), wird im Blick auf „unmittelbare Missionssituationen", etwa in den neuen Bundesländern, von Gemeindegründungsperspektiven gesprochen, obgleich die „biblisch-erweckliche Erneuerung" bestehender Gemeinden und Kreise Vorrang behalten soll.

Das Handbuch möchte zuverlässige Informationen bieten, die die Voraussetzung für eine weitergehende Urteilsbildung darstellen. Es will und kann dem Benutzer diese Aufgabe nicht abnehmen und rechnet mit unterscheidungsfähigen Leserinnen und Lesern. Dies muß deutlich gesagt werden, denn im

Blick auf die Darstellung von Einzelgruppen und übergreifenden Zusammenschlüssen wurde auf Wertungen bewußt verzichtet. Informationen, die sich am Selbstverständnis einer Gruppe orientieren und dieses bis in die Wortwahl hinein wiedergeben, können nur einen Aspekt zur Urteilsbildung darstellen. Innenperspektiven geben noch keine Auskunft über das Konfliktpotential, das eine Gruppe möglicherweise hervorruft. Deshalb bedeutet der sachlich informierende Text hinsichtlich einer Gruppe nicht, daß kritische Verhältnisbestimmungen zu Praxis und Lehre sich erübrigen. Andererseits gilt freilich auch: Gruppen, die im vorliegenden Buch beschrieben werden, dürfen nicht automatisch – nur weil sie evangelikal oder charismatisch geprägt sind – als konfliktreich und problematisch stigmatisiert werden. Viele sind durchaus vorbildlich und für etablierte Kirchen und Freikirchen, die viel an missionarischer Ausstrahlungskraft eingebüßt haben, herausfordernd in ihrem Engagement. Andere Fragen, z.B. ob eine Gruppe zu einer missionarischen Aktion in eine landeskirchliche Gemeinde eingeladen werden kann und soll, lassen sich ohnehin nicht allgemein beantworten, da dies nicht nur von der Frömmigkeitsprägung der einzuladenen Gruppe abhängig ist, sondern auch durch Glaubenspraxis, Geschichte und den Zielperspektiven der einladenden Gemeinde mitbestimmt wird.

Die Darstellungen nähern sich dem Selbstverständnis der Gruppen unter bestimmten inhaltlichen Fragestellungen an, die vorgegeben wurden und die indirekt Gesichtspunkte für eine Urteilsbildung mit enthalten. So ist aus den einzelnen Texten zu ersehen, in welchen Kooperations- und Kommunikationsstrukturen eine Gruppe steht, was über die Frage ihrer Integration innerhalb des evangelikalen Spektrums und ihrer Offenheit gegenüber anderen Frömmigkeitsformen etwas aussagt. Den Ausführungen, die unter dem Stichwort „innere Ausrichtung" erfragt wurden, ist zu entnehmen, welche Themen und Anliegen neben der fast durchgehend genannten Orientierung an der Bibel als dem inspirierten Wort Gottes besonders hervorgehoben werden.

Der Einführungsteil sowie einzelne thematisch orientierte Artikel (charismatische Bewegung, evangelikale Bewegung, Fundamentalismus, Glaubensbewegung, neue Gemeindegründungen, Pfingstbewegung) geben interpretierende Hinweise und nennen Gesichtspunkte für die Einschätzung evangelistisch-missionarischer Gruppen, die aus einer biblisch-reformatorischen und landeskirchlichen Perspektive formuliert sind. Sie haben die Funktion, Schneisen in das unübersichtliche Feld vielfältiger Aktivitäten zu schlagen. Zu den Stichworten Bekenntnisschulen, Gemeindeaufbau/Gemeindewachstum, Kommunitäten und Seelsorge finden sich kurze informierende Hinweise.

Chancen und Grenzen transkonfessioneller Gruppenbildungen

Die Mehrzahl der in diesem Buch dargestellten Organisationen verstehen sich als „überkonfessionelle" freie Werke, wobei das freie Werk kirchennah, z.B. innerhalb einer Landeskirche oder in enger Kooperation mit ihr tätig sein kann oder bewußt außerhalb und neben den etablierten Kirchen und Freikirchen. Mitarbeiterinnen und Mitarbeiter freier Werke kommen häufig aus verschiedenen Kirchen und arbeiten zusammen, ohne ihre jeweilige kirchliche bzw. freikirchliche Zugehörigkeit zu verlassen. Ihr christliches Leben orientieren sie an dem „überkonfessionellen" *einen* Leib Christi und weniger an der jeweiligen Konfession und Tradition.

Geschichtlicher Rückblick kann viele Beispiele für Gruppenbildungen anführen, die sich als Werk bzw. Verein im Gegenüber zu traditionellen Kirchen und Konfessionen verstanden und durch stillen oder lauten Protest auf Vernachlässigtes und Vergessenes hingewiesen und Impulse zu ihrer Erneuerung gaben: die monastischen Bewegungen im Mittelalter, die gegen eine verweltlichte Kirche protestierten, die reformatorischen Erneuerungsbewegungen, die sich gegen die Leistungsreligion der damaligen Kirche wandten, der Pietismus, der sich gegen orthodoxe Erstarrungen richtete, die Vereinsgründungen im 19. Jahrhundert, die Aufgaben wahrnahmen, die in den Kirchen versäumt wurden.

Aus soziologischer Sicht werden Gruppenbildungen vor allem als Prozeß der Fragmentierung der christlichen Religion, vor allem der protestantischen Konfession wahrgenommen. Sie sind Protestphänomen gegen die Erstarrung etablierter Institutionen und gegen mißlungene Inkulturationsprozesse. Sie sind Ausdruck der Unzufriedenheit mit der gemeindlichen und kirchlichen Situation und halten den Kirchen ihre Defizite vor Augen: in ihrer Suche nach einer Gestaltwerdung des christlichen Lebens, in ihrer Offenheit für das Wirken des Geistes, in ihrem missionarischen Engagement, in ihrer Gebets- und Gottesdienstpraxis. Die Chancen solcher Gruppenbildungen liegen darin, daß sie Profilierungshilfen für das christliche Anliegen und für die Konkretion der Nachfolge anbieten, daß sie die Sozialität des Glaubens verdeutlichen und Erneuerungsperspektiven für die Gesamtkirche aufzeigen können. Gruppenbildungen unterliegen zugleich spezifischen Gefahren, nämlich das „Wir" des Glaubens zu eng, zu begrenzt zu verstehen, sich auf das eigene Thema zu fixieren, sich gegenüber anderen Gruppen elitär abzugrenzen, sich selbst nicht genügend zu relativieren oder sich auch auf das eigene Milieu und in unanfechtbare Gruppenplausibilitäten zurückzuziehen und gleichsam homogen zu werden. Keine „Gruppenkirche" aber kann langfristig außerhalb der Gemeinschaft mit der Gesamtkirche selber Kirche sein.

Anders als in den USA hat die Ausdifferenzierung des Protestantismus im nachreformatorischen Mitteleuropa zunächst nicht primär zur Entstehung von neuen Konfessionen und Denominationen, sondern zu innerkirchlichen Gruppenbildungen geführt. Wenn über „die Evangelikalen" gesprochen wird, sind häufig innerkirchliche bzw. landeskirchliche Gruppen im Blick, die sich selbst in Kontinuität zu Pietismus und Erweckungsbewegung verstehen. Mit der nachlassenden Integrationskraft der Großkirchen haben sich gleichsam in einer zweiten Pluralisierungsphase – in den letzten Jahrzehnten zunehmend – neben den Kirchen alternative Formen christlicher Frömmigkeit entwickelt, vor allem in Gestalt neuer Gemeinden, die teils aus Abspaltungsprozessen bestehender Gemeinden und teils aus intensiver Missionsarbeit hervorgingen. Wo Bewegungen sich in lokale und überregionale Gemeinden institutionalisieren, verlieren sie freilich ihren Charakter als transkonfessionelle Bewegung. Was die Tauffrage angeht, üben nicht wenige evangelikale und charismatische Initiativen nicht länger die sonst übliche „ekklesiologische Enthaltsamkeit", auch wenn sie sich als überkonfessionell bezeichnen. Von ihnen wird allein die Erwachsenentaufe, die Ausdruck bewußter Umkehr ist, als biblisch legitim anerkannt. Vor allem internationale Entwicklungen, u.a. intensive Austauschprozesse mit dem angloamerikanischen Bereich, dürften für diesen einschneidenden Veränderungsprozeß mit ausschlaggebend gewesen sein. Obgleich oft antimodernistisch und antipluralistisch ausgerichtet,

forcieren zahlreiche evangelistisch arbeitende Gruppen und Gemeinden Pluralisierungsprozesse und tragen zur weiteren Ausdifferenzierung und Zersplitterung des Protestantismus bei. Dabei scheint das „Überkonfessionelle" sich zunehmend zu institutionalisieren und konfessionsähnliche Formen anzunehmen, vor allem im pentekostal-charismatischen Bereich. Eine weitere Zersplitterung des Protestantismus läuft jedoch auf die Schwächung seiner missionarischen Präsenz in der Gesellschaft hinaus.

Ausprägungen evangelikaler Frömmigkeit

Das Wort „evangelikal" bezeichnet eine Frömmigkeitsbewegung, für die u.a. charakteristisch ist: die persönliche Erfahrung der Bekehrung und Wiedergeburt verbunden mit dem Empfang der Vergebung der Sünden und der Glaubens- und Heilsgewißheit; das Bewußtsein der Zusammengehörigkeit aller, die an Jesus glauben und und ihm nachfolgen; die Bereitschaft zum persönlichen Engagement in Evangelisation und Mission; die verpflichtende Bindung an die Bibel als dem inspirierten Wort Gottes (vgl. U. Betz, Evangelisches Gemeindelexikon). Die pfingstlich-charismatische Frömmigkeit betont alle genannten Merkmale, kennt jedoch darüber hinaus die Erfüllung mit dem Heiligen Geist als eine der Bekehrung folgende „zweite" Gnadenerfahrung, die für ein vollmächtiges Zeugnis als notwendig angesehen wird. Geht man von einem weiten Begriff von „evangelikal" aus, kann die Frömmigkeitsprägung der meisten hier vorgestellten Werke und Einrichtungen entsprechend charakterisiert werden. Vor allem im internationalen Bereich wird das Wort „evangelical" häufig in diesem weitgefaßten Sinn verwandt. Ohne Übertreibung kann dann gesagt werden, daß in globaler Perspektive nicht unwesentliche Teile des Protestantismus evangelikal geprägt seien. Begreift man Pfingstbewegung und charismatische Bewegung als Teil des Evangelikalismus, was nicht unumstritten ist, stellt diese Gruppe den gegenwärtig am schnellsten wachsenden Teil der Weltchristenheit dar. Freilich muß man sich darüber im klaren sein, daß evangelikal, in diesem Sinn verwandt, eine Art „Metaprofil" (R. J. Busch) darstellt, dem keine institutionelle Konkretion eigen ist. Man faßt Gruppen, Werke und Ausprägungen zusammen, die unabhängig voneinander arbeiten, die in den Ausdrucksformen ihrer Frömmigkeit zwar verwandt, keineswegs aber einheitlich sind und nicht spannungsfrei in ihrem Verhältnis zueinander stehen. Der Organisationsgrad von Bewegungen ist ohnehin vergleichsweise schwach ausgeprägt. Insofern ist wichtig zu sehen, daß es sich bei der evangelikalen Bewegung um keine institutionell faßbare Größe handelt. Allerdings kann festgestellt werden, daß der Organisationsgrad evangelikaler Gruppen sowohl innerhalb der evangelischen Landeskirchen, in sogenannten Parallelstruktu-

ren, wie auch außerhalb der Landeskirchen, kontinuierlich zugenommen hat und weiter zunimmt. Innerhalb der Freikirchen sind evangelikale Frömmigkeitsformen ohnehin dominierend.

Hinsichtlich des Evangelikalismus lassen sich verschiedene Typen und Ausprägungen unterscheiden:

1. Der fundamentalistische Typ, für den ein Bibelverständnis charakteristisch ist, das von der absoluten Irrtumslosigkeit (inerrancy) und Unfehlbarkeit (infallibility) der „ganzen Heiligen Schrift in jeder Hinsicht" ausgeht (vgl. Chicago-Erklärung). Kennzeichnend ist ebenso sein stark auf Abwehr und Abgrenzung gerichteter, oppositionalistischer Charakter, im Verhältnis zur historisch-kritischen Bibelforschung, zur Evolutionslehre, zu ethischen Fragen (Abtreibung, Pornographie, Feminismus etc.). Da ein fundamentalistisches Schriftverständnis unterschiedliche Frömmigkeitsformen aus sich heraussetzen kann, differenziert sich der fundamentalistische Typ in verschiedene Richtungen aus (z.B. prämillenniaristisch und postmillenniaristisch bestimmt; Wort- und Geistfundamentalismus).

2. Der klassische Typ, der sich in der Evangelischen Allianz, der Gemeinschaftsbewegung und der Lausanner Bewegung konkretisiert und vor allem Landeskirchler und Freikirchler miteinander verbindet. Dieser

Strang knüpft an die „vorfundamentalistische" Allianzbewegung an und stellt den Hauptstrom der evangelikalen Bewegung dar.

3. Der bekenntnisorientierte Typ, der an die konfessionell orientierte Theologie, die altkirchlichen Symbole, die reformatorischen Bekenntnisschriften und die Tradition der Bekennenden Kirche anknüpfen möchte und sich in der Bekenntnisbewegung „Kein anderes Evangelium" und der „Konferenz Bekennender Gemeinschaften" konkretisiert.

4. Der missionarisch-diakonisch orientierte Typ, der die Notwendigkeit einer holistischen Evangelisation hervorhebt, in der Evangelisation und soziale Verantwortung in ihrer engen Zusammengehörigkeit akzentuiert werden. Dieser Typ ist u.a. in der Zweidrittelwelt bei den „social concerned evangelicals" verbreitet, im deutschsprachigen Bereich eher unterrepräsentiert. Er konkretisiert sich u.a. im „Unterwegs-Arbeitskreis für evangelistische Verkündigung im politischen Horizont e.V.", der die Zeitschrift „unterwegs" herausgibt.

5. Der pfingstlich-charismatische Typ, der sich seinerseits nochmals ausdifferenziert in charismatische Erneuerung (innerkirchliche Erneuerungsgruppen), in den konfessionsunabhängigen Bereich der charismatischen Bewegung (auch als Neu-

pfingstlertum bezeichnet) und in die klassische Pfingstbewegung.

Die genannten Ausprägungen berühren und überschneiden sich. Zu allen Typen finden sich im Anhang entsprechende Texte bzw. Textausschnitte, die das jeweilige Anliegen zum Ausdruck bringen. Die typologische Ausdifferenzierung zeigt an, daß die evangelikale Bewegung kein einheitliches Gebilde darstellt. In dem Maße, in dem sie wächst, unterliegt sie Pluralisierungsprozessen. Erst in den letzten Jahren ist die Weitläufigkeit evangelikaler Bewegungen auch im deutschsprachigen Bereich offensichtlicher geworden, unter anderem durch die Annäherung zwischen Evangelikalen und Charismatikern, die sich unter der Programmatik der sogenannten „dritten Welle des Heiligen Geistes" vollzog. Anders als die Pfingstbewegung (erste Welle) und die charismatische Erneuerung in den historischen Kirchen (zweite Welle) möchte die dritte Welle die Evangelikalen zu einer Art weltanschaulichem Paradigmenwechsel aufrufen und sie für eine charismatisch geprägte Frömmigkeit gewinnen, die offen ist für die wunderbaren Kräfte des Übernatürlichen in Zeichen und Wundern, Engeln und Dämonen.

Wenn gegenwärtig in pauschaler und undifferenzierter Weise von den Evangelikalen gesprochen wird, spielen meist strategische Gesichtspunkte eine Rolle. Vertreter der Bewegung wollen damit ihr Gewicht stärken, während Kritiker dazu neigen, Evangelikale pauschal unter Fundamentalismusverdacht zu stellen, was zweifellos kurzsichtig und falsch ist.

Ökumenische Gesichtspunkte

Der evangelikalen Bewegung liegt das Konzept einer evangelistisch-missionarisch orientierten Ökumene zugrunde, welches ekklesiologische Eigenheiten zurückstellt und ausklammert und im missionarischen Engagement und Zeugnis den entscheidenden Ansatzpunkt gegenwärtiger gemeinsamer christlicher Verpflichtung sieht. Evangelikalen und charismatischen Gruppen geht es nicht um die offizielle Kooperation und Gemeinschaft von Kirchen, sondern um eine transkonfessionell orientierte Gesinnungsgemeinschaft auf der Basis gleichartiger Glaubenserfahrungen und -überzeugungen.

Die Frage des Verhältnisses Evangelikaler zur ökumenischen Bewegung, wie sie durch den Genfer Ökumenischen Rat der Kirchen (ÖRK) vertreten wird, in dem ca. 330 Mitgliedskirchen vertreten sind, läßt sich nicht pauschal beantworten. Die fraglos größte Affinität zu den Anliegen der ökumenischen Bewegung hat fraglos der oben genannte Typ 3, während Typ 1 sicher die größte Distanz zu ihr hat. In großer Distanz zur ökumenischen Bewegung bewegen sich auch Teile des Typs 5 insbesondere der nicht konfessionsgebundene Teil der charismatischen Bewegung und große Bereiche der Pfingstbewegung.

Das Selbstverständnis zahlreicher Gruppen als „überkonfessionell" oder „interkonfessionell" kann falsche Assoziationen wecken. Es suggeriert ökumenische Weite, dabei geht es ihnen eher um die Deutlichkeit des christlichen Profils und weniger um die Anerkennung von Vielfalt. Vor allem dann, wenn ein evangelikaler Frömmigkeitstypus dazu neigt, sich selbst absolut zu setzen und nur evangelikal orientierte Gläubige als Christinnen und Christen anerkennt, provoziert er Vorbehalte und Unbehagen. Die Antwort auf die Frage „Wer ist ein Christ?" läßt sich angemessen nicht allein durch Bezugnahme auf eine besondere Frömmigkeitsform beantworten, auch wenn evangelikale Christen mit Recht die Umkehrthematik und das Vertrauen auf Jesus Christus in den Mittelpunkt einer Antwort auf diese Frage stellen. Auch Bekehrungen können zu schematisierten, emotionalen Erlebnissen werden, die mit dem, was die Bibel mit Umkehr meint, wenig zu tun haben. Nicht alles, was sich als missionarische Aktion ausgibt, kann aus landeskirchlicher Perspektive Zustimmung und Anerkennung ernten. Im Blick auf missionarische Aktivitäten erwartet eine angesprochene kirchliche und gesellschaftliche Öffentlichkeit vor allem Transparenz. Evangelikale Gruppen stellen sich selbst ins Abseits, wenn sie etwa öffentliche Kinderprogramme anbieten und nicht sagen, daß diese von ihnen als missionarische Aktion verstanden und genutzt werden.

Wenn missionarisch engagierte Kirchenmitglieder die evangelische Landeskirche verlassen, sich erneut taufen lassen und Mitglied in einer neuen Gemeinde werden, die ihr Gemeindewachstum als sichtbaren göttlichen Segen versteht, kann dies nicht als authentische missionarische Aktion gewertet werden. Ein Milieuwechsel von missionarisch engagierten Christen von einer Gemeindeform in eine andere (Transfer-Wachstum) ist noch keine Überschreitung des christlichen Binnenbereiches. Ein nicht unwesentlicher Teil des Wachstums pfingstlich-charismatischer Gruppen ist auf Transferprozesse zurückzuführen, wie einzelne Vertreter dieser Gruppen selbst zuzugeben bereit sind.

Für katholische Christinnen und Christen muß es beängstigend wirken, wenn sie sich als Objekt evangelikaler Missionstrategien wiederfinden oder wenn in der Studie „Wie christlich ist Deutschland?", die 1993 von der evangelikalen Organisation „DAWN" („Dicipling A Whole Nation") herausgegeben wurde, davon ausgegangen wird, daß 1% der deutschen Katholiken Christen seien. Das Interesse mancher Evangelikaler und Charismatiker an sichtbaren Erfolgen und vorzeigbaren Resultaten läßt die Verborgenheit geistlichen Lebens so sehr in den Hintergrund treten, daß das christliche Zeugnis verzerrt wird.

Umgekehrt fühlen sich evangelikal geprägte Christen verletzt, wenn sie in ihren Anliegen nicht ernst genommen und leichtfertig von einzelnen Vertretern der großen Kirche in unguter Weise stigmatisiert und ins Abseits gedrängt

werden. Demgegenüber ist festzuhalten, daß evangelikal geprägte Frömmigkeit einen wichtigen und unverzichtbaren Teil der Gesamtkirche darstellt. Freilich ist evangelikal geprägte Frömmigkeit nur eine Konkretion des Glaubens unter anderen. Sie bleibt angewiesen auf die Kommunikation mit anderen Gestaltwerdungen des Glaubens. Neuere Texte etwa zum Verhältnis zwischen Evangelikalen und Katholiken zeigen mehr Bereitschaft zu Realismus und Fairneß in der gegenseitigen Wahrnehmung (vgl. Katholikinnen und Katholiken vor der evangelikalen Herausforderung).

In ökumenischer Perspektive werfen Missionsaktivitäten, die auf vorgegebene Strukturen wenig Rücksicht nehmen, die Proselytismusfrage auf. Freilich gibt es auch ein falsches territoriales Denken, das die Vielfalt christlicher Kirche und die Grundsätze der Religionsfreiheit nicht genügend berücksichtigt. Nicht jeder Konfessionswechsel darf unter das Proselytismusverdikt gestellt werden. Der Zusammenhang zwischen dem Missionsauftrag einerseits und dem Auftrag zur Gemeinschaft und Einheit aller Christen andererseits ist jedoch für jedes christliche Zeugnis grundlegend und bedarf stets neuer Aufmerksamkeit. Unwürdig sind Formen des christlichen Zeugnisses, die Glaubensüberzeugungen oder Handlungsweisen anderer Kirchen unrichtig und lieblos darstellen oder die zwei christliche Gemeinschaften miteinander vergleichen, wobei die guten Seiten und die Ideale der einen und die Schwächen und praktischen Probleme der anderen hervorgehoben werden. Unwürdig sind Missionsmethoden, die mit moralischem Zwang oder psychischem Druck (z.B. Bekehrungsdruck) arbeiten. Angesichts fortschreitender Säkularisierungsprozesse und eines Kontextes, der sich zunehmend in Richtung eines religiösen Pluralismus entwickelt, kann ein überzeugendes missionarisches Zeugnis nur gemeinsam erfolgen. In der Begegnung zwischen Christinnen und Christen unterschiedlicher Frömmigkeitsprägungen müssen alle lernen, Vielfalt auszuhalten und die Kirche Jesu Christi als „versöhnte Verschiedenheit" zu begreifen. Es gibt heute eine Haftungsgemeinschaft aller christlichen Gemeinschaften im Blick auf das, was ein christliches Zeugnis in der Gesellschaft bedeutet und was als solches wahrgenommen werden kann. Insofern sollten Bemühungen unterstützt werden, die dazu beitragen, daß neue Gemeinschaftsbildungen und evangelistische Initiativen sich nicht von den Lernerfahrungen der Gesamtkirche abkoppeln. So wie sich Missionswerke und neue Gemeinden nach ihrer Ökumenefähigkeit befragen lassen müssen, sollten sich etablierte Gemeinden und Kirchen freilich auch die Frage nach ihrer eigenen Erneuerungsfähigkeit gefallen lassen. Gottes Geist ist kein traditionsfeindliches Erneuerungsprinzip und neu aufbrechende Glaubenserfahrungen sind an geschichtlicher Kontinuität zu überprüfen. Zugleich gilt, daß die Kirche Christi immer eine Werdegestalt hat. Sie darf ihren heutigen

Auftrag nicht mit der Festschreibung ihrer Lebensform von gestern verwechseln. Wo entdeckt wird, daß der eigene Frömmigkeitsstil nicht der einzige ist, geschieht Öffnung für die Weite und Vielfalt des Leibes Christi und ergibt sich die Möglichkeit für gegenseitige Bereicherung und Korrektur.

Missionsverständnis und Missionsauftrag

Richtungskämpfe über Verständnis und Praxis von Mission einerseits und evangelistisch-missionarische Aktivitäten andererseits haben zur weiteren Etablierung der evangelikalen Bewegung beigetragen. Das Missionsverständnis wurde seit Mitte der 60er Jahre zu einem Kristallisationspunkt der ökumenisch-evangelikalen Polarisierung. Zentrale Themenbereiche waren dabei Mission und Dialog, das Verhältnis zwischen christlichem Glauben und anderen Religionen bzw. die Frage nach der Einzigartigkeit und Universalität Jesu Christi, die Konkretionen der politischen Verantwortung der Christen. In Nordamerika war es bereits in den 30er Jahren zu einer Trennung innerhalb der protestantischen Missionsbewegung in eine konziliar ökumenische und eine evangelikale Richtung gekommen, wobei letztere nicht einheitlich war. Im Gefolge der dritten Vollversammlung des ÖRK in Neu Dehli (1961), die die enge Zusammengehörigkeit zwischen der Einheit der Kirche und ihrer Sendung akzentuierte und die Integration des Internationalen Missionsrates in den ÖRK vollzog, sammelten sich evangelikale Missionen aus Gemeinschaften, Landes- und Freikirchen in einer eigenständigen Gruppenbildung, der Arbeitsgemeinschaft Evangelikaler Missionen (AEM), die sich lehrmäßig an der Glaubensbasis der Evangelischen Allianz, der Lausanner Verpflichtung und hinsichtlich des Missionsverständnisses an der Frankfurter Erklärung zur Grundlagenkrise der Mission orientiert (vgl Anhang). Evangelikale Theologie sieht in zahlreichen Äußerungen der Genfer Ökumene die Anliegen der historischen Missionsbewegung aufgegeben und unterstreicht die eigene Verpflichtung gegenüber einem „heilsgeschichtlichen Missionsdenken", das zwischen missionarischer Praxis und eschatologischer Erwartung ein enges Band entstehen läßt, um das „ganze Evangelium der ganzen Welt zu predigen". Andererseits beeinflussen und überschneiden sich „evangelikale" und „ökumenische" Aktivitäten. In Missionswerken arbeiten Initiativen aus beiden Bereichen zusammen. Zugleich zeigen die Ergebnisse des Zweiten Kongresses für Weltevangelisation, der 1989 in Manila stattfand, daß die Lausanner Bewegung zahlreiche Fragestellungen und Themen der ökumenischen Bewegung aufgreift und ein ganzheitliches Missionsverständnis entwickelt und expliziert, während die ökumenische Bewegung ihrerseits das Anliegen der Evangelisation weiter entfaltet. Von daher zeichnen sich zwischen ökumenischem und evangelikalem Missionsver-

ständnis durchaus Verständigungsmöglichkeiten ab, was auch durch einen Vergleich der Texte des Kongresses in Manila und der Weltmissionskonferenz in San Antonio (1989) Bestätigung finden kann. Beziehungslosigkeit und Polarisierung zwischen historischen Kirchen und neuen Frömmigkeitsbewegungen können von beiden Seiten nicht wünschenswert sein.

Aus der Geschichte der ökumenischen Bewegung treten drei Perspektiven hervor, die allesamt darauf abzielen, Einheit und Gemeinschaft der Christen und Kirchen zu stärken: die Akzentuierung der Einheit in der missionarisch evangelistischen Sendung (missionarisches Motiv), die Akzentuierung der Einheit im verantwortlichen Dienst in der Welt (sozialethisches Motiv), die Akzentuierung der Einheit im apostolischen Glauben (theologisch-ekklesiologisches Motiv). Freilich darf und kann es unterschiedliche Betonungen der drei genannten Akzente geben. Grundlegend wichtig ist jedoch, das Miteinander dieser durchaus spannungsvollen Perspektiven zu wahren. In der gegenwärtigen Situation dürfte es wichtig sein, sich über die Zusammengehörigkeit von konziliarem und missionarischem Prozeß Rechenschaft abzulegen. Mission, verstanden als evangelistisches und diakonisches Zeugnis gegenüber der Welt, kann glaubwürdig nicht im Alleingang geschehen und erst recht nicht in Konkurrenz verschiedener Kirchen, Gruppen und Bewegungen. Im Kontext zunehmender gesellschaftlicher und religiöser Pluralisierung hat die Aufgabe, Zusammenarbeit in Zeugnis, Gemeinschaft und Dienst zu suchen, nichts an Dringlichkeit verloren.

Organisationsformen und Finanzierung

Die in diesem Buch dargestellten Missionswerke, Einrichtungen und Gemeinden sind in der Regel als eingetragener Verein organisiert, dem vom zuständigen Finanzamt Gemeinnützigkeit zuerkannt wird. Durch die Befreiung von der Gewerbe-, Vermögens- und Körperschaftssteuer kann der Verein entsprechende Bescheinigungen ausstellen. Zur Finanzierung der eigenen Arbeit haben freie Werke, Initiativen und Gemeinden im allgemeinen einen festen Freundeskreis, der ihre Arbeit finanziell trägt. Durch Gebets- und Freundesbriefe, durch Einladungen in Kirchengemeinden, durch Missionstage etc. werden Spender darüber informiert, wofür die Gelder verwendet wurden. Selbstverständlich hat der Aufruf zum Geldspenden in freien Werken einen größeren Stellenwert als in volkskirchlich orientierten Arbeitsbereichen, die von mehr oder weniger vorhersehbaren Kirchensteuereinnahmen leben. Spender erwarten freilich zu Recht, daß Organisationen, die sie unterstützen transparent und sorgfältig mit dem umgehen, was ihnen anvertraut wurde. Der Aufwand für Verwaltungskosten sollte im erträglichen Rahmen bleiben, so daß der eigentliche Spendenzweck gewahrt wird.

Einzelne Werke haben sich Dachorganisationen angeschlossen, die gewisse Kontrollfunktionen ausüben. Die Deutsche Evangelische Allianz (DEA), die Arbeitsgemeinschaft Evangelikaler Missionen (AEM) und der Ring Missionarischer Jugendbewegungen (RMJ) haben „Grundsätze für die Verwendung von Spendenmitteln" herausgegeben, in Anlehnung an Leitlinien des Deutschen Zentralinstituts für soziale Fragen (DZI).

Die Schweizerische Evangelische Allianz (SEA) hat 1990 einen „Ehrenkodex SEA" herausgebracht. Er enthält „Grundsätze für die Öffentlichkeitsarbeit", „Grundsätze für die Verwendung von Spendenmitteln" und „Richtlinien für die Durchführung von Prüfungen". Alle christlichen Werke der Schweiz werden eingeladen, dem Ehrenkodex SEA durch Zeichnung beizutreten. Die Österreichische Evangelische Allianz bietet für Missionswerke ein Prüfzertifikat für den ordnungsgemäßen Umgang mit Spendenmitteln an.

Allgemeine Leitlinien und Ausführungsbestimmungen für die Vergabe eines Spendensiegels an entsprechende Organisationen mit humanitärer und karitativer Zielsetzung hat das Deutsche Zentralinstitut für soziale Fragen (DZI) herausgegeben. Prüfkriterien, die den Stellungnahmen des DZI zugrunde liegen, formulieren wichtige Standards für den Umgang mit Spenden. Sie lassen sich wie folgt zusammenfassen: „wahre, eindeutige und sachliche Werbung in Wort und Bild, nachprüfbare, sparsame und satzungsgemä-

ße Verwendung der Mittel unter Beachtung der einschlägigen steuerrechtli-
chen Vorschriften, eindeutige und
nachvollziehbare Rechnungslegung,
Prüfung der Jahresrechnung und entsprechende Vorlage beim DZI, interne
Überwachung des Leitungsgremiums
durch ein unabhängiges Aufsichtsor-
gan, grundsätzlich keine Prämien, Pro-
visionen oder Erfolgsbeteiligungen für
die Vermittlung von Spenden".

Deutsches Zentralinstitut
für soziale Fragen/DZI
Bernadottestraße 94, D-14195 Berlin
Tel. 030/8390010, Fax 030/8314750

Zentralauskunftsstelle für
Wohlfahrtsunternehmungen
Brandschenkestr. 36, CH-8039 Zürich
Tel. 01/2011743

Agape Gemeinschaft München

Mitte der 70er Jahre sammelte sich in München eine Handvoll junger Leute um den amerikanischen Missionar Terry Bysinger, der aus der Jesus-People-Bewegung in Kansas City kam, zu einem wöchentlichen Bibelkreis. Als sich immer mehr junge Leute anschlossen, vielfach kaputte Typen, die zerbrochene Beziehungen und Drogen hinter sich hatten, entstanden Wohngemeinschaften, und es begannen sich erste Gemeindestrukturen zu bilden. Ende 1978 öffnete die evang.-luth. Paul-Gerhard-Kirche ihre Pforten für die neue Gemeinde und bot ihr äußere und innere Heimat. Als Terry Bysinger 1986 in die USA zurückging, übergab er die Gemeindeführung in deutsche Hände unter der Leitung von Frank Weigert (geb. 1956, mit 16 Jahren Bekehrung aus der Drogen- und Hippie-Szene heraus durch die Mennonitische Heimatmission, Kontakte zur charismatischen Bewegung, 1975 Begegnung mit Terry Bysinger).

Tätigkeit: Die Gemeinschaft sieht ihren Auftrag darin, 1. für Gott da zu sein (gemeinsame Anbetung, Gehorsam leben), 2. für die Gemeinschaft zu wirken (Zurüstung zum Dienst und zum Zeugnis), 3. dem Leib Christi (in seinen verschiedenen Teilen) zu dienen, 4. sich für die „Welt" einzusetzen durch Evangelisation, Barmherzigkeitsdienste, Weltmission.

Freitags findet ein offener, evangelistisch ausgerichteter, familienfreundlicher Gottesdienst statt, dienstags treffen sich die Zellgruppen (Hauskreise). Weitere Aktivitäten sind Kinder- und Jugendarbeit, Asylantenarbeit, gelegentlich Glaubensgrundkurse (Alpha-Kurs in Planung), evangelistische Einsätze („Holy Wood" für Jugendliche). Neuere Dienste sind eine Initiative zur Hilfe für schwangere Frauen in Not („die Stimme für die Ungeborenen"), Aufklärungsarbeit zum Thema Okkultismus in Schulklassen und durch Infostände in der Stadt sowie Gefängnis- und Krankenhausdienste.

Von 1982 bis 1989 wurde die Lehrzeitschrift „Wiederherstellung" herausgegeben.

Innere Ausrichtung: Grundlage des Glaubens ist allein die Bibel, das lebendige Wort Gottes. Im Mittelpunkt steht die Frage, wie man heute als Christ leben kann (Heiligung und Evangelisation). Die Geistestaufe und die Ausübung charismatischer Gaben spielen eine wichtige Rolle im Gemeindeleben. Zum „Leib Christi" in München bestehen enge Verbindungen: vor allem zur evang.-luth. Paul-Gerhard-Gemeinde, zum CVJM, aber auch zu Vineyard und zum „Gospel Life Center" (Wort des Glaubens); Mitwirkung im Kreis Münchner Leiter (Kreis zur Einheit). Zur Evang. Allianz besteht ein positives und freundschaftliches Verhältnis.

Organisation und Finanzierung: Die Gemeinschaft ist ein eingetragener Verein mit Anerkennung der Gemeinnützigkeit. Der Leiter prägt mit Unterstützung eines Brüderrates die geistliche Richtung. Daneben bestehen Leitungsteams (Zellgruppenleiter, Gottesdienst-team, Vorstand). Die Gemeinde hat 80 feste Mitglieder (Schwerpunkt zwischen 30 und 40 Jahre), ca. 110 Gottesdienstbesucher. Die Finanzierung wird zu 90% durch die verbindlichen Mitglieder (Zehnter) ermöglicht, zu 10% durch Spenden von Freunden und Gottesdienstbesuchern.

Agape Gemeinschaft München e.V.
Walter-Otto-Str. 6, D-80997 München
Tel. 089/8120481, Fax 089/8128600

Agape Wort Zentrum (AWZ)

Die Gemeinde entstand aus einem Bibelkreis, der anfangs von in Deutschland stationierten Amerikanern besucht wurde, und entwickelte sich 1983 zu einer unabhängigen Gemeinde. Die Leitung liegt bei Wolfgang und Sandra Allgaier.
Tätigkeit: Gemeindearbeit mit der Zielsetzung, den Gläubigen in seine eigene Berufung hineinzuführen; Hauskreisarbeit; Seminare; evangelistische Veranstaltungen.
Innere Ausrichtung: Bibelorientierte charismatische Prägung, Kontakte zu verschiedensten christlichen Gruppierungen.

Agape Wort Zentrum e.V.
Ortsstr. 69
D-89312 Günzburg / Wasserburg
Tel. 08221/33260, Fax 08221/5286

Aglow

Der Name „Aglow" kommt aus der englischen Sprache und bedeutet wörtlich „brennend". In Röm. 12, 11 heißt es: „Seid brennend im Geist."
1967 gründeten vier Frauen in Seattle/USA Aglow mit dem Ziel, eine überkonfessionelle und charismatisch orientierte Arbeit für Frauen zu beginnen.
1979 entstand in Hannover die erste Aglowgruppe in Deutschland durch Betty Lowe. Seither wird die Aglowbewegung von wechselnden Leitungsteams in Zusammenarbeit mit Regional- und Gebietsleiterinnen geführt. Leiterin seit 1993 ist Hannelore Illgen.
Tätigkeit: Hauptziel ist, „Frauen mit Jesus Christus bekanntzumachen, besonders solche, die durch die üblichen evangelistischen Arbeitsweisen nicht erreicht werden". Des weiteren sollen Frauen „ihre Identität ganz in Jesus finden und immer mehr von der Liebe Christi und dem ganzen Reichtum Gottes erfaßt werden. Dazu gehört, Gott anzubeten, zu loben und zu verehren und anderen Frauen geistlich zu dienen" (aus: „Wie man eine Aglowgruppe beginnt").
In Deutschland treffen sich etwa 40 örtliche Gruppen regelmäßig (meist monatlich). Mittelpunkt der Treffen, die von ehrenamtlichen Teams vorbereitet werden, sind Erfahrungsberichte über den christlichen Glauben und die Realität Gottes im persönlichen Leben.
Für die Schulung von Mitarbeiterinnen und den geistlichen Aufbau von Frauen finden deutschlandweit Tagungen statt.

Auf europäischer Ebene werden Leiterschaftsschulungen veranstaltet (jährlich). Internationale Zusammenkünfte finden zweijährlich statt (mit 8–10.000 Teilnehmerinnen aus bis zu 120 Ländern). *Wirkungsbereich:* Weltweit in 126 Nationen. *Publ.:* „Freude" (deutsch), unregelmäßig, Aufl. 12.000; Bibelstudien; div. Bücher aus dem Aglow-Verlag, erschienen bei deutschen Verlagen (Übersetzungen aus dem Englischen).

Innere Ausrichtung: Aglow versteht sich überkonfessionell und arbeitet mit Frauen aus allen christlichen Denominationen und Freikirchen. Aglow ist weder als Ersatz noch als Konkurrenz zu örtlichen Gemeinden gedacht. Vielmehr will man mit den Gemeinden dahingehend zusammenzuarbeiten, die Verlorenen zu erreichen und die Gläubigen geistlich weiterzubringen. Man möchte zielbewußt an der Einheit unter allen Gläubigen im Leib Jesu mitwirken.

Das Glaubensbekenntnis umfaßt u.a. den Punkt (5.): Wir glauben, daß die Gläubigen im Heiligen Geist getauft werden können, daß alle Gaben des Heiligen Geistes in der heutigen Zeit noch gültig und wirksam sind und daß die Frucht des Heiligen Geistes im Leben eines Gläubigen in zunehmendem Maße sichtbar werden sollte.

Organisation und Finanzierung: Aglow ist ein eingetragener Verein, als gemeinnützig anerkannt, mit Vorsitzender, Stellvertreterin, Schatzmeisterin und Sekretärin (national und örtlich).

Jedes Leitungsteam hat einige männliche geistliche Berater, die aus evangelischen, katholischen, baptistischen und pfingstlichen Gemeinden kommen. Auf Deutschlandebene arbeiten eine hauptamtliche Bürokraft und ca. 500 ehrenamtliche Mitarbeiterinnen. Weltweit bestehen knapp 3.000 Gruppen. Die Finanzierung erfolgt überwiegend durch Spenden, daneben durch Mitgliedsbeiträge.

Aglow – Vereinigung christlicher Frauen in Deutschland e.V.
Stresemannallee 20, D-30173 Hannover
Tel. 0511/9805127, Fax 0511/9805279

Aglow International
P.O. Box 1548
Lynnwood, WA 98046-1548, USA

AIMS

AIMS (Association of International Missions Services) USA wurde in den 80er Jahren von Prof. Howard Foltz (Dozent an der Regent University, Virginia Beach) und einigen anderen als eine Art Dachverband ins Leben gerufen, um Gemeinden und Missionswerken mit charismatischer Prägung die Zusammenarbeit zu erleichtern. H. Foltz hielt 1992 in Berlin ein Seminar zum Thema „Die Rolle der Ortsgemeinde im Erreichen von unerreichten Volksgruppen". Ein Jahr später wurde AIMS Deutschland gegründet. Geschäftsführerin ist die Ethnologin Kerstin Hack (früher ehrenamtliche Mitarbeit im Jugendbund für entschiedenes Christentum EC, bei Jugend mit einer Mission u.a.). 1996 wurde AIMS Süddeutschland-Osteuropa, eine Zweigstelle des Hauptbüros, gegründet; Leiter ist der Deutsch-Kanadier Robert Schroeder.

Tätigkeit: AIMS versteht sich nicht als Missionswerk, sondern als Dienstleistungsunternehmen, das christlichen Gemeinden und Gruppen, welcher Prägung auch immer, die sich für Weltmission interessieren, durch Motivation, Training (Seminare, Konferenzen etc.) und Information zur Seite steht. AIMS selbst will keine direkte missionarische oder diakonische Tätigkeit ausüben. In der Tschechischen Republik werden Schulungen und Seminare durchgeführt.

Wirkungsbereich: D, Tschechische Republik.

Publ.: „Gebetsinfo islamische Welt", seit 1994, zweimonatl., Aufl. 400 – 500; „Hand und Fuss" (Materialien für Ortsgemeinden und Weltmission), seit 1996, vierteljährl., Aufl. 100; Handbücher zum Thema „Gemeinden für Mission motivieren", Vorträge über Missionsthemen.

Innere Ausrichtung: „AIMS Deutschland hat keine eigenen Glaubensgrundsätze. Mitglieder und Zielgruppe von AIMS sind Christen und christliche Kirchen/Gemeinden, die auf der Basis des Apostolischen und des Nizänisch-Konstantinopolitanischen Glaubensbekenntnisses stehen und sich der Erfüllung des Missionsbefehles Jesu Christi verpflichtet wissen" (aus: Glaubensgrundlage).

Triebfeder für die Arbeit ist der Auftrag Jesu, alle ethnischen Volksgruppen mit dem Evangelium bekannt zu machen. Wichtig ist AIMS die Zusammenarbeit mit Christen verschiedener Prägung. Die Glaubensgrundlage der Evang. Allianz wird anerkannt, ebenso die Lausanner Verpflichtung. Zur „Arbeitsgemeinschaft Evangelikaler Missionen" (AEM) besteht ein freundschaftliches Verhältnis. Der Freundes- und Unterstützerkreis von AIMS kommt überwiegend, aber nicht ausschließlich aus freikirchlichen Gemeinden. Enge Zusammenarbeit besteht mit „Jugend mit einer Mission".

Organisation und Finanzierung: AIMS ist ein gemeinnütziger Verein. Vorstandsmitglieder sind David Sanders (1. Vorsitzender), Peter Dippl und Wolfhard Margies. Neben der hauptamtlichen Geschäftsführerin (Kerstin Hack) sind eine Honorarkraft und 13 ehrenamtliche Mitarbeiter tätig. Die Arbeit wird hauptsächlich aus Spenden finanziert; ein geringer Anteil der Kosten wird durch den Verkauf von Handbüchern und durch Abonnements sowie durch Honorare (Vorträge in Bibelschulen, Gemeinden) gedeckt.

AIMS Deutschland e.V.
Postfach 45 01 29, D-12171 Berlin
Tel. 030/76890445, Fax 030/76890448

AIMS USA
P.O. Box 64534
Virginia Beach, VA 23464, USA

Aktion christliche Gesellschaft (ACG)

bis 1996: Institut für Weltmission und Gemeindebau

1979 wurde ein „Arbeitskreis für Weltmission und Gemeindebau" in Lörrach gegründet. 1980 erfolgte die Gründung des „Instituts für Weltmission und Gemeindebau" als deutscher Zweig des „Center for World Mission Network" in Edinburgh. Das Institut (seit 1984 eingetragener Verein) wurde 1986 nach Bonn verlegt. 1996 erfolgte die Neugründung eines umfassenderen eingetragenen Vereins („Aktion christliche Gesellschaft") zur Zusammenführung des Instituts mit dem „Refomierten Forum".

Gründer und Leiter ist Dr. Thomas Schirrmacher (Studium der Theologie an der STH Basel und der Vergleichenden Religionswissenschaften und Ethnologie an der Universität Bonn; Promotion in Theologie 1985, Kampen/NL, und Kulturanthropologie 1989, Los Angeles; 1982–1985 Pastor bei der Evangelischen Gesellschaft für Deutschland, bis 1996 Hochschullehrer an der STH Basel, Dozent am Philadelphia Theological Seminary, Chefredakteur von „Bibel und Gemeinde", Bibelbund e.V.).

Tätigkeit: Die „Aktion christliche Gesellschaft" will die Verbreitung und Anwendung der christlichen (reformierten) Ethik in Gesellschaft, Wirtschaft und Politik fördern und publiziert dazu Informationsmaterial, Schriften und Bücher. Sie unternimmt Einzelkampagnen, z.B. gegen Abtreibung oder Pornographie.

Das „Institut für Weltmission und christliche Gesellschaft" (IWG, German Center for World Missions) ist eine missionswissenschaftliche Forschungseinrichtung, die statistische Daten sammelt, die Missionsarbeit unter unerreichten Völkern (z.B. Kurden) fördert, die deutsche Ausgabe von „Operation Welt" („Gebet für die Welt", Hänssler-Verlag) bearbeitet, missiologische Buchreihen betreut und Seminare und Forschungsarbeit zum Vergleich des Christentums mit anderen Religionen wie dem Islam durchführt.

Die „Martin-Bucer-Akademie" bietet Akademikern, die bereits ein abgeschlossenes Studium haben, eine theologische Zusatzausbildung in Zusammenarbeit mit dem „Cummins Theological Seminary" (USA). Der damit eng verbundene theologische Fernunterricht (seit 1984) mit von der Staatlichen Zentralstelle für Fernunterricht anerkannten Kursen wurde 1992 ausgegliedert und wird jetzt vom Neues Leben Seminar (Missionswerk Neues Leben) unter Leitung von Dr. Schirrmacher betreut.

Das „Reformierte Forum" ist ein jährliches Treffen reformierter Pastoren und Mitarbeiter in Bonn (Vorträge, Austausch, Publikationsplanung).

Wirkungsbereich: D, CH, A, Niederlande.

Publ.: „Querschnitte", viermal jährl.; „Jahrbuch für christliche Gesellschaft"; Handbuch „Gebete für die Welt"; drei

Buchreihen („Aktion christliche Gesellschaft", „Biblia et Symbiotica", „Missiologica Evangelica") im Verlag für Kultur und Wissenschaft, Bonn.
Innere Ausrichtung: Glaubensgrundlage sind die Basis der Evang. Allianz, die Chicagoerklärungen zur Irrtumslosigkeit der Bibel und eine eigene Erklärung. Die Arbeit geschieht interdenominationell, ist aber reformiert geprägt. Die „Aktion christliche Gesellschaft" ist Mitglied in der „Arbeitsgemeinschaft für Ausländer" (AfA); sie hat Verbindungen zur Bekenntnisbewegung „Kein anderes Evangelium", zum „Arbeitskreis für evangelikale Missiologie", zur Evang. Allianz, zur „Internationalen Schallplattenmission", zu dem karitativen Werk „Gebende Hände" und zum Missionswerk der Freien Reformierten Kirche.
Organisation und Finanzierung: Die „Aktion christliche Gesellschaft" ist ein eingetragener Verein (gemeinnützig) mit Mitgliederversammlung, Vorstand und Redaktionskreisen. Die Einrichtungen arbeiten unabhängig voneinander, unterstehen aber dem Vorstand. Die Arbeit wird fast zu 100 % durch Spenden der Mitglieder finanziert (bisher keine Spendenwerbung), mit Ausnahme der Beiträge von Studenten der Martin-Bucer-Akademie.

Aktion christliche Gesellschaft e.V.
Friedrichstr. 38, D-53111 Bonn
Tel./Fax 0228/638784

Aktion: In jedes Haus (AJH)/ Christus für alle (CFA)

„World Literature Crusade", heute „Every Home for Christ", wurde von Pfarrer Jack McAlister, Kanada, gegründet. Er rief seine Rundfunkhörer 1946 dazu auf, Schriften anzufordern und sie an Nachbarn weiterzureichen. 1953 kam es zu einer stadtweiten systematischen Verbreitung von Schriften in Japan, 1957 zu einer landesweiten in Südkorea. Die weltweite Arbeit gibt es heute in rund 60 Ländern. Internationaler Präsident ist Dr. Dick Eastman, Kalifornien.
Die deutsche AJH wurde 1967 von Peter Schneider, dem langjährigen Geschäftsführer der Deutschen Evang. Allianz, gegründet. Heute ist die deutsche AJH unabhängig von der amerikanischen „Mutter". 1977 zog die Zentrale von Berlin nach Schwelm um, 1996 nach Radevormwald. Die Leitung haben Helmut Bittner, Jörg Enners, Ulrich Krieger und Bernd Tocha.
In der Schweiz wurde „Christus für alle" 1975 durch Karl Albietz gegründet. Die Leitung des Schweizer Werks hat Daniel Blaser.
Tätigkeit: Ziel von AJH und CFA ist die systematische Verbreitung von Schriften „in jedes Haus" („Jedem überall die Gute Nachricht von Christus" – systematisch, schriftlich und seelsorgerlich). Dazu kommt die seelsorgerliche Nachbetreuung durch Bibelkurse und Briefseelsorge. Die AJH sendet keine Missionare aus, sondern arbeitet mit Einheimischen zusammen. Sie gründet keine

Gemeinden. In Deutschland entstand als neuer Zweig die „Aktion Gute Botschaft" mit dem Ziel, das Evangelium in Form von (Klein)Anzeigen und redaktionellen, evangelistischen Texten in der Presse zu veröffentlichen.
Wirkungsbereich: D, CH, weltweit ca. 105 Länder; A (s. „Evangelium in jedes Haus").
Publ.: „Jedermann", seit 1977, monatl., Aufl. 20.000; Traktate, Verteilschriften, Plakate, Kassetten, Bibelfernkurse für Kinder und Erwachsene, Bibelstudienmaterial, Schulungsunterlagen, Diaserien zur Arbeit, „Handbuch: Anzeigenmission"; CFA Informations- und Gebetsbrief, seit 1977, Aufl. 2.000; „für alle", Verteilschrift; Bibelfernkurs.
Innere Ausrichtung: Glaubensgrundlage ist die Basis der Evang. Allianz sowie die Lausanner Erklärung. Zusammenarbeit besteht mit evangelikalen Gemeinden, Gruppen und Verbänden. Das Werk hat eine enge Verbindung mit der Evang. Allianz.
In Deutschland ist die AJH Mitglied in der „Arbeitsgemeinschaft Missionarische Dienste" (AMD), im „Ring Missionarischer Jugendbewegungen" (RMJ) und außerordentliches Mitglied in der „Arbeitsgemeinschaft Evangelikaler Missionen" (AEM). Zusammenarbeit besteht mit „Operation Mobilisation" und dem „Evangeliums-Rundfunk". Praktikanten kommen vielfach aus den Bibelschulen Brake, Breckerfeld, Adelshofen, Seeheim, Klostermühle und Wiedenest.
In der Schweiz arbeitet CFA mit der „Arbeitsgemeinschaft Verteilschriften"

der Schweizerischen Evangelischen Allianz zusammen. Kontakte bestehen zu den meisten Freikirchen, einzelnen Kirchgemeinden, zu den Bibelschulen St.Chrischona, Beatenberg und zu New Life, zum Evangeliums-Rundfunk und zum Bibellesebund.
Organisation und Finanzierung: In Deutschland ist die AJH ein eingetragener Verein (gemeinnützig). Der Vorstand (Missionsleitung) wird alle zwei Jahre bestätigt. Das Kuratorium besteht aus 15 Personen. Das Werk beschäftigt acht hauptamtliche Mitarbeiter und einige hundert freiwillige Helfer (Hausmissionare, Ferienmissionare, Beter).
In der Schweiz ist CFA ein Verein nach Art. 60ff des Schweiz. Zivilgesetzbuches. Oberste Instanz ist die Mitgliederversammlung (ca. 20 Personen). Vier hauptamtliche Mitarbeiter und viele freiwillige Helfer (Verteiler) arbeiten für CFA. Ca. 2.300 Personen gehören zum Freundeskreis. Die Finanzierung erfolgt durch freiwillige Gaben der Missionsfreunde.

Aktion: In jedes Haus e.V.
Telegrafenstr. 15
D-42477 Radevormwald
Postfach 1120
D-42460 Radevormwald
Tel. 02195/91560

Christus für alle
Schürstr. 8, CH-8488 Turbenthal

Every Home for Christ International
202 32 Sunburst Street
Chatsworth, CA 91311-6286, USA

Aktionskomitee für verfolgte Christen (AVC)

Die Anfänge des „Aktionskomitees für verfolgte Christen" gehen in das Jahr 1970 zurück. In jenem Jahr hatte sich eine schwere Flutkatastrophe in Rumänien ereignet. Im Zuge der daraufhin einsetzenden internationalen Hilfsaktionen fuhren auch einige Mitarbeiter des späteren AVC nach Rumänien, darunter Waldemar Sardaczuk. Zur Gründung kam es dann im Frühjahr 1971, als den Westen die Nachricht erreichte, daß einige der rumänischen Christen, die die Helfer aus Deutschland kennengelernt hatten, verhaftet worden waren. Das AVC entstand als Organisationskomitee für Demonstrationen zur Unterstützung dieser rumänischen Christen. Die Leitung des Aktionskomitees liegt bei Waldemar Sardaczuk und Hans Ollesch.

Tätigkeit: Als Ostmission hatte das AVC begonnen, und dieses Tätigkeitsfeld steht bis heute im Vordergrund. Aber in den letzten Jahren haben Hilfsprojekte zunehmend an Bedeutung gewonnen. Es gibt in ca. 35 Ländern diakonische Arbeits- und Hilfsprojekte zu selbstlaufenden Landwirtschaften, Werkstätten, Schulen, Kinderheimen, Suppenküchen. Auch Hilfsgütertransporte und Familienhilfe durch Patenschaften für Kinder in Familien gehören zu den Tätigkeiten des AVC.
Wirkungsbereich: D, CH, Osteuropa, China, Mittel- und Südamerika, Afrika.
Publ.: „Verfolgte Christen Nehemia Info", Bücher, Filme, Kassetten.

Innere Ausrichtung: Das AVC zählt sich zur „evangelikal-charismatischen Christenheit". Das Komitee ist Mitglied des „Bundes Freikirchlicher Pfingstgemeinden" (BFP). Die meisten Mitarbeiter und Spender kommen ebenfalls aus pfingstlichen Gemeinschaften. Glaubensgrundlage ist die Bibel als inspiriertes Wort Gottes. Sie hat höchste Autorität und enthält die Anweisungen für den Gebrauch der Geistesgaben.
Organisation und Finanzierung: Geleitet wird das AVC von einem sechsköpfigen Komitee. Ihm beigeordnet ist ein deutsch-schweizerisches Beratergremium. Das AVC ist kein Verein, sondern vesteht sich als Arbeitszweig des „Bundes Freikirchlicher Pfingstgemeinden" (BFP). Vor dem leitenden Bruderrat des BFP legt das AVC jährlich über Tätigkeit und Verwendung der Gelder Rechenschaft ab. Das Werk finanziert sich zu 100% aus Spenden.

Aktionskomitee für verfolgte Christen und Nehemia Christenhilfsdienst
Hassiaweg 3
D-63667 Nidda (Wallernhausen)
Tel. 06043/4524, Fax 06043/8126

Alban-Arbeit/Weizenkorn/ Jugend- und Kulturzentrum Eulerstroos Nüün

Die Anfänge der „Alban-Arbeit" liegen in einem studentischen Gebetskreis (1976). Gründer ist Johannes Czwalina. Nach wenigen Jahren kamen zu dem wöchentlichen Abendgottesdienst über 700 Besucher. Es entstanden Werkstätten mit geschützten Arbeitsplatzen und ein Jugendzentrum.
1990 wurde das inzwischen sehr groß gewordene Werk in drei selbständig arbeitende, voneinander unabhängige Institutionen aufgeteilt: eine Gemeindearbeit freikirchlich-charismatischer Prägung (heißt auch heute noch „Alban-Arbeit"; Gemeindeleiter ist Jens Kaldewey), eine Stiftung namens „Weizenkorn" mit beschützenden Werkstätten, ein Verein „Jugend- und Kulturzentrum Eulerstroos nüün", der das Jugendzentrum mit einer offenen Jugendarbeit betreibt. Die drei Werke pflegen ein gutes Verhältnis untereinander sowie zur ev.- ref. Kirche und anderen Gemeinden und Werken.

Alban-Arbeit
Eulerstr. 9, CH-4051 Basel
Tel. 061/2711015, Fax 061/2711490

Weizenkorn
Oetlingerstr. 81, CH-4057 Basel
Tel. 061/6922215

Jugend- und Kulturzentrum
Eulerstroos Nüün
Eulerstr. 9, CH-4051 Basel
Tel. 061/2711021

Arbeitsgemeinschaft Christlicher Lebenshilfen (ACL)

Die ACL ist ein loser Verband biblisch orientierter Seelsorge- und Rehabilitationszentren in Deutschland und zum Teil in anderen deutschsprachigen europäischen Ländern. In der Schweiz ist die ACL als eigenständige Organisation formiert. Der kleine österreichische Teilverband ist dem deutschen Verband angeschlossen.
Die ACL ist ein der Evang. Allianz nahestehendes Werk. Die einzelnen Mitgliedswerke haben unterschiedliche geistliche Prägungen und sind völlig selbständig; sie sind z. T. auch in anderen Verbänden Mitglied. Der christlich-diakonische Auftrag verbindet die einzelnen Werke. Die Mitarbeiter verstehen sich als solche, die bewußt unter der Führung des Herrn Jesus leben. Das Wort Gottes, die frohe Botschaft von der Erlösung des verlorenen Menschen durch Jesus Christus soll im Mittelpunkt der Therapie stehen, die sie Drogenabhängigen, Spielsüchtigen, psychisch Kranken, Alkoholkranken oder mit sonstigen Problemen behafteten Menschen (vorrangig jungen Erwachsenen) anbieten. Die ACL arbeitet mit dem „Blauen Kreuz" zusammen.
Ein dreiköpfiges Leitungsgremium ist vom Plenum gewählt und leitet den Verband; ihm zur Seite steht die Geschäftsstelle. Zum Leitungsgremium gehören Richard Straube (help center), Rolf Waldeck (Hoffnung für Dich) und Jochen Buhrow (Neues Land).
Tätigkeit: Zweimal im Jahr finden Kon-

takttagungen der Mitglieder statt (seit 1971). Diese dienen dem Austausch von Erfahrungen über geistliche, organisatorische, wirtschaftliche, juristische und fachliche Fragen. Einmal im Jahr findet das „ACL-Forum" statt, eine Tagung für alle Christen, die in der Arbeit mit Randgruppen tätig sind (Streetwork, Teestuben, Bistros, Offene Arbeit).

Publ.: ACL-Liste (aktuelle Liste der Rehabilitationszentren mit Angaben über Therapieangebote und Altersgruppe, bei der Geschäftsstelle erhältlich); „Leben will gelernt sein" (Sachbuch der ACL mit Kurzdarstellungen der einzelnen Mitgliedseinrichtungen (kann über den Buchhandel erworben werden: Verlag Schulte & Gerth, 4. Aufl.).

Rehabilitationszentren der ACL in Deutschland (nach Postleitzahlen geordnet):

Holzmühle Kämmeritz,
    Dorfstr. 20, D-07619 Kämmeritz,
    Tel. 036694/20071
Teen Challenge Haus,
    Rütlistr. 18, D-13407 Berlin,
    Tel. 030/4565565
Diakonisches Zentrum,
    D-18292 Serrahn 33 d,
    Tel. 038456/492
Landheim Salem,
    Salemsweg 100, D-21271 Asendorf,
    Tel. 04183/79330
Zweigstelle Haus Dynamis, Hamburg,
    über: Lebenswende,
    Wolfsgangstr. 14, D-60322 Frankfurt/M., Tel. 069/556213
Teen Challenge Fehmarn,
    Schulstr. 8, D-23769 Westfehmarn,

Tel. 04372/620
Werk- und Lebensgemeinschaft,
    Mühlenkamp 1, D-24217 Barsbek/
    Holstein, Tel. 04344/6108
Stephanus-Gemeinschaft,
    Kieler Str. 69 a, D-25474 Haslohn,
    Tel. 04106/68287
Teen Challenge Hof Hasselbrock,
    Westweg 61, D-26907 Walchum,
    Tel. 05939/317
Reha-Zentrum Krelingen,
    Krelingen 37, D-29664 Walsrode,
    Tel. 05167/9700
Neues Land, Steintorfeldstr. 11,
    D-30161 Hannover,
    Tel. 0511/319715
Gemeinschaft & Rehabilitation,
    Kirchspielweg 12, D-31840 Hess
    Oldendorf, Tel. 05152/51354
EC-Seelsorgezentrum,
    Töpfenhofweg 30, D-34134 Kassel,
    Tel. 0561/4808201
Gruppe Hoffnungsquelle,
    Mühlenstr. 21, D-34323 Malsfeld-
    Beiseförth, Tel. 05664/8093
Hoffnung für Dich, Schloß Falkenberg,
    D-34590 Wabern-Falkenberg,
    Tel. 05683/99800
Glaubenshof Cyriaxweimar,
    Harthweg 2, D-35043 Marburg-
    Cyriaxweimar, Tel. 06421/31331
help center, Postfach 21 63,
    D-35230 Dautphetal-Buchenau,
    Tel. 06466/7021
Country Living,
    In den Bitzen 2,
    D-35767 Gusternhain,
    Tel. 02777/6127
Projekt Kaffeetwete,
    Zum Schuntertal 11,

D-38154 Glentorf,
Tel. 05365/2302
Lebenszentrum Reinsdorf,
Schwalbenweg 8, D-38372 Büdden-
stedt, Tel. 05352/7487
Wendepunkt, Am Bertram 2,
D-42555 Velbert,
Tel. 02052/95070
Berghof Bethanien,
Am Roten Berg 3, D-47589 Uedem,
Tel. 02825/1464
Teen Challenge Eikmannshof,
Hoog-Poelycker-Str. 2,
D-47647 Kerken,
Tel. 02831/88143
Haus Maranatha, Niederbach 18,
D- 53639 Königswinter-Oberpleis,
Tel. 02244/4502
Christliche Jugendhilfe Eifel,
Altes Kloster, D-54597 Auw,
Tel. 06552/5208
Mission & Suchthilfe Ausweg,
Hauptstr. 3, D- 56459 Rotenhain,
Tel. 02661/20442
Wasser des Lebens,
Hauptstr. 26, D- 57632 Ziegenhain,
Tel. 02685/989155
Haus Wiedenhof, Bahnhofstr. 22,
D-58507 Lüdenscheid,
Tel. 02351/21625
Lebenswende, Wolfsgangstr. 14,
D-60322 Frankfurt/M.,
Tel. 069/556213
Christliches Lebenszentrum Birkenhof,
Weningser Str. 51, D-63688 Ge-
dern, Tel. 06045/2729
Teen Challenge Großfamilie,
Camberger Str. 25,
D-65597 Hünfelden,
Tel. 06438/3390

Jugendzentrum Neues Leben,
Bergheimer Str. 133, D-69115 Hei-
delberg, Tel. 06221/12350
Teen Challenge Stuttgart,
Schlößle, Hüfengasse 2,
D-74670 Forchtenberg-Metzdorf,
Tel. 07947/7744
Teen Challenge Gutes Land,
Schnedenhaarbach 73,
D-84137 Vilsbiburg,
Tel. 08741/1711
Neues Land, Kuppel 1,
D-87452 Altusried,
Tel. 08373/7571
Haus Weizenkorn,
Allmannsried 179 1-2,
D-88175 Scheidegg,
Tel. 08381/6684
Hort der Hoffnung,
Bergstr. 1, D-91462 Dachsbach-
Rauschenberg, Tel. 09163/8135
help center Magdalenenhof,
Hauptstr. 1, D-99718 Rohnstedt,
Tel. 036370/40274

*Fachkliniken, die mit der ACL in Deutsch-
land zusammenarbeiten:*
Klinik Hohe Mark,
Postfach 11 45, D-61401 Oberursel,
Tel. 06171/2040
Fachklinik De'Ignis,
Walddorfer Str. 23,
D-72227 Egenhausen,
Tel. 07453/93910
Fachkrankenhaus, Höchsten,
D-88693 Deggenhausertal,
Tel. 07555/8090
Fachkrankenhaus, Ringgenhof,
D-88271 Wilhelmsdorf,
Tel. 07503/9200

Rehabilitationszentren der ACL in der Schweiz (nach Postleitzahlen geordnet):
Samachia,
  Solothurnstr. 21+25,
  CH-2542 Pieterlen,
  Tel. 032/872969
Stiftung Hilfe zum Leben,
  Muristr. 37, CH-3006 Bern,
  Tel. 031/3522989
Verein Schamarel,
  Worbstr. 25, CH-3076 Worb,
  Tel. 031/8398722
Stiftung Christliche Lebenshilfe,
  CWG Mettleneggen,
  CH-3135 Wattenwil,
  Tel. 033/561337
Arche, Oberburgstr. 4,
  CH-3400 Burgdorf,
  Tel. 034/232370
Stiftung „Hilfe für Dich",
  Haus Mahanaim,
  CH-3534 Signau,
  Tel. 035/72351
Haus Baumgarten,
  CH-3555 Trubschachen,
  Tel. 035/65038
Verein „Zem Wäg",
  Bundesstr. 11, CH-4054 Basel,
  Tel. 061/2813131;
  Emil-Frei-Str. 41, CH-4142 München-
  chenstein, Tel. 061/3316880
Offene Tür, Sunnehus,
  Davidsbodenstr. 54, CH-4056 Ba-
  sel, Tel. 061/3216693; Fischerhus,
  Baselstr. 24, CH-4125 Riehen,
  Tel. 061/6410367
Stiftung „Santa Catarina",
  Sempacherstr. 16,
  CH-8032 Zürich)
Quellenhof-Stiftung,

Nordstr. 331, CH-8037 Zürich,
  Tel. 01/2718261;
  Hofackerstr. 8-10 a, CH-8546 Gun-
  detswil, Tel. 054/552667
Haus zur Quelle,
  Poststr. 24, CH-8583 Sulgen,
  Tel. 072/423865
Teen Challenge Schweiz,
  Koordination: Landstr. 19,
  CH-8750 Glarus, Tel. 058/611334
Kephas, Schwyzerstr. 46,
  CH-8832 Wollerau,
  Tel. 01/7842307
Best Hope, Nieschberg,
  CH-9100 Herisau,
  Tel. 071/511223
Schnäggehus,
  CH-9515 Hosenruck,
  Tel. 073/281188

Therapie- und Seelsorgezentren der ACL in Österreich:
Freie Christliche Jugendgemeinschaft,
  Währinger Gürtel 156/12,
  A-1090 Wien, Tel. 0222/3105551
Aktion „Leben mit Zukunft",
  Schachadorf 36, A-4552 Wartberg
  a. d. Krems, Tel. 07588/452
Verein zur christl. Lebenshilfe/
  REHA FARM Kärnten,
  Schumbergweg 2,
  A-9241 Wernberg,
  Tel. 04252/3746

Arbeitsgemeinschaft Christlicher Lebenshilfen
Geschäftsstelle (Gerhard Seemann)
Schloßstr. 6, D-34590 Wabern
Tel. 05683/99800, Fax 05683/998011

Arbeitsgemeinschaft Christlicher
Lebenshilfen
Geschäftsstelle
Fischerhus, Baselstr. 24
CH-4125 Riehen
Tel. 061/6410367

Kontaktadresse für Österreich:
Aktion „Leben mit Zukunft"
Schachadorf 36
A-4552 Wartberg a. d. Krems
Tel. 07588/452

Arbeitsgemeinschaft christlicher Plakatmissionen

Die Grundidee zum öffentlichen Aushang von Bibelwortplakaten entstand bei zwei Straßenbahnern in Hamburg. Sie gründeten dort 1949 die erste deutsche Plakatmission, die schon bald in anderen Städten Nachahmer fand. Durch Freundeskreise, die die Arbeit durch ihr Gebet und ihre finanziellen Opfer tragen, wird diese Arbeit ermöglicht. Die Plakatmissionen sind, modern ausgedrückt, so etwas wie „Bürgerinitiativen zur Ausbreitung des Wortes Gottes durch öffentlichen Aushang". 1962 wurde in Bielefeld die „Arbeitsgemeinschaft christlicher Plakatmissionen in Deutschland" gegründet. Vorsitzender ist Günter Wagner.
Wichtige *Aufgaben* der Arbeitsgemeinschaft sind: Stärkung der einzelnen Plakatmissionen in geistlicher und fachlicher Hinsicht, Erfahrungsaustausch und Vermittlung von Tips für die Inten-

sivierung der Arbeit, Austausch von Material (da durch den zentralen Druck und höhere Auflagen kostengünstiger gearbeitet werden kann), gemeinsame Aktionen.

Mitglieder: Christliche Plakatmission (Detmold), Christlicher Allianz-Plakatdienst Köln, Christlicher Plakatdienst (Hamburg), Christlicher Plakatdienst (Gießen), Christlicher Plakatdienst Gummersbach (Reichshof), Evangelischer Plakatdienst (Albersdorf), Evangelische Plakatmission Ruhr (Bochum), Plakatmission Altenkirchen (Hachenburg), Plakatmission Bielefeld, Plakatmission Bad Salzuflen, Süddeutsche Plakatmission (Gerstetten-Dettingen).

Arbeitsgemeinschaft christlicher Plakatmissionen in Deutschland
Susannastr. 15, D-45136 Essen

Arbeitsgemeinschaft der Evangelischen Jugend (aej)

Die „Arbeitsgemeinschaft der Evangelischen Jugend in der Bundesrepublik Deutschland" (aej) ist der Zusammenschluß bundeszentraler evangelischer Jugendverbände und Jugendwerke, der Jugendwerke evangelischer Freikirchen und der Jugendarbeit der Mitgliedskirchen der Evangelischen Kirche in Deutschland. Die aej hat 34 Mitglieder.
Als Dachorganisation vertritt sie die Interessen der Evangelischen Jugend auf Bundesebene gegenüber Bundesmini-

sterien, Fachorganisationen und internationalen Partnern. Die Arbeitsgemeinschaft ist Mitglied im Deutschen Bundesjugendring.

1946 wurde die „Jugendkammer der EKD" als Zusammenschluß der Jugendarbeit in den einzelnen Landeskirchen und der Zentralen der Jugendwerke gegründet. 1949 wurde die „Jugendkammer der EKD" um die Jugendarbeit der Freikirchen erweitert und bildete damit die „Arbeitsgemeinschaft der Evangelischen Jugend Deutschlands" (AGEJD), die 1971 in „Arbeitsgemeinschaft der Evangelischen Jugend in der Bundesrepublik Deutschland und Berlin West" umbenannt wurde. 1991 erfolgte der Zusammenschluß mit den ostdeutschen Trägern evangelischer Jugendarbeit zur „Arbeitsgemeinschaft der Evangelischen Jugend in der Bundesrepublik Deutschland".

Mitglieder: Arbeitsgemeinschaft Evang. Schülerinnen- und Schülerarbeit (Wuppertal), Jugendarbeit der Europäisch-Festländischen Brüder-Unität (Herrnhut), CVJM-Gesamtverband in Deutschland (Kassel), Deutscher Verband „Entschieden für Christus" – EC (Kassel), Arbeitsgemeinschaft MBK – Missionarisch-biblische Dienste unter Jugendlichen und Berufstätigen (Bad Salzuflen), Ring Missionarischer Jugendbewegungen (Altenkirchen), Verband Christlicher Pfadfinderinnen und Pfadfinder (Kassel).

Jugendwerk der Evang.-methodistischen Kirche (Stuttgart), Jugendgeschäftsstelle des Bundes Freier Evang. Gemeinden (Witten), Gemeindejugendwerk des Bundes Evang.-Freikirchlicher Gemeinden in Deutschland (Hamburg).

Landesjugendpfarrämter.

Arbeitsgemeinschaft
der Evangelischen Jugend
in der Bundesrepublik Deutschland e.V.
Otto-Brenner-Str. 9, D-30159 Hannover
Tel. 0511/12150, Fax 0511/1215299

Arbeitsgemeinschaft Evangelikaler Gemeinden in Österreich (ARGEGÖ)

Die evangelikal geprägten Freikirchen gründeten 1981 die „Arbeitsgemeinschaft Evangelikaler Gemeinden in Österreich". Ihr gehören gegenwärtig 54 Einzelgemeinden, sieben Beobachtergemeinden und 20 Freundeskreisgemeinden an. Diese Gemeinden kommen zum großen Teil aus den Baptistengemeinden, dem „Bund Evangelikaler Gemeinden in Österreich" (BEGÖ), den Brüdergemeinden, der Mennonitischen Freikirche und den Christlichen Versammlungen.

Die Zusammenarbeit begann zuerst mit einer jährlichen Schulungswoche. Doch bald entschied man sich, auch in den Bereichen Evangelisation, Jugendarbeit, Frauenarbeit, Jungschararbeit und „Biblische Ausbildung am Ort" (BAO) zusammenzuarbeiten. Die Zusammenarbeit, die insgesamt in zehn aufgabenspezifischen Bereichen besteht, ist in den Arbeitskreisen unterschiedlich intensiv und teilweise regional verschieden. Die ARGEGÖ hat im wesentlichen die Glaubensgrundsätze der Evang. Allianz übernommen. Die Aussagen über das Schriftverständnis werden durch die Betonung der Irrtumslosigkeit der Heiligen Schrift ergänzt. In drei zusätzlichen Punkten werden folgende Gedanken hervorgehoben: allgemeines Priestertum; zur Gemeinde gehören ausschließlich nur bekehrte Menschen; zuerst Bekehrung, dann die Glaubenstaufe.

Arbeitsgemeinschaft Evangelikaler
Gemeinden in Österreich
Dr. Fritz Lippert
Felbigergasse 3/1/20, A-1140 Wien

Arbeitsgemeinschaft Evangelikaler Missionen (AEM) – Deutschland

Die AEM in Deutschland ist ein Zusammenschluß von 57 evangelikalen Missionsgesellschaften und Ausbildungsstätten aus dem Bereich der evangelischen Landeskirchen, Landeskirchlichen Gemeinschaften und Freikirchen. Sie betreut zur Zeit weltweit über 2.200 Missionare. Sie arbeitet auf der Glaubensgrundlage der Evang. Allianz. Ein erstes Zusammenrücken der verschiedenen evangelikalen Missionsgesellschaften in Deutschland erfolgte 1968. In Verbindung mit der Evang. Allianz wurde die erste Tagung der evangelikalen Missionen 1969 in Frankfurt/M. durchgeführt. Das Ergebnis war die „Konferenz Evangelikaler Missionen", die sich inzwischen „Arbeitsgemeinschaft Evangelikaler Missionen" nennt und seit 1974 als eingetragener Verein registriert ist.

Die AEM hat 1983 „Grundsätze über den Umgang mit Spendenmitteln" (AEM-Spendengrundsätze) herausgegeben; 1985 folgten die „Grundsätze für die Öffentlichkeitsarbeit". Die Mitglieder der AEM sind verpflichtet, diese Spendengrundsätze einzuhalten. Die „Grundsätze" wurden dann von der Evang. Allianz übernommen; auch der „Ring Missionarischer Jugendbewegungen" (RMJ) empfiehlt sie seinen Mitgliedern.

Durch die AEM soll das biblische Missionsverständnis vertieft und die Unterstützung der Missionsarbeit durch die Heimatgemeinden gefördert werden. Die Gemeinschaft unter den Mitgliedern der AEM soll gestärkt und die Suche nach gemeinsamen Lösungen der Missionsfragen intensiviert werden.

Die AEM gründete folgende *Arbeitszweige und Werke:* Durch die „Deutsche Fernschule" (Gießen) können Kinder im Ausland, besonders auch Missionarskinder, bis zur 5. Klasse unterrichtet werden. „Hilfe für Brüder" (Stuttgart) unterstützt weltweit die Ausbildung einheimischer Mitarbeiter, Evangelisation und Gemeindeaufbau sowie diakonische Aufgaben. „Christliche Fachkräfte International" (Stuttgart) entsendet Christen als Entwicklungshelfer in die Dritte Welt. Zur Ausbildung und Fortbildung unterhält die AEM in Korntal seit 1984 die „Freie Hochschule für Mission".

Ordentliche Mitglieder: Albrecht-Bengel-Haus (Tübingen), Allianz Mission (Dietzhölztal), Chrischona Mission (Lörrach), Christoffel-Blindenmission (Bensheim), Deutscher Frauen-Missions-Gebetsbund (Siegen), Deutsche Indianer Pionier Mission (St. Johann), Deutsche Missionsgemeinschaft (Sinsheim), Deutscher Hilfsbund für christl. Liebeswerk im Orient (Bad Homburg), Diguna (Haiger), Dorothea Mission Südafrika (Bad Endbach), Evangeliumsgemeinschaft Mittlerer Osten (Wiesbaden), Evangeliums-Rundfunk (Wetzlar), Europäische Baptistische Mission (Bad Homburg), Evangelische Karmelmission (Schorndorf), Frontiers (Lindau), Gnadauer Brasilien-Mission (Stuttgart), Kinder-Evangelisations-Bewegung (Breidenbach), Kinderwerk Lima (Heidenheim), Licht im Osten (Korntal-Münchingen), Licht in Lateinamerika (Leipheim), Liebenzeller Mission (Bad Liebenzell), Marburger Mission (Marburg), Mission für Süd-Ost-Europa (Siegen), Missionshilfe Lemgo (Lemgo), Missionshaus Bibelschule Wiedenest (Bergneustadt), Missionsmannschaft Rotes Meer (Geislingen), Neukirchner Mission (Neukirchen-Vluyn), Operation Mobilisation (Mosbach), Orientdienst (Wiesbaden), Schweizer Indianer Mission – Deutscher Zweig (Trossingen), Überseeische Missionsgemeinschaft (Mücke), Vereinigte Deutsche Missionshilfe (Bassum), Vereinigte Kamerun- und Tschad-Mission (Kirchheim/Teck), WEC International (Eppstein).

Außerordentliche Mitglieder: Aktion: In jedes Haus (Radevormwald), Bibelschule Brake (Lemgo), Bibelschule Bergstraße (Königsfeld), Bibellesebund (Marienheide), Chinesische Missionsgemeinschaft (Simmersfeld), Christl. Mission Indien (Betzweiler-Wälde), Deutsches Mennonitisches Missions-Komitee (Emmendingen), Deutsches Missionsärzte-Team (Kreuztal), Diakonissenmutterhaus Aidlingen, EC Sozial-Missionarische Arbeit (Kassel), Evangeliums-Team für Brasilien (Eggenstein-Leopoldshafen), Evangelische Mission im Tschad (Kernen), Freunde mexikanischer Indianer-Bibelzentren (Kernen), Freundeskreis für den Missionsflugdienst im Pazifik (Kraichtal), Inter-Mission (Hannover), Janz Team (Lörrach), Lebenszentrum Adelshofen (Eppingen), Mission Aviation Fellowship (Wienhausen), Missionswerk Frohe Botschaft (Großalmerode), Navigatoren (Bonn), West-Europa-Mission (Wetzlar), Wort & Tat (Allgemeine Missions-Gesellschaft, Essen), Wycliff-Bibelübersetzer (Burbach).

Arbeitsgemeinschaft
Evangelikaler Missionen e.V.
Hindenburgstr. 36
D-70825 Korntal-Münchingen
Tel. 0711/8380830, Fax 0711/8380545

Arbeitsgemeinschaft Evangelikaler Missionen (AEM) – Schweiz

Die Arbeitsgemeinschaft Evangelikaler Missionen besteht in der Schweiz seit 1972. Sie ist als Verein konstituiert und verbindet als Dachverband 32 Missionswerke und vier Ausbildungsstätten in der Schweiz.

Die Bezeichnung „evangelikal" für die in der AEM zusammengeschlossenen Missionen besagt: Bindung an die Bibel als das vollgültige Wort Gottes, Zeugnis von der Heilstat Christi und Erfüllung des evangelistisch-missionarischen Auftrages.

Die Mitgliedsmissionen und -ausbildungsstätten fördern einander durch Austausch in bezug auf aktuelle Themen der Mission. Die AEM bietet Aus- und Weiterbildungen an für Mitarbeiter und Mitarbeiterinnen der Missionen. Sie will verstärkt die internationale Partnerschaft in der Mission bewußt machen und motiviert die Mitgliedsmissionen, bei der Festlegung ihrer Strategien die internationalen Partner einzubeziehen. Ein weiteres Ziel der AEM ist es, christlichen Gemeinden die Dringlichkeit der Weltmission nahezubringen und Möglichkeiten der Beteiligung aufzuzeigen. Die AEM fördert Angebote von missionarischen Fachorganisationen, die ihrer Zielsetzung entsprechen.

Mitglieder: Bibellesebund (Winterthur), Bibelschule Beatenberg, Chrischona Mission (Bettingen), Europa Mission des Bundes Freier Evangelischer Gemeinden (Stansstad), Europäische Baptistische Mission (Bülach), Evangelische Karmelmission (Gontenschwil), Evangelische Mission im Tschad (Biel), Evangelische Mission unter Ausländern (Zürich), Evangelischer Missionsdienst (Basel), Evangeliums-Rundfunk (Pfäffikon), Frontiers (Rheineck), Kinder-Evangelisation-Bewegung (Ostermundingen), Kinderwerk Lima (Frauenfeld), Licht im Osten (Rämismühle), Licht in Lateinamerika (Gossau), Liebenzeller Mission (Thun), Medien-Schriften-Dienste/Schweizerische Schallplattenmission (Frutigen), Mission Biblique (Le Fuet), Mission für Süd-Ost-Europa (Zürich), Missionsmannschaft Rotes Meer (Winterthur), Missionswerk der Vereinigung Freier Missionsgemeinden (Zürich), Nepal-Mission (Bäretswil), Operation Mobilisation (Wallisellen), Schweizer Allianz Mission (Winterthur), Schweizer Indianer Mission (St. Margrethen), Schweizerische Evangelische Allianz (Zürich), Schweizerische Missions-Gemeinschaft (Küsnacht), Schweizerisches Mennonitisches Evangelisationskomitee (Bassecourt), Seminar für Gemeindebau und Mission (Kehrsatz), SIM-International (Lausanne), Tear Fund Schweiz (Thalwil), Theologisch-Diakonisches Seminar Aarau, Theologisches Seminar St. Chrischona (Riehen), Überseeische Missions-Gemeinschaft (Zürich), Vereinigte Sudan-Mission (Lufingen), WEC International (Rüti), Wycliff-Bibelübersetzer (Biel).

*Arbeitsgemeinschaft Evangelikaler
Missionen der deutschen Schweiz
Postfach, CH-8304 Wallisellen
Tel. 01/8300100, Fax 01/83110022*

Arbeitsgemeinschaft für Ausländer (AfA)

früher: Arbeitsgemeinschaft für Ausländermission

In der Arbeitsgemeinschaft für Ausländer arbeiten Missionswerke, Kirchen, Freikirchen, Gemeinschaften und Vertreter örtlicher Allianzkreise zusammen, um die Arbeit unter Ausländern zu fördern. Die AfA besteht seit 1975 und ist ein Werk der „Deutschen Evangelischen Allianz".

Die AfA hilft vor allem bei der Koordination gemeinsamer Aufgaben: Sie ist ein Forum gemeinsamer Gespräche, des Erfahrungsaustausches und gegenseitiger Ermutigung. Sie fördert die Zusammenarbeit, informiert über den Umgang mit Ausländern und bietet entsprechende Hilfestellung an. Sie möchte u. a. in die Ausländerarbeit einführen, um Kultur, Sitten und Religion von Menschen, die durch eine andere Herkunft geprägt sind, besser verstehen zu können. Die AfA fördert Schulungen, Konferenzen, z.B. Ausländermissionskonferenzen, Kontakte zu örtlichen Allianzen und zu ausländischen Gemeinden und Gruppen. Sie ermutigt örtliche Allianzkreise, sich verstärkt der Ausländer anzunehmen, und gibt ihnen auf

Wunsch Hilfestellung. Sie informiert über fremdsprachiges Material, dessen Bezugsquellen, Vertrauenspersonen und Versammlungen für die einzelnen Sprachgruppen. Besondere Beachtung findet die inhaltliche Gestaltung fremdsprachiger Radiosendungen für Mitteleuropa in Zusammenarbeit mit dem Evangeliums-Rundfunk und die Betreuung der Hörer.

Orts-AfAs gibt es in Bielefeld, Bremen, Frankfurt/M., Gießen, Hamburg, Hannover, Marburg, Mülheim, Stuttgart und Siegen.

Vorsitzender der AfA ist Bernd G. Klose (Campus für Christus, Gießen); Geschäftsführer ist Klaus Schulte (Siegen).

Mitglieder: Aktion: In jedes Haus (Radevormwald), Blaues Kreuz in Deutschland (Wuppertal), Bund Evangelisch-Freikirchlicher Gemeinden (Bad Homburg), Bund Freier evangelischer Gemeinden (Siegen), Campus für Christus (Gießen), Christliches Lebenszentrum (Düsseldorf), Evangelische Ausländerseelsorge (Weissach im Tal), Evangelische Karmelmission (Schorndorf), Evangelischer Ausländerdienst (Dortmund), Evangeliumsgemeinschaft Mittlerer Osten (Wiesbaden), Evangeliums-Rundfunk (Wetzlar), Filipino Christian Fellowship (Bremen), Freiversammlungs-Mission (Wuppertal), Freundeskreis für Mission unter Chinesen in Deutschland (Hannover), Aktion christliche Gesellschaft (Bonn), Internationale Schallplattenmission (Halver), Jesus für alle Ausländer (Kaufbeuren), Jugoslawische Christliche Mission

(Seeheim-Jugenheim), Kontaktkreis Seisampan (Hochstadt/Pf.), Licht und Hoffnung (Bad Kreuznach), Missionarischer Arbeitskreis Hoffnung für Vietnamesen (Hagen), Mission für Süd-Ost-Europa (Siegen), Mission unter Vietnamesen in Deutschland (Nordhorn), Operation Mobilisation Deutschland (Mosbach), Orientdienst (Wiesbaden), Prison Fellowship Deutschland (Siegen), Studentenmission in Deutschland (Marburg), Überseeische Missionsgemeinschaft (Mükke), Weltweiter Einsatz für Christus (Eppstein), West-Europa-Mission (Wetzlar).

Arbeitsgemeinschaft für Ausländer
Falkenstr. 4, D-57078 Siegen
Tel./Fax 0271/8706036

Arbeitsgemeinschaft für das messianische Zeugnis an Israel (amzi)

Die Arbeitsgemeinschaft wurde 1968 durch Konrad Meyer (geb. 1915), einen ehemaligen Mitarbeiter und Lehrer an der Bibelschule Beatenberg, auf St. Chrischona in Basel gegründet. Von 1968 bis 1989 war Konrad Meyer Leiter der Arbeit und Gastdozent am Theologischen Seminar St. Chrischona. Seit 1989 leitet Andreas Meyer die Arbeit, die ein Zweig der Pilgermission St. Chrischona ist.

Tätigkeit: Unterstützung messianischer Arbeit in Israel; Literaturarbeit und Aufbau des Konferenzzentrums Beth Jedidja, Haifa; seit 1990 breite Zusammenarbeit mit messianischen Gemeinden und Gruppen in Israel und mit der jüdisch-arabischen Versöhnungsarbeit Musalaha; in Deutschland und in der Schweiz: Evangelisationsarbeit, Vorträge, Seminare, Organisation von Studienreisen.

Publ.: „Messianisches Zeugnis" (amzi-Nachrichten), 6.300 Empfänger.

Innere Ausrichtung: Die amzi versteht sich auf der Glaubensgrundlage der Evang. Allianz. Besonders betont werden die bleibende Erwählung Israels (Röm 9-11) und die Evangelisation unter jüdischen Menschen als zentraler Auftrag der Gemeinde Jesu Christi. Die amzi ist Mitglied der „Lausanne Consultation on Jewish Evangelism".

Organisation und Finanzierung: Die Arbeit wird hauptsächlich durch Spenden finanziert und von drei hauptamtlichen und weiteren ehrenamtlichen Mitarbeitern getragen.

amzi – Arbeitsgemeinschaft
für das messianische Zeugnis an Israel
Wiedenweg 7, CH-4153 Reinach
Tel. 061/7121138, Fax 061/712 1134

amzi – Arbeitsgemeinschaft
für das messianische Zeugnis an Israel
Hauingerstr. 6, D-79541 Lörrach
Tel. 07621/18105

Arbeitsgemeinschaft für Zeltmission und Evangelisation

Im Rahmen der Deutschen Evangelistenkonferenz bildete sich 1951 die Arbeitsgemeinschaft für Zeltmission. Diese Arbeitsgemeinschaft hat sich zum Ziel gesetzt, Zeltmissionseinsätze und Großevangelisationen zu koordinieren, damit Überschneidungen von Evangelisationsterminen vermieden werden. Bei der Evangelistenkonferenz im Dezember werden die Planungen untereinander ausgetauscht und allgemeine Fragen der Zeltmission besprochen.

Mitglieder: Aktion: In jedes Haus (Radevormwald), Amt für Gemeindedienst in der Evang.-Luth. Kirche in Bayern, Amt für missionarische Dienste der württ. Landeskirche, Barmer Zeltmission, Bund Evangelisch-Freikirchlicher Gemeinden, Bund Freier evangelischer Gemeinden, Deutsche Zeltmission (Siegen), Deutscher EC-Verband, Evangelisch-methodistische Kirche, Janz Team (Lörrach), Jugend für Christus (Mühltal), Liebenzeller Mission, Missionswerk Neues Leben (Altenkirchen), Neuland-Mission Plettenberg, Zeltmission der Evang. Gesellschaft.

Arbeitsgemeinschaft für Zeltmission und Evangelisation
Prediger Hermann Decker
Forchenhalde 39,
D-75378 Bad Liebenzell

Arbeitsgemeinschaft Jugendevangelisation (AGJE)

Die AGJE wurde 1971 gegründet. Seitdem besteht eine lockere Zusammenarbeit unter den Mitgliedern, deren Zahl laufend ansteigt. Hauptamtliche und ehrenamtliche Mitarbeiter tauschen ihre Erfahrungen aus. Tagungen, die über das ganze Land verstreut sind, sollen jungen Christen beim Beginn und der Durchführung evangelistischer Jugendarbeit Hilfestellung geben. Bei der Vorbereitung und Durchführung des „Christival 76", des „Christival 88" und des „Christival 96" (Kongresse Junger Christen) war die AGJE maßgeblich beteiligt.
Nach Ulrich Parzany übernahm Jürgen Blunck die Leitung, dann Hermann Traub. Seit 1997 wird die AGJE von Birgit Winterhoff (Gemeindepfarrerin in Halle/Westf.) geleitet.
Tätigkeit: Die AGJE will Jugendevangelisation und missionarische Jugendarbeit fördern. Zu diesem Zweck nimmt sie insbesondere folgende Aufgaben wahr: Veranstaltung von Tagungen (Kurse für missionarische Jugendarbeit); biblische Besinnung der Mitarbeiter; Stärkung der missionarischen Gemeinschaft durch Fürbitte, Besuch und geschwisterliches Gespräch; Anleitung zur Mitarbeiterschulung; Studium theologischer Fragen zur evangelistischen Jugendarbeit; Analyse der Situation junger Menschen; Bereitstellung von Hilfsmitteln (Werbematerial, Kassetten, Literaturhinweise zu evangelistischen Jugendfreizeiten); Vermittlung

von Kontakten zu Jugendevangelisten in christlichen Jugendverbänden.

Wirkungsbereich: D.

Publ.: Prospekte, Programm, Materialdienst, monatl. Rundfunksendung „junge welle service" im Evangeliums-Rundfunk.

Innere Ausrichtung: Die Mitglieder der AGJE verpflichten sich laut Satzung, Jugendevangelisation auf der Grundlage der biblischen Botschaft zu verstehen als Verkündigung des Heils allein in Jesus Christus, als Ruf zur Umkehr und zur Nachfolge Jesu Christi und als Anleitung zum verbindlichen Leben in der Gemeinde Jesu Christi und in der Welt. Die AGJE ist Mitglied der „Arbeitsgemeinschaft Missionarische Dienste" (AMD). Zur Evang. Allianz besteht ein sehr gutes Verhältnis. Ebenfalls besteht eine sehr gute Zusammenarbeit mit den volksmissionarischen Ämtern der Landeskirchen.

Organisation und Finanzierung: Die AGJE hat einen Vorstand, der aus 15 Personen besteht (zugleich organisiert als „Arbeitsgemeinschaft Jugendevangelisation – geschäftsführender Verein e.V."), und eine Mitgliederversammlung. Die Geschäftsstelle wird durch ehrenamtliche Mitarbeiter geführt. Die Finanzierung erfolgt durch Mitgliederbeiträge und Spenden.

Arbeitsgemeinschaft
Jugendevangelisation e.V.
Schliepersberg 43, D-45257 Essen
Tel. 0201/484148

Arbeitsgemeinschaft MBK

Seit 1905 hatten sich in verschiedenen Teilen Deutschlands Mädchen-Bibel-kreise gebildet, die sich zu regionalen Verbänden vereinigten. 1919 erfolgte der Zusammenschluß zum „Deutschen Bund der Mädchen-Bibel-Kreise" (MBK) in Leipzig. 1923 wurde der MBK-Verlag gegründet, ein Jahr später die Bibelschule (Seminar) eröffnet. 1925 reisten die ersten Missionarinnen nach China aus. Das MBK-Haus in Bad Salzuflen wurde 1952 eingeweiht, das MBK-Tagungshaus 1960. 1971 wurde der Name geändert in „Missionarisch-biblische Dienste unter Jugendlichen und Berufstätigen". Seit 1980 besteht die Arbeit mit dem Jugendfreizeitheim Berghof.

Tätigkeit: Zur Arbeitsgemeinschaft MBK gehören ein „Seminar für evangelischen Gemeindedienst" (Ausbildungsstätte, ausschließlich für Frauen), eine Jugendbildungsstätte (bewirtschaftete Tagungsstätte: 35 Betten, Seminarräume, Kapelle), das Jugendfreizeitheim Berghof bei Detmold/Teutoburger Wald (35 Betten, Seminarräume, Kapelle, Selbstverpflegung), der MBK-Verlag sowie die „MBK-Mission e.V.". Das „Seminar für evangelischen Gemeindedienst" ist eine von Landes- und Freikirchen anerkannte Ausbildungsstätte für Gemeindediakoninnen (Gemeindehelferinnen). Die Ausbildung dauert drei Jahre. Es besteht die Möglichkeit, im Rahmen eines Studienjahres am Ausbildungsbetrieb gastweise teilzunehmen.

Die Tagungsstätte dient der theologischen Fortbildung und der persönlichen Stille. Es werden theologische Fortbildungs- und Aufbaukurse für Hauptamtliche in der Kinder- und Jugendarbeit angeboten, Wochenendseminare und Tagungen für Gemeindegruppen und ehrenamtliche Mitarbeiterinnen und Mitarbeiter („Theologie für NichttheologInnen", „ABC des Glaubens", „Religionsunterricht für Erwachsene", Einkehrtage, Tagungsreihe „Baustelle Leben", Seelsorgekurse), außerdem Jugendtagungen, Freizeiten, Erholungszeiten für Einzelgäste sowie Urlaubsgemeinschaften für berufstätige Frauen und Seniorinnen. Die Tagungsstätte kann von Gruppen mit eigenem Programm genutzt werden.

Das Jugendfreizeitheim Berghof bietet eigene Jugendveranstaltungen an (Mitarbeiterschulungen für Ehrenamtliche, Tagungsreihe „Tankstelle" für Ehrenamtliche, Einkehrtage, Bauwochen, Kreativ- und Gospelfreizeiten, ökologische Kurse, zentrale Jugendfreizeiten: Pfingsten, Silvester, Berghof meeting, Berghof special. Daneben wird der Berghof viel genutzt für Kinder-, Konfirmanden- und Jugendfreizeiten aus vielen Gemeinden innerhalb der evang. Kirche, der Verbände und der Freikirchen.

Wirkungsbereich: D (MBK-Mission: Japan, Hongkong).

Publ.: „Contrapunkt" (Jugendzeitschrift), zweimonatl., Aufl. 7.000; „Arbeit und Stille" (Schriftenreihe), zweimonatl., Aufl. 6.000; Freundesbrief, Berghofbrief, Notizen zur Fürbitte, Gesamtprospekt u.a.

Innere Ausrichtung: „Die Arbeitsgemeinschaft MBK sieht ihren Auftrag darin, Jugendlichen und Berufstätigen das Evangelium von Jesus Christus, dem gekreuzigten, auferstandenen und wiederkommenden Herrn zu bezeugen, damit sie zur lebendigen Gemeinschaft mit ihm kommen und durch ihn Vergebung der Sünde und die Gabe eines neuen Lebens im Glauben empfangen. Sie weiß, daß solches Leben im Glauben vor allem in der Gemeinschaft der um Gottes Wort und Sakrament sich sammelnden Gemeinde, in Gebet und missionarischem und diakonischem Dienst sich auswirkt. Darum sucht sie die einzelnen hinzuführen zum selbständigen Umgang mit der ganzen Heiligen Schrift und zum Dienst in ihrer Umwelt und in der Gemeinde" (Ordnung der MBK-Konferenz, Präambel).

Die Arbeitsgemeinschaft MBK hat eine enge Verbindung zu den evangelischen Landeskirchen. Sie ist Mitglied der „Arbeitsgemeinschaft der Evangelischen Jugend in der Bundesrepublik Deutschland" (aej), der „Arbeitsgemeinschaft Missionarische Dienste" (AMD) und der „Evangelischen Frauenarbeit in Deutschland". Außerdem ist sie ein Fachverband des Diakonischen Werkes der EKD.

Organisation und Finanzierung: Die Arbeitsgemeinschaft MBK ist ein eingetragener gemeinnütziger Verein, organisiert mit Vorstand, Mitgliederversammlung und Arbeitsausschüssen. Sie steht in enger Verbindung mit insgesamt zehn eigenständigen MBK-Länderarbeiten. Die Arbeitsgemeinschaft

MBK beschäftigt etwa 35 hauptamtliche Mitarbeiterinnen und Mitarbeiter. Sie wird finanziert durch Spenden aus dem Freundeskreis (24%), sonstige Eigenmittel wie Schulgelder und Tagungsgebühren (24%), Beihilfe der EKD (35%), Zuschuß vom Kinder- und Jugendplan (13%) sowie durch sonstige Zuschüsse (4%).

Arbeitsgemeinschaft MBK –
Missionarisch-biblische Dienste unter Jugendlichen und Berufstätigen e.V.
Hermann-Löns-Straße 14
D-32105 Bad Salzuflen
Postfach 560, D-32067 Bad Salzuflen
Tel. 05222/18050, Fax 05222/180527

Arbeitsgemeinschaft Missionarische Dienste (AMD)

Die „Arbeitsgemeinschaft Missionarische Dienste" (AMD) in der EKD ist der Zusammenschluß der 25 landeskirchlichen Ämter für Volksmission/Gemeindedienst und 61 freier Werke und Verbände aus Kirchen und Freikirchen, die das gemeinsame Anliegen haben, Menschen über die normalen Grenzen der kirchlichen Arbeit hinaus mit der frohen Botschaft von Jesus Christus zu erreichen.

Die Arbeitsgemeinschaft will Prozesse eines missionarisch-diakonischen Gemeindeaufbaus fördern, missionarische Projekte anregen und alle Bemühungen stärken, die auf wachsende Mündigkeit und Sprachfähigkeit der Christen zielen. Strukturell ist die AMD als Fachverband im Diakonischen Werk der EKD eingebunden. Sie hält Kontakt zu ökumenischen und weltmissionarischen Einrichtungen.

In Zusammenarbeit mit dem evangelischen und dem katholischen Bibelwerk gibt die AMD Arbeitsmaterialien zur Bibelwoche heraus. Hilfen für den Zugang zur Bibel vermitteln Bibelstudienkurse: „Stuttgarter Bibelkurs" und „Bethel-Bibel-Studienkurs".

Auf jährlichen Fachkonferenzen treffen sich die Beauftragten der Landeskirchen für Besuchsdienst, Hauskreisarbeit, Kirchengemeinderatsarbeit, Lektoren- und Prädikantenarbeit, Evangelisation. Die jährlich stattfindende Internationale Konsultation für Gemeindeaufbau ermöglicht den Austausch der Erfahrungen in Europa.

Die AMD ist auch Dachverband für die seelsorgerlichen Dienste an Binnenschiffern, Seeleuten und an Sinnesbehinderten.

Neben den Materialien zur Bibelwoche gibt die AMD folgende *Publikationen* heraus: die Zeitschrift „Brennpunkt Gemeinde", „Studienbriefe", die Verteilschrift „Für jeden neuen Tag" und die Arbeitshilfe „Kirche unterwegs".

Mitglieder: Die landeskirchlichen Ämter für Gemeindedienst bzw. für Missionarische Dienste sind Mitglieder der AMD. Außerdem gehören der AMD an: action 365 – ökumenische Basisgruppen (Frankfurt/M.), Aktion: In jedes Haus (Radevormwald), Arbeitsgemeinschaft Evang. Einkehrtage (Weitenhagen), Arbeitsgemeinschaft evangelischer Stadtmissionen (Stuttgart), Arbeitsgemeinschaft Jugendevangelisation (Essen), Arbeitsgemeinschaft MBK – Missionarisch-biblische Dienste unter Jugendlichen und Berufstätigen (Bad Salzuflen), Arbeitskreis für Gemeindeaufbau in Deutschland (Giengen), Berliner Stadtmission, Bibellesebund (Marienheide), Blaues Kreuz in Deutschland (Wuppertal), Bruderdienst-Missionsverlag (Wesselburen), Burckhardthaus – Ev. Institut für Jugend- und Sozialarbeit (Gelnhausen), Campus für Christus (Gießen), Christen in der Wirtschaft – Verband Christlicher Kaufleute (Erkrath), Christusträger Bruderschaft (Triefenstein), Christusdienst Thüringen (Udestedt), Circus- und Schausteller-Seelsorge der EKD (Feuchtwangen), Cornelius-Vereinigung – Christen in der Bundeswehr (Bonn), CVJM-Gesamtverband in Deutschland (Kassel), Deutsche Bibelgesellschaft (Stuttgart), Deutsche Evangelistenkonferenz (Walsrode), Deutsche Seemannsmission (Bremen), Deutsche Zeltmission (Siegen), Deutscher Gemeinschafts-Diakonie-Verband (Marburg), Evangelische Buchhilfe (Vellmar), Evangelische Missionsschule der Bahnauer Bruderschaft Unterweissach (Weissach im Tal), Evangelische Sozialakademie (Friedewald), Evangelischer Gnadauer Gemeinschaftsverband (Dillenburg), Evangelisches Bildungswerk Berlin, Evangelisches Missionswerk in Deutschland (Hamburg), Evangelisches Missionswerk in Südwestdeutschland (Stutt-

gart), Evangelisches Studienkolleg für Gemeindewachstum (Minden), Ev.-luth. Missionswerk in Niedersachsen/Gemeindedienst (Hermannsburg), Evang.-methodistische Kirche – Behörde für Evangelisation (Stuttgart), Evangelistenschule Johanneum (Wuppertal), Evangeliums-Rundfunk (Wetzlar), Gesellschaft für Innere und Äußere Mission (Neuendettelsau), Gesellschaft zur Ausbreitung des Evangeliums (Nürnberg), help center (Dautphetal), Jugend für Christus Deutschland (Mühltal), Kindernothilfe (Duisburg), „Kirche unterwegs" der Bahnauer Bruderschaft (Backnang), Licht im Osten (Korntal-Münchingen), Männerarbeit der Evang. Kirche in Deutschland (Kassel), Marburger Kreis (Würzburg), Maulbronner Kreis – Freunde missionarischer Gemeindearbeit (Filderstadt), Missionarische Dienste Südharz (Halle), Missionarischer Dienst im Hotel- und Gaststättengewerbe (Stuttgart), Missionshaus Malche – Kirchl.-theol. Fachschule und Schwesternschaft (Bad Freienwalde), Missionswerk Frohe Botschaft (Großalmerode), Janz Team (Lörrach), Missionswerk Neues Leben (Altenkirchen), Neukirchener Erziehungsverein (Neukirchen-Vluyn), Nordelbisches Missions-Zentrum (Hamburg), Ökumenische Arbeitsgemeinschaft für Bibellesen (Berlin), Ökumenischer Dienst mit Lebenszentrum für die Einheit der Christen (Stadtlauringen), Pfarrer-Gebets-Bruderschaft (Marburg), Vereinte Evang. Mission/Gemeindedienste (Wuppertal), Volksmissionskreis Sachsen (Dres-

den), Wichern-Vereinigung (Winsen), Wort im Bild – Verlags- und Vertriebs-GmbH für missionarisches Arbeitsmaterial (Hammersbach).
Befreundete und benachbarte Ämter und Dienste: Deutscher Evangelischer Kirchentag (Fulda), Missionarische Dienste im Elsaß (F-Schwindratzheim), Amt für Evangelisation und Gemeindeaufbau (A-Sierning).

Arbeitsgemeinschaft
Missionarische Dienste
Schönhauser Allee 59, D-10437 Berlin
Postfach 78, D-10411 Berlin
Tel. 030/44660-571/572
Fax 030/44660422

Arbeitsgemeinschaft Pfingstlich-Charismatischer Missionen (APCM)

Die APCM wurde 1994 in Heppenheim/Bergstraße gegründet. Derzeit hat sie 15 Vollmitglieder; fünf weitere Werke sind der APCM freundschaftlich verbunden; weitere Missionen haben ihren Beitritt angekündigt.
Ziel der Arbeitsgemeinschaft ist Zusammenarbeit auf allen möglichen Ebenen unter Berücksichtigung der Eigenständigkeit der einzelnen Missionswerke, ihrer Geschichte, Zielsetzung und Aufgabenbereiche. Besonders angestrebt wird Kooperation auf den Missionsfeldern und gegenseitige Hilfestellung.

Die Mitgliedswerke arbeiten in mehr als 70 Ländern der Erde, haben ca. 800 hauptamtliche Mitarbeiter im In- und Ausland, unterstützen ca. 2.000 einheimische Pastoren und Mitarbeiter auf den Missionsfeldern, haben 17 Bibelschulen, 18 Kurzzeit-Bibelschulen, mehr als 60 Kinderheime, vier Kliniken und sieben Ambulanz-Stationen in den Missionsländern Asiens, Afrikas und Lateinamerikas.

Vollmitglieder: Aktionskomitee für Verfolgte Christen (Nidda), Gemeinde auf dem Weg (Berlin), Gemeinde Gottes (Urbach), Globe Europe Missionsgesellschaft (Wesel), Jugend-, Missions- und Sozialwerk (Altensteig), Mission der Biblischen Glaubens-Gemeinde (Stuttgart), Missionsdienst (Hameln), Missionsgemeinde Weinstadt (Kernen), Missionswerk „Glaube, Hoffnung, Liebe" (Aachen), Odenwälder Heidenmission (Fürth), Offener Dienst (Ihlerstein), Velberter Mission (Velbert), Vereinigte Missionsfreunde (Freudenberg), Vision für Asien (Edelsfeld), Volksmission entschiedener Christen (Stuttgart).
Befreundete Werke: Christlicher Hilfsdienst (Baden-Baden), Christus-Zentrum Weinstadt, Inter Mission (Hannover), Lebensmission „Jesus für Haiti" (Landau), Missionswerk „Das Lebendige Wort" (Ronneburg/Th.).

Arbeitsgemeinschaft Pfingstlich-Charismatischer Missionen in Deutschland
Postfach 11 01 46, D-76487 Baden-Baden

Arbeitsgemeinschaft Radio HCJB

Das Werk wurde 1931 als „World Radio Missionary Fellowship" in Lima/Ohio durch Clarence W. Jones und Reuben Larson gegründet. In Deutschland besteht die „Arbeitsgemeinschaft Radio HCJB" seit 1973. HCJB steht für „Heralding Christ Jesus' Blessings" (Höre Christi Jesu Botschaft). Die Gründung des Schweizer Arbeitszweiges erfolgte 1983. Die Leitung hat in Deutschland Dr. med. Ulrich Sasse, in der Schweiz Hans Zollinger.

Tätigkeit: In Ecuador, Panama, Texas und Mexiko wird Radiomission betrieben (Sendungen in englisch, spanisch, Quechua, in nordischen Sprachen, russisch, portugiesisch, deutsch, japanisch, französisch, tschechisch und chinesisch). Über Kurzwelle kann heute die ganze Welt erreicht werden. In Ecuador besteht eine Fernseharbeit. Außerdem werden dort evangelistische Einsätze durchgeführt, Filmvorführungen angeboten und Gefängnisarbeit geleistet. Reisedienst, Gemeindegründung und die Schulung von Pastoren gehören ebenfalls zur Tätigkeit des Werks in Ecuador. In Italien werden Radioprogramme produziert. Zur Tätigkeit der Arbeitsgemeinschaft gehören auch soziale Arbeit (Krankenhäuser, Augenklinik, fahrbare Kliniken) und Unterrichtsangebote (Fernbibelschule, Druckerei). In Deutschland und der Schweiz wird Öffentlichkeitsarbeit betrieben, außerdem Hörerbetreuung, Gebetsunterstützung, finanzielle Unterstützung.

Wirkungsbereich: USA, Zweigniederlassungen in 17 Ländern (davon zehn europäische).

Einrichtungen: Sendeanlagen und Studios in Ecuador, Panama, den USA; Studios in England, Schweden.

Publ.: umfangreiches Informationsmaterial; Zeitschriften; L. Neely: „Besteige diesen Berg" (Biographie des Gründers Clarence W. Jones); Gebetsbrief in deutsch, zweimonatl., seit 1982, Aufl. 400; Kassetten, Filme, Traktate, Plakate, Kalender.

Innere Ausrichtung: Basis ist ein Glaubensbekenntnis auf evangelikaler Grundlage, das jedes Mitglied jährlich neu durch Unterschrift anerkennt. Es besteht Übereinstimmung mit den Grundsätzen und Richtlinien der Evang. Allianz.
In Deutschland hat die Arbeitsgemeinschaft Kontakte zur „Klostermühle" (Fackelträger), zur „Bibelschule Brake", zum „Diakonissenmutterhaus Aidlingen" und zum „Janz Team". Partnermissionen in Deutschland sind die „Deutsche Missionsgemeinschaft" (DMG) und die „Vereinigte Deutsche Missionshilfe" (VDM).

Organisation und Finanzierung: Die Arbeitsgemeinschaft ist ein eingetragener Verein und als gemeinnützig anerkannt. Spendengelder werden direkt für die Arbeit in Ecuador transferiert. Für den administrativen Apparat in Deutschland/Schweiz wird möglichst wenig aufgewendet (20 bzw. sechs ehrenamtliche Mitarbeiter).

Arbeitsgemeinschaft Radio HCJB e.V.
Postfach 10 01 01, D-35331 Gießen
Tel. 0641/46239, Fax 0641/46313

Radio HCJB, Schweizer Arbeitszweig
Postfach 1 19, CH-8708 Männedorf
Tel. 01/9200994

Internationale Zentrale:
HCJB WORLD RADIO
P.O. Box 39800, Colorado Springs
CO 80949-9800, USA

Arbeitsgemeinschaft Soldatenseelsorge (ags)

Die Arbeitsgemeinschaft Soldatenseelsorge wurde 1985 gegründet. Sie hat sich als Ziel gesetzt, in Zusammenarbeit mit der Evang. Militärseelsorge die in vielen Jahren gewachsene missionarisch-seelsorgerliche Arbeit unter Soldaten zu koordinieren und zu stärken. Sie baut auf der bestehenden Soldatenarbeit der Verbände und Kirchen auf und führt deren Arbeit als zentraler Ansprechpartner in ganz Deutschland weiter, gibt Impulse oder zeigt Modelle für neue Aktivitäten auf.

Die Leitung haben Pastor Christoph Morgner (Vorsitzender des Kuratoriums) und Pastor Klaus-Dieter Zunke (hauptamtlich).

Verbände und Kirchen, die der ags angehören: Deutsche Evangelische Allianz, Evangelischer Gnadauer Gemeinschaftsverband, Cornelius-Vereinigung – Christen in der Bundeswehr, Bund Evangelisch-Freikirchlicher Gemeinden, Bund Freier evangelischer Gemeinden, CVJM-Gesamtverband, EC – Deutscher Jugendverband „Entschieden für Christus".

Als *Gast* wirkt die Evangelisch-methodistische Kirche in Deutschland mit.

Tätigkeit: Ziele sind die seelsorgerliche Begleitung der jungen Christen (Wehrpflichtigen) in der Bundeswehr, die Glaubensstärkung von Christen, die Zeit- und Berufssoldaten sind, die Unterstützung der missionarischen Arbeit engagierter Christen bei der Bundeswehr und die Weitergabe von Informationen über die Bibel.

Die ags führt Seminare für angehende Soldaten auf Tagungen oder bei Jugendtreffen anderer Verbände (z.B. EC-Tagung) durch, außerdem Soldatenrüstzeiten. Zu ihren Aktivitäten zählen außerdem die Aus- und Fortbildung ehrenamtlicher Mitarbeiter, Rüstzeiten für Mitarbeiter, der Aufbau und die Begleitung von Bibel- und Gebetskreisen und die Herausgabe missionarischer Verteilschriften. Seit 1994 führt die ags in Kasernen, Standorten und auf Übungsplätzen der Bundeswehr Aktionswochen/-tage zur Information über die Bibel (Entstehung, Inhalt, Bedeutung) mit dem Bibelmobil (Ausstellungsfahrzeug) durch.

Wirkungsbereich: D.

Publ.: „NL Neue Lage" (Informationen aus der ags), seit 1988, vierteljährl., Aufl. 4.000-5.000; Informationsblätter; Taschenbuch „Bundte Zeiten" (Selbstverlag); Arbeitshilfen für Bibel- und Gebetskreise; Faltblattserie „bundt gemischt"; Plakate.

Innere Ausrichtung: Glaubensgrundlage ist die Bibel. Man bemüht sich um eine theologisch solide (pietistische) Auslegung der Wahrheit des Evangeliums in Jesus Christus. Im Mittelpunkt stehen die Erlösung durch Tod und Auferstehung Jesu und der Glaube an ein ewiges Leben. Die Bekehrung wird verstanden als persönliche Aneignung des Glaubens- und Lebensangebotes in Jesus, der Glaube als personale Beziehung zu einem persönlich erfahrbaren Gott. Von einem Christen erwartet man eine echte Glaubensentscheidung, verbindlichen Lebensstil (Beichte, „Stille Zeit", Gebet), Gemeinschaft mit anderen Christen, Mitarbeit und soziales Engagement, missionarische Aktivität. Kontakte bestehen vor allem zu Gruppierungen aus dem Bereich der Evang. Allianz und der Militärseelsorge. Zu den Mitgliedern gehören auch Freikirchen.

Organisation und Finanzierung: Die ags ist als eine Arbeitsgemeinschaft nicht vereinsrechtlich organisiert. Sie wird durch ein Kuratorium geleitet, in dem der Militärbischof als Vertreter der EKD/Militärseelsorge Mitglied ist. Aufgrund eines Vertrages arbeitet die ags in enger Verbindung mit den Landeskirchen, vertreten durch die Evang. Militärseelsorge. Die ags wird durch kirchliche Gelder (75%), durch die Beiträge der Verbände (12,5%) und durch Spenden (12,5%) finanziert.

Arbeitsgemeinschaft Soldatenseelsorge
Fuchsberg 37, D-29313 Hambühren
Tel. 05084/6468, Fax 05084/7473

Arbeitskreis Israel (AKI)

Gegründet wurde der Arbeitskreis 1978 durch den freikirchlichen Pastor E. Goetze in Freiberg bei Stuttgart. Die Leitung haben Daniel Schmidt (Vorsitzender) und Hans-Joachim Voigt (Geschäftsführer).

Tätigkeit: Ziel des Arbeitskreises ist es vor allem, Menschen zu unterstützen, die Hilfe brauchen, und jeder Art von Antisemitismus entgegenzuwirken. Zu seiner Tätigkeit in Deutschland gehören Vorträge, Israel-Konferenzen und Hilfsaktionen für Israel, außerdem die Durchführung von Gruppen- und Einzelreisen nach Israel. In Israel unterstützt der Arbeitskreis soziale Einrichtungen, führt Baumpflanzungen durch und fördert die Bibelverbreitung.

Wirkungsbereich: D, Israel.

Publ.: Rundbriefe an Freunde und Mitglieder, zweimal jährl., Aufl. ca. 2.000.

Innere Ausrichtung: Glaubensgrundlage ist das Wort Gottes, die Bibel. Die überkonfessionelle Arbeit des Arbeitskreises ist evangelisch geprägt. Einstellung zur „Judenmission": „Nach allem, was gerade die deutschen ‚Christen' den Kindern Israels angetan haben, ist es sehr schwer für uns, dort heute glaubwürdig zu sein. Trotzdem gilt der Auftrag (Mt. 28, 19f). Wir müssen jedoch durch Taten der Liebe die Herzen der Israeliten öffnen."

Organisation und Finanzierung: Gemeinnütziger, eingetragener Verein mit Vorstand; ca. 100 Einzelmitglieder, 50 korporative Mitglieder, 500 Freunde, vier ehrenamtliche Mitarbeiter; Finanzierung durch Spenden (50%) und durch Mitgliederbeiträge.

Arbeitskreis Israel e.V.
Bodelschwinghweg 1, D-78126 Königsfeld

Aseba

Der Name „Aseba" ist abgeleitet von dem hebräischen Wort „seba" und heißt soviel wie „Gott geht voran". Die Arbeit begann 1982 in Uetendorf bei Thun (Schweiz) durch Evangelisationen mit Tonbildserien in der Schweiz und in Deutschland. 1983 wurde eine Zweigstelle in Deutschland gegründet (1987 Vereinsgründung in Deutschland). 1985 wurde die Arbeit nach Österreich ausgeweitet. 1995 erfolgte die Gründung einer eigenständigen Aseba-Stelle in Brasilien.
Geschäftsführer ist seit 1982 Daniel Zingg (geb. 1956, bis 1980 als Radio-TV-Elektriker und in der Industrieelektronik tätig, Besuch der Bibelschule Beatenberg). Aseba Deutschland wird von Bernt Mörl geleitet.
Tätigkeit: Aseba ist ein international tätiges Missionswerk. Anliegen und Ziel ist es, „Menschen in unserer christlichen, aber immer mehr gottfremden Gesellschaft mit der Botschaft von Jesus Christus zu erreichen". Dies geschieht durch die Produktion evangelistischer Tonbildserien (Überblendprojektion) und durch Evangelisation und Mission mittels dieser Serien. Die Serien werden ausgeliehen oder durch ein Team in

Gemeinden vorgeführt; die Einsätze werden in Zusammenarbeit mit den jeweiligen Gemeinden vorbereitet. Außerdem führt das Missionswerk Seminare für Foto und AV zur Fortbildung für Missionare und andere engagierte Mitarbeiter aus Werken und Gemeinden durch sowie Schulungen über den Einsatz von Bild-Medien (Film, Dia-AV, Video). Zur Tätigkeit von Aseba gehören auch Informationsabende über die eigene Arbeit und die Produktion von Medien für andere Missionswerke.
Wirkungsbereich: CH, D, A, Brasilien, Rumänien, Rußland; Produktionen auch in Frankreich, Spanien, Thailand, Griechenland.
Publ.: AV-Medien; Aseba-Kurzinformation, 3-4mal jährl., Aufl. ca. 3.000.
Innere Ausrichtung: Grundlage ist das Bekenntnis „zur göttlichen Inspiration der ganzen Heiligen Schrift, ihrer völligen Zuverlässigkeit und einzigen Autorität in allen ihren Aussagen". Sie ist als höchste Autorität verbindlich für Glauben und Leben, für Lehre und Dienst. „Allein durch den Glauben an Jesus Christus (Umkehr und Wiedergeburt) kann sich der Mensch vor Gott rechtfertigen und wird die Gemeinschaft mit ihm wieder hergestellt."
Aseba steht dem „Bund Freier Evangelischer Gemeinden" in der Schweiz nahe. Der Verein arbeitet mit der „Überseeischen Missionsgemeinschaft" (ÜMG) zusammen, in Deutschland mit dem EC-Jugendbund, dem CVJM, dem „Württembergischen Brüderbund", mit einzelnen Freikirchen und mit gläubigen Pfarrern in den Landeskirchen.

Zur Evang. Allianz besteht ein gutes Verhältnis.

Organisation und Finanzierung: In der Schweiz als Verein organisiert (Leitung durch den Präsidenten, Vorstand und Mitgliederversammlung), in Deutschland gemeinnütziger Verein (Vorstand und Mitgliederversammlung); zwei hauptamtliche Mitarbeiter und drei Teilzeit-Angestellte in der Schweiz; 15 ehrenamtliche Mitarbeiter in Deutschland, eine hauptamtlich angestellte Familie sowie ein Team freiwilliger Helfer in Brasilien; Finanzierung durch Spenden (CH: 60%, D: 40%), durch Vorführ- und Ausleihgebühren, durch Fremdaufträge für andere Werke und durch Seminargebühren.

Aseba Schweiz
Postfach, CH-3429 Höchstetten
Tel. 034/4132232, Fax 034/4132231

Aseba e.V. Deutschland
Lachgasse 4, D-73110 Hattenhofen
Tel. 07164/909814, Fax 07164/909815

Ausländermission

Die „Ausländermission", die evangelikal ausgerichtet ist, wurde 1968 gegründet. Gründer und Leiter ist Albert Hedderich. Der Verein betreibt Mission unter Gastarbeitern, Asylanten und Aussiedlern im Raum Marburg/Biedenkopf.

Ausländermission e.V.
Am Rainbaum 2, D-35232 Dautphetal
Tel. 06466/434

Bekenntnisschulen

Etwa seit den 70er Jahren bildeten sich Privatschulen auf biblischer Grundlage, in denen die Kinder durch konservativ-christliche Erziehung geprägt werden sollen. Sie sind zusammengefaßt in der „Arbeitsgemeinschaft Evangelischer Bekenntnisschulen" (AEBS, Königsträßle 27, D-72766 Reutlingen, Tel. 07121/492982).

Solche Schulen bestehen u.a. in folgenden Städten: Altenkirchen, Ansbach, Berlin, Bielefeld, Bochum, Bremen, Chemnitz, Detmold, Dresden, Frankfurt, Freiburg, Gevelsberg, Gießen, Gummersbach, Hamburg, Hannover, Heidelberg, Hilden/Düsseldorf, Kahl am Main, Kandern (Südschwarzwald), Karlsruhe, Kiel, Lemgo/Lippe, Lörrach, Lüdenscheid, Moormerland (Ostfriesland), München, Neukirchen-Vluyn, Nordheide, Reutlingen, Siegen, Stuttgart.

In der Schweiz gibt es entsprechende Organisationen: „Arbeitsgemeinschaft für Schulen auf biblischer Basis" (ASBB, Eichwiesstr. 9, Postfach, CH-8630 Rüti ZH, Tel. 055/318001) mit Privatschulen in Meilen ZH, Rüti ZH und Dietikon; „Bernische Schule auf biblischer Basis" (BSBB, Eichenweg 4, CH-3052 Oberzollikofen, Tel. 031/9108460); Privatschulen auf biblischer Basis, Region Basel (Birseckstr. 17, CH-4127 Birsfelden, Tel. 061/3130539), in Birsfelden und Bettingen (St.Chrischona).

Bibelbund

Der Bibelbund wurde 1894 in Pommern von fünf lutherischen Kirchenvertretern und einem Professor gegründet mit dem Ziel, gegen den zunehmenden Einfluß der liberalen Theologie vorzugehen. Nach dem Zweiten Weltkrieg veränderte der zunehmende Einfluß eines biblizistischen Pietismus und die steigende Mitgliederzahl von Freikirchlern die Zusammensetzung des Bibelbunds. Die Mitglieder bekennen sich zum Glauben an die irrtumslose Offenbarung Gottes in seinem Wort. Seit den 70er Jahren unterstützt der Bibelbund die neu gegründeten freien theologischen Ausbildungsstätten in Basel (Staatsunabhängige Theologische Hochschule, STH) und Gießen (Freie Theologische Akademie, FTA). Die Leitung des Bibelbunds hat Richard Bergmann (Vorsitzender).
Publ.: „Bibel und Gemeinde", seit 1901, vierteljährl., (bis 1954 „Nach dem Gesetz und Zeugnis").

Bibelbund e. V.
Narzissenweg 11
D-35447 Reiskirchen
Tel. 06408/63146

Bibelbund e. V. (Sekretariat)
Friedrichsgrüner Str. 83
D-08269 Hammerbrücke
Fax 037465/44422

Bibel-Center

bis 1978: Bibelschule Hagen

Die Bibelschule Hagen wurde 1956 gegründet von Dr. Friedrich Vogel und Christa Vogel (geb. 1929 bzw. 1928; freie theologische Ausbildung im Bibelseminar Beatenberg, Schweiz). Sie arbeitete zunächst als Abendbibelschule nach dem Prinzip der Volkshochschulen; später wurde die Arbeit durch Wochenendbibelschulungen erweitert. Zusätzlich zu seiner Tätigkeit für die Bibelschule Hagen war Friedrich Vogel von 1958 bis 1970 als Bibellehrer in der Bibelschule Beatenberg (Blockunterricht) tätig. Außerdem ist er Mitbegründer des Bibelseminars Wuppertal und übte auch dort eine Lehrtätigkeit aus. 1963 wurde die Arbeit der Bibelschule Hagen durch Fachseminare, Telefonseelsorge, Bibelwochen, Evangelisationen und Israelstudienreisen ergänzt. 1970 begann die theologische Vollzeitausbildung (Freie Theologische Fachschule; seit 1975 staatlich anerkannt; Schüler sind nach dem BAFöG berechtigt, Unterstützung zu bekommen). 1978 erfolgte der Umzug nach Breckerfeld und die Namensänderung von „Bibelschule Hagen" in „Bibel-Center". 1986 wurde die Stiftshütte (nach 2. Mose 25ff) in Originalgröße aufgebaut. Die „Expo Exodus" entstand. Innerhalb von sieben Ausstellungsjahren an verschiedenen Orten Europas besuchten über 250.000 Besucher die „Expo Exodus". 1993 begann das Bibel-Center mit Radiomission, zuerst über Radio Moskau und Radio Minsk, danach über Sender in Südafrika und andere Sender, die die Programme aufnehmen.

Friedrich Vogel ist auch heute noch Leiter des Bibcl-Centers.

Tätigkeit: Das Bibel-Center bietet eine dreijährige theologische Ausbildung an (ein sechsmonatiges Semester teilt sich in vier Monate Schulzeit und zwei Monate Praktikum). Die Absolventen arbeiten in verschiedenen Missionsorganisationen und Kirchen- und Gemeindeverbänden. Ziel der Ausbildung ist, jungen Christen aus Kirchen, Freikirchen und Gemeinschaften ein fundiertes Wissen aus der Heiligen Schrift zu vermitteln, sie vorzubereiten auf einen effektiven, fruchtbaren Dienst in Gemeinde und Mission.

Das Bibel-Center führt verschiedene Veranstaltungen durch (Bibelwochen, Evangelisationen, Fachseminare, Wochenendbibelschulungen, Ferienbibelschule, Konferenzen, Israelkonferenz, Israelstudienreisen, Expo Exodus). Ein weiterer Tätigkeitsbereich ist die evangelistische Trauerarbeit.

Wirkungsbereich: D, A, CH.

Einrichtungen: Schulkomplex, drei Missionsgebäude (Internatsgebäude), Christliche Buchhandlung und Videothek (Schwelm).

Publ.: „Bibel-Center-AKTUELL", vierteljährl., Auflage: 27.000; „Bibel-Center AKTUEL NEWS", halbjährl., Auflage: 3.000, Kassetten, Poster, Diaserien, Faltkalender „Gebet für Israel".

Innere Ausrichtung: Das Bibel-Center hat eine in neun Punkten zusammengefaßte Glaubensgrundlage. Basis ist die Bibel, göttlich inspiriert, somit höchste Autorität für alle Fragen des Glaubens und des Lebens. Notwendig ist die persönliche Beziehung zu Jesus Christus mit Lebensübergabe an ihn.

Zusammenarbeit besteht mit Gemeinden, Versammlungen, Gemeinde- und Kirchenverbänden sowie mit Missionsorganisationen und Freizeitheimen, die auf der Basis der Evang. Allianz stehen. Das Bibel-Center ist Mitglied der „Konferenz bibeltreuer Ausbildungsstätten" (KbA).

Organisation und Finanzierung: Eingetragener Verein, als gemeinnützig anerkannt; elf hauptamtliche Mitarbeiter (einschl. Lehrpersonal), 16 ehrenamtliche Mitarbeiter, fünfköpfiger Vorstand; Finanzierung durch Spenden (75%), Schulgeld und Seminargebühren.

Bibel-Center e.V.
Freie Theologische Fachschule
D-58339 Breckerfeld
Tel. 02338/1071, Fax 02338/1074

Bibelfernunterricht (BFU)

Die Fernkursarbeit des BFU begann 1971 als „Fernkursabteilung" der „Bibelschule Bergstraße" in Seeheim a. d. Bergstraße, die ihren Sitz inzwischen in Königsfeld im Schwarzwald hat. 1992 wurde „Bibelfernunterricht" als eigenständige Arbeit gegründet. Die Einrichtung hat ihren Sitz weiterhin in Seeheim. Die Leitung hat Pastor Hans-Peter Kuhlmann.

Tätigkeit: Angeboten wird eine Bibelschulausbildung für engagierte Mitarbeiter in Kirchen und Gemeinschaften (inbesondere für Missionare mit technischen oder medizinischen Berufen), die mit integrierten Präsenzphasen und Gemeindepraktikum in der Regel in ca. zwei Jahren nebenberuflich zu bewältigen ist. Die einzelnen Kurse dieses Gesamtprogramms können auch separat bearbeitet werden.

Wirkungsbereich: Weltweit (für deutschsprachige Teilnehmer).

Publ.: „News vom Bibelfernunterricht", unregelm., Aufl. ca. 2.500.

Innere Ausrichtung: Glaubensgrundlage ist die Basis der Evang. Allianz. Die Arbeit ist überkonfessionell. Die Einrichtung ist Mitglied im „Ring Missionarischer Jugendbewegungen" (RMJ) und im „Deutschen Fernschulverband". Teile des Kursangebots tragen das Zulassungssiegel der „Staatlichen Zentralstelle für Fernunterricht" in Köln, die übrigen sind dort registriert.

Organisation und Finanzierung: Eingetragener, als gemeinnützig anerkannter Verein, der von einem dreiköpfigen Vorstand geleitet wird. Der Verein hat vier feste, drei ehrenamtliche und zusätzlich freie Mitarbeiter. Die Finanzierung erfolgt durch Kurs- und Seminarentgelte sowie Spenden.

Bibelfernunterricht e.V.
Wilh.-Leuschner-Str. 18
D-64342 Seeheim-Jugenheim
Postfach 1 153
D-64332 Seeheim-Jugenheim
Tel. 06257/81001, Fax 06257/86742

Bibelheim und Bibelschule Beatenberg

1934 gründeten Dr. Saturnin Wasserzug (1862–1950), ehemals Lehrer und Missionar in Tunesien und Palästina, und seine Frau, Gertrud Wasserzug-Traeder, das Bibelheim Beatenberg. 1945 folgte die Gründung der Bibelschule. 1967 übernahm Peter Mayer, Absolvent der Bibelschule Beatenberg, die Leitung. Seit 1993 ist Samuel van der Maas Leiter des Werks.

Mit der Gründung der beiden Zweigwerke, des „Institut Biblique de Marseille" und des „Instituto Biblico", Isola del Gran Sasso, begann 1957 die Beatenberger Mission in Frankreich bzw. in Mittelitalien. Es handelt sich um evangelistisch tätige Zentren, um die sich an beiden Orten eine kleine Gemeinde gesammelt hat.

Tätigkeit: Das Ziel des Mssionswerkes ist die Rettung verlorener und suchender Menschen, biblische Schulung für wiedergeborene Christen und Zurüstung zu wahrer Jüngerschaft in der Nachfolge Jesu Christi.

In der Bibelschule, die ein, zwei oder drei Jahre besucht werden kann, werden ca. 30 bis 50 Schüler und Schülerinnen in drei Jahrgängen unterrichtet (insgesamt ca. 1.600 Absolventinnen und Absolventen seit 1945). Für die Gäste des Gästehauses bietet die Einrichtung zusätzlich zu der Möglichkeit von „Ferien unter Gottes Wort" gezielte Schulung und Seelsorge an. Zur Tätigkeit des Missionswerks gehören außerdem Kinder- und Jugendlager sowie verschiedene Ferienangebote für Kinder. Das Bibelheim betreibt einen Verlag, ein Tonstudio und eine Druckerei. Größere auswärtige Aktionen werden nicht durchgeführt.

Wirkungsbereich: CH, Frankreich, Italien.

Einrichtungen: Bibelschule mit Wohnheim, Gästehaus, Seniorenresidenz, Verlag, Tonstudio, Druckerei.

Publ.: „Beatenberger Perspektiven", Rundbriefe, Kassetten, Bücher aus eigenem Verlag.

Innere Ausrichtung: Die Bibelschule Beatenberg bekennt sich in ihrer neun Punkte umfassenden fundamentalistisch geprägten Glaubensgrundlage u.a. zur göttlichen Inspiration und Unfehlbarkeit der Heiligen Schrift (Wortinspiration, „historisch-grammatische Methode" im Unterschied zur „irrigen historisch-kritischen Methode"), ferner zur unbedingten Notwendigkeit der persönlichen Wiedergeburt, zur Reinigung durch das Blut Jesu Christi mit völliger Hingabe und ganzem Glauben an die Verheißung Gottes. Sie hofft auf die persönliche Erscheinung des Herrn Jesus Christus zur Entrückung seiner Gemeinde und auf seine Wiederkunft mit den Seinen zur Aufrichtung des Tausendjährigen Reiches auf dieser Erde und auf das ewige Reich Gottes.

Bibelschule und Bibelheim Beatenberg arbeiten bei Einzelaktionen mit der Evang. Allianz zusammen. Sie stehen dem Ökumenischen Rat der Kirchen „sehr zurückhaltend" gegenüber. Mitarbeiter sind Glieder der Kirchengemeinde Beatenberg (Landeskirche) oder der verschiedenen Freikirchen im Raum Interlaken. Die durch die eigenen Gottesdienste und Aktivitäten erreichten Personen werden im Blick auf den weiteren Weg in der Nachfolge Jesu ermuntert, sich evangelikalen Gemeinden (Freikirchen) oder auch, sofern „bibeltreue Verkündigung" vorhanden ist, landeskirchlichen Gemeinden anzuschließen.

Das Werk ist Mitglied der „Konferenz bibeltreuer Ausbildungsstätten" (KbA), der „Arbeitsgemeinschaft Evangelikaler Missionen" (AEM), der „Europäischen Evangelikalen Akkreditierungs-Vereinigung" und dem „Arbeitskreis für evangelikale Missiologie". Kontakte bestehen zu vielen Bibelschulen und Seminaren sowie zu verschiedenen Kirchen und Gemeinden.

Organisation und Finanzierung: Verein gemäß Schweizer Zivilgesetzbuch, mit Vorstand, Generalversammlung und Kontaktstelle; ca. 50 vollzeitliche Mitarbeiter in der Schweiz, jeweils sechs in

Italien und Frankreich; Finanzierung des Werks durch Schulgelder, Beiträge der Gäste und Spenden (ca. 20%, bei größeren Projekten mehr) aus dem Kreis der ca. 5.000 Zeitschriftenbezieher.

Bibelheim und Bibelschule Beatenberg
CH-3803 Beatenberg
Tel. 033/8411000, Fax 033/8411500
Tel. Gästebüro 033/8412000

Bibellesebund (BLB)

1868 gründeten Josiah Speers und Tom Bond Bishop in England die „Children's Special Service Mission" (C.S.S.M.), die sich erstmalig um kindgemäße Verkündigungsformen bemühte (bildhafte Darstellung biblischer Wahrheit, Quiz und Fragen, einfache Lieder). Die Arbeit weitete sich aus zu der internationalen Bewegung „Scripture Union".
1925 führten zwei Frauen den Bibellesebund (La Ligue pour la Lecture de la Bible) in der Schweiz ein. In Deutschland entstand der Bibellesebund 1947 unter maßgeblicher Beteiligung der Leiter des Schweizer Bibellesebundes, Ernst Aebi und Armin Hoppler. Seit 1988 ist Reinhold Frey (geb. 1942) Generalsekretär in Deutschland. In der Schweiz leitet Peter Hoppler den Bibellesebund seit 1978. Leiter in Österreich ist Walter Schmid, Generalsekretär für Europa ist Karl Schäfer (geb. 1933), der frühere Leiter des BLB in Deutschland.

Tätigkeit: Der Bibellesebund sieht seine Tätigkeit als „Dienstleistungsangebot" für Kirchen und Gemeinden hinsichtlich Evangelisationen, Bibelwochen, Gottesdiensten und anderen Veranstaltungen.

Das Angebot umfaßt Seminare und Fachtagungen für haupt- und ehrenamtliche Mitarbeiter, Freizeiten für alle Altersgruppen, missionarische Kinderwochen und Einsätze mit Kinderzelt, Strandmission und Vortragsveranstaltungen zu verschiedenen Themen. Die Veranstaltungen werden zum Teil auf Einladung von Gemeinden hin durchgeführt.

Das Anliegen des Bibellesebundes ist, mit zeitgenössischen Methoden vor allem junge Menschen zu erreichen, zum Beispiel mit dem Bibel-Shuttle (ein Hochdecker-Gelenkbus mit poppigem Design, Ausrüstung: elf PCs und eine Videostation, interessante Informationstafeln, Ausstellungsstücke). Ziel ist, die Bibel bei 13- bis 20jährigen ins Gespräch zu bringen. In Zusammenarbeit mit örtlichen Gemeinden werden Einsätze an Schulen und mit Konfirmanden-, Jugend- und Gemeindegruppen durchgeführt.

Wirkungsbereich: CH, D, A; „Scripture Union" in über 100 Ländern der Welt.
Einrichtungen: Freizeitzentrum Marienheide (D); Verlag Bibellesebund Marienheide; Bibellesebundhaus in Locarno-Monti (CH); BLB-Jugendhaus in Valbella (CH); Freizeitheim Fusch (A).
Publ.: Bibellesehilfen (vierjährl. erscheinend): „Guter Start" für Kinder, „Geradeaus" für Teenager, „Profil" für junge

Erwachsene, „Orientierung" für Erwachsene (auch Großdruck), „Orientierung plus" für Erwachsene (mit Arbeitshilfe für Bibelgesprächskreise); christliche Erzählungen für Kinder und Jugendliche; Bücher zum besseren Verständnis der Bibel; Verleih und Verkauf von Ton-Dia-Serien; Arbeitsmaterial für Mitarbeiter in der Kinder-, Jugend- und Frauenarbeit; christliche Software für Computer (CD-ROM) und Internet; „BLB-Nachrichten" (Information für Freundeskreis).

Innere Ausrichtung: Die Richtlinien des internationalen Rates des Bibellesebundes stehen in Einklang mit der Glaubensgrundlage der Evang. Allianz und der Lausanner Verpflichtung. Der BLB erkennt die Autorität der ganzen Heiligen Schrift als Gottes Wort voll an, ohne daß dabei eine bestimmte Theologie über das „Wie" der biblischen Inspiration vertreten wird. Zum geistlichen Wachstum wird eine permanente Beschäftigung mit der Bibel als notwendig erachtet.

Der BLB in Deutschland ist Mitglied in der „Arbeitsgemeinschaft Missionarische Dienste" (AMD), im „Ring Missionarischer Jugendbewegungen" (RMJ) und damit in der „Arbeitsgemeinschaft der Evangelischen Jugend in der Bundesrepublik Deutschland" (aej). In der Schweiz gehört der BLB der Schweiz. AG der Jugendverbände und der Schweizerischen Evang. Allianz an (aktive Mitwirkung bei Allianzveranstaltungen).

Organisation und Finanzierung: Der BLB ist in Deutschland, in der Schweiz und in Österreich als Verein organisiert, dessen Mitglieder aus den verschiedenen Kirchen, Freikirchen, Gemeinschaften und christlichen Organisationen kommen. Der BLB hat in Deutschland über 35 hauptamtliche und ca. 200 ehrenamtliche Mitarbeiter, in der Schweiz über 20 hauptamtliche und ca. 200 ehrenamtliche Mitarbeiter, in Österreich vier hauptamtliche und ca. 40 ehrenamtliche Mitarbeiter. Der BLB wird finanziert durch freiwillige Spenden, durch Abonnements der Bibellesehilfen und Verkauf von Literatur.

Bibellesebund e.V.
Industriestr. 2, D-51709 Marienheide
Tel. 02264/7045, Fax 02264/7155

Bibellesebund
Römerstr. 151, CH-8404 Winterthur
Tel. 052/2424801, Fax 052/2424460

Bibellesebund
Kreuzplatz 7, A-4820 Bad Ischl
Tel. 06132/237100, Fax 06123/237104

Scripture Union
International Council
59 Princess Road West
Leicester LEI6TR, GB

Bibel-Memory

Von Dr. theol. N.A. Woychuk wurde 1914 die „Bible Memory Association International" in St. Louis, Missouri (USA) gegründet. Er selbst fand durch das Auswendiglernen von Bibelversen zum lebendigen Glauben und erkannte darin eine besondere Bedeutung. In den USA besteht ein weitverzweigtes Werk. In Deutschland suchte ein Förderkreis, der 1970 aktiv wurde, nach einem System, mit dem das Auswendiglernen von Bibelversen sinnvoll erscheint und Freude macht. Die ersten Kurs-Bücher wurden von den USA übernommen und auf deutsche Verhältnisse abgestimmt. Bibel-Memory Deutschland arbeitet heute unabhängig und selbständig im deutschsprachigen Raum. Die Leitung liegt beim Vorstand.

Tätigkeit: Bibel-Memory bietet Kursbücher zum Auswendiglernen von Bibel- und Liedversen an. Es gibt speziell ausgearbeitete Kurse für Kinder, Jugendliche und Erwachsene. Beginn der Kurse ist jeweils im Januar, Dauer 12-17 Wochen (Kursgebühr 30,– DM).

In einer Woche werden je nach Kurs zwei bis sechs Verse gelernt. Die gelernten Verse werden einem „Abhörer", den sich jeder selbst aussuchen kann, aufgesagt.

Bei erfolgreichem Kursabschluß bekommen die Teilnehmer Buchpreise, Bibelspiele oder Kassetten, und sie können an einer Wochenendrüstzeit teilnehmen. Beides soll die Teilnehmer motivieren und ermutigen, weiterhin Bibelverse zu lernen.

Wirkungsbereich: D, A, CH.

Publ.: Rundbrief, jährl.; Gebets- und Freundesbrief; Kursbücher für ca. 60 verschiedene Kurse; Prospekt und Informationsmaterial.

Innere Ausrichtung: Die alleinige und umfassende Autorität des Glaubens und Lebens ist für Bibel-Memory die ganze Heilige Schrift. Besondere Lehrmeinungen werden nicht vertreten. Bibel-Memory versteht sich als ein Werk auf dem Boden der Evang. Allianz. Es arbeitet übergemeindlich-gemeindeunterstützend.

Organisation und Finanzierung: „Bibel-Memory" ist ein eingetragener Verein, als gemeinnützig anerkannt, mit Vorstand, Mitgliederkreis, Freundeskreis und freiwilligen Mitarbeitern aus fast allen bestehenden christlichen Kirchen, Gemeindeverbänden, Freikirchen, freien Werken, Gemeinschafts- und Jugendverbänden. Eine Arbeitsgemeinschaft von ehrenamtlichen Mitabeitern nimmt mit dem Vorstand zusammen die Durchführung der in der Vereinssatzung festgelegten Aufgaben wahr. Da die Kursgebühren nur einen Teil der tatsächlichen Kosten decken, wird ein großer Teil des finanziellen Aufwands durch freiwillige Spenden getragen.

Bibel-Memory e.V.
Laustr. 31, D-70597 Stuttgart
Tel. 0711/762368, Fax 0711/7656897

Bibel-Mission/Slawische Evangeliums Vereinigung (SEV)

Die Entstehung der Bibel-Mission/ SEV geht auf Peter Deyneka zurück, einen Emigranten aus der Ukraine. Er gründete 1934 in den USA die „Slawische Evangeliums Vereinigung". Die aus der Arbeit der SEV gewonnenen Erkenntnisse zeigten, daß Missionsarbeit in der damaligen Sowjetunion am besten von einem westeuropäischen Land aus koordiniert werden konnte. Aufgrund der Erfahrungen und Kontakte rußlanddeutscher Übersiedler aus der damaligen Sowjetunion sowie aus geographischen Erwägungen heraus erschien Deutschland als geeignetster Standort für ein Ostmissionszentrum. So wurde 1984 von Johann Pauls im deutschsprachigen Raum die Partnergesellschaft unter dem Namen „Bibel-Mission/SEV" gegründet. Seit 1996 ist Waldemar Schröder Leiter des Missionswerkes, der Johann Pauls schon seit 1985 in seinem Dienst zur Seite stand. Missionsdirektor auf internationaler Ebene ist Johann Pauls.

Tätigkeit: Der Schwerpunkt der Tätigkeit liegt gleichermaßen auf der Literatur- und Ausbildungsarbeit. Jährlich werden bis zu 5 Mill. Exemplare an Bibeln, Neuen Testamenten und anderen christlichen Büchern in die GUS gebracht. Teil der Arbeit sind die Übersetzung und der Druck christlicher Literatur. In den Ausbildungszentren der Bibel-Fernschule in Almaty, Omsk, Kiew, Minsk und Moskau lernen ca. 7.000 Studenten. Weitere Tätigkeitsfelder der Bibel-Mission/SEV in der GUS sind die Durchführung von Evangelisationen, die Unterstützung von Pastoren und Missionaren, Hilfe beim Bau von Gemeindehäusern und Altersheimen sowie Gefängnisarbeit. Hinzu kommt humanitäre Hilfe in Krisengebieten,

z.B. in Tschetschenien und Tadschikistan, unter Tschernobylopfern und Leprakranken sowie in Kinderheimen, Krankenhäusern und anderen sozialen Einrichtungen. Vom Missionszentrum in Deutschland aus gehen monatlich zwei bis vier Großtransporte in die Länder der GUS.

Wirkungsbereich: GUS und Exilländer der slawischen Emigration.

Einrichtungen: Büro- und Lagerräume in Großwallstadt, Moskau, Omsk (Zentralsibirien), Chabarowsk (Ferner Osten), Almaty (Kasachstan), Minsk (Weißrußland) und Kiew (Ukraine).

Publ.: „Wille und Weg", zweimonatl., seit 1985, in deutscher Sprache; „Will and Way", zweimonatl., seit 1991, in englischer Sprache; „Wille und Weg", vierteljährl., seit 1992, in russischer Sprache; Kalender, Informationsbroschüre, Diaserien und Videofilme.

Innere Ausrichtung: Die Bibel-Mission/SEV fühlt sich dem evangelikalen Spektrum zugehörig. Die Spender sind zum großen Teil in evangelischen Freikirchen beheimatet, und auch die Mitarbeiter haben dort ihre geistliche Herkunft; vorrangig kommen sie aus den evangelischen Freikirchen, die in der GUS besonders verbreitet sind (Baptisten, Mennoniten und Brüdergemeinden). Evangelikal ist auch das Glaubensbekenntnis, an dem sich die Bibel-Mission/SEV ausrichtet.

Organisation und Finanzierung: Eingetragener Verein („Bibel-Mission/Slawische Evangeliums Vereinigung"), als gemeinnützig und mildtätig anerkannt; fünf Vorstandsmitglieder; 16 Mitarbeiter in Deutschland, weitere 85 in den Büros der GUS; Finanzierung ausschließlich durch freiwillige Spenden und Gaben.

Bibel-Mission/SEV e.V.
Birkenstr. 2-5, D-63868 Großwallstadt
Tel. 06022/252-71/72
Fax 06022/25260

Bibel-Mission/SEV
Steinhölzli Weg 3, CH-3097 Liebefeld
Tel./Fax 031/9720610

Bibelschule Bergstraße

Die Bibelschule Bergstraße wurde 1955 im Zusammenhang mit „Greater Europe Mission" durch Dr. Robert P. Evans (Ausbildung am Wheaton College in Illinois, USA) gegründet. Er begann 1949 in Paris mit einer Abendbibelschule. Aus diesen kleinen Anfängen entstand 1952 die „Greater Europe Mission" mit dem Ziel, Europäer auszubilden, um Europa zu evangelisieren. In der Nähe von Paris wurde das „Institute Biblique Européen" eingerichtet. Neben evangelistischer Arbeit, Verbreitung von Literatur und Gemeindegründung wurden im Laufe der Zeit sechs weitere Bibelschulen errichtet und zwei bereits bestehende Ausbildungsstätten übernommen.
Die Bibelschule Bergstraße eröffnete 1955 als zweite Schule ihre Tore und befand sich von 1958 bis 1990 in Seeheim auf dem ehemaligen Landsitz des Groß-

herzogs von Hessen. 1990 zog sie nach Königsfeld im Schwarzwald um und wird seit 1992 als internatslose Bibelschule geführt.
1989 löste sich die Bibelschule Bergstraße von ihrer Gründermission und wurde rechtlich eigenständig. Die frühere Fernkursabteilung wurde 1992 verselbständigt. Unter dem Namen „Bibelfernunterricht" hat sie ihren Sitz in Seeheim (s. eigene Darstellung).
Die Leitung der Bibelschule Bergstraße" liegt bei Bernhard Scharrer (Geschäftsführer) und Bernhard Knieß (Studienleiter).
Tätigkeit: Bibelschule (zweijährige und vierjährige Ausbildung, jeweils in zweisemestrigen Schuljahren), Kurzlehrgänge (neun Monate), Seminare, Wochenendbibelschule, missionarische Einsätze in Zusammenarbeit mit örtlichen Gemeinden oder der örtlichen Evang. Allianz.
Wirkungsbereich: D.
Publ.: Rundbrief „Lehre + Lebe", dreimonatl., Auflage 8.000; Schulbroschüre, Prospekte.
Innere Ausrichtung: Eine „Glaubensgrundlage" ist Bestandteil der Satzung. Grund des Glaubens ist die Heilige Schrift als das inspirierte, unfehlbare und maßgebende Wort Gottes. Zentrale Glaubenspunkte sind der stellvertretende Sühnetod Jesu Christi, die leibhaftige Auferstehung Jesu Christi, die Notwendigkeit der Wiedergeburt durch den Heiligen Geist und die Notwendigkeit der persönlichen Glaubensentscheidung. Die Bibelschule ist ein übergemeindliches Werk auf der Basis

der Evang. Allianz. Auf dieser Grundlage wird mit örtlichen Gemeinden zusammengearbeitet. Zur charismatischen Bewegung hat die Bibelschule ein distanziertes Verhältnis.

Die Bibelschule ist Mitglied in der „Arbeitsgemeinschaft Evangelikaler Missionen" (AEM), im „Ring Missionarischer Jugendbewegungen" (RMJ), in der „Konferenz bibeltreuer Ausbildungsstätten" (KbA) und in der „Konferenz Evangelikaler Publizisten" (kep). Schüler organisieren interne Missionsgebetskreise im Rahmen der „European Students Missionary Association" (ESMA).

Organisation und Finanzierung: Die Bibelschule ist ein eingetragener Verein unter der Leitung eines dreiköpfigen Vorstands. Laufende Aufgaben werden erledigt von der Schulleitung, bestehend aus dem Studienleiter und dem Geschäftsführer. Die Bibelschule beschäftigt sieben Lehrer, zwei Teilzeitlehrer sowie Gastlehrer und einige weitere feste Mitarbeiter. Sie hat einen Freundeskreis in Deutschland und Nordamerika. Die Finanzierung erfolgt durch Spenden, insbesondere von einem Förderkreis, und durch Unterrichtsgebühren der Schüler.

Bibelschule Bergstraße e.V.
Burgberger Str. 20
D-78126 Königsfeld-Erdmannsweiler
Postfach 1 16, D-78121 Königsfeld
Tel. 07725/93840, Fax 07725/938411

Bibelschule Brake

früher: Bibel- und Missionsschule Brake

1959 wurde die Bibelschule in Kalkar am Niederrhein gegründet, 1962 konnte in Lemgo ein eigenes Haus für 70 Schüler erbaut werden. Gründer waren: der Deutsch-Kanadier John Parschauer (bis 1978 Leiter der Bibelschule), Heinz Weber (Absolvent der Bibelschule Beatenberg), Ernest Klassen (aus Kanada). Seit 1978 leitet der Kanadier Doyle Klaassen (Studium am Millar Memorial Bible Institute in Kanada und am Dallas Theological Seminary in den USA) die Bibelschule.

Tätigkeit: Das Hauptziel der Bibelschule Brake besteht darin, den weltumfassenden Auftrag Gottes an die Gemeinde Jesu Christi durch die Ausbildung von Gläubigen zu geistlich und theologisch qualifizierten Mitarbeitern auszuführen.

Die Ausbildung in der Bibelschule dauert drei Jahre (jeweils acht Monate Unterricht, drei Monate Praktikum). Die Absolventen arbeiten vielfach in der Mission (z.B. als Pastoren, Prediger, Evangelisten, Kinder- und Jugendarbeiter). Die Bibelschule Brake bietet außerdem eine Abendbibelschule für Gläubige der Umgebung sowie Konferenzen, Jugendtage und Freizeiten (v.a. für Familien) an.

Wirkungsbereich: D.

Einrichtungen: Ausbildungsstätte, Schulgebäude und Internat, Freizeitgelände.

Publ.: Rundbrief, zweimonatl.; Broschüren.

Innere Ausrichtung: Die Bibelschule hat ein Glaubensbekenntnis auf der Basis der Evang. Allianz. Als wichtig für das geistliche Leben werden angesehen: Wiedergeburt aus dem Heiligen Geist, die dann geschieht, wenn der Mensch Jesus Christus im Glauben annimmt (Joh. 1, 12); persönliche Beziehung zu Jesus Christus durch Bibelstudium und Gebet; geistlicher Austausch bei Zusammenkünften; verbindliches Gemeindeleben.

Die Bibelschule arbeitet mit Gemeinden zusammen und hat Kontakte im Rahmen der Evang. Allianz. Sie ist Mitglied in der „Arbeitsgemeinschaft Evangelikaler Missionen" (AEM), im „Ring Missionarischer Jugendbewegungen" (RMJ), in der „Konferenz bibeltreuer Ausbildungsstätten" (KbA) und akkreditiert auf der Ebene B der Europäischen Evangelikalen Akkreditierungsvereinigung.

Organisation und Finanzierung: Eingetragener Verein, als gemeinnützig anerkannt; Freundeskreis etwa 5.000 Personen; jährlich etwa 150-160 Bibelschüler; Finanzierung zur Hälfte durch Spenden, zur Hälfte aus Schulgeldern und Freizeitbeiträgen.

Bibelschule Brake
Eikermannsberg 12, D-32657 Lemgo
Tel. 05261/8090, Fax 05261/80924

Bibelschule Wallsee

früher: Bibelschule Ampflwang

Der Amerikaner Ralph Harvey, der als Missionar der Internationalen Bergmannsmission in Ampflwang tätig war, mietete mit Hilfe seiner Mission (Gospel Missionary Union) 1983 in Ampflwang vier Häuser für eine Bibelschule an. Dann lud er viele leitende Persönlichkeiten der evangelikalen Gemeinden und Werke in Österreich zu einer Besichtigung ein. Es wurde ein Arbeitskreis gegründet, aus dem ein Verein entstand, der jetzt die Verantwortung trägt. Inzwischen ist die Bibelschule nach Wallsee umgezogen und hat dort ein eigenes Haus.

Der Schweizer Jakob Baumgartner, der seit 1973 als Missionar und Pastor in Österreich tätig war, wurde 1984 in die Leitung der Schule berufen. 1997 übernahm Rudolf Borchert die Leitung.

Tätigkeit: Ziel ist eine praxisnahe theologische Ausbildung für junge Menschen. Dazu gehören eine gründliche Einführung in die Heilige Schrift und praktische Zurüstung für den Dienst in Gemeinde und Mission (vollzeitig oder nebenberuflich). Möglich ist entweder eine dreijährige Ausbildung mit Diplom oder ein einjähriger Kurzlehrgang mit Bescheinigung über die Teilnahme. Während der Sommermonate stehen Praktika in Gemeinde oder Mission oder die Mithilfe bei Freizeiten auf dem Programm.

Innere Ausrichtung: Glaubensgrundlage ist die ganze Heilige Schrift. Aufgenommen werden junge Menschen, „die die Erlösung durch Jesus Christus persönlich erfahren haben und entschlossen sind, ihren Glauben in einem geheiligten Lebenswandel zu bezeugen" (Prospekt). Die Bibelschule steht der „Arbeitsgemeinschaft Evangelikaler Gemeinden in Österreich" (ARGEGÖ) nahe und gründet sich auf deren Glaubensbekenntnis.

Zur Evang. Allianz in Österreich besteht eine freundschaftliche Verbindung. Die Bibelschule ist Vollmitglied der „Konferenz bibeltreuer Ausbildungsstätten"(KbA).

Organisation und Finanzierung: Die Bibelschule ist ein eingetragener österr. Verein. Die Leitung hat ein 17köpfiges Komitee (Vereinsmitglieder), dem ein Vorstand von vier Männern übergeordnet ist. Hauptamtlich tätig sind ein Ehepaar und ein Studienleiter. Beim Unterricht arbeiten jährlich etwa 15 Gastlehrer ehrenamtlich für kürzere oder längere Zeit mit. Der Freundeskreis besteht aus ca. 1.000 Personen. Die Finanzierung erfolgt durch Spenden (ca. 70%) und Schulgelder (ca. 30%).

Bibelschule Wallsee
Uferstöckl 35, A-3313 Wallsee
Tel. 07433/26860, Fax 07433/26869

Bibel- und Erholungsheim Haus Felsengrund

früher: Bibelheim und Bibelschule Böblingen

Seit 1945 fanden im Raum Böblingen Bibelkonferenzen und Abendbibelschulen statt, und es bildeten sich Hausbibelkreise. 1954 wurde der Verein „Bibelheim und Bibelschule Böblingen" durch das Ehepaar Seyerle, Dr. Gertrud Wasserzug und Dr. Alma Neighbour gegründet. 1969 wurde das Bibelheim Haus Felsengrund in Zavelstein angeschlossen. 1995 erhielt der Verein einen neuen Namen (Bibel- und Erholungsheim Haus Felsengund) und verlegte seinen Sitz nach Bad Teinach-Zavelstein. Geleitet wird das Bibel- und Erholungsheim von Fritz und Lore Bussmann.

Tätigkeit: Ziel ist, Menschen in Verbindung mit Jesus Christus zu bringen durch Bibelstudium, Gemeinschaft in der Familie Gottes und durch Seelsorge. Sie sollen durch Gottes Wort neu ausgerüstet werden für ihre Lebensaufgaben und den Dienst in der Gemeinde. Vor allem soll auch einsamen Menschen Lebenserfüllung in Jesus Christus vermittelt werden.

Bibelfreizeiten, Bibelkonferenzen, Schriftenmission und die Arbeit in Hausbibelkreisen gehören zu den Tätigkeiten des Bibelheims.

Wirkungsbereich: D.

Publ.: Freundesbrief, dreimal jährl., Aufl. 7.000; Bücher, Traktate.

Innere Ausrichtung: Als Glaubensgrundlage gilt die von Gottes Geist inspirierte Heilige Schrift. Betont werden die Erlösung durch die Hingabe des Lebens Jesu Christi am Kreuz und seine Auferstehung, die biblische Lehre über das Werk des Heiligen Geistes, die lebendige Hoffnung auf das Wiederkommen Jesu Christi zur Vollendung der Gemeinde und seines Königreiches auf Erden, danach die ewige Vollendung von Himmel und Erde, die ewige Seligkeit und das ewige Verlorensein.

Freundliche Beziehungen bestehen zur Landeskirche, zu den Freikirchen und den anerkannten Gemeinschaften auf bibelgläubiger Grundlage (Evang. Allianz).

Das Bibel- und Erholungsheim ist Mitglied im Diakonischen Werk der Evang. Kirche in Württemberg. Es gibt Verbindungen zu vielen in- und ausländischen anerkannten Missionsgesellschaften. Bei Allianzveranstaltungen wird mitgearbeitet; zu ökumenischen Bestrebungen hat das Bibelheim keine Beziehung.

Organisation und Finanzierung: Eingetragener Verein, als gemeinnützig anerkannt; 15 hauptamtliche Mitarbeiter; Finanzierung durch Einnahmen bei Konferenzen, Bibelwochen usw. und durch freiwillige Spenden.

Bibel- und Erholungsheim
Haus Felsengrund e. V.
Weltenschwanner Str. 25
D-75385 Bad Teinach – Zavelstein
Tel. 07053/8711, Fax 07053/1789

Biblische Glaubens-Gemeinde (BGG)

In den Jahren 1935 bis 1937 fing Paula Gassner an zu evangelisieren und Christen zu sammeln. Mit einer Heilungserfahrung nach einem Gebet im Frühjahr 1937 begann aus ihrer Sicht das Gemeindeleben der „Biblischen Glaubens-Gemeinde" in Stuttgart. Nach 1945 fanden Großveranstaltungen im Zelt statt. 1953 erfolgte der Eintrag als e.V. Nach dem Tod von Paula Gassner 1981 übernahm zunächst Pastor Rolf Cilwik die Gemeinde, seit 1984 wird sie von Pastor Peter Wenz geleitet (geb. 1958, in großer katholischer Familie aufgewachsen, 1978 Offiziersschule der Luftwaffe, 1979-1981 Ausbildung als Medizinisch-Technischer Assistent, ab 1981 Studium am Theologischen Seminar „Beröa"). Schon bald setzte ein rasantes Wachstum ein; seit 1991 entstanden in verschiedenen Städten Deutschlands und im Ausland neue Gemeinden.

Tätigkeit: Die Sonntags-Gottesdienste mit über ca. 1.800 Besuchern finden seit 1987 in verschiedenen Sälen oder Hallen statt. Fast jedes Mitglied der Gemeinde ist in eine Kleingruppe (Zellgruppe) integriert. Rund 500 Kinder und Jugendliche sind eingebunden bei den christlichen Pfadfindern der BGG. „Brennpunkt" ist eine offene Jugendarbeit in Stuttgart-Bad Cannstatt. Im Rehabilitationszentrum „Weg zur Freiheit" können 14 Suchtpatienten betreut werden. Für die Evangelisationsarbeit werden Kreativgruppen eingesetzt.

Missionare der Gemeinde arbeiten auch in der Weltmission.

Publ.: „Glaubensgruß" (Gemeindebrief), monatl.; Autobiographie von Paula Gassner („In des Töpfers Hand").

Innere Ausrichtung: Glaubensgrundlage ist die Bibel. Vorbild für das Gemeindeleben – für die Gottesdienste und die persönliche Ausrüstung des einzelnen durch Charismen – sind die Urgemeinde in Jerusalem und die ersten Gemeinden, von denen das Neue Testament berichtet. Es bestehen Kontakte zu freikirchlichen, charismatischen und pfingstlichen Gemeinden, z.B. über verschiedene Pastoren-Freundschaftsverbünde (national und international), BFP-Konferenzen, Pastoren-Konferenz freier Gemeinden, auf denen sich Gemeindeleiter aus ca. 180 charismatisch geprägten unabhängigen Gemeinden in Berlin bzw. Stuttgart treffen (vgl. „Gemeinde auf dem Weg" und „Glaubensbewegung"), außerdem zum „Kreis Charismatischer Leiter in Deutschland" (KCL) und zur „Arbeitsgemeinschaft Pfingstlich-Charismatischer Missionen" (APCM).

Organisation und Finanzierung: Gemeinnütziger e.V.; Ältestenschaft (Presbyterium, zwischen fünf und sieben Personen); erweiterte Gemeindeleitung (Diakone und Bereichsleiter, ca. 50-60 Personen); beratende Gremien aus der Gemeinde; Mitgliederversammlung (beschlußfassendes Organ); Finanzierung zu 100% aus Spenden.

Biblische Glaubens-Gemeinde e.V.
Talstr. 70, D-70188 Stuttgart
Tel. 0711/484054, Fax 0711/484295

Biblischer Missionsdienst/ Biblische Missionsgemeinde

Der Biblische Missionsdienst versteht sich als „gemeinnützige, unabhängige, evangelische, freikirchliche Einrichtung", die von dem 1994 verstorbenen Ernst G. Maier ins Leben gerufen wurde. Das Ziel des Vereins besteht darin, Literatur herauszugeben, die dem biblischen Unterricht von Kindern und Erwachsenen dient. Angeboten werden u.a. über 40 Bibelfernkurse zum Selbststudium und zum Unterrichten, Sonntagsschulmaterial zum Unterrichten von Kindern mehrerer Altersgruppen und „Perspektiven", eine monatliche Zeitschrift. Ein weiteres Ziel des Vereins ist die Unterstützung der Gründung neuer unabhängiger freikirchlicher Gemeinden nach neutestamentlichem Vorbild, wozu u.a. die Glaubenstaufe gehört. Der 1. Vorsitzende des Vereins ist Gerd Tubach.

Auch die Biblische Missionsgemeinde wurde durch Ernst G. Maier gegründet. Sie versteht sich als „unabhängige, evangelische, freikirchliche Gemeinde", die an der Irrtumslosigkeit und Autorität der ganzen Heiligen Schrift als Gottes Wort und alleinige Grundlage für die Gemeinde festhält. Man fühlt sich bibeltreuen Christen aus vielen verschiedenen Gemeindeverbänden verbunden, die auch an diesem Grundsatz festhalten.

Enge Beziehungen bestehen zur „Deutschen Gemeinde-Mission" und der „Konferenz für Gemeindegründung" (KfG).

Die Gemeinde wird von mehreren Gemeindeältesten geleitet.

Biblischer Missionsdienst e.V./
Biblische Missionsgemeinde
Marktstraße 29, D-72793 Pfullingen
Tel. 07121/77670, Fax 07121/71115

Billy Graham Evangelistic Association Deutschland

Hinter der Organisation steht der bekannte Evangelist Billy Graham (geb. 1918, Baptist), der in vielen Ländern der Welt Großevangelisationen durchführt, heute auch mit Satellitenübertragung. Die Leitung hat Wilfried Reuter (1. Vorsitzender). Die Organisation arbeitet eng mit der Evang. Allianz zusammen.

Tätigkeit: Herausgabe der deutschen Ausgabe der Zeitschrift „Decision" („Entscheidung", Aufl. 45-55.000), Verleih der Billy-Graham-Filme; Video-Kassetten, Bücher, Traktate.

Wirkungsbereich: D, A, CH.

Billy Graham Evangelistic Association
Deutschland e.V.
Haynauer Str. 72 a, D-12249 Berlin
Tel. 030/7761021, Fax 030/7761031

Blaues Kreuz

Das Blaue Kreuz wurde 1877 durch den Pfarrer Louis-Lucien Rochat in Genf gegründet. Die Männer und Frauen der Gründergeneration verglichen sich mit „Krankenträgern, die sich auf den Kampfplatz des Lebens begeben, um die Opfer der Trunksucht und des Wirtshauslebens zu retten". In Deutschland entstand 1885 der erste Blau-Kreuz-Verein durch Pfarrer Arnold Bovet (aus Bern/Schweiz) in Hagen/Westfalen. Bekannt gemacht wurde die Arbeit des Blauen Kreuzes durch den ehemaligen preußischen Oberstleutnant Curt von Knobelsdorff, der selbst alle Höhen und Tiefen der Alkoholabhängigkeit durchlitten und nach seiner Befreiung den Gedanken des Blauen Kreuzes im ganzen damaligen Deutschen Reich und weit darüber hinaus verbreitet hat. Derzeitiger Vorsitzender des Blauen Kreuzes in Deutschland ist Pfarrer Leonhard Roth (Gunzenhausen). Generalsekretär in der Schweiz ist Heiner Studer. In Österreich hat Pfarrer Hans-R. Dopplinger die Leitung.

Der Internationale Bund des Blauen Kreuzes wurde 1890 in der Schweiz gegründet. Diesem Bund gehören 1996 31 nationale Verbände an, zwölf weitere haben Gaststatus.

Tätigkeit: Zweck der Arbeit des Blauen Kreuzes ist es, Suchtgefährdeten, Suchtkranken (v.a. Alkoholabhängigen) und den ihnen nahestehenden Personen umfassend, d.h. seelsorgerlich und therapeutisch zu helfen.

Schwerpunkte der Tätigkeit sind Präventionsmaßnahmen durch Informationsarbeit, Kinder- und Jugendarbeit, Erste Hilfe für Alkoholkranke und ihre Angehörigen, Vermittlung in stationäre und ambulante Therapie, Nachsorge und Wiedereingliederung in Familie und Gesellschaft. Zahlreiche Veranstaltungen, Tagungen, Seminare, Kurse, Besinnungswochen und therapeutische Ferienwochen werden durchgeführt. In ca. 1.000 Begegnungsgruppen, die normalerweise wöchentlich stattfinden, werden ca. 20.000 Personen erreicht.

Wirkungsbereich: D, A, CH, 40 Nationen (v.a. Europa, Afrika, Asien, Brasilien).

Einrichtungen: In Deutschland bestehen zwei Kliniken, acht Rehabilitations- bzw. Wohnheime, ein Familienferienheim, der Blau-Kreuz-Verlag und eine Versandbuchhandlung sowie ca. 30 Beratungsstellen. In der Schweiz unterhält das Blaue Kreuz verschiedene Ferienhäuser und Hotels.

Publ.: „Blaues Kreuz", früher „Der Herr mein Panier", seit 1896, monatl., Aufl. 5.600; „Rettung/Füreinander", seit 1905, Aufl. 17.000; Verteilschriften.

Innere Ausrichtung: Grundlage der Arbeit „ist der Glaube an den lebendigen Gott, seinen Sohn Jesus Christus und den Heiligen Geist nach dem Zeugnis der Heiligen Schrift, wie in der Glaubensbasis der Evangelischen Allianz formuliert und ausgelegt".

Das Blaue Kreuz ist Mitglied des Evangelischen Gnadauer Gemeinschaftsverbandes, arbeitet überkonfessionell in diakonisch-missionarischer Perspektive und achtet die jeweiligen „geistlichen Formen" der Mitglieder und Mitarbeiter, soweit sie der Glaubensbasis der Evang. Allianz entsprechen. Das Blaue Kreuz ist außerdem Mitglied im Diakonischen Werk der EKD, in der „Arbeitsgemeinschaft für Ausländer" (AfA) und im „Ring Missionarischer Jugendbewegungen" (RMJ). Kontakte bestehen zu zahlreichen Bibelschulen und einigen Missionsgesellschaften. Mit der Evang. Allianz arbeitet man auf allen Ebenen zusammen. Auf der Ebene der örtlichen Arbeit bestehen gute Beziehungen zu landeskirchlichen Gemeinden.

Organisation und Finanzierung: Das Blaue Kreuz in Deutschland hat die Rechtsform eines eingetragenen Vereins, der mildtätige Zwecke im Sinne der Abgabenordnung verfolgt. Seit dem 1.1.1996 sind einige stationäre Einrichtungen zusammengefaßt in „Blaues Kreuz Diakoniewerk – mildtätige GmbH". Das Leitungsgremium des Blauen Kreuzes ist die Bundesversammlung des e.V. als Mitgliederversammlung. Die Aufgaben werden von ca. 250 hauptamtlichen und ca. 2.000 ehrenamtlichen Mitarbeitern wahrgenommen. Die Arbeit wird zu 49 % aus Spenden, zu 10 % aus Mitgliedsbeiträgen, zu 17 % aus Geldern der Kirche und zu 24 % aus Zuschüssen finanziert.

Blaues Kreuz in Deutschland e.V.
Freiligrathstraße 27, D-42289 Wuppertal
Postfach 20 02 52, D-42202 Wuppertal
Tel. 0202/620030, Fax 0202/6200381

Blaues Kreuz in Österreich
Brunnenweg 6, A-4810 Gmunden

Blaues Kreuz in der deutschsprachigen
Schweiz
Lindenrain 3, CH-3001 Bern

Internationaler Bund des Blauen Kreuzes
Lindenrain 5 a, CH-3001 Bern
Tel. 031/3005860, Fax 031/3005869

Bruderdienst Missionsverlag

früher: Bruderdienst

Das Werk wurde 1958 durch Hans-Jürgen Twisselmann in Zusammenarbeit mit einigen ehemaligen Zeugen Jehovas gegründet. Twisselmann, geb. 1931, war selbst fünf Jahre bei den Zeugen Jehovas aktiv gewesen. 1959/60 besuchte er das Predigerseminar St. Chrischona, 1967-1970 studierte er evangelische Theologie. Von 1971 bis 1986 war er Pastor in einer Gemeinde in Elmshorn, seit 1986 hauptamtlich tätig in der Seelsorge an „Sekten"-Opfern und an Menschen, die von den „klassischen Sekten" umworben werden (im Rahmen eines Dienstauftrags der Nordelbischen Evang.-Luth. Kirche). Seit dem Erreichen der Altersgrenze 1996 ist er nur noch auf Bruderdienst-Ebene tätig. Er leitet das Werk zusammen mit Mitarbeitern.
Tätigkeit: Der besondere Dienst gilt Menschen, die von irreführenden religiösen Strömungen (sog. Sekten) umworben, angefochten, ins Fragen gebracht oder schon gewonnen wurden.

Ihnen soll seelsorgerlicher Beistand geleistet werden. Ihre Fragen sollen vom Evangelium her beantwortet werden, und die Wahrheit des Wortes Gottes soll ihnen unverfälscht und unverkürzt nahegebracht werden. Vor allem versucht der Bruderdienst, befreite Sektenangehörige geistlich und geistig weiterzuführen, bis sie eine neue geistliche Heimat in einer evangelischen Gemeinde, einer Freikirche oder landeskirchlichen Gemeinschaft gefunden haben. Dies geschieht durch persönliche Seelsorge (Korrespondenz, Glaubensgespräche), Aufklärungsvorträge und durch Schriftenmission.
Wirkungsbereich: Deutschsprachiger Raum.
Publ.: „Brücke zum Menschen" (früher „Bruder-Dienst"), seit 1965, vierteljährl., Aufl. 3.000; Flugblatt-Reihe „immer im bilde"; Aufklärungsschriften über Glaubensgemeinschaften; Broschüren und Flugschriften; griech. Schrifttum für Gastarbeiter; Kurzinf. auf türkisch und serbisch; Bücher von H.-J. Twisselmann (Brunnen Verlag).
Innere Ausrichtung: Der Bruderdienst versteht sich als konfessionell nicht gebundenes Schriftenmissionswerk und als Beratungsstelle. Er ist bereit zur Zusammenarbeit mit allen, die auf dem Boden des biblisch-reformatorischen Glaubens stehen. Grundlage der Arbeit ist das Evangelium von Jesus Christus, wie es die Bibel bezeugt.
Die Mitarbeiter und Freunde des Werkes stehen trotz verschiedenartiger geistlicher Prägung um Jesu und seiner Sache willen zusammen.

Das Werk ist Mitglied in der „Arbeitsgemeinschaft Missionarische Dienste" (AMD).
Organisation und Finanzierung: Eingetragener Verein; 20 nebenamtliche Mitarbeiter, ca. 1.000 regelmäßige Bezieher der Bruderdienst-Schriften, Freundeskreis etwa 300 Personen; Finanzierung durch Spenden.

Bruderdienst Missionsverlag e.V.
Postfach, D-25764 Wesselburen
Tel. 04833/42023

Brücke der Hoffnung

Burkhard Rudat, der Missionsleiter von „Brücke der Hoffnung", war von 1977 bis 1994 Geschäftsführer des deutschen Zweiges der „Osteuropa Mission". 1994 trennte sich dieser Zweig von dem internationalen Missionswerk und arbeitete selbständig unter dem neuen Namen „Brücke der Hoffnung" weiter.
Tätigkeit: Die osteuropäischen Mitarbeiter von „Brücke der Hoffnung" kommen mit LKWs nach Deutschland und holen Hilfsgüter ab, die an bedürftige Familien weitergegeben werden. Evangelistische Einsätze in Dörfern und Gefängnissen sind ein Anfang für neue Gemeinden, die dann durch das Missionswerk betreut werden. In einem Kinderpatenschaftsprojekt werden arme Familien unterstützt.
Die Öffentlichkeitsarbeit im Westen geschieht hauptsächlich durch den Rundbrief und Informationsveranstaltungen.
Wirkungsbereich: Rußland, Ukraine, Albanien, Rumänien.
Publ.: Missionsnachrichten „Brücke der Hoffnung", monatl.
Innere Ausrichtung: „Brücke der Hoffnung" ist ein evangelikales Missionswerk. Das von der Mission angenommene Glaubensbekenntnis ist bis auf wenige unwesentliche Abweichungen mit dem Apostolikum identisch. Die Spender der Mission kommen aus verschiedenen evangelikalen Gemeinden.
Organisation und Finanzierung: „Brücke der Hoffnung" ist ein eingetagener, gemeinnütziger Verein, der sich zu 100% aus Spenden finanziert. Von den Einnahmen werden drei hauptamtliche Mitarbeiter in Deutschland und über 30 osteuropäische Mitarbeiter bezahlt. Außerdem arbeiten über 200 Ehrenamtliche in Osteuropa mit.

Brücke der Hoffnung e.V.
Postfach 11 65, 35620 Hüttenberg
Tel. 06441/73304, Fax 06441/74660

Bund Evangelikaler Gemeinden in Österreich (BEGÖ)

Seit dem Zweiten Weltkrieg, vor allem aber seit den 70er Jahren, ist es in Österreich zu einer beträchtlichen Zahl von Gemeinde-Neugründungen gekommen. Um das Jahr 1990 wurde unter vielen dieser – meist noch sehr kleinen – Gemeinden der Wunsch laut, verbindlicher zusammenzuarbeiten. Vor allem die gemeinsame Entsendung von Missionaren für Gemeinde-Neugründungs-Projekte stand im Vordergrund. So kam es 1992 zur Gründung dieses Bundes. Heute gehören dem BEGÖ 21 Gemeinden mit ca. 900 Gemeindebesuchern aus ganz Österreich an.

Tätigkeit: Ziel des Bundes ist, neue Gemeinden zu gründen; in jedem österreichischen Bezirk soll eine freie Gemeinde entstehen. Durch gemeinsam entsandte Missionare soll die Auslandmission, v.a. im ehemaligen Jugoslawien, vorangetrieben werden. Im eigenen Land soll die Jugendarbeit bereichert werden. Der BEGÖ veranstaltet gemeinsame Freizeiten, Israel-Reisen, Mitarbeiterschulungen und „English-Camps".

Wirkungsbereich: A, Kroatien, Bosnien.

Publ.: „BEGÖ-Aktiv", seit 1994, viermal jährl., Aufl. ca. 500.

Innere Ausrichtung: In den sieben Artikeln der Glaubensgrundlage des BEGÖ wird vor allem ein klares Bekenntnis zur Heiligen Schrift abgelegt. Sie soll oberste Autorität in allen Fragen des Glaubens, des Denkens und der Lebensgestaltung sein. Der BEGÖ ist bemüht, eine bibeltreue Theologie bei gleichzeitiger Vermeidung eines gesetzlichen Dogmatismus zu praktizieren. Die Selbständigkeit der mitwirkenden Gemeinden wird ebenso hochgehalten wie die Taufe auf den Glauben.

Alle Gemeinden im BEGÖ sind gleichzeitig Mitglieder der „Arbeitsgemeinschaft Evangelikaler Gemeinden in Österreich" (ARGEGÖ), der größten freikirchlichen evangelikalen Plattform in Österreich.

Organisation und Finanzierung: Der BEGÖ ist als Dachverein von Vereinen der 21 lokalen Gemeinden in Österreich registriert. Die Bundesleitung, die im Auftrag der Delegiertenversammlung handelt, besteht derzeit aus vier Brüdern (Wilhelm Giefing, Reinhold Eichinger, Daniel Lieberherr, Dietmar Jowanka).

Bund Evangelikaler Gemeinden in Österreich
Ispergasse 22, A-1210 Wien
Tel./Fax 0222/2927781

Bund Evangelischer Schweizer Jungscharen (BESJ)

früher: Bund Evangelikaler Schweizer Jungscharen

Die Vorgeschichte reicht bis 1955 zurück (Gründung der Jungschar Hallau der Chrischona-Gemeinde). Es entstanden immer mehr Jungscharen in der Schweiz. Nachdem ihre Zahl auf 40 angewachsen war, wurde 1973 eine Neu-Strukturierung erforderlich. 1974 wurde der „Bund Evangelikaler Schweizer Jungscharen" gegründet. Präsident war Robert Rahm und erster (halbamtlicher) Jungschar-Sekretär Hansruedi Steiner (geb. 1954). 1982 wurde der Verein BESJ gegründet. Das Werk wuchs weiter. Bis Ende 1995 waren 275 Gemeinden aus verschiedenen Denominationen dem BESJ angeschlossen. Heutiger Leiter ist Peter Blaser.

Tätigkeit: Der BESJ ist ein „Dienstverein", der seine Tätigkeit vor allem in der Schulung sieht. Ziel ist die Förderung der Ameisli- (6-9 Jahre), Jungschar- (9-13 Jahre) und Teeniearbeit (13-16 Jahre). Die verschiedenen Gruppen sollen dabei gemeindebezogen arbeiten. Der BESJ versucht durch die Kinder- und Teeniearbeit, Menschen in erster Linie für Christus und dann für die Gemeinde zu gewinnen.

Schwerpunkte der Arbeit sind die Ausbildung der Leiter örtlicher Gruppen in diversen Kursen, schriftliche Hilfen und Anleitung für die örtlichen Leiterteams und die Materialbereitstellung für die Ameisli-, Jungschar- und Teeniearbeit.

Wirkungsbereich: CH, z. T. Aufbauarbeit im Ausland.

Einrichtungen: BESJ-Shop (Niederglatterstr. 11, CH-8155 Niederhhasli, Tel. 01/8506951).

Publ.: „INPUT", seit 1980, viermal jährl., Aufl. 1.200; „Info-Bulletin", seit 1974, sechsmal jährl., Aufl. 950; „Freundesbrief", seit 1974, sechsmal jährl., Aufl. 1.000.

Innere Ausrichtung: Als Glaubensgrundlage gilt die Lausanner Verpflichtung. Die Heilige Schrift ist in allen Bereichen Grundlage und Autorität. Betont wird die persönliche Wiedergeburt jedes einzelnen. Der Mensch ist als Gottes Ebenbild ganzheitlich zu sehen. Der Glaube muß Auswirkungen in der Tat, im praktischen Leben haben. Praktiziert wird die „Stille Zeit" mit Austausch in Gruppen. Die Botschaften, die den ganzen Menschen beinhalten, sollen herausfordern und zu einer konsequenten Nachfolge und ganzen Hingabe rufen.

Engere Verbindungen bestehen zur „Pilgermission St. Chrischona", zum „Bund Freier Evangelischer Gemeinden" in der Schweiz, zum „Bibellesebund" und zur „Vereinigung Freier Missionsgemeinden". Der Bund arbeitet bei der Evang. Allianz mit. Die Gruppen gehören zu freikirchlichen Gemeinden und reformierten Landeskirchen.

Organisation und Finanzierung: Der BESJ ist als Verein organisiert. Der verantwortliche Kreis (Vorstand) setzt sich zusammen aus Vertretern von St. Chrischona, den Freien Evang. Gemeinden, der Vereinigung Freier Missionsgemeinden, erfahrenen Leitern sowie den Sekretären. Die örtlichen Gruppen sind autonom und Passivmitglieder. Der BESJ hat sieben hauptamtliche Mitarbeiter. Er wird finanziert durch Spenden, kirchliche Gelder, staatliche Zuschüsse u. a.

Bund Evangelischer Schweizer Jungscharen
Talgartenstr. 6, CH-8117 Fällanden
Tel. 01/8255142

Bund Freikirchlicher Pfingstgemeinden (BFP)

bis 1982: Arbeitsgemeinschaft der Christengemeinden Deutschlands (ACD)
Verschiedene freie Pfingstgemeinden schlossen sich nach dem Zweiten Weltkrieg zu einem losen Bund zusammen, der seit 1954 den Namen „Arbeitsgemeinschaft der Christengemeinden Deutschlands" (ACD) trug. 1974 wurden ihr in Hessen die Körperschaftsrechte zuerkannt. Die ACD übernahm mehr und mehr übergemeindliche Aufgaben und gewann stärker freikirchliche Strukturen. Dies fand in der Umbenennung in „Bund Freikirchlicher Pfingstgemeinden" (BFP) seinen Ausdruck (1982).

Dem BFP gehören rund 270 selbständige Gemeinden und weitere 100 Zweiggemeinden an; dazu kommen über 90 fremdsprachige Gemeinden. In den letzten Jahren hat sich eine Anzahl Gemeinden, die aus unabhängiger missionarischer Arbeit entstanden waren, dem BFP angeschlossen. 1988 trat die „Volksmission entschiedener Christen" (Sitz Stuttgart) als Gemeindebund dem BFP bei, und nach der Vereinigung Deutschlands kam 1991 eine Anzahl Elim-Gemeinden und freier Elim-Gemeinden zum Bund.

Arbeitszweige und übergemeindliche Einrichtungen des BFP im missionarisch-evangelistischen Bereich:
Aktionskomitee für verfolgte Christen (AVC) und Nehemia Christenhilfsdienst (Hilfswerk des BFP); Leiter: Pastor Waldemar Sardaczuk, Pastor Hans Ollesch (s. eigene Darstellung).

Theologisches Seminar Beröa (Seminar des BFP); Leiter: Pastor Richard Krüger, Pastor Manfred Hofmann (Industriestr. 6-8, D-64390 Erzhausen, Tel. 06150/7373 oder 84232).

Evangelium Offensiv (EO, Zentrum für Schulung und Mission); Schulungsleiter: Hartmut Knorr (Auerbacher Weg 12, D-69427 Mudau, Tel. 06284/92040).

Licht im Dunkel – Gefangenenmission im BFP (Pastor Dr. Ingo Czwalina, Postfach 11 08 35, D-64223 Darmstadt, Tel. 06167/1010).

Neuland Mission „Evangelium für Alle"; Leiter: Pastor Eckhard Mattner (Kreisstr. 32, D-26802 Moormerland, Tel. 04954/89202).

Velberter Mission e.V. – Außenmission des BFP (Kollwitzstr. 8, D-42549 Velbert).

Leuchter-Verlag eG; Geschäftsführer: Pastor Helmut Dengel (Industriestr. 6-8, D-64390 Erzhausen, Tel. 06150/7565).

Freundschaftlich verbundene Werke und Gemeinden, zu denen Kontakte bestehen, die aber nicht zum BFP gehören:
Charismatisches Zentrum e.V. (Äußere Parkstr. 7, D-84032 Landshut-Altdorf).
Christliche Filmmission e.V.; Leiter: Pastor Jost Müller-Bohn (Charlottenstr. 111, D-72764 Reutlingen, Tel. 07121/42608).
Christliche Gemeinschaft – Charismatisches Zentrum, München – s. ebd.
Christus für alle Nationen e.V. (CfaN);

Leiter: Pastor Reinhard Bonnke (Melsunger Str. 1, D-60389 Frankfurt/M).
Christuszentrum Braunschweig e.V. (Am alten Bahnhof 15, D-38122 Braunschweig).
International Correspondence Institute (ICI); Leiter: Pastor Ditmar Mittelstaedt (Aßlarer Weg 8, D-35614 Aßlar, Tel. 06443/2183).
Jugend-, Missions- und Sozialwerk e.V. Altensteig (JMS) – s. ebd.
Media-Vision e.V.; Geschäftsführer: Jürgen Single (Postfach 15 26, D-63205 Langen „ Tel. 06103/74848).
Missionsdienst e.V.; Leiter: Pastor Alfred Musalf (Am Osterbrauck 64, D-58675 Hemer, Tel. 05151/43595).
Studenten für Christus – s. ebd.
Teen Challenge in Deutschland – s. ebd.

Bund Freikirchlicher Pfingstgemeinden in Deutschland KdöR
Industriestr. 6-8, D-64390 Erzhausen
Tel. 06150/84382

Bund Pfingstlicher Freikirchen der Schweiz (BPF)

In der Schweiz trafen sich seit 1962 die Prediger verschiedener Pfingstgemeinden zur Einheitskonferenz. Daraus entstand 1974 der „Bund Pfingstlicher Freikirchen". 1984 wurde der BPF in den „Verband Evangelischer Freikirchen und Gemeinden in der Schweiz" (VFG) aufgenommen. Die einzelnen Mitgliedsorganisationen behalten ihre Selbständigkeit.

Aus den Kreisen des BPF stammt die Trägerschaft der beiden christlichen Hotels „Seeblick" (Emmetten) und „Parkhotel" (Gunten).
Mitglieder: Schweizerische Pfingstmission (Emmetten), Gemeinde für Urchristentum (Thun), Missionswerk Glaubens- und Erholungsheim Bethel (Orvin sur Bienne), Eglises Evangéliques de Réveil (Genève), Fraternité Chrétienne (Yverdon), Assemblées de Dieu (Epalinges), (Schweizerische) Zigeunermission / Mission Evangéliques des Tziganes (Versoix).

Bund pfingstlicher Freikirchen der Schweiz
Konferenzzentrum
CH-6376 Emmetten
Tel. 041/6244141

Campus für Christus (CfC) – Deutschland

Die internationale Bewegung wurde 1951 von Dr. Bill Bright als eine missionarische Arbeit unter Studenten an den Universitäten der USA gegründet. 1967 entstand der deutsche Zweig von Campus für Christus in Berlin. In den siebziger Jahren wurden die ersten Mitarbeiter als Missionare ins Ausland geschickt, lange bevor sich dafür 1991 der Arbeitszweig „Agape Internationale Dienste" etablierte. Auf dem Weg zum weitverzweigten Missionswerk wurden weitere Arbeitszweige gegründet: 1977 das Medienteam und 1980 das „Institut für Gemeindeaufbau"; letzteres hatte seinen Ursprung schon in Schulungsangeboten für Gemeinden (seit 1973). Mit Beginn der „Aktion Hungerwinter" 1990 wurde CfC auch auf dem Gebiet humanitärer Hilfe aktiv. Campus für Christus wird geleitet von Duane Conrad und Gerhard Triebel (Geschäftsführer).

In Österreich entstand 1983 der „Arbeitskreis Christlicher Studenten" (ACS) durch Edward Murray.

Tätigkeit: Das Ziel von Campus für Christus ist, „den Menschen unserer Zeit Christus vorstellen". CfC-Mitarbeiter sind in zwölf verschiedenen Arbeitszweigen tätig.

CfC will den einzelnen Menschen in seinem Umfeld ansprechen. Das beginnt mit der Studentenarbeit auf dem „Campus" von 22 Universitäten, inklusive der internationalen Studentenarbeit (ISA) unter ausländischen Kommilitonen. Es setzt sich fort in der Arbeit unter Führungskräften aus Politik, Wirtschaft und Diplomatie („Leadership Encounter" in Bonn). Die Sportlerorganisation „Athletes in Action" baut in Deutschland ihr Engagement aus. Sie veranstaltet Ballsport-Camps für Jugendliche und betreut Sport-Profis. Der Arbeitszweig „Crescendo" dient Kirchenmusikern zum fachlichen Austausch und durch örtliche Gebetskreise. Ein weiterer Arbeitszweig ist das „Institut für Gemeindeaufbau" mit Jüngerschaftsschulungen und Entwicklungskonzepten für wachsende Gemeinden. Die humanitäre Hilfsorganisation „Aktion Hungerwinter" führt jährliche Hilfstransporte nach Rußland

und in die baltischen Staaten durch. Die Zeitschrift „!mpulse" und der „CfC Verlag" präsentieren in zeitgemäßer Sprache aktuelle Themen für missionarisch gesinnte Christen. Das Medienteam will durch audiovisuelle Medien Menschen mit Lebensfragen konfrontieren. 7.000 Beter erhalten dreimal im Jahr den Brief „Gebet für unser Land" (ein geistlicher Tendenzbericht mit konkreten Gebetsanliegen für gesellschaftliche Gruppen und Personen). Ein weiterer Arbeitszweig ist die Auslandsmission „Agape Internationale Dienste". Die „Matthäusarbeit" setzt die Arbeit in Ostdeutschland auf breiter Ebene fort, die CfC-Mitarbeiter in der ehemaligen DDR angefangen hatten.

Wirkungsbereich: D, A, Rußland, baltische Staaten, Afrika; CH (s. eigene Darstellung).

Einrichtungen: Institut für Gemeindeaufbau, Verlag.

Publ.: „Impulse", vierteljährl., Aufl. 12.000; Gebetsbrief „Gebet für unser Land", dreimal jährl., Aufl. 7.000; Bücher im CfC Verlag, z.B. das Taschenbuch „persönlich"; Multimediashows.

Innere Ausrichtung: Campus für Christus ist eine überkonfessionelle Missionsbewegung. Sie arbeitet auf der Basis der Evang. Allianz und ist Mitglied im „Ring Missionarischer Jugendbewegungen" (RMJ) und in der „Arbeitsgemeinschaft Missionarische Dienste" (AMD).

Organisation und Finanzierung: Eingetragener Verein mit Vorstand, als gemeinnützig anerkannt; 130 hauptamtliche Mitarbeiter, die jeweils von Spenden eines persönlichen Freundeskreises (100-300 Personen) getragen werden; Finanzierung durch Spenden für die Arbeit allgemein und für jeden einzelnen Mitarbeiter.

Campus für Christus e.V.
Postfach 10 02 62, D-35332 Gießen
Tel. 0641/975180, Fax 0641/9751840

Campus for Christ
International Office
San Bernhardino, Calif. 92414, USA

Campus für Christus (CfC) – Schweiz

Die internationale Bewegung wurde 1951 gegründet (s. Campus für Christus – Deutschland). 1973 begann die Arbeit in der Schweiz mit der Durchführung von Schulungskursen für praktisches Christentum. 1979-89 brachte vor allem im Zusammenhang mit der „Aktion Neues Leben", an der sich etwa 800 christliche Gemeinden beteiligten, ein größeres Wachstum im Inland. Ab 1990, mit der Öffnung der osteuropäischen Länder, entstanden neue außenmissionarische Arbeitszweige. Die Leitung von Campus für Christus hat in der Schweiz Hanspeter Nüesch.

Tätigkeit: Ein Tätigkeitsbereich von Campus für Christus ist die Gemeindearbeit (missionarischer Gemeindeaufbau: Schulung, Seminare, Projekte, Materialien; berufsbegleitende „Schule für Gemeindemitarbeit"). Ein weiterer Be-

reich ist die Studenten- und Dozentenarbeit. Studenten und Dozenten soll die Relevanz des christlichen Glaubens in Schule, Gesellschaft und Wissenschaft aufgezeigt werden. Campus für Christus zählt auch die Begleitung von Theologiestudenten zu seinen Aufgaben. Das „Institut Koinonia" ist zuständig für Beratung und Schulung von Gemeinden, Werken und Menschen in Führungsaufgaben. Ein Team für evangelistische Dienste führt kreative Themenwochen durch. Der Arbeitszweig „Crescendo" ist zuständig für Musikerarbeit unter klassischen Musikern und unter Musikstudenten. „Newlife Network" vermittelt christliche Fernsehprogramme.

„Medialog – Agentur für Religion und Gesellschaft" ist seit 1996 ein weiterer Arbeitszweig von Campus für Christus. Die Agentur mit Sitz in Au produziert Radiosendungen im Bereich Religion und Gesellschaft, um Menschen, die keine Kirche besuchen, über den christlichen Glauben zu informieren. Außerdem bietet sie Medienkurse an. Bis zu ihrem Anschluß an Campus für Christus war die Einrichtung selbständig unter dem Namen „Arbeitsgemeinschaft für ein christliches Radio" (gegründet 1982).

„Athletes in Action" ist die Sportlerarbeit von Campus für Christus. Persönliche Betreuung sowie spezielle Treffen, Seminare und Trainingslager sollen helfen, daß die Bereiche Sport und Glauben nicht auseinanderfallen. Für das „Frühstückstreffen von Frauen für Frauen" führt Campus für Christus

Schulungs-, Beratungs- und Sekretariatsaufgaben aus. Zur Tätigkeit des Werks gehören außerdem größere Schulungskonferenzen zum missionarischen Christsein in Familie, Gemeinde und Welt (Explo 1985/88/91/97/2000). Durch „Agape Internationale Dienste" ist Campus für Christus auf den Gebieten Mission und Entwicklungshilfe tätig. Missions-Partnerschaftsprojekte gibt es u.a. in Rußland und China.

Wirkungsbereich: CH, Rußland, China u.a.; D (s. eigene Darstellung).

Einrichtungen: „Schule für Gemeindemitarbeit" in Zürich, Bern, Basel, Weinfelden, Landquart.

Publ.: „Christliches Zeugnis", vierteljährl.; „Gebet für unser Land" (Gebetsinformation), zweimonatl.

Innere Ausrichtung: Campus für Christus möchte dazu beitragen, daß der Missionsauftrag Jesu Christi erfüllt wird. Das Werk versteht sich als ein evangelistischer Arm der Kirche, betont die Bedeutung der örtlichen Gemeinde und möchte zu deren Aufbau und Wachstum beitragen. Die Glaubenssicht der Schweizer Arbeit ist, daß in jedem Dorf lebendige geistliche Zellen entstehen und von der Schweiz aus geistliche Ströme ins Ausland fließen.

Organisation und Finanzierung: Campus für Christus hat 53 Mitarbeiter in der Schweiz und acht im Ausland. Das Werk wird durch Spenden finanziert.

Campus für Christus
Josefstr. 206, CH-8005 Zürich
Tel. 01/2722744, Fax 01/2717819

Charismatische Bewegung

Der „pfingstliche" Impuls, der am Anfang dieses Jahrhunderts zur Entstehung der pfingstkirchlichen Bewegungen geführt hatte, erfaßte Anfang der 60er Jahre die historischen Kirchen in Nordamerika. 1967 wurde er auch in der katholischen Kirche wirksam und führte in nahezu allen Kirchen zu entsprechenden Gruppenbildungen, deren Anliegen die geistliche Erneuerung ihrer eigenen Kirche war. Anders als die pfingstlerischen Bewegungen wollte dieser „zweite Ansatz" zu keinen neuen Kirchenspaltungen führen, sondern das Leben der Kirchen von innen erneuern. 1962 kam er durch den lutherischen Pfarrer Arnold Bittlinger nach Deutschland, der die charismatische Erneuerung in den USA kennengelernt hatte, u.a. durch Einladung von Larry Christenson (1963).

Im deutschsprachigen Bereich entstehen charismatische Erneuerungsgruppen in den evang. Landeskirchen (Geistliche Gemeinde-Erneuerung, GGE, in den evang. Landeskirchen) und im Bereich der röm.-kath. Kirche (Katholische Charismatische Erneuerung), ebenso in den Freikirchen, vor allem im Bund Evangelisch-Freikirchlicher Gemeinden (Baptismus) und in der Evangelisch-methodistischen Kirche. Seit 1975 fördert ein Arbeitskreis „Charisma und Gemeinde" die charismatischen Anliegen im Baptismus und ist um ihre gemeindliche Integration bemüht. Im freikirchlichen Kontext trägt die Erneuerung den „Charakter der

Anknüpfung an vorhandene oder verschüttete Erfahrungen", so auch in der Evangelisch-methodistischen Kirche, in der ein Arbeitskreis „Geistliche Gemeindeerneuerung in der Evangelisch-methodistischen Kirche" das charismatische Anliegen unterstützt. Das jeweilige Profil wird in Unterscheidung zu pfingstlerischen und neupfingstlerischen Lehren und Verständnishorizonten artikuliert, die seit Mitte der 70er Jahre verstärkt aus Amerika nach Deutschland kamen. Die Erneuerungsgruppen bekennen sich zu ihren jeweiligen kirchlichen Traditionen, die GGE beispielsweise zur „verfaßten evangelischen Kirche als dem ihr von Gott zugewiesenen Platz".

Neben der Ausbreitung charismatischer Frömmigkeit in den historischen Kirchen vollzieht sie sich seit den 70er Jahren zunehmend in konfessionsunabhängigen Gemeinden und Missionswerken, die theologisch nicht selten eine Nähe zur Pfingstbewegung aufweisen und deshalb als neupfingstlerisch bezeichnet werden. Zu diesem Bereich gehören verschiedene Zentren (z. B. Christliches Zentrum Frankfurt, Christliches Zentrum München, Christliches Zentrum Berlin, Jesus Gemeinde Dresden), Gemeinden (Gemeinde auf dem Weg, Berlin; Biblische Glaubens-Gemeinde, Stuttgart) und Werke bzw. Gruppierungen (z. B. Jugend mit einer Mission, Geschäftsleute des vollen Evangeliums, Fürbitte für Deutschland), die sich als überkonfessionell verstehen.

Differenzierungen zwischen diesen Ausprägungen sind wichtig und keineswegs zu vernachlässigen, obgleich sie eine innere Nähe und genetische Verbindungen aufweisen. Beide Ansätze bezeichnen und verstehen sich als charismatisch. Sie sind netzwerkartig miteinander verbunden und überschneiden sich wie Kreise, die teilweise übereinanderliegen. Sie variieren Ereignis und Verständnis charismatischer Frömmigkeit in unterschiedlichen kirchlichen Kontexten und missionarischen Aktionszusammenhängen.

Die zentralen Anliegen der charismatischen Bewegung können gleichermaßen in innerkirchlichen Gruppenbildungen wie in konfessionsunabhängigen Gemeinden und Werken ihren Ausdruck finden. Sie lauten: Anbetung, Lobpreis, Seelsorge, Evangelisation, Heilungsdienste, das Erfaßt- und Erneuertwerden des ganzen Menschen wie auch der Gemeinde. Dabei wird eine auf den Heiligen Geist und die Charismen (vor allem Heilung, Prophetie, Glossolalie) bezogene erfahrungsorientierte Frömmigkeit akzentuiert. Diakonische Dienste werden in enger Zuordnung zum Evangelisationsauftrag praktiziert. Die Sozialformen, in denen sich die Bewegung konkretisiert, sind u. a. Haus- und Gebetskreise, Glaubenskurse und Einführungsseminare, Anbetungs-, Heilungs- und Segnungsgottesdienste, Kongresse. Die charismatische Bewegung zielt auf der individuellen Ebene auf die Erneuerung des einzelnen durch die Bitte um das Kommen des Heiligen Geistes mit seinen Gaben, auf der gemeinschaftlichen Ebene vor allem auf die Erneuerung des Gottes dienstes, der nach dem Vorbild von 1. Kor. 14, 26 eine neue Gestalt finden soll. Zentrum und Kristallisationspunkt sowohl der individuellen wie der gottesdienstlichen Erfahrung ist das Getauft- bzw. Erfülltwerden mit dem Heiligen Geist. Hier konzentriert sich sowohl charismatisches wie auch pfingstlerisches Selbstverständnis. Während für viele Pfingstler bis heute gilt, daß das Zungenreden das anfängliche Zeichen der Geistestaufe ist, hat die charismatische Bewegung in vielen ihrer Ausprägungen diese Konzentration und Fixierung gelockert und vielfältigere Wege der Initiation geschaffen. Neben der Glossolalie dürfte im Kontext charismatischer Frömmigkeit heute das Ruhen im Geist (verbunden mit Umfallen, oft nach dem Segnungsgebet einer Person, der besondere Vollmacht zugeschrieben wird) eine zentrale Initiationserfahrung sein, über die der Eintritt in die charismatische Erfahrungswelt folgt. Die angestrebte Erfahrung der Geistestaufe bzw. Geisterfüllung ist häufig verbunden mit enthusiastischen und zum Teil ekstatischen Erfahrungen. Sie wird als eine Glaubenserfahrung beschrieben, die die Wiedergeburt und eine persönliche Glaubensentscheidung voraussetzt und vor allem als Bevollmächtigung zum christlichen Zeugnis verstanden wird.

Im deutschsprachigen Kontext ist die charismatische Bewegung vergleichsweise schwach ausgeprägt. Der plausibelste Grund dafür dürfte vor allem darin liegen, daß die Perspektive einer geistlichen Erneuerung hier durch den stärker kirchlich beheimateten Pietismus bestimmt ist, dem es ebenso um die Erfahrung des Geistes und seiner Kraft geht, freilich mit Verzicht auf enthusiastische und ekstatische Erfahrungen. Gleichwohl hat sich charismatische Frömmigkeit auch im deutschsprachigen Bereich kontinuierlich ausbreiten können, in den letzten Jahren vor allem in Christlichen Zentren und neuen Gemeinden.

Seit den 80er Jahren haben religiöse Pluralisierungsprozesse auch das Erscheinungsbild der charismatischen Bewegung verändert. Es ist gegenwärtig deutlich mitbestimmt durch den Versuch, Tendenzen der religiösen Alternativkultur aufzunehmen. Verschränkungen mit internationalen Entwicklungen und eine unverkennbare Außenbestimmung durch Tagungen und Kongresse (mit vielen US-amerikanischen Rednern) haben die kirchliche Kontextualisierung der charismatischen Bewegung nicht gefördert, sondern durchweg erschwert und faktisch dazu geführt, daß ihre Anliegen stärker als außerkirchliche neue Frömmigkeit wahrgenommen werden, denn als kirchliche Erneuerungsbewegung. Die großen Themen der charismatischen Bewegung wurden in den letzten Jahren vor allem durch die Vineyard-Bewegung angestoßen und verbreitet, mindestens jedoch mit aufgegriffen: Ruhen im Geist, Befreiungsdienst mit exorzistischen Praktiken, geistliche Kampfführung, Wiederherstellung des prophetischen Dienstes, Praxis der stellvertretenden Buße und Versöhnung, Toronto-Segen.

Der Schwerpunkt der charismatischen Bewegung hat sich dadurch verlagert: Nicht mehr ihre landeskirchliche bzw. freikirchliche Ausprägung, sondern freie charismatische Zentren und neue Gemeinden stehen im Vordergrund. Ein nicht unwesentlicher Teil der charismatischen Bewegung geht den Weg zu neuen Gemeinde- und Kirchengründungen und damit den Weg der pfingstkirchlichen Bewegungen, die den innerkirchlichen Charismatikern schon seit langem vorhalten, nur eine reduzierte Form charismatischer Erneuerung zu praktizieren, weil sie in ihren Kirchenstrukturen bleiben. Auch inhaltlich hat sich der Ansatz charismatischer Frömmigkeit im Akzent verschoben: Die Herbeirufung des Geistes ist nicht allein und primär auf die Charismen als Dienstgaben zur Auferbauung des Leibes Christi bezogen, sondern auf besondere Geistmanifestationen und ekstatische Erfahrungen.

So hinterläßt die charismatische Bewegung einen ambivalenten Eindruck. Das christliche Zeugnis, das von ihr ausgeht, ist anzuerkennen und zu würdigen. In den Ausdrucksformen charismatischer Frömmigkeit begegnen der kirchlichen Normalfrömmigkeit zahlreiche vergessene Themen der eigenen Glaubensorientierung und berechtigte Anliegen. Zugleich sind kritische Auseinandersetzungen nötig, wenn etwa die Wirksamkeit des Heiligen Geistes auf bestimmte spektakuläre Manifestationen des Geistes konzentriert und damit faktisch eingegrenzt wird, wenn die Vorläufigkeit und Gebrochenheit christlichen Lebens unterschätzt wird, wenn eine seelsorgerliche Verarbeitung von bleibenden Krankheiten und Behinderungen verweigert wird, wenn ein dualistisch geprägtes Weltbild für den Frömmigkeitsvollzug beherrschend wird und sich mit problematischen Praktiken und Lehren im Bereich des Kampfes gegen Geister und Dämonen verbindet. Insofern ist das unumgänglich, was die Bibel Unterscheidung nennt. Pauschale Bejahungen und undifferenzierte Ablehnungen sind nicht angebracht. Der Mut zu solchen Unterscheidungen ist jedoch außerhalb der Bewegung bei ihren Kritikern wie auch innerhalb der Bewegung wenig ausgeprägt.

Lit.: H.-D. Reimer, Wenn der Geist in der Kirche wirken will. Ein Vierteljahrhundert charismatische Bewegung, Stuttgart 1987; ders., Für eine Erneuerung der Kirche. Aufsätze, Berichte, Fragmente, Gießen 1996; O. Föller, Charisma und Unterscheidung, Wuppertal/Zürich 1995; R. Hempelmann, Charismatische Bewegung – Kontinuität und Wandel, in: MD der EZW 6/96, 163-174.

Geistliche Gemeinde-Erneuerung in der Evangelischen Kirche Nord (GGE)
Speersort 10, D-20095 Hamburg
Tel. 040/336043, Fax 040/322403

Österreich:
Pfarrer Gottfried Fliegenschnee
Mariengasse 2, A-7423 Pinkafeld
Tel. 03357/46247

Pfarrer Siegfried Oberlerchner
A-4864 Attersee
Tel. 07666/283

Gemeinde & Charisma
Pastoratsberg 22, D-45239 Essen
Tel. 0201/409849

Arbeitskreis für Geistliche
Gemeindeerneuerung in der
Evangelisch-methodistischen Kirche
Sonnenuhrweg 40, D-70499 Stuttgart
Tel. 0711/864958, Fax 0711/863750

Katholische Charismatische
Erneuerung (CE)
Marienstr. 80, D-76137 Karlsruhe
Tel. 0721/378787

Chinesische Missionsgemeinschaft (CMG)

1947 wurde „Evangelize China Fellowship" von Pastor Dr. Andrew Gih in Shanghai gegründet. In den folgenden Jahren bildete sich in Deutschland ein Freundeskreis durch die Arbeit des früheren Chinamissionars Pfarrer Paul Tröster. Die internationale Leitung hat Dr. Paul C.C. Szeto (Pasadena); Vorsitzender des deutschen Zweiges ist Pfarrer Gerd Pauschert.

Tätigkeit: Zur Tätigkeit der CMG gehören Evangelisation, Erziehung (Waisenhaus, Schulen, theolog. Seminar, pädagogische Programme) und missionarisch-diakonische Arbeit in verschiedenen Ländern Süd-Ost-Asiens (Hongkong, Macau, Thailand, Taiwan, Singapore, Malaysia, Indonesien, China, Burma, USA, Kanada). In allen Arbeitsgebieten sind fast ausschließlich einheimische chinesische Mitarbeiter und Mitarbeiterinnen tätig.

Innere Ausrichtung: Basis der Evang. Allianz; außerordentliches Mitglied der „Arbeitsgemeinschaft Evangelikaler Missionen" (AEM).

Chinesische Missionsgemeinschaft
Evangelize China Fellowship/
Deutscher Zweig e.V.
Otto-Kaltenbach-Str. 3
D-72226 Simmersfeld
Tel. 07484/388

Christ Camp

Leiter von „Christ Camp" sind Michael und Alexandra Depuhl. Michael Depuhl besuchte von 1963-66 das „Moody Bible Institute" in Chicago (Diplom), studierte anschließend in Florida Pädagogik, deutsche Literatur und Geschichte. 1971-75 war er als Gymnasiallehrer in Duisburg tätig, 1976-83 als Religionslehrer in Krefeld. 1973 ging er für ein Jahr nach Texas, um sich am „Dallas Theological Seminary" speziell für die Camp-Arbeit ausbilden zu lassen.

Nach verschiedenen Schwierigkeiten konnte der ererbte Bauernhof unter Mithilfe von Jugendgruppen, amerikanischen Teams, befreundeten Handwerkern usw. zum Camp ausgebaut werden. 1982 begann die eigentliche

Camparbeit mit einem Camp und acht Teilnehmern. Heute können bis zu 100 Camper untergebracht werden.

Tätigkeit: „Christ Camp" will durch ganzheitliche evangelistisch-missionarische Jugendarbeit biblische Geschichten im Alltag erfahrbar machen. Zur Tätigkeit gehört eine vielseitige Freizeitarbeit (Reiten, Bogenschießen, Töpfern, Ballsport, Theater, Pantomime, kreatives Gestalten). Während der Ferienzeit in Nordrhein-Westfalen werden Camp-Wochen (zehn im Jahr) durchgeführt. Durch besonders geschulte Camp-Betreuer werden die Teilnehmer im Alter von 9-17 Jahren in kleinen, altersspezifischen Gruppen individuell betreut. Außerhalb der Ferienzeit bietet sich „Christ Camp" für Klassenfahrten und Gruppenfahrten, Tagesfahrten und Ausflüge an und führt Seminare und evangelistische Veranstaltungen durch.

Wirkungsbereich: D.

Einrichtungen: ehemaliger Bauernhof, ausgebaut zum Camp.

Publ.: „Camp Blatt", seit 1986, fünfmal jährl., Aufl. 2.000; Buch „Campblätter (k)eine Einweggeschichte" (Brendow Verlag, Moers).

Innere Ausrichtung: Die Glaubensgrundsätze von „Christ Camp" sind in acht Punkten auf fundamentalistischer Grundlage zusammengefaßt, die von den Mitgliedern unterschrieben werden müssen.

Die Arbeit geschieht im Rahmen der Evang. Allianz. „Christ Camp" ist Mitglied im „Ring Missionarischer Jugendbewegungen" (RMJ).

Organisation und Finanzierung: Gemeinnütziger Verein mit Vorstand, Camprat und beratendem Gremium; Finanzierung durch Spenden und Camp-Einnahmen.

Christ Camp e.V.
Luiter Weg 238, D-47802 Krefeld
Tel. 02151/966996, Fax 02151/966998

Christen im Dienst an Kranken (CDK)

Die Organisation ist seit 1972 in Deutschland tätig, seit 1978 als eingetragener Verein. Geschäftsführerin ist Erika Rieke.

Bis 1992 bestand Zusammenarbeit mit der in Südafrika gegründeten internationalen Organisation „Hospital Christian Fellowship International" (jetzt „Healthcare Christian Fellowship"). CDK-Gruppen entstanden zum Teil selbständig, zum Teil auf der Basis der Schwestern-Bibelgruppen in Deutschland (die der SMD angeschlossen waren). Die Entstehung von CDK-Gruppen wurde durch Reisedienste von Mitarbeitern der Organisation „Hospital Christian Fellowship" aus Südafrika gefördert.

Tätigkeit: Ein Schwerpunkt der Arbeit von CDK ist das Gebet (Gebetskreise in Krankenhäusern, Altenheimen, Arztpraxen; Gebetstreffen in Gemeinden und auf regionaler Ebene). Zweiter Schwerpunkt ist die Evangelisation an

Patienten, ihren Angehörigen sowie an Mitarbeitern im Gesundheitsdienst. Dabei arbeitet CDK mit Kirchen, Gemeinden und anderen Missionswerken zusammen. Die Nacharbeit geschieht durch Korrespondenz, Telefongespräche und Besuche. Dritter Schwerpunkt ist die Schulung. Kirchen- und Gemeindebesuch sind oft durch Dienstzeiten erschwert. Deshalb bietet CDK zusätzliche Gemeinschaft an, die aber kein Ersatz für eine Gemeinde sein soll. Zu den Angeboten gehören Wochenendseminare, Tagungen, Kassettendienst und Literaturangebote.

Innere Ausrichtung: CDK ist ein nichtcharismatisches übergemeindliches Missionswerk, eine Vereinigung von Ärzten, Krankenpflegepersonal und anderen Mitarbeitern im Gesundheitswesen, die ihre Arbeit in christlicher Verantwortung zu erfüllen suchen. Außerdem gehören ihr Menschen aus anderen Berufen an, die die Ziele unterstützen. Maßstab der Arbeit ist die Bibel, das Wort Gottes.

Organisation und Finanzierung: Eingetragener Verein mit Vorstand; Geschäftsstelle mit einer vollzeitlichen Mitarbeiterin; viele ehrenamtliche Mitarbeiter in der Regionalarbeit in einigen Bundesländern und in lokalen Bibel- und Gebetskreisen; Finanzierung durch Spenden.

Wirkungsbereich: D und einige osteuropäische Länder.

Publ.: Rundbrief, 2-3mal jährl.; Schulungsmaterial, Kassetten (Aufnahmen von den Seminaren).

Christen im Dienst an Kranken e.V.
Giesenweg 18
D-34587 Felsberg-Gensungen
Tel./Fax 05662/6696

Christen im Gesundheitswesen (CiG)

1986 wurde es einigen Ärzten und Krankenschwestern aus Hamburg, die von der charismatischen Erneuerung geprägt waren, wichtig, nach Möglichkeiten und Wegen zu suchen, wie sie ihr Christsein wirkungsvoller in den Berufsalltag einbeziehen können. Bewegt von der Not der Kranken sowie von dem heilenden Erbarmen Gottes, wünschten sie sich, Gottes Handeln im Berufsalltag mehr Raum zu geben. Sie kamen als Christen aus mehreren Konfessionen regelmäßig zu Austausch und Gebet zusammen und führten Wochenendtagungen zunächst im norddeutschen Raum durch. 1988 fand die erste bundesweite Tagung in Frankfurt/M. statt. Es entstanden weitere Gebetskreise in Krankenhäusern, Arztpraxen und anderen therapeutischen Einrichtungen des Gesundheitswesens, die durch regionale Arbeitskreise untereinander verbunden wurden. Seit 1988 werden in verschiedenen Städten Regionaltage veranstaltet. Für die Leitung der Organisation ist ein Leitungskreis zuständig.

Tätigkeit: „Ziel ist die Neubelebung biblischer Werte im Gesundheitswesen gemäß des Evangelisations- und Heilungsauftrages Jesu Christi." Christen, die innerhalb des Gesundheitswesens tätig sind, sollen ermutigt werden, ihren Glauben wirksam am Arbeitsplatz zu leben. Berufskollegen und Patienten soll die heilende Erfahrung der Liebe Gottes in Jesus Christus und die Kraft eines vom Heiligen Geist erneuerten Lebens vermittelt werden.

Zu den Veranstaltungen der Organisation gehören überkonfessionelle Gebetskreise am Arbeitsplatz, Regionalabende und -tagungen, Offene Abende und ein wachsendes Seminarangebot, außerdem jährlich eine bundesweite Tagung mit etwa 400 Teilnehmern.

Wirkungsbereich: D.

Publ.: „Christen im Gesundheitswesen", seit 1988, zweimal jährl., Aufl. 5.000; Kassetten; Prospekte, Informationen, Literaturdienst.

Innere Ausrichtung: Glaubensgrundlage ist die Bibel und das apostolische Glaubensbekenntnis. Besonderer Wert wird gelegt auf eine persönliche Glaubensbeziehung zu Jesus Christus, dem gekreuzigten und auferstandenen Sohn Gottes, auf das bewußte Sich-Öffnen für das Wirken des Heiligen Geistes, auf den umfassenden Evangelisations- und Heilungsauftrag Jesu an seine Kirche und damit generell an jeden Christen. Die Mitarbeiter sind in ihre jeweilige Kirchengemeinde eingebunden.

Als Formen des geistlichen Lebens sind wichtig geworden: Lobpreis und freies Gebet in der Gemeinschaft mit anderen Christen, zeugnishafter Austausch der Glaubenserfahrungen im Beruf, berufsbezogene biblische Lehre, gegenseitiges Ermutigen zu einem Leben der Hingabe und Heilung, Fürbitte und Segnungsgebet in kleinen Gruppen, Offenheit gegenüber Gaben des Heiligen Geistes und die Erwartung auch eines übernatürlichen Handelns Gottes.

Verbindungen bestehen zu Erneuerungsbewegungen in den verschiedenen Kirchen, zu „IGNIS – Deutsche Gesellschaft für Christliche Psychologie", zur AG Mediziner der Akademikerarbeit der „Studentenmission in Deutschland" (SMD), zu „Jugend mit einer Mission", zu den Franziskanerinnen (Kloster Siessen), zur „Gemeinschaft der Seligpreisungen", und zu „Christians in caring Professions" (CicP) in England.

Organisation und Finanzierung: Seit 1989 sind die „Christen im Gesundheitswesen" ein eingetragener Verein mit den sechs Mitgliedern des Leitungskreises und vier weiteren Mitgliedern. Zugehörig zu der Bewegung kann sich jeder Christ fühlen, der sich mit Zielen und Inhalt der Arbeit identifiziert. Durch Beitritt zum Freundeskreis kann er darüber hinaus seine Verbundenheit und Unterstützung ausdrücken. Verbindliche Zusammenarbeit besteht in den regionalen Mitarbeiterkreisen, zwischen den Regionalleitern sowie im Leitungskreis. Finanziert wird die Bewegung durch Spenden.

Christen im Gesundheitswesen
Bergstr. 25, D-21521 Aumühle
Postfach 2 28, D-21518 Aumühle
Tel. 04104/4982, Fax 04104/7269

Christen in der Wirtschaft (VCK)

früher: Verband gläubiger Kaufleute; Verband Christlicher Kaufleute

1902 riefen die Kaufleute Gustav Pätzold und Wilhelm Bild in Berlin den „Verband gläubiger Kaufleute und Fabrikanten" ins Leben, der sich 1908 mit dem „Verband gläubiger Handlungsgehilfen Deutschlands" zum „Verband gläubiger Kaufleute" zusammenschloß. Bereits vor dem Zweiten Weltkrieg löste sich der Verband auf und entging so der zwangsweisen Eingliederung in die „Deutsche Arbeitsfront". Unter dem Namen „Freundeskreis Christlicher Kaufleute" traf man sich weiter. Als man 1947 an eine Neuordnung der Arbeit ging, entschied man sich für den Namen „Verband Christlicher Kaufleute" und brachte damit den Willen zur missionarischen Öffnung zum Ausdruck. Anfang der 80er Jahre wurde die Bezeichnung „Christen in der Wirtschaft" hinzugefügt, die 1988 Teil des Namens wurde und jetzt der offizielle Name ist. Die Leitung haben Johannes Sczepan (1. Vorsitzender) und Hanns-Peter Pestel (Geschäftsführer).
Tätigkeit: Der Verband hat sich die Evangelisation und Gemeinschaftspflege unter Unternehmern, Freiberuflern, Handwerkern, kaufmännischen Angestellten und Azubis zur Aufgabe gemacht. Zu seiner Tätigkeit gehören Wochenendtagungen, Tagungen junger Christen in der Wirtschaft, Foren für Unternehmer und Manager, für Hand-

werker, für Mitarbeiter in Banken und Versicherungen, Seminare für Sekretärinnen und Sachbearbeiterinnen, Seminare für Azubis, Freizeiten, außerdem regionale Gesprächskreise, meist als Abendveranstaltungen mit einführendem Referat (derzeit an 25 Orten). Zu allen Veranstaltungen sind Mitglieder und Interessierte eingeladen.
Wirkungsbereich: D.
Publ.: „Kontakt", vierteljährl., Aufl. ca. 4.500 (Direktversand).
Innere Ausrichtung: Der Verband ist ein Zusammenschluß von Christen in der Wirtschaft, die den Beruf in ihr Leben als Christen bewußt einbeziehen. Grundlage ist die Bibel als Wort Gottes, das für alle Lebensbereiche des Menschen Gültigkeit hat. Mitglieder und Freunde sollen ermutigt werden, ihre Gaben und Möglichkeiten in den Dienst christlicher Kirchen, Gemeinden und Werke zu stellen sowie Geschäftsfreunde und Kollegen mit Jesus Christus bekanntzumachen. Die Mitglieder kommen aus Landeskirchen, Freikirchen, Gemeinschaften und Werken.
Der Verband ist Mitglied bei „Euro-Partners", einem europaweiten Zusammenschluß ähnlich ausgerichteter Verbände, und assoziiert mit dem „Christian Business Men's Committee International" (CBMCI), einem weltweiten Zusammenschluß. Er hat ein positives Verhältnis zur Evang. Allianz und ist Mitglied der „Arbeitsgemeinschaft Missionarische Dienste" (AMD).
Organisation und Finanzierung: Eingetragener Verein mit zehnköpfigem Vor-

stand und über 1.000 Mitgliedern. Die regionalen Treffen und die Tagungen werden von eigenen Arbeitskreisen geleitet. Die Aufgaben bei „Christen in der Wirtschaft" werden weitgehend ehrenamtlich erfüllt. Fünf Angestellte koordinieren die Arbeit. Die Finanzierung geschieht durch Mitgliedsbeiträge und Spenden.

Christen in der Wirtschaft – VCK e.V.
Naabstr. 29, D-40699 Erkrath
Tel. 02104/940854, Fax 02104/940853

Christival – Kongreß Junger Christen

Christival ist kein eigenständiges Werk, sondern eine Kooperation von Kirchen, Freikirchen und Werken zur Durchführung missionarischer Jugendkongresse. Christival '76 mit 12.000 Teilnehmern in Essen und Christival '88 mit 18.500 Teilnehmern in Nürnberg standen unter der Leitung von Pfarrer Ulrich Parzany. Christival '96 mit 32.000 Teilnehmern in Dresden wurde von Dr. Roland Werner und Wolfgang Freitag geleitet. Im Leiterkreis befinden sich über 100 Vertreter kirchlicher, freikirchlicher und freier Jugendwerke.
Tätigkeit: Christival '96 initiierte eine Gebetsbewegung mit Gebetskonzerten, führte einen Kreativ-Kongreß für christliche Nachwuchskünstler durch, im März 1996 in Marburg einen Schulungskongreß mit 2.000 Teilnehmern und das Christival selbst (fünf Tage) in Dresden.

Wirkungsbereich: D; Teilnehmer aus über 30 Ländern beim Christival '96.
Publ.: Christival-Zeitung (während des Kongresses), Bücher, Video-Dokumentationen (beim Evangeliums-Rundfunk).
Innere Ausrichtung: Christival versteht sich als evangelischer Jugendkongreß und arbeitet in Übereinstimmung mit der Glaubensgrundlage der Evang. Allianz und im Sinne der Lausanner Bewegung. Es ist offen für alle, die das grundsätzliche Anliegen einer christus-zentrierten Jugendarbeit teilen.
Organisation und Finanzierung: Christival ist ein gemeinnütziger e.V. mit ca. 100 Mitgliedern. Es bestehen 15-20 Arbeitskreise. Die Kongresse werden zu ca. 50 % durch Teilnehmerbeiträge finanziert, der Rest aus öffentlichen und kirchlichen Zuschüssen.

Christival e.V.
Steinweg 12, D-35037 Marburg
Tel. 06421/64470, Fax 06421/681862

Christliche Aktionsteams (C.A.T.)

1983 kam es zu einem geistlichen Aufbruch im CVJM-Nürnberg, der zur Entstehung von Hauskreisen führte. Die Hauskreisarbeit entwickelte sich zu einem eigenständigen Arbeitszweig mit stark missionarischer Ausprägung; es entstanden Wohngemeinschaften. 1985 fanden erste missionarische Einsätze in

Frankreich und Spanien statt. 1987 wurde der Verein C.A.T. gegründet (Gründer: Roland Baumann, geb. 1963). Die Arbeit löste sich aus dem CVJM. In den folgenden Jahren entwickelte sich ein starkes missionarisches Engagement in Osteuropa, Asien und Afrika. Missionarische Aktionen wie der „Sommer der Mission '92" wurden durchgeführt. Seit 1993 sind die „Christlichen Aktionsteams" verstärkt im Bereich der christlichen Sozialarbeit mit einem Jugendtreff tätig. Die Leitung haben Mathias Hühnerbein (leitender Sekretär) und Dr. Oliver Ott (1. Vorsitzender).

Tätigkeit: Ein Tätigkeitsbereich der „Christlichen Aktionteams" ist Gemeinschaftsbau und gemeinsames Leben (Gottesdienste, Lobpreisteam, Gebetsdienst, Schulungen und Seminare, Hauskreise, Wohn- und Hausgemeinschaften, Seelsorge und Beratung von Hilfesuchenden, Mutter- und Kindgruppe, Männer- und Frauenarbeit, Freizeiten und Urlaubsgemeinschaften, Glaubenskurse, Tagungen und Fortbildungsmaßnahmen). Ein zweiter Tätigkeitsbereich ist die christliche Sozialarbeit und Diakonie. Der Jugendtreff „Set Free" ist seit 1993 mit verschiedenen Angeboten in Betrieb (Kindergruppe mit Hausaufgabenbetreuung, Offene Tür Arbeit, Jugendclub, Gruppenarbeit, Sportarbeit, Kinder-, Teenager- und Jugendfreizeiten, Arbeitskreis missionarischer Jugendarbeiten in Mittelfranken, Betreuung von hilfsbedürftigen Jugendlichen, Offener Caféabend). Ein weiterer Tätigkeitsbereich ist die

Mission (Peru Projekt Puno: Gemeindebau in Puno, Betreuung der 25 Hochlandgemeinden und einiger Gemeinden auf den Uroinseln/Titicaca See, medizinische Arbeit, Schulung von Leitern und Pastoren; Focus M Projekt in Indonesien; Kurzzeiteinsätze auf allen Kontinenten; Bibelschularbeit in Rußland; Missionare in Albanien und Frankreich; Member Care Arbeit / Missionsunterstützungsteams; karitative Hilfstransporte. Außerdem betätigen sich die „Christlichen Aktionsteams" auf dem Gebiet der Evangelisation (stadtmissionarische Arbeit, Konzertarbeit, kreative Evangelisation, Kontaktteam, Randgruppenarbeit).

Wirkungsbereich: D, weltweit.

Einrichtungen: Jugendtreff „Set Free", vier Wohngemeinschaften, zwei Hausgemeinschaften

Publ.: Rundbrief „Catalysator" (sechsmal jährl.), „Set Free"-Rundbrief (zweimal jährl.), verschiedene Missions-News (3-4mal jährl.), C.A.T.-Darstellungen: „C.A.T., das sind wir" und „C.A.T., was wir glauben wollen".

Innere Ausrichtung: Die Heilige Schrift als lebendiges Wort Gottes gilt als Richtschnur und Wegweiser. Grundlage des Glaubens ist eine lebendige, persönliche Beziehung zu Jesus, zum Vater und dem Heiligen Geist und der Glaube an die Vergebung der Sünden durch Jesu Tod am Kreuz, an die Auferstehung und das ewige Leben. Wichtig für die Teams ist die klare Nachfolge, ein evangelistischer Lebensstil und verbindliches Leben in christlicher Gemeinschaft. Außerdem wird betont, daß zu einer glaubwürdigen Verkündigung des Evangeliums soziale Verantwortung wahrgenommen werden sollte. Soziales Handeln wird als ein Teil des evangelistischen und betreuenden Dienstes verstanden.

Die überkonfessionelle Gemeinschaft arbeitet mit verschiedenen landeskirchlichen und freikirchlichen Gemeinden zusammen. Kontakte bestehen u.a. zu „Jugend mit einer Mission", zur „Freien Christlichen Jugendgemeinschaft" (Lüdenscheid), zum „Ökumenischen Christusdienst" (Brüder vom gemeinsamen Leben, Stuttgart), zum „Nehemia-Team" (Nürnberg) und zur „Peru Mission Schweiz". C.A.T. ist Mitglied im „Kreis charismatischer Gemeinden und Werke", Mittelfranken. Zudem ist C.A.T. ein Teil des „Impact Netzwerkes" christlicher Gemeinden und Initiativen. Auch werden viele Kontakte zu evangelisch-lutherischen und evangelikalen Gemeinden gepflegt.

Organisation und Finanzierung: Eingetragener Verein, als gemeinnützig anerkannt; fünf hauptamtliche, 80 ehrenamtliche Mitarbeiter, zwei Praktikanten, Freundeskreis ca. 400; Finanzierung durch Spenden.

Christliche Aktionsteams -
Verein für christliche Sozialarbeit
und Mission e.V.
Bogenstr. 44, D-90459 Nürnberg
Tel. 0911/4397642, Fax 0911/4501753

Christliche Allianz für Volksmission und Wohlfahrtspflege

1946 wurde der Verein ins Leben gerufen, um den Wortdiensten und Bibelkonferenzen von Karl Geyer und Adolf Heller eine rechtliche und organisatorische Basis zu geben.

Tätigkeit: Bibelkonferenzen, Wortdienste, Freundeskontakte zu Israel, christliche Wohlfahrtspflege. Die Leitung hat Eberhard Weber (1.Vorsitzender).

Innere Ausrichtung: Betonung der heilsgeschichtlichen Auslegung der Heiligen Schrift, besonders auch hinsichtlich der Rolle Israels im Heilsratschluß Gottes.

Christliche Allianz für Volksmission
und Wohlfahrtspflege e.V.
Meisenweg 30, D-74363 Güglingen
Tel. 07135/71321

Christliche Bäcker- und Konditorenvereinigung (CBKV)

früher: Arbeitsgemeinschaft der Christlichen Bäcker und Konditoren Deutschlands (im CVJM)

Die CBKV nahm ihren Anfang 1888 in Berlin. Leitende Männer im CVJM erkannten die Schwierigkeiten in den Bäckerbetrieben der damaligen Zeit: Da dort auch am Sonntag gearbeitet wurde, war es den Angehörigen dieses Berufes fast nicht möglich, die Gottesdienste der Gemeinde zu besuchen. Der Vorsitzende des CVJM in Berlin lud daher Mitarbeiter der Bäcker- und Konditoreibetriebe zu einer Bibelbetrachtung am Sonntag- und Donnerstagnachmittag ein. So entstanden zuerst in Berlin, dann auch in vielen größeren Städten, in denen der CVJM arbeitete, christliche Bäckervereinigungen, die sich „gläubige Bäcker" nannten. Bei der 6. Süddeutschen Konferenz gläubiger Bäcker 1911 wurde beschlossen, vierteljährlich das „Mitteilungsblatt für alle gläubigen Bäcker Deutschlands" herauszugeben.

Leiter der Vereinigung ist Gerhard Wörner.

Tätigkeit: Aufgaben der CBKV sind die Ausbreitung des Evangeliums und die Gemeinschaftspflege unter Bäckern und Konditoren. Zur Tätigkeit der Vereinigung gehören Bibelstunden und Freizeiten für die einzelnen Altersgruppen, Konferenzen, Jahresgebetstage, Besuchsdienste und Mitarbeiterzurüstungen.

Wirkungsbereich: D.

Publ.: „Lebensbrot", seit 1911, zweimonatl., Aufl. ca. 2.300; „Der Jungbäcker", seit 1911, zweimonatl., Aufl. ca. 3.300; Traktate für missionarischen Dienst bei Fachausstellungen; Tonbänder und Schallplatten der „Nürnberger Bäckerposaunen"; Tonbänder über Referate auf den Konferenzen.

Innere Ausrichtung: Grundlage des Glaubens ist das Handeln Gottes in Jesus Christus, sein Opfertod am Kreuz, seine Auferstehung und seine Wiederkunft. Die Vereinigung hat eine innere Verbindung zum Pietismus und zu den evangelikalen Richtungen in Kirchen und Freikirchen.

Die CBKV ist angeschlossenes Mitglied des „CVJM-Gesamtverbands in Deutschland". Beziehungen bestehen zur „Ludwig-Hofacker-Vereinigung", zum „Albrecht-Bengel-Haus", zum „Johanneum", zur „Deutschen Indianer Pionier Mission", zum „Weißen Kreuz" und zur Evang. Allianz.

Organisation und Finanzierung: Die Vereinigung ist in sechs Landesverbände gegliedert (Baden-Pfalz-Hessen, Bayern, Berlin, Westdeutschland, Württemberg, Ostverband). Ihre Vorsitzenden gehören dem Vorstand für die bundesdeutsche Arbeit an. Die Finanzierung wird durch Dankopfer am Jahresgebetstag und durch Spenden ermöglicht.

Christliche Bäcker- und
Konditorenvereinigung Deutschlands
Gerhard Wörner
Solitudeallee 175, D-70439 Stuttgart
Tel. 0711/808187

Christliche Gemeinschaft – Charismatisches Zentrum, München (CZM)

1973 begann die Arbeit des „Charismatischen Zentrums" in München durch Pastor Harold D. Schmitt, geb. 1924, Missionar der Pfingstgemeinschaft „Assemblies of God", USA. Durch den Zusammenschluß verschiedener Christen, die ihr Christsein konkret miteinander erleben wollten, entstand 1978 die „Christliche Gemeinschaft – Charismatisches Zentrum". Von 1973 bis 1989 wurde die Gemeinschaft von Harold D. Schmitt geleitet. Von 1978 bis 1987 war Peter Dippl als zweiter Pastor tätig (jetzt ist er Leiter des „Christlichen Zentrums Berlin"). Von 1989 bis 1995 war Peter Kierner Pastor des CZM.

Tätigkeit: Das Zentrum möchte ein Ort der Gastfreundschaft und mitmenschlicher Beziehungen sein. Die Gottesdienste wollen von fröhlicher Lebendigkeit in der Gegenwart Gottes geprägt sein. Zur Tätigkeit gehören regelmäßige Gottesdienste, Kinder- und Jugendarbeit, Kreis junger Erwachsener, Christliche Pfadfinder, Seelsorge, Hauskreise, Mission und Evangelisation. In das CZM integriert ist eine Arbeit unter Brasilianern. Es finden regelmäßig Gottesdienste und Hauskreise in portugiesischer Sprache statt. Außerdem ist eine ghanaische Gemeinde im CZM zu Gast.

Wirkungsbereich: Münchener Raum.

Einrichtungen: Zentrum in München.

Innere Ausrichtung: Mit der Christenheit bekennt man sich zu den Glaubensaussagen des Apostolischen und des Nizänisch-Konstantinopolitanischen Bekenntnisses, das die wesentlichen Inhalte des christlichen Glaubens enthält. Darüber hinaus werden folgende Punkte betont: Inspiration der Bibel, Heiligung durch das Wort Gottes und den Heiligen Geist, Erfüllung mit dem Heiligen Geist und Offenheit für die Gaben und Früchte des Heiligen Geistes, Mis-

sionsbefehl Jesu, Mitarbeit in der Gemeinde Jesu. Man feiert die charismatische Gottesdienstform mit Lobpreis, freier Anbetung, charismatischen Gaben.

Das CZM ist Mitglied im Diakonischen Werk der Region, es ist „befreundete Gemeinde" des „Bundes Freikirchlicher Pfingstgemeinden" (BFP) und arbeitet mit verschiedenen Kirchen in und um München zusammen.

Organisation: Das CZM ist ein eingetragener Verein und als gemeinnützig anerkannt.

Die Gemeinschaft, die keinen Kirchenstatus hat, besteht aus ca. 220 Mitgliedern. Ca. 350 Personen besuchen den Gottesdienst. Es gibt vier hauptamtliche und ca. 120 ehrenamtliche Mitarbeiter. Geleitet wird das CZM vom Vorstand und den Ältesten.

Christliche Gemeinschaft -
Charismatisches Zentrum e.V.
Emil-Geis-Str. 39, D-81379 München
Tel. 089/7241009, Fax 089/7234636

Christliche Industriemission

Gründer ist Dr. Joachim Bieneck, geb. 1926, Gemeindepfarrer in Biedenkopf und Haiger, 1957-1986 theologischer Lehrer der „Evangelistenschule Johanneum" in Wuppertal, jetzt im Ruhestand. Sein Ziel war, im industriellen Ballungsraum Ruhrgebiet dem Evangelium von Jesus Christus mehr Raum zu verschaffen. Die erste Zielgruppe waren junge Arbeiter. Ein Team von fünf Johanneumsbrüdern, die 1968 eingesegnet wurden, arbeitete aus diesem Grunde in den ersten zwei Jahren am Fließband der „Adam Opel AG" in Bochum und lebte in dieser Zeit in einer Wohngemeinschaft in einer Arbeitersiedlung. Junge Arbeitskollegen sowie Jugendliche in der Nachbarschaft wurden angesprochen und eingeladen. Nach den zwei Jahren wurde die Arbeit im „tent making" (nebenberuflich) weitergeführt. Der Schwerpunkt verschob sich immer stärker auf Mitarbeiterschulung und Betreuung. Die erreichten Jugendlichen waren zunächst Arbeiter, dann mehr Angestellte und Schüler. Ein deutlicher Akzent der Industriemission ist nach wie vor das missionarisch-evangelistische Engagement.

Tätigkeit: Die Christliche Industriemission hat sich die missionarische Jugendarbeit und die Arbeit an jungen Erwachsenen zur Aufgabe gemacht. Man will kirchenferne Jugendliche und junge Erwachsene, vor allem in Arbeitergebieten, erreichen. Durchgeführt werden Hausbibelkreise, ein „Bibelfrühstück" (evangelistische Veranstaltung am Sonntagvormittag), Jugendfreizeiten, Teestubenarbeit, Jugendwochen, Wochenendseminare, Mitarbeiterschulungen und Mitarbeiterfreizeiten. Wert gelegt wird auf persönliche Kontakte und Gespräche. Am Ortsrand von Bochum wird eine Offene Arbeit in einem 2-Mast-Zelt (Fassungsvermögen ca. 150-200 Personen) durchgeführt (wöchentliche Veranstaltungen mit Künstlern jeder Richtung; Verkündigung durch Ka-

barett, Pantomime, Konzerte, Motorradgottesdienste etc.; Abschluß des Sommerprogramms mit einer Evangelisation).

Wirkungsbereich: D (Nordrhein-Westfalen).

Publ.: Freundeskreis-Rundbrief, Aufl. 1.000.

Innere Ausrichtung: Im Zentrum der Verkündigung steht die Rechtfertigung des Sünders aus Gnaden (Röm. 3) und die Freiheit des Christen nach Gal. 5, 1 u. 13.

Verbindungen bestehen zur evang. Kirche (Westfalen), zur „Evangelistenschule Johanneum" und zum „MBK". Der Verein ist Mitglied der Evangelischen Jugend Bochum. Die Mitglieder sind evangelisch und katholisch.

Organisation und Finanzierung: Das Werk ist ein eingetragener Verein. Die Leitung hat ein Team, dem ein Johanneumsbruder angehört. Die Verantwortung wird von den Vereinsmitgliedern und einem Mitarbeiterkreis getragen. Neben dem Johanneumsbruder sind acht weitere freie Mitarbeiter tätig. Der Freundeskreis besteht aus ca. 1.000 Personen. Die Finanzierung erfolgt durch Spenden der Mitglieder und des Freundeskreises.

Christliche Industriemission e.V.
Hiltroper Str. 218, D-44807 Bochum
Tel. 0234/593243

Christliche Initiative für Indien

Die Initiative wurde 1989 von Pastor Gideon Jacob und sechs anderen Gründungsmitgliedern als Unterstützungsorganisation für bereits vorhandene indische Gemeinden und ihre geistlichen und diakonischen Diensten in Indien gegründet. Gideon Jacob, 1954 in Südindien geboren, war innerhalb des Gemeindebundes „God Shepherd Evangelical Mission" aufgewachsen, dessen Ursprünge auf einen Inder namens Swaminathan zurückgehen, der nach seiner Bekehrung durch eine amerikanische Missionarin (ca. 1947) eine Gemeinde in Villupuram in Südindien gründete. Nach seinem Tod übernahm seine Frau die Leitung der wachsenden Gemeinden. Ihr Dienst zeichnete sich durch das Auftreten ungewöhnlicher Heilungswunder aus. Seit 1993 liegt die Leitung in den Händen eines Leitungskreises von sieben Pastoren, deren Vorsitzender Gideon Jacob (der Enkel des Gründers) ist.

Tätigkeit: Zur Tätigkeit der Gemeindebewegung in Indien gehören Gemeindegründung und Gemeindeerneuerung, Evangelisation, Fastengebete, Ausbildungsangebote, medizinische Arbeit (u.a. Leprabehandlung, Augenoperationen), evangelistische Zigeunerarbeit sowie Slum- und Katastrophenhilfe.

In Deutschland werden Missionsseminare durchgeführt und Kurzeinsätze organisiert (vierwöchige Einsätze in den asiatischen Arbeitszweigen zum Kennenlernen und Mitarbeiten). Außerdem ist das deutsche Büro für die Spendenverwaltung und die Öffentlichkeitsarbeit zuständig.

Wirkungsbereich: D, Indien, Zweigniederlassungen in Singapur, Malaysia, Sri Lanka, auf den Malediven, in Indonesien.

Publ.: „Indien-Brief", seit 1989, 4-6mal jährl., Auflage 4.500 (deutsch/englisch); Rundbriefe.

Innere Ausrichtung: Die Bibel wird als Wort Gottes, Jesus Christus als einziger Weg, Wahrheit und Leben verstanden. Betont werden die weltweite Einheit des Leibes Christi und die Aussendung der Christen in die weltweite Mission. Der Gemeindebund in Indien sieht für seine Arbeit und seine Mitarbeiter die ganze Bibel als Grundlage und Richtlinie für Arbeit und Leben an. Die Gemeinden praktizieren die Glaubenstaufe und bejahen die in Gottes Wort genannten Gaben und Geistesgaben zum biblischen Gebrauch und Nutzen der Gemeinde und ihren Dienst. Die Initiative arbeitet interkonfessionell und stellt im Blick auf konfessionelle Zugehörigkeit keine Richtlinien für Mitarbeiter auf, da sie von verschiedenen gemeindlichen Hintergründen kommen. Beziehungen bestehen zum Orientdienst, zu Campus für Christus, Jugend mit einer Mission, Operation Mobilisation, zur Freien Hochschule für Mission in Korntal und zur Freien Theologischen Akademie in Gießen, ebenso zu verschiedenen Bibelschulen. Verbänden, Zusammenschlüssen, Konferenzen oder Arbeitsgemeinschaften gehört die

Christliche Initiative für Indien nicht an. Zur Ökumene der Kirchen gibt es keine Beziehungen.
Organisation und Finanzierung: Die Christliche Initiative für Indien ist als gemeinnütziger e.V. organisiert, der zu 100% aus Spenden finanziert wird. In Indien bestehen 103 Gemeinden mit ca. 36.000 Mitarbeitern. In Deutschland sind zwei bis drei hauptamtliche Mitarbeiter bzw. Mitarbeiterinnen beschäftigt.

Christliche Initiative für Indien e.V.
Holstenstr. 5, D-22767 Hamburg
Tel. 040/ 311351, Fax 040/311350

Christliche Literatur-Mission (CLM)

früher: Christlicher Bücher-Kreuzzug

„Christian Literature Crusade" wurde 1941 durch R. Adams gegründet und ist geistlich eng verwandt mit dem 1913 durch C. T. Studd begonnenen „Weltweiten Evangelisations-Kreuzzug" (heute: „WEC International"). Der deutsche Zweig entstand 1948 in Lübeck. Die Leitung hat Valentin Schweigler.
Tätigkeit: Das Ziel der CLM ist, Kirchen und Gemeinden in ihren Lehr- und Evangelisationsaufgaben zu unterstützen, Christen zu ermutigen und Außenstehende zu erreichen, um ihnen den Weg zu Gott zu zeigen und sie zu geistlicher Reife zu führen. Dies ge-

schieht vor allem durch Herausgabe und Verbreitung christlicher Literatur, Einrichtung und Förderung von Literaturzentren, Begleitung von evangelistischen Aktivitäten anderer Veranstalter durch Büchertische, Vortragsveranstaltungen, Mitarbeiterschulungen usw.
Wirkungsbereich: 50 Staaten.
Einrichtungen: Zwei Buchhandlungen (D).
Publ.: viele Titel u.a. in spanisch, englisch, französisch, koreanisch, japanisch, indonesisch; CLC-Magazin „Floodtide" (englisch); Bibelstudienhefte „Freude mit der Bibel".
Innere Ausrichtung: Die CLM hat eine evangelikale Glaubensgrundlage in acht Punkten, die von allen Mitarbeitern unterzeichnet wird und als Richtlinie bei der Aufnahme von christlicher Literatur in den Buchbestand dient. Das Werk arbeitet überkonfessionell, mit den Richtlinien der Evang. Allianz übereinstimmend.
Die CLM steht in engerer Verbindung zum „Weltweiten Einsatz für Christus"(WEC), durch den sie in der „Arbeitsgemeinschaft Evangelikaler Missionen" (AEM) vertreten ist.
Organisation und Finanzierung: Eingetragener Verein, fünf hauptamtliche und sechs ehrenamtliche Mitarbeiter; Finanzierung aus den Verkaufserlösen, die zur Deckung der allgemeinen Kosten und zum Ausbau der Arbeit verwendet werden.

Christliche Literatur-Mission e.V.
Holstenstr. 115/117, D-22765 Hamburg
Tel. 040/437166, Fax 040/436952

Internationale Zentrale:
Christian Literature Crusade
201 Church Road
London SE 19 2 PT, GB

Christliche Medien-Akademie (cma)

Die Christliche Medien-Akademie (cma) wurde als Zweig der „Konferenz Evangelikaler Publizisten" (kep) 1985 ins Leben gerufen. Sie ist ein Werk der Evang. Allianz.

Die cma bietet Einführungs-, Aufbau- und Fortbildungskurse an, sowohl für engagierte, journalistisch talentierte junge Christen, die als Berufsziel den Journalismus gewählt haben, als auch für hauptamtliche und freie Mitarbeiter in der Öffentlichkeitsarbeit der Kirchen, Gemeinden, christlichen Werke und Institutionen. Ziel ist, die Kursteilnehmer mit den Mechanismen der Medien vertraut zu machen, ihnen „Handwerkszeug" zu vermitteln und ihnen einen Einblick in die Gesetzmäßigkeiten der Print- und Hörfunkmedien zu geben.

Christliche Medien-Akademie
der Konferenz Evangelikaler Publizisten
Moritz-Hensoldt-Str. 20
D-35576 Wetzlar
Postfach 18 69, D-35528 Wetzlar
Tel. 06441/94710

Christliche Ostmission

Die Christliche Ostmission konstituierte sich 1973 als Verein in Bern. Maßgeblich beteiligt am Entstehen der Mission war der Gründer und Präsident von „Underground Evangelism International", Rev. Joseph Bass. Das aufsehenerregende Ereignis in der Geschichte dieser Ostmission war ihr Ausscheiden aus dem internationalen Dachverband der Missionen des amerikanischen Pastors Joseph Bass im Jahre 1980. Die Gründe waren eine Reihe organisatorischer Veränderungen in der internationalen Leitung und Unkorrektheiten bei der Verwendung von Spendengeldern. Seit dem Austritt aus dem Dachverband der Bass-Ostmission hat sich die Arbeit der Schweizer Christlichen Ostmission nicht nur auf dem gleichen Stand halten können, sondern sich sogar noch intensiviert.

Tätigkeit: Das Ziel ihrer Arbeit sieht die Mission in der materiellen und geistlichen Unterstützung der Christen vor allem in Osteuropa. In den neunziger Jahren hat sich der Schwerpunkt des Werks mehr in Richtung materielle Hilfe und Hilfe zur Selbsthilfe verlagert. In der GUS unterhält die Mission sechs Hilfszentren (Verteilung von Lebensmittelhilfen, Kleidern, Angebot von Mahlzeiten u.a.). In Albanien und Rumänien ist sie im Bereich der Frauenarbeit tätig (u.a. Beratung bei der Familienplanung). In Albanien unterstützt sie die Sanierung von Kindergärten, Kliniken und Schulen. In Rumänien arbeitet sie auf dem Gebiet der Landwirtschafts- und Kleingewerbeförderung. *Wirkungsbereich:* V.a. Osteuropa, außerdem Thailand, Kambodscha, Portugal. *Publ.:* „Christus dem Osten", seit 1973, monatl., Aufl. 14.000; „Nos frères de l'Est", seit 1975, monatl., Aufl. 5.000.

Innere Ausrichtung: Die Christliche Ostmission versteht sich als überkonfessionelles Hilfswerk, was sich bei der Arbeit der Mission darin niederschlägt, daß ihre Hilfeleistungen in den Ländern, in denen sie tätig ist, allen christlichen Konfessionen und Denominationen zugute kommen soll. Die geistliche Herkunft der Mitarbeiter ist dagegen weit weniger gestreut. Sie entstammen alle dem protestantischen Spektrum, und zwar der Reformierten Kirche und verschiedenen Freikirchen. Die Mission gehört keinem Verband, Zusammenschluß oder Arbeitskreis an. Sie arbeitet mit dem Hilfswerk „TABEA" zusammen.

Organisation und Finanzierung: Die „Christliche Ostmission" ist ein im Landesregister eingetragener Verein, der als gemeinnützig anerkannt und damit berechtigt ist, steuerwirksame Spendenquittungen auszustellen. Der Verein beschäftigt in der Schweiz zehn Vollzeit- und vier Teilzeitmitarbeiter. Er wird hauptsächlich durch Spenden finanziert (über 90%). Dazu kommen ca. 5-7% staatliche Gelder (projektbezogen) sowie kirchliche Gelder. Mitgliedsbeiträge werden nicht erhoben.

Christliche Ostmission
Mission chretienne pour les pays de l'Est
Bodengasse 14, CH-3076 Worb

Christliche Plakatmission

Die Christliche Plakatmission wurde in den 40er Jahren durch Maria Zuberbühler gegründet. Die Leitung hat seit 1986 Andreas Spoerndli.

Tätigkeit: Verkündigung des Evangeliums von Jesus Christus durch Vertrieb und Aushang von christlichen Plakaten.

Innere Ausrichtung: Evangelikal.

Wirkungsbereich: CH, D, A, Frankreich, Italien, Rumänien, Tschechien, Slowakei.

Christliche Plakatmission
Dischmastr. 28, CH-7260 Davos-Dorf
Tel. 081/4163814

Christliche Polizeivereinigung

früher: Arbeitskreis Christliche Polizeivereinigung

Viele gläubige Polizeibeamte in Deutschland stehen durch ihren Beruf in besonderen Spannungsfeldern: Auf der einen Seite müssen sie das staatliche Gewaltmonopol ausführen, andererseits bemühen sie sich, dem christlichen Auftrag nachzukommen, dem Evangelium gemäß zu leben und anderen die frohe Botschaft weiterzugeben. Dies führte einige gläubige Polizeibeamte dazu, nach weiteren gleichgesinnten Kollegen zu suchen. 1982 konnte ein erstes gemeinsames Wochenende stattfinden. 1985 wurde der „Arbeitskreis Christliche Polizeivereinigung" gebildet, der an das „Missionswerk Neues Leben" angegliedert war. Seit 1988 ist die Arbeit als e.V. eigenständig und umfaßt inzwischen 35 Regionalgruppen. Die Leitung hat Hartmut Birx (1. Vorsitzender).

Tätigkeit: Die Vereinigung hat sich zum Ziel gesetzt, Christen im Polizeidienst miteinander zu verbinden (Gemeinschaft, Austausch, Zurüstung, Seelsorge), glaubhaftes Christsein im Polizeidienst zu verwirklichen, das Evangelium weiterzuvermitteln, anderen Mut und Hilfe zum Glauben zu geben, das Verhältnis zwischen Polizei und Bürgern und das Berufsethos zu verbessern. Außerdem will sie sich um Kollegen in besonderen Situationen und Krisen kümmern. Es finden regelmäßige Zusammenkünfte in regionalen Gruppen statt, zweimal jährlich bundesweite Freundestreffen (mit Seminar und Gemeinschaftspflege), Familienfreizeiten, Vorträge und Veranstaltungen im Dienstbereich, in Gemeinden und in der Öffentlichkeit (mit dem Film „Heaven's Heroes").

Wirkungsbereich: D, selbständige Organisationen u.a. in der Schweiz, in Frankreich, Großbritannien, den USA, Kanada.

Publ.: „ChriPo", seit 1987, viermal jährl., Aufl. 3.000; Film „Heaven's Heroes" (Verleih: 16 mm, Verkauf: VHS-Video in deutscher Sprache).

Innere Ausrichtung: Glaubensgrundlage ist die Bibel in ihrer Gesamtheit (im Sinn der Basiserklärung der Evang. Allianz). Die Prägung der einzelnen Regionalgruppen ist unterschiedlich, jedoch am Rahmen der Evang. Allianz orientiert.

Organisation und Finanzierung: Die Vereinigung ist ein eingetragener Verein mit anerkannter Gemeinnützigkeit. Der Vorstand mit acht Mitgliedern wird von der Mitgliederversammlung gewählt. 1. und 2. Vorsitzender und Kassenwart bilden den geschäftsführenden Vorstand. Die Finanzierung erfolgt durch Spenden und Mitgliedsbeiträge.

Christliche Polizeivereinigung e.V.
Goethestr. 29, D-72474 Winterlingen
Tel. 07434/91100, Fax 07434/91101

Christliche Polizeivereinigung
Postfach 4 44, CH-8021 Zürich

Christliche Vereinigung Deutscher Eisenbahner (CVDE)

Die CVDE wurde 1900 in einem Eisenbahnabteil im Anschluß an eine Gnadauer Konferenz in Blankenburg gegründet. 1937 wurde die Vereinigung verboten; 1948 nahm sie die Arbeit wieder auf. 1990 erfolgte die Neugründung der CVDE in den neuen Bundesländern (in Stollberg/Sachsen). 1. Vorsitzender ist Ernst Schäfer.

Tätigkeit: Die CVDE sieht es als ihre Aufgaben an, die Eisenbahnerkollegen auf den Glauben an Jesus Christus und die Kraftquelle im Wort Gottes hinzuweisen und die Gemeinschaft der Christen bei der Bahn samt ihren Familien zu pflegen. Zu den Tätigkeiten der Vereinigung gehören – neben persönlichen Gesprächen am Arbeitsplatz – lokale Treffen (z. T. als Gebetskreise), Jahrestagungen (auf Bezirksebene), internationale Konferenzen (alle drei Jahre), Anzeigen in bahninternen Publikationen, Auslegen von Bibeln in Bundesbahnerholungsheimen, -schulen und -wohnheimen, Informationsstände bei christlichen Festen und großen Ereignissen der Bundesbahn.

Wirkungsbereich: D; im Rahmen der „Internationalen Eisenbahnermission" (IEM) auch Verbindungen nach Finnland, Schweden, Norwegen, Großbritannien, Schweiz, Österreich.

Publ.: „Zug zum Ziel", Mitteilungen der CVDE, seit 1902, monatl., Aufl. 2.000; „Gute Fahrt", evangelistisches Verteilblatt, seit 1925, monatl., Aufl. 5.000; Informationsblatt; Wandkalender für jedes Jahr mit Bildern aus der Welt der Eisenbahn und Bibelworten.

Innere Ausrichtung: Grundlage ist die Bibel als Wort Gottes. Die CVDE arbeitet im Sinne des Allianzgedankens in überkonfessioneller Richtung.

Organisation und Finanzierung: Nicht eingetragener Verein; sechsköpfiger Hauptvorstand, sechs Bezirke mit Bezirksvorständen, jährliche Geschäfts-versammlung während der Jahrestagung; ca. 350 Mitglieder, dazu ca. 1.000 Freunde; Finanzierung durch Beiträge und Spenden.

Christliche Vereinigung Deutscher Eisenbahner – Eisenbahnermission
Lindhofhöhe 18, D-28857 Syke

Christlicher Missionsdienst (CMD)

Die Arbeit entstand aus kleinsten Anfängen während einer Bibelstunde: Ein kleiner Kreis von acht Personen wurde auf die katastrophale Not der Menschen, besonders auch der Kinder in Indien aufmerksam. 1958 wurde das Missionswerk von Emil Richter (Eisenbahnbeamter) und Erwin Klinge (seit 1961 bei den „Christusträgern") gegründet. Heute besteht ein Kreis von etwa 8.000 Missionsfreunden in Deutschland, der Schweiz und weiteren Ländern. Eine selbständige Stiftung für die Schweiz wurde 1969 in Lausanne von Eberhard Richers, Bruno Antonietti und Ernst Marti gegründet.

Die Leitung in Deutschland hat Dr. Reinhold Wagner (Schuldekan in Schorndorf).

Tätigkeit: Neben der Evangeliumsverkündigung ist das Werk auf diakonischem Gebiet tätig. Schwerpunkt der Arbeit ist Indien, wo 31 Kinderdörfer und Kinderheime unterhalten werden, außerdem u. a. eine Primar- und Sekundarschule, eine Diakonenschule, eine Hausmütterschule und mehrere Ausbildungsstätten und Behindertenheime. In Bangladesh werden ebenfalls Kinderheime unterhalten sowie eine Ausbildungsstätte und eine Tagesstätte. Auch in Indonesien betreibt das Werk Kindertagesstättenarbeit, ebenso auf den Philippinen, wo auch ein Kinderdorf unterhalten und Hilfe für Slumbewohner in und um Manila geleistet wird. In Israel unterstützt der Christliche Missionsdienst die Behindertenarbeit.

Wirkungsbereich: D, CH, Indien, Bangladesh, Indonesien, Philippinen, Israel.

Einrichtungen: Kinderdörfer, Kinderheime, Kindertagesstätten, Schulen, Ausbildungsstätten, Behindertenheime.

Publ.: Informationsschrift, zweimonatl., Aufl. 6.200 (D), 2.000 (CH); Videos, Tonfilme und Diaserien, Werbeschriften.

Innere Ausrichtung: Der Verein bekennt sich „zum lebendigen Herrn Jesus Christus und zur ganzen heiligen Schrift als alleiniger Grundlage der Wahrheit und des Glaubens" (s. Satzung). Er arbeitet überkonfessionell.

Organisation und Finanzierung: Eingetragener Verein mit drei Vorstandsmitgliedern, Missionsausschuß (zwölf Personen) und Mitgliedern; Geschäftsführer (Missionssekretär), vier weitere Mitarbeiter in Halbtagsstellung; Finanzierung durch freiwillige Spenden und Patenschaftsbeiträge der Missionsfreunde.

Christlicher Missionsdienst e.V.
Meierndorf 28, D-91596 Burk
Tel. 09822/5451, Fax 09822/5780

Christlicher Missionsdienst
Fam. E. Richers
Ch. des Cottages 2, CH-1007 Lausanne
Tel. 021/6259605

Christlicher Verein Junger Frauen (CVJF) – Schweiz

1855 gründeten zwei Frauen in England den YWCA (Young Women's Christian Association). Ihr Anliegen, christliche Überzeugungen mit dem Einsatz für Menschen in Not zu verbinden, führte und führt noch heue zu einer Vielfalt von Arbeitsformen. Die Angebote des CVJF in der Schweiz umfassen Mädchenjungschar, Frauengruppen, Lager für Mütter und Kinder sowie verschiedene soziale Dienste für Frauen. Ein wichtiges Anliegen des CVJF in der Schweiz sind die Kontakte mit anderen Frauenorganisationen und dem europäischen und weltweiten CVJF.

Obwohl der CVJF in der deutschsprachigen Schweiz seit 1972 mit dem CVJM zusammengeschlossen ist, hat er seine Eigenständigkeit beibehalten und ist zusammen mit dem Verein in der französischsprechenden Schweiz dem Nationalverband CVJF angeschlossen.

Schweiz. Nationalverband CVJF
Marlies Petrig (Präsidentin)
Zuntwisweg 2, CH-8605 Gutenswil
Tel. 01/9460305

World CVJF
16, Ancienne Route
CH-1218 Grand Saconnex

European YWCAs
94, Av. Brugmann, 1190 Brussels, Belgien

Christlicher Verein Junger Männer (CVJM) – Schweiz

Zur Gründung und zur Grundlage des CVJM s. CVJM-Deutschland.
Die „Pariser Basis" wurde in der Schweiz 1973 durch die sog. „Kampala-Erklärung" durch Hinweise ergänzt: für Chancengleichheit und Gerechtigkeit; für ein menschliches Umfeld, in dem Liebe und Verständnis zur Entfaltung kommen; für Bedingungen, welche der Ehrlichkeit, der Vertiefung und der schöpferischen Entfaltung Raum gewähren; für Modelle der Ausbildung und der Aktivitäten, in denen vielfältige und vertiefte christliche Erfahrung zum Ausdruck kommt; für die Entfaltung des ganzen Menschen.
In der Schweiz entstanden nach 1850 die ersten CVJM (anfänglich Jünglingsvereine genannt) aus Protest gegenüber einer Kirche, die der Jugend kein Evangelium mehr bot.
Die Grundlage der schweizerischen CVJF und CVJM kann mit „sozial engagiert mit klarem christlichen Fundament" umschrieben werden. Die Jungschararbeit ist das größte Arbeitsgebiet des CVJM; daneben findet die Jugendmusik- und Chorarbeit „Ten-Sing"

(Teenager singen) eine wachsende Verbreitung. Der Weltdienst nimmt die soziale Verantwortung gegenüber der Dritten Welt – und neuerdings auch in Osteuropa – wahr.
Die beiden Verbände sind u.a. Mitglieder in der „Schweizerischen Arbeitsgemeinschaft der Jugendverbände" (SAJV) und in den jeweiligen Weltbünden YWCA und YMCA.
Präsident ist Guy Le Comte, Nationalsekretär ist Martin Weder.

Dem deutschschweizerischen CVJM/CVJF-Bund sind folgende Organisationen angeschlossen: Mut zur Gemeinde (Nussbaumen bei Baden), FHG Wengen, CVJM-Zentrum Hasliberg, Militärkommission der CVJM.

CVJM-Nationalverband
Forchstr. 58, CH-8032 Zürich
Tel. 01/3839734, Fax 01/3820680

World Alliance of Young Men's Christian Associations (YMCA) /Young Women's Christian Associations (YWCA)
12, Clos-Belmont, CH-1208 Genève

Christlicher Verein Junger Menschen (CVJM)

Der erste Christliche Verein Junger Männer wurde 1844 in einer Tuchfirma in London gegründet (YMCA). Seine für den CVJM bis heute gültigen Kennzeichen: interkonfessionell, übergemeindlich, auf verbindliche Mitarbeit und persönliches Zeugnis der Laien bedacht und international.

Grundlage für jede Art der CVJM-Arbeit ist die bei der Gründung des Weltbundes (1855) verabschiedete und wiederholt bestätigte sog. „Pariser Basis": „Die Christlichen Vereine Junger Männer haben den Zweck, solche jungen Männer miteinander zu verbinden, welche Jesus Christus nach der Heiligen Schrift als ihren Gott und Heiland anerkennen, in ihrem Glauben und Leben seine Jünger sein und gemeinsam danach trachten wollen, das Reich ihres Meisters unter jungen Männern auszubreiten." – 1976 wurde diese Erklärung mit einem Zusatz versehen, wonach sie im Bereich des CVJM-Gesamtverbandes „für alle jungen Menschen" gilt.

In Deutschland entstanden CVJM seit 1883 (Berlin) und verbanden sich mit den älteren Missionsvereinen und Hilfsvereinen für Jünglinge, die sich aus dem Elan der großen pietistischen Erweckungsbewegung gebildet hatten (z.B. 1768 in Basel, 1823 in Barmen, 1834 in Bremen). Den ersten regionalen Zusammenschluß der „Jünglingsvereine" gibt es seit 1848 (heute: CVJM-Westbund). 1919 schlossen sich die CVJM zu einer Arbeitsgemeinschaft zusammen. Auch für die gemeindebezogen arbeitenden Jünglingsvereine wurde seit den 50er Jahren der Name CVJM gebräuchlich. Zunehmend fanden Mädchen und Frauen Zugang. Deshalb heißen CVJM heute überwiegend „Christliche Vereine Junger Menschen". 1947 wurde als Jugendbildungs-

und Jugendsozialarbeit das „Christliche Jugenddorfwerk Deutschlands" gegründet.

Der CVJM-Gesamtverband, der heute ein Zusammenschluß von 13 Werken und Verbänden ist, fördert die Zusammenarbeit seiner Mitglieder und erfüllt Gemeinschaftsaufgaben, z.B. die Ausbildung (CVJM-Sekretärschule) und Fortbildung hauptamtlicher Mitarbeiter und Mitarbeiterinnen, im Rahmen der internationalen Arbeit den CVJM-Weltdienst sowie die Koordinierung fachspezifischer Bereiche wie Sport, Musik und Jugendpolitik und altersspezifischer Bereiche wie Jungschar-, Jugend- und Junge-Erwachsenen-Arbeit.

Typisch für den CVJM bleiben zwei Anliegen, die als eine Einheit in der Nachfolge Jesu Christi gesehen werden: das sozialdiakonische und das evangelistische Interesse – auch wenn im Verlauf der Geschichte und regional unterschiedlich manchmal das eine oder das andere zurücktrat.

Der CVJM-Gesamtverband ist Mitglied in der „Arbeitsgemeinschaft der evangelischen Jugend" (aej), im „Diakonischen Werk der EKD", in der „Arbeitsgemeinschaft Missionarische Dienste" (AMD) und im „Weltbund der CVJM".

Präses ist Hermann Sörgel, Generalsekretär Ulrich Parzany.

Mitglieder des CVJM-Gesamtverbandes in Deutschland: CVJM-Westbund (Wuppertal), Evang. Jugendwerk in Württemberg (Stuttgart), CVJM-Landesverband Bayern (Nürnberg), CVJM-

Nordbund (Hamburg), CVJM-Landesverband Baden (Karlsruhe), CVJM-Pfalz (Otterberg), CVJM-Ostwerk Berlin-Brandenburg (Berlin), CVJM-Landesverband Sachsen-Anhalt (Magdeburg), CVJM-Landesverband Sachsen (Dresden), Evangelisches Jungmännerwerk/CVJM Thüringen (Erfurt), CVJM-Landesverband Schlesische Oberlausitz (Görlitz), Arbeitsgemeinschaft der CVJM Deutschlands (Kassel), Christliches Jugenddorfwerk Deutschlands (Ebersbach/Fils).
Angeschlossene Mitglieder: Christliche Bäcker- und Konditorenvereinigung Deutschlands (Stuttgart), Deutscher Christlicher Techniker-Bund (Bremen), Lettischer Christlicher Verein Junger Menschen – CVJM (Bremen), Übernationaler YMCA/YMCA-Bund in Deutschland (Remseck), Weißes Kreuz – Sexualethik und Seelsorge (Ahnatal).
Deutsche Auslandsvereine: German YMCA London, German YMCA New York.
Sonstige: Internationaler Y's Men's Club – District Deutschland (Mülheim/Ruhr).

CVJM-Gesamtverband
in Deutschland e.V.
Im Druseltal 8,
D-34131 Kassel (Wilhelmshöhe)
Postfach 41 01 54, D-34114 Kassel
Tel. 0561/30870, Fax 0561/3087270

Verband Christlicher Vereine
Junger Männer und Frauen in Österreich
Neubaugürtel 26, A-1070 Wien

World Alliance of Young Men's Christian Associations (YMCA)/Young Women's Christian Associations (YWCA)
12, Clos-Belmont, CH-1208 Genève

Christliches Glaubenscentrum Lichtenstein (GCL)

Das GCL begann 1988 als kleine Hausgemeinde. 1990 wurde der Verein gegründet. Seit 1994 hat das Glaubenscentrum eigene Räume. Leiter ist Gerhard Kriedemann.
Tätigkeit: Schwerpunkte der Gemeindearbeit liegen in der Kinder- und Jugendarbeit („Freudenboten"), im Kreativbereich, in der Mission (Albanien), im Gebet (Gebetskreise) und in der Hauszellenarbeit. Es gibt einen Mutter- und-Kind-Kreis, Seniorenkreise, Geschäftsleutetreffen, Arbeit unter Asylanten, Grundlagenkurse usw.
Publ.: „Neues vom GCL" (Gemeindebrief), seit 1995, monatl., Aufl. 500; Predigtkassetten.
Innere Ausrichtung: Glaubensgrundlage ist die Bibel. Die Mitgliedschaft wird nicht durch Hineinwachsen erlangt, sondern nach Lebensübergabe an Jesus und Glaubenstaufe. Lobpreis im Gottesdienst und die Ausübung charismatischer Gaben sind wichtige Elemente im Gemeindeleben.
Engere Verbindungen bestehen zur „Gemeinde auf dem Weg" in Berlin, zur „Biblischen Glaubens-Gemeinde" in Stuttgart, zum „Gospel Life Center" (früher Wort des Glaubens) in Mün-

chen sowie zum Christlichen Missionswerk „Josua" in Berlin und zum „Glaubenszentrum Bad Gandersheim". Das GCL nimmt an Pastorenkonferenzen teil (Berlin und Stuttgart) und an regionalen Leitertreffen der örtlichen Gemeinden in Lichtenstein. Die Zusammenarbeit bei der Planung gemeinsamer Veranstaltungen, auch auf Allianzebene, nimmt zu.

Organisation und Finanzierung: Rechtsform ist ein gemeinnütziger e.V. mit vereinsrechtlicher Struktur. Die Gemeinde hat 200 feste Mitglieder, Durchschnittsalter 38 Jahre. Neben den beiden Pastoren gibt es zwei Älteste, vier Diakone und über 20 weitere Leiter von Hauszellkreisen oder anderen Arbeitsbereichen. Die Finanzierung wird zu einem Drittel durch Spenden ermöglicht, zu zwei Dritteln durch Zuschüsse.

Christliches Glaubenscentrum
Lichtenstein e.V.
Paul-Zierold-Str. 6-12
D-09350 Lichtenstein/Sa.
Tel. 037204/83384, Fax 037204/83385

Christliches Hilfswerk Der Ostkurier

früher: Mission hinter dem Eisernen Vorhang

Hans-Rudolf Hintermann, der heutige Präsident des „Ostkuriers", gehört zu den Gründungsmitgliedern der „Christlichen Ostmission" (Schweiz). In dieser Mission war er zehn Jahre lang als Vorstandsmitglied tätig. 1958 gründete er den Hintermann-Verlag. Dieser war nicht als Konkurrenz, sondern als Ergänzung zur „Christlichen Ostmission" gedacht. Als aber der Arbeitsumfang des Verlages zunahm, schied Hintermann 1983 bei der „Christlichen Ostmission" aus und rief den Verein „Mission hinter dem Eisernen Vorhang" ins Leben. Seit es den „Eisernen Vorhang" nicht mehr gibt, heißt der Verein „Christliches Hilfswerk Der Ostkurier". Tochtergesellschaften gibt es in Deutschland, Holland und Rumänien. Seit 1991 konzentriert sich das Hilfswerk vor allem auf die Länder Rumänien, Rußland, Albanien und seit 1995 auf das ehemalige Jugoslawien.

Tätigkeit: „Der Verein verfolgt ausschließlich gemeinnützige und kirchliche Zwecke, und zwar vor allem durch materielle Hilfe in den Ländern des ehemaligen kommunistischen Ostens. Dazu fördert er die Ausbreitung des Evangeliums von Jesus Christus in den genannten Ländern durch Bibeln, christliche Literatur und andere Kommunikationsmittel sowie durch gemeinnützige Öffentlichkeitsarbeit" (Vereinsstatuten).

In Rumänien leistet das Werk materielle Hilfe, v.a. für Heime, Krankenhäuser und Suppenküchen. Es widmet sich der Betreuung von Straßenkindern und einem Kinderheim in Dobreni (Moldau). In Rußland werden Waisenkinder und notleidende Familien durch Patenschaften unterstützt und Gefangene betreut. Außerdem unterhält das Werk eine Suppenküche und arbeitet unter Flüchtlingen (v.a. Tschetschenienflüchtlinge). In Albanien wurde bei der Sanierung einer Krankenstation und beim Bau eines kleinen Spitals mitgeholfen. Zur Tätigkeit des „Ostkuriers" gehören außerdem die Durchführung von Hilfstransporten in das ehemalige Jugoslawien, die Unterstützung eines Bibelprojektes in Bulgarien und die Herausgabe von Kalendern mit bebilderten Bibelspruchkarten.

Wirkungsbereich: CH, Osteuropa (v.a. Rumänien, Rußland, Albanien, ehemaliges Jugoslawien).

Publ.: „Der Ostkurier", monatl., Aufl. 27.500.

Innere Ausrichtung: Der „Ostkurier" ist ein überkonfessionelles christliches Hilfswerk. Spender und Mitarbeiter gehören den verschiedensten Landes- und Freikirchen sowie Gemeinschaften an. Daher hat sich der „Ostkurier" auch kein spezielles Bekenntnis gegeben. Der zentrale Glaubenspunkt, in dem sich alle Mitglieder und Spender einig wissen, ist der Missionsbefehl Jesu Christi. Dem „Ostkurier" ist es ein zentrales Anliegen, die materielle Hilfe stets mit der Verkündigung des Evangeliums zu verbinden.

Organisation und Finanzierung: Das Hilfswerk ist ein Verein im Sinne von Artikel 60 des schweizerischen Zivilgesetzbuches. Finanziell wird es hauptsächlich durch private Zuwendungen getragen. Außerdem werden Hilfsgüter gesammelt.

Christliches Hilfswerk Der Ostkurier
Feldstr. 9, CH-5712 Beinwil am See
Tel. 062/7710550, Fax 062/7714503

Diaconia, Internationale Hilfe e.V.
Postfach 27 68, D-89017 Ulm

Diaconia hulp International
Postbus 208, NL-1400 AE Bussum

Christliches Jugendzentrum Bodenseehof

Der Verein „Christliches Jugendzentrum Bodenseehof" wurde 1962 gegründet. Zum Trägerkreis gehören Mitglieder aus Landes- und Freikirchen, EC, CVJM sowie aus der Fackelträgergemeinschaft. 1968 wurde das neu errichtete Freizeitheim eingeweiht, 1972 bereits erweitert. Geschäftsführer und Leiter des Bodenseehofes war von Beginn an der 1995 verstorbene Pfarrer Charlie Moore. Seit September 1995 untersteht der Bodenseehof der Leitung von Pfarrer Herb Brasher (Texas, USA). Der Bodenseehof gehört zum Dachverband der internationalen „Missionsgemeinschaft der Fackelträger".

Tätigkeit: Jedes Jahr von September bis März bietet der Bodenseehof sechs Monate intensiven Bibelstudiums in englischer Sprache und internationaler Atmosphäre mit 60 bis 80 Studenten aus ca. 15 Nationen an. Vor allem während der Wintermonate führt der Bodenseehof auf Einladung in verschiedensten

Gemeinden evangelistische Einsätze durch. Mit kleinen Teams werden Jugendabende, Kinderstunden, Gottesdienste, Schulstunden u.a. gestaltet. Freizeiten für Jugendliche, junge Erwachsene und Familien werden während der Osterfeiertage und in den Sommermonaten angeboten. Außerdem führt der Bodenseehof Minibibelschulen durch (zweimal jährlich je eine Woche Bibelstudium in deutscher Sprache) sowie Konfirmandenfreizeiten für jährlich bis zu 1.200 Konfirmanden aus knapp 50 Kirchengemeinden. Missionskonferenzen und Seminare in Zusammenarbeit mit verschiedenen Missionsgesellschaften, z.B. SMD, Wycliff, Evang. Karmelmission, finden auf dem Bodenseehof statt. Der Bodenseehof betreibt eine Buchhandlung (Verkauf an Gäste und Kunden der Umgebung, Bereitstellung von Büchertischen, Versand), die verschiedene große englische und amerikanische Verlage im deutschsprachigen Raum vertritt.
Wirkungsbereich: International.
Einrichtungen: Freizeitheim, Buchhandlung.
Publ.: Bodenseehof Freundesbrief (erscheint unregelmäßig in deutscher und englischer Sprache), verschiedene Prospekte.
Innere Ausrichtung: Der Bodenseehof ist konfessionsübergreifend tätig. Als zentrale Glaubensinhalte werden betont: die Erlösung durch den stellvertretenden Tod Christi am Kreuz und seine leibliche Auferstehung; die Zugehörigkeit zur Gemeinde durch Bekehrung und Wiedergeburt; die Heilige Schrift

als durch Gottes Geist eingegebene Autorität im Glaubensleben.
Außer den Fackelträgern gehört der Bodenseehof auch dem „Ring Missionarischer Jugendbewegungen" (RMJ) an und arbeitet eng zusammen mit der örtlichen Evang. Allianz.
Organisation und Finanzierung: Der Bodenseehof ist ein eingetragener Verein. Sieben Mitglieder sind in den Vorstand gewählt. Neben dem Geschäftsführer sind drei theologische Lehrkräfte fest angestellt; ein Angestellter arbeitet in der Buchhandlung, zwei in der Verwaltung, zwei Mitarbeiterinnen in der Hauswirtschaft; außerdem sind mehrere Kurzzeitmitarbeiter angestellt. Die Finanzierung erfolgt durch Spenden des weltweiten Freundeskreises und durch Teilnehmerbeiträge.

Christliches Jugendzentrum
Bodenseehof e.V.
Ziegelstr. 15, D-88048 Friedrichshafen
Postfach 29 33, D-88023 Friedrichshafen
Tel. 07541/95090, Fax 07541/950988

Christliches Missionswerk „Josua"

Gründer und Leiter des Werkes ist Eckhard Neumann (geb. 1937), der 30 Jahre lang Mitglied einer Freien evangelischen Gemeinde war. Da dort kein Verständnis für die Erneuerung durch den Heiligen Geist vorhanden war, trat er zusammen mit seiner Frau 1980 aus dieser Gemeinschaft aus und schloß sich

1984 der Evang. Kirchengemeinde Götz an, in der er dann auch eine Anstellung hatte. Er führte Jüngerschaftsschulen durch, Rüstzeiten für junge Leute, Tagungen für Leiter, schließlich Glaubenskonferenzen in Berlin mit 3.000 Teilnehmern. Das so entstandene Missionswerk wurde nach der Wende als selbständiger Verein registriert.

Tätigkeit: Ziele des Werkes sind Mission und Gemeindegründung im Inland und im Ausland (Albanien). Bereits zur DDR-Zeit entstanden seit 1987 neue charismatische Gemeinden, die zunächst ohne äußere Rechtsform existierten und nach der Wende eingetragene Vereine wurden. Zur Tätigkeit des Missionswerks gehören Männer-, Frauen- und Familienseminare, Freizeiten für Jugendliche, Bibelschulen für Berufstätige, Jüngerschaftschulen sowie die Fortbildung für Musiker (Lobpreis). Dazu kommen Reisedienste in Gemeinden und Missionsreisen (Albanien, Mongolei).

Das Werk unterhält neben der Zentrale in Berlin ein gemietetes Haus „Josua" in Passee (Kreis Wismar) als Schulungsheim und gleichzeitig als Haus für geschütztes Wohnen für Alkoholkranke sowie eine Außenstelle in Herrnhut (Lausitz) mit einem Audiokassettendienst.

Wirkungsbereich: D, Albanien, Mongolei.

Publ.: „Josua-Bote", viermal jährl., Aufl. 2.200; Jahresprogramm, Aufl. 2.200; Broschürenreihen „Biblische Kurzstudien" und „Außer der Reihe", Prospekte, Audiokassetten (Predigten), Videos (Albanien), Lobpreiskassetten und -CDs.

Innere Ausrichtung: Glaubensgrundlage ist die Bibel. Wichtige Glaubenspunkte sind Errettung, Wiedergeburt durch Jesus Christus, Leben im Heiligen Geist und in der Heiligung. Das geistliche Leben ist geprägt durch Gebet, Lobpreis und Anbetung, Geistestaufe und charismatische Gaben. Die Taufe wird als Glaubenstaufe praktiziert.

Das Missionswerk ist beteiligt am „Marsch für Jesus"; der Leiter des Werks gehört dem „Kreis Charismatischer Leiter" (KCL) an. Verbindungen bestehen vor allem zu neuen charismatischen Gemeinden in Ostdeutschland.

Organisation und Finanzierung: Gemeinnütziger eingetragener Verein; Leitung durch Vorstand und Bruderrat; neun hauptamtliche Mitarbeiter im Inland, zwei im Ausland, acht nebenamtliche Mitarbeiter; sechs Mitarbeiter als Mannschaft im Ausland (1997); Finanzierung durch Spenden.

Christliches Missionswerk „Josua" e.V.
Kirchsteig 6, D-12524 Berlin
Tel. 030/6721410, Fax 030/6721415

Christliches Zentrum Wuppertal (CZW)

Das CZW wurde 1980 gegründet, um junge Leute zu sammeln, die durch evangelistische Straßeneinsätze zum Glauben gekommen waren. Die Leitung hat Frank-Udo Rösler.

Tätigkeit: Gemeindearbeit in Wuppertal und Sozialarbeit in Madras, Südindien (Kinderhaus, Lehrwerkstätten, Schule, Krankenhaus).
Innere Ausrichtung: Pfingstlich-charismatisch.

Christliches Zentrum Wuppertal
Im Honigstal 7, D-42117 Wuppertal
Tel. 0202/431031, Fax 0202/4376328

Christoffel-Blindenmission (CBM)

früher: Christliche Blindenmission

1908 gründete Pastor Ernst J. Christoffel in Malatia/Türkei das erste Heim für Blinde, Körperbehinderte und Waisenkinder. 1925 eröffnete er in Täbris/Iran eine Blindenheimschule. Christoffel starb 1955 im Alter von 78 Jahren in Isfahan/Iran. Die „Christliche Blindenmission" änderte 1956 ihren Namen und heißt seitdem zu Ehren ihres Gründers „Christoffel-Blindenmission". 1961 übernahm Pastor Siegfried Wiesinger (1930-1989) die Missionsleitung. 1963 begann die augenmedizinische Arbeit in Afghanistan, kurze Zeit später auch im Iran. 1967 weitete die CBM ihre Arbeit auf die ersten afrikanischen Länder aus (Äthiopien, Kenia, Tansania). In Südamerika (Peru) wurde erstmals 1973 ein Hilfsprojekt durch die CBM gefördert. In dieser Zeit begann die CBM damit, ihre Arbeit wieder auf Projekte für Körperbehinderte, geistig Behinderte

und Gehörlose auszuweiten. 1986 erfolgte die millionste Operation am Grauen Star durch CBM-geförderte Projekte seit 1966. Die Weltgesundheitsorganisation (WHO) erkannte 1989 die CBM offiziell als Fachorganisation an. 1992 vereinigten sich die CBM-Freundeskreise Deutschland West (Bensheim) und Deutschland Ost (Potsdam). Die Leitung haben Kirchenrat Hans Rupp (Vorsitzender des Missionsrates), Pfarrer Christian Garms (Direktion Übersee), Reinhold Behr (Verwaltung) und Herbert G. Hassold (Kommunikation).
Tätigkeit: Die Schwerpunkte der Übersee-Arbeit liegen auf der Heilung und Vorbeugung von Blindheit sowie auf der schulischen und beruflichen Ausbildung blinder, körperbehinderter, geistig behinderter sowie gehörloser Menschen und deren Eingliederung in die Gemeinschaft. Die CBM arbeitet mit mehr als 580 Partnern (einheimischen Ortskirchen, internationalen Missionen, örtlichen Selbsthilfegruppen und christlichen Hilfswerken) zusammen. Insgesamt fördert das überkonfessionell tätige Werk in über 100 Ländern – die meisten davon in der Dritten Welt – mehr als 1.000 Entwicklungsprojekte (Krankenhäuser mit Augenabteilungen, mobile Augendienste, dörfliche Gesundheits- und Rehabilitationseinrichtungen, Schulen und Ausbildungsstätten und vieles mehr).
Die Inlandsarbeit bietet Kandidatenseminare zur Vorbereitung weiterer Übersee- Fachkräfte an, Tagungen zur Fortbildung von Missionsbeauftragten,

Missionsveranstaltungen aller Art und Freizeiten für Missionsfreunde.
Wirkungsbereich: Zentrale in Deutschland, Schwesterorganisationen in den USA, in Kanada, Australien, Österreich, der Schweiz und der Tschechischen Republik; Tätigkeit in mehr als 100 Ländern.
Einrichtungen: Missionszentrale mit Gästehaus in Bensheim, Ernst-Christoffel-Haus (Christl. Heim für Blinde und Sehbehinderte) in Nümbrecht.
Publ.: „Berichte", seit 1909, zweimal monatl., Aufl. 350.000; „Freundesbrief", seit 1961, viermal jährl., Aufl. 170.000; Bücher, Dia-Serien, Tonband-Kassetten, VHS-Videos, 16mm Filme.
Innere Ausrichtung: Die Christoffel-Blindenmission ist ein freies Hilfswerk von Christen verschiedener Konfessionen, die der Auftrag verbindet, blinden und anders behinderten Menschen in Ländern der Dritten Welt zu helfen – ohne Ansehen von Nation, Rasse, Geschlecht oder Religion. Die Basis der Evang. Allianz wird bejaht.
Die CBM ist Mitglied des Diakonischen Werkes der EKD, der „Arbeitsgemeinschaft Evangelikaler Missionen" (AEM) und Vereinbarungspartner des Evangelischen Missionswerkes.
Organisation und Finanzierung: CBM ist ein eingetragener Verein (58 Mitglieder), als gemeinnützig und mildtätig anerkannt. Geleitet wird die CBM von einem ehrenamtlichen Missionsrat (neun Mitglieder) und drei Direktoren. 176 Mitarbeiter und Mitarbeiterinnen arbeiten in Deutschland. 119 ausgesandte Mitarbeiter und Mitarbeiterinnen und

mehr als 9.000 einheimische Fachkräfte sind in Übersee tätig. Die Spendeneingänge lagen 1994 bei 79 Millionen DM. Der Anteil der reinen Verwaltungskosten liegt bei 8,2 Prozent.

Christoffel-Blindenmission e.V.
Nibelungenstr. 124, D-64625 Bensheim
Tel. 06251/1310, Fax 06251/131122

Christoffel-Blindenmission e.V.
Repräsentanz Potsdam
Charlottenstr. 67, D-14467 Potsdam
Tel. 0331/293941, Fax 0331/293126

Christoffel-Blindenmission
Waaggasse 8/6, A-1040 Wien
Tel. 01/5867732, Fax 01/586773215

Christoffel-Blindenmission
Lavaterstr. 90, CH-8027 Zürich
Tel. 01/2022171, Fax 01/2013018

Christus für Dich

Die Arbeit begann damit, daß Hans-Peter Grabe 1970/71 drogenabhängige junge Menschen in sein Haus aufnahm. Bald mußten die Baulichkeiten erweitert werden; in der Stadt wurden mehrere Wohnungen gemietet. 1975 hörte Hans-Peter Grabe auf, in seinem Beruf zu arbeiten, und leitet seitdem die Arbeit in Leer.
Tätigkeit: Bibelwochen, Bibellehre, Seelsorge, Druck und Versand von evangelistischen Traktaten und Schriften für Gläubige, Kassettendienst.

Wirkungsbereich: D und deutschprachiges Ausland.
Einrichtungen: Gästehaus; Traktat- und Schriftenverlag; Kassettenversand.
Publ.: Rundbriefe, dreimal jährl.; Kassetten- und Schriftenverzeichnis; Faltblatt: Bibeltage in Leer-Loga.
Innere Ausrichtung: Glaubensgrundlage ist die Bibel. Dem neutestamentlichen Gemeindeverständnis wird der Aufruf entnommen, sich von toter Tradition sowie von Konfessions- und Bekenntnisschranken zu lösen. Hervorgehoben werden Bekehrung (als Hinwendung und zugleich Abwendung), Wiedergeburt, Glaubenstaufe, Heiligung, Leben durch den Geist, biblische Nüchternheit, die den Glauben an Gottes Wunder auch heute einschließt.
Das Missionswerk ist überkonfessionell. Indem es die „Gnadengaben" bejaht, steht es pfingstlichen und charismatischen Gruppen nahe.
Organisation und Finanzierung: Organisatorisch angeschlossen an „Christliche Dienste e.V." in Leer/Ostfriesland; Finanzierung durch Spenden.

Christus für Dich
Meierstr. 3, D-26789 Leer-Loga
Tel. 0491/7887, Fax 0491/73377

Christus Zentrum Augsburg (CZA)

Die Anfänge des Christus Zentrums liegen in einem Hauskreis, der 1982 zusammentrat. 1985 wurde ein eigenes Gotteshaus erworben, 1991 bezog man größere Gemeindegebäude. Leiter der Gemeinde ist Eduard Riepl, der John Dorrough ablöste.
Tätigkeit: Schwerpunkte der Gemeindearbeit werden gesehen in „Sammeln – Schulen – Senden". Regelmäßige Veranstaltungen sind der Gottesdienst am Sonntagmorgen, Hauskreise am Mittwochabend, Jugendgruppe am Freitagabend sowie Night-Life-Konzerte einmal im Monat.
Mit dem christlichen Kindergarten „Natanael" (Geschenk Gottes) wird ein pädagogisches Konzept angeboten, durch das die Entwicklung des Kindes in seiner Gesamtheit gefördert werden soll. Die „Harvest Bibelschule" bietet eine dreijährige Ausbildung mit anschließendem Praktikum an. Durch ein umfangreiches Angebot an Lehrkassetten (Verkauf oder Verleih) kann Bibelstudium auch zu Hause betrieben werden.
Innere Ausrichtung: Das CZA versteht sich als eine überkonfessionelle freie charismatische Gemeinde. Das Wort Gottes, die Bibel, ist Maßstab des Glaubens, Denkens und Handelns. Die Gemeinde hat ein eigenes Glaubensbekenntnis mit Betonung der wörtlichen Inspiration, der Unfehlbarkeit und göttlichen Autorität der Bibel, der besonderen Offenbarungen und Gaben

des Heiligen Geistes und der Notwendigkeit der Geistestaufe.

Kontakte bestehen vor allem zum „Glaubenszentrum Bad Gandersheim" und zur „Globe Europe Missionsgesellschaft". Das Christus Zentrum ist Mitglied in der „Gemeinschaft Christlicher Freikirchen und Leiter" (Koordination: Globe Europe Missionsgesellschaft) und im Trägerkreis „Fest zur Ehre Gottes".

Organisation und Finanzierung: Die Gemeinde hat ca. 150 Mitglieder, Durchschnittsalter etwa 35 Jahre. Leitungsstruktur: leitender Pastor; pastorales Team (Gemeindeälteste, erweitert durch die Kleingruppenleiter); gesamte Gemeindeleitung (pastorales Team und alle Dienstgruppenleiter); Gemeindeversammlung (alle Gemeindeglieder). Die Gemeinde finanziert sich aus Spenden.

Christus Zentrum Augsburg
Evangelische Freikirche e.V.
Reichenberger Str. 49
D-86161 Augsburg
Tel. 0821/556516, Fax 0821/563106

Christus-Gemeinde Berlin-Hohenschönhausen

Gründer und Leiter der Gemeinde ist Gernot Brand, geboren 1935 in Berlin. Als er mit 35 Jahren lebensbedrohlich erkrankte, traf er die Entscheidung, sein weiteres Leben in Gottes Dienste zu stellen. Nach seiner Genesung leitete der freischaffende Graphik-Designer 20 Jahre nebenberuflich eine freikirchliche Gemeinde in Ostberlin, aus der heraus 1989 die Christus-Gemeinde Berlin-Hohenschönhausen entstand. Auf der Suche nach einem Versammlungsraum erwies sich das ehemalige Gebäude der SED-Kreisleitung als geeigneter Treffpunkt. Angesichts wachsender sozialer Nöte im Stadtgebiet wurde ein christliches Sozialwerk gegründet, um eine Form der christlichen Kommunikation zu schaffen, die dem Verständnis und den Bedürfnissen der Menschen dieser Region angepaßt ist.

Tätigkeit: Jugendclub, „Begegnungskaffee", Frauen- und Kinderarbeit, Arbeit für Suchtgefährdete, betreute Wohngemeinschaften für Obdachlose und Süchtige.

Innere Ausrichtung: Die Gemeindemitglieder verstehen sich auf der Basis des Apostolikums und des Nizänums. In der Verkündigung der Erlösung durch Jesus Christus wird der Hauptauftrag gesehen. In der Gemeindepraxis soll das Priestertum aller Gläubigen deutlich werden, die Taufe erfolgt auf der Basis einer persönlichen Glaubensentscheidung, das Abendmahl wird offen praktiziert. Die Gemeinde ist charismatisch geprägt. Kontakte bestehen zu katholischen und landeskirchlich-evangelischen Gemeinden im Stadtbezirk, zu freikirchlichen Gemeinden in der Umgebung und zur Evang. Allianz der Bezirke Marzahn, Hellersdorf und Hohenschönhausen.

Organisation: Die Gemeinde hat 250 feste Mitglieder (überwiegend junge Familien mit Kindern). Sie ist als eingetragener Verein organisiert.

Christus-Gemeinde
Berlin-Hohenschönhausen e.V.
Egon-Erwin-Kisch-Str. 106,
D-13059 Berlin
Tel. 030/9291126 oder 9206222
Fax 030/9206223

Christusträger Bruderschaft

Aus dem Aufbruch der Jugend einer Darmstädter Gemeinde 1960/61 erwuchs eine Gruppe von jungen Frauen und Männern, die ihr Leben Gott zur Verfügung gestellt haben. Im Dezember 1961 wurde für die diakonischen Dienste in Übersee der Verein „Christusträger" gegründet. 1963 reisten die ersten Schwestern und Brüder nach Pakistan aus, um Leprakranken zu dienen. Daraus sind inzwischen zwölf Stationen der Schwesternschaft und der Bruderschaft geworden, die überwiegend durch medizinische und erzieherische Aufgaben den einheimischen Kirchen dienen. Gleichzeitig begannen auf Einladung von Nachbargemeinden die evangelistischen Dienste hierzulande. Zunächst stand neben Musik und Liedern der Bericht vom eigenen Aufbruch im Vordergrund. Seit 1977/78 sind die Schwesternschaft und die Bruderschaft selbständig mit eigenen Aufgaben (s. Darstellung der Schwesternschaft). Für die Bruderschaft wuchsen die Aufgaben in den Gästehäusern. Ende 1985 wurde

das Kloster Triefenstein am Main erworben und renoviert. Inzwischen ist es das Stammhaus der Bruderschaft und zugleich Gästehaus für Gemeinden und Gruppen. Leiter der Bruderschaft ist Subprior Dieter Dahmen.

Tätigkeit: Für die Gäste der Bruderschaft werden in den Gästehäusern Retraiten und Gemeindefreizeiten angeboten mit dem Ziel, die Nachfolge Christi zu vertiefen und zu stärken. Sie soll sich im Engagement in der heimischen Gemeinde ausdrücken und im Dienst an den Armen der Welt. Die Musikgruppen „CTA" (Jazz, Rock, Blues und Gospelmusik) und „CTB" (Folklore, Flamenco und Chansons) gestalten auf Einladung in Gemeinden und Dekanaten Evangelisationen. Ergänzend dazu finden in den Gästehäusern Mitarbeiterbegegnungen und Konfirmandenfreizeiten statt.

Außerdem leistet die Bruderschaft missionsdiakonische Dienste im Ausland. Seit 1969 arbeiten Brüder in Afghanistan und pflegen dort Lepra- und TB-Kranke. Ein anderes medizinisches Team arbeitet in einem Missionskrankenhaus in Zaire.

Wirkungsbereich: D, CH, Afghanistan, Zaire.

Einrichtungen: Hauptsitz und Gästehaus Kloster Triefenstein, Niederlassungen und Gästehäuser in Bensheim a.d. Bergstr. und am Thunersee (Gut Ralligen).

Publ.: Monatl. Freundesbrief.

Innere Ausrichtung: Die Bruderschaft der Christusträger lebt in der Tradition der reformatorischen Kirchen. Die

Brüder sind Mitglieder ihrer jeweiligen Kirchengemeinde und besuchen dort auch die Gottesdienste. Sie wollen ihr Leben stets neu durch die Worte des Evangeliums ausrichten, korrigieren und beauftragen lassen. Zur Tagesordnung gehören drei Gebetszeiten (Laudes, Vesper und Komplet), die den Arbeitstag gliedern und tragen.

Organisation und Finanzierung: Die Christusträger Bruderschaft ist eine evangelische Ordensgemeinschaft auf der Grundlage der evangelischen Räte Armut, Keuschheit und Gehorsam auf Lebenszeit. Die Aufnahme erfolgt nach einem Noviziat. Die Leitung liegt beim Prior/Subprior und dem Kapitel. Die Bruderschaft soll sich in der Regel aus der Berufstätigkeit der Brüder selbst finanzieren. Für die Aufgaben bei den Armen hilft ein Freundeskreis.

Christusträger Bruderschaft
Kloster Triefenstein am Main
D-97855 Triefenstein
Tel. 09395/8081, Fax 09395/8085

Christusträger Bruderschaft
Darmstädter Str. 246
D-64625 Bensheim
Tel. 06251/73033, Fax 06251/73138

Christusträger Bruderschaft
Gut Rallingen am Thunersee
CH-3658 Merligen
Tel. 033/512777, Fax 033/512737

Christusträger Schwesternschaft

Seit 1977/78 sind die Christusträger Schwesternschaft und die Bruderschaft selbständige Gemeinschaften mit unterschiedlichen Aufgabenbereichen (zur Geschichte s. Darstellung der Bruderschaft). Die Leitung der Schwesternschaft haben Schwester Maria Boss, Schwester Dr. Wanda Brzezina und Schwester Astrid Henniges.

Tätigkeit: Im Ausland nehmen die Christusträger-Schwestern soziale, medizinische und missionarische Aufgaben wahr. In Argentinien leiten sie eine Schule mit Internat, eine Krankenstation, eine Kindertagesstätte, ein Heim für behinderte Kinder und ein kleines Gästehaus. Sie arbeiten in den örtlichen Gemeinden und bei Radiosendungen mit. In Brasilien sind sie Träger einer Kindertagesstätte, betreiben eine Werkstatt für Orthesen und Prothesen und leisten evangelistische Gemeindearbeit. In Indonesien leiten sie ein Kinderheim, einen Kindergarten, eine Poliklinik und die chirurgische Abteilung eines christlichen Krankenhauses. Sie bieten evangelistische Dienste an und leisten Gemeinde- und Gemeindeaufbauarbeit. In Pakistan leiten die Schwestern drei Waisenhäuser, ein Mädcheninternat und ein Lepra-Krankenhaus und führen medizinische Einsätze und Kontrollprogramme durch (Lepra, Augenkrankheiten).

In Deutschland arbeiten die Schwestern in den örtlichen Gemeinden mit, halten Vorträge bei Frauenfrühstückstreffen, bieten Seelsorge an, singen eigene neue Lieder und laden zu Freizeiten und zur persönlichen Stille ein. Außerdem leiten sie ein Alten- und Pflegeheim. Um die Not der Kinder in Elendsgebieten zu lindern, wurde ein selbständiger Arbeitszweig gegründet, der Christusträger-Waisendienst.

Wirkungsbereich: D, Argentinien, Brasilien, Indonesien, Pakistan.

Einrichtungen: Alten- und Pflegeheim in Rödermark; Gästehaus in Hergershof; Häuser in Bensheim und Obersontheim.

Publ.: Monatl. Freundesbrief.

Innere Ausrichtung: Jede Schwester bleibt Mitglied ihrer Kirche und besucht dort nach Möglichkeit auch die Gottesdienste. Den Tag beginnen die Schwestern mit Gebet und Austausch über einen Bibeltext oder mit einem liturgischen Morgenlob. Den Abend beschließen sie mit einer freien Gebetsgemeinschaft oder einem liturgischen Gebet. Das gemeinsame Leben soll sich immer wieder am Neuen Testament orientieren und die persönliche Beziehung zu Gott, diakonisches Handeln und die Weitergabe des Evangeliums beinhalten.

Organisation und Finanzierung: Die Christusträger-Schwestern leben in Gemeinschaften von zwei bis zwölf Schwestern zusammen. Die Aufnahme erfolgt nach einem eineinhalbjährigen Noviziat. Die Leitung haben die derzeit drei Schwestern des Vorstands. Die Schwestern leben in Gütergemeinschaft und finanzieren ihren Lebensunterhalt durch ihre Berufstätigkeit. Die

Projekte in Übersee werden von einem Freundeskreis unterstützt.

Christusträger Schwesternschaft
Hergershof, D-74542 Braunsbach
Tel. 07906/572, Fax 07906/8670

C.I.D.A. Christus ist die Antwort

bis 1992: Die Brücke

Die Idee zur Gründung des Missionswerks „Die Brücke" entstand in einer Gruppe von Mitarbeitern der „Christlichen Ostmission" Anfang der achtziger Jahre. 1987 nahm Daniel Tracy die Tätigkeit als Missionsdirektor der „Brücke" auf. 1992 bekam das Missionswerk den neuen Namen „C.I.D.A. Christus ist die Antwort". In letzter Zeit bemüht sich das Missionswerk, neben den Kontakten nach Osteuropa verstärkt auch in Deutschland das Evangelium zu verbreiten (z. T. durch die Arbeit des CIDA Zentrums, das von der C.I.D.A. e.V. unterstützt wird).

Tätigkeit: Gelegentliche Missionsreisen nach Osteuropa, Evangeliumsverkündigung in Deutschland durch das CIDA Zentrum. Ein Schwerpunkt ist die Lobpreis- und Anbetungs- sowie die Gospelmusik. Das gemeinsame Gebet für die Bundesregierung und für Erweckung in Deutschland wird als wichtige Aufgabe angesehen.

Wirkungsbereich: D, GUS, Osteuropa.

Innere Ausrichtung: Die Mitarbeiter

kommen aus der evangelisch-lutherischen Kirche, dem Baptismus und der
Congregational Church. Trotz unterschiedlicher Herkunft verbindet sie der
Glaube an die auch in unseren Tagen er-
lebbare Gegenwart des Heiligen Geistes, der die Gläubigen zum Dienst in
der Gemeinde und an Menschen, die
Christus zu sich ziehen möchte, mit verschiedenen charismatischen Gaben aus-
rüstet. Die Mitglieder der Mission be-
fürworten die Erwachsenentaufe.
Beziehungen bestehen zu mehreren Pastoren und Gemeindeleitern in Südost-
bayern.

Organisation und Finanzierung: C.I.D.A.
ist ein eingetragener Verein, als gemeinnützig anerkannt. Außer dem Direktor, der seine Tätigkeit nebenamtlich ausübt, kann die Mission nur freiwillige Mitarbeiter je nach Bedarf be-
schäftigen. Als Organisation ist C.I.-
D.A. noch klein, ebenso der Kreis derer,
die finanzielle Unterstützung leisten.

C.I.D.A. Christus ist die Antwort e.V.
Schwarzauer Str. 56, D-83308 Trostberg
Tel. 08621/989898, Fax 08621/64147

Cornelius-Vereinigung (CoV)

Die Wurzeln liegen bei GenLt Georg v.
Viebahn, der um 1900 einen „Bund
gläubiger Offiziere" ins Leben gerufen
hatte. In den 30er Jahren sammelte der
spätere GenMaj Hans Graf v. Kanitz eine Gruppe christlicher Offiziere in der
Reichswehr und Wehrmacht, während
des Zweiten Weltkrieges gab er die
„Sternbriefe" heraus. Die „Christliche
Offiziersvereinigung" (Kornelius-Bru-
derschaft) wurde 1978 in die Cornelius-
Vereinigung umgewandelt. Die Leitung
hat Oberstlt. Rainer Thorun.

Tätigkeit: Die Mitglieder der Vereinigung wollen die gute Nachricht von Jesus Christus im Alltag, in der Familie
und im Dienst verwirklichen. Dadurch
sollen Kameraden ermutigt werden,
den gemeinsamen Weg der Nachfolge
mitzugehen.
Jährlich werden sechs Rüstzeiten angeboten. Internationale Konferenzen finden in Deutschland alle vier Jahre statt.
Hauptaufgabe eines Reisesekretärs ist
es, bei Besuchen in Kasernen Kreise zu
gründen, die sich selbst weiterführen
und Veranstaltungen vorbereiten können. Außerdem wird versucht, Hauskreise anzuregen.

Wirkungsbereich: D.

Publ.: „Sternbrief der Cornelius-Vereinigung (CoV)", dreimal jährl., Aufl.
1.000.

Innere Ausrichtung: Als Glaubensgrundlage gilt die Bibel. Als wichtig werden
die Zehn Gebote und die Seligpreisungen angesehen.
Es besteht eine enge Zusammenarbeit
mit der evang. Militärseelsorge. Die
Vereinigung ist Mitglied in der „Arbeitsgemeinschaft Soldatenseelsorge".
Es gibt Verbindungen zu gleichartigen
Vereinigungen in anderen Ländern
(u.a. USA, Großbritannien, Nordir-
land, Korea).

Organisation und Finanzierung: Seit

1990 eingetragener Verein, gemeinnützig; Vorstand aus sechs Mitgliedern, dazu ein Beirat mit neun Mitgliedern; Sprecher für jeden der sechs Wehrbereiche; hauptamtlich angestellter Reisesekretär; Finanzierung durch Mitgliedsbeiträge (ca. 15%) und Spenden (ca. 85%).

Cornelius-Vereinigung e.V. –
Christen in der Bundeswehr
Geschäftsführer Gerhard Keiser
Am Johannisberg 70A
D-53774 Bad Neuenahr
Tel. 02641/79109

Covenant Players

Die Gruppe „Covenant Players" wurde 1963 von Charles M. Tanner gegründet mit dem Ziel, das Theaterspiel der Kirche als Kommunikationsmittel zur Verfügung zu stellen. Tanner war vorher aktiv als Produzent, Regisseur und Autor in der Filmindustrie von Hollywood. Er hat über 600 Romane, Drehbücher und Kurzgeschichten geschrieben, für die Covenant Players dann 2.000 Theaterstücke mit christlichem Inhalt.

Die erste europäische Tournee wurde 1971 für die kanadischen Streitkräfte durchgeführt. Seit 1977 spielt die Gruppe in deutschen Kirchengemeinden. In Untergruppenbach befindet sich die europäische Zentrale. Die Leitung der Covenant Players haben Mark und Bobby Johnson-Tanner.

Tätigkeit: Die Covenant Players wollen die Kirche durch das Mittel des Theaters herausfordern, ihrer Glaubensüberzeugung gemäß zu leben. Gespielt wird im Rahmen der Gemeindearbeit (Gemeindeabende, Gottesdienste, Kreise, Jugendarbeit, Bibelwochen, Freizeiten), in Schulen (Religions- und Englischunterricht), in Gefängnissen, Altenheimen, Soldatenheimen, bei der Bundeswehr, bei Evangelisationen und Straßeneinsätzen, in Bibelschulen und bei Seminaren, bei Management-Kursen usw. Die Thematik und das Programm der jeweiligen Vorstellung werden mit den Veranstaltern abgesprochen.

Wirkungsbereich: D, CH, A, über 80 Länder der Welt.

Einrichtungen: Etwa 150 reisende Kleinspielgruppen.

Publ.: „Covenant World"; fünf Bücher mit Texten zum Theaterspiel (engl.); Musik-Kassetten, Videos.

Innere Ausrichtung: Die Glaubensgrundlage der Covenant Players entspricht dem apostolischen Glaubensbekenntnis. Die verbindliche, tägliche Nachfolge Jesu Christi wird als wichtig angesehen.

Die Gruppe bezeichnet sich als überkonfessionelle Organisation; sie will unabhängig sein, damit sie allen Konfessionen dienen kann. Die Mitarbeiter gehören verschiedenen Gemeinden an und werden ermutigt, voneinander zu lernen, um den eigenen Glauben zu stärken. Gespielt wird auch bei Allianzveranstaltungen.

Organisation und Finanzierung: Die Covenant Players sind ein eingetragener Verein (gemeinnützig), der ohne Gewinn arbeitet. 25 ehrenamtliche Mitarbeiter sind in Deutschland, Österreich und der Schweiz unterwegs. Der gesamte Aufwand für Organisation sowie die Taschengelder für die Mitarbeiter werden aus den Gaben für die Aufführungen finanziert. Die Kosten für besondere Projekte werden durch separate Spenden gedeckt.

Covenant Players e.V.
Alte Happenbacher Str. 17
D-74199 Untergruppenbach
Tel. 07130/6735, Fax 07130/9915

Internationale Organisation:
Covenant Players
P.O. Box 2900
Oxnard, Calif. 93034-2900, USA

Cross Continental Missions (CCM)

CCM wurde 1987 gegründet und als gemeinnütziger Verein eingetragen. Die Leitung hat Volkhard Spitzer.
Tätigkeit: Transporte mit geistlicher Literatur und Hilfsgütern in die GUS, in andere osteuropäische Länder und nach W-Afrika; regelmäßige stadtmissionarische Veranstaltungen in Berlin/Mitte; evangelistische TV-Arbeit im Regionalfernsehen (seit 1996); evangelistische Veranstaltungen in Verbindung mit örtlichen Kirchen und Gemeinschaften (international).

Innere Ausrichtung: Charismatische Prägung.

Cross Continental Missions e.V.
Berner Str. 27, D-12205 Berlin
Tel. 030/8174546, Fax 030/8174596

Deutsche Bibelgesellschaft

Hauptaufgabe der Deutschen Bibelgesellschaft ist, die Bibel und Teile der Bibel in verschiedenen Textfassungen zu übersetzen, herzustellen und zu verbreiten. Sie beteiligt sich an den Aufgaben der Bibelverbreitung in den Ländern Afrikas, Asiens, Lateinamerikas und in Osteuropa („Aktion Weltbibelhilfe"). Außerdem fördert sie das Bibelverständnis und die Kenntnis der Bibel in der Öffentlichkeit durch die Herausgabe von Hilfen und Materialien.
Die Deutsche Bibelgesellschaft wurde 1965 als „Evangelisches Bibelwerk" gegründet. Ihr Vorläufer war der „Verband der Evangelischen Bibelgesellschaften in Deutschland", der die größtenteils zu Beginn des 19. Jahrhunderts entstandenen Bibelgesellschaften zusammenfaßte.
Die Deutsche Bibelgesellschaft arbeitet auf dem verlegerischen und bibelmissionarischen Gebiet mit dem Katholischen Bibelwerk und bibelmissionarisch tätigen Organisationen zusammen. Als nationaler Verband ist sie Mitglied im Weltbund der Bibelgesellschaften (United Bible Societies). Sie ist eine kirchliche Stiftung des öffentlichen

Rechts und hat drei Organe: Verwaltungsrat, Geschäftsführung und Vollversammlung. Die Vollversammlung legt die Grundsätze für die Arbeit der Gesellschaft fest. Generalsekretär ist Pfarrer Dr. Jan Bühner.

Mitglieder der Vollversammlung: Anhaltische Bibelgesellschaft (Dessau), Arbeitsgemeinschaft Missionarische Dienste (Berlin), Badische Landesbibelgesellschaft (Meersburg), Bayerischer Zentralbibelverein (im Amt für Gemeindedienst, Nürnberg), Bibellesebund (Marienheide), Braunschweiger Bibelgesellschaft, Bremische Evangelische Bibelgesellschaft, Bund Evangelisch-Freikirchlicher Gemeinden in Deutschland (Bad Homburg), Bund Freier evangelischer Gemeinden in Deutschland (Witten), Von Cansteinsche Bibelanstalt in Westfalen (Witten), Europäisch-Festländische Brüderunität – Herrnhuter Brüdergemeine (Herrnhut), Eutiner Bibelgesellschaft, Evangelische Buchhilfe (Vellmar), Evangelische Haupt-Bibelgesellschaft und Von Cansteinsche Bibelanstalt im Bereich der Evangelischen Kirche der Union (Berlin), Evangelischer Blinden- und Sehbehindertendienst in Deutschland (Marburg), Evangelisches Bibelwerk im Rheinland (Wuppertal), Evangelisches Missionswerk in Deutschland (Hamburg), Evangelisch-methodistische Kirche (Frankfurt/M.), Frankfurter Bibelgesellschaft – Evangelisches Bibelwerk für Hessen und Nassau (Frankfurt/M.), Göttinger Bibelgesellschaft, Hamburg-Altonaische Bibelgesellschaft, Hanauer Bibelgesellschaft, Hannoversche Bibelgesellschaft, Die Heilsarmee in Deutschland (Köln), Kasseler Bibelgesellschaft, Lauenburg-Ratzenburgische Bibelgesellschaft (Ratzeburg), Lippische Bibelgesellschaft (Detmold), Lübecker Bibelgesellschaft, Mecklenburgische Bibelgesellschaft (Schwerin), Oberhessische Bibelgesellschaft zu Marburg/Lahn, Ökumenische Arbeitsgemeinschaft für Bibellesen (Berlin), Oldenburgische Bibelgesellschaft, Osnabrücker Bibelgesellschaft, Ostfriesische Bibelgesellschaft (Aurich), Pfälzischer Bibelverein (Neustadt), Sächsische Haupt-Bibelgesellschaft (Dresden), Schaumburg-Lippische Bibelgesellschaft (Bückeburg), Schleswig-Holsteinische Bibelgesellschaft (Schleswig), Selbständige Evangelisch-Lutherische Kirche (Hannover), Gemeinschaft der Siebenten-Tags-Adventisten (Ostfildern-Ruit), Stader Bibel- und Missionsgesellschaft, Taschenbibelbund für Deutschland (Bad Harzburg), Thüringer Bibelgesellschaft (Eisenach), Württembergische Bibelgesellschaft (Stuttgart).

Deutsche Bibelgesellschaft
Balinger Str. 31, D-70567 Stuttgart
Postfach 81 03 40, D-70520 Stuttgart
Tel. 0711/71810

Deutsche Evangelisten-konferenz

Die im Jahre 1949 gegründete Evangelistenkonferenz versammelt einmal jährlich Evangelisten und evangelistisch tätige Pastoren, Prediger und Mitarbeiter aus Evangelisationswerken zu einer mehrtägigen Arbeitstagung. Diese Konferenz dient dem Austausch von Erfahrungen, der Seelsorge und Vertiefung der Bruderschaft untereinander sowie der Zurüstung und Weiterbildung für den evangelistischen Dienst. Die Konferenz umfaßt Brüder und Schwestern, soweit sie zu den deutschen evangelischen Landeskirchen, den evangelischen Freikirchen, dem „Evangelischen Gnadauer Gemeinschaftsverband" und zu Missionswerken gehören, die auf dem Boden der Evang. Allianz stehen.

Mit der Evangelistenkonferenz in der ehemaligen DDR bestand eine jahrzehntelange gute Zusammenarbeit. 1991 vereinigten sich die Evangelistenkonferenz Ost und die „Evangelistenkonferenz in der Bundesrepublik Deutschland" zur „Deutschen Evangelistenkonferenz".

Die Evangelistenkonferenz ist Mitglied der „Arbeitsgemeinschaft Missionarische Dienste" (AMD).

Ein Vertrauensrat trägt die Verantwortung für die Konferenz und bereitet sie vor. Mitglieder des Vertrauensrates sind: Wilfried Bolay, Willi Buchwald, Hermann Decker, Gerhard Feilcke, Dietrich Heise, Fritz Hoffmann, Uwe Holmer, Eberhard Laue, Wilfried Reuter, Karl-Ernst Schaffland, Bernd Wetzel.

Geschäftsstelle:
Prediger Hermann Decker
Forchenhalde 39
D-75378 Bad Liebenzell

Vorsitzender:
Pfarrer Wilfried Reuter
Geistliches Rüstzentrum Krelingen
D-29664 Walsrode

Deutsche Indianer Pionier Mission (DIPM)

Das Werk wurde 1962 durch James Rathlef (1896-1988) gegründet. Er war Baltendeutscher, erfuhr 1922 seine Berufung, Jesus Christus zu dienen. Es folgten Tätigkeiten in der Jugendarbeit, in der Evangelisationsarbeit der Wichern-Vereinigung, dann in der „Zeltmissions-Vereinigung Süd" innerhalb der Evang. Allianz.

Bewegt von dem Missionsbefehl Jesu und getrieben von der Not der Indianer, gründete Rathlef 1962 die DIPM. Die damalige „Zeltmissions-Vereinigung Süd" mit ihren zahlreichen Gebets- und Hausbibelkreisen in Baden-Württemberg bildete die Wurzel und das Hinterland des Missionswerkes. 1965 reisten die ersten Missionare nach Brasilien in den Bundesstaat Mato Grosso do Sul aus. 1972 wurde die Arbeit nach Ost- und Südost-Paraguay und 1984 nach Nord-Brasilien ausgeweitet. 1990 wur-

de ein brasilianischer Zweig der DIPM gegründet.
Sitz in Deutschland war zunächst Gerlingen, seit 1972 St. Johann-Lonsingen. Missionsleiter war von 1972-1992 Karl-Ernst Widmann; seit 1992 leitet Reinhard Rathlef die DIPM.

Tätigkeit: Ziel ist, unerreichten Indianerstämmen das Evangelium zu bringen. Außerdem sieht es die DIPM als ihre Aufgabe an, Evangelisten, Lehrer und Gemeindeleiter heranzubilden, nomadisierende Indianerstämme im Einvernehmen mit der Landesregierung seßhaft zu machen und Indianergemeinden nach neutestamentlichem Vorbild zusammenzuschließen. Außerdem will die DIPM das Missionsinteresse im Heimatland wecken (Zeltmission und Missionsvorträge in Zusammenarbeit mit Kirchengemeinden).

Wirkungsbereich: D, Brasilien, Paraguay.
Einrichtungen: Missionszentrale in St. Johann-Lonsingen, Missionszentralen in Asuncion und Campo Grande.
Publ.: „Werdet meine Zeugen", zweimonatl., Aufl. 11.000; Gebetsplakat.
Innere Ausrichtung: Glaubensgrundlage ist die Basis der Evang. Allianz. Gute Verbindungen bestehen zur württembergischen Landeskirche, zum schwäbischen Pietismus und zum „Bund Freier evangelischer Gemeinden". Das Missionswerk hat Kontakte zum Lebenszentrum Adelshofen, zur Bibelschule Brake und zur Bibelschule Beatenberg. Es ist Mitglied in der „Arbeitsgemeinschaft Evangelikaler Missionen" (AEM).
Organisation und Finanzierung: Als ge-

meinnützig anerkannter eingetragener Verein mit siebenköpfigem Vorstand; etwa 70 Missionare in Übersee, einige hauptamtliche und viele ehrenamtliche Mitarbeiter in Deutschland.

Deutsche Indianer Pionier Mission e.V.
Kirchbergstr. 37, D-72813 St. Johann
Tel. 07122/180, Fax 07122/1899

Deutsche Inland-Mission (DIM)

Joachim Lagemann (1916-1979, Drogist), der Gründer der DIM, gehörte der Brüdergemeinde im „Bund Evangelisch-Freikirchlicher Gemeinden" an. 1953 trat er als Volontär in das Missionswerk „Jugend für Christus" ein; 1954 gründete er zusammen mit Anton Schulte das heutige „Missionswerk Neues Leben".

Im Rahmen der Missionsarbeit dieses Werkes wurden 1960 im Zeltlager Heidkate an der Ostsee kombinierte Erholungs- und Missionsfreizeiten durchgeführt. Dabei merkte man, daß evangelistische Arbeit allein nicht ausreicht. Daher wurde 1962 die DIM gegründet. Sie will die für Jesus gewonnenen Menschen in eine christliche Gemeinschaft stellen.

Tätigkeit: Ziel ist die Gründung evangelikaler Gemeinden, damit verbunden die Verbreitung des Evangeliums von Jesus Christus, vorwiegend in Gebieten, die missionarisch und geistlich gesehen wenig erschlossen sind. Von den dort errichteten Missionsstationen aus werden Hausmission (Verteilung christlicher Literatur, Besuche), Bibelstunden, Kinder-, Jugend-, Teestuben- und Altenarbeit sowie evangelistische Veranstaltungen durchgeführt. Im Haus Heidkate finden Missionsfreizeiten, Erholungsfreizeiten (Familienfreizeiten) und Schulungen statt.

Das Missionswerk wirkt darauf hin, daß die für Jesus Christus gewonnenen Menschen sich zu Gemeinschaften im Wort Gottes (nach Apg. 2,42) zusammenfinden. Arbeitsgebiete mit Gemeindegründungen der DIM liegen in Schleswig-Holstein (Probstei, Schwansen-Schönberg, Preetz, Laboe, Kappeln, Vogelsang-Grünholz, Wahlstedt u.a.), in der Lüneburger Heide (Fallingbostel, Großmoor, Nienhagen), in Niedersachsen (Großburgwedel, Berenbostel, Garbsen, Papenburg/Emsland), im Gebiet Eifel-Niederrhein (Schleiden-Gemünd, Heinsberg), in Bayern (Garmisch-Partenkirchen, Murnau, Zwiesel u.a.), im Allgäu (Kaufbeuren, Mindelheim) und in Nordrhein-Westfalen (Attendorn, Arnsberg).

Wirkungsbereich: D.

Einrichtungen: Ferien- und Missionsheim Haus Heidkate (Schönbergerstrand, 24217 Schönberg); Kindergarten Laboe (Katzbek 4, 24235 Laboe).

Publ.: DIM-Informationen, seit 1963, monatl., Aufl. 5.000.

Innere Ausrichtung: Die Glaubensgrundlage der Evang. Allianz und die Lausanner Erklärung werden bejaht. Als Grundlage der Gemeinde wird Apg. 2,42 angesehen: die Lehre der Apostel (Auferstehung, der in der Gemeinde wirksame Heilige Geist, Bekenntnistaufe, Zeugnis, Heiligung, Erwartung der Wiederkunft), die Gemeinschaft aller Gotteskinder, das Herrenmahl als Gedächtnismahl, das Gebet.

Die DIM steht den Brüdergemeinden und evangelikalen Gemeinschaften nahe. Sie arbeitet bei Allianzveranstaltungen mit.

Organisation und Finanzierung: Eingetragener Verein mit Vorstand (drei Personen), der das Werk leitet, und Beirat (beratendes und kontrollierendes Organ: zehn Personen); 250 Mitglieder; Freundeskreis 3.200 Personen; 20-22 Mitarbeiter in Missionsstationen, Kindergarten, Ferienheim; Verwaltungsarbeit vorwiegend ehrenamtlich; Finanzierung durch freiwillige Spenden aus dem Freundes- und Mitgliederkreis.

Deutsche Inland-Mission e.V.
Postfach 10 03 58, D-57003 Siegen

Deutsche Missionsgemeinschaft (DMG)

Die Deutsche Missionsgemeinschaft wurde 1951 gegründet. Die Geschäftsstelle war zunächst in Korntal bei Stuttgart, dann in Stuttgart-Möhringen und ist seit 1971 in Sinsheim. Von 1968 bis 1991 wurde das Werk von Bruno Herm geleitet. Der jetzige Direktor, Manfred Bluthardt, arbeitete von 1961 bis 1984 als Missionar in Chile. 1984 wurde er mit Leitungsaufgaben in der Heimatzentrale beauftragt und 1991 in sein jetziges Amt berufen.

Tätigkeit: Die Besonderheit der Deutschen Missionsgemeinschaft besteht darin, daß sie keine eigenen Arbeitsfelder unterhält. Sie wurde gegründet, um deutschen Missionaren die Mitarbeit in Arbeitsgebieten bestehender internationaler oder nationaler Missionsgesellschaften oder einheimischer Kirchen zu ermöglichen. Auf diese Weise arbeitet die DMG mit ca. 60 Missionsgesellschaften in Partnerschaft zusammen, deren Vertretung sie in Deutschland übernimmt. In arbeitsrechtlichem Sinne sind die Missionare Angestellte der DMG. Missionskandidaten absolvieren zunächst eine sechsmonatige Orientierungs- und Vorbereitungszeit. Es werden auch karitative Hilfsaktionen für Katastropheneinsätze durchgeführt, z.B. die Aktion „Brüder leiden Not".

Die wichtigsten Partnermissionen sind Africa Inland Mission (AIM), Arab World Ministries (AWM), European Christian Mission (ECM), Gospel Mission of South America (GMSA), HCJB, Interserve, International Missions Incorporated (IMI), Misao Crista Evangelica do Brasil (MICEB), Missionary Aviation Fellowship (MAF), New Tribes Mission (NTM), SEND International, SIM International, South Sea Evangelical Mission (SSEM), The Evangelical Alliance Mission (TEAM).

Wirkungsbereich: 66 Länder in Europa, Asien, Afrika und Amerika.

Einrichtungen: Missionszentrale Buchenauerhof.

Publ.: „DMG informiert", zweimonatl.;

„Die Trommel ruft" (Kindermissionsblatt), zweimonatl.; „Alle Jünger sind gerufen" (Selbstdarstellung); „Haltet an am Gebet" (DMG-Gebetskalender), jährl.; „Berufung – Schade, daß ich nicht berufen bin!?"; „Missionar – Gesandter von wem?"; „10 Schritte Richtung Missionsland".

Innere Ausrichtung: Die DMG arbeitet auf der Basis der Evang. Allianz. Ihre Missionare, deren Freundeskreise und unterstützende Gemeinden sowie Vorstand und Missionsrat kommen aus Landeskirchen, Freikirchen und Gemeinschaften. Die DMG ist organisatorisch keiner Kirche und keinem Verband angeschlossen. Sie ist Mitglied in der „Arbeitsgemeinschaft Evangelikaler Missionen" (AEM) und im „Ring Missionarischer Jugendbewegungen" (RMJ).

Organisation und Finanzierung: Die DMG ist ein eingetragener Verein. Der Vorstand besteht aus zwei Frauen und vier Männern, der Missionsrat aus weiteren 31 Personen. 300 Missionare und Missionarinnen sind in 66 Länder entsandt. Die Finanzierung erfolgt vollständig durch die freiwilligen Spenden von Missionsfreunden.

Deutsche Missionsgemeinschaft -
Verein für Wohltätigkeit e.V.
(German Missionary Fellowship)
Buchenauerhof, D-74889 Sinsheim
Tel. 07265/9590, Fax 07265/8258

Deutsche Straßenmission

Die Deutsche Straßenmission wurde 1962 gegründet. Gründer und Leiter ist Johannes Oppermann (geb. 1930 in Ungarn, 1954 durch eine Zeltmission mit Hans Waldvogel zum Glauben gekommen, 1959 Besuch der Bibelschule „Beröa" in Erzhausen, 1960-1989 Gemeindearbeit in Kehl). 1963 wurde das Glaubenshcim „Bethesda" eingeweiht. 1967 fand eine erste Reise nach Indien statt. Dort wurde die Missionsgesellschaft „Indo-German Mission" gegründet. 1975 konnte ein eigenes Haus für Waisenkinder in Indien erworben werden, das inzwischen von Einheimischen weitergeführt wird.

Tätigkeit: Evangelisationen in ganz Europa, Straßenmission, internationale Schriftenmission, Unterstützung von Missionaren in Indien.

Wirkungsbereich: D, Frankreich, Schweiz, Osteuropa.

Einrichtungen: Glaubensheim „Bethesda" in Kehl.

Publ.: Traktat „Vom Zirkus zu Christus"; Missions- und Evangelisationsschriften; Bücher „Im Feuer geboren" und „Ihm nach".

Innere Ausrichtung: Die Deutsche Straßenmission ist Mitglied in der pfingstlerischen „Gemeinde Gottes" und hat eine entsprechende Glaubensgrundlage. Es wird Wert gelegt auf Bekehrung, Glaubenstaufe und Geistestaufe. Eine Zusammenarbeit mit anderen christlichen Kreisen, vor allem aus dem protestantischen Bereich, wird angestrebt.

Organisation und Finanzierung: Eingetragener Verein mit Vorstand und jährlicher Vereinssitzung; großer Freundeskreis aus verschiedenen Konfessionen und Gemeinschaften; Finanzierung durch freiwillige Spenden, durch Schriftenverkauf und Büchertisch.

Deutsche Straßenmission e.V.
Rheinstr. 28, D-77694 Kehl
Tel. 07851/5916

Deutsche Zeltmission (dzm)

Die Deutsche Zeltmission wurde 1902 durch Jakob Vetter (geb. 1872 in Worms) gegründet, der zunächst Prediger in Hessen war. Er vertrat die Ansicht: „Wenn die Leute nicht mehr in die Kirche gehen, muß die Kirche zu den Leuten gehen." Er kaufte ein Großzelt, um darin das Evangelium zu verkündigen. Überfüllte Veranstaltungen waren ein Beweis dafür, daß der Weg richtig war. Im Lauf der vergangenen Jahrzehnte wurde auf diese Weise Millionen Menschen das Evangelium nahegebracht und ein „neues Leben" angeboten. Heute bietet die Deutsche Zeltmission den einladenden Gemeinden ihre Zusammenarbeit mit fünf Missionszelten (250 bis 2.000 Plätze) an. Die Leitung haben Pfarrer Rolf Woyke (Vorsitzender) und Franz Bokelmann (Geschäftsführer).

Tätigkeit: Zur Tätigkeit der Deutschen Zeltmission gehören vor allem evangelistische Vorträge, die zum Glauben an Jesus Christus einladen, außerdem Bi-

belwochen, Seminare und die Zurüstung der Gemeinden zur Evangelisation. Begleitende missionarische Angebote sind u.a. (Chor-)Konzerte, Frühstückstreffen (für Frauen), Frühschoppen Spezial (für Männer), Filmnächte, Nachtcafé, (Familien-)Gottesdienste, Jungschartage, Kinder- und Schülertreffen, Seniorenveranstaltungen, Zelt-Bistro. Jährlich können 30-35 Zelteinsätze von 10-14tägiger Dauer durchgeführt werden.
Wirkungsbereich: Deutschsprachiger Raum, vorwiegend D, ggf. auch in anderen europäischen Ländern.
Einrichtungen: Patmos GmbH – Christliches Freizeit- und Erholungsheim der dzm in Siegen-Geisweid.
Publ.: „Zeltgruß", seit 1902, zweimonatl., Aufl. 25.000.
Innere Ausrichtung: Die Deutsche Zeltmission arbeitet auf der Glaubensbasis der Evang. Allianz. Sie gründet keine eigenen Gemeinden, sondern bietet auf Einladung hin den Gemeinden vor Ort missionarische Unterstützung an. Sie arbeitet überwiegend im landeskirchlichen Bereich und in den Gruppierungen des „Evangelischen Gnadauer Gemeinschaftsverbandes". Die Deutsche Zeltmission ist Mitglied der „Arbeitsgemeinschaft Missionarische Dienste" (AMD), des „Evangelischen Gnadauer Gemeinschaftsverbandes" und im „Ring Missionarischer Jugendbewegungen" (RMJ).
Organisation und Finanzierung: Die dzm ist ein eingetragener Verein, als gemeinnützig anerkannt. Der geschäftsführende Vorstand wird von der Mit-gliederversammlung gewählt. Vier Evangelisten, zwei Kinder- und Jugendreferentinnen und ein Organisationsleiter arbeiten für die dzm. Die Finanzierung erfolgt ausschließlich durch Spenden und Kollekten.

Deutsche Zeltmission e.V.
Sohlbacher Str. 171, D-57078 Siegen
Tel. 0271/8800100, Fax 0271/8800150

Deutscher Bibel-Dienst

Der Deutsche Bibel-Dienst wurde 1974 in Stuttgart gegründet. Es waren 18 Brüder anwesend, ehemalige Mitglieder des „Internationalen Gideonbundes in Deutschland". Gründer war Kurt Rittinghaus (geb. 1925, selbständiger Kaufmann). Jetziger Leiter ist Martin Storm (geb. 1938).
Tätigkeit: Kostenlose Verteilung von Bibeln und Neuen Testamenten in Hotels, Krankenhäusern, Strafvollzugsanstalten (auf Anforderung) und Schulen (nach Vereinbarung mit den zuständigen Schuldekanen).
Wirkungsbereich: D.
Publ.: Bibeln und Neue Testamente, Taschentestamente, dreisprachige Testamente (deutsch-französisch-englisch), Testamente in anderen Sprachen nach Bedarf.
Innere Ausrichtung: Der Deutsche Bibel-Dienst versteht sich als geistliche Arbeitsgemeinschaft. Voraussetzung für die Mitgliedschaft ist die Anerkennung der Heiligen Schrift in ihrer Gesamt-

heit als inspiriertes Wort Gottes und damit die Annahme Jesu Christi als persönlichen Herrn und Heiland, die Führung eines entsprechenden Lebenswandels und die Bereitschaft, sich für die Ziele der Vereinigung einzusetzen und dafür zu beten. Zur Evang. Allianz hat der Verein eine gute Beziehung.

Organisation und Finanzierung: Eingetragener Verein; freie Mitarbeiter; Finanzierung durch Mitgliedsbeiträge und Spenden (alle Spenden werden für den Bibelkauf verwendet).

Deutscher Bibel-Dienst e.V.
Hollerlander Weg 6, D-28355 Bremen
Tel. 0421/251401

Deutscher Christlicher Techniker-Bund (DCTB)

Im Zuge der Erweckungsbewegung Ende des 19. Jahrhunderts entstanden verschiedene berufsbezogene Gemeinschaften. Der DCTB wurde 1904 von Studenten einer Baugewerbeschule gegründet, um gemeinsam das Evangelium besser an die Mitstudenten und später auch an die Berufskollegen weitersagen zu können. Gleichzeitig entstanden missionarische Bibelkreise an anderen Schulen.

Die Zentrale siedelte schon in den Anfangsjahren vom Gründungsort Bethel in den CVJM nach Berlin über. Von dort entfaltete sich die Arbeit über das ganze damalige deutsche Reichsgebiet.

Geschäftsführer des DCTB ist Reinhold Wennagel.

Tätigkeit: Das vorrangige Ziel des DCTB besteht darin, Studierende im Bereich der Technik mit Jesus Christus in Verbindung zu bringen. Dies geschieht durch missionarische Einsätze in Zusammenarbeit mit Fachhochschul-Bibelkreisen, insbesondere durch Vorträge, Schulungen, Seminare und Freizeiten. So werden Wochenendkurse, ein zehntägiges Bibelseminar sowie Ski- und Segelfreizeiten angeboten. Dazu kommt die Arbeit mit Berufstätigen im Bereich der Technik (Industrie-Seminar, Anregung zur Gründung von Betriebs-Gebetskreisen, christliche Literatur auf Industriemessen, Gespräche und Kontakte im Zusammenhang mit dem christlichen Glauben, Berufsschul-Pädagogentreffen, Tagungen und Familienfreizeiten).

Wirkungsbereich: D.

Publ.: „Das Fundament", seit 1904, achtmal jährl.; Faltblattserien: „Gesprächsrunde", „Zeitfragen".

Innere Ausrichtung: Glaubensgrundlage ist die Basis der Evang. Allianz. Motto des DCTB ist 1. Kor. 3,11 (Einen anderen Grund kann niemand legen außer dem, der gelegt ist, welcher ist Jesus Christus).

Der DCTB ist von seinen geschichtlichen Wurzeln her „angeschlossenes Mitglied" im CVJM-Gesamtverband in Deutschland. Die Mitglieder und Freunde des DCTB gehören in der Regel zu einer örtlichen Gemeinde kirchlicher oder freikirchlicher Prägung; viele sind in Gemeinschaften oder Haus-

kreisen aktiv. Es bestehen persönliche Kontakte zu evangelikalen Missionswerken.
Organisation und Finanzierung: Der DCTB ist ein eingetragener Verein, als gemeinnützig anerkannt. Bundesleitung und Vorstand werden von der Mitgliederversammlung gewählt. Der Bund hat sieben hauptberufliche Mitarbeiter (z.b. Reisesekretäre) und 70 Team-Mitarbeiter. Die Finanzierung erfolgt durch Spenden und Mitgliedsbeiträge.

Deutscher Christlicher
Techniker-Bund e.V.
Uhlandstr. 9
D-70825 Korntal-Münchingen
Tel. 0711/8380828, Fax 0711/8380829

Deutscher Frauen-Missions-Gebetsbund (DFMGB)

Der DFMGB entstand 1900 in Berlin/Rostock. Bei der Gründung waren beteiligt: Lu von Hochstetter, Jenny von Plotho, Hedwig von Redern, Gräfin Elisabeth Waldersee, Jeanne Wasserzug. Nach der Gründung wurde Freda von Bethmann-Hollweg Vorsitzende. Es folgten in diesem Amt Margarete von Oertzen, Gertrud von Bülow, Clothilde von Dewitz, Ilse Hoffmann. Heutige Leiterin ist Hilde Rathmann.

Als Aufgabe sah man nicht nur das Werk der Mission draußen, sondern auch die geistliche Erweckung der Frauen in der Heimat und ihre Betreuung.

Nach dem Zweiten Weltkrieg entstanden die Arbeitsgruppen West (Hamburg) und Ost (Rostock). Nach der Wiedervereinigung Deutschlands erfolgte die äußerliche Vereinigung des Frauen-Missions-Gebetsbundes.
Tätigkeit: Der DFMGB ist keine sendende Mission. Die ihm verbundenen etwa 120 Schwestern stehen im Dienst verschiedener Missionsgesellschaften. Aufgabe ist vor allem die Fürbitte für diese Missionarinnen und ihren Dienst. Etwa 45 Missionarinnen werden auch regelmäßig finanziell unterstützt (Patenschaften). Monatlich kommen etwa 900 örtliche Kreise zusammen, in denen Kreismütter die Verantwortung tragen. Auf Bezirkstagen und -rüsten begegnen sich Beterinnen und Missionarinnen im Heimaturlaub. In den Bezirken sind Bezirksmütter verantwortlich.
Wirkungsbereich: D, A, CH, alle Kontinente außer Australien.
Publ.: „Missions-Nachrichten", monatl., Aufl. ca. 17.000.
Innere Ausrichtung: Glaubensgrundlage der Evang. Allianz; Betonung des Gebets; Mitarbeiterinnen kommen aus Landeskirchen, Freikirchen und Gemeinschaften.
Organisation und Finanzierung: Der DFMGB ist ein eingetragener Verein mit Vorstand (sieben Personen) und Mitgliederversammlung. Mitglieder sind die Bezirksmütter der etwa 47 Bezirke (dazu drei Bezirke in Österreich). Etwa 17.000 Personen empfangen die „Missions-Nachrichten". Die Finanzierung erfolgt durch Spenden.

Deutscher Frauen-Missions-
Gebetsbund e.V.
Badstr. 16, D-57072 Siegen
Tel. 0271/335333, Fax 0271/335334

Deutsches Missionsärzte-Team (DMÄT)

Seit 1981 nahm Dr. med. Werner Wigger (geb. 1950 in Wismar, Medizinstudium in Rostock) junge Christen aus medizinischen Berufen mit zu seinen missionsärztlichen Einsätzen in Mexiko und Afrika. Daraus entstand ein Arbeitskreis, der zunächst einen selbständigen Arbeitszweig im „Missionswerk Frohe Botschaft" (Großalmerode) bildete. 1989 wurde dann ein eigener Verein gegründet, den Dr. Werner Wigger leitet.

Tätigkeit: Ziel ist, Christen aus medizinischen Berufen, die offen sind für einen Dienst in der Weltmission, Hilfestellung zu geben, den Weg zu einem Langzeitdienst auf dem Missionsfeld zu finden. Durch gezielte Vorbereitung und Teilnahme an einem Kurzzeiteinsatz sollen zunächst Erfahrungen gesammelt werden. Auch Mitarbeiter anderer Missionen werden für den medizinischen Dienst geschult. Die Vorbereitung für einen Einsatz (6-12 Monate) findet in sieben Wochenendseminaren (über ein Jahr verteilt) statt.

In den Gemeinden in Deutschland soll durch verschiedene Veranstaltungen (z.B. Missionsfeste, Missionsgottesdienste, Seminare) der Missionsgedanke neu belebt und die Verantwortung hierfür bewußtgemacht werden.

In den Missionsländern wird die Zusammenarbeit zwischen deutschen Missionsgesellschaften und einheimischen Kirchen und Missionen gefördert durch personelle und materielle Hilfe. Auch wird die Fortbildung einheimischer Mitarbeiter unterstützt.

Wirkungsbereich: D, Afrika.

Publ.: Rundbrief, unregelmäßig.

Innere Ausrichtung: Glaubensgrundlage der Evang. Allianz, Bekenntnis zum Dienst in der Weltmission, Verbindlichkeit des persönlichen Glaubens und der persönlichen Nachfolge, überkonfessionelle Arbeit, außerordentliches Mitglied der „Arbeitsgemeinschaft Evangelikaler Missionen" (AEM).

Organisation und Finanzierung: Das DMÄT ist ein eingetragener und als mildtätig anerkannter Verein. Laut Satzung bilden bis zu 15 Mitglieder den Leitungskreis. Der dreiköpfige Vorstand wird von der Mitgliederversammlung gewählt. Zwischen 30 und 60 Mitarbeiter befinden sich in der Vorbereitung bzw. im Einsatz. Der Freundeskreis besteht aus etwa 700 Personen. Die Finanzierung erfolgt zu 100% durch Spenden.

Deutsches Missionsärzte-Team e.V.
Auf der Buchdahl, D-57223 Kreuztal
Tel. 02732/582300, Fax 02732/582302

Diakonieverband Ländli

1923 gründeten drei Schweizer Diakonissen, die dem Deutschen Gemeinschafts-Diakonieverband (DGD) angehörten, in Zürich einen „Schweizerischen Gemeinschaftsdiakonieverband". Der junge Verband erwarb 1924 das Hotel Wartburg in Mannebach TG. 1926 übernahm er das Kurhaus Ländli in Oberägeri (das schon 1909-1911 durch die deutsche Ärztin Minna Popken gebaut worden war). Als erste Leiterin stellte der DGD Schwester Wilhelmine Pohlmeier zur Verfügung. Sie stand der wachsenden Schwesternschaft ca. 30 Jahre lang vor. Nach Auflösung der Verbindung mit dem DGD (1951) wuchs das Ländli als selbständiges, freies Werk innerhalb der evangelischen Kirchen weiter. In den 50er Jahren erreichte die Schwesternschaft mit fast 260 Diakonissen ihren höchsten Stand. Heute haben Schwester Martha Häusermann, Schwester Ruth Knüssi und Edwin Stocker die Leitung.

Tätigkeit: Ziel des Diakonieverbandes ist die „missionarische Diakonie" gemäß dem Motto „Unser Dienst im Kleinsten und Geringsten soll das Mittel zum Zweck sein, Menschen für den Herrn zu gewinnen". Diese Zielsetzung leitet die Ausbildung der Schwestern und ihren Einsatz in Kinder- und Altersheimen, im Kurhaus sowie in der Schulungs- und Gemeindearbeit. Im Laufe der Zeit sind drei Gemeinden (Oberägeri, Zürich, Olten) entstanden. Weitere Gemeindegründungen gehören nicht zu den Zielen des Diakonieverbandes.

Wirkungsbereich: CH.

Einrichtungen: Kurhaus und Diakonissen-Mutterhaus (Oberägeri), Kinderheim (Herrliberg), Haus der Ruhe und Erholung (St. Legier), vier Altersheime (Aegerital, Basel, Zürich).

Publ.: Mitteilungsblatt „Unter dem Kreuz", Aufl. 4.700.

Innere Ausrichtung: Der Diakonieverband Ländli bejaht die Glaubensgrundlage der Evang. Allianz sowie die Lausanner-Verpflichtung von 1974. Schwestern und Mitarbeiter stammen aus den reformierten Landeskirchen, aus verschiedenen Freikirchen und Gemeinschaften. Die Diakonissen halten sich an eine „Lebensordnung". Andachten begleiten das Leben in den verschiedenen Häusern. In den Gemeinden werden auch Kindereinsegnung und Glaubenstaufe praktiziert.

Das Kurhaus Ländli und dessen Vorsteher beteiligten sich aktiv, zeitweise in leitender Funktion, an Veranstaltungen der Evang. Allianz. Sie unterhalten gute Kontakte zu den örtlichen Gemeinden. Zum Programm gehört auch ein umfassendes Kursangebot von BTS Schweiz (Biblisch-Therapeutische Seelsorge). Zu den Aktivitäten des Ökumenischen Rates der Kirchen besteht eine kritische Distanz.

Organisation und Finanzierung: Der Diakonieverband Ländli ist als Verein mit Schwesternkonferenz und Schwesternrat organisiert. Die praktische Führung des Werkes liegt in den Händen eines Leitungsteams (Oberin, Vizeoberin, Seelsorger). Das Werk umfaßt

z.Zt. 156 Diakonissen (z.T. im Ruhestand) und ca. 150 besoldete Mitarbeiterinnen und Mitarbeiter. Haupteinnah-
mequelle sind die Pensionskosten (Kurhaus, Altersheime) sowie in kleinerem
Rahmen Gaben aus dem Freundeskreis
(keine Mitgliederbeiträge).

Diakonieverband Ländli
CH-6315 Oberägeri
Tel. 041/7549940, Fax 041/7549955

Diguna

früher: „Kongoteam" als eigenständiger
Zweig bei „Wort des Lebens"

Gründer des Werks ist Victor Paul (in
Zaire geboren als Sohn eines Missionars), der schon in den 30er Jahren in
mobiler Evangelisationsarbeit im Einsatz war. Die Kirche von Zaire beauftragte ihn, das Werk des Vaters nach
dessen Tod fortzusetzen. Mit zwei weiteren technisch begabten Christen,
Wilfried Weber und Horst Kommerau,
startete er 1972 zum ersten Mal Richtung Afrika. Die Einsätze wurden zunächst im Rahmen des Missionswerks
„Wort des Lebens" durchgeführt. 1976
wurde die Arbeit nach Haiger verlegt,
1978 wurde „Diguna" („Die gute Nachricht für Afrika") als selbständiges Missionswerk gegründet, 1985 konnte ein
eigenes Gelände mit entsprechenden
Gebäuden erworben werden. Die Leitung des Werks liegt bei Horst Kommerau und Burkhard Glasow.

Tätigkeit: Ziel ist die Unterstützung der
einheimischen Kirchen und Missionen
in ihrer missionarischen Arbeit – speziell in entlegenen und bisher unerreichten Gebieten, die nur mit geländegängi-
gen Fahrzeugen zu erreichen sind.
Hierzu werden ausgesonderte Bundes-
wehrfahrzeuge in Deutschland gekauft
und in der Werkstatt in Haiger herge-
richtet. Die Missionsfahrzeuge werden
auf dem Seeweg in das Bestimmungs-
land gebracht.
Durch die Evangelisationsarbeit sollen
bestehende Gemeinden gestärkt und
neue Gemeinden gegründet werden.
Die Verkündigung wird durch Missionare und afrikanische Evangelisten
durchgeführt. „Diguna" stellt die technischen Mittel und übernimmt Organisation und Finanzierung. Dazu kommen Literatur- und Kassettendienst,
Schulung einheimischer Christen
(Evangelisten-Trompetenschule) und
eine Jüngerschule in Zusammenarbeit
mit „New Life" (Schweiz).
Wirkungsbereich: D, Kenia, Zaire, Tansania, Uganda.
Einrichtungen: Zentrum in Haiger, Missionsstationen in Kenia und Zaire.
Publ.: Rundbrief „Nachrichten-Infor-
mationen", seit 1972, ca. fünfmal jährl.,
Aufl. 5.500; „Gebetsinformationen",
seit 1984, monatl., Aufl. 900; Literatur;
Kassetten.
Innere Ausrichtung: Das Werk hat eine
eigene „Glaubensgrundlage" in neun
Punkten, die jeweils durch eine Bibel-
stelle belegt werden. Der Missionsbefehl Jesu wird als verbindlich für die Arbeit angesehen.

„Diguna" ist Mitglied in der „Arbeitsgemeinschaft Evangelikaler Missionen" (AEM) und erkennt damit die Basis der Evang. Allianz an. Zusammenarbeit besteht u. a. mit der „Deutschen Missionsgemeinschaft", der „Afrika-Inland-Mission", der „Afrika-Inland-Church" und mit „Operation Mobilisation".

Organisation und Finanzierung: Eingetragener Verein, anerkannte Gemeinnützigkeit; 15 Vereinsmitglieder, aus denen sich der Vorstand (vier Personen) bildet; sieben hauptamtliche Mitarbeiter für Verwaltung, Organisation, Schulung; Finanzierung ausschließlich durch Spenden.

Diguna Kongoteam e.V.
Am Lohgraben 5, D-35708 Haiger
Tel. 02773/6061, Fax 02773/71527

Donare Mission

früher: Mission Freunde unterwegs

Gründer und Leiter ist Volkmar Geiger (geb. 1946, ausgebildet im handwerklichen, kaufmännischen und missionarischen Beruf, Mitglied der Freien evang. Gemeinde). Vor der Gründung des Werkes war er vier Jahre im missionarischen Gemeinde- und Ausbildungsdienst auf den Philippinen tätig. 1978 wurde die „Mission Freunde unterwegs" gegründet, um die Arbeit auf den Philippinen zu unterstützen. Projekte in anderen Ländern kamen dazu. Inzwischen wurden die Einrichtungen auf

den Philippinen (Kindergärten und -heime) vollständig an einheimische Gemeinden übergeben. 1981 wurde der Name des Werks in „Donare Mission" umgeändert.

Tätigkeit: Das Werk arbeitet auf evangelistisch-missionarischem und auf humanitärem Gebiet. Zu den Aufgaben gehören Evangelisation und Gemeindebau, Ausbildung von Laienpredigern und Gemeindehelfern, Schulung von Ältesten und Kindergottesdiensthelfern, Beratung beim Gemeindebau. Zur Tätigkeit des Werks auf humanitärem Gebiet gehören z. B. Infrastrukturhilfen, ein Kinderheim in Nepal und ambulante Klinikarbeit in Südindien und Ghana.

Wirkungsbereich: D, Ghana, Indien, Nepal.

Publ.: „Fenster der Hoffnung", unregelmäßig, Aufl. 16.000

Innere Ausrichtung: Glaubensgrundlage ist die Basis der Evang. Allianz. Die Heilige Schrift gilt als verbindlich für Leben und Glauben. Das Gemeindeleben ist freikirchlich geprägt. Die Glaubenstaufe wird praktiziert, geistliche Gaben gefördert, Sonderlehren werden abgelehnt.

Organisation und Finanzierung: Eingetragener Verein mit anerkannter Gemeinnützigkeit; Leitung durch Vorstand und Mitgliederversammlung; keine bezahlten Mitarbeiter; Finanzierung zu 100% durch Spenden.

Donare Mission e.V.
Freudenthalstr. 8, D-87700 Memmingen
Tel. 08331/95610

Dorothea-Mission

1942 erhielt Hans von Staden (1905-1986), der als Sohn eines deutschen Auswanderers in Südafrika lebte, den Ruf zur Verkündigung des Evangeliums unter der schwarzen Bevölkerung und gründete die Dorothea-Mission (benannt nach seiner Mutter Dorothea = Geschenk Gottes). 1986 übernahm sein Sohn Paul von Staden, Professor an der Universität Johannesburg, die Leitung der Mission. 1993 wurde Rev. Eben Louw Missionsleiter.

Seit 1953 bemühte sich Schwester Dorothea Hesse, die die Dorothea-Mission bei einem Südafrika-Aufenthalt kennengelernt hatte, um einen Freundeskreis in der Bundesrepublik, zunächst in ihrer Freizeit, seit 1962 vollzeitlich.

Tätigkeit: Ziel ist, Menschen, die noch nicht mit dem Evangelium erreicht wurden, besonders unter der Stadtbevölkerung der Schwarzen im südlichen Afrika, die rettende Botschaft vom Heil in Jesus Christus zu bringen. Tätigkeitsbereiche sind u. a. eine Bibelschule, Freiversammlungen, Zeltversammlungen, Hausbesuche, Bibelstunden, Kinderarbeit, Fernunterricht für Bekehrte, Radioarbeit, christliche Zeitschriften, Druckerei. Die Neubekehrten sollen in schon bestehende christliche Gemeinden eingegliedert werden.

Wirkungsbereich: D, CH, Großbritannien, Südafrika, Namibia, Simbabwe, Sambia, Malawi, Mosambik.

Einrichtungen: Missionszentrum in Südafrika mit Bibelschule, Wohnhäusern für Studenten, Freizeitheim, Radiostu-dio, kleiner Druckerei; Missionsheim in Bad Endbach/Dernbach.

Publ.: Rundbrief (D), dreimal jährl., Aufl. ca. 2.500; Rundbrief (CH) viermal jährl., Aufl. 1.300; Bücher, Traktate, Kassetten.

Innere Ausrichtung: Das Werk versteht sich als überkonfessionelle Glaubensmission (Glaubensgrundlage der Evang. Allianz). Die Mitarbeiter sind in landeskirchliche Gemeinden eingebunden. Die Freunde des Freundeskreises kommen aus Kirchen, Freikirchen und Gemeinschaften.

Die Mission ist Mitglied in der „Arbeitsgemeinschaft Evangelikaler Missionen" (AEM) und unterhält engere Beziehung zur Bibelschule Adelshofen.

Organisation und Finanzierung: Eingetragener Verein, als gemeinnützig anerkannt; hauptamtlicher Geschäftsführer in Deutschland; Vertretung in der Schweiz durch Veronika und Willy Grimm-Grossen; im südlichen Afrika etwa 60 vollzeitliche Mitarbeiter, vier Mitarbeiter aus Deutschland, England und der Schweiz; Finanzierung allein durch Spenden.

Dorothea-Mission Südafrika e.V.
Dernbacher Str. 6
D-35080 Bad-Endbach
Tel. 02776/458

Dorothea-Mission
Zugerstr. 21, CH-8816 Hirzel
Tel. 01/7299520

Zentrale:
Dorothea-Mission
P.O. Box 911-024
Rosslyn 0200, Rep. Südafrika

Dünenhof WegGemeinschaft

1982 entstand die „WegGemeinschaft" aus einem Freundeskreis meist freievangelischer Christen. Es war ihr Ziel, eine christliche Lebens- und Dienstgemeinschaft zu gründen, die besonderen Wert auf ganzheitliche Nachfolge (Evangelisation und soziales Engagement) und auf einen verbindlichen Lebensstil legt. Seit 1986 betreibt die WegGemeinschaft direkt an der Nordseeküste den Dünenhof und nutzt ihre Tagungsstätte auch für eigene Veranstaltungen. Zur WegGemeinschaft gehören neun Erwachsene mit 15 Kindern, davon vier Familien, die unter einer lebenslangen Perspektive zusammengefunden haben. Die Mitglieder sind außerhalb des Vereins hauptberuflich beschäftigt, u.a. in der Redaktion der Zeitschriften „Family" und „Aufatmen".
Durch Seminare, Festivals und Freizeiten (ca. 15 Veranstaltungen jährlich) geschieht Ermutigung zum Christsein und zum verbindlichen Engagement in den jeweiligen Ortsgemeinden.
Grundlage in allen Glaubensfragen ist die Bibel. Die Arbeit geschieht auf der theologischen Basis der Evang. Allianz. Nähe besteht auch zur Lausanner Bewegung. Der Verein ist Mitglied im „Ring Missionarischer Jugendbewegungen" (RMJ). Engere Beziehungen bestehen zum „Christustreff" (Marburg), zur „Bibelschule Bethanien" (Solingen) und zum „Wörnersberger Anker".
Die WegGemeinschaft ist als gemeinnütziger Verein organisiert und finanziert sich vor allem durch Teilnehmerbeiträge, teilweise durch Spenden.

Dünenhof
In den Dünen 4
D-27474 Cuxhaven-Berensch

Euro Ruf Missionsgesellschaft

früher: Europäische Evangelistische Mission in Deutschland

Gründer der internationalen Mission ist der schottische Evangelist James Alexander Steward (1914-1975, in Presbyterianer- und Brüdergemeinden aufgewachsen, Bekehrung mit 14 Jahren, als junger Evangelist vom Norden Finnlands bis zum Süden Griechenlands missionarisch tätig). 1943 gründete er in Kanada, 1944 in Buffalo, USA, die „European Evangelistic Crusade, Inc.", die seit 1971 „Global Outreach Mission, Inc." heißt. 1948 wurden die ersten Missionarinnen nach Frankreich und Deutschland ausgesandt. 1961 wurde die Mission als GmbH in Deutschland gegründet. Gesellschafter ist „Global Outreach Mission". Von 1961 bis 1973 unterhielt sie ein Bibel- und Freizeitheim im Harz. 1977 wurde ein Gelände mit mehreren Gebäuden auf dem Hohen Knüll (Nordhessen) gepachtet und 1983 erworben. So entstand das „Euro Ruf Zentrum". Leiter des Zentrums ist Gerhard Meyer. In Österreich arbeiten einige Missionsgeschwister von „Global Outreach Mission".

Tätigkeit: Ziel der Arbeit ist Evangelisation (mit Ruf in die Christusnachfolge und Schulung zur Jüngerschaft) und Erweckung (Ruf zum Erwachen des schlafenden und formellen Christentums). Schwerpunkte sind Kinderarbeit (mit Lehrmittelherstellung) und Kindergarten sowie Evangelisationen durch Freiversammlungen oder in Verbindung mit Gemeinden.

Wirkungsbereich: D, „Global Outreach Mission" in über 25 Ländern.

Publ.: 14 Bände „Bibel Visuell" (Lehrmaterial), „In einem Jahr durch die Bibel" (Bibelleseplan), „Nicht zu bremsen" (Lebensgeschichte des Gründers).

Innere Ausrichtung: Fundamentalistische Glaubensgrundlage mit Betonung der göttlichen Inspiration der gesamten Heiligen Schrift, der jungfräulichen Geburt Jesu, seines Opfertodes und seiner leiblichen Auferstehung und Wiederkunft und der Verantwortung der Gläubigen für die Mission; Verbindung zu Freien evangelischen Gemeinden, Brüdergemeinden Wiedenester Prägung, bibeltreuen Baptistengemeinden, auch zu bibeltreuen landeskirchlichen Pfarrern; gute Kontakte zum „Janz Team", zur „Bibelschule Brake" und zum Missionswerk „Hoffnung für Dich"; Mitarbeit in der Evang. Allianz Nordhessens; Teilnahme an der AEM-Geschäftsführerkonferenz; sehr kritisch gegenüber der Ökumene; Mitglied bei „Interdenominational Foreign Mission Association" (IFMA, gegr. 1917, mit ähnlichen Grundsätzen wie die AEM).

Organisation und Finanzierung: Die gemeinnützige GmbH wird geleitet vom Gesellschafter über den Geschäftsführer. Die Finanzierung der Arbeit erfolgt durch Spenden. Jeder Mitarbeiter hat einen eigenen Freundeskreis, der ihn finanziell trägt.

Euro Ruf Missionsgesellschaft m.b.H.
Stephanstr. 56, D-34613 Schwalmstadt
Tel. 06691/21677

Internationale Organisation:
Global Outreach Mission, Inc.
P.O. Box 711
Buffalo, NY 14240, USA

Evangelikale Bewegung

Im 18. Jahrhundert bezeichnet der Begriff „evangelicals" diejenigen anglikanischen Geistlichen, die der Erweckungsbewegung in England nahestehen oder sie vertreten. Allgemein kann gesagt werden, daß Evangelikale eine erweckliche Strömung innerhalb des Prostestantismus repräsentieren, die transkonfessionell ausgerichtet ist.

Die Wurzeln der evangelikalen Bewegung liegen im Pietismus, Methodismus und der Erweckungsbewegung. Vorläufer hat sie in Bibel- und Mis-

sionsgesellschaften, in der Bewegung der Christlichen Vereine Junger Männer und Frauen, der Gemeinschaftsbewegung sowie der 1846 gegründeten Evangelischen Allianz. Bereits die geschichtliche Herkunft belegt, daß innerhalb der Bewegung ein breites Spektrum an Ausprägungen der Frömmigkeit erkennbar wird. Auf der einen Seite steht die Heiligungsbewegung, aus der die Pfingstfrömmigkeit erwuchs, auf der anderen Seite steht ein sozial aktiver Typus evangelikaler Frömmigkeit, der Beziehungen aufweist zum „Social-Gospel". Ähnlich weit ist das Spektrum, wenn die gegenwärtige evangelikale Bewegung in ihrer weltweiten Verbreitung und Verzweigung ins Blickfeld kommt. Sie hat in unterschiedlichen Kontinenten durchaus verschiedene Profile. In Europa geht es neben missionarischen und evangelistischen Aktivitäten u.a. auch darum, überschaubare Ergänzungen und Alternativen zu volkskirchlichen Einrichtungen zu entwickeln. In Südafrika und Südamerika setzen sich evangelikale Kreise kritisch mit ihrer eigenen Tradition auseinander und sind darum bemüht, Evangelisation und soziale Verantwortung in einen engen Zusammenhang zu bringen. Sowohl die Frömmigkeitskeitsformen wie auch die theologischen Akzente im Schriftverständnis, in den Zukunftserwartungen, im Verständnis von Kirche und Welt weisen kein einheitliches Bild auf (vgl. Einführung). Gleichwohl lassen sich gemeinsame Anliegen in Theologie und Frömmigkeit benennen:
– Für evangelikale Theologie und

Frömmigkeit charakteristisch ist die Betonung der Notwendigkeit persönlicher Glaubenserfahrung in Buße, Bekehrung/Wiedergeburt und Heiligung sowie die Suche nach Heils- und Glaubensgewißheit.
– Die Heilige Schrift gilt als höchste Autorität in allen Glaubens- und Lebensfragen. Entsprechend der theologischen Hochschätzung der Heiligen Schrift ist eine ausgeprägte Bibelfrömmigkeit kennzeichnend.
– Als Zentrum der Heiligen Schrift wird vor allem das Rettungswerk Gottes im Kreuz und in der Auferweckung Jesu Christi gesehen. Der zweite Glaubensartikel wird im theologischen Verständnis und der Frömmigkeit akzentuiert. Die Einzigartigkeit Jesu Christi wird pointiert hervorgehoben.
– Gebet und Zeugendienst stehen im Mittelpunkt der Frömmigkeitspraxis. Gemeinde bzw. Kirche werden vor allem vom Evangelisations- und Missionsauftrag her verstanden.
– Die Ethik wird vor allem aus den Ordnungen Gottes und der Erwartung des Reiches Gottes heraus entwickelt.
– Die Wiederkunft Christi wird aktiv erwartet (Proclaim Christ until he comes!).
Mit diesen Akzenten in Theologie und Frömmigkeit ist der personale Aspekt des Glaubens pointiert hervorgehoben, während der sakramentale in evangelikaler Frömmigkeit zurücktritt. Entsprechend gestaltet sich das Verhältnis zwischen evangelikaler Bewe-

gung und katholischer Kirche distan-
ziert, obgleich es zwei wichtige Dialog-
dokumente zwischen beiden gibt, die
die Nähe in Fragen der Ethik und die
Verschiedenheit in Fragen der Ekkle-
siologie verdeutlichen.
Kristallisationspunkt der Sammlung
der Evangelikalen im deutschsprachigen Raum ist die Evang. Allianz, die sich
zunehmend in Richtung einer evangelikalen Allianz entwickelt hat. Zentrale
Dokumente der Bewegung sind die Al-
lianz-Basis (in Deutschland/Österreich
und der Schweiz in unterschiedlichen
Fassungen), die Lausanner Verpflichtung von 1994, die durch das Manila-
Manifest (1989) bekräftigt und weitergeführt wurde (vgl. Anhang). Vor allem
mit der Lausanner Verpflichtung bekam
die weitverzweigte evangelikale Bewegung ein wichtiges theologisches Kon-
sensdokument, welches zeigt, daß sie
sich nicht primär aus einer antiökume-
nischen und antimodernistischen Perspektive bestimmen läßt, sondern in ihr
die großen ökumenischen Themen der
letzten Jahrzehnte aufgegriffen werden
(z.B. Verbindung von Evangelisation
und sozialer Verantwortung, Engagement der Laien, Mission und Kultur).
Im Unterschied zur ökumenischen Bewegung, in der Kirchen miteinander
Gemeinschaft suchen und gestalten,
steht hinter der evangelikalen Bewegung das Konzept einer evangelistisch-
missionarisch orientierten Gesinnungs-
ökumene, in der ekklesiologische Eigenheiten und Themen bewußt zurück-
gestellt und im evangelistisch-missionarischen Engagement und Zeugnis der

entscheidende Ansatzpunkt gegenwärtiger ökumenischer Verpflichtung gesehen wird.
Der „Aufbruch der Evangelikalen" im
deutschsprachigen Raum konkretisiert
sich in zahlreichen missionarischen Aktionen, Konferenzen, Gemeindetagen,
theologischer Forschung (die in den
letzten Jahren einen deutlichen Kom-
petenzgewinn verzeichnen kann), pu-
blizistischen Aktivitäten, die sich z.T. in
Parallelstrukturen zu etablierten kirchlichen Einrichtungen vollziehen. Das
Profil der evangelikalen Bewegung in
Deutschland ist vergleichsweise stark
durch das Gegenüber zur pluralen
Volkskirche bestimmt, durch Kritik an
kirchlichen Fehlentwicklungen, der
Abwehr „modernistischer Theologie"
und einer aus evangelikaler Sicht links-
lastigen Politisierung der Kirche.
Die Stärke und Herausforderung der
evangelikalen Bewegung besteht darin,
angesichts einer oft unverbindlichen
Christlichkeit die Notwendigkeit persönlicher Entscheidung und Verpflichtung hervorzuheben, auf Gestaltwerdung des gemeinschaftlichen christlichen Lebens zu drängen, Raum zu geben für den unmittelbaren Zugang jedes
Christen zur Bibel und den missionarischen Auftrag in den Mittelpunkt der
Glaubenspraxis zu stellen. Ihre Schwä-
che liegt in ihrer oft einseitigen Orientierung am zweiten Glaubensartikel bei
Vernachlässigung des ersten, in einer
z.T. verengenden Erfahrungsorientie-
rung (Wiedergeburt als konkret datier-
bares Erlebnis) mit strenger Unterscheidung zwischen Glaubenden und

Nichtglaubenden und der Tendenz der Konzentration auf die eigene Frömmigkeitsform, die zu wenig die Vielfalt und Unterschiedlichkeit von authentischen christlichen Lebens- und Frömmigkeitsformen wahrnimmt.

Lit.: F. Laubach, H. Stadelmann (Hrsg.), Was Evangelikale glauben. Die Glaubensbasis der Evangelischen Allianz erklärt, Wuppertal/Zürich 1989; E. Geldbach, Art.: Evangelikale Bewegung, in: EKL Bd.I, 1186-1191; F. Jung, Die deutsche Evangelikale Bewegung – Grundlinien ihrer Geschichte und Theologie, Frankfurt/M. 1992.

Evangelische Allianz, Deutsche Evangelische Allianz

Die weltweite Bewegung der Evang. Allianz konstituierte sich 1846 in London auf einer internationalen Konferenz. 921 Christen aus 12 Nationen und 52 Denominationen, Kirchen und Gruppen hatten sich dort eingefunden. Neben der Verabschiedung einer „Glaubensbasis" (vgl. Anhang) wurde die Einrichtung einer jährlichen Gebetswoche verabredet, Resolutionen zu einer aus dem christlichen Geist erwachsenen Öffentlichkeitsarbeit und vieles andere mehr.

Heute arbeiten in der „Weltweiten Evangelischen Allianz" (WEF) Allianzen aus 110 Ländern aus allen Kontinenten zusammen. Ständige Kommissionen für Theologie, Kommunikation, Mission, Frauenfragen, Jugendarbeit

etc. arbeiten über Ländergrenzen hinweg durch Tagungen, Austausch, Fortbildungsprogramme, Öffentlichkeitsarbeit etc. zusammen. Zielrichtung der WEF ist es, nationale Allianzen zu befähigen, ihren jeweiligen Völkern das Evangelium von Jesus Christus zu verkündigen, Gemeinde Jesu im gemeinsamen Dienst zu stärken und so bei der Gestaltung des Missionsauftrages mitzuhelfen.

Die „Europäische Evangelische Allianz" (EEA) hat zur Zeit 25 nationale Allianzen als Mitglieder. Mit jährlichen Ratstagungen, Begegnungstagungen, Treffen der hauptamtlichen Mitarbeiter usw. will sie das Anliegen der WEF in Europa verwirklichen. Sie unterhält eine ständige Vertretung bei der europäischen Kommission in Brüssel, einen Koordinator für Hilfsaktionen im Krisengebiet des ehemaligen Jugoslawiens und einen Koordinator für Jugendfragen.

Es ist das Anliegen der Evang. Allianz, die geistliche Einheit aller, die von Herzen an Jesus Christus glauben, über die Grenzen der unterschiedlichen Kirchen und Gemeinden hinweg bewußt zu machen und aufzurufen zu gemeinsamem Gebet und gemeinsamen evangelistischen, seelsorgerlichen und diakonischen Aufgaben. In den Allianzkreisen treffen sich Christen aus den verschiedenen Landeskirchen, Freikirchen, innerkirchlichen Gemeinschaften und freien Werken.

Die „Deutsche Evangelische Allianz" (DEA), die seit 1851 wirkt, versteht ihre

Angebote als Dienstleistungen für die Gemeinde Jesu in Deutschland. Sie hat nur ein Mindestmaß an Organisation und bildet keine eigenen Gemeinden. Die weltweite Allianzgebetswoche, jeweils am Anfang eines neuen Jahres, wird als das „Herzstück" der Evang. Allianz bezeichnet. In ca. 1.500 Orten in Deutschland treffen sich in dieser Woche über acht Tage verteilt ca. 450.000 Menschen zu Gebetsveranstaltungen. Das Programm wird jeweils von einer anderen nationalen Allianz vorgeschlagen, von der Deutschen Evangelischen Allianz dann für das eigene Land kontextualisiert und auf die deutschen Bedürfnisse zugeschnitten. Aus der Allianzgebetswoche erwächst derzeit eine Gebetsbewegung mit folgenden Schwerpunkten: Monatliche Gebetstreffen an den einzelnen Orten; tägliches Gebetsnetz mit Hilfe des sog. Lausanner Gebetskalenders; 30 Tage Gebet für die islamische Welt während des Fastenmonats Ramadan; spezielle Gebetstage am Sonntag Reminiscere, an Pfingsten und am Buß- und Bettag.

Weitere *Aktivitäten* der Deutschen Evangelischen Allianz sind u.a.: Allianzglaubenskonferenzen auf regionaler und örtlicher Ebene; Allianzevangelisationen, getragen von der Allianzgemeinschaft auf Orts- oder Gebietsebene; gemeinsame diakonische und soziale Dienstleistungen örtlicher Allianzkreise (z.B. Teestuben und Rehabilitationshäuser für Drogenabhängige, seelisch Kranke, Alkoholiker; Telefonseelsorge und Lebensberatung).

Die Deutsche Evangelische Allianz unterhält in Bad Blankenburg/Thüringen ein Allianzhaus (Konferenz-, Freizeit- und Tagungsstätte; Altenheim). Als regelmäßige Basisinformation gibt die Deutsche Evangelische Allianz von ihrer Geschäftsstelle in Stuttgart aus einen Rundbrief heraus („Evangelische Allianz Intern", viermal jährl.).

Deutsche Evangelische Allianz e.V.
Stitzenburgstr. 7, D-70182 Stuttgart
Tel. 0711/241010 oder 232232
Fax 0711/2364600

Europäische Evangelische Allianz
Stuart McAllister
Postfach 23, A-1037 Wien
Tel. 01/7149151, Fax 01/7138382

Werke der Deutschen Evangelischen Allianz

Analog zu ähnlichen Entwicklungen im Raum anderer nationaler Allianzen und der Weltweiten Evangelischen Allianz entstanden im Raum der Deutschen Evangelischen Allianz eine Reihe von selbständigen Werken der DEA, die organisatorisch mit dem Hauptvorstand der DEA zusammenarbeiten.

Arbeitsgemeinschaft Biblische Frauenarbeit (ABF)

Die ABF, der Frauen aus den Landeskirchen, aus Freikirchen, Gemeinschaften und freien Werken angehören, wurde 1987 durch einen Trägerkreis gegründet, um den sich ein Freundeskreis sam-

melte. Motto ist 1. Thess. 1,9: „...zu dienen dem lebendigen und wahren Gott".
Die Arbeitsgemeinschaft bietet an: biblische Wegweisung in den Auseinandersetzungen der Zeit, Seminare und
Tagungen, Hinweise auf Arbeitshilfen.

Arbeitsgemeinschaft
Biblische Frauenarbeit
Irene Gilbert-Loh
Bergstr. 22, D-35708 Haiger
Tel. 02773/82212

Arbeitsgemeinschaft Evangelikaler Missionen (AEM) – s. ebd.

Hindenburgstraße 36
D-70825 Korntal-Münchingen
Tel. 0711/8380830

Arbeitsgemeinschaft für Ausländer (AfA) – s. ebd.

Falkenstr. 4, D-57078 Siegen
Tel. 0271/8706036

Arbeitskreis für evangelikale Missiologie (AfeM)

Der AfeM will biblisch fundierte Mis-
sionslehre und Missionswissenschaft
sowie erweckliche Missionsarbeit fördern. Er will Verständnis und Verantwortung für die Weltmission wecken
und vertiefen.

Arbeitskreis für evangelikale Missiologie
Dr. Klaus W. Müller
Hindenburgstr. 36
D-70825 Korntal-Münchingen
Tel. 0711/83987131

Arbeitskreis für evangelikale Theologie (AfeT)

Der AfeT hat sich die Förderung
schriftgemäßer Theologie in Forschung und Lehre zum Ziel gesetzt.
Schwerpunkte: Theologische Studien-
konferenzen, Förderung des evangelikalen wissenschaftlich-theologischen
Nachwuchses durch Forschungsstipen-
dien und Druckkostenzuschüsse.

Arbeitsgemeinschaft
für evangelikale Theologie e.V.
Dr. Rolf Hille, Ludwig-Krapf-Str. 5
D-72072 Tübingen, Tel. 07071/700515

Christliche Fachkräfte International (CFI)

CFI (gegründet 1985) vermittelt christliche Fachkräfte (Ärzte, Krankenschwestern, Hebammen, Lehrer, Sozialarbei-
ter, Handwerker, Dozenten, landwirtschaftliche Berater) in die Dritte Welt.
Diese bilden dort einheimische Mitarbeiter aus. In enger Zusammenarbeit
mit den Gemeinden am Ort wollen sie
durch das Evangelium Mut zur Verän-
derung in den Notgebieten machen.
Das Werk wurde von der Bundesregierung als Entwicklungsdienst anerkannt.

Christliche Fachkräfte International e.V.
Wächterstr. 3, D-70182 Stuttgart
Tel. 0711/210660

Christliche Medien-Akademie (cma) – s. ebd.

Moritz-Hensoldt-Str. 20
D-35576 Wetzlar, Tel. 06441/94710

Christus für alle – Filmdienst (CFA)

Der Filmdienst gehört zu den ältesten Arbeitszweigen der DEA. Heute bietet er über 100 Filme und Videokassetten zum Verleih für Gemeinde-, Jugend- und Kinderarbeit sowie zum Kauf für persönliche Evangelisation an.

Christus für alle – Filmdienst
Bismarckstr. 4, D-73765 Neuhausen
Tel. 07158/177156

Evangeliums-Rundfunk (ERF) – s. ebd.

Berliner Ring 62, D-35576 Wetzlar
Tel. 06441/9570

Hilfe für Brüder

Das Werk arbeitet in über 100 Ländern eng mit evangelischen Kirchen und Werken zusammen, die nicht über ökumenische Kanäle mit Kirchen in Deutschland in Verbindung stehen. Es fördert Mission und Evangelisation, Jugend- und Studentenarbeit, diakonische und soziale Hilfen und den Bau lebendiger Gemeinden durch die Ausbildung einheimischer Mitarbeiter.

Hilfe für Brüder e.V.
Schickstr. 2, D-70182 Stuttgart
Tel. 0711/210210

Informationsdienst der Evangelischen Allianz (idea)

Der Pressedienst der Evang. Allianz ist Herausgeber des Wochenmagazins „idea-spektrum" (Aufl. 23.400), das einen aktuellen Überblick über neue Entwicklungen in der gesamten Christenheit bieten will. Ereignisse werden erläutert und kommentiert. Das Wochenmagazin veröffentlicht außerdem Berichte, Stellungnahmen und theologische Beiträge aus dem Bereich der Evang. Allianz.

Informationsdienst
der Evangelischen Allianz e.V.
Postfach 18 20, D-35528 Wetzlar
Tel. 06441/90140

Konferenz Evangelikaler Publizisten (kep) – s. ebd.

Moritz-Hensold-Str. 20
D-35576 Wetzlar
Tel. 06441/94710

Ring Missionarischer Jugendbewegungen (RMJ) – s. ebd.

Sehrtenbachstr. 11
D-57610 Altenkirchen
Tel. 02681/95270

Arbeitsgemeinschaft Soldatenseelsorge (ags) – s. ebd.

Fuchsberg 37, D-29313 Hambühren

Lausanner Bewegung – Deutscher Zweig – vgl. „Lausanner Komitee für Weltevangelisation"

Berliner Ring 62, D-35576 Wetzlar
Tel. 06441/957313

ProChrist – s. ebd.

Wilhelmshöher Allee 258
D-34131 Kassel, Tel. 0561/937790

Evangelische Allianz – Österreich

Die Österreichische Evangelische Allianz (ÖEA), die seit 1870 tätig ist, versteht sich als eine Plattform für die Christen der Kirchen, Freikirchen, Gemeinschaften und Werke für Gebet, Evangelisation und soziale Verantwortung. Sie arbeitet in den meisten Landeshauptstädten als örtliche oder regionale Allianz. 1975 gab sich die ÖEA eine neue Ordnung mit einer Ratsversammlung und einem Vorstand. Seit 1978 dient eine Geschäftsordnung der landesweiten Arbeit. 1988 wurde ein Verein gegründet, der als Grundlage der gegenwärtigen Arbeit dient und zu dem 360 Mitglieder zählen. Die jährliche Ratsversammlung mit 35 Mitgliedern, der ein Vorstand mit sechs Mitgliedern zugeordnet ist, bestimmt die Linie der zukünftigen Arbeit. 1994 wurden Komitees für die Arbeitsbereiche Gebet und Kommunikation, Evangelisation, Jugendarbeit, Schulung, Öffentlichkeitsarbeit, Ehe und Familie, Theologie und Soziales gegründet.
Die ÖEA versteht sich als eine Bewegung innerhalb der evangelikalen Gemeinden; sie gründet selbst keine Gemeinden. Sie hat das Ziel, alle evangelikalen Christen des Landes zum gemeinsamen Handeln zusammenzuführen

und zu repräsentieren. Sie fördert die Arbeit der Komitees und setzt bestimmte Schwerpunkte in der Arbeit. Dazu zählen z.b. die Weltgebetswoche im Januar, die Herausgabe der vierteljährlich erscheinenden Zeitschrift „Allianz-Spiegel", der jährlich im September stattfindende Allianz-Gemeindetag in Salzburg und der Nationale Tag des Gebetes am 26. Oktober (Nationalfeiertag). Die ÖEA fördert außerdem landesweite Evangelisationen (z.B. ProChrist) und erarbeitet Stellungnahmen zu ethischen und moralischen Fragen. Die ÖEA fördert des Ausbau lokaler und regionaler Allianzen, um die Christen vor Ort zum gemeinsamen Handeln zu vereinen. Sie ist Initiatorin des „Gesprächsforums", in dem sich Leitungspersönlichkeiten zum Gespräch und Gebet treffen. Die ÖEA verwendet sich in Verbindung mit der Europäischen Evangelischen Allianz und der „World Evangelical Fellowship" für unterdrückte Minderheiten.

Allgemein läßt sich im Blick auf die Situation in Österreich sagen, daß sich zahlreiche Gemeinden, Freikirchen und Werke dem evangelistischen und missionarischen Anliegen zugewandt haben.
In der Evangelischen Kirche arbeiten die örtlichen Gemeinden in ihren evangelistischen Bemühungen hauptsächlich mit dem „Amt für Evangelisation und Gemeindeaufbau" in der Evangelischen Kirche zusammen (Pfarrer Klaus Eickhoff, Mitterweg 4, A-4522 Sierning, Tel. 07259/28720).

Neben und mit den Kirchen und Freikirchen arbeiten mehrere Missionen
und Werke im Land, zum Teil im Rahmen der Evang. Allianz. Zu nennen sind
hier: Agape Österreich – überkonfessionelle Missions- und Schulungsbewe-
gung, Bibellesebund, Blaues Kreuz,
Christlicher Missionsverein Kärnten,
CVJM, Evangelium in jedes Haus,
Evangeliums-Rundfunk, Evangeliumsdienst, Fackelträger, Familie-Leben-
Mission, Internationaler Bibellehr-
dienst, ISODOS – Christliches Zent-
rum für Gesundheit und Lebensfragen,
Jugend mit einer Mission, Kinder-
Evangelisation-Bewegung, Operation
Mobilisation, Österreichische Studen-
tenmission – Christen an der Uni u.a.
Folgende ausländische Missionen und
Werke arbeiten in Österreich: Baptist
Mid Mission, Campus for Christ, Euro-
päische Christliche Mission, Evangeli-
scher Brüderverein, Gideons, Gospel
Missionary Union, Greater Europe
Mission, Hilfsaktion Märtyrerkirche,
Intervarsity Fellowship, International
Team, Janz Team, Kontaktmission, Lie-
benzeller Mission, Missionswerk Neues
Leben, Schwedische Allianz Mission,
Südliche Baptisten von Nordamerika,
Taschenbibelbund, TEAM-Mission,
Vereinigung Freier Missionsgemein-
den, World Missions Fellowship, Wyc-
liff-Bibelübersetzer u.a.
Missionarisch aktiv sind außerdem die
Freien Christengemeinden (Pfingstge-
meinden), die in einem Bund zusam-
mengeschlossen sind, und charismati-
sche Gemeinden wie z.B. Cornerstone
Gemeinde, His People, Ichthys Ge-

meinde, Licht der Welt, Missionswerk
Leben in Jesus Christus, Neutestamentliche Gemeinde, Rhema-Gemeinschaft,
Teen Challenge, Vineyard u.a., die selbständige Gemeinden sind. Ihnen zugeordnet sind „Fürbitte für Österreich"
(Gebetsbewegung) und „Marsch für Jesus".

Österreichische Evangelische Allianz
Fritz Börner (Vorsitzender)
Schumpeterstr. 9, A-4040 Linz
Tel./Fax 0732/248019

Evangelische Allianz – Schweiz

1847 entstand in Genf und Lausanne
die französischsprachige Evang. Allianz
in der Schweiz. 1871 begann in Bern die
erste deutschsprachige Sektion. 1875
konstituierte sich der schweizerische
Zweig der Evang. Allianz (SEA). In der
Reorganisation 1985 vereinigte sich die
Schweizerische Evangelische Allianz
mit dem Schweizer Zweig der Lausanner Bewegung und übernahm ihre Arbeitsgemeinschaften. 1992 erhielt die
SEA neue Statuten und bildete den Nationalverband mit drei sprachregiona-
len Verbänden (deutsch-, französisch-
und italienischsprachig). Heute besteht
die SEA aus über 90 Sektionen mit rund
600 lokalen Gemeinden, sowohl landeskirchlichen als auch freikirchlichen.
Pfingstliche und charismatische Gemeinden arbeiten in der SEA genauso
mit wie pietistische und täuferische. Im
weiteren haben 66 christliche Organisa-

tionen bzw. Werke den Ehrenkodex der SEA unerzeichnet.

Die SEA arbeitet auf der Glaubensbasis der Europäischen Evangelischen Allianz, der Lausanner Verpflichtung 1974 und dem Manila-Manifest 1989 (vgl. Anhang).

Die SEA fördert die Zusammenarbeit der evangelischen Christinnen und Christen in Freikirchen, Landeskirchen und christlichen Organisationen. Sie versteht sich als eine Bewegung innerhalb dieser Gefäße. Sie bildet Gesprächs- und Begegnungsforen, um Berührungsängste unter Christen abzubauen, Gemeinsames entdecken zu helfen, Synergien zu nutzen. Durch Information, Koordination und Kooperation setzt sich die SEA für ein besseres gemeinsames Unterwegssein der Evangelischen in der Schweiz ein. Die SEA fördert im weiteren die Kontur und die gesellschaftliche Relevanz der evangelischen Christen. Sie nimmt Stellung zu aktuellen Fragen und setzt sich in der öffentlichen Diskussion für christliche Werte ein.

Arbeitsgemeinschaften der Schweizerischen Evangelischen Allianz

Arbeitsgemeinschaft Frauen (AGF), Elfi Mösch, Nägelistr. 12, CH-5430 Wettingen, Tel. 056/4271679

Arbeitsgemeinschaft für Ausländermission (AfA), Peter Hausamann, Hirzenbachstr. 102, CH-8061 Zürich, Tel. 01/3216063

Arbeitsgemeinschaft für biblisch-erneuerte Theologie (AfbeT), Dr. Hansjörg Kägi, Baugartenweg 3, CH-5040 Schöftland, Tel. 062/7214628

Arbeitsgemeinschaft Medien (AGM), Fritz Herrli, Josefstr. 32, CH-8005 Zürich, Tel. 01/2730044

Arbeitsgemeinschaft Verteilschriften (AGV), Daniel Blaser, Schürstr. 8, CH-8488 Turbenthal, Tel. 052/3853100

Arbeitsgemeinschaft Diakonie (AGD), Pfarrer Tim Winkler, Obere Hardegg 15, CH-4600 Olten, Tel. 062/2964055

Arbeitsgemeinschaft Glaube und Behinderung (AGB), Ruth Bai-Pfeifer, Sandgrubenstr. 16, CH-8330 Pfäffikon, Tel. 01/9511458

Arbeitsgemeinschaft Kultur (culturea), Fritz Herrli, Josefstr. 32, CH-8005 Zürich, Tel. 01/2730044

Konferenz für Evangelisation (KFE), Pfarrer Urs Schmid, Letzistr. 14, CH-8006 Zürich, Tel. 01/3644919

Tear Fund Schweiz (TEAR), früher: Allianz-Hilfe Schweiz, Postfach 17, H-8247 Flurlingen, Tel. 052/6591491

In Umstrukturierung befinden sich: Arbeitsgemeinschaft Jugend (AGJ), Arbeitsgemeinschaft Gebet (AGG), Arbeitsgemeinschaft Evangelisation (AGE)

In Gründung befinden sich: Arbeitsgemeinschaft Religionsfreiheit (AGR), Arbeitsgemeinschaft Sozialethik (AGS)

Schweizerische Evangelische Allianz
Josefstr. 32, CH-8005 Zürich
Tel. 01/2730044, Fax 01/2730066

Evangelische Jugendarbeit Graubünden

1965 bildeten sich aus einem kleinen Freundeskreis in Igis-Landquart, Schiers und Chur die ersten Jugendstunden, deren Mitglieder sich bald an verschiedenen Orten im Prätigau zu Wochenenden und Lagern trafen. Ihr Anliegen war, mehr Jugendliche mit dem Evangelium zu erreichen. Als die Schar der Teilnehmer weiter wuchs, gründete Ruedi Schnell den Verein „Evangelische Jugendarbeit Graubünden". 1974 konnte in Seewis GR ein eigenes Jugendhaus eröffnet werden. In zwei weiteren Bauetappen (1980 und 1984) mit viel freiwilligem Einsatz Jugendlicher entstanden schließlich drei Häuser. Geschäftsführer und Leiter des Jugendhauses ist Ruedi Schnell.

Tätigkeit: Der Verein bezweckt die Verkündigung und Ausbreitung des Evangeliums, besonders unter der Jugend. Er sieht seine Hauptaufgabe in der Durchführung von preisgünstigen Lagern, Wochenenden, Seminaren und Kursen auf evangelischer Basis. Dazu kommen mündliche Verkündigung, Evangelisationen, Bibelstunden, Hausbibelkreise, Dorfmission, Besuchsarbeit, Kinder- und Jugendstunden sowie Literaturarbeit (Bücherbus) an verschiedenen Orten Graubündens.

Wirkungsbereich: CH, v.a. Kanton Graubünden; Gäste aus dem In- und Ausland.

Einrichtungen: Jugendhaus.

Publ.: Rundbrief „Jugendhaus Aktuell", ca. zweimonatl.

Innere Ausrichtung: Glaubensgrundlage ist die Bibel als Gottes unfehlbares Wort. Es gilt, die ganze Botschaft der Bibel als Wahrheit ernst zu nehmen. Jesus Christus ist die einzige Mitte. Die Glaubensbasis der Evang. Allianz und die Beteiligung an deren Veranstaltungen werden bejaht. Kontakte bestehen u.a. zu landeskirchlichen Gemeinden, zu Chrischona-Gemeinden, zu Freien Evangelischen Gemeinden und zur Heilsarmee. Eigene Gemeindegründungen sind nicht vorgesehen. Menschen, die zum Glauben finden, sollen nach Möglichkeit in eine der bestehenden Gemeinden eingegliedert werden. Das Jugendhaus hat Kontakt mit dem reformierten Ortspfarrer.

Organisation und Finanzierung: Die „Evangelische Jugendarbeit Graubünden" ist als Verein organisiert (gemäß ZGB Art. 60ff) mit Mitgliederversammlung, Vorstand und Geschäftsstelle. Im ganzen beschäftigt das Werk 18 vollzeitliche Mitarbeiter. Die Finanzierung geschieht durch die Pensionsbeiträge und durch freiwillige Beiträge aus dem etwa 4.500köpfigen Freundeskreis. Ein eventueller Gewinn kommt gemäß Statuten ganz dem Verein, dem Ausbau der Arbeit und sozialen Zwecken zugute.

Evangelische Jugendarbeit Graubünden
Jugendhaus, CH-7712 Seewis
Tel. 081/3251615, Fax 081/3253121

Evangelische Karmelmission

Das Missionswerk wurde 1904 durch J. Seitz (Teichwolframsdorf, Sachsen) gegründet. Es war ihm und verschiedenen Brüdern ein Anliegen, vom Berg Karmel in Palästina aus das Evangelium unter deutschen Siedlern und Juden zu verkündigen. Durch Missionar Heinrici öffnete Gott die Tür zur Arbeit besonders unter Muslimen. Zu Palästina kamen nach und nach folgende Länder dazu: Jordanien, Syrien, Libanon, Marokko, Sudan, Irak, Ägypten, Indien, Bangladesh, Indonesien, USA, Kenia, Nigeria, Ghana, Sierra Leone, Israel, Türkei, Nepal, Hongkong/China, Korea, Zentralasiatische Republiken. Die Evangelische Karmelmission hat einen Zweig in Österreich. In der Schweiz besteht ein eigenständiger Verein. Missionsleiter der Evang. Karmelmission in Deutschland ist seit 1974 Samuel Fehr (geb. 1933 in der Schweiz, nach Handelsschule und Sprachstudium ausgebildet am Predigerseminar St. Chrischona, Prediger und Stadtmissionar). Die Leitung des Schweizer Vereins hat Hermann Müller.
Tätigkeit: Ziel des Werks ist Mission unter Muslimen. Zur Tätigkeit gehören Schriften-, Radio- und Kassettenmission, eine Gemeindebibelschule im Fernbriefkurs-System, Mitarbeiterschulung, Islamseminare, Bibelseminare, Gemeindearbeit, Blindenarbeit (Besuchsdienst, Blindenhelferkurs für Sehende), die Herstellung der arabischen Braille-Bibel in Zusammenarbeit mit der Christoffel-Blindenmission (Bensheim), Briefseelsorge, Inserataktionen in Tageszeitungen und Katastrophen-Nothilfe. Menschen, die mit dem Evangelium erreicht werden, sollen möglichst in bestehende Gemeinden eingegliedert werden. Wo keine existieren, werden zunächst Hauskreise gebildet.
Im Heimatland besteht ein Vortrags- und Besuchsdienst für Gemeinden. Es werden Islamseminare, Missionsfreizeiten, Gebetstage und Missionsfeste durchgeführt.
Wirkungsbereich: D, Vorderer Orient, Afrika, Asien, USA.
Einrichtungen: Schriftenmission für die islamische Welt, Missionszentren im Libanon, in Indien, Jordanien, Kenia, Nigeria, Ghana, Bangladesh, Indonesien.
Publ.: „Mission in der Welt des Islam", zweimonatl., Aufl. 20.000; Gebetsbriefe, Aufl. 11.500; Bücher, Kassetten, Filme, Traktate (in arabisch, englisch, französisch, deutsch, türkisch, Urdu, chinesisch u.a.).
Innere Ausrichtung: Das Werk versteht sich auf dem Boden der Evang. Allianz und der Frankfurter Erklärung. Mit anderen Missionen vor Ort wird zusammengearbeitet.
Das Werk ist u.a. Mitglied im „Evangelischen Gnadauer Gemeinschaftsverband", in der „Arbeitsgemeinschaft Evangelikaler Missionen" (AEM), in

der „Württembergischen Arbeitsgemeinschaft für Weltmission" und in der „Arbeitsgemeinschaft für Ausländer" (AfA). *Organisation und Finanzierung:* Das Werk ist ein eingetragener Verein (gemeinnützig). Leitungsgremien sind die Mitgliederversammlung, der geschäftsführende Vorstand und die Hauskonferenz. 33 hauptamtliche Missionare und 240 einheimische Mitarbeiter (davon 30 ehrenamtlich) arbeiten für das Werk. Die Finanzierung erfolgt zu 93,35 % durch Spenden (Rest: 1,81 % kirchliche Gelder, 4,84 % Zuschüsse u.a.).

Evangelische Karmelmission e.V.
Silcherstr. 56, D-73614 Schorndorf
Tel. 07181/92210, Fax 07181/922111

Evangelische Karmelmission
Johannes Winklehner
A-9560 Feldkirchen

Evangelische Karmelmission
Heimstätte, CH-8487 Rämismühle

Mission évangélique du Carmel
Henri Riess
1, rue de Bischwihr
F-68280 Andolsheim

Evangelische Mission im Tschad (EMT)

Walter Utermann, geb. 1933, ließ sich 1959 als erster deutscher Missionar in den Tschad rufen. Aus der Unterstützung seiner Aufbauarbeit im Guera-Gebiet des Tschad ging der deutsche Zweig der Evangelischen Mission im Tschad hervor. Von Anfang an bestand eine enge Zusammenarbeit mit Missionaren aus Frankreich und der Schweiz. Nach vorübergehendem Stillstand der Missionsarbeit in den Bürgerkriegsjahren im Tschad (ca.1970-1980) erfolgte ein neuer Ruf der tschadischen Kirche. Diese hatte den Bürgerkrieg wunderbar überstanden, und es hatten sich eine Reihe neuer Gemeinden gebildet. In Europa arbeiten die verschiedenen Zweige der Tschadmission in Deutschland, der Schweiz und Frankreich sehr eng zusammen und beraten und entscheiden die Aufgabenstellungen mit der tschadischen Partnerkirche. Die Leitung haben in Deutschland Adolf Kuppler (1. Vorsitzender) und Alfred Weiss (Geschäftsführer), in der Schweiz Walter Utermann (Geschäftsführer) und Linus Käslin (Präsident). *Tätigkeit:* Aufgabe der Mission ist die Unterstützung der tschadischen evangelischen Kirche durch Mitarbeiter und finanzielle Mittel. In Zusammenarbeit mit der tschadischen Kirche leistet das Werk Bibelschularbeit in der Hauptstadt und in den Buschgebieten des Tschad sowie Verkündigungsdienst. Zur Tätigkeit gehören außerdem die Ausbildung und Unterstützung von Pfarrern, Krankenpflegern und Evangelisten sowie ärztliche Hilfe, Krankenpflegearbeit und Schularbeit. Bei einem jährlichen Missionsfest werden die Missionsfreunde über die Arbeit informiert. *Wirkungsbereich:* D, CH, Frankreich, Republik Tschad.

Publ.: Rundbrief, ca. vierteljährl.; Informationsschrift.

Innere Ausrichtung: Die EMT bekennt sich zur Glaubensgrundlage der Evang. Allianz. Im Glaubensbekenntnis der EMT heißt es: „Wir bekennen uns zur alleinigen Rettung durch den Glauben an Jesus Christus, den menschgewordenen, gekreuzigten und auferstandenen Gottessohn. Wir glauben an Jesus Christus, wie ihn die Heilige Schrift des Alten und Neuen Testaments bezeugt. Sie gilt in allen Fragen des Glaubens und des Dienstes als unsere Autorität. Wir bekennen uns zu Jesu Auftrag, die Völker der Erde mit Seiner Heilsbotschaft bekanntzumachen, bis er wiederkommt."

Der deutsche und der schweizerische Zweig sind jeweils Mitglied in der „Arbeitsgemeinschaft Evangelikaler Missionen" (AEM).

Organisation und Finanzierung: Die EMT ist ein eingetragener Verein mit Vorstand, Komitee (mehrere Sitzungen jährlich) und Mitgliederversammlung (einmal jährlich). Die Arbeit der Vereinsorgane erfolgt ehrenamtlich. Mitarbeiter und Mitarbeiterinnen im Tschad werden im Angestelltenverhältnis beschäftigt. Die Finanzierung erfolgt durch Spenden aus dem Freundeskreis.

Evangelische Mission im Tschad e.V.
Gartenstr. 25, D-71394 Kernen i.R.
Tel. 07151/44300

Evangelische Mission im Tschad
Grünweg 2, CH-2502 Biel
Tel. 032/929144

Evangelische Missionsgemeinschaft Salzburg

früher: Volksmission Salzburg

Durch die Tätigkeit des evangelischen Pfarrers Max Monsky kam die Gemeinschaftsbewegung, die in Deutschland ihren Höhepunkt in der zweiten Hälfte des 19. Jahrhunderts hatte, nach dem Ersten Weltkrieg auch nach Österreich. Zwischen 1920 und 1930 entstanden in verschiedenen Städten durch den Reisedienst etliche sog. Volksmissionsgruppen (vgl. Volksmission Wien).
In Salzburg wurde die Volksmission seit 1934 über 40 Jahre lang durch Schwester Lydia Haman geführt und geprägt und wuchs in dieser Zeit zu einem großen Missionswerk („Salzburger Missionshaus") mit verschiedenen Arbeitszweigen (Kinder- und Jugendarbeit, Gemeindearbeit, Freizeitarbeit, Führung eines Altenheimes, Ausbildung evang. Religionslehrer, „Salzburger Missionsschule" – 1947-1980). Aus dieser Arbeit heraus entwickelte sich die Evangelische Missionsgemeinschaft (1979-1981), die heute ein selbständiges Werk ist mit eigener Gemeindearbeit („Gemeinde Unterwegs"). Leiter ist seit 1980 Hanns Jörg Theuer (Absolvent der Missionsschule Salzburg, Prediger in der Volksmission bis 1979).

Tätigkeit: Die Evangelische Missionsgemeinschaft will allen Menschen, ohne Unterschied der Konfession, das Evangelium von Jesus Christus gemäß der Heiligen Schrift verkündigen, sie zur Buße, Bekehrung und dadurch in die

persönliche Lebensgemeinschaft mit Jesus Christus führen, sie im Glauben stärken und zum Zeugnis und Dienst anleiten.
Gemeindeaktivitäten sind Gottesdienste (am Sonntagabend), Bibelstunden, eine Seniorenrunde, Jugend- und Kinderstunden, Haus- und Gebetskreise, Chorstunden, Schulungen (z.B. Kurzseminare über ein Wochenende), Freizeiten, Gemeindefeste, Gemeindetage, diakonische Arbeit (z.B. Besuchsdienst, Betreuungsdienste bei Alten und Kranken). Durch Evangelisationsveranstaltungen, Filmabende, Verteilaktionen usw. sollen dem Evangelium Fernstehende erreicht werden. Menschen, die nicht in einer anderen Gruppe bereits eine geistliche Heimat haben, versucht man, in die Missionsgemeinschaft einzugliedern (z.B. über Hauskreise). Die Mitgliedschaft bedeutet aber nicht den Austritt aus der evang. Kirche.
Wirkungsbereich: A.
Einrichtungen: Gemeindesaal und Freizeitheim sind gemietet.
Publ.: Gemeinderundbrief, sechsmal jährl.
Innere Ausrichtung: Die Missionsgemeinschaft hat eine pietistische Prägung und ein nahes Verhältnis zur evang. Kirche. Wichtig ist das Gebet und die Orientierung am Wort Gottes sowie die Pflege der Gemeinschaft.
Die Missionsgemeinschaft bezieht sich auf die Basis der Evang. Allianz und arbeitet bei Allianzveranstaltungen mit. Kontakte bestehen zu Gemeinschaftskreisen und Volksmissionen in Österreich, zur Liebenzeller Mission, zur Bibelschule Adelshofen, zum Evangeliums-Rundfunk, zur Kinder-Evangelisations-Bewegung, zu den Wycliff-Bibelübersetzern, zum Bibellesebund u.a.
Die Missionsgemeinschaft ist mit dem „Evangelischen Gnadauer Gemeinschaftsverband" freundschaftlich verbunden.
Organisation und Finanzierung: Die Missionsgemeinschaft ist ein Verein im Rahmen der evang. Kirche. Sie wird durch einen Vorstand geleitet. Der Verein hat etwa 100 Mitglieder, etwa 300 weitere Personen zählen zum Freundeskreis. Die Finanzierung erfolgt durch Mitgliedsbeiträge und Spenden (je etwa 50%).

Evangelische Missionsgemeinschaft
Salzburg – Gemeinde Unterwegs
Johannes-Filzer-Str. 51
A-5020 Salzburg
Tel. 0662/621142

Evangelische Missionsschule Unterweissach

früher: Evang. Gemeinschaftsbrüderhaus Preußisch Bahnau (Ostpreußen)

Die Bahnauer Bruderschaft und ihre Schule gingen aus der ostdeutschen Erweckungsbewegung hervor. 1906 wurde von Pfarrer Carl Lange das Evangelische Gemeinschaftsbrüderhaus in Preußisch Bahnau als Ausbildungsstätte für Prediger des Ostpreußischen Gemeinschaftsbundes gegründet. 1948 erfolgte die Neugründung in Unterweissach durch die Pfarrer Max Fischer und Johannes Wieder. Von 1967 bis 1990 leitete Pfarrer Manfred Bittighofer die Missionsschule. Heutiger Leiter ist Pastor Günther Kreis.

Tätigkeit: Die Missionsschule bietet eine seminaristisch-theologische Ausbildung zum Verkündigungsdienst (ein Jahr Grundkurs, der mit einer Prüfung endet; drei Jahre Hauptkurs, der mit der Abschlußprüfung endet, dazwischen verschiedene Praktika). Nach einem Anerkennungsjahr erfolgt ein Kolloquium (als erste kirchliche Dienstprüfung anerkannt) und die Einsegnung/Ordination. Pro Jahrgang werden zehn Seminaristen aufgenommen. Berufsziele der Absolventen sind Gemeindediakon, Jugendreferent, Volksmissionar in Kirche und freien Werken, Prediger in landeskirchlichen-Gemeinschaften, Missionar (Pastor) in Mission und Übersee. Weitere Tätigkeitsbereiche der Missionsschule sind „Kirche unterwegs" und Ausländerseelsorge.

Die „Bahnauer Bruderschaft" ist die geistliche Heimat der ordinierten Brüder. Die Bruderschaft trifft sich zu verschiedenen Regionalkonferenzen und alljährlich zum Jahresfest und zu einer mehrtägigen Konferenz in Unterweissach.

Wirkungsbereich: D, CH, A, Übersee.

Einrichtungen: Evang. Missionsschule.

Publ.: „Freundesbrief", seit 1960, dreimal jährl., Aufl. 6.000; „Im Blickpunkt" (Informationsbroschüre über die Evang. Missionsschule), „...auf einen Blick" (Informationsblatt zur Ausbildung).

Innere Ausrichtung: Als Grundlage gelten die Heilige Schrift, die reformatorischen Bekenntnisse und die Theologische Erklärung von Barmen 1934, worauf die Brüder bei ihrer Ordination verpflichtet werden.

Die „Bahnauer Bruderschaft" versteht sich als eine innerkirchliche Dienstgemeinschaft. Sie ist Mitglied im „Evangelischen Gnadauer Gemeinschaftsverband", in der „Arbeitsgemeinschaft Missionarische Dienste" (AMD), in der „Konferenz Missionarischer Ausbildungsstätten" (KMA) und im Diakonischen Werk der evang. Kirche in Württemberg. Sie arbeitet bei Allianzveranstaltungen mit.

Organisation und Finanzierung: Die Missionsschule ist als GmbH organisiert (fünf Gesellschafter). An der Verantwortung beteiligen sich außerdem sechs Brüder aus der Bruderschaft, die für jeweils sechs Jahre gewählt werden (Vorstand). Fünf hauptamtliche und acht nebenamtliche Lehrer arbeiten an der Missionsschule. Die ehemaligen Schüler gehören nach der Ordination zur Bruderschaft. Der Freundeskreis hat Mitglieder aus Deutschland, der Schweiz und Österreich. Die Finanzierung geschieht durch Spenden aus der Bruderschaft und dem Freundeskreis.

Evangelische Missionsschule der Bahnauer Bruderschaft Unterweissach GmbH
Im Wiesental 1
D-71554 Weissach im Tal
Tel. 07191/5505, Fax 07191/58268

Evangelischer Ausländerdienst (EAS)

Der EAS entstand 1960 nach einer Gastarbeiter-Evangelisation in Solingen (Evang. Ausländerdienst Solingen – EAS). Gründer ist Adolf B. Welter. Seit 1977 befindet sich die Geschäftsstelle in Dortmund. Die Leitung haben Alfred Wiedenroth (Geschäftsführer, Haiger) und Ulrich Freerksema (Geschäftsführer, Dortmund).

Tätigkeit: Der Evangelische Ausländerdienst betrachtet die missionarische und diakonische Betreuung von fremdsprachigen Mitbürgern als seine Aufgabe. Zu seiner Tätigkeit gehören die Verteilung von Bibeln, Bibelteilen, Traktaten, Kalendern und christlicher Literatur in mehr als 100 Sprachen, außerdem ein Ton- und Lichtbilddienst (Kassetten und Videos, Kassetten-Schnellproduktion bei Evangelisationen und Konferenzen). Drei umfassende Simultan-Dolmetsch-Anlagen werden in Deutschland und angrenzenden Ländern bei Evangelisationen, Konferenzen und Tagungen eingesetzt. Zur Tätigkeit gehört außerdem die „Koreamission in Deutschland".

Wirkungsbereich: D und europäische Länder.

Publ.: Mitteilungsheft „Berichte – Gebetsanliegen", „Freundesbrief", Kalender, Schriften, Kassetten in vielen Sprachen.

Innere Ausrichtung: Glaubensgrundlage ist die Basis der Evang. Allianz. Der EAS ist Mitglied in der „Arbeitsgemeinschaft für Ausländer" (AfA). Er hat enge Verbindung zu Missionswerken, u.a. zur „Mission für Süd-Ost-Europa", zum „Orientdienst" und zum „Evangeliums-Rundfunk". Gute Zusammenarbeit besteht mit den Landeskirchen und Freikirchen.

Organisation und Finanzierung: Eingetragener Verein mit Vorstand; 14 Angestellte, ca. zehn freie Mitarbeiter, Freundeskreis ca. 11.000; Finanzierung durch Spenden.

Evangelischer Ausländerdienst e.V.
Ehmsenstr. 36, D-44269 Dortmund
Postfach 30 02 64, D-44232 Dortmund
Tel. 0231/48923, Fax 0231/488762

Evangelischer Gnadauer Gemeinschaftsverband

früher: Deutscher Verband für Gemeinschaftspflege und Evangelisation; Gnadauer Verband für Gemeinschaftspflege und Evangelisation (in Westdeutschland)

Der „Evangelische Gnadauer Gemeinschaftsverband" ist die Dachorganisation der Gemeinschaftsverbände und der mit ihnen verbundenen Werke und Missionsarbeiten. Prägende Persönlichkeiten in den ersten Jahren waren u.a. Elias Schrenk, Theodor Christlieb, Jaspar von Oertzen, Christian Dietrich und Walter Alfred Siebel. Der Gnadauer Verband geht zurück auf ein Treffen der führenden Männer der Erweckungsbewegung innerhalb der evangelischen Landeskirchen im Jahre 1888 in Gnadau bei Magdeburg. 1897 wurde aus der seit 1888 alle zwei Jahre stattfindenden Konferenz heraus der „Deutsche Verband für Gemeinschaftspflege und Evangelisation" gegründet. Nach dem Zweiten Weltkrieg hieß der Verband im Westen „Gnadauer Verband für Gemeinschaftspflege und Evangelisation". 1991 erfolgte die Vereinigung von Gnadau-Ost und Gnadau-West unter dem Namen „Evangelischer Gnadauer Gemeinschaftsverband". ·

Der Gnadauer Verband steht auf dem Boden der Heiligen Schrift und der reformatorischen Bekenntnisse. Er weiß sich dem Erbe des Pietismus verpflichtet, das mit den Namen Ph. J. Spener, A.H. Francke, N. L. Graf von Zinzendorf, J. A. Bengel, G. Tersteegen u.a. verbunden ist. Die Erweckungsbewegungen um die Jahrhundertwende sind eine weitere Wurzel der heutigen Gemeinschaftsbewegung. Für das Verhältnis des Gnadauer Verbandes zu den evangelischen Landeskirchen gilt: „In der Kirche, mit der Kirche, aber nicht unter der Kirche" (Th. Christlieb).

Lebensäußerungen: Volksmission und Evangelisation in den verschiedenartigsten Formen; Sammlung von Christen in „Landeskirchlichen Gemeinschaften" mit Gemeinschafts- und Bibelstunden, Bibelgesprächskreisen und Gebetsstunden; Zürüstung zum Dienst; Arbeit unter Kindern und Jugendlichen; Diakonie und äußere Mission; Konferenzen und Tagungen für haupt- und ehrenamtliche Mitarbeiterinnen und Mitarbeiter; Regional- und Verbandstagungen, Freizeiten; Herausgabe von Zeitschriften und Arbeitsmaterialien.

Vorsitzender des Gnadauer Verbandes ist Präses Pfarrer Christoph Morgner.

Gemeinschaftsverbände, die dem Gnadauer Verband angehören: Altpietistischer Gemeinschaftsverband (gegründet 1857), Berliner Stadtmission (1877), Chrischona Gemeinschaftswerk (1875), Christlicher Missionsverein für Österreich (1893), Elbingeröder Gemeinschaftsverband (1899), Evangelische Gesellschaft für Deutschland (1848), Evangelischer Gemeinschaftsverband Herborn (1863), Evangelischer Gemeinschaftsverband Nord-Süd (1946), Evangelischer Gemeinschaftsverband Siegerland und Nachbargebiete (1852), Gemeinschafts-Diakonie-Verband Berlin (1926), Gemeinschaftsverband Linker Niederrhein (1908), Gemeinschaftsverband Sachsen-Anhalt (1884), Gemeinschaftswerk Berlin-Brandenburg (1950), Gnadauer Arbeitskreis Hamburg (1946), Hannoverscher Verband Landeskirchlicher Gemeinschaften (1906), Hensoltshöher Gemeinschaftsverband (1921), Hessen-Nassauischer Gemeinschaftsverband (1896/97), Hessischer Gemeinschaftsverband (1928), Landeskirchlicher Gemeinschaftsverband in Bayern (um 1880), Landeskirchlicher Gemeinschaftsverband Vorpommern (1878), Landesverband Landeskirchlicher Gemeinschaften Sachsen (1899), Liebenzeller Gemeinschaftsverband (1933), Lippischer Gemeinschaftsverband (1924), Mecklenburgischer Gemeinschaftsverband (1956), Nederlandse Christelijke Gemeenschapsbond (1922), Ohofer Gemeinschaftsverband (1925), Ostfriesischer Verband Landeskirchlicher Gemeinschaften (1921), Pfälzischer evangelischer Verein für Innere Mission (1875), Scharnsteiner Bibelkreis (1959), Stadtmissionsverband Frankfurt am Main (1917), Starkenburger Gemeinschaftsverband (1923), Süddeutscher Gemeinschaftsverband (1910), Südwestdeutscher Gemeinschaftsverband (1926), Thüringer Gemeinschaftsbund (1905), Verband der Gemeinschaften in der Landeskirche in Schleswig-Holstein (1857), Westdeutscher Gemeinschaftsverband (1925), Westfälischer Gemeinschaftsverband (1890), Württembergischer Brüderbund (1900).

Ausbildungsstätten, die dem Gnadauer Verband angehören: Bibelschule des Diakonissen-Mutterhauses Aidlingen (1927); Bibelseminar Wuppertal (1960); Bibelschule für Frauen des Diakonissenmutterhauses Puschendorf (1974); Evangelische Missionsschule der Bahnauer Bruderschaft, Unterweissach (1948); Evangelistenschule Johanneum, Wuppertal (1886); Gnadauer Bibelschule Falkenberg (1959); Marburger Bibelseminar (1971); Seminar der Liebenzeller Mission (1899); Seminar und Bibelschule der Pilgermission St. Chrischona, Bettingen/Basel (1940); Seminar für Innere und Äußere Mission – Brüderhaus Tabor, Marburg (1909); Seminar für Missionarisch-Diakonische Gemeinschaftsarbeit, Aue (1989).

Äußere Missionen, die dem Gnadauer Ver- *band angehören:* Chrischona Mission, Lörrach (1840); Evangelische Karmelmission, Schorndorf (1904); Gnadauer Brasilien-Mission, Stuttgart (1926); Liebenzeller Mission (1899); Marburger Mission (1909); Mission für Süd-Ost-Europa, Siegen (1903); Neukirchener Mission, Neukirchen-Vluyn (1882).

Diakonissenmutterhäuser, die dem Gnadauer Verband angehören: Diakonissenmutterhaus Aidlingen (1927); Diakonissenmutterhaus St. Chrischona, Bettingen/Basel (1925); Kinderheil, Bad Harzburg (1851); Diakonissenmutterhaus Lobetal, Lübtheen (1928); Diakonissenmutterhaus Puschendorf (1926); Diakonissenmutterhaus Salem-Lichtenrade, Bad Gandersheim (1906); Diakonissenmutterhaus St. Michael, Berlin (1914); Sächsisches Gemeinschaftsdiakonissenhaus Zion, Aue (1919); Schwesternschaft der Liebenzeller Mission (1899); Deutscher Gemeinschafts-Diakonieverband, Marburg (1899); Diakonissenmutterhaus Altvandsburg, Lemförde (1899); Zendings-Diaconessenhuis, Amerongen/Holland (1935); Diakonissenmutterhaus Bleibergquelle, Velbert (1945); Diakonissenmutterhaus Hebron, Marburg (1908); Gemeinschafts- Diakonissenmutterhaus Hensoltshöhe, Gunzenhausen (1909); Diakonissenmutterhaus Lachen, Neustadt/Weinstraße (1932); Diakonissenmutterhaus Neuvandsburg, Elbingerode (1920).

Werke mit besonderer Aufgabenstellung, die dem Gnadauer Verband angehören: Bibelkreis christlicher Bäcker und Konditoren, Schneeberg (1888); Blaues Kreuz in Deutschland, Wuppertal (1877); Bruderkreis Burgambach (1940); Christliche Vereinigung Deutscher Eisenbahner – Eisenbahnermission, Ostbereich (1900); Deutsche Zeltmission, Siegen (1902); Deutscher Jugendverband „Entschieden für Christus" – EC, Kassel (1903); Evangelischer Sängerbund, Wuppertal (1898); Gnadauer Posaunenbund (1934); Reichgottesarbeiter-Vereinigung (1903); Taschenbibelbund, Bad Harzburg (1890).

*Evangelischer Gnadauer
Gemeinschaftsverband e.V.
Bismarckstr. 12, D-35683 Dillenburg
Tel. 02771/34086, Fax 02771/35943*

Evangelischer Missionsdienst „Die Wegbereiter"

Gründer und Leiter ist Heinrich Ostrowski (geb. 1933 in Ostpreußen; nach dem Krieg im Ruhrgebiet; 1949 bei einer Evangelisation von Pastor Hans Bruns zum lebendigen Glauben an Jesus gekommen; Mitarbeit in der Kirchengemeinde, dann Zeltmeister und „Kinderonkel" bei „Jugend für Christus"; dazwischen Absolvierung der „Bibelschule Bergstraße"; von dort aus ein Jahr Gemeindearbeit in Darmstadt). Die Arbeit des Evangelischen Missionsdienstes „Die Wegbereiter" begann er 1959 in Höchst/Odenwald zuammen mit Peter Friedrich. Ziel war, in Orten zu arbeiten, in denen noch keine oder wenige Evangelisationen gehalten wurden (v.a. in Dörfern und Randgebieten der Großstädte). 1966 wurde der Missionsdienst als Verein gegründet und ein Evangeliumswagen eingeweiht. 1970 folgte der Bau eines Missionshauses in Kirchhellen (Bottrop). Da dort eine Erweiterung des Werkes nicht möglich war, wurde 1978 ein Anwesen mit einem geeigneten Haus in Flehingen zwischen Karlsruhe und Heilbronn erworben, dem zwei Anbauten zugefügt wurden.

Tätigkeit: Evangelisation, Kinder- und Jugendmission, Seelsorge, Freizeiten, Tagungen, Schriftenmission (Traktatverteiler als Schriftenmissionare in ganz Deutschland und in anderen Ländern), Druck der Traktate, Fertigung der Broschüren und des Freundesbriefs in eigener Druckerei.
Wirkungsbereich: D, GUS, Paraguay u.a.
Einrichtungen: Missionszentrum in Flehingen mit Druckerei.
Publ.: „Freundes- und Gebetsbrief" (Zeitschrift), monatl., Aufl. 10.000; über 100 verschiedene Traktate und Broschüren.
Innere Ausrichtung: Der Missionsdienst „arbeitet innerhalb der Linie der Glaubensväter von Kirche und Mission, steht auf dem Boden der Evang. Allianz und bekennt sich damit: a) zur Inspiration der ganzen Heiligen Schrift als der alleinigen Grundlage des Glaubens und Lebens, b) zu der völligen Verlorenheit und ewigen Verdammnis des unter der Sünde stehenden menschlichen Geschlechts, c) zu dem Heilsratschluß Gottes zur Rettung der Menschen durch das einmalige, vollkommene Er-

lösungswerk Jesu Christi, des gekreuzigten, auferstandenen und wiederkommenden Herrn, d) zu dem Bau der Gemeinde Jesu und dem schmalen Weg der persönlichen Buße, Bekehrung und Wiedergeburt, e) damit zu einem geistgewirkten Leben der Heiligung in der Nachfolge Christi zu Ehren des Namen Jesu" (Satzung).

Der Missionsdienst hat kein offizielles Verhältnis zur Evang. Allianz, doch Verbindung mit vielen Allianzkreisen. Besondere Verbindungen bestehen zu vielen Rußlanddeutschen-Gemeinden, zu Rumäniendeutschen, evangelischen Missionsgemeinden u.a.

Organisation und Finanzierung: Eingetragener Verein mit Vorstand und Bruderrat; sieben feste Mitarbeiter, viele freiwillige Mitarbeiter; Freundeskreis ca. 7.500 Personen; Finanzierung durch Spenden.

Evangelischer Missionsdienst
„Die Wegbereiter" e.V.
Kürnbacher Str. 25
D-75038 Oberderdingen
Tel. 07258/7464

Evangelisches Gemeinschaftswerk (EGW)

bis 1996: „Evangelische Gesellschaft des Kantons Bern" und „Verband Landeskirchlicher Gemeinschaften des Kantons Bern".

In den 20er und 30er Jahren des 19. Jahrhunderts waren verschiedene Kirchen der Schweiz durch einen Vernunftglauben beeinflußt, der das Christusbekenntnis zurückstellte. Um dieser Entwicklung entgegenzuwirken, gründete ein Kreis von Männern und Frauen, deren Frömmigkeit von den Nachwirkungen des Genfer Réveil und vom Wirken der Herrnhuter Brüdergemeine mitgeprägt war, 1831 die „Evangelische Gesellschaft des Kantons Bern" (EGB).

Die EGB verstand sich, was sich bis heute nicht geändert hat, als „Vereinigung der Gläubigen, besonders im Schoße unserer evangelisch-reformierten Landeskirche", zur „Aufrechterhaltung der reinen Lehre des Evangeliums" und zur Ausbreitung des Reiches Gottes im allgemeinen. Sie gab sich eigene Gemeindestrukturen und richtete eigene Gottesdienste ein. Das Verhältnis zur Landeskirche des Kantons Bern durchschritt im Laufe der Jahre verschiedene Stadien und ist heute freundlich.

Seit 1996 ist die EGB mit dem „Verband Landeskirchlicher Gemeinschaften des Kantons Bern" (VLKG) zum „Evangelischen Gemeinschaftswerk" (EGW) zusammengeschlossen. Präsident ist Paul Graber.

Tätigkeit: Evangeliumsverkündigung in ca. 150 Versammlungen, Gestaltung des Gemeindelebens, Evangelisation auf verschiedenen Wegen (insgesamt jährlich etwa 6.500 Veranstaltungen); Zurüstung von Laienmitarbeitern zum vielfältigen Dienst innerhalb und außerhalb der Gemeinde, Mitternachtsmission, Beteiligung an der Telefonseelsorge, verschiedene Häuser mit sozialer

Zweckbestimmung, Buchhandlungen mit evangelischem Schrifttum.
Wirkungsbereich: CH (Kanton Bern und umliegende Kantone).
Einrichtungen: Versammlungshäuser, diakonische Werke, drei evangelische Buchhandlungen, vier Ferienheime, Evang. Tagungs- und Kurszentrum Schloß Hünigen (in Konolfingen), Evang. Töchterheim „Sunneschyn" in Wiedlisbach, Berchtold-Haller Verlag in Bern.
Publ.: „Wort und Werk", monatl., Aufl. 7.000; „fänschter", vierteljährl., Aufl. 5.000.
Innere Ausrichtung: Das EGW hat die wesentlichen Aussagen des Glaubens in zehn Punkten zusammengefaßt, die nicht in erster Linie als Abgrenzung gegenüber anderen Christen verstanden werden sollen, sondern als Hilfe zum Gespräch. (Grundlage des Glaubens ist die Offenbarung Gottes, die in der Bibel – Altes und Neues Testament – überliefert ist. Ihre Mitte ist Jesus Christus. Die biblischen Schreiber sind bei ihrem Werk vom Geist Gottes geleitet worden. Gott ist in Jesus Christus zu den Menschen gekommen. Jesus starb am Kreuz. Durch sein Opfer befreit er von aller Schuld. Er führt durch seine Auferstehung alle, die ihm vertrauen, zur ewigen Gemeinschaft mit Gott. Er ist der einzige Weg zu Gott. Der Auferstandene begleitet und leitet seine Kirche durch seinen Heiligen Geist, und er wird als Herr zurückkommen zum Gericht und zur Aufrichtung eines neuen Himmels und einer neuen Erde.) Beziehungen bestehen zur „Pilgermis-

sion St. Chrischona" und zur „Evangelischen Missionsschule Unterweissach" sowie zum „Theologisch-Diakonischen Seminar Aarau" und zum „Institut für Gemeindebau und Weltmission". Das EGW beteiligt sich an der „Arbeitsgemeinschaft christlicher Kirchen des Kantons Bern" und über die Landeskirche auch an ökumenischen Bestrebungen. Das Werk unterstützt die „Überseeische Missionsgesellschaft".
Organisation und Finanzierung: Das EGW ist als gemeinnütziger Verein mit Delegiertenversammlung (120 Stimmen) und Leitung (15 Stimmen) organisiert. Den 37 Bezirken steht je ein Bezirksrat vor. Die Finanzierung erfolgt durch Spenden der etwa 4.000 Mitglieder und eines etwa gleich großen Freundeskreises. Für besondere Aufgaben, besonders Bauvorhaben, leistet die Landeskirche des Kantons Bern von Fall zu Fall einen Beitrag.

Evangelisches Gemeinschaftswerk
Nägligasse 9, Postfach 4 45
CH-3000 Bern 7
Tel. 031/3116457

Evangelisches Missionswerk in Deutschland (EMW)

Das „Evangelische Missionswerk im Bereich der Bundesrepublik Deutschland und Berlin West" schloß sich 1991 mit der „Arbeitsgemeinschaft Evangelischer Missionen in der DDR" zum gesamtdeutschen „Evangelischen Missionswerk in Deutschland" zusammen. Das 1975 entstandene Evangelische Missionswerk hatte die 1963 gegründete „Evangelische Arbeitsgemeinschaft für Weltmission" abgelöst, die eine Partnerschaft zwischen dem „Deutschen Evangelischen Missions-Tag" (Zusammenschluß von freien Missionsgesellschaften, Missionsabteilungen von Freikirchen, einzelnen Landeskirchen und Hilfsaktionen) einerseits und der „Evangelischen Kirche in Deutschland" (EKD) andererseits darstellte. Die Gründung des EMW bedeutete einen weiteren Schritt im Prozeß der Integration von Kirche und Mission in der Bundesrepublik. Das EMW nimmt außerdem Aufgaben des 1976 aufgelösten „Deutschen Evangelischen Missions-Tages" (DEMT) wahr.

Die „Arbeitsgemeinschaft Evangelischer Missionen in der DDR" wurde 1964 gegründet, um die Gemeinschaft bei der Wahrnehmung des missionarischen Auftrages innerhalb des ostdeutschen Protestantismus zu vertiefen und zu stärken.

Im EMW sind EKD, Freikirchen, regionale Missionszentren (gemeinsames Organ der jeweils in der Region beheimateten Landeskirchen und früheren Missionsgesellschaften) und überregional tätige Missionswerke und Verbände unmittelbar als Mitglieder vertreten. Das EMW ist offen für eine Zusammenarbeit mit Missionsgesellschaften und missionarisch tätigen Gruppen, auch wenn diese nicht seine Mitglieder sind. Die Art und Weise der Zusammenarbeit oder Mitarbeit kann in bei-

derseits kündbaren Vereinbarungen geregelt werden.

Während unmittelbare missionarische Aktivitäten von den Mitgliedern wahrgenommen werden, ist das EMW als Dachorganisation mehr für diejenigen Arbeitsgebiete zuständig, die über den Bereich der einzelnen Mitglieder hinausgehen oder die der gemeinsamen Wahrnehmung bedürfen. Dazu gehören z.B. Aufgaben der ärztlichen Mission, Weltbibelhilfe, christliche Literatur- und Medienarbeit in Übersee, gesellschaftsbezogene Dienste von Kirchen und kirchlichen Gruppen in Übersee, entwicklungsförderndes Handeln, zwischenkirchliche Hilfe, Kontakte zu kontinentalen und nationalen kirchlichen Zusammenschlüssen und missionarische Öffentlichkeitsarbeit.

Das EMW ist Mitglied der „Arbeitsgemeinschaft Kirchlicher Entwicklungsdienst" und der Kommission „Mission und Evangelisation" des Ökumenischen Rates der Kirchen.

Mitglieder: Arbeitsgemeinschaft Mennonitischer Gemeinden in Deutschland (Möckmühl), Arbeitsgemeinschaft Missionarische Dienste (Berlin), Ausbildungshilfe für junge Christen in Asien und Afrika (Kassel), Berliner Missionswerk, Bund Evangelisch-Freikirchlicher Gemeinden in Deutschland (Bad Homburg), CVJM-Gesamtverband in Deutschland (Kassel), Deutsche Bibelgesellschaft (Stuttgart), Deutsche Evangelische Missionshilfe (Hamburg), Deutsche Gesellschaft für Missionswissenschaft (Heidelberg), Deutsches Institut für Ärztliche Mission (Tübingen), Europäisch-Festländische Brüder-Unität (Bad Boll), Evangelisch-altreformierte Kirche in Niedersachsen (Emlichheim), Ev.-luth. Missionswerk in Niedersachsen (Hermannsburg), Ev.-Luth. Missionswerk Leipzig, Evangelisch-methodistische Kirche (Frankfurt/M.), Evangelische Kirche in Deutschland (Hannover), Evangelisches Missionswerk in Südwestdeutschland (Stuttgart), Gossner Mission (Berlin), Norddeutsche Mission (Bremen), Nordelbisches Zentrum für Weltmission und kirchlichen Weltdienst (Hamburg), Vereinte Evangelische Mission (Wuppertal).

Vereinbarungspartner: Christoffel-Blindenmission (Bensheim), Christusträger (Bensheim), Deutsche Arbeitsgemeinschaft für Evangelische Gehörlosenseelsorge (Göttingen), Deutscher Hilfsbund für christl. Liebeswerk im Orient (Bad Homburg), Evangelische Gesellschaft für Deutschland – Neukirchener Mission (Neukirchen-Vluyn), Evangeliumsgemeinschaft Mittlerer Osten (Wiesbaden), Hildesheimer Blindenmission (Hildesheim), Lutherische Kirchenmission – Bleckmarer Mission (Bergen), Velberter Mission (Velbert), Verband evangelischer Missionskonferenzen (Hermannsburg).

Evangelisches Missionswerk
in Deutschland e.V.
Normannenweg 17-21
D-20537 Hamburg
Tel. 040/254560, Fax 040/2542987

Die regionalen Missionswerke (Mitglieder im EMW)

Berliner Missionswerk (BMW)

Das BMW (gegr. 1972) ist ein selbständig arbeitendes Werk innerhalb der Evangelischen Kirche in Berlin-Brandenburg.

In ihm sind folgende Missionen koordiniert: Deutsche Ostasien-Mission (gegr. 1884), Jerusalemverein (gegr. 1852), Morgenländische Frauenmission Berlin (gegr. 1842), Orientarbeit von Kaiserswerth (gegr. 1851).

Berliner Missionswerk
Handjerystr. 19, D-12159 Berlin
Tel. 030/8500040

Evangelisches Missionswerk in Südwestdeutschland (EMS)

Seit 1963 bestand Zusammenarbeit evangelischer Kirchen und Missionen in Südwestdeutschland in der „Südwestdeutschen Arbeitsgemeinschaft für Weltmission" (SAW) mit Sitz in Stuttgart. Von den Mitgliedern der SAW schlossen sich 1972 folgende Kirchen und Missionen zum EMS zusammen: Vollmitglieder: Evangelische Landeskirche in Baden, Evangelische Kirche in Hessen und Nassau, Evangelische Kirche von Kurhessen-Waldeck, Evangelische Kirche der Pfalz, Evangelische Landeskirche in Württemberg, Europäisch-Festländische Brüder-Unität (Bad Boll), Evangelische Missionsgesellschaft in Basel (Basler Mission), Deutsche Ostasienmission (Stuttgart), Evangelischer Verein für das Syrische Waisenhaus in Jerusalem (Schneller-Schulen, seit 1996: Evangelischer Verein für Schneller-Schulen, Stuttgart), Herrnhuter Missionshilfe (Bad Boll). In Zusammenarbeit durch Vereinbarung: Christoffel-Blindenmission (Bensheim), Deutscher Hilfsbund für christl. Liebeswerk im Orient (Bad Homburg), Christusträger (Bensheim), Evangelische Mission im Kwango/Rep. Zaire, Deutscher Zweig (Stuttgart), Evangeliumsdienst für Israel (Leinfelden-Echterdingen), Evangeliumsgemeinschaft Mittlerer Osten – Evangelische Mission in Oberägypten (Wiesbaden), Freundeskreis der Aussätzigenarbeit (Esslingen), Jesus-Bruderschaft (Kommunität Gnadenthal), Orientdienst (Wiesbaden).

Durch eine Satzungsänderung im Jahr 1994 wurden die überseeischen Partnerkirchen des EMS stimmberechtigte Mitglieder im EMS-Missionsrat (Mission Council): Presbyterianische Kirche von Ghana, Brüder-Unität in Südafrika, Nationale Evangelische Kirche von Beirut, Bischöfliche Kirche in Jerusalem und dem Mittleren Osten (Diözese Jerusalem), Kirche von Südindien.

Evangelisches Missionswerk
in Südwestdeutschland
Vogelsangstr. 62, D-70197 Stuttgart
Tel. 0711/636780, Fax 0711/6367855

Evang.-luth. Missionswerk in Niedersachsen (ELM)

früher: Missionsanstalt Hermannsburg (gegr. 1849)

Das EML (gegr. 1977) ist das Missionswerk der Evang.-luth. Landeskirchen Braunschweig, Hannover und Schaumburg-Lippe. Es arbeitet zusammen mit der Evang. Kirche von Kurhessen-Waldeck, der Evang. Kirche in Hessen/Nassau und der Kirche Augsburgischen Bekenntnisses in Elsaß und Lothringen sowie mit evang.-luth. Gemeinden und Freundeskreisen.

Evang.-luth. Missionswerk
in Niedersachsen
Georg-Haccius-Str. 9
D-29320 Hermannsburg
Tel. 05052/690, Fax 05052/69222

Evang.-Luth. Missionswerk Leipzig

Das Missionswerk Leipzig ist seit 1993 Missionswerk der Evang.-Luth. Landeskirchen Sachsens, Thüringens und Mecklenburgs. Es löst die 1836 gegründete Leipziger Mission ab. Mit der Umwandlung von einer Missionsgesellschaft zu einem Werk der Landeskirchen ist ein weiterer Schritt der Integration von Mission und Kirche im Regionalbereich vollzogen worden.

Das Missionswerk ist traditionell verbunden mit lutherischen Kirchen in Tansania, Indien und Papua-Neuguinea. Es pflegt Beziehungen zu theologischen Hochschulen in Südindien, außerdem lockere Arbeitsbeziehungen zur Lutherischen Kirche in Brasilien und zum Burmesischen Christenrat. Abgesehen von der Personal- und Finanzunterstützung durch die drei Trägerkirchen wird das Missionswerk durch einen Freundes- und Förderkreis mit ca. 3.800 Einzel- und korporativen Mitgliedern getragen.

Die Frauenmissionskreise, vor 100 Jahren gegründet, sind noch besonders in Sachsen von Bedeutung und versuchen vor allem auf Gemeindeebene, den Gedanken der Weltmission als Gemeinschaftsaufgabe von Kirche und Werk zu fördern.

Die Hauptschwerpunkte der Arbeit des Werkes im Blick auf die überseeischen Partner sind Personal- und Finanzhilfen sowie die Vermittlung von Praktikantinnen und Praktikanten, Studentinnen und Studenten. In Deutschland will das Werk durch Gottesdienste und Vorträge auf Gemeindeebene, durch Missionswochen und andere Veranstaltungen (z.B. in Kirchenkreisen, auf Pfarr- und Mitarbeiterkonferenzen) sowie durch Seminare und Tagungen das Bewußtsein für Mission fördern. Gleichzeitig macht es auf die besondere Problematik im Sinne des Konziliaren Prozesses im Heimatland und in den Regionen, mit denen es in Übersee verbunden ist, aufmerksam. Deshalb hat sich das Werk in seiner Arbeit besonders mit den Beauftragten für Mission, Ökumene und Entwicklung der Trägerkirchen sowie anderen Diensten verzahnt.

Evang.-Luth. Missionswerk Leipzig e.V.
Paul-List-Str. 19, D-04103 Leipzig
Tel. 0341/9940600, Fax 0341/9940690

Missionswerk der Evang.-Luth. Kirche in Bayern (MWB)

Das MWB (gegr. 1972) ist ein Werk der Evang.-Luth. Kirche in Bayern. In ihm sind zusammengefaßt: die Arbeit der Evang.-Luth. Missionsanstalt Neuendettelsau (gegr. 1841), der Gesellschaft für Innere und Äußere Mission im Sinne der lutherischen Kirche e.V. (gegr. 1849), der Evang.-Luth. Mission (Leipziger Mission) zu Erlangen (gegr. 1836/1965) und die Südtansania-Arbeit der Evang.-Luth. Kirche in Bayern (gegr. 1962).

Partnerkirchen: die lutherischen Kirchen in Papua-Neuguinea, Tansania, Kenia und Zaire/Ost; Zusammenarbeit mit Kirchen in Liberia, in Mosambik, auf den Philippinen, in Malaysia und in Hongkong; Mitarbeit des MWB im Rahmen des Lutherischen Weltbundes.

Missionswerk der Evang.-Luth.
Kirche in Bayern
Hauptstr. 2, D-91564 Neuendettelsau
Tel. 09874/90, Fax 09874/9330

Nordelbisches Zentrum für Weltmission und kirchlichen Weltdienst (NMZ)

Das NMZ (gegr. 1971) ist eine Einrichtung der Nordelbischen Evangelisch-Lutherischen Kirche. Es führt die Arbeit der früheren Breklumer Mission (Schleswig-Holsteinische evang.-luth. Missionsgesellschaft zu Breklum, gegr. 1876) fort. In Breklum unterhält das NMZ ein Aktions- und Besinnungszentrum als Einrichtung für Tagungen, Seelsorge, Fortbildung und für Evangelisation.

Nordelbisches Missionszentrum
Agathe-Lasch-Weg 16,
D-22605 Hamburg
Tel. 040/8830000, Fax 040/88300011

Norddeutsche Mission

Die Norddeutsche Mission (gegr. 1836) erfüllt ihre Aufgaben im Auftrag folgender Kirchen: Evangelisch-reformierte Kirche in Deutschland, Bremische Evangelische Kirche, Evangelisch-Lutherische Kirche in Oldenburg, Lippische Landeskirche.

Norddeutsche Mission
Vahrer Str. 243, D-28329 Bremen
Tel. 0421/4677038, Fax 0421/4677907

Vereinte Evangelische Mission (VEM)

bis 1996: Vereinigte Evangelische Mission

Die Vereinigte evangelische Mission (VEM) entstand 1971 aus dem Zusammenschluß der Rheinischen Mission (gegr. 1828) und der Bethel-Mission (gegr. 1886). 1979 kam die Zaire-Mission (gegr. 1965) hinzu.

Die VEM arbeitet mit 33 Partnerkirchen aus unterschiedlichen protestantischen Traditionen in Afrika, Asien und Europa zusammen. Die deutschen Partner sind die evangelischen Landeskirchen im Rheinland, in Westfalen, Hessen und Nassau, Kurhessen-Waldeck sowie die Lippische Landeskirche, die Evangelisch-Reformierte Kirche und die v. Bodelschwinghschen Anstalten in Bethel.

Die VEM ist verbunden mit afrikanischen Partnerkirchen in Zaire, in Ruanda, Kamerun, Tansania, Botswana und Namibia; in Asien mit Kirchen in Indonesien, auf den Philippinen, in Hongkong und Sri Lanka.

Die 33 Partnerkirchen stehen durch das Programm „United in Mission" miteinander in Kontakt. Dort geht es um die gegenseitige Unterstützung bei der Wahrnehmung des missionarischen Auftrags. Seit 1996 ist die Umwandlung des deutschen Missionswerks „Vereinigte Evangelische Mission" in eine internationale Missionsgemeinschaft („Vereinte Evangelische Mission") abgeschlossen.

Vereinte Evangelische Mission
Rudolfstr. 137, D-42285 Wuppertal
Tel. 0202/890040, Fax 0202/89004179

Evangelistische Initiative

früher: Evangelistische Initiativgruppe

Die „Evangelistische Initiativgruppe" wurde 1977 von engagierten Christen aus der evang. Kirche und aus Freikirchen ins Leben gerufen. 1989 wurde sie in „Evangelistische Initiative" umbenannt. Leiter ist Helge-Volker Henschke (geb. 1950, Einzelhandelskaufmann, theologische Ausbildung an der „Bibelschule Bergstraße", Mitglied der Freien evang. Gemeinde).
Tätigkeit: Ziele der evangelistischen Tätigkeit sind die Verkündigung des Heils allein in Jesus Christus, der Ruf zur Sinnesänderung und zur Nachfolge sowie die Anleitung zum verbindlichen Leben in der Gemeinde Jesu Christi und in der Öffentlichkeit. Die Arbeit geschieht im Zusammenwirken mit Gemeinden, die in ihren evangelistischen Aufgaben unterstützt werden sollen. Innerhalb von drei Monaten werden Mitarbeiter der örtlichen Gemeinden durch Seminare geschult. In einem Zeitraum von fünf Monaten werden dann sehr verschiedenartige evangelistische Aktionen durchgeführt. Weitere Aufgaben sind Kinder- und Jugendarbeit, Seminare, Gemeindedienste und Freizeiten.
Wirkungsbereich: D.
Publ.: „Initiative", seit 1980, vierteljährl., Aufl. ca. 1.000; Seminarhandbücher, Kassetten, Videofilme.
Innere Ausrichtung: Eigene „Glaubensgrundlage" mit Betonung der Erlösung allein in Jesus Christus und der Notwendigkeit der Wiedergeburt; Zusammenarbeit mit biblisch ausgerichteten Gemeinden und Verantwortlichen; engere Verbindung zum „Bund Freier evangelischer Gemeinden" und zum „Missionswerk Neues Leben"; Mitglied im „Ring Missionarischer Jugendbewegungen" (RMJ), damit Anschluß an die Evang. Allianz.
Organisation und Finanzierung: Eingetragener Verein mit vierköpfigem Vorstand; Mitgliederversammlungen; Finanzierung durch Spenden und Dienstgaben.

Evangelistische Initiative e.V.
Im Gehklingen 48
D-64688 Rimbach/Odw.
Tel. 06253/85881
Fax 06253/85884

Evangelium für Alle (EfA)

Der Franzose Jean-Jacques Rothgerber begann im Jahre 1972 nach mehrjähriger Missiontätigkeit in Afrika mit Evangelisationsarbeit in Frankreich. Aus dieser Arbeit heraus entstand „Evangile pour Tous". Die Arbeit breitete sich aus und faßte 1975 auch in Deutschland Fuß. „Evangelium für Alle" wurde 1977 gegründet. Die Vereine in Frankreich und Österreich bestehen selbständig.
Rothgerber ist heute vorwiegend im Reisedienst für Evangelisationen, Bibelwochen, Tagungen und zur Beratung befreundeter Gemeinden unterwegs.

Tätigkeit: Aufgabe ist die Verkündigung des Evangeliums an Menschen, die dem Glauben fernstehen, vornehmlich in überwiegend katholischen Gegenden Europas. Dabei zielt man auf Gründung neuer Gemeinden. Arbeitsbereiche sind Evangelisation, Freizeiten, Kinder- und Jugendarbeit, Missionskonferenzen, Gemeindebau und Gemeindearbeit, Seelsorgearbeit, Telefonseelsorge, Literaturarbeit (Buchläden), Kontaktpflege mit Missionsfreunden und Ausbildung von Missionaren.

In der Dritten Welt (hauptsächlich in Westafrika) werden Missionare durch finanzielle und praktische Hilfe sowie durch Gebet unterstützt.

Wirkungsbereich: D, Frankreich, A, CH, Afrika.

Publ.: „EfA Nachrichten", viermal jährl., seit 1986, Aufl. ca. 1.000.

Innere Ausrichtung: Glaubensgrundsätze auf fundamentalistischer Basis (Unfehlbarkeit der Schrift, Dreieinigkeit, Wiederkunft Christi zur Entrückung der Gemeinde, zur Aufrichtung des 1000jährigen Reiches und zum Endgericht, Erfüllung mit dem Heiligen Geist bei der Wiedergeburt, Betonung der Heiligung); Zusammenarbeit mit verschiedenen freien Gemeinden, Unterstützung von Missionaren anderer Missionsgesellschaften; kein Anschluß an überdenominationelle Vereinigungen (Evang. Allianz u.ä.).

Organisation und Finanzierung: EfA ist ein eingetragener Verein (als gemeinnützig anerkannt) und wird durch einen Bruderrat geleitet. Das Werk beschäftigt fünf hauptamtliche Mitarbeiter und viele ehrenamtliche Helfer. Der Freundeskreis umfaßt etwa 800 Personen. Die Arbeit wird getragen von verschiedenen freien Kreisen und Gemeinden im Stuttgarter Raum (z. B. „Evangelium für alle – Freie Missionsgemeinde). Die Finanzierung erfolgt ausschließlich durch Spenden.

Evangelium für Alle e.V.
Schönbuchstr. 37
D-70771 Leinfelden-Echterdingen
Tel. 0711/879597

Evangelium in jedes Haus (EIJH)

EIJH wurde 1973 in Wien als „Verein mit kirchlichem Zweck" gegründet. Die Gründung erfolgte auf Anregung des deutschen Schwesterwerkes „Aktion: In jedes Haus" (AJH) und der von den USA aus weltweit tätigen Arbeitsgemeinschaft „Every Home for Christ International" (früher: „World Literature Crusade"). Dieser Arbeitsgemeinschaft gehörte EIJH bis 1978 an. Heute besteht zu dieser Organistion nur noch eine lose Verbindung. Zu den Gründern von EIJH gehören Pfarrer Heinrich Weiler (aus dem Vorstand der Volksmission Wien) und Fritz Meier (damals Leiter der Volksmission Wien), der die Leitung von EIJH übernahm. Zu den Gründungsmitgliedern gehört auch Dr. Peter Krömer, der derzeitige Präsident der Genaralsynode der Österreichischen Evangelischen Kirchen A.B. und H.B.

Ende 1987 wurde der erste österreichweite systematisch-schriftenmissionarische Durchgang abgeschlossen. 1996 wurde in Zusammenarbeit mit der Österrreichischen Evangelischen Allianz die Aktion „ostarrichi '96" anläßlich des Jubiläumsjahres zum 1.000jährigen Bestehen Österreichs durchgeführt. Dabei wurde ein extra dafür entwickeltes 16seitiges Mini-Magazin in 3,2 Mill. Haushalte gebracht. Veranstaltungsreihen mit ingesamt rund 500 Einzelveranstaltungen wurden im ganzen Land durchgeführt. 1997 arbeitet EIJH am 3. österreichweiten Schriftenmissionarischen Durchgang.

Die Leitung des Werkes haben Pfarrer Mag. Herbert Graeser (Vorsitzender) und Fritz Meier (Generalsekretär).

Tätigkeit: Ziel ist, Menschen zum Glauben zu ermutigen, ihnen den Weg in eine personale Beziehung zu Christus zu weisen und sie in bestehende Gemeinden zu integrieren. Dies geschieht durch Evangelisationen, systematische Schriftenmission, Missionstage, Seminare, Missionseinsätze (z.T. als Großaktionen), Bibelfernkurse für Erwachsene und Kinder, seelsorgerliche Korrespondenz, Vermittlung in Gemeinden oder Hauskreise. EIJH sucht die Zusammenarbeit mit bestehenden Gemeinden. Alle interessierten Menschen, die sich an EIJH wenden, werden in bestehende Gemeinden vermittelt. Manchmal entstehen auch neue Kreise, die dann aber sobald wie möglich an eine bestehende Gemeinde angeschlossen werden. EIJH gründet keine eigenen Gemeinden.

Wirkungsbereich: A; D (s. „Aktion: In jedes Haus").

Einrichtungen: EIJH-Haus in Regau.

Publ.: Rundbrief „Pro Austria" für den EIJH-Freundeskreis, zehnmal jährl., Aufl. 4.600; Traktate und Broschüren.

Innere Ausrichtung: Als Glaubensgrundlage gelten die reformatorischen Bekenntnisschriften, die Barmer Erklärung, die Lausanner Verpflichtung und die Basis der Österreichischen Evang. Allianz. EIJH sieht seine Wurzeln aber auch in einem gesunden Pietismus, wo es um Bekehrung, Hingabe, Leben aus dem Wort der Schrift, Bekenntnis in Tat und Wort, Gemeinschaft des Glaubens, Mission und Evangelisation geht.

EIJH steht der Österreichischen Evang. Kirche A.B. nahe, arbeitet aber auch mit evang. Freikirchen und hin und wieder mit röm.-kath. Gemeinden bzw. Geistlichen zusammen. EIJH ist Mitglied des europäischen Zusammenschlusses „European Every Home for Christ" (EEHC).

Organisation und Finanzierung: Verein mit kirchlichem Zweck; drei Angestellte für Verwaltung, Planung und Organisation, Evangelisation, Nacharbeit und Seelsorge; zeitweise viele ehrenamtliche Helfer, bei manchen Großaktionen mehrere hundert; Finanzierung fast ausschließlich durch Spenden aus dem Freundeskreis, selten auch durch Gaben von Gemeinden oder christlichen Organisationen.

Evangelium in jedes Haus
Pürstling 3, A-4844 Regau
Tel. 07672/75598, Fax 07672/755987

Evangeliumsgemeinschaft Mittlerer Osten (EMO)

bis 1937: Sudan-Pionier-Mission, bis 1952: Evangelische Muhammedaner-Mission, bis 1989: Evangelische Mission in Oberägypten

1900 wurde die „Sudan-Pionier-Mission" gegründet (Assuan/Ägypten und Eisenach). Die Gründung wurde angeregt durch Dr. Karl Kumm (1874-1939, Deutsch-Brite, um 1900 bekannter Missionspionier) und verwirklicht von Pfarrer Theodor Ziemendorff (1837-1912, Gemeindepfarrer, Mitbegründer des Gnadauer Verbands). 1906 wurde der Sitz nach Wiesbaden verlegt. 1908 erfolgte die Gründung einer Evang. Buchhandlung in Wiesbaden. Seit 1970 ist das Missionswerk auch in Tunis tätig, seit 1979 im Sudan, seit 1993 in Eritrea. Leiter war von 1959 bis 1975 Pfarrer W. Höpfner (ab 1963 auch Leiter des „Orientdienstes"); seit 1975 wird das Missionswerk von Pfarrer Eberhard Troeger geleitet. 1990 bekam das Werk einen neuen Namen in Anpassung an die veränderten Verhältnisse.

Tätigkeit: Der Verein hat die Aufgabe, gemäß dem Auftrag Jesu Christi das Evangelium im Mittleren Osten zu verbreiten (Satzung). In den Missionsländern besteht die Tätigkeit in der Verkündigung und Seelsorge von Mensch zu Mensch, in der Verbreitung von Literatur, in ärztlicher und pflegerischer Hilfe, in Sozialarbeit, Schularbeit und Gemeindeaufbau.
In Deutschland betreibt der Verein Heimatarbeit (Missionsfeste, Freizeiten, Rüstwochenenden, Studienreisen, Zurüstung von Mitarbeitern, theologische Auseinandersetzung mit dem Islam, Vorträge in Gemeinden, Durchführung von Seminaren, Betreuung von Ausländern, Evang. Buchhandlung in Wiesbaden, Verlagsarbeit).

Wirkungsbereich: D, Ägypten, Sudan, Tunesien, Eritrea.

Einrichtungen: Verwaltungs- und Wohngebäude in Wiesbaden, Missionshaus („Haus der Hoffnung") mit Tagungsräumen, Bibliothek und Wohnraum für Mitarbeiter im Heimataufenthalt; Evang. Buchhandlung der EMO in Wiesbaden; drei Stationen in Ägypten mit Kirche, Krankenhaus, Ambulanzen und Wohnräumen.

Publ.: „Zeugnis und Dienst im Mittleren Osten" (EMO-Nachrichten), sechsmal jährl., Aufl. 5.500, seit 1900 unter wechselndem Namen; Rundbriefe, Broschüren, Faltblätter, Traktate; U. Ehrbeck (Hrsg.), „Wasser auf dürres Land. 85 Jahre Evang. Mission in Oberägypten", 1985; E. Troeger (Hrsg.), „Ägypten – nur Touristenland?", Wiesbaden 1981; R. Werner (Hrsg.), „Die Wüste soll blühen. Anfänge im Nordsudan", Moers 1989; Dia-Ton-Serie „Wasser auf dürres Land".

Innere Ausrichtung: Als Glaubensgrundlage gilt Gottes Wort, wie es im Alten und Neuen Testament niedergeschrieben und in den altkirchlichen und reformatorischen Bekenntnissen ausgelegt wurde. Die EMO ist ein Werk des deutschen Neupietismus um die Jahrhundertwende. Enge Beziehungen bestehen zu landeskirchlichen Gemeinschaften, vereinzelt zu Freikirchen. Die Arbeit geschieht auf der Basis der Evang. Allianz. Das Werk ist Mitglied in der „Arbeitsgemeinschaft Evangelikaler Missionen" (AEM), in der Evang. Mittelost-Kommission (EMOK), in der „Arbeitsgemeinschaft für Ausländer" (AfA) und im „Orientdienst". Vereinbarungen bestehen mit dem Evang. Missionswerk in Südwestdeutschland (EMS) und dem Evang. Missionswerk in Hamburg (EMW). Das Werk hat Kontakte zur „Schweizerischen Evang. Nilland-Mission" (SENM), zur „Finnisch-lutherischen Volksmission" (FLM), zur „Missionsmannschaft Rotes Meer" (MRM), zur „Christoffel-Blindenmission", zum „Deutschen Hilfsbund für christl. Liebeswerk im Orient" und zur „Evangelischen Karmelmission".

Organisation und Finanzierung: Eingetragener Verein mit ca. 180 Mitgliedern, als gemeinnützig anerkannt; 26 hauptamtliche Mitarbeiter, davon 17 im Ausland; ca. 20 Helferinnen zum Verteilen der Missionsblätter und Sammeln der Missionsgaben; zwölf Vorstandsmitglieder; Finanzierung zu 85 % durch Spenden von Einzelpersonen und Gemeinden, zu 15 % durch Zuschüsse von kirchlichen und freien Partnern.

Evangeliumsgemeinschaft Mittlerer Osten Evangelische Mission in Oberägypten e.V. Walkmühlstr. 8, D-65195 Wiesbaden Tel. 0611/403995, Fax 0611/451180

Evangeliums-Rundfunk (ERF)

„Trans World Radio" (anfänglich „Stimme von Tanger") begann 1954 auf Initiative von Dr. Paul E. Freed mit Radiomissionsarbeit. Heute strahlt TWR weltweit Sendungen in 80 Sprachen aus. 1959 wurde in Wetzlar der „Evangeliums-Rundfunk" als deutschsprachiger Partner von TWR gegründet. 1971 bezog er ein eigenes Studio- und Verwaltungsgebäude in Wetzlar-Dalheim. Inzwischen werden hier Sendungen in 20 Sprachen produziert.

Langjähriger Direktor war Pastor Horst Marquard. Seit 1994 wird der ERF von Jürgen Werth geleitet (geb. 1951; Redakteur bei der „Westfälischen Rundschau"; seit 1973 beim Evangeliums-Rundfunk, u.a. als Leiter von „e.r.f. junge welle", Chefredakteur, Hörfunkchef).

Tätigkeit: Der Evangeliums-Rundfunk gestaltet zum Glauben einladende und den Glauben stärkende Radio- und Fernsehprogramme. Sendeformen sind Vorträge, Hörspiele, Reportagen, Interviews, Rundgespräche, Liedersendungen, Dokumentationen, Magazine, Andachten, Gottesdienste und Spielfilme.

Zur Tätigkeit des ERF gehören außerdem Brief- und Telefonseelsorge, Bibelfernkurs-Angebote, Freizeiten und Seminare, Journalisten-Ausbildung, rundfunkhomiletische Arbeitsgemeinschaften, „Kontakter"-Schulungen, öffentliche Informationsveranstaltungen und Hörerwochen. Bei Messen und Großveranstaltungen aller Art ist der ERF mit Ausstellungsständen vertreten. *Wirkungsbereich:* Europa, Südafrika, Süd- und Mittelamerika, Asien, Australien. *Einrichtungen:* Sendestationen (für Europa: Radio Monte Carlo; für Osteuropa: Relaisstation Zypern; für Süd- und Mittelamerika: Bonaire/Niederl. Antillen; für Südafrika: Swasiland; für Asien: Guam und Sri Lanka). *Publ.:* Programm-Zeitschrift „antenne", monatl., Aufl. 230.000; Informationsprospekte; Tonbildserien (im Verleih); Vortrags- und Musikkassetten (ERF-Verlag); Videofilme (Verkauf, ERF-Verlag); ERF-Video „Hinter den Kulissen des ERF" (im Verleih). *Innere Ausrichtung:* Die Glaubensgrundlage läßt sich mit folgenden Stichworten kurz skizzieren: Der dreieinige Gott hat alles erschaffen; die Bibel ist vom Heiligen Geist inspiriert; Jesus Christus ist wahrer Mensch und wahrer Gott, Gottes Sohn, von der Jungfrau Maria geboren; er gab sein Blut für die Sünde der Welt; Erlösung durch Bekehrung und Wiedergeburt; Wiedergeborene bilden den „Leib Christi"; Wiederkunft Christi und Auferstehung der Toten zum ewigen Leben oder zum ewigen Verderben; Auftrag zur Mission (Matth. 28,19f). Es besteht eine enge Zusammenarbeit mit der Evang. Allianz. Der ERF ist Mitglied der „Arbeitsgemeinschaft Evangelikaler Missionen" (AEM). *Organisation und Finanzierung:* Gemeinnütziger eingetragener Verein mit Vorstand, Missionsleitung, Programm-

und Wirtschaftsausschuß; 160 fest angestellte Mitarbeiter, 1.000 freie Mitarbeiter (Autoren), 1.500 ehrenamtliche Seelsorger (Seelsorge-Kontaktnetz), 750 ehrenamtliche „Kontakter" (Öffentlichkeitsarbeit); Finanzierung durch Spenden von Hörern und Freunden.

Evangeliums-Rundfunk
International e.V.
Berliner Ring 62
D-35576 Wetzlar
Postfach 14 44
D-35573 Wetzlar
Tel. 06441/9570
Fax 06441/957120

Partner in der Schweiz:
ERF
Witzbergstr. 23
CH-8330 Pfäffikon ZH
Tel. 01/9510500
Fax 01/9510540

Partner in Österreich:
ERF
Sonnbergstr. 3
Postfach 1 50
A-1235 Wien (Perchtoldsdorf)
Tel. 01/86925200
Fax 01/869252033

Evangeliums-Team für Brasilien (ETB)

Werner Gier (geb. 1946, ausgebildet im „Brüderhaus Tabor" und in der „Bibelschule Seeheim", danach Ausbildung als Krankenpfleger) hatte schon früh den Ruf zur Auslandsmission bekommen. Zusammen mit dem Deutsch-Brasilianer Erwin Siegert, der ihm die Not der Evangelisation in Brasilien deutlich machte, reiste er 1975 nach Brasilien aus, wo sie eine Evangelisationsarbeit aufbauten mit Sitz in Ijui im Bundesstaat Rio Grande do Sul. Diese Arbeit wurde inzwischen stark erweitert. Außerdem besteht seit 1988 eine zweite Station bei Dourados im Bundesstaat Mato Grosso do Sul und seit 1995 eine dritte in Alta Floresta in Mato Grosso. 1973 wurde von Freunden und Bekannten der Verein „Evangeliums-Team für Brasilien" in Pforzheim-Würm gegründet. Vorsitzender ist seit 1992 Werner Meier, Diakon in der Evang. Kirche der Pfalz.

Tätigkeit: Überkonfessionelle Missions- und Evangelisationsarbeit in Verbindung mit Kirchen und Gemeinschaften (keine Gemeindegründungen); Evangelisationen in Kirchen, Sälen und Schulen, Nacharbeitsfreizeiten und Fernbibelkurse, Kinderbibelwochen, Glaubenskonferenzen, Freizeitarbeit, Straßenmisssion, Camping-Mission, Phono- und Schriftenmission, Literaturarbeit, Hausbesuche, Seelsorge, Hausbibelkreise, Mitarbeiterschulung, verschiedene Kurse, soziale Aktivitäten, medizinische Hilfe, Betrieb von zwei Kindertagesstätten für Straßenkinder.

Wirkungsbereich: D, Süd- und Mittelbrasilien.

Einrichtungen: Missionsstation bei Ijui mit Wohnhäusern, Freizeitheim und Zeltplatz, Schwimmbad sowie Bücher-Film-Auto; Missionsstationen bei Dourados und Alta Floresta.

Publ.: Rundbriefe, seit 1975, vierteljährl., Aufl. 2.200; Traktate, Ton-Dia-Serien, Filme, Werbematerial.

Innere Ausrichtung: „Das ETB bekennt sich zur ganzen Heiligen Schrift Alten und Neuen Testamentes, die von Gott eingegeben ist und höchste Autorität in allen Fragen des Glaubens und Lebens ist, zur Lehre von der Verlorenheit des Menschen und seiner Errettung allein durch den Glauben an Jesus Christus, den Mensch gewordenen, gekreuzigten und auferstandenen Gottessohn, und zu seinem Auftrag, alle Völker der Erde mit dieser Heilsbotschaft bekannt zu machen, bis Er wiederkommt" (Satzung).

Die Arbeit geschieht auf dem Boden der Evang. Allianz. Der Verein ist außerordentliches Mitglied in der „Arbeitsgemeinschaft Evangelikaler Missionen" (AEM) und arbeitet mit Kirchen, Freikirchen und Gemeinschaften zusammen, die dieselbe Grundlage und Zielsetzung haben. Engere Beziehungen bestehen zur „Bibelschule Bergstraße" und zum „Lebenszentrum Adelshofen".

Organisation und Finanzierung: Das Evangeliums-Team ist ein eingetragener Verein. Die Mitgliederversammlung ist für grundsätzliche Beschlüsse zuständig. Mitarbeiter sind vier hauptamtlich angestellte deutsche Ehepaare in Brasilien, fünf brasilianische Ehepaare, fünf freie Mitarbeiter in Deutschland sowie ein bis zwei Praktikanten in Brasilien. Die Finanzierung wird ermöglicht durch Mitglieds- und Freundeskreisbeiträge und durch Spenden.

Evangeliums-Team für Brasilien e.V.
Neckarstr. 12g
D-76344 Eggenstein-Leopoldshafen
Tel. 07247/2119'/

Fackelträger – Deutschland, Schweiz

Gründer und Leiter des Gesamtwerkes ist Major W. Ian Thomas. Er wurde in der Zeit des Ersten Weltkrieges in London geboren und kam mit zwölf Jahren auf einer Freizeit bei den „Christlichen Pfadfindern" zum Glauben an Jesus Christus. Nach dem Zweiten Weltkrieg war er als Offizier in Deutschland stationiert und sah die Not der Jugend. 1947 erwarb er Capernwray Hall, ein altes Schloß in Nordwest-England. Die erste Gruppe, die 1948 an einem sechsmonatigen Bibelkurs teilnahm, bestand aus 30 jungen Deutschen. Heute kann Capernwray Hall ca. 225 Gäste beherbergen. Major Thomas ist ein gefragter Evangelist; als Gastlehrer arbeitet er in allen Teilen der Welt.

Von 1953 bis 1975 vertrat Dwight Wadsworth aus den USA zusammen mit seiner Frau die Fackelträgerarbeit in Deutschland. 1958 begannen sie mit dem Auf- und Ausbau der Klostermühle als Freizeitheim und Bibelschule. 1975 übernahm Bernhard Rebsch die Arbeit. 1983 konnte die Klostermühle erworben werden.

In der Schweiz wurde 1976 ein eingetragener Verein (mit eigener Leitung) gegründet, der ein kleines Zentrum unterhält.

Tätigkeit: Das Zentrum in Deutschland veranstaltet Sommerfreizeiten, Auslandsfreizeiten, Konfirmandenfreizeiten und Familienwochenenden. Zur Tätigkeit gehören außerdem die Schulung von Gemeindemitarbeitern, Schulungskurse für die persönliche Evangelisation und eine Kurzbibelschule (zwei Semester im Winterhalbjahr). Das Missionsteam des Zentrums führt Evangelisationen und Bibelwochen durch.

Wirkungsbereich: Weltweit; Zentren in England, D, CH; Schweden, USA, Kanada, Australien, Neuseeland, Japan, Indonesien, Indien, Costa Rica; A (s. eigene Darstellung).

Einrichtungen: Freizeitzentrum Klostermühle, Buchhandlung, Bibelschule Klostermühle (D); Freizeithaus im Hinterholz (CH).

Publ.: „Die Fackel", seit 1961, zweimal jährl., Aufl. ca.3.000; Traktate, Prospekte, Kassetten, Bücher von W. Ian Thomas und Van Dooren, Bibelstudienhefte.

Innere Ausrichtung: Die Fackelträger haben ein eigenes Glaubensbekenntnis mit zehn Punkten, welches von den Mitgliedern mit Unterschrift anerkannt wird. Damit erklären sie, selbst bekehrt zu sein, das heißt, Jesus Christus als persönlichen Heiland und Herrn anerkannt zu haben. Die Bedeutung des auferstandenen Herrn im Leben des Gläubigen wird besonders hervorgehoben. Es wird auf der Grundlage der Evang. Allianz gearbeitet. Verbindungen bestehen zu evangelikalen Werken. *Organisation und Finanzierung:* Eingetragener Verein mit einem Vorstand, der die erforderlichen Entscheidungen fällt; lockere Mitgliedschaft, die von Jahr zu Jahr erneuert werden kann und in erster Linie die gemeinsame Hingabe an Jesus beinhaltet, zu der man sich in einem Mitgliedsgelöbnis verpflichtet; ca. zwölf feste Mitarbeiter im (deutschen) Zentrum und junge Leute, die als Missionshelfer einige Monate in den Sommerferien und im Sommerprogramm mithelfen; etwa 3.000 Empfänger des Rundbriefs; Finanzierung durch Einkünfte aus dem Freizeitbetrieb, der Bibelschule und durch Spenden.

Missionsgemeinschaft der Fackelträger e.V.
Klostermühle, D-56379 Obernhof/Lahn
Tel. 02604/4545

Missionsgemeinschaft der Fackelträger
Schweiz
Hinterholz, Bruneggstr. 2
CH-8634 Hombrechtikon
Tel. 055/2441360

Internationale Organisation:
Torchbearers
Capernwray Hall
Carnforth, Lancs. LA6 1AG, GB

Fackelträger – Österreich

Die Arbeit der Missionsgemeinschaft der Fackelträger ist aus der volksmissionarischen Tätigkeit von Major W. Ian Thomas hervorgegangen. Er förderte und motivierte viele junge Menschen gerade in den kritischen Jahren nach dem Zweiten Weltkrieg zu einer aktiven Mitarbeit in den Kirchen und Gemeinden, aus denen sie kamen oder in denen sie ein Zuhause fanden.

Der Aufbau und die Entfaltung einzelner Zentren richtete sich durchweg nach den gegebenen Notwendigkeiten. Die Schaffung von Zentren und Veranstaltungen (Schladminger Jugendtag), wo Jugendliche zusammenkommen, Gemeinschaft erleben und Glaubensweckung und Vertiefung erfahren konnten, ergab sich aus der Lage der Kirche und ihrer Geschichte.

Schloß Klaus wurde von Peter Wiegand mit vielen freiwilligen Helfern und einem wachsenden Mitarbeiterteam wiederaufgebaut und 1963 als Jugend-Freizeitheim in Betrieb genommen. Peter Wiegand, der Schloß Klaus auch heute noch leitet, kam aus einem kaufmännischen Beruf in Hamburg und fand durch Major Thomas zum Glauben (Bibelschulbesuch in England und Schottland, Religionslehrer und Jugendwart in der evang. Kirche in Österreich).

Der Tauernhof wurde von Gernot Kunzelmann und Mitarbeiterteam wiederaufgebaut und 1963/64 in Betrieb genommen. Seit 1990 führt Hans Peter Royer die Arbeit weiter.

In Österreich ist das „Frühstückstreffen

von Frauen für Frauen" rechtlich an den Verein „Missionsgemeinschaft der Fakkelträger" (Schloß Klaus) angeschlossen.

Tätigkeit: Im Jugendfreizeitheim und Erwachsenenbildungshaus „Schloß Klaus" finden Kinder- und Jugendfreizeiten, Ferienlager, Familienwochen, Bibelwochen, Tagungen, Konferenzen, berufsspezifische Seminare, Seelsorge-Schulungsseminare und eine Kurzbibelschule statt. Außerdem führen die Fackelträger zwei Tagesheimstätten und ein Wohnheim für Behinderte (als diakonische Einrichtung). Zur Tätigkeit der Fackelträger gehört weiter die Koordination mehrerer überseeischer Missionsprojekte (Katastropheneinsätze, medizinische Hilfe, Speisungsprogramme, Schulung der kirchlichen Mitarbeiter, technische Hilfe, Förderung der kirchlichen Kinder- und Jugendbeit, Kinder- und Polioheime, Straßenkinderarbeit). Die Fackelträger leisten Gemeindearbeit in Zusammenarbeit mit evang. Kirchengemeinden in ganz Österreich (intensives Programm für Jugendarbeit, Mitarbeiterschulungen, Rüstzeiten für Konfirmanden, Familientagungen, Auslandsfreizeiten, viele Gemeindedienste).

Der Tauernhof ist ein Tagungszentrum für internationale Jugendfreizeiten (Kurzbibelschule im Winter; Sommerbibelschule, die Leib- und Seelsorge verbindet; Programm für Sportler, Sportlerseelsorge; Gemeinde-Jugendarbeit und Mitarbeiterschulungen).

Wirkungsbereich: A, Naher Osten, Osteuropa, Indien, Ozeanien, Griechenland; D/CH (s. eigene Darstellung).

Einrichtungen: Jugendzentrum und Bildungshaus Schloß Klaus, dazu zwei Tagesheimstätten und ein Wohnheim für Behinderte; Jugendfreizeitheim Tauernhof in Schladming.

Publ.: Freundesbrief, unregelm., Rundbriefe (Missionsprojekte, Behindertenarbeit).

Innere Ausrichtung: Die Glaubensgrundlage ist evangelisch-reformatorisch. Das Werk hat eine große internationale und interkonfessionelle Offenheit. Die Mitglieder sollen in ihren jeweiligen Kirchen mitarbeiten. In Österreich bestand von Anfang an eine enge Beziehung zur Evang. Kirche A.B. u.H.B. Die Fackelträger haben eine enge Verbindung zum Amt für Evangelisation und Gemeindeaufbau der evang. Kirche.

Organisation und Finanzierung: In Österreich bestehen zwei eingetragene Vereine, die ausschließlich kirchlichen, mildtätigen und gemeinnützigen Zwecken dienen und als evangelisch-kirchliche Vereine anerkannt sind. Das Werk hat insgesamt 57 angestellte Mitarbeiter. Die Finanzierung wird ermöglicht durch den Betrieb der Jugendfreizeitheime, zum geringeren Teil durch Spenden. Die Missionsprojekte werden von Freundeskreisen (auch Gemeinden) getragen.

Missionsgemeinschaft der Fackelträger
Schloß Klaus
A-4564 Klaus, Oberösterreich
Tel. 07585/441, Fax 07585/44128

Missionsgemeinschaft der Fackelträger
Tauernhof Schladming
Coburgstr. 50
A-8970 Schladming, Steiermark
Tel. 03687/22294, Fax 03687/23510

Feigenbaum

früher: Feigenbaum-Verlag

Der Jude Paul Taine (1903-1987) wurde in Lemberg/Galizien geboren und im jüdischen Glauben erzogen. 1941 verhafteten ihn in Berlin die Nazis. Im Gefängnis hatte er ein Bekehrungserlebnis. Durch ein Wunder wurde er wieder frei und entging so der Deportation in ein Vernichtungslager. 1956 löste er ein im Gefängnis abgelegtes Gelübde ein und begann, in Australien nebenamtlich missionarisch zu arbeiten. Dann gab er seinen Beruf als technischer Zeichner auf. 1957 gründete er die Missionsgesellschaft „Hebrew Christian Witness". 1961 kam er „unter der Führung des Herrn" nach Deutschland, wo er 1962 den deutschen Verein gründete, der zunächst „Feigenbaum-Verlag" hieß. Die Leitung hat Hans Joachim Gast.
Tätigkeit: Ziele sind, auf die Stellung Israels im Heilsplan Gottes hinzuweisen, dem Judenhaß entgegenzuwirken und das gegenseitige Verständnis zwischen Juden und Nichtjuden zu fördern. In Deutschland werden Vorträge gehalten, ein Buch- und Zeitschriftenverlag sowie Schriftenmission betrieben. In Israel gehört die Bibel- und Schriftenverbrei-

tung zur Tätigkeit des Vereins. Außerdem unterstützt er messianische Gemeinden und soziale Einrichtungen.
Wirkungsbereich: D, CH, A, Israel.
Einrichtungen: Verlag.
Publ.: „Sehet den Feigenbaum" – Nachrichten über das Werk Gottes unter seinem Volk, seit 1962, zweimonatl., Aufl. 3.000; verschiedene Bücher.
Innere Ausrichtung: Glaubensgrundlage ist allein die Heilige Schrift und die Überzeugung, in der Endzeit zu leben. Als Grundlage in bezug auf die Haltung gegenüber den Juden gilt Röm. 9-11. Gott hat sein Bundesvolk wieder in Gnaden angenommen und ihm die staatliche Eigenständigkeit wiedergegeben. Er wird sein Volk seinem Heilsplan gemäß durchbringen. Die Ziele der Evang. Allianz werden bejaht. Eine Zusammenarbeit aller auf Jesus Christus gegründeten Kirchen, Freikirchen sowie Gemeinschaften in der Verfolgung der genannten Ziele wird angestrebt.
Organisation und Finanzierung: Eingetragener Verein mit Vorstand und Mitgliederversammlung; 150 Einzelmitglieder, 3.000 Freunde; sechs ehrenamtliche Mitarbeiter; Finanzierung zu ca. 70% durch Spenden und ca. 30% durch den Ertrag aus dem Buch- und Zeitschriftenverkauf.

Feigenbaum e.V.
Tubizer Str.20
D-70825 Korntal-Münchingen
Tel. 0711/837176, Fax 0711/8386339

Förderung christlicher Publizistik

Die Einrichtung entstand 1979 auf Initiative des Verlagsleiters Bruno Schwengeler.
Tätigkeit: Verbreitung der biblischen Botschaft durch christliche Publizistik, Herausgabe der Zeitschriften „factum" und „Ethos", Seminare zu aktuellen Lebensfragen.
Innere Ausrichtung: Evangelikal.

Förderung christlicher Publizistik
Postfach 360, CH- 9435 Heerbrugg
Tel. 071/7225666, Fax 071/7225665

Förderung christlicher Publizistik
Postfach 108, A-6890 Lustenau

Förderung christlicher Publizistik
Postfach 3207, D-88114 Lindau

Freie Christliche Jugendgemeinschaft (FCJG) – Help International

Die Arbeit entwickelte sich aus einem überkonfessionellen Gebetskreis in Lüdenscheid, dem auch ehemalige Drogenabhängige angehörten. 1976 begann die Rehabilitationsarbeit an Drogenabhängigen im Haus Wiedenhof. Seit 1983/84 entwickelte sich die missionarische Arbeit zu einem selbständigen Zweig innerhalb der FCJG (missionarischer Arbeits- und Gebetskreis, missionarische Wohngemeinschaft). Seit 1985 kamen Schulungsprogramme dazu, durch die die Kontakte im Land vielfältiger geworden sind.
Leiter der Gesamtarbeit ist Walter Heidenreich (geb. 1949, frommes Elternhaus, Ausbildung zum Werkzeugmacher). Nach einem bewegten Aussteigerdasein (APO-Bewegung, Hippie- und Drogenkultur) erlebte er 1974 seine Bekehrung. 1975-1977 war er Leiter einer charismatischen Gemeinschaft in Iserlohn, 1978 wurde er Leiter der Rehabilitationsarbeit in Lüdenscheid, 1983 Leiter der Gesamtarbeit.
Seit 1989 hat die FCJG ein „Tochterunternehmen" in Wien; die Arbeit geschieht in enger Verbindung mit Lüdenscheid.
1992 wurde der Verein „Help International e.V." gegründet, um die weltmissionarische Arbeit der FCJG abzuwickeln.
Tätigkeit der FCJG: Rehabilitation Drogenabhängiger; missionarische Einsätze v.a. unter Randgruppen der Stadt, vorbereitet durch den missionarischen Arbeits- und Gebetskreis (Straßenmission, Obdachlosenarbeit); Schulungsprogramme zur Vorbereitung auf vollzeitlichen Dienst im diakonisch-missionarischen Aufgabenbereich; Glaubenskurse; Mitarbeiterschule; Leiterschaftsseminare; verschiedene Tagesseminare; überkonfessionelle Gottesdienste, Seminare und Konferenzen.
Tätigkeit von „Help International": Missionarische Arbeit im Ausland; Ausbildung für diesen Dienst; Hilfsgütertransporte sowie finanzielle und prakti-

sche Hilfe in Katastrophen- und sozialen Notstandsgebieten. *Wirkungsbereich:* D, A, Thailand, Philippinen, Rußland, Mongolei, China. *Einrichtungen:* Haus Wiedenhof (Rehabilitation), Wislade (Schulungszentrum), Teeniezentrum, Missionshaus, Brockenhaus (Gebrauchtmöbelgeschäft), Drogenrehabilitationszentrum in Wien. *Publ.:* „Unser Weg", seit 1976, ca. vierteljährl., Aufl. 20.000. *Innere Ausrichtung:* Grundlage ist die Bibel. Die Ausführung des Missionsbefehls bedeutet, Menschen zum Glauben an Jesus Christus zu führen und ihnen die Grundlagen der Jüngerschaft zu vermitteln. In den Hausgemeinschaften wird eine auf den Heiligen Geist und die Charismen bezogene Frömmigkeit gelebt und ein verbindlicher Lebensstil gepflegt. Jeder Mitarbeiter lebt in einer seelsorgerlichen Beziehung.

Die FCJG ist Mitglied der „Arbeitsgemeinschaft Christlicher Lebenshilfen" (ACL) und Gastmitglied im Diakonischen Werk. Es bestehen Verbindungen zum „Ring Missionarischer Jugendbewegungen" (RMJ). Die FCJG ist Mitglied im Bruderbund der „Evang. Allianz" in Lüdenscheid und im Trägerkreis des „Treffens von Verantwortlichen". Sie hat u. a. Kontakte zu „Jugend mit einer Mission", zum „Glaubenszentrum Bad Gandersheim", zur „Jesus-Bruderschaft" (Gnadenthal), zum CVJM-München und zur „Katholischen Charismatischen Erneuerung". Gute Beziehungen bestehen zur evang. Landeskirche. Der Leiter der FCJG gehört dem „Kreis Charismatischer Leiter" an.

Organisation und Finanzierung: Eingetragener Verein (gemeinnützig); Leitungskreis aus den vier Mitgliedern des Vereinsvorstands und sieben weiteren leitenden Mitarbeitern; 40 hauptamtliche, ca. 100 ehrenamtliche Mitarbeiter; Finanzierung hauptsächlich durch Spenden, außerdem durch Schulungsgelder, Sozialhilfeleistungen und geringe selbsterwirtschaftete Beträge; Mitarbeiter auf Sachbezugsebene angestellt.

Freie Christliche Jugendgemeinschaft e.V.
Altenaer Str. 45, D-58507 Lüdenscheid
Tel. 02351/358039, Fax 02351/21387

FCJG Wien
Währinger Gürtel 156/12, A-1090 Wien
Tel. 01/3105551

Freie Theologische Akademie (FTA)

Die FTA wurde 1974 auf dem Gelände der „Bibelschule Bergstraße" gegründet durch Dr. Cleon Rogers in Verbindung mit der „Greater Europe Mission" (Wheaton, USA), „um Theologiestudenten eine Alternative zum Monopol historisch-kritischer Theologien an den theologischen Fakultäten zu bieten". 1981 zog die FTA nach Gießen um. 1992 kam das Angebot einer Studienbegleitung von Lehramtsstudentinnen und -studenten der Justus-Liebig-Universität Gießen hinzu (im Rahmen des „Rambach-Pädagogiums" der FTA).

Seit 1995 besteht die Möglichkeit eines viersemestrigen Vorstudiums (inkl. biblische Sprachen) für Studenten, die über das Universitätsstudium das evang. Pfarramt anstreben (im Rahmen des „J.J. Rambach-Instituts für Theologie und Kirche", Studienleitung: Dr. Bernhard Kaiser).
Die Leitung der FTA haben Dr. Helge Stadelmann (Rektor), Karl-Heinz Kuczewski (Geschäftsführer) und Dr. Stephan Holthaus (Dekanatsleiter).
Tätigkeit: Das Studium an der FTA (theologisches Vollstudium) erfolgt in den Fachbereichen Altes Testament, Neues Testament, Systematische, Historische und Praktische Theologie sowie Missionswissenschaft und Evangelistik. Die theologische Ausbildung umfaßt Grund- und Hauptstudium. Nach vier Semestern steht die Zwischenprüfung an, nach acht Semestern das Abschlußexamen (international entsprechend dem „Master of Divinity"-Grad). Die zweite Theologische Prüfung ist nach zehn Semestern möglich (entsprechend dem „Master of Theology"-Grad).
Das Studienangebot betont die biblischen Sprachen (Griechisch, Hebräisch), die Exegese, evangikale Theologie sowie die Integration von Theorie und Praxis. Voraussetzungen für ein Studium an der FTA sind die geistliche Eignung zum Theologiestudium und die Allgemeine Hochschulreife (Abitur). In Ausnahmefällen wird auch der Realschulabschluß in Verbindung mit einer dreijährigen Bibelschulausbildung (mit Abschluß) als Voraussetzung

für die Aufnahme anerkannt.
Wirkungsbereich: D, Absolventen in verschiedenen Ländern Europas, Afrikas, Asiens und Amerikas.
Publ.: Freundesbrief der FTA, zweimonatl., Aufl. ca. 7.000; Studienprospekt, Info-Mappe, Vorlesungsverzeichnis.
Innere Ausrichtung: Eigene evangelikal ausgerichtete Glaubensgrundlage unter Voraussetzung der altkirchlichen Glaubensbekenntnisse und in Übereinstimmung mit der Evang. Allianz; Schriftverständnis unter Einschluß der „Chicago-Erklärung" von 1978; Mitglied der „Konferenz bibeltreuer Ausbildungsstätten" (KbA) und der „Europäischen Evangelikalen Akkreditierungsvereinigung".
Organisation und Finanzierung: Es besteht ein Trägerverein (e.V.) mit Persönlichkeiten aus verschiedenen der Evang. Allianz nahestehenden Kreisen sowie Vertretern der „Greater Europe Mission". 14 ordentliche Dozenten (Kollegium) sowie mehrere außerordentliche Dozenten und Lehrbeauftragte (erweitertes Kollegium) unterrichten die z.Zt. ca. 140 Studenten. Die Studentenschaft vertritt ihre Anliegen durch den Studentenrat. Die Finanzierung wird ermöglicht durch Spenden des Freundeskreises, durch Studiengebühren und sonstige Einnahmen. Die Studienförderung (BAFöG) der Studenten nach der Kirchenberufeverordnung ist möglich.

Freie Theologische Akademie e.V.
Schiffenberger Weg 111, D-35394 Gießen
Tel. 0641/76001, Fax 0641/76039

Freies Missionswerk der Hoffnung Berlin

Das Werk, das sich hauptsächlich der Gefangenenbetreuung widmet, wurde von Hans-Jürgen Schuhhardt 1972 in Berlin gegründet und bis 1993 geleitet. Mit dem Leiterwechsel (neuer Leiter: Norbert Steinhoff) war der Umzug des Missionswerks nach Leverkusen verbunden.

Tätigkeit: Gefangenenbetreuung während und nach der Haftzeit, Betreuung von Kranken, Einsamen und Behinderten.

Innere Ausrichtung: Eigenständige Arbeit auf evangelikaler Grundlage.

Freies Missionswerk
Insel der Hoffnung Berlin
Postfach 30 07 34
D-51336 Leverkusen

Freikirchliches Evangelisches Gemeindewerk (fegw)

Das fegw ist ein Verband christlicher Gemeinden in Deutschland, die neue Gemeinden gründen und geistliche Leiterschaft entwickeln. Es entstand 1985 als selbständiges Mitgliedswerk der „International Church of the Foursquare Gospel", einer pfingstkirchlichen Richtung mit Zentrale in Los Angeles, USA. Zu dem Verband gehören zwölf Mitgliedsgemeinden mit etwa 1.400 Gläubigen, darunter: Bonifatius-Gemeinde in Hannover, Christenge-meinde in Vechta, CIDA Zentrum in Trostberg, „en Christo"-Gemeinde in Mainz, gemeinde unterwegs in Bochum, Gospelgemeinde in Berlin, Gospelgemeinde in Hildesheim, Ichthys-Gemeinde in Frankfurt/M., Neue Gemeinde in Limburg.

Gründer und Leiter des Werkes war Jörg Schmidt, Leiter seit 1996 ist Hans Mührmann.

Tätigkeit: Das fegw ist davon überzeugt, daß eine Fülle von neuen Gemeinden nötig sind, die den Menschen neue Zugänge zum Glauben schaffen. Es möchte mit originellen Ideen und Modellen Menschen helfen, zu Jüngern Jesu zu werden, und sie in Gemeinden sammeln. Qualitatives Wachstum (Entwicklung und Pflege von unterstützenden Beziehungen) und quantitatives Wachstum (Gründung und Vervielfältigung von Gemeinden) bilden Schwerpunkte der Arbeit.

Innere Ausrichtung: Drei theologische Schwerpunkte sind der Bewegung wichtig: 1. christozentrische, evangelikale und charismatische Grundorientierung; 2. Ausgewogenheit zwischen wissenschaftlich/theologischer und unmittelbarer persönlicher Bibelauslegung; 3. eine pragmatische und seelsorgerliche Predigtkultur, die beziehungsfähig machen soll und einen Lebensstil von Liebe, Annahme und Vergebung fördert.

Der Begriff „foursquare" steht für die vier Eckpfeiler der Evangeliumsverkündigung: Jesus als Erlöser, als Heiler, als Täufer im Heiligen Geist und als wiederkommender König.

Freikirchliches Evangelisches Gemeinde-
werk in Deutschland e.V.
Schlesier Str. 14 k, D-31535 Neustadt
Tel. 05032/7008, Fax 05032/7494

Freunde Mexikanischer Indianer-Bibelzentren (FMIB)

früher: Verein zur Förderung mexikanischer Indianer-Internate

Der Verein wurde 1959 gegründet, um Internate für indianische Waisen zu unterstützen. 1968 wurde er durch Franz Wassenberg (1907-1985, CVJM und Stadtmission in Solingen) reorganisiert. Die Unterstützung wurde auf mehrere Internate ausgeweitet. Ab 1974 vergrößerte sich die Mitgliederzahl und der Freundeskreis aufgrund der Mitarbeit von über 20 Ärzten und Krankenschwestern im „Centro Cultural pro Totonaco"/Mexiko. Ab 1986 wurde eine neue Missionsstation mit Ambulanz im Totonac-Stamm aufgebaut. Seit 1992 bietet der Verein eine außerschulische theologische Ausbildung (TEE) für mexikanische Mitarbeiter an.
Der jetzige Leiter, Dr. J. Kauffmann (geb. 1950, geprägt durch Pietismus und Kirche), ist Mitglied der Evang.-freikirchlichen Gemeinde Weinstadt.
Tätigkeit: Das Werk leistet Missionsarbeit unter Indianern in Mexiko durch Gemeindebau, evangelistische Aktionen, Schulungsangebote und medizinische Hilfe, durchgeführt von Mitarbeitern aus Deutschland, Mexiko und den USA. Ziel ist, bestehende Gemeinden zu fördern und neue zu bauen.
In Deutschland werden Vorträge in Gemeinden und bei Jugendgruppen gehalten, die dazu dienen sollen, das Bewußtsein für den Missionsauftrag zu schärfen und neue Freunde und Mitglieder zu gewinnen.
Wirkungsbereich: D, Mexiko.
Publ.: „Mexico-Rapport", seit 1970, 2-3mal jährl., Aufl. 2.000; Rundbriefe, 6-8mal jährlich, Aufl. 150; Diaserie, Video.
Innere Ausrichtung: „Grundlage für jedes evangelistische und diakonische Handeln ist für uns die biblische Sicht vom sündhaften und erlösungsbedürftigen Menschen. Errettung ist nur möglich durch die persönliche Inanspruchnahme des Opfertodes Jesu am Kreuz, in dem durch Umkehr und geistliche Wiedergeburt Gott neues, ewiges Leben schenkt. ... Für uns ist Missionsarbeit keine theologische Spezialität, sondern gehört zur Lebenspraxis eines jeden Christen" (Leitsätze für Mitarbeiter).
Kontakte bestehen zu Gemeinden der württembergischen Landeskirche, zu evangelischen Freikirchen und zu UFM-Philadelphia/USA. Der Verein arbeitet in der Evang. Allianz mit und ist Mitglied in der „Arbeitsgemeinschaft Evangelikaler Missionen" (AEM).
Organisation und Finanzierung: Eingetragener Verein mit anerkannter Gemeinnützigkeit; im medizinischen Bereich auch als mildtätig anerkannt; Verwaltung durch ehrenamtliche Mitarbeiter; Selbstverständnis des Vereins als

Glaubenswerk, das sich allein durch freie Spenden finanziert.

*Freunde Mexikanischer
Indianer-Bibelzentren e.V.
Dr. Joachim Kauffmann
Erlenweg 15, D-71394 Kernen i.R.
Tel. 07151/45515, Fax 07151/47349*

Freundeskreis für den Missionsflugdienst im Pazifik

1975 wurde der Missionsflugdienst im Pazifik gegründet durch Edmund Kalau (geb. 1928, Ausbildung bei der Liebenzeller Mission, seit 1954 etwa 20 Jahre lang Missionar auf verschiedenen Inseln der Südsee). Die Verbindung zu einzelnen Südseeinseln war bis dahin nur über den Seeweg möglich, und Hilfen bei Krankheit und Katastrophen kamen meistens zu spät. Durch den Einsatz von Flugzeugen öffneten sich Türen für die gesamte Missionsarbeit. 1980 wurde auch auf den Philippinen ein Missionsflugdienst eingerichtet („Flying Medical Samaritans").
1975/76 wurde in Deutschland der „Freundeskreis für den Missionsflugdienst im Pazifik" zur Unterstützung des Missionsflugdienstes in Mikronesien und auf den Philippinen gegründet. Die Leitung haben Richard Gänzle (1. Vorsitzender) und Michael Lange (Geschäftsführer).
Tätigkeit: Ziel ist der Dienst am ganzen Menschen durch Verkündigung des Evangeliums und durch Diakonie. Neben der Arbeit mit den Flugzeugen sind weitere Arbeitsbereiche entstanden (Evangelisation, Gemeindearbeit, Jugendarbeit, Bibelübersetzung in Zusammenarbeit mit „Wycliff", Druckerei).
Im Heimatland werden im Rahmen von Gemeinden und Hauskreisen Veranstaltungen durchgeführt, die das Missionsinteresse wecken sollen.
Wirkungsbereich: D, Vereinigte Staaten von Mikronesien, Republik Palau, Philippinen, Guam.
Einrichtungen: Ambulante Kliniken, Bootskliniken, Jugendzentren, Gemeinderäume, Gästehaus, Flugzeuge und Flugzeughangar, Waisenhaus, TV-Studio.
Publ.: Prospektmaterial; „Nachrichten aus dem Missionsflugdienst im Pazifik", seit 1976, zweimonatl., Aufl. 5.000.
Innere Ausrichtung: Grundlage ist das Evangelium von Jesus Christus, das allen Menschen gilt. Auf eine klare biblische Verkündigung wird Wert gelegt. Gute Beziehungen bestehen zu evang. Landeskirchen (speziell in Württemberg) und zu Kreisen, die im Rahmen der Evang. Allianz arbeiten. Der Freundeskreis hat Kontakte zur „Christoffel-Blindenmission". Er ist Mitglied in der „Württembergischen Arbeitsgemeinschaft für Weltmission", im Diakonischen Werk der Evang. Landeskirche Baden und in der „Arbeitsgemeinschaft Evangelikaler Missionen" (AEM).
Organisation und Finanzierung: Eingetragener Verein (anerkannte Gemeinnützigkeit); Leitung durch ehrenamtlichen Vorstand; hauptamtlicher Ge-

schäftsführer; jährliche Prüfung durch die Treuhandstelle des Diakonischen Werks der badischen Landeskirche; Finanzierung in der Regel durch Spenden, Einzelprojekte durch die württembergische Landeskirche.

Freundeskreis für den Missionsflugdienst im Pazifik e.V.
Im Denzental 2, D-76703 Kraichtal
Tel. 07251/69979, Fax 07251/69970

Hauptverwaltung:
Pacific Missionary Aviation (PMA)
P.O. Box 3209
Agana, Guam 96910

Freundeskreis für Mission unter Chinesen in Deutschland (F.M.C.D.)

1979 gründete S. Glaw im Auftrag der „Überseeischen Missionsgemeinschaft" einen Flüchtlings-Arbeitskreis, der sich um Indo-China-Flüchtlinge kümmerte. Weil von 1980 an mehr und mehr Studenten und Akademiker aus China nach Deutschland kamen, entstand 1985 daraus der F.M.C.D. Die Leitung hat der Missionar Siegfried E. Glaw (1. Vorsitzender).
Tätigkeit: Chinesische Leihbücherei, „Missionarisch-Essen", chinesische Bibelkreise, chinesische Gemeinden, chinesisches Material-Angebot, Studenten-Gastfreundschafts-Programm, Video-Angebot, Freizeiten.
Innere Ausrichtung: Mitglied der „Ar-

beitsgemeinschaft für Ausländer" (AfA) in der Evang. Allianz; evangelikal.

Freundeskreis für Mission unter Chinesen in Deutschland e.V.
Podbielskistr. 2, D-30163 Hannover
Postfach 2067, D-30020 Hannover
Tel. 0511/669380, Fax 0511/621715

Frontiers

„Frontiers" wurde 1982 von Greg Livingstone (Mitbegründer von „Operation Mobilisation" und ehemaliger US-Direktor der Nordafrika Mission, heute AWM), in den USA gegründet. Ausschlaggebend war der Wunsch, sich ausschließlich auf Gemeindebau in der islamischen Welt zu konzentrieren. 1986 wurde in der Schweiz das Hauptbüro von „Frontiers" im deutschsprachigen Europa eröffnet. Von Anfang an wurden deutsche, Schweizer und österreichische Missionare ausgesandt. 1990 wurde der deutsche Zweig gegründet. Die Gesamtleitung des Werks hat Anthony Wernli. Gottfried Schittek leitet die deutsche Abteilung.
Tätigkeit: Ziel ist Gemeindebau in der ca. 1,3 Mrd. Muslime umfassenden islamischen Welt. „Frontiers" arbeitet ausschließlich in Teams von 6-12 Personen. Jedes Team hat die Freiheit, ein eigenes Konzept für seine spezifische Arbeit zu entwerfen. Die meisten Missionare erhalten ihr Visum über Zeltmachertätigkeiten. Das Ziel „Gemeindeaufbau" steht an oberster Stelle. Die

Gemeinden sollen dabei so schnell wie möglich von einheimischen Leitern übernommen werden.

Im Heimatland werden Missionsabende in Freikirchen, Gemeinschaften und Kirchengemeinden durchgeführt. In Bibelschulen, auf Konferenzen oder bei eigenen Schulungen werden Seminare gehalten.

Wirkungsbereich: CH, D, Nordafrika, Naher Osten, Zentralasien, Fernost und Süd-Ost-Asien.

Publ.: „Frontiers-Info", zweimonatl.; Traktate, Kassetten, Tonbildschau: „Islam – die Herausforderung für die Gemeinde Jesu" (Verleih); Schulungsmaterial; Bücher (über Mission unter Muslimen).

Innere Ausrichtung: Die Glaubensgrundlage entspricht dem Bekenntnis der Evang. Allianz. Bei Allianzveranstaltungen arbeitet „Frontiers" mit. Mitarbeiter und Mitglied können nur wiedergeborene Christen werden, die von einer Gemeinde ausgesandt und unterstützt werden. Die Lausanner Verpflichtung ist bindend.

„Frontiers" arbeitet mit allen Islammissionen und mit Gemeinden der verschiedensten Prägungen zusammen. Das Werk ist Mitglied der „Arbeitsgemeinschaft Evangelikaler Missionen" (AEM-Schweiz und AEM-Deutschland).

Organisation und Finanzierung: „Frontiers" ist ein eingetragener Verein in der Schweiz und in Deutschland. Beide Vereine sind als gemeinnützig anerkannt. Die Teamleiter sind direkt dem internationalen Felddirektor gegenüber verantwortlich, die Teammitglieder gegenüber dem Teamleiter, jeder Mitarbeiter gegenüber seiner sendenden Gemeinde. 1995 arbeiteten weltweit ca. 500 Missionare in 70 Teams in 36 Ländern. Etwa 60 der Missionare kommen aus dem deutschsprachigen Raum. Die Finanzierung erfolgt durch Spenden. Die Mitarbeiter werden von einer Gemeinde oder einem Freundeskreis getragen.

Frontiers e.V.
Enzisweiler Str. 19b, D-88131 Lindau
Postfach 32 25, D-88114 Lindau
Tel./Fax 08382/1558

Frontiers.
Postfach 3 51, CH-9424 Rheineck
Tel. 071/8585757, Fax 071/8585758

Frühstücks-Treffen für Frauen (FFF)

Das Frühstücks-Treffen für Frauen wurde 1983 in Zürich durch eine Gruppe junger Frauen ins Leben gerufen. Entscheidende Impulsgeberin war die Baptistin Barbara Jakob. 1984 wurde diese Idee von Frauen in Deutschland aufgegriffen. Damit sich die Treffen einheitlich darstellen können, wurde im Oktober 1988 der Verein „Frühstück-Treffen für Frauen in Deutschland" gegründet, der im Vereinsregister Bonn eingetragen ist.

Tätigkeit: Dem christlichen Glauben gegenüber Fernstehende sollen zum

Glauben eingeladen und auf die Auswirkungen einer persönlichen Beziehung zu Jesus Christus aufmerksam gemacht werden. Christinnen aus verschiedenen Kirchen und Konfessionen arbeiten im Vorbereitungsteam zusammen und führen die Frühstückstreffen durch. Programmpunkte sind: Musik, Information über die Arbeit, Vorträge, persönliche Erfahrungsberichte und Gespräche über Lebens- und Glaubensfragen. Frühstückstreffen finden zwei- bis viermal im Jahr in Restaurants, Bürgerhäusern, Hotels u.ä. statt. Die Einladung der Gäste geschieht persönlich oder durch die Zeitung, Plakate etc. Es finden in ca. 160 Städten Treffen mit 100 bis 800 Frauen statt. Neue Frühstückstreffen entstehen durch die Initiative von Frauen vor Ort. In der Arbeit sind ca. 6.000 Frauen ehrenamtlich engagiert. Vorsitzende ist zur Zeit Margarete Behrens.

Wirkungsbereich: D, CH, A, England, Irland, Schweden, Spanien, Italien.

Innere Ausrichtung Glaubensgrundlage ist das apostolische Glaubensbekenntnis. Fundament und gemeinsame Mitte der Arbeit ist der Glaube an den gekreuzigten, auferstandenen und wiederkommenden Herrn Jesus Christus. Die Mitarbeiterinnen glauben, daß die Bibel Gottes Wort und verbindlicher Maßstab für ihr Leben ist. In der Arbeit soll die jeweilige geistliche Heimat und Herkunft respektiert werden. Das Frühstückstreffen für Frauen schließt sich keinen Gruppen und Verbänden an. Es möchte auf der Grundlage seiner Zielsetzungen und Richtlinien, die

evangelikal geprägt sind, mit allen christlichen Gemeinden und Kirchen zusammenarbeiten.

Organisation und Finanzierung: Einmal im Jahr wird eine Mitgliederversammlung im Rahmen eines Koordinatorinnen-Wochenendes durchgeführt. Der Vorstand besteht aus sechs Gebietsbeauftragten, die von den Regionalgruppen gewählt werden. Ein Kuratorium berät den Vorstand. Die Finanzierung der Arbeit erfolgt durch Spenden von Mitarbeiterinnen und Unkostenbeiträge der Mitarbeiterinnen und Gäste. In Österreich ist das „Frühstückstreffen von Frauen für Frauen" rechtlich an den Verein „Missionsgemeinschaft der Fakkelträger" angeschlossen. Das „Frühstückstreffen von Frauen für Frauen" in der Schweiz arbeitet mit „Campus für Christus" zusammen.

Frühstücks-Treffen für Frauen
in Deutschland e.V.
Kirchenweg 6, D-27419 Sittensen
Tel. 04282/1310, Fax 04282/4636

Frühstücks-Treffen von Frauen für Frauen
Sekretariat Schweiz
Oberalpstr. 35, CH-7000 Chur
Tel. 081/2848472

Frühstücks-Treffen von Frauen für Frauen
in Österreich
Schloß Klaus, A-4564 Klaus
Tel. 07585/44115

Fürbitte für Deutschland (FFD)

„Fürbitte für Deutschland" wurde 1978 durch das Ehepaar Berthold und Barbara Becker ins Leben gerufen. Ausgangspunkt war u.a. die Erkenntnis der Schuld Deutschlands an den Juden und die Einsicht aus Bibelstellen wie 2. Chron. 7,14; 1. Tim.2, 1-4; Dan. 9 und 10, daß durch Identifikation mit der Schuld der Väter (insbesondere der Mitschuld der Christen an der negativen Entwicklung der deutschen Geschichte, die im Holocaust ihren Höhepunkt erreichte) und durch das Gebet für die Obrigkeit ein Beitrag zur geistlichen Erneuerung Deutschlands geleistet werden kann.

Ziel der Arbeit ist, den Leib Christi im deutschsprachigen Raum zu Gebet und Fürbitte zu motivieren und ein Netz von Gebetszellen zu bauen. Die Arbeit will vor allem der Stärkung von existierenden Gemeinden und Gruppen dienen. Gelegentlich entstehen neue Gebetsgruppen. FFD ist ein Arbeitszweig des Interkonfessionellen Christlichen Förderkreises e.V.

Ähnliche Gebetsbewegungen charismatischer Prägung gibt es in verschiedenen Ländern (International Fellowship of Intercessors).

Fürbitte für Deutschland
Postfach 1461, D-71073 Herrenberg
Tel. 07032/928330, Fax 07032/928311

Fürbitte für Israel

1981 begann die Arbeit in Deutschland mit dem Ziel der Fürbitte für Israel. Auf Rundreisen durch Deutschland und bei Versammlungen in Gemeinden der verschiedenen Konfessionen wurden Gebetspartner gefunden. Es besteht eine enge Zusammenarbeit mit dem englischen Fürbittedienst „Prayer for Israel". Die Leitung von „Fürbitte für Israel" hat Eckhard Maier (1. Vorsitzender).

Tätigkeit: Ziel ist, das Wachstum der christusgläubigen jüdischen (messianischen) Gemeinden in Israel durch persönliche Verbindungen, durch Fürbitte und durch materielle Hilfe zu unterstützen. Zu den Aktivitäten in Deutschland gehören die Initiierung von Gebetsgruppen, die Weitergabe von Gebetsinformationen aus Israel und Gebetstreffen bei Israel-Konferenzen.

Wirkungsbereich: D, Israel.

Publ.: „Fürbitte für Israel" (Gebetsbrief für Freunde in allen christlichen Denominationen), dreimonatl., Aufl. 1.050.

Innere Ausrichtung: Glaubensgrundlage ist das ganze Wort der Heiligen Schrift. Der wachsende Christusglaube unter Juden wird als Handeln Gottes vor seinem Wiederkommen angesehen. Heilsgeschichtlich hat das Volk Israel eine bestimmte, in der Heiligen Schrift fest umrissene Aufgabe, die nicht durch die Christen als geistliches Israel ausgeführt werden kann. Judenmission wird verstanden als Hinführung von Juden zum eigentlich jüdischen Glauben an Jesus Christus, ihren eigenen Messias. „Fürbitte für Israel" arbeitet mit dem

„Evangeliumsdienst für Israel", Lein-felden-Echterdingen, und der „Arbeits-gemeinschaft für das messianische Zeugnis an Israel" (AmZI) zusammen. Der 1. Vorsitzende des Vereins ist Mit-glied der evang. Landeskirche. *Organisation und Finanzierung:* Einge-tragener Verein (gemeinnützig); ein eh-renamtlicher Mitarbeiter; ca. 1.000 Feunde; Finanzierung durch Spenden, die zu 100% nach Israel weitergeleitet werden.

Fürbitte für Israel e.V.
Schnurrstr. 37
D-73099 Adelberg
Tel. 07166/5768

(Christlicher) Fundamenta-lismus

Ein herkömmlicher kirchlich-theologi-scher Sprachgebrauch nimmt die Selbstunterscheidung von Evangelika-len gegenüber Fundamentalisten auf und bezeichnet mit „fundamentali-stisch" denjenigen Bereich evangelika-ler Frömmigkeit, der hinsichtlich des Bibelverständnisses die Verbalinspira-tionslehre mit den Postulaten Unfehl-barkeit (infallibility) und absolute Irr-tumslosigkeit (inerrancy) verbindet und auf die ganze Heilige Schrift „in jeder Hinsicht" bezieht. In diesem Sinne fun-damentalistisch geprägt sind im deutschsprachigen Bereich eine Reihe von Ausbildungsstätten, Missionswer-ken und missionarischen Initiativen. Als

möglicher Bezugstext ist die Chicago-Erklärung von 1978 anzusehen (vgl. Anhang). Freilich bedarf auch eine sol-che Begriffsbestimmung weiterer Dif-ferenzierungen. Es muß etwa unter-schieden werden, ob jemand an seinem Glauben an Christus mit einem funda-mentalistischen Bibelverständnis fes-thält, sich aber offen und anerkennend in einer größeren Gemeinschaft von Christinnen und Christen bewegt und damit auch andere theologische Ent-scheidungen zur Bibelfrage gelten läßt, oder ob jemand den Heilsglauben der-art eng mit einem fundamentalistischen Bibelverständnis verbindet, daß er an-deren, nichtfundamentalistisch geräg-ten Christen ihr Christsein schlicht ab-spricht oder eine defiziente Form des Christseins darin sieht.

Ein weiterer möglicher Weg, vorläufige Begriffsklärungen herbeizuführen, ist der Rekurs auf die Anfänge der funda-mentalistischen Bewegung in den USA. Um von Fundamentalismus im engeren Sinn des Wortes in historischer Per-spektive sprechen zu können, reichen auch die Motive Verbalinspiriertheit und Unfehlbarkeit der Heiligen Schrift als Definitionskriterien noch nicht aus. Es müssen weitere Motive hinzukom-men: die konservative politische Gesin-nung (vor allem in ethischen Fragen, z.B. Abtreibung, Pornographie, Todes-strafe) und der Wille, religiös begrün-dete Überzeugungen auch politisch durchsetzen zu wollen, also die Verbin-dung von Politik und Religion bzw. die Rücknahme der Ausdifferenzierung der Gesellschaft in Recht, Politik, Ethos,

Wissenschaft und Religion im Namen der Religion. Der christliche Fundamentalismus in diesem engeren Sinn stellt im deutschsprachigen Bereich – anders als in den USA – keinen hoch organisierten und politisch einflußreichen Faktor dar. In Deutschland artikulieren sich politisierte Formen des Fundamentalismus beispielweise in christlichen Kleinparteien (Partei Bibeltreuer Christen – PBC, Christliche Mitte), deren Einfluß jedoch gering bleibt. Diese Hinweise bedeuten nicht, daß christlich-fundamentalistische Orientierungen in ihren politischen Implikationen letztlich vernachlässigt werden können. Jedoch stellt sich der christliche Fundamentalismus in seinen unterschiedlichen Ausdrucksformen in unserem Kontext vor allem als kirchenpolitische, seelsorgerliche und ökumenische Herausforderung dar, wobei es gegenwärtig eine unverkennbare Tendenz der Auswanderung christlich-fundamentalistischer Orientierungen aus landes- und freikirchlichen Strukturen in eigene Gemeinde- und Kirchengründungen gibt. Orientiert man die Begriffsbestimmung von „fundamentalistisch" nicht primär historisch, sondern geht von gegenwärtigen Konflikten und ihrer öffentlichen Diskussion aus, so tritt die dunkle Seite christlicher Erweckungsfrömmigkeit ins Blickfeld. Der Fundamentalismusbegriff dient dann nicht als Beschreibungsbegriff für ein bestimmtes Schriftverständnis und den sich mit ihm verbindenden Frömmigkeitsformen, sondern als Bewertungsbegriff für Fehlentwicklungen christlicher Frömmig-

keit, die keineswegs nur von außen, sondern auch von innen, von Vertretern erwecklicher Frömmigkeitsformen selbst wahrgenommen werden. Ein Grundprinzip solcher Fehlentwicklungen ist das Prinzip der Übertreibung. An sich richtige geistliche Einsichten werden so übertrieben, daß sie das christliche Zeugnis verdunkeln, ja verkehren. Dies bezieht sich zwar zuerst und vor allem auf das zur Verbalinspirationslehre gesteigerte Schriftprinzip – verbunden mit der Annahme einer absoluten Unfehlbarkeit und Irrtumslosigkeit der Bibel in allen ihren Aussagen –, keineswegs aber ausschließlich, sondern auch auf andere Ausdrucksformen der Frömmigkeit. Weitere charakteristische Motive sind:
- das Motiv des wiederhergestellten christlichen Lebens, das sich auf die Glaubensexistenz des einzelnen wie auch auf die Gemeinde beziehen kann;
- das Motiv der Unmittelbarkeit des göttlichen Handeln;
- das Motiv autoritativer Vor- und Nachordnungen;
- das Versprechen des geheilten und erfolgreichen Leben;
- die Behauptung der Greifbarkeit bzw. Verfügbarkeit Gottes und der Mächte des Bösen;
- dualistische Strukturen bzw. ein weltbildhafter Dualismus – nicht selten verbunden mit der Überzeugung, die letzte Generation vor dem Weltuntergang zu sein;
- elitäres Selbst- und Wahrheitsbewußtsein, Abgrenzung von der Außenwelt.

Die genannten Motive können als fundamentalistisch bezeichnet werden, auch wenn sie sich von den Strukturen und Charakteristika des klassischen Fundamentalismus teilweise unterscheiden. Ihre Kritikwürdigkeit hängt nicht allein davon ab, ob man den Fundamentalismusbegriff dafür verwendet oder nicht. Sie weisen auf Konfliktbereiche hin, die gegenwärtig im Umkreis fundamentalistischer Orientierungen wahrgenommen werden können.

Für die gegenwärtige Wahrnehmung fundamentalistischer Orientierungen ist darüber hinaus die Unterscheidung zwischen einem Wort- und einem Geistfundamentalismus von zentraler Bedeutung. Beiden gemeinsam ist, daß sie auf die menschliche Sehnsucht nach Vergewisserung antworten. Der Wortfundamentalismus sucht rückwärtsgewandt die Glaubensvergewisserung durch den Rekurs auf das unfehlbare Gotteswort in der Vergangenheit. Er sieht Christus preisgegeben, wenn Adam nicht als historische Person verstanden wird und die Welt nicht in sechs Tagen geschaffen wurde (Kreationismus). Der Geistfundamentalismus orientiert die Vergewisserung primär an sichtbaren Geistmanifestationen, die als unzweideutige Zeichen, Hinweise, ja Beweise der göttlichen Gegenwart angesehen werden (Heilungen, ekstatische Erfahrungen etc.). Er zitiert Markus 16, 17 und 18 und drängt auf wörtliche Imitation. Aus Jesaja 53 („Er trug unsere Krankheit und lud auf sich unsere Schmerzen") und Psalm 103 („Lobe den Herrn meine Seele und was in mir

ist seinen heiligen Namen ..., der dir alle deine Sünden vergibt und heilet alle deine Gebrechen") folgert er, daß für den Christen, sofern er wirklich auf Gott vertraut, ein Leben ohne Krankheit unbedingter göttlicher Wille und unsere Möglichkeit ist. Den sogenannten fünf „fundamentals" des christlichen Fundamentalismus (Unfehlbarkeit der Heiligen Schrift, Jungfrauengeburt, Sühnetod, leibliche Auferstehung, sichtbare Wiederkunft Christi), wie sie im zweiten Jahrzehnt dieses Jahrhunderts in den USA formuliert wurden, würden beide, Wort- und Geistfundamentalisten zustimmen. Der eine leitet daraus eine kreationistische Position ab und ist daran interessiert, eine alternative Biologie und Geologie aufzubauen, dem anderen liegt an einer christlichen Psychologie und am Powermanagement in der Kraft des Heiligen Geistes. Der dispensationalistische Ausschluß der Zeichen und Wunder für unsere heutige Zeit beruft sich ebenso auf die Schrift wie die emphatische Forderung, sie heute zur Normalität der Frömmigkeit werden zu lassen. Geist- und Wortfundamentalismus können als streitende Geschwister verstanden werden. Da der Geistfundamentalismus sich in nahezu allen Ausprägungen gegenüber einem Wortfundamentalismus inklusiv versteht und seine Anliegen mitvertreten kann, ist hier Streit in sehr grundsätzlicher Weise vorprogrammiert, wofür es in historischer Perspektive wie auch im Blick auf die gegenwärtige Situation zahlreiche Beispiele gibt. Der Geistfundamentalismus bietet alles, was der Wortfundamentalismus auch beinhaltet, kennt jedoch darüber hinaus ergänzende, steigernde Elemente.

Solche Diffenzierungen zeigen, daß diejenigen recht haben, die sagen, daß der Kern des christlichen Fundamentalismus nicht allein in dem Verständnis der Heiligen Schrift liegt, sondern in einer besonderen Art der Frömmigkeit, die vom Fundamentalisten als die einzig richtige angesehen wird. Damit ist auch ein wichtiger Hinweis für die Erklärung des Phänomens gegeben, daß die Ausbreitung christlich-fundamentalistischer Bewegungen Hand in Hand geht mit ständig neuen Abspaltungen und Denominationsbildungen. Daß sich gegenwärtig ein Geistfundamentalismus als chancenreicher darstellt als ein reiner Wortfundamentalismus, liegt u.a. darin begründet, daß er an Ausdrucksformen der religiösen Alternativkultur anknüpfen kann, für die insgesamt charakteristisch ist, daß religiöse Lebensorientierungen verbunden sind mit Rationalitätsskepsis und einem Hunger nach erlebbarer Transzendenz. In der sogenannten Zweidrittelwelt hat der Geistfundamentalismus zusätzliche kulturelle Anknüpfungsmöglichkeiten, die seine chancenreiche Ausbreitung begünstigen.

Eine theologische Auseinandersetzung mit dem Fundamentalismus kann auf folgendes hinweisen:

– Bereits die sogenannten „fundamentals", auf die sich die anfängliche christlich-fundamentalistische Bewegung bezieht, artikulieren in der Themenauswahl das Glaubens- und Gottesverständnis reduktionistisch. Jedenfalls eignen sie sich nicht dazu, die Fülle des christlichen Glaubens in seiner trinitarischen Struktur zur Geltung zu bringen.

– In der Frage der Begründung der Glaubensgewißheit differieren reformatorisches und fundamentalistisches Bibelverständnis an einem entscheidenden Punkt. Die Bibel ist weder in den zentralen reformatorischen Bekenntnistexten noch in den altkirchlichen Symbolen Gegenstand des Heilsglaubens. Die reformatorische Theologie verzichtete darauf, die Verläßlichkeit des göttlichen Wortes durch ein Verbalinspirationsdogma zu sichern. Die Wahrheit des Glaubens an den dreieinigen Gott läßt sich nicht absichern und der Anfechtung entziehen.

– Die Bibel wird nicht unbedingt attraktiv, wenn man in ihr einen Vorrat zeitloser, unfehlbarer Wahrheiten sucht und findet. Sie wird kaum überzeugend ins Gespräch gebracht werden können, wenn in ihr alles gleich gültig sein soll und von der Mitte der Schrift, dem Evangelium, keine Möglichkeit eröffnet wird, „Teile von geringerer und größerer Wichtigkeit" (A. Schlatter) zu unterscheiden und von einer Hierarchie der Wahrheiten auszugehen.

Lit.: E. Geldbach, Fundamentalistischer Umgang mit der Bibel, in: Im Lichte der Reformation 35, Göttingen 1992, 101-132; J. Track, Fundamentalismus im Christentum, in: PTh 81 (1992), 138-155.

Geistliches Rüstzentrum Krelingen

Das Geistliche Rüstzentrum wurde 1969 durch Pastor Heinrich Kemner (1903-1993) nach 30 Jahren Pfarrdienst (in Ahlden/Aller) und bundesweiter evangelistischer Tätigkeit gegründet. Zunächst begann das Rüstzentrum mit Freizeitenarbeit, nach und nach kamen weitere Arbeitsbereiche hinzu. Schwerpunkte sind heute Rehabilitationsmaßnahmen für Drogenabhängige und psychisch Kranke, theologische und religionspädagogische Studienangebote sowie die Tagungs- und Freizeitenarbeit. Seit 1994 leitet Pfarrer Wilfried Reuter (geb. 1940) das Geistliche Rüstzentrum. Zuvor war er zehn Jahre Evangelist im volksmissionarischen Amt der hessennassauischen Kirche.

Geistlicher Träger des Rüstzentrums ist die „Ahldener Bruderschaft", entstanden 1952 als Zusammenschluß von Pastoren und anderen Gemeinde-Verantwortlichen. Aus der Ahldener Bruderschaft bildete sich auch der Trägerverein der Arbeit in Krelingen („Geistliches Rüstzentrum Krelingen der Ahldener Bruderschaft e.V.").

Tätigkeit: Ziel der Arbeit ist es, durch missionarische Verkündigung Menschen zum Glauben an Jesus Christus zu rufen, zu einem Leben im Glauben zu ermutigen und Hilfestellungen dafür zu geben. Verwirklicht wird dies durch evangelistische Dienste und Vortragsdienste von Mitarbeitern des Geistlichen Rüstzentrums in Gemeinden und bei Veranstaltungen außerhalb Krelingens sowie durch Freizeiten, Tagungen, Seminare und Großveranstaltungen in Krelingen (für Jugendliche, Erwachsene, Familien, Alleinstehende und Senioren). Zur Tätigkeit des Rüstzentrums gehören außerdem Studienangebote für angehende Theologiestudentinnen und -studenten (und für Religionspädagogen) mit Sprachenschule und seelsorgerlicher Begleitung sowie Rehabilitations- und berufliche Förderungs- und Ausbildungsmaßnahmen für Drogenabhängige und psychisch Kranke mit dem Angebot befreiender Seelsorge (50 Rehabilitanden in vier Wohngruppen).

Wirkungsbereich: D.

Einrichtungen: Gästehäuser (105 Betten), Jugendhaus (45 Betten), Studentenwohnheime, therapeutische Wohngruppen, überbetriebliche Ausbildungsstätte, Buchhandlung, Kassettendienst, Landwirtschaft, Tischlerei, Seniorenwohnungen, Glaubenshalle (Sport- und Versammlungshalle mit bis zu 3.000 Sitzplätzen).

Publ.: „Erweckliche Stimme", monatl., Aufl. 21.000; Informationsprospekte, Veranstaltungskalender, Diaserie.

Innere Ausrichtung: Als Glaubensgrundlage gilt die Heilige Schrift in Anlehnung an die Bekenntnisschriften. Das Rüstzentrum ist ein freies Werk innerhalb der evang. Landeskirche. Missionarische und gemeindliche Aktivitäten finden weitgehend im Raum der evang. Landeskirchen statt. Dabei bekennt sich das Werk zur Weite der Evang. Allianz. Kontakte bestehen zur Bekenntnisbewegung, zur Lausanner Bewegung, zum „Evangelischen Gnadauer

Gemeinschaftsverband", zur „Arbeitsgemeinschaft Evangelikaler Missionen" (AEM) und zu verschiedenen evangelikalen Werken und Bibelschulen. Außerdem besteht eine Mitgliedschaft im Diakonischen Werk der hannoverschen Landeskirche.

Organisation und Finanzierung: Das Geistliche Rüstzentrum ist ein eingetragener Verein mit anerkannter Gemeinnützigkeit. Hauptleitungsgremium ist der Vorstand. Die Finanzierung erfolgt durch Spenden, Entgelte der Kostenträger zur Rehabilitation, Erträge und gelegentliche kirchliche Zuschüsse.

Geistliches Rüstzentrum Krelingen
der Ahldener Bruderschaft e.V.
Krelingen 37, D-29664 Walsrode
Tel. 05167/9700, Fax 05167/970160

Gemeinde auf dem Weg

früher: Philadelphia-Gemeinde

Die Gemeinde nahm 1981 ihren Anfang aufgrund eines charismatischen Aufbruchs in der Baptistengemeinde in Berlin-Charlottenburg. Von dort aus erfolgte die Gründung der Gemeinde in dem Nachbarbezirk Wilmersdorf. Seitdem ist die Gemeinde kontinuierlich gewachsen und zählt heute zu den größeren unter den freien Gemeinden. Gründer und Leiter ist Dr. Wolfhard Margies, der von Hause aus Internist ist und zeitweilig auch psychotherapeutisch gearbeitet hat. Er hat einen vielfältigen Lehr- und Reisedienst und ist Verfasser mehrerer Bücher mit biblischer Thematik.

Die Gemeinde weist keine offiziellen Zweiggemeinden auf; Gemeinden, die durch missionarische Arbeit entstanden sind, haben völlige Selbständigkeit.

Tätigkeit: Kern der Gemeindearbeit sind die Gottesdienste, drei am Sonntag mit bis zu 2.000 Teilnehmern. Dazu kommen Kinder- und Jugendarbeit sowie die Ausbildung von Jüngern durch Lehre und Training, wobei der Heilige Geist die entscheidenden Motive, Kräfte und Einflüsse bereitstellt. Weitere Aufgaben sind die Produktion von Lehrvideos, regelmäßige Wochenendseminare und größere Konferenzen mit bis zu 5.000 Teilnehmern. Die Gemeinde ist in Kasachstan und China missionarisch tätig. Im eigenen „Aufbruch-Verlag" werden die zumeist von Pastoren der Gemeinde geschriebenen Bücher verlegt.

Innere Ausrichtung: Die Heilige Schrift wird als absolute Norm für Glauben, Leben und Verkündigung angesehen. Die Erfahrung einer Wiedergeburt gilt als Voraussetzung für die Mitgliedschaft in der Gemeinde. Der Charakter der Gottesdienste sowie des gesamten Gemeindelebens ist charismatisch. Geistesgaben, Heilungserfahrungen, aber vor allem eine freudige Bewegtheit der Gottesdienste neben der starken Wortbetonung sollen für die Versammlungen bestimmend sein.

Die „Gemeinde auf dem Weg" hat eine führende Funktion in dem Netzwerk sog. freier Gemeinden, das durch

freundschaftliche Beziehungen auf Leiterschaftsebene verbunden ist (jährliche Pastorenkonferenzen in Berlin oder Stuttgart). Dabei handelt es sich um ca. 180 charismatisch geprägte unabhängige Gemeinden, die der „Wort- und Glaubensbewegung" (vgl. Artikel „Glaubensbewegung") nahestanden, aber – nach eigenen Angaben – dabei sind, sich aus dieser einseitigen Fixierung herauszubegeben.
Organisation und Finanzierung: Die Gemeinde ist als e.V. organisiert (gemeinnützig). Die Gemeindeleitung setzt sich aus Pastoren, Ältesten und Diakonen zusammen. In der Gemeindeversammlung werden wichtige Entscheidungen beschlossen oder bestätigt. Die Finanzierung wird zu 80 % durch Spenden und Mitgliedsbeiträge ermöglicht, zu 20 % durch Erträge aus Eigenbetrieben der Gemeinde.

Gemeinde auf dem Weg,
Evangelische Freikirche e.V.
Babelsberger Str. 37, D-10715 Berlin
Tel. 030/8579190, Fax 030/8547750

Gemeindeaufbau/Gemeindewachstum

Evangelistisch-missionarische Aktivitäten stehen im Zusammenhang mit Gemeinschaftsbildung und Gemeindeaufbau. Das Thema „Gemeindeaufbau" wurde insbesondere zu Beginn der 80er Jahre im kirchlichen Raum breit diskutiert, mit unterschiedlichen theologischen Orientierungen und praktischen Konzeptionen. Die klassischen Vertreter der evangelistisch-missionarischen Gemeindeaufbaubewegung meinen mit ihrem Konzept vor allem den „Gemeindeaufbau in der Volkskirche" und stellen den inneren Aufbau bestehender Gemeinden in den Vordergrund ihrer Anliegen.
Seit Ende der 80er Jahre tritt ein weiterer, konfliktreicher Aspekt in den Vordergrund der Diskussion. In Teilen der charismatischen und evangelikalen Bewegung wird die Missionspraxis zur Gemeindegründungspraxis, die nur die Erwachsenentaufe als biblisch legitim gelten läßt. Beeinflußt durch die Gemeinde-Wachstums-Bewegung (church growth) plädieren nicht wenige evangelikale und charismatische Vertreter dafür, nicht nur bestehende Strukturen zu erneuern, sondern neue Strukturen zu schaffen. Beispiele dafür sind:

Arbeitsgemeinschaft für Gemeindeaufbau
(AGGA Deutschland)
Geschäftsstelle, Dr. Jörg Knoblauch
Postfach 11 08, D-89526 Giengen/Brenz
Tel. 07322/950250

Arbeitsgemeinschaft für Gemeindeaufbau
(AGGA Schweiz)
Pfarrer Walter Wieland
Lützelflühstr., CH-3452 Grünenmatt
Tel. 034/4610232

Johannes Institut
Rheingaustr. 132, D-65203 Wiesbaden
Tel. 0611/9679655

Institut für Gemeindeaufbau
Postfach 10 02 62, D-35332 Gießen
Tel. 0611/9679655

Ökumenische Kirchenwochenarbeit
Goschwitzstr. 15, D-02625 Bautzen
Tel. 03591/47122

Ökumenisches Gemeindeinstitut
Diedersbüller Str. 6, D-25924 Emmelsbüll
Tel. 04665/836

Treibhaus
c/o Ichthys-Gemeinde
Nieder Kirchweg 7
D-65934 Frankfurt/M.
Tel. 069/3900000

Werkstatt für Gemeindeaufbau/
IGW Stuttgart
Berblinger Str. 2, D-71254 Ditzingen
Tel. 07156/931320

Geschäftsleute des vollen Evangeliums – Christen im Beruf (GDVEIV/FGBMFI)

Die „Geschäftsleute des vollen Evangeliums" wurden 1953 als pfingstlerische Laienorganisation in Los Angeles ins Leben gerufen. Der Gründer, Demos Shakarian, geb. 1913, stammt aus einer frommen armenischen Familie. Als 13jähriger erlebte er die Erfüllung mit dem Heiligen Geist und die Heilung eines Gehörleidens. Seine Idee war, speziell Menschen aus dem Berufsleben, die nicht zu kirchlichen Veranstaltungen kommen, in Hotels oder Restaurants einzuladen, um sie vor allem durch persönliche Zeugnisse für Gott zu gewinnen. Die Bewegung wuchs schnell und breitete sich weltweit aus.

In Deutschland wurde sie seit Mitte der 70er Jahre stärker aktiv. Es gibt über 90 Chapter (Ortsgruppen), in der Schweiz 16, in Österreich zwölf. Die Leitung haben Richard Shakarian (international), Dr. Ulrich von Schnurbein (D), Urs Kaesermann (CH) und Winfried Fuchs (A).

Tätigkeit: „Die Vereinigung der GDVEI hat die Absicht: Männer für Jesus Christus zu erreichen und Gemeinschaft unter ihnen zu ermöglichen, um ein größeres Maß an Einheit und Harmonie unter Christen zu schaffen" (Inf.bl.).

Es werden örtliche Chapter (Ortsgruppen) gebildet mit mindestens zehn Mitgliedern, die zu monatlichen Treffen in Restaurants oder Hotels einladen. Nach einer gemeinsamen Mahlzeit werden Lieder und Chorusse gesungen und persönliche Zeugnisse gegeben. Regelmäßig werden ein- und mehrtägige Konferenzen und Seminare auf regionaler sowie größere Kongresse auf überregionaler Ebene durchgeführt. Zur Tätigkeit der Vereinigung gehören außerdem Film- und Fernseharbeit durch Kooperation mit „Media-Vision" sowie die Herstellung von Lehrfilmen zur Fortbildung und Schulung.

Wirkungsbereich: 120 Nationen mit ca. 3.000 örtlichen Gruppen, 15 europäische Länder mit ca. 450 Gruppen.

Publ.: „Voice" – „Stimme", monatl. – in

Europa zweimonatl., in sieben Sprachen (gelegentlich in drei weiteren), Gesamtaufl. 1 Mill.

Innere Ausrichtung: „Die GDVEI sind eine überkonfessionelle Vereinigung von Laien und keine Kirche." Sie wollen „eine Möglichkeit der Gemeinschaft für Christen aller Konfessionen anbieten und ein helfender Arm der Gemeinden sein" (Inf.bl.). Der „lehrmäßige Rahmen der GDVEI" enthält in zehn Punkten die wesentlichen Aussagen eines fundamentalistisch geprägten Bibelglaubens und die für die Pfingstbewegung charakteristische Lehre von der Taufe im Heiligen Geist als eine von der Wiedergeburt zu unterscheidende Erfahrung, die in der Regel vom „Beten in anderen Sprachen" (Zungenrede) begleitet ist.

Verbindungen bestehen v.a. zur internationalen Pfingstbewegung, zu freien charismatischen Gruppen und zu den innerkirchlichen charismatischen Bewegungen. Die Beziehungen zu Kirchengemeinden sind unterschiedlich, je nach Einstellung der Verantwortlichen.

Organisation und Finanzierung: Die deutsche Organisation ist ein eingetragener Verein und als gemeinnützig anerkannt. Der Deutschland-Vorstand wird von der Deutschland-Delegiertenversammlung für zwei Jahre gewählt. Jedes Chapter hat einen eigenen Vorstand und führt örtliche Chapter-Mitgliedsversammlungen durch. Regionalleiter betreuen und koordinieren die Arbeit der Chapter. Die Finanzierung erfolgt durch Mitgliedsbeiträge und Spenden von Mitgliedern und Besuchern der Veranstaltungen (auch für besondere Vorhaben und spezielle Zwecke).

Geschäftsleute des vollen Evangeliums Internationale Vereinigung e.V.
– Christen im Beruf
Schlossau 1, D-94209 Regen
Tel. 09921/8400, Fax 09921/6207

FGBMFI
Résidence Les Vignes
CH-1122 Romanel s/Morges

FGBMFI
Walter Kammerlander
Dr.-Stumpf-Str. 90, A-6020 Innsbruck

Full Gospel Business
Men's Fellowship Int. (FGBMFI)
Corporate Park, 3rd Floor
Irvine, CA 92714, USA

Gesellschaft zur Ausbreitung des Evangeliums (GAE)

Die GAE wurde 1899/1900 gegründet als „Gesellschaft zur Ausbreitung des Evangeliums unter Katholiken", nachdem vorher bereits eine „Gesellschaft zur Ausbreitung des Evangeliums unter allerlei Volk" entstanden war, deren Anliegen die Evangelisationsarbeit unter Katholiken und die Fortführung der Reformation war. Es ging um die Verkündigung der Heilsbotschaft vom alleinigen Retter und Erlöser Jesus Christus durch persönliches Zeugnis von

Mensch zu Mensch, durch Verbreitung von Bibeln, Bibelteilen und evangelistischen Schriften. Man hielt gemeinsam Bibelsprechstunden und schickte Bibelboten und Reiseprediger durch die Diaspora. Bald erkannte man, daß eine naheliegende „Eingangspforte" zu Katholiken in der konfessionsverschiedenen Ehe lag. So ließ man den Zusatz „unter Katholiken" fallen und wandte sich bewußt der Mischehenseelsorge zu.

Während des Ersten Weltkriegs widmete sich die GAE der Evangeliumsverkündigung an der Front und in den Lazaretten, der Verteilung fremdsprachlicher Evangelien und anderer Schriften, der evangelistischen Seelsorge unter den Kriegsgefangenen aus aller Welt in den Lagern und an den Arbeitsstellen. Nach den Wirren der Nachkriegsjahre wurde die Tätigkeit 1924 wieder aufgenommen.

Während des Zweiten Weltkriegs brach die Arbeit völlig zusammen. Erst 1954 konnte wieder eine ordentliche Mitgliederversammlung stattfinden, und man begann in erster Linie mit der Mischehenseelsorge.

1991 erfolgte mit der Wahl eines neuen Vorstandes abermals ein Neuanfang. Aufgaben und Wirkungsbereich der GAE wurden neu festgelegt. Das Werk widmet sich jetzt vor allem der Volksmission und der Pflege von Kontakten zu evangelischen Kirchen in Mittel- und Mittelosteuropa (Wirkungsbereich früher auch Asien, Afrika und Südamerika). Die Leitung haben Johannes Michalik (Vorsitzender) und Artur G. Ziegenhagen.

Tätigkeit: Volksmission in Zusammenarbeit mit evang. Kirchengemeinden (Schwerpunkt Ostbayern und Oberösterreich), Tagungsangebote für Pfarrer und Pfarrerinnen und andere Mitarbeiter der evang. Kirchen in Mittel- und Mittelosteuropa zu aktuellen Themen in Gemeinden (z. B. Jugend- und Konfirmandenarbeit, Religionsunterricht, Diaspora und Mission, Ökumene oder die Sektenfrage), Austausch von Informationen und Erfahrungen (voneinander lernen), Besuche bei evangelischen Gemeinden in Mittelosteuropa.

Wirkungsbereich: D, A, Estland, Polen, Slowakische Republik, Slowenien, Tschechische Republik, Ukraine, Ungarn.

Publ.: Rundbriefe, Tagungseinladungen.

Innere Ausrichtung: Als Glaubensgrundlage gilt das christliche Glaubensbekenntnis. Die GAE ist Mitglied in der „Arbeitsgemeinschaft Missionarische Dienste" (AMD).

Organisation und Finanzierung: Die GAE ist ein eingetragener und gemeinnütziger Verein. Der Vorstand setzt sich zusammen aus drei deutschen und zwei österreichischen Vertretern sowie einem Vertreter aus einem Land Mittelosteuropas. Den Mitglieder- und Freundeskreis bilden etwa 200 Personen. Die Finanzierung erfolgt durch Spenden, Beiträge der Mitglieder und Zuschüsse seitens der Evangelisch-Lutherischen Kirche in Bayern.

Gesellschaft zur Ausbreitung
des Evangeliums e.V.
Tuchergartenstr. 5
D-90409 Nürnberg
Tel. 0911/536909

Gesellschaft zur Ausbreitung
des Evangeliums
Pfarrer i.R. Josef Malkus
Zehentmaiergasse 6/23, A-5020 Salzburg

Gesprächsforum Leben + Glauben

Das Gesprächsforum begann 1987 zunächst mit 15 örtlichen Gruppen mit jeweils ca. 20 Mitarbeitern. Inzwischen sind 44 Gruppen entstanden. Gründer und Vorsitzender ist Dr. Kurt Scheffbuch (Dipl. Volkswirt, früher ehrenamtlich tätig im CVJM und in der „Studentenmission in Deutschland" sowie bei der „Internationalen Vereinigung Christlicher Geschäftsleute").

Tätigkeit: Das Gesprächsforum will Menschen in Verantwortung ansprechen, die dem christlichen Glauben und der Kirche entfremdet sind, um sie mit der Botschaft von Christus vertraut zu machen.

Im Mittelpunkt der Arbeit stehen Seminare und vielfältige Gesprächsgruppen, die zum Bibelstudium motivieren sollen sowie zur Umsetzung des Glaubens in die Praxis des täglichen Lebens („Leben + Glauben"). Zum Kennenlernen der Arbeit dienen Vorträge zu aktuellen Themen, die die geistliche Dimension vieler Probleme von heute aufzeigen.

Das Gesprächsforum versteht sich außerdem als Trainingsfeld für Christen, die nicht unter sich bleiben wollen, sondern den Kontakt mit Menschen suchen, die außerhalb einer christlichen Gemeinschaft stehen. Das Gespräch mit Andersdenkenden ist eine anspruchsvolle Aufgabe, für die sich die Mitarbeiter in besonderen Seminaren vorbereiten. Manche Teilnehmer von Hauskreisen erleben das Gesprächsforum als willkommene Ergänzung (Öffnung zur Außenwelt und zugleich Begegnungsstätte für Christen mit Nichtchristen).

Wirkungsbereich: D.

Publ.: Rundbriefe, halbjährl.; verschiedene Informationsbroschüren und missionarisches Schrifttum.

Innere Ausrichtung: Grundlage ist der Glaube an den gekreuzigten und auferstandenen Sohn Gottes, Jesus Christus, der wiederkommen wird. Wichtig ist die Durchdringung des persönlichen Lebens durch den Glauben an Jesus Christus und die Zurüstung zum missionarischen Dienst.

Die Arbeit geschieht überkonfessionell. Freundschaftliche Beziehungen bestehen zu freien Werken mit evangelistischer Zielsetzung. Das Gesprächsforum hat ein positives und herzliches Verhältnis zur Evang. Allianz.

Organisation und Finanzierung: Eingetragener Verein, als gemeinnützig anerkannt, mit Vorstand und Beirat; 900 Mitwirkende; Finanzierung ausschließlich durch Spenden aus den eigenen Reihen.

Gesprächsforum Leben + Glauben e.V.
Weinbergstr. 49, D-69469 Weinheim
Tel. 06201/14470

Gideonbund

Der Gideonbund wurde 1899 in den USA gegründet durch John H. Nicholson und Samuel E. Hill, die sich im Jahr zuvor in einem Hotel zusammengefunden hatten, und durch Will J. Knights. Die Bezeichnung „Gideons" weist auf einen Mann der Bibel (Richter 6 und 7), der willig war, das zu tun, was Gott von ihm verlangte. Als eine Möglichkeit des Zeugnisses speziell für Handelsreisende erkannte man das Auslegen von Bibeln in Hotels. Seit 1908 verfolgte der Gideonbund das Ziel, in jedem Hotelzimmer der USA eine Bibel auszulegen. Seit 1937 stellte sich der Gideonbund die Aufgabe, Bibeln oder Neue Testamente an alle Lehrer, an Angehörige der Streitkräfte, an Krankenschwestern und Pflegepersonal und an Schüler und Studenten zu verteilen, außerdem Bibeln in Krankenhäusern, Wartezimmern von Ärzten, Zahnärzten usw. auszulegen. Ab 1947 wurde die Arbeit über Amerika hinaus ausgedehnt. 1956 begann der Gideonbund mit der Tätigkeit in Deutschland (1958 offizielle Gründung als e.V.). 1972 erhielt der deutsche Zweig des Internationalen Gideonbundes die Rechte einer nationalen Vereinigung. Die Leitung hat Friedhelm Löber (Geschäftsführer).

In der Schweiz und in Österreich bestehen keine eigenen Büros. Die gesamte Abwicklung läuft über die internationale Geschäftsstelle in den USA.

Tätigkeit: Das Ziel der Gideons ist es, Menschen für Jesus Christus zu gewinnen. Der Gideonbund strebt dieses Ziel an durch den Zusammenschluß von gläubigen Geschäftsleuten, freiberuflich Tätigen, leitenden Angestellten und leitenden Beamten zu gemeinsamem Dienst, durch das persönliche Zeugnis und den persönlichen Dienst der einzelnen Gideons, durch das Auslegen bzw. Weitergeben von Bibeln und Neuen Testamenten in Hotels, Motels, Krankenhäusern, Schulen usw. sowie durch das Verteilen von sog. Zeugnistestamenten an Einzelpersonen.

Wirkungsbereich: D, A, CH; insgesamt 172 Länder auf allen Kontinenten.

Publ.: „Der Gideon", seit 1963, Aufl. 3.000; „Die Aktuelle Information", seit 1968, Aufl. 3.000; Werbeschriften, Bibeln und Neue Testamente.

Innere Ausrichtung: Die Mitglieder glauben an die Bibel als das inspirierte Wort Gottes, an den Herrn Jesus Christus als den ewigen Sohn Gottes und ihren persönlichen Erlöser, und sie bemühen sich, ihm in ihrem täglichen Leben zu folgen.

Gute Verbindungen bestehen zu allen evang. Kirchen, Freikirchen und Gemeinschaften. Der Gideonbund steht auf dem Boden der Evang. Allianz.

Organisation und Finanzierung: Der Gideonbund ist ein eingetragener Verein (gemeinnützig), der durch den nationalen Vorstand geleitet wird (18 Mitglieder). Er hat über 2.500 Mitglieder in

Deutschland, weltweit ca. 200.000. Die Mittel für den Erwerb von Bibeln und Neuen Testamenten kommen von den Mitgliedern, von evang. Kirchen, Freikirchen und Gemeinschaften und von Freunden des Bundes. Alle Verwaltungsausgaben werden durch Jahresmitgliedsbeiträge und Einzelspenden gedeckt.

*Internationaler Gideonbund
in Deutschland e.V.
Altenberger Str. 6, D-35576 Wetzlar
Postfach 18 22, D-35528 Wetzlar
Tel. 06441/46288, Fax 06441/47219*

*The Gideons International
2900 Lebanon Road
Nashville, Tennessee 37214, USA*

Glaubensbewegung

Eine für die gegenwärtige Praxis pfingstlich-charismatischer Frömmigkeit wichtige Strömung ist die durch die Erfolgstheologie K. E. Hagins und K. Copelands bestimmte „Wort- und Glaubensbewegung". In der Glaubensbewegung (Faith-Movement/Positive Confession Theology) verbindet sich der pfingstlich-charismatische Impuls mit der Kraft des positiven Denkens (Positive Thinking). Über Essek William Kenyon (1867-1948), der die Vertreter der Glaubensbewegung maßgeblich beeinflußte, kamen zentrale Anliegen von New Thought (Neugeist) in den Bereich pfingstlich-charismatischer Frömmigkeit. Kenyon hatte seine Ausbildung im Emerson-College, Boston, erhalten, einem Zentrum dieser Richtung, die die „Macht des Denkens" herausstellte und Einfluß auf Neugeist-Bewegungen wie Christian Science und Unity gewann.

Ein biblisches Schlüsselwort, auf das sich die Glaubensbewegung beruft, ist Röm. 10,8. Ein wesentlicher Grundsatz ist die vorausgesetzte Gesetzmäßigkeit von „Glauben, Proklamieren und Besitzen". Es ist die Überzeugung der Vertreter dieser Bewegung, daß Realität durch die Vorstellungskraft des Geistes und das Bekenntnis des Mundes geschaffen wird. Durch das Proklamieren des göttlichen Gesetzes kann der Mensch Krankheit und Armut überwinden und seine Lebenssituation grundlegend verändern.

Von der Erneuerung des menschlichen Geistes ausgehend, sieht man eine umfassende – auch körperliche – Heilung des Menschen und aller Beziehungen, in denen er lebt, als möglich an. Die diesem Denken zugrundeliegende Anthropologie geht davon aus, daß der Mensch primär ein geistbegabtes Wesen ist, das mit Hilfe seines Geistes und seiner Vorstellungskraft, sofern diese mit Gottes Geist verbunden sind, teilhat an göttlicher Macht und erneuernden und heilenden Einfluß auf Seele und Leib ausüben kann, so daß eine enge und organische Verknüpfung von Evangelium und Wohlergehen, Erfolg und Wohlstand entwickelt wird. Die Möglichkeit, daß man mit Hilfe der „übernatürlichen Kraft" des Heiligen Geistes alle Lebensprobleme in den Griff bekommen kann, wird entsprechend positiv eingeschätzt. Vertreter der Glaubensbewegung sprechen von Gesundheit und Wohlstand als göttlichem Recht, das dem Menschen zusteht.

Das Glaubensverständnis der Bewegung löst den Glauben von seinem Gegenstand, der göttlichen Verheißung, ab und macht aus ihm eine quasi göttliche Kraft im Menschen. Dabei verliert der Glaube sein Gegenüber in der Zusage des Evangeliums und wird zum Glauben an die in der geisthaften Existenz des Menschnen begründete Glaubensmacht. Lehre und Praxis der Glaubensbewegung werden zugleich bestimmt von zahlreichen weiteren fundamentalistischen Motiven (z.B. dualistisches Weltbild, Dämonisierung des Alltags, Unmittelbarkeitspathos, autoritative Führungsstrukturen).

Publizistisch wird die Glaubensbewegung in den Schriften von Kenneth Hagin, Kenneth Copeland, Frederick K.C. Price, Paul bzw. David Yonggi Cho u.a. konkret. 1979 wurde in Tulsa/Oklahoma eine „International Convention of Faith Churches" gegründet.

Seit den 70er Jahren bildeten sich auch in Deutschland Zentren, Guppen und Gemeinden, die von Lehren und Praktiken der Glaubensbewegung beeinflußt sind. Ein starker missionarischer Eifer und ein großes Engagement im Aufbau und der Gründung neuer Gemeinden sind Kennzeichen für diese Richtung. Große ausstrahlende Gemeinden, die Anliegen der Glaubensbewegung aufgegriffen haben, sind in Deutschland etwa die „Christliche Gemeinde", Köln, die „Gemeinde auf dem Weg", Berlin, die „Biblische Glaubens-Gemcinde" in Stuttgart, das „Gospel Life Center" (früher: „Wort des Glaubens – Christliches Zentrum") in München (hier ist die Beziehung zur Glaubensbewegung am intensivsten) und das „Missionswerk Lebendiges Wort" in Hildesheim. In der Schweiz ist es u.a. die „Zoe Evangelistische Vereinigung" in Zürich, in Österreich u.a. „Agape Christliche Vereinigung" in Salzburg. In Deutschland finden zweimal im Jahr Pastorentreffen in Berlin (Gemeinde auf dem Weg) und Stuttgart (Biblische Glaubens-Gemeinde) statt, bei denen sich Leiter neuer Gemeinden treffen, die das Anliegen der Glaubensbewegung aufgenommen haben (ca. 180 Gemeinden, davon 30 in den neuen Bundesländern).

Auch wenn Vertreterinnen und Vertreter dieser und anderer neuer charismatischer Gemeinden sich nicht restlos mit der Wohlstandstheologie identifizieren wollen und teilweise angeben, sich von Lehren und Praktiken der Glaubensbewegung abzusetzen, sind Berührungen unverkennbar. Dies kann eine Beurteilung im Einzelfall schwierig machen, da sich Anliegen der charismatischen Erneuerung mit problematischen Verzerrungen des christlichen Zeugnisses vermischen können und christliche Sprachformen für Sachverhalte verwendet werden, die dem christlichen Glauben fremd sind (z.B. glauben, bekennen).

Theologie und Praxis der Glaubensbewegung werden zwar auch innerhalb der charismatischen Bewegung kritisch gesehen, der Mut zu deutlicheren Abgrenzungen ist jedoch eher schwach ausgebildet.

Lehre und Praxis der Glaubensbewegung können aus bibeltheologischen und seelsorgerlichen Gründen nicht für sich in Anspruch nehmen, Ausdruck eines authentischen christlichen Zeugnisses zu sein. Überzogene Heilungsversprechungen bauen einen Erfolgsdruck auf, der die Gebrochenheit christlichen Lebens unterschätzt und die Verborgenheit Gottes in der Welt nicht ernst genug nimmt. Gegenüber der Heilungspraxis sind Bedenken vor allem deshalb anzumelden, weil Menschen, die keine Heilung erfahren, an ihrem Glauben verzweifeln oder auch psychischen Schaden erleiden können. Eine theologisch und seelsorgerlich unakzeptable Orientierung liegt vor, wenn Erfolge und Siege mit Gottes Segen, Mißerfolge und Niederlagen mit Gottes Fluch, wenn Gesundheit und Wohlstand mit Gottes Ja, Krankheit und Armut mit Gottes Nein gleichgesetzt werden. Damit wird die Offenbarung Gottes im Kreuz Christi verleugnet und übersehen, daß Gott fern sein kann, während wir ihn im Erfolg und Wohlstand auf unserer Seite wähnen.

Lit.: D. R. McConnell, Ein anderes Evangelium? Eine historische und biblische Analyse der modernen Glaubensbewegung, Hamburg 1990; L. Lovett, Positive Confession Theology, in: Dictionary of Pentecostal and Charismatic Movements, ed. by St. M. Burgess and G.B. McGee, Grand Rapids, Michigan 1987, 718-720.

Glaubenszentrum Bad Gandersheim

bis 1987: Glaubenszentrum Wolfenbüttel

Das Glaubenszentrum ist hervorgegangen aus „Christ for the Nations", einem 1970 von dem Heilungsevangelisten Gordon Lindsay gegründeten Missionswerk mit Bibelschule in Dallas/Texas. 1975 kam Bob Humburg mit einem Team nach Deutschland und begann mit der Bibelschularbeit in Wolfenbüttel. 1987 siedelte man nach Bad Gandersheim über, wo ein größerer Gebäudekomplex erworben werden konnte. Heutiger Leiter ist Mike Chance.

Tätigkeit: Das Glaubenszentrum wirkt als Bibelschule, Konferenzzentrum, Missionsbasis und Gebetszentrum. Zu den Angeboten zählen die Jüngerschaftsschule (1. Schuljahr), die Mitarbeiterschule (2. Schuljahr) und die Pastoren- und Missionsschule (3. Schuljahr). In den Sommerferien findet eine Sommerbibelschule statt. Zur Tätigkeit des Glaubenszentrums gehören außerdem Kurzbibelschulen, Seminare und Konferenzen sowie Kinder- und Teenagerarbeit, Verkündigung, Gebet, Lobpreis und Anbetung. Das Glaubenszentrum entsendet Einsatzteams zu Evangelisationen und bietet einen Mediendienst an.

Wirkungsbereich: D, CH, A, Osteuropa.
Einrichtungen: Zentrum und Gästehaus in Bad Gandersheim.
Publ.: Rundbriefe, zweimonatl.; Bücher, Audio- und Videokassetten, Musikproduktionen.
Innere Ausrichtung: Die Bibel als das inspirierte Wort Gottes bildet die Glaubens- und Lebensgrundlage. Gläubige Christen sollen ausgerüstet werden, damit sie in der Liebe Gottes und der Kraft des Heiligen Geistes und der Geistesgaben hinausgehen, um die Gemeinde zu stärken und den Verlorenen die gute Botschaft zu bringen. Das interkonfessionelle Trainingszentrum möchte bibeltreue Jünger, tragfähige Mitarbeiter und qualifizierte Leiter für das Reich Gottes heranbilden.

Das Glaubenszentrum versteht sich als nationales charismatisch geprägtes Erweckungszentrum, das dem Leib Christi dienen möchte und mit vielen Gemeinden, Werken und Gruppen zusammenarbeitet.

Organisation und Finanzierung: Eingetragener Verein („Christ for the Nations – Glaubenszentrum e.V."), als gemeinnützig anerkannt; ca. 30 hauptamtliche Mitarbeiter in der Schule und etwa 15 Praktikanten (ehemalige Schüler, die ein zusätzliches Jahr in der Schule mitarbeiten); Finanzierung durch Spenden, Schulgelder, Tagungsgebühren, Medienverkauf.

Glaubenszentrum Bad Gandersheim
Dr.-Heinrich-Jasper-Str. 20
D-37581 Bad Gandersheim
Tel. 05382/9300, Fax 05382/930100

Internationale Organisation:
Christ For The Nations
P.O. Box 769000
Dallas, TX 75376-9000, USA

Globe Europe Missionsgesellschaft (GEM)

Im Zuge neuer geistlicher Erweckungen sind immer auch neue Einrichtungen für die äußere Mission entstanden. Im charismatisch-neupfingstlerischen Bereich in Deutschland fehlte es bisher an einer Organisation für die überregionale Koordination missionarischer Tätigkeit. Nachdem 1989 auf einer nationalen Gebetskonferenz von „Fürbitte für Deutschland" der Ruf nach einer entsprechenden Organisation erging, entstand 1990 die „Globe Europe Missionsgesellschaft".

Gründer ist B. Bradford Thurston (geb. 1951 in den USA, aufgewachsen als Sohn eines Missionars in Beirut/Libanon). Er wirkte von 1977 bis 1981 als Evangelist in Großbritannien. Heute hat B. Bradford Thurston II die Leitung.

Tätigkeit: Ziel ist, sendende Gemeinden in Deutschland bei der Ausführung des Missionsauftrags zu unterstützen. Dabei übernimmt die Gemeinde verantwortlich die Aussendung des Missionars, die Missionsgesellschaft führt Unterstützungs- und Hilfsdienste durch, die von den einzelnen Gemeinden nur schwer wahrgenommen werden könnten (z.B. Abwicklung des Zahlungsverkehrs, Ausstellung von Spendenquittungen, Vertrieb der Freundesbriefe, Übermittlung von Missionsinformationen, Beratung und Unterstützung bei der sozialen Absicherung und bei juristischen Angelegenheiten, geistliche, seelsorgerliche und praktische Hilfe für die Missionare, Durchführung von Seminaren und Missionskonferenzen).

Aufgaben im Missionsland sind Evangelisation, Gründung von Hauskreisen, Jüngerschaftsseminare, Gemeindegründung, medizinische Versorgung, Waisen- und Witwenpflege, Erziehung sowie Kinderpatenschaften in verschiedenen Ländern.

Wirkungsbereich: Weltweit.

Publ.: „GEM-News" und „Adopt-a-Child-News" (Rundbriefe), Prospekte zu allen Missionaren und Projekten.

Innere Ausrichtung: Glaubensgrundlage ist das Wort Gottes, die Bibel, ohne Abstriche. In einem „Richtlinienhandbuch" wird die „Lehre der GEM" in 18 Punkten dargelegt.

GEM arbeitet mit „Globe Missionary Evangelism" in den USA eng zusammen und hat Kontakte zur „Arbeitsgemeinschaft Pfingstlich-Charismatischer Missionen", zum „Glaubenszentrum Bad Gandersheim", zum JMS-Altensteig, zu „Jugend mit einer Mission", zur „Liberty Fellowship" (USA), zum „Christus Zentrum Augsburg" und zu anderen kirchlichen und freikirchlichen Gemeinden aus dem charismatischen Bereich.

Organisation und Finanzierung: GEM ist ein eingetragener Verein (mit anerkannter Gemeinnützigkeit) mit Vorstand und Mitgliedern. Die Finanzierung wird durch Spenden ermöglicht. Die ausgesandten Missionare sind selbst verantwortlich für die Erhebung des Spendenfonds, der für ihre Unterstützung nötig ist.

Globe Europe
Missionsgesellschaft e.V.
Keramagstr. 47a, D-46483 Wesel
Tel. 0281/64975, Fax 02857/80016

Gospelgemeinde

Ein erster Gottesdienst fand 1987 im kleinsten Kreis bei Familie Pepper statt. Martin Pepper, ausgebildet im Glaubenszentrum Wolfenbüttel (heute Bad Gandersheim) und in der Mutterschule „Christ for the Nations Institute" in Dallas (Texas), dann im „Bund Freikirchlicher Pfingstgemeinden" (BFP) ordiniert, hatte von 1980 bis 1985 als Pastor des „Christlichen Zentrums Berlin" (CZB) neben Volkhard Spitzer gewirkt. Nach einem einjährigen Studienaufenthalt in den USA begann er, in Verbindung mit dem Freikirchlichen Evangelischen Gemeindewerk eine Pioniergemeinde in Berlin aufzubauen. Die Gospelgemeinde startete als eine Art Hausgemeinde und ist inzwischen auf etwa 100 Gottesdienstbesucher angewachsen. Anfang 1996 wurde eine Tochtergemeinde ausgesandt (Alpha-Omega-Projekt).

Tätigkeit: Die vier Stützpfeiler, auf denen die Gemeindearbeit der Gospelgemeinde stehen soll, heißen „Annehmen – Aufrichten – Ausbilden – Aussenden". In den Sonntagsgottesdiensten und Hauskreisen wird christliche Gemeinschaft auf der Grundlage eines reformatorischen Bibelverständnisses gepflegt. Die Leiter und leitenden Mitarbeiter kommen monatlich zu einem Austausch- und Schulungstreffen zusammen. Auch werden Gemeindebibelschule und Aufbauseminare angeboten.

Publ.: „Gospel-Flyer", monatl., Aufl. 100.

Innere Ausrichtung: Die Gospelgemeinde gehört dem „Freikirchlichen Evangelischen Gemeindewerk in Deutschland" (fegw – s. ebd.) an, das zur „International Church of the Foursquare Gospel", einer pfingstlichen Richtung, gehört. Glaubensgrundlage sind die altkirchlichen Glaubensbekenntnisse. In ihrem Grundsatzprogramm führt die Gospelgemeinde ihr Selbstverständnis in sechs Leitsätzen aus. Außerdem übernimmt sie das Glaubensbekenntnis des Freien evangelischen Gemeindewerks mit 22 Punkten. Der Sühnetod Jesu und seine Auferstehung werden als Basis für ein versöhntes Dasein mit Gott, für Heilung und Erneuerung der Persönlichkeit angesehen.

Organisation und Finanzierung: Die Gospelgemeinde ist Arbeitszweig eines eingetragenen Vereins (Freikirchliches Evangelisches Gemeindewerk) mit religiöser Gemeinnützigkeit. Leitungsgremien sind der Finanzrat (organisatorische, finanzielle und verwalterische Angelegenheiten) und der Gemeinderat (planerische, seelsorgerliche Anliegen, Fürbitte und geistliche Betreuung).

Gospelgemeinde
Freikirchliches Evangelisches Gemeindewerk in Deutschland e.V.
Merseburger Str. 3, D-10823 Berlin
Tel. 030/7826620, Fax 030/7825937

Hamburger Arbeitskreis für Ausländer (HAFA)

früher: Hamburger Arbeitskreis für Ausländermission

1986 fand ein erstes Treffen von Christen statt, die unter Ausländern missionieren (im Hamburger Raum). Daraus entstand der Arbeitskreis. Die Leitung hat Daniel Aanerud.

Tätigkeit: Verbreitung des Evangeliums in Wort und Tat unter Ausländern.

Innere Ausrichtung: Arbeitskreis der Evang. Allianz Hamburg.

Hamburger Arbeitskreis für Ausländer
Sierichstr. 100, D-22299 Hamburg
Tel. 040/4803542

Helimission

Die Helimission wurde 1971 gegründet und wird von Ernst Tanner geleitet.

Tätigkeit: Helikopterflüge zum Kraftstoffpreis für Missionsarbeit und Ent-

wicklungshilfe; Medizin-, Material-
und Krankentransporte, medizinische
und evangelistische Einsätze in unweg-
samen Gebieten in Äthiopien, Kamerun, Kenia, Madagaskar und in Albanien; Katastropheneinsätze.
Innere Ausrichtung: Evangelikal.

Stiftung Helimission
Bleiche 336, CH-9043 Trogen
Tel. 071/942404, Fax 071/942476

Helimission e.V.
Rottweilerstr. 2
D-78713 Schramberg/Sulgen
Tel./Fax 07422/53990

Herold-Schriftenmission

Initiator der Arbeit der Herold-Schrif-
tenmisson ist Elmer Klassen (geb. 1929
in Kansas). Er wuchs in einer mennonitischen Brüdergemeinde auf, kam mit
17 Jahren zur Heilsgewißheit und fing
an zu missionieren. Später besuchte er
eine Kurzbibelschule. 1954/55 begann
er in Deutschland mit Straßenmission.
Auf Anfrage des Ehepaars Moore, das
seit 1942 die Zeitschrift „Herald of His
Coming" herausgab, besorgte er seit
1957 eine deutsche Ausgabe dieser monatlichen Erweckungsschrift. Fünf Jahre später übernahm er auch die hollän-
dische Ausgabe. Elmer Klassen gab die
Arbeit 1985 ab, seine verantwortliche
redaktionelle Mitarbeit beendete er
1988. Die Leitung hat heute Wolfgang
Gerstenberg (geschäftsführender Vor-

sitzender). Die Missionsarbeit geschieht seit 1987 im Rahmen eines eingetragenen Vereins.
Tätigkeit: Herausgabe der Zeitschrift
„Herold seines Kommens", Versand
von erwecklichen Schriften und Büchern.
Wirkungsbereich: Vorwiegend D, Holland, Frankreich, Italien.
Publ.: „Herold seines Kommens", seit
1957, monatl., Aufl. 160.000; Broschüren, Traktate, Taschenbücher.
Innere Ausrichtung: Die Wiederkunft
des Herrn und die Zubereitung seiner
Gemeinde (durch Gebet, Fasten, Heiligung, aber auch durch Mission und
Evangelisation) sind Hauptthemen der
Verkündigung. Das Gebet um geistliche Erweckung wird als sehr wichtig angesehen.
Organisation und Finanzierung: Eingetragener Verein mit fünf festen Mitarbeitern, einigen Teilzeit-Beschäftigten
und einer Reihe ehrenamtlicher Mitarbeiter; Finanzierung durch Spenden.

Herold-Schriftenmission e.V.
Berliner Str. 8, D-35614 Aßlar
Postfach 12 20, D-35608 Aßlar
Tel. 06441/ 98100-6/7
Fax 06441/981008

Internationale Organisation:
Herald of His Coming
P.O. Box 886
Newton, Kansas 67114, USA

Hilfsaktion Märtyrerkirche (HMK)

Die HMK wurde 1969 gegründet, nachdem Richard Wurmbrand (geb. 1909, lutherischer Pfarrer rumänisch-jüdischer Abstammung) über die Leiden verfolgter Christen berichtet hatte. Pfarrer Wurmbrand hat viele Jahre in verschiedenen rumänischen Gefängnissen zubringen müssen. 1948 wurde er auf der Straße verhaftet und hat von da an ohne Prozeß insgesamt 14 Jahre in Haft verbracht. 1964 wurde er im Zuge einer allgemeinen Amnestie aus dem Gefängnis entlassen. 1965 gelang es dem Ehepaar Wurmbrand auf Betreiben einer norwegischen Mission, in den Westen auszureisen. Inzwischen hat die HMK Vertretungen in über 40 Ländern der Welt. In 60 Ländern bezieht man ihre Mitteilungshefte und andere Publikationen.

Die Leitung des Werks hat in Deutschland Hans Martin Braun, in der Schweiz Linus Pfister und in Österreich Gernot Schwarzinger.

Tätigkeit: Zur Tätigkeit der HMK gehören die Herstellung und der Transport religiösen Schrifttums, außerdem finanzielle und materielle Hilfeleistung für christliche Gemeinden und Einzelpersonen, die Einrichtung von Literaturzentren und Druckereien in ehemals kommunistischen Staaten, Radioarbeit in deutscher, arabischer und lettischer Sprache sowie Informationsveranstaltungen im Westen. Die Hilfe der HMK soll ausnahmslos allen christlichen Konfessionen und Denominationen zugute kommen. Auch Juden sind in das Hilfsprogramm einbezogen. Die HMK arbeitet an einer Ausstellung über Christenverfolgung im 20. Jahrhundert sowie über Christen im Untergrund.

Wirkungsbereich: Alle ehemals kommunistischen Staaten, islamische Staaten.

Einrichtungen: „Stephanus Verlag" und „Stephanus Druckerei", Missionsverwaltung, Radio „Stephanusbotschaft".

Publ.: „Kurier/Stimme der Märtyrer", seit 1969, monatl., Aufl. 40.000 (D), 10.000 (CH), 1.300 (A); Verteilschriften, Bücher und Filme.

Innere Ausrichtung: Das Werk ist überkonfessionell. Unter den Mitarbeitern gibt es nicht nur Vertreter aller drei großen christlichen Konfessionen, sondern auch Angehörige evang. Freikirchen. Auch im Spenderkreis kommt diese Vielfalt zum Ausdruck. Die HMK bezieht sich ausdrücklich auf die Basis der Evang. Allianz, arbeitet jedoch nicht in der Evang. Allianz mit.

Organisation und Finanzierung: Die HMK ist Mitglied der „International Christian Association" (ICA). Diese Dachorganisation vereint die Missionen, die weltweit von Pfarrer Wurmbrand ins Leben gerufen wurden. Die nationalen Missionen sind aber autonom. Der deutsche, der Schweizer und der österreichische Verein „Hilfsaktion Märtyrerkirche" besitzen je eigene und recht unterschiedliche Statuten. Der deutsche Verein (als gemeinnützig anerkannt) hat ca. 25 Mitglieder und beschäftigt 15 hauptamtliche Mitarbeiter. In der Schweiz hat der Verein 40 Mitglieder, sechs hauptamtliche und ca. 20

ehrenamtliche Mitarbeiter. Der österreichische Verein hat drei Mitglieder
und zwei ehrenamtliche Mitarbeiter.
Alle drei Vereine tragen sich zu 100%
von Spenden.

Hilfsaktion Märtyrerkirche e.V.
Postfach 11 60, D-88683 Uhldingen
Tel. 07556/92110, Fax 07556/921130

Hilfsaktion Märtyrerkirche
Postfach 50, CH-3608 Thun
Tel. 033/351454, Fax 033/366861

Hilfsaktion Märtyrerkirche
Postfach 33, A-1213 Wien
Tel./Fax 02246/28374

International Christian Association
Postfach 11 60, D-88683 Uhldingen

Horizonte weltweit

Die international tätige Organisation
„World Horizons" entstand 1976 in
Großbritannien durch Dr. Roland
Evans (geb. 1936). Die Organisation
entwickelte sich aus den ersten Bibel-
camps für Studenten in Frankreich und
Expeditionen nach Nordafrika. Seit
1982 besteht eine ständige Arbeit in
Frankreich, seit 1983 in Nordafrika, seit
1984 in Westafrika, seit 1985 in Spanien, seit 1988 im Nahen Osten und in
Süd-Ost-Asien, seit 1989 in Australien
und Deutschland, seit 1990 in Brasilien
und Tansania.
Im deutschsprachigen Raum waren ab

Mitte der 80er Jahre von Wales her
evangelistische Sommerteams tätig, im
Sommer 1990 auch in der damaligen
DDR. Es reifte der Entschluß, die deutsche Zentrale in Ostdeutschland zu er-
richten. Dr. Andreas Franz (geb. 1958,
Missionswissenschaftler) baute ab 1991
die Arbeit in Uhrsleben in Sachsen-Anhalt auf. Der Verein „Horizonte weltweit e.V." wurde gegründet.
In Sachsen entstanden 1992 die ersten
Kontakte zwischen dem „Missions-
Team Dresden" und „Horizonte weltweit", Uhrsleben, in Form von gemeinsamen Missionskonferenzen und missionarischen Einsätzen in Osteuropa.
Nach einem achtmonatigen Praktikum
der Familie Holey in Uhrsleben und einem Gemeindebau-Praktikum von
Frank J. und Brigitta Arnold in Südafrika wurde 1996 ein zweiter Verein „Horizonte weltweit e.V. 'Eckstein'" gegründet, aus dem wenig später die „Eck-
stein-Gemeinde" in Dohna hervorging.
Der Verein in Sachsen wird geleitet von
Frank J. Arnold und Carsten Holey.
Tätigkeit: Zur Tätigkeit von „Horizonte
weltweit" in Sachsen-Anhalt gehört eine Theologisch-Missionswissenschaft-
liche Akademie, die mit der „New Covenant International University" in Florida, USA, zusammenarbeitet. Der Verein entsendet und betreut deutsche
Missionare in Horizons-Teams (bisher
in Äthiopien, Frankreich, Italien, Nordafrika und Spanien). Außerdem bietet er
praxisorientierte Beratung an für Gemeinden, die selbst Missionare senden
möchten sowie für Gemeinden und
christliche Werke, die theologische

Schulungsprogramme aufbauen wollen. Wo eine Eingliederung der durch „Horizonte weltweit" erreichten Menschen in bestehende Gemeinden nicht gelingt, werden neue Gemeinde gegründet, vor allem in Übersee. Zur Tätigkeit des Vereins „Horizonte weltweit 'Eckstein'" in Sachsen gehören evangelistische und soziale Aktivitäten in Osteuropa, theologische Schulungen im In- und Ausland, die Förderung und Unterstützung missionarischer Aktivitäten sowie Gemeindegründung in Dohna als Basis zur Entsendung und Betreuung von Missionaren.
Wirkungsbereich: 30 Länder auf allen Kontinenten.
Einrichtungen: Häuser in allen Ländern mit ständigen Teams.
Publ.: Infobriefe (jedes Team).
Innere Ausrichtung: Die Gründungsmitglieder haben verschiedene konfessionelle Hintergründe. Die Glaubensgrundlage der Evang. Allianz wird von den Mitgliedern akzeptiert. Die englische Organisation ist Mitglied bei „Evangelical Missionary Alliance". Der Verein orientiert sich an der Lausanner Verpflichtung. Man ist offen für das Wirken des Heiligen Geistes und streckt sich nach allen seinen Gaben aus. Als Prinzip gilt: „Jeder diene mit der Gabe, die er empfangen hat" (1. Petr. 4, 10).
Organisation und Finanzierung: Beide Vereine sind als gemeinnützig und mildtätig anerkannt. Die Vorstände bestehen aus jeweils drei Personen. In Uhrsleben sind fünf Mitarbeiter vollzeitlich angestellt, in Dohna einer. Für

die internationale Organisation „World Horizons" sind weltweit ca. 330 Missionare tätig. Die Finanzierung erfolgt überwiegend durch Spenden.

Horizonte weltweit e.V.
Dorfstr. 46, D-39343 Uhrsleben
Tel. 039052/6452, Fax 039052/6453

Horizonte weltweit e.V. „Eckstein"
Weesensteiner Str. 2 a, D-01809 Dohna
Tel./Fax 03529/515409

World Horizons
North Dock, Llanelli
Dyfed SA15 2LF, Wales, GB

Inter-Mission

Die Inter-Mission wurde 1964 gegründet, und im Jahre 1965 wurden in Indien die ersten zehn Waisenkinder in ein Heim aufgenommen und betreut. Ziel der Arbeit war und ist die Verkündigung der guten Nachricht durch Wort und Tat. 1972 entstand in Hannover die Teestube „Jesus-Treff", in der im Laufe der Zeit viele Jugendliche aus Drogenkreisen und Randgruppen zum Glauben fanden. Diese Arbeit mündete in eine Gemeindearbeit mit dem Namen „Koinonia". 1993 wurde mit einer missionarisch-diakonischen Arbeit unter Obdachlosen in Hannover begonnen. Seit 1983 steht die Inter-Mission in Deutschland unter der Leitung von Markus Egger.

1973 wurde in Madras ein indischer Tochterverein gegründet (Inter-Mission Industrial Development Ass.), hauptsächlich um Lehrwerkstätten aufzubauen. Jochen Tewes, der damalige 2. Vorsitzende der Inter-Mission, siedelte sich 1973 in Madras an, um ein Ausbildungsprogramm für Kinder aufzubauen und später die Arbeit in Indien insgesamt zu koordinieren. 1996 wurde der „Inter-Mission India Trust" als vertretende Organisation der Inter-Mission in Indien gegründet (Leitung: U. Benjamin). Im selben Jahr erfolgte die Gründung von „IMCARES Bombay" als Trägerverein des AGAPE- und PACE-Projektes in Bombay.

Tätigkeit: Zur Tätigkeit der Inter-Mission in Deutschland gehören die Obdachlosenarbeit „Kaffee-Pott" und missionarische Öffentlichkeitsarbeit im „Café Lichtblick" in Hannover, außerdem Informationsveranstaltungen über Indien-Arbeit und Verkündigungsdienste von Predigern aus Indien.

In Indien unterstützt die Inter-Mission ca. 2.200 Kinder und Lehrlinge in Heimen, ca. 600 Kinder in Tagesschulen, 130 Missionare, 30 Bibelschüler und mehrere Lehrwerkstätten. Zur Tätigkeit gehört auch die Unterstützung des PACE- und des AGAPE-Projektes in Bombay (sozial-missionarische Arbeit unter Bürgersteig- und Slumbewohnern, Prostituierten und ihren Kindern, Alten und Kranken; Rehabilitationsprojekt; Arbeit unter AIDS-Gefährdeten).

In Indonesien unterstützt die Inter-Mission christliche Lehrer.

Wirkungsbereich: D, CH, A, Indien, Indonesien, Großbritannien, Holland.

Einrichtungen: Büro der Inter-Mission Deutschland in Hannover mit Werkstatt; „Cafe Lichtblick" in Hannover; Zentralbüro in Madras/Südindien; Kinderheime, Tagesschulen, Lehrwerkstätten, Schulen, Heimleiterschule in Indien.

Publ.: „PERSÖNLICH" (Freundesbrief), vierteljährl.; Videos, Dias, Broschüren, Traktate.

Innere Ausrichtung: Im Mittelpunkt steht der Glaube an Jesus Christus als Gottes Sohn, wie er im Neuen Testament bezeugt ist. Er hat nicht nur die Macht, Sünden zu vergeben, sondern den Menschen in seiner Gesamtheit heil zu machen. Die Ausrichtung der Mission ist interkonfessionell, d.h. sie möchte mit möglichst vielen Konfessionen zusammenarbeiten in dem Auftrag, „alle Völker zu Jüngern zu machen", ohne sich an trennende Dogmen zu binden. Jesus Christus ist der Herr der Mission und das Haupt der Gemeinde. Von daher versteht sich die Inter-Mission als Teil des weltweiten Leibes Christi und als abhängig von Christus selbst.

Organisation und Finanzierung: Eingetragener Verein, als gemeinnützig anerkannt; Vorstand als Weisungs- und Kontrollgremium; Büro und Obdachlosenarbeit in Hannover mit ca. fünf Mitarbeitern; Zentrale für Indien in Madras mit ca. 15 Mitarbeitern; Freundeskreis ca. 4.500 Personen in Deutschland und anderen Ländern; Freundeskreis in der Schweiz (als eigener Verein organisiert) mit ca. 1.000 Personen; Finanzierung durch Spenden von Einzelpersonen oder von Gemeinden; für große Projekte vereinzelt Hilfe kirchlicher oder staatlicher Hilfsorganisationen.

Inter-Mission e.V.
Kestnerstr. 20 a, D-30159 Hannover
Tel. 0511/283740, Fax 0511/2837430

International Christian Chamber of Commerce (ICCC)

Gründer ist der schwedische Industrielle Gunnar Olson. 1986 fand ein erstes internationales Treffen in Antwerpen statt.
Der deutsche Zweig entstand 1988 durch Kontakte anläßlich der Veranstaltung „Washington for Jesus" in Washington, D.C. Deutscher Präsident ist Claus Philippin (Dipl. Volkswirt, Geschäftsmann, Unternehmensberater).
Tätigkeit: ICCC möchte in geschäftlichen Aktivitäten engagierte Menschen ansprechen, die interessiert sind, ihren beruflichen Weg im Glauben zu gehen, die erkannt haben, daß die Trennung zwischen dem geschäftlichen Bereich und ihrem Leben als Christen unnatürlich, schmerzhaft und nicht von Gott gewollt ist, die den Wunsch haben, daß Gott sich durch ihre geschäftlichen Aktivitäten verherrlichen kann.
ICCC bietet Kommunikation und Information an (z.B. durch Veröffentlichungen), außerdem Lehre und Schulung (Seminare, Konferenzen und Pu-

blikationen). Die Organisation unterstützt Projekte in aller Welt durch Gebet, finanzielle Hilfe und persönliches Engagement der Mitglieder. Wenn Mitglieder oder deren Firmen in Schwierigkeiten sind, bietet ICCC geistliche und materielle Hilfe an. Außerdem besteht das Angebot eines Schlichtungsdienstes, wenn es Uneinigkeiten und Streitigkeiten im geschäftlichen Bereich gibt.
Wirkungsbereich: Ca. 65 Nationen auf allen Kontinenten.
Publ.: Prospekte, Einladungen, Mitgliedermagazin, Audio- und Videokassetten.
Innere Ausrichtung: Grundlage ist „die Bibel, die als von Gott eingegebenes, wahres, fehlerfreies und vollständiges Wort Gottes verstanden wird". „Den Gläubigen ist die Erfüllung durch den Heiligen Geist und die Erfahrung seiner Kraftwirkungen verheißen" (Satzung).
Die Gruppe besteht aus Mitgliedern aller Denominationen. Als sehr wichtig wird angesehen, daß die Liebe Gottes untereinander weitergegeben und praktiziert wird.
Verbindungen bestehen zu solchen Gruppierungen, die Jesus Christus als ihren persönlichen Erlöser anerkennen, die das Reich Gottes hier bauen und den Heiligen Geist als Realität und die Führung durch ihn akzeptieren. Zusammenarbeit besteht v.a. mit den nationalen und internationalen „Fürbitte" – Organisationen (Intercessors) wie „Fürbitte für Deutschland".
Organisation und Finanzierung: Einge-

tragener Verein, als gemeinnützig anerkannt, mit Vorstand, Vereinsleitung
und Beirat; feste Mitgliedschaft mit be-
stimmtem Jahresbeitrag; Finanzierung
zu 10% durch Mitgliedsbeiträge, zu
90% durch Subskriptionskosten.

ICCC-Deutschland e.V.
Internationale Christliche Handelskam-
mer
Tilgshausenstr. 44, D-71229 Leonberg
Postfach 61 48, D-71214 Leonberg
Tel. 07152/6620

ICCC-International Office
Hjelmarbergets Företagscenter
Mosasvägen
70231 Örebro, Schweden

Internationale Arbeitsgemeinschaft Mission (IAM)

Nachdem man 1990 mit evangelistischen Einsätzen in Ostdeutschland begonnen hatte, wurde 1991 die IAM gegründet. Sie wurde zunächst in Erfurt
aktiv, so daß 1992 die Missionsgemeinde Erfurt (Evangelische Freikirche)
entstand, im darauffolgenden Jahr die
Missionsgemeinde Jena. Die Gemeindegründung in Weimar ist vorbereitet.
In Kahla und Gotha wurde mit Hauskreisarbeit begonnen. Leiter des Missionswerks ist Günther Schulz.
Tätigkeit: Die evangelistischen und missionarischen Einsätze werden durch Bi-
belschul-Teams und Freizeitgruppen
durchgeführt. Neun Mitarbeiter sind in

den verschiedenen Städten Thüringens
tätig in den Bereichen Gemeindearbeit,
Schulungsarbeit, Gemeindeseminare
sowie Jugend- und Kinderarbeit.
Wirkungsbereich: D (Ausland in Vorbereitung).
Publ.: Freundes- und Gebetsbrief, zweimonatl., Aufl. 1000.
Innere Ausrichtung: Grundbasis ist die
Bibel, göttlich inspiriert, somit höchste
Autorität für alle Fragen des Glaubens
und des Lebens. Die persönliche Beziehung zu Jesus Christus mit Lebensübergabe an ihn wird als notwendig angesehen.
Verbindungen bestehen zu bibeltreuen
Gemeinden auf der Glaubensbasis der
Evang. Allianz (Mitarbeit bei ProChrist
'93 und '95). Besonders eng ist die Zusammenarbeit mit der Freien Theologischen Fachschule, Breckerfeld (Bibel-
Center), da alle derzeitigen Mitarbeiter
Absolventen dieser Ausbildungsstätte
sind. Evangelistische Einsätze werden
mit Schülern dieser Bibelschule durchgeführt.
Organisation und Finanzierung: Die IAM
ist ein eingetragener Verein, als gemeinnützig anerkannt. Sie arbeitet mit
neun hauptamtlichen und vier ehrenamtlichen Mitarbeitern. Die Finanzierung geschieht ausschließlich durch
freiwillige Spenden von Missionsfreunden.

Internationale Arbeitsgemeinschaft
Mission e.V.
Frankfurter Str. 69
D-58339 Breckerfeld

Internationale Evangelikale Laiengemeinschaft

Das Werk (The Laymen's Evangelical Fellowship, LEF) entstand 1935 in Indien. Der Name besagt nicht, daß es zum mainstream evangelikaler Frömmigkeit gehört. N. Daniel (Vater des heutigen Leiters Joshua Daniel), der in einem christlichen Elternhaus aufwuchs, bekehrte sich mit 16 Jahren. Als Student kam er in Kontakt mit Sadhu Sundar Singh. 1935 – schon im Schuldienst als Mathematikdozent – übernahm er in Madras die Verantwortung für den Aufbau und die Leitung eines Heimes für arbeitslose junge Akademiker. Außerdem hielt er Erweckungsversammlungen. Viele Menschen bekehrten sich, Wunder ereigneten sich, Gebetskreise entstanden. Daniels Sohn Joshua Daniel bekehrte sich mit 15 Jahren. Nach seinem Universitätsexamen begann er mit der Arbeit für Jesus (Studentenlager, Rüstzeiten, missionarisch-medizinische Arbeit).

Etwa seit 1960 bereist Joshua Daniel europäische Länder. Aus kleinen Anfängen entstand auch in Deutschland ein Arbeitszweig der LEF. An verschiedenen Orten (z.B. Heidelberg, St. Georgen, Spaichingen, Mundelsheim) bildeten sich verbindliche Kreise, die regelmäßig zu Bibelstudium und Gebet und zur gegenseitigen Glaubensstärkung zusammenkommen. Die Leitung in Deutschland hat Ulrike Papst.

1975 wurde mit der Arbeit in der Schweiz begonnen.

Tätigkeit: Erweckungsarbeit in Indien und Zurüstung von Missionaren, die in Indien und weltweit tätig werden (über 300 Zentren mit vielen tausend Gliedern); Bibelschule in Madras (biblische Ausbildung und praktische Einsätze); Evangeliums-Arztpraxen; Aussätzigenarbeit; Gefangenenarbeit; Rüstzeiten für Kinder, Schüler und Studenten in den Hauptzentren; Jahresrüstzeiten in Madras mit ca. 2.000 Teilnehmern; Herstellung von Literatur und der Zeitschrift „Christ is Victor" in eigener Druckerei; wachsende Radioarbeit über mehrere Stationen (Sri Lanka, USA, Kanada, Guyana); Arbeit in Schulen (Bibel- und Gebetskreise in zahlreichen Schulen, Universitäten und Ausbildungsstätten, neun eigene Schulen); verkündigende und seelsorgerliche Arbeit in Deutschland mit missionarischer Zurüstung; Rüstzeiten für Erwachsene, Jugendliche, Kinder, Familien.

Wirkungsbereich: Indien, Nepal, Malaysia, Singapur, Australien, Nigeria, D, CH, Frankreich, England, Irland, USA, Kanada, Guyana, Venezuela.

Einrichtungen: Hauptquartier in Madras (Südindien) mit Bibelschule, Druckerei, Radiostudio; über 300 missionarische Zentren in den oben genannten Ländern; Schulen; Arztpraxen; Zentren Heidelberg und Frankfurt/M.

Publ.: Zeitschrift „Christ is Victor", in Deutschland „Christus ist Sieger", zweimonatl., Aufl. 7.000; Bücher und Schriften, sukzessiv übersetzt in die Sprachen der Länder, in denen die LEF missionarisch arbeitet; Kassetten.

Innere Ausrichtung: Die Verkündigung zielt auf Buße und Bekehrung. N. Daniel hielt in den südindischen Kirchen Erweckungsversammlungen, die vielen Menschen zum Glauben an Jesus Christus verhalfen. Es entstanden durch die missionarische Tätigkeit N. Daniels und seines Sohnes J. Daniel Gemeinden in mehreren Bundesstaaten Indiens, die nicht innerhalb der Church of South India stehen.

In Deutschland verstehen sich die Mitarbeiter der LEF als Missionare vor Ort. Oft haben sie ihre geistliche Heimat in der LEF und sind Glieder von Kirchen und Gemeinden.

Organisation und Finanzierung: Die LEF ist ein eingetragener Verein mit sieben eingetragenen Mitgliedern und einem größeren Freundeskreis. 19 Missionare sowie vier hauptamtliche und etwa 30-40 ehrenamtliche Mitarbeiter arbeiten für die LEF. Der Verein deckt seinen finanziellen Bedarf durch freiwillige Beiträge und Spenden.

Internationale Evangelikale
Laiengemeinschaft e.V.
Am Aukopf 4, D-69118 Heidelberg
Tel. 06221/802959, Fax 06221/808221

The Laymen's Evangelical Fellowship
International
9B Nungambakkam High Road
Madras 600034, Indien

Internationale Vereinigung Christlicher Geschäftsleute (IVCG)

1965 verselbständigte sich der europäische Zweig der „Full Gospel Business Men's Fellowship" unter der Leitung von Dr. A. Guggenbühl (Leitung bis 1991) und nannte sich „Internationale Vereinigung Christlicher Geschäftsleute". Die IVCG wollte die Betonung der pfingstlerischen Lehre von der Taufe im Heiligen Geist und der Zungenrede in der amerikanischen Bewegung nicht mitvollziehen. Die Vereinigung ist in der Schweiz, in Deutschland und in Österreich tätig. Die Leitung hat in der Schweiz Christoph Wyss, in Deutschland Albrecht Freiherr v. Aufsess.

Tätigkeit: Die IVCG ist eine missionarische Bewegung von Geschäftsleuten und Führungskräften für Geschäftsleute und Führungskräfte. Es werden Vortragsveranstaltungen in Hotels und Restaurants sowie Seminare durchgeführt. In Deutschland treffen sich Gruppen der IVCG an fast 100 Orten, in der Schweiz an zwölf.

Publ.: Zeitschrift „Geschäftsmann und Christ".

Innere Ausrichtung: Überkonfessionell, evangelikal

Internationale Vereinigung
Christlicher Geschäftsleute
Christoph Wyss
Effingerstr. 17, Postfach
CH-3001 Bern

Internationaler Bibellehrdienst (IBL)

Der Internationale Bibellehrdienst ist ein Arbeitszweig der „Derek Prince Ministries" im deutschsprachigen Raum. Derek Prince wurde 1915 als Sohn britischer Eltern in Indien geboren und erhielt seine Ausbildung am Eaton College und an der Universität Cambridge. Seit den sechziger Jahren wurde er durch seine Buchreihe „Foundation Series" und seine Radiobotschaften über seinen unmittelbaren Wirkungskreis in den USA hinaus bekannt. Seit den siebziger Jahren ist er ein gefragter Konferenzredner vorwiegend innerhalb der charismatischen Bewegung. Er versteht seinen weltumspannenden Dienst, den er zusammen mit seiner zweiten Frau Ruth ausübt, im Zusammenhang der endzeitlichen Perspektive von Matth. 24, 14. Seine täglich ausgestrahlten Radiosendungen erreichen verschiedenste Länder der Erde und werden in viele Sprachen übersetzt. Sein Lehrmaterial – mehr als 30 Bücher mit Übersetzungen in über 50 Sprachen sowie etwa 400 Audio- und 150 Video-Kassetten – wollen eine Grundlage im Leben christlicher Leiter in der gesamten Welt legen. Die Leitung des Internationalen Bibellehrdienstes haben: in Deutschland Daniel Tracy (Vorstand: Harald Eckert, Bram Oosterwijk, John MacFarlane), in der Schweiz Peter und Vreni Jordi und in Österreich Gerhard und Monika Greil.

Tätigkeit: Übersetzung, Produktion und Versand bzw. Vertrieb des Bibellehrmaterials von Derek Prince für deutschsprachige Länder; Unterstützung weltweiter Missionsprojekte; Durchführung von Konferenzen mit Derek Prince.

Publ.: Gebetsrundbrief, sechsmal jährl.; „IBL-Mission", viermal jährl.; „IBL-Aktuell", zweimal jährl.; „IBL"-Intern, zweimal jährl.

Innere Ausrichtung: Glaubensgrundlage ist das Wort Gottes, das als von Gott eingegebenes fehlerfreies Wort verstanden wird. Der Glaubende erhält ewiges Leben und wird ein Kind Gottes. Außerdem ist den Gläubigen „die Erfüllung durch den Heiligen Geist und die Erfahrung seiner Kraftwirkung sowohl an sich selbst, als auch in dem Dienst für den Herrn verheißen". Der IBL versteht sich als Diener für den gesamten Leib Christi. Kooperiert wird mit dem „Jugend-, Missions- und Sozialwerk" (JMS) in Altensteig, mit „Fürbitte für Deutschland" (FFD) u.a.

Organisation und Finanzierung: Der IBL ist als gemeinnütziger eingetragener Verein organisiert. Er finanziert sich aus Spenden und dem Verkauf des Lehrmaterials.

IBL e.V. Deutschland
Schwarzauer Str. 56, D-83308 Trostberg

IBL – Schweiz
Bachstr.1, CH-8952 Schlieren
Tel. 01/7386080, Fax 01/738 6081

IBL – Österreich
Bruck 40, A-4973 Senftenbach
Tel./Fax 07751/7560

Derek Prince Ministries International
P.O. Box 19824
Charlotte, NC 28219-9824, USA

Internationales Hilfswerk für Zigeuner

früher: Internationale Zigeunermission

Die ersten Zigeuner bekehrten sich 1950 in Westfrankreich im Zusammenhang der Wunderheilung eines todgeweihten jungen Zigeuners. 1952 kam die Gruppe ganz unerwartet in die Pfingstgemeinde des jungen Pastors Clement Le Cossec in Brest (Bretagne). Dieser fühlte sofort einen Auftrag von Gott, sich um dieses Volk zu kümmern. Bald nahm die Arbeit ein solches Ausmaß an, daß Le Cossec seine Gemeinde abgab, um sich ganz den Zigeunern zu widmen. Allein in Frankreich bezeugten 15.000 Zigeuner ihren Glauben durch die Glaubenstaufe, rund 250 Zigeunerprediger arbeiteten mit.
Durch verschiedene Reisen Le Cossecs ins Ausland und durch Aussendung französischer Zigeunermissionare wurde das Evangelium zu Zigeunern in verschiedenen Ländern gebracht, in denen dann eine eigenständige Missionsarbeit entstand.
Mit der Leitung der Missionsarbeit in Deutschland wurde 1966 – zusammen mit einigen belgischen Zigeunerbrüdern – Gerhard Heinzmann betraut (geb. 1940, Besuch der Bibelschule „Beröa" in Erzhausen, Gemeindeleiter ei-

ner Freien Christengemeinde, seit 1967 im vollzeitigen Dienst unter den Zigeunern). Ab 1967 wurden Zeltmissionen in verschiedenen deutschen Städten für Zigeuner durchgeführt. Inzwischen wurde ein Missionskomitee mit deutschen Zigeunerbrüdern gebildet, die nun ihre eigene Verantwortung für die Evangelisation ihres Volkes erkannt und übernommen haben. In Süddeutschland entstand eine eigene lokale Zigeunergemeinde. Weitere Schwerpunkte des Missionswerks liegen in den verschiedenen Balkanländern, Pakistan und Indien.
Tätigkeit: Missionsarbeit vor allem (aber nicht ausschließlich) unter Zigeunern, Zelt- und Saalevangelisationen, Bibelwochen, Kinderevangelisationen, regelmäßige Gottesdienste in örtlichen Gemeinden, Bibelstunden im kleineren Kreis, Gottesdienste in Gefängnissen mit Musik- und Gesangsgruppen, Straßenmission u.a.
Wirkungsbereich: Alle westeuropäischen Länder, Griechenland, Jugoslawien, Rumänien, Ungarn, Skandinavien; Nord- und Südamerika, Indien, Pakistan.
Einrichtungen: Bibelschule in Frankreich, Kinderheime, Grundschulen, Bibelschule in Indien, Schallplattenverlag.
Publ.: „Stimme der Zigeuner", seit 1969, vierteljährl., Aufl. 6.000; „Vie et Lumière", seit 1953, vierteljährl., Aufl. 10.000; Broschüren, Schallplatten mit christlicher Zigeunermusik und Gesang, Kassetten.
Innere Ausrichtung: Grundlage ist die

ganze Heilige Schrift. Im Zentrum steht der klare Ruf zu Jesus Christus, Buße und Bekehrung mit Erlebnis der Wiedergeburt. Die Glaubenstaufe wird gelehrt und praktiziert. In öffentlichen Gottesdiensten wird auch mit Kranken gebetet. Die Gläubigen werden aufgefordert, um die Erfüllung mit dem Heiligen Geist zu beten und charismatische Gaben zum Segen für die Gemeinschaft zu gebrauchen. Das Werk beteiligt sich gelegentlich an Allianzveranstaltungen. *Organisation und Finanzierung:* Eingetragener Verein; Missionsvorstand mit Bruderrat; in Deutschland zwei vollzeitige, ca. 20 freie Mitarbeiter; Freundeskreis ca. 4.000 Personen; Finanzierung durch Spenden des Freundeskreises und freiwillige Beiträge der Mitglieder.

Internationales Hilfswerk für Zigeuner e.V.
Postfach 41 04 10, D-76204 Karlsruhe
Tel. (G. Heinzmann) 06341/32240
Fax 06341/34366

Internationale Organisation:
Mission Evangélique des Tziganes
24, rue du Soleil, F-72100 Le Mans

Israel-Arbeitsgruppe der Jesus-Haus-Gemeinde

früher: Israel-Hilfe

Das Bewußtsein für die jüdischen Wurzeln des christlichen Glaubens und der Wunsch, Israel tatkräftig zu helfen, wurde vom früheren Gemeindeleiter,

Pastor Ludwig Schneider, in die Jesus-Haus-Gemeinde hineingetragen. 1973 gründete er die „Israel-Hilfe e.V." als Instrument zur Hilfeleistung an Israel. Nach seinem Fortgang nach Israel und nach gewissen Fehlentwicklungen Ende der 70er Jahre kam es zur Auflösung des Vereins. Seither wird die Israelarbeit auf ehrenamtlicher Basis als Arbeitszweig der Gemeinde weitergeführt (auf Wunsch des „Bundes Freikirchlicher Pfingstgemeinden"). Die Leitung haben Hans-Jochen Stricker, Günter Umfahrer und Pastor Klaus-Dieter Passon. *Tätigkeit:* Die vorrangigen Ziele der Arbeitsgruppe sind, Liebe für Israel zu wecken und zum Gebet für den Nahen Osten anzuleiten, die jungen messianischen Gemeinden zu unterstützen und zur Versöhnung zwischen den Völkern beizutragen. Zu den Aktivitäten gehören Israelreisen, die Weitergabe von Hintergrundinformationen zum aktuellen Geschehen im Nahen Osten, der Verleih von themenbezogenen Diaserien und Videofilmen, die Kontaktpflege zur messianisch-jüdischen Bewegung und die monatliche Feier des Schabbat-Abends mit Gebet für Israel und den Frieden.
Wirkungsbereich: D, Israel.
Publ.: „Freundesbrief", zweimal jährl., Aufl. 1.500; regelmäßige Israelseite in der Zeitschrift „Charisma".
Innere Ausrichtung: Diese Israel-Arbeitsgruppe innerhalb einer Mitgliedsgemeinde des „Bundes Freikirchlicher Pfingstgemeinden" (BFP) pflegt Kontakte zu „Ruf zur Versöhnung", zu „Fürbitte für Israel" und zur „Internationa-

len Christlichen Botschaft Jerusalem – Deutscher Zweig". Sie sieht sich als Teil des pfingstlich-charismatischen Aufbruchs unseres Jahrzehnts und damit als Glied in einer Kette von Erweckungsbewegungen. Darum fühlt sie sich in besonderer Weise mit den erwecklichen messianischen Gemeinden im Land Israel verbunden. „Wir glauben, daß die Bibel Gottes Wort an uns Menschen ist und die darin enthaltenen Verheißungen für das Volk Israel teilweise in unseren Tagen in Erfüllung gehen." – „Wir glauben an die gemeinsame Erwartung von Juden und Christen, die Ankunft des Messias, für uns die Wiederkunft des Herrn." – „Wir glauben, daß alle Menschen, auch die Angehörigen des jüdischen Volkes, eine persönliche Beziehung zu Jeschua brauchen, und wir denken, daß den heute lebenden messianischen Juden hier eine große Aufgabe zukommt."

Organisation und Finanzierung: Arbeitsgruppe ohne eigene Rechtsform; vier ehrenamtliche Helfer; etwa 1.000 Freunde; Finanzierung durch Spenden aus dem Freundeskreis.

Israel-Arbeitsgruppe
der Jesus-Haus-Gemeinde
Grafenberger Allee 51-55
D-40237 Düsseldorf
Tel. 0211/667575

Janz Team

1954 begann die Evangelisationsarbeit in Deutschland und der Schweiz mit dem Evangelisten Leo Janz (geb. 1919). 1967 begann das Werk mit Missions- bzw. Evangelisationsarbeit in Brasilien, 1981 in Quebec/Kanada, 1987 in Frankreich, 1988 in Osteuropa, 1989 in Portugal. 1994 entstand eine Kurzbibelschule in Rußland.

Die internationale Leitung des Janz Teams hat Dr. Peter Regez. Missionsleiter in Deutschland ist Werner Schmidli; Missionsleiter in der Schweiz ist Willy Geiser.

Tätigkeit: Die beiden Schwerpunkte des Janz Teams in Deutschland sind Evangelisation und christliche Bildung. Das Janz Team will Menschen das Evangelium von der Erlösung durch Jesus Christus verkündigen und sie zur Entscheidung für ihn aufrufen. Es will Gläubige zur Jüngerschaft anleiten und sie zum Dienst und zur Mitarbeit in der örtlichen Gemeinde schulen. Ein weiteres Ziel ist die Förderung der weltweiten Missionsarbeit.

Das Janz Team bringt das Evangelium in kreativen Formen zu den Menschen, um sie in eine persönliche Beziehung zu Jesus Christus zu führen. Dies geschieht durch Veranstaltungen mit Ansprachen, Musik, Multi-Media, Video, durch Kinderarbeit, durch jugendmissionarische Arbeit, durch Konzerte, Musikproduktionen und durch Projekte in Verbindung mit Sport, Kultur und Wissenschaft. Durch ein vielfältiges Bildungsangebot sollen Christen für ihr Leben, den Dienst in ihrer Gemeinde und für die Erfüllung des Missionsauftrags befähigt werden. Das Angebot umfaßt eine Kurzbibelschule, Fernbibelkurse, Bibelwochen, Seminare, Freizeiten, Gästewochen, Reisen und christliche Schulbildung („Black Forest Academy").

Wirkungsbereich: D, CH, A, Frankreich, Portugal, Kanada, Brasilien, Paraguay, Polen, Tschechien, Slowakei, Ungarn, Rumänien, Rußland.

Einrichtungen: Missionszentrale in Lörrach (Verwaltung, Tonstudio), Missionsstation in Ellefeld/Sachsen (Stützpunkt in Ostdeutschland), Begegnungs- und Bildungszentrum Haus „Palmgarten" in Kandern/Südschwarzwald (120 Betten), „Black Forest Academy" in Kandern (englischsprachige Schule für Missionarskinder, ca. 220 Schüler, z.T. im Internat), Büro in CH-Riehen (Verwaltung), Chalet „Janz Team" in CH-Adelboden/Berner Oberland (für Freizeiten).

Publ.: Magazin „Ruf in unsre Zeit", seit 1957, zweimonatl.; Prospekt „Ausblikke" mit Freizeiten, Reisen, Seminaren; Prospekte zu einzelnen Bereichen, z.B. zu Evangelisation, Musikproduktionen, Kurzbibelschule, Haus „Palmengarten"; Fernbibelkurse für Erwachsene und Kinder.

Innere Ausrichtung: Basis ist die Glaubensgrundlage der Evang. Allianz. Das Janz Team unterstützt und fördert bestehende Kirchen und Gemeinden, die im Sinne der Evang. Allianz arbeiten. Die Mitarbeiter sind Glieder allianzorientierter Gemeinden. Das Werk ist Mitglied der „Arbeitsgemeinschaft Evangelikaler Missionen" (AEM), der „Arbeitsgemeinschaft Missionarische Dienste" (AMD), im „Ring Missionarischer Jugendbewegungen" (RMJ) und in der „Konferenz bibeltreuer Ausbildungsstätten" (KbA).

Organisation und Finanzierung: Der deutsche Arbeitszweig ist ein eingetragener Verein mit Mitgliederversammlung und Vorstand. Weltweit sind etwa 200 Mitarbeiter tätig. Das überkonfessionelle Glaubenswerk wird durch Spenden finanziert. Die Mitarbeiter sind um einen persönlichen Unterstützerkreis bemüht.

Janz Team e.V.
Hammerstr. 11, D-79540 Lörrach
Postfach 17 10, D-79507 Lörrach
Tel. 07621/86043, Fax 07621/12713

Begegnungs- und Bildungszentrum
des Janz Teams
Haus „Palmengarten"
Feuerbacherstr. 29, D-79400 Kandern
Tel. 07626/91600, Fax 07626/916099

Janz Team
Postfach 4 50, CH-4125 Riehen 1
Tel. 061/6012138, Fax 061/6012137

Jesus Freaks

Aus der Drogenszene kommend, erlebte Martin Dreyer (geb. 1965) im Alter von 17 Jahren in einem Gottesdienst der Gemeinde Wolfram Kopfermanns seine Bekehrung, durch die sich sein Leben veränderte. Seit 1992 kam es in Hamburg zu Treffen von jungen Leuten, die an Jesus glauben, aber sich in anderen Gemeinden in ihrer Art, ihr Christsein unkonventionell zu leben, nicht akzeptiert und angenommen fühlen. Sie begannen Versammlungen, die von Freaks für Freaks gestaltet wurden, sich schnell herumsprachen und sich zu einem Anziehungspunkt für „Christen, Atheisten, Buddhisten, Nihilisten, Punks, Schlicker, Hippies, Normalos, Drogis ..." entwickelten. Die Treffen wurden „Jesus-Abhäng-Abende" genannt. Sie sind bis heute Kristallisationspunkt der Arbeit. Die Gruppe wurde bald über Hamburg hinaus bekannt, u.a. durch eine intensive Medienberichterstattung, und entwickelte sich gemeindemäßig. 1994 wurde Martin Dreyer durch Kopfermann zum „ersten Pastor in der Freak-Arbeit" beauftragt. Seit 1995 entdeckten die „Jesus Freaks Hamburg", daß sich zahlreiche weitere Gruppen gebildet hatten, bis 1997 ca. 35 mit mindestens 3.000 Jesus Freaks in Deutschland und Europa. Zur Unterstützung der einzelnen, z.T. sehr kleinen Gruppen wurde die „United Freaks Organisation" (U.F.O.) gegründet. Die Regionalleiter treffen sich regelmäßig. Jährlich findet ein Gesamttreffen (Freakstock) statt.

Tätigkeit: Die Arbeit zielt darauf ab, einen Ort zu schaffen, an dem Leute (speziell aus der „radikalen Szene") Jesus begegnen können, „ohne irgendwelche kirchliche Formeln und Liturgien". Dieser Ort soll Party und Gottesdienst, Konzert und Gebet zusammenbringen. Ebenso haben sich weitere Aktivitäten entwickelt: Street-Aktionen, Musikarbeit, Arbeit in Bars (Bewirtung, Jesus-Feten, Ausstellungen), Drogenberatung, Aids-ministry. Ein Mitteilungsblatt („Der Kranke Bote") erscheint sechsmal im Jahr.

Innere Ausrichtung: Die Prägung der Arbeit ist evangelikal, mit einer Offenheit für charismatische Gaben. Die Taufe wird als Glaubenstaufe praktiziert. Beziehungen bestehen zur Anskar-Kirche Hamburg.

Organisation und Finanzierung: Die „Jesus Freaks Hamburg" sind als gemeinnütziger Verein organisiert. Die Arbeit wird durch Spenden getragen.

Jesus Freaks Hamburg e.V.
Friedrichstraße 39, D-20359 Hamburg
Tel. 040/317 3749, Fax 040/311 422

JESUS!Gemeindemission

früher: Icthys

Die „JESUS!GemeindeMission" entstand durch Hauskreisarbeit. 1982 wurde die Gemeinde durch Bernhard Koch gegründet. 1986 erfolgte die Gründung des „w.ho Verlages", 1994 die Gründung des „JESUS!GemeindeVerlages". Die Leitung haben Bernhard Koch und Werner Hoppe (1. Vorsitzender).

Tätigkeit: Gemeindearbeit, Konferenzen für Erneuerung im Leib Jesu, überkonfessioneller Buchladen (christliche

Literatur und Musik), Verlagsarbeit (eigene Lobpreis- und Buchproduktionen, Kassetten), Evangelisation, Hauskreis- und Gemeindegründungen. *Ausrichtung:* Glaube an Jesus Christus als Gott, der in das Fleisch gekommen ist (1. Joh. 4, 2); auf dieser Grundlage Bejahung aller biblischen Wahrheiten.

JESUS!GemeindeMission e.V.
Bäckerstr. 53, D-31737 Rinteln
Tel. 05751/46131, Fax 05751/44736

Jesus-Gemeinschaft & Christus-Treff

Aus gemeinsamen Anfängen etwa 1980 entwickelten sich parallel eine Lebensgemeinschaft (Jesus-Gemeinschaft) und die seelsorgerlich-missionarische Arbeit des Christus-Treffs. Die Arbeit wird von einem Team geleitet, zu dem Roland und Elke Werner gehören. *Tätigkeit:* Zentrum der Arbeit ist der wöchentliche Gottesdienst am Donnerstagabend. Hinzu kommen Hauskreise, Aktionsgruppen, missionarische Arbeit unter ausländischen Mitbürgern, Seelsorge, Kinderkirche, Glaubenskurse, Seelsorgekurse, Theater- und Tanzgruppe, Buchladen, internationale Einsätze, Veröffentlichungen, Pilger- und Touristenseelsorge im Johanniter-Hospiz in Jerusalem und die Aussendung von Mitarbeitern in Missionswerke. *Innere Ausrichtung:* Offen für Charismen; Mitglied im „Ring Missionarischer Jugendbewegungen" (RMJ); Zu-

sammenarbeit mit anderen Christen am Ort und überregional.

Jesus-Gemeinschaft e.V.
& Christus-Treff
Steinweg 12, D-35037 Marburg
Tel./Fax 06421/64463

Johannes Institut

Das „Johannes-Institut – Institut für Gesellschaftserneuerung" möchte in allen Bereichen die positiven Kräfte in Kirche und Gesellschaft sammeln und unterstützen. Ziele sind die Förderung der Einheit im gesamten Leib Christi, Gesellschaftserneuerung und die Unterstützung von Christen beim Ausleben ihrer Berufung. Das Institut wird vom Vorstand geleitet. *Innere Ausrichtung:* Grundlage ist der Glaube an die Erneuerung des Menschen durch das freimachende Evangelium und an die Realität des Reiches Gottes.

Johannes Institut e.V.
Rheingaustr.132, D-65203 Wiesbaden
Tel. 0611/9679655, Fax 0611/9679677

Johanneum

Die „Evangelistenschule Johanneum" wurde 1886 von dem Theologieprofessor Dr. D. Theodor Christlieb und dem Evangelisten Elias Schrenk, dem Bahnbrecher der Evangelisation in Deutschland, in Bonn gegründet. 1893 wurde das Johanneum nach Wuppertal verlegt. Die Leitung hat Pfarrer Burkhard Weber.

Tätigkeit: Das Johanneum bildet Frauen und Männer zur missionarischen Jugend- und Gemeindearbeit und zum evangelistischen Verkündigungsdienst aus. Der biblisch-theologische Unterricht wird ergänzt durch humanwissenschaftliche und durch praxisorientierte Fächer. Die Ausbildung ist kirchlich anerkannt. Aufnahmebedingungen sind Fachoberschulreife mit abgeschlossener Berufsausbildung oder Abitur mit Praktikum, abgeleisteter Wehr- oder Zivildienst und Teilnahme an einer Informationswoche.

Nach vierjähriger Ausbildung (drei Studienjahre im Seminar und Anerkennungsjahr) sind folgende Tätigkeiten möglich: Jugendreferent/in, CVJM-Sekretär/in, Gemeindediakon/in, Gemeinschaftsprediger/in, Stadtmissionar/in und ähnliche Berufe in Gemeinden, Gemeinschaften und freien Werken. Neben der regulären Ausbildung ist die Absolvierung eines Studienjahres möglich.

Wirkungsbereich: D, vereinzelt CH und A, Missionsgebiete.

Einrichtungen: Kolleggebäude, Wohnanlage.

Publ.: Berichte für den Freundeskreis, zweimal jährl., Aufl. 18.000; Johanneumsbriefe (intern), Informationsmaterial, Prospekte.

Innere Ausrichtung: Losung und Wappen des Seminars beziehen sich auf das Wort Jesu „Der Menschensohn ist ge-

kommen, zu suchen und zu retten, was verloren ist" (Luk. 19, 10). Der Vers wird in bezug auf das Johanneum folgendermaßen ausgelegt: Jesus Christus hat uns gesucht und gefunden. Dieses Wort muß immer wieder neu gehört und verstanden werden, damit wir es bezeugen können. Darum kann man die theologische Ausbildung im Johanneum mit den drei Stichworten „Hören – Verstehen – Bezeugen" charakterisieren, die in eine ständige Bewegung hineinführen.

Persönliche Stille, gemeinsame Andachten und Gebetszeiten gehören im Johanneum zum Tagesablauf. Die Studierenden und Dozenten leben während der Ausbildung verbindlich zusammen. In einer tragenden Gemeinschaft und in hilfreicher Seelsorge wollen sie miteinander das Wort Jesu hören, verstehen und bezeugen. Die Absolventen bleiben miteinander verbunden in dem Bemühen, die Verlorenen zu suchen und zu finden.

Die Evangelistenschule Johanneum gehört zur „Arbeitsgemeinschaft Missionarische Dienste" (AMD), zur „Konferenz Missionarischer Ausbildungsstätten" (KMA), zum „Evangelischen Gnadauer Gemeinschaftsverband" und zum Diakonischen Werk der Evang. Kirche in Deutschland.

Organisation und Finanzierung: Die Evangelistenschule ist ein eingetragener Verein. Die Mitgliederversammlung des Vereins wählt die Dozenten und den Direktor. Im Johanneum arbeiten zehn Dozenten, davon sechs hauptamtlich, sowie fünf Angestellte für Verwaltung und Wirtschaftsbetrieb. Die Absolventen und Absolventinnen bilden die „Johanneumsgemeinschaft". Die Finanzierung erfolgt durch Spenden von Freunden, Kirchengemeinden, Gemeinschaften und Gruppen sowie den Absolventen des Johanneums.

Evangelistenschule Johanneum e.V. Melanchthonstr. 36, D-42281 Wuppertal Tel. 0202/500051, Fax 0202/500059

Jona Kassettendienst

Der Jona Kassettendienst wurde 1977 in der Schweiz gegründet durch Werner Weber (Kassettenfabrikant, Thalwil), Armin Mauerhofer (Pfarrer der Evang. Freikirche, Langenthal) und Wilhelm Biester (Missionar). Leitmotiv wurde Jona 3, 2: „Mache dich auf, gehe in die große Stadt Ninive und predige ihr, was ich dir sage!"
In den folgenden Jahren entwickelte sich das im kleinen Maßstab begonnene Werk: 1977 Gründung eines deutschen Vereins, getragen von den Gliedern einer Täufer-Gemeinde (Evangelisch Taufgesinnte); 1982 Gründung des französischen Zweiges, getragen von Gliedern der Bonne Nouvelle Gemeinde; 1985 Eröffnung einer Filiale in Österreich, getragen von Gliedern einer Volksmissions-Gemeinde.
1992 wurde die Arbeit des Jona Kassettendienstes für den gesamten deutschsprachigen Raum vom Schwengeler Verlag übernommen.

Tätigkeit: Aufgabe des Jona Kassettendienstes ist die Produktion und der Vertrieb von evangelistischen Kassetten. Angeboten werden aktuelle Vorträge für Erwachsene und Jugendliche (Lebenshilfe, Weiterführung im Glauben), Hörspiele und Geschichten für Kinder auf biblischer Grundlage, Lieder- und Mitsingekassetten sowie die Bibel auf Kassette (Luthertext ohne Auslegung). Durch preisgünstige Kassetten soll das Evangelium verbreitet werden, damit Menschen durch den Glauben an Jesus Christus gerettet und die Gläubigen gestärkt werden. Sie sollen jedem missionswilligen Gläubigen ein Hilfsmittel zur Verbreitung des Evangeliums sein. Insgesamt stehen ca. 250 verschiedene Kassetten zur Verfügung. Sie werden bei Evangelisationen angeboten, ferner über Büchertische von Gemeinden und Heimen und über den Buchhandel.
Wirkungsbereich: CH, D, A.
Innere Ausrichtung: Der Jona Kassettendienst hat eine eigene Glaubensgrundlage, in der „die Inspiration der ganzen Heiligen Schrift in all ihren Aussagen durch den Heiligen Geist und ihre Autorität als allein verbindliche Richtschnur des Glaubens und Wandels" bezeugt wird. Von entscheidender Bedeutung sind die Erlösungsbedürftigkeit jedes Menschen und der Glaube an die Erlösungskraft des Blutes Jesu Christi, Bekehrung und Wiedergeburt, das Geführtwerden durch den Heiligen Geist zu einem geheiligten Lebenswandel und der Anschluß an eine bibelgläubige Gemeinde. Die Arbeit geschieht interdenominationell.

Organisation und Finanzierung: Seit der Übernahme der Arbeit des Jona Kasettendienstes durch den Schwengeler Verlag erfolgt die Auslieferung für alle deutschsprachigen Länder direkt ab CH-Berneck, in Deutschland auch über den Hänssler Verlag. Die Finanzierung wird ermöglicht durch den Verkauf der Kassetten.

Jona Kassettendienst
Schwengeler Verlag
Hinterburg 8, CH-9442 Berneck
Tel. 071/7225666

Auslieferungsstelle:
Hänssler Verlag
Bismarckstr. 4
D-73765 Neuhausen

Jugend für Christus (JFC)

Unabhängig voneinander entstand nach 1945 in Indien, Amerika und anderen Ländern eine sich in alle Welt ausbreitende Missionsbewegung mit dem Ziel, junge Menschen zu erreichen. „Jugend für Christus" lautete das Motto. 1948 wurde in der Schweiz unter Mitwirkung von Billy Graham und vielen anderen eine internationale Jugend-für-Christus-Organisation ins Leben gerufen. Die Arbeit in den einzelnen Ländern wird in völliger nationaler Unabhängigkeit durchgeführt. In Deutschland gründete Hans-Rudolf Wever 1947 in Wuppertal unter dem Namen „Wuppertaler Jugendwochen"

die Jugend-für-Christus-Arbeit. Leiter in Deutschland ist seit 1983 Alfons Hildebrandt (geb. 1951, Exportkaufmann, anschließend theologische Ausbildung; seit 1978 im Werk tätig).

Tätigkeit: „Jugend für Christus" versteht seine Arbeit als Hilfsangebot für die Gemeinde im jugendmissionarischen Bereich. Mit ca. 10% seiner Einkünfte unterstützt das Werk Bedürfnisse innerhalb der weltweiten Jugend-für-Christus-Arbeit. Zur Tätigkeit des Werks gehören Tee-Mobil-Einsätze (als Teestube umgebaute Doppelstockbusse), Kurzbibelschulen, Urlaubs- und Sommerbibelschulen, ein „Seminar für aktives Christsein" sowie musikalische Einsätze (Jugend-für-Christus-Teams und Einzelinterpreten). „Jugend für Christus" führt Gebietsevangelisationen mit internationaler Beteiligung durch („Euro-Campaign"), veranstaltet Jahresendtagungen („Tween-Congress") und Freizeiten im In- und Ausland. Das „Martin Homann Team" (Evangelist und musikalische Begleitung) führt Evangelisationen für die ganze Gemeinde durch. Zur Tätigkeit des Werks gehören außerdem Medienangebote (Filme, Videos, Ton-Dia-Serien im Verleih) und ein Verlag (Bücher, Schriften, Tonträger, Medien).

Wirkungsbereich: 14 europäische und über 60 außereuropäische Länder.

Einrichtungen: Kurzbibelschule in Frankenberg, D-95469 Speichersdorf; Tee-Mobil-Missionsseminar, D-56459 Stahlhofen a.W.

Publ.: „Mehr Freude Magazin", Aufl. ca. 25.000.

Innere Ausrichtung: Das Werk hat eigene „Glaubensgrundsätze" in sieben Punkten, in denen u.a. die Heilige Schrift als das eingegebene, unfehlbare und vollgültige Wort Gottes hervorgehoben wird, außerdem die Gottheit des Herrn Jesus Christus, sein stellvertretender Sühnetod, seine leibliche Auferstehung, seine Himmelfahrt zur Rechten Gottes und seine persönliche Wiederkunft, die absolute Notwendigkeit einer durch den Heiligen Geist gewirkten Wiedergeburt sowie die Auferstehung aller Menschen zum ewigen Leben oder zur ewigen Verdammnis.

Das Werk arbeitet im Rahmen der Evang. Allianz. Es ist Mitglied im „Ring Missionarischer Jugendbewegungen" (RMJ) und in der „Arbeitsgemeinschaft Missionarische Dienste" (AMD).

Organisation und Finanzierung: Eingetragener Verein mit Vorstand, Missionsleitung, Mitgliederversammlung; ca. 20 festangestellte Mitarbeiter, unterschiedlich hohe Zahl von Teilzeit-Mitarbeitern; Finanzierung durch Spenden aus dem Freundeskreis und Kollekten bei Einsätzen.

Jugend für Christus Deutschland e.V.
Am Klingenteich 16, D-64367 Mühltal
Tel. 06151/145194, Fax 06151/144399

Youth for Christ International
P.O. Box 214, Raffles City
Singapore 911708, Republic of Singapore

Jugend mit einer Mission (JMEM)

Seit 1960 organisierte Loren Cunningham, damals Jugendpastor einer Pfingstkirche in den USA, kurzfristige missionarische Einsätze von Jugendlichen im Ausland. Daraus entstand das Konzept von JMEM, das Potential der Jugend für die Mission freizusetzen. Das erste Ausbildungszentrum wurde 1969 in Lausanne eröffnet.

Seit 1969 arbeiteten die ersten Teams in Deutschland. Mit dem evangelistischen Großeinsatz auf der Olympiade 1972 in München wurde die erste Niederlassung („Zentrum") in Schloß Hurlach (Oberbayern) etabliert. Inzwischen entstanden weitere vier Zentren in Altensteig, Frankfurt/M., Hainichen und Bispingen (Sitz des Büros für Deutschland). In der deutschsprachigen Schweiz gibt es Zentren in Biel, Wiler und Einigen. Die Leitung in Deutschland hat Steve McPeek, in Österreich Bruce Clewett und in der Schweiz Eliane Lack.

Tätigkeit: Auftrag ist für JMEM der weltumspannende Missionsbefehl aus Mk. 16, 15 mit Schwerpunkt auf der Berufung und Ausbildung Jugendlicher für die vielfältigen Aufgaben der Weltmission.

Ein Arbeitszweig ist die Evangelisation. Besondere Zielgruppen sind dabei unerreichte Volksgruppen, Menschen in Großstädten, Arme und Bedürftige, Kinder und Jugendliche. JMEM verwendet neue, kreative Formen der Evangelisation, die der Zeit und der jeweiligen Kultur angepaßt sind. Ein zweiter Arbeitszweig ist die Ausbildung. Dabei sind die „Jüngerschaftsschulen" grundlegend; sie dienen der Einübung eines zeitgemäßen christlich-missionarischen Lebensstils. Eine weltweite Missionsuniversität (University of Nations) befindet sich im Aufbau. Einen dritten Arbeitszweig bilden die sozial-missionarischen Dienste (praktisch-diakonische Aufgaben etwa in den Slums von Großstädten, in Flüchtlingslagern, unter gesellschaftlichen Randgruppen). Schwerpunkte des Werks in Deutschland sind die Unterstützung der Kirchen (vielfältige Kurzschulungen und Gemeindedienste vor Ort, reichhaltiges Schulungsprogramm u.a.), die Evangelisation (Kurzeinsätze im In- und Ausland, permanente Dienstgruppen in den städtischen Zentren) und die Weltmission (Einsätze in anderen Ländern, Aussendung von Mitarbeitern, Auslandspartnerschaften und -projekte).

Wirkungsbereich: 120 Länder.

Einrichtungen: Weltweit ca. 580 Niederlassungen, davon 86 Schulungszentren; vier Missionsschiffe; internationale Missionsuniversität im Aufbau.

Publ.: „JMEM aktuell", zweimonatl., Aufl. ca. 6.500; „der Auftrag", vierteljährl., Aufl. 20.000; Rundbriefe der Zentren; Bücher von L. Cunningham, Floyd McClung u.a.; Informationsbroschüren, Veröffentlichungen des Verlags, Kassetten (Vorträge, Musik).

Innere Ausrichtung: JMEM versteht sich als ein interkonfessionelles Werk, dessen Mitarbeiter aus den verschiedensten christlichen Kirchen kommen. Ihre gemeinsame Basis ist die Anerkennung der Autorität der Schrift als verbindliche Richtschnur für Glaube und Leben. Die Prägung ist pfingstlich-charismatisch.

JMEM sucht die Zusammenarbeit mit christlichen Gemeinden und freien Werken vor Ort, denen Evangelisation und Erneuerung des geistlichen Lebens ein Anliegen ist. Dabei ist die Förderung der Einheit der verschiedenen Gruppen und Gemeinden untereinander ein wichtiger Gesichtspunkt. Kontakte bestehen zur „Jesus-Bruderschaft" (Gnadenthal), zur „Freien Christlichen Jugendgemeinschaft", zum „JMS-Altensteig", zum CVJM München und zur „Geistlichen Gemeinde-Erneuerung" (GGE). JMEM gehört zu den Unterzeichnern der Lausanner Erklärung von 1974.

Organisation und Finanzierung: JMEM ist ein eingetragener Verein. An der Spitze steht der Leiter für Deutschland zusammen mit einem Zentrumsleiterrat, der die Aktivitäten der weitgehend eigenständigen Zentren koordiniert. Weltweit arbeiten ca. 10.000 Mitarbeiter. Die Teams sind international zusammengesetzt. Die Finanzierung wird hauptsächlich durch Spenden ermöglicht. Dazu kommen Gebühren von Kursteilnehmern und der Erlös aus dem Verkauf von Publikationen. Die einzelnen Mitarbeiter werden von einem persönlichen Freundeskreis getragen.

Jugend mit einer Mission e.V.
D-29646 Bispingen
Tel. 05194/1493, Fax 05194/7033

Jeunesse en Mission
Rue de Genève 77B, CH-1000 Lausanne
25
Tel. 021/916363

Jugend mit einer Mission
Poststr. 16, CH-2504 Biel
Tel. 032/410960

Jugend mit einer Mission
Dürergasse 4/3, A-1060 Wien

Europäisches Büro:
Youth With A Mission
Heide Beek, NL-8181 PK Heerde

Jugend-, Missions- und Sozialwerk (JMS-Altensteig)

Das JMS wurde 1974 von Hermann Riefle (Ausbildung in der Bibelschule „Beröa" in Erzhausen) und einer Gruppe Jugendlicher gegründet. Das Jugendzentrum in Altensteig/Schwarzwald wurde in den folgenden Jahren durch Schulungszentrum und Gästehaus erweitert. Ende der 70er Jahre lag ein deutlicher Schwerpunkt auf der Hauskreisarbeit, so daß es Anfang der 80er Jahre etwa 250 Hauskreise im gesamten süddeutschen Raum gab, die sich als überkonfessionelle Zellgruppen verstanden. Diese Gruppen suchten nach einer Möglichkeit gemeindlicher Integration, was schließlich zur Gründung neuer Gemeinden führte. Aus dieser Entwicklung entstanden ca. zehn Gemeinden; zwei weitere Gemeinden

sind im e.V. von JMS-Altensteig integriert und befinden sich noch in der Phase der Eigenentwicklung.

Tätigkeit: Das JMS-Altensteig besteht aus drei Hauptzweigen, die als Zielsetzung haben, junge und ältere Menschen zu Christus zu führen und sie zu Nachfolgern Jesu Christi zu machen.

1. Die JMS-Missionsgemeinde Altensteig versteht sich als freie charismatische Gemeinde, die Heimat bietet für Christen aus Altensteig und Umgebung. Neben dem Hauptgottesdienst gibt es viele altersgruppenspezifische Angebote, Hauskreise, Glaubensgrundkurse, Israelabende, Gebetskreise und ein Café.

2. Das JMS-Missionswerk umfaßt Missionsarbeit im In- und Ausland sowie Unterstützung von Gemeinden und Gruppen durch entsprechende Dienste. Ein Gebetsgipfel steht für Gebets- und Einkehrtage zur Verfügung. In der Außenmission arbeiten JMS-Mitarbeiter auf den Philippinen, in Chile, Albanien und in Ostländern. „Christliche Medien", ein weiterer Arbeitszweig des Missionswerks, bietet mit den Studios die Möglichkeit zur Erstellung von Video- und Audioproduktionen.

3. Das JMS – Seminar- und Freizeitzentrum mit einer Vielzahl von größeren und kleineren Tagungsräumen bietet Platz für ca. 150 Personen.

Publ.: „JMS-aktuell", seit 1976, monatl., Aufl. 3000; Material für Missions- und Gemeindearbeit, Videos; Selbstbiographie von Hermann Riefle („Nein ich bin zu dumm").

Innere Ausrichtung: In der Verkündigung wird Wert gelegt auf die Erlösung durch Jesus Christus und die Wiedergeburt, auf Glaubenstaufe und Geisterfahrungen. Die Veranstaltungen sind nicht durch feste Liturgie geprägt, sondern durch gemeinsame Anbetung in freier Art; charismatische Gaben werden praktiziert.

Enge Zusammenarbeit besteht mit „Jugend mit einer Mission", mit freien Gruppen charismatischer Prägung und mit der „Geistlichen Gemeinde-Erneuerung". Das JMS-Altensteig hat Verbindung zur „Odenwälder Heidenmission" und zu vielen anderen Gruppierungen, vorwiegend im neu-pfingstlerisch-charismatischen Raum. Es ist seit 1993 Mitglied im „Forum Freikirchlicher Pfingstgemeinden" (FFP). Die Mitarbeiter kommen aus verschiedenen Kirchen und Gemeinden. Eine Zusammenarbeit mit den örtlichen Kirchengemeinden kam bisher nur sporadisch zustande.

Organisation und Finanzierung: Eingetragener Verein, als gemeinnützig anerkannt; Leitung durch ein Team mit sieben Hauptverantwortlichen; 20 feste Mitarbeiter; Finanzierung durch Spenden.

Jugend-, Missions- und Sozialwerk e.V.
Altensteig
Bahnhofstr. 43-47, D-72213 Altensteig
Tel. 07453/2750, Fax 07453/25771

Kinder-Evangelisations-Bewegung (KEB)

Die KEB entstand 1937. Gründer ist Rev. J. Irvin Overholtzer (1877-1955, Amerikaner deutscher Abstammung), den während seines Dienstes als Pfarrer besonders die geistliche Not der Kinder bedrückte, vor allem derjenigen, die von keiner Kirche oder Sonntagsschule erreicht wurden. So suchte er nach Wegen, ihnen das Evangelium zu bringen. Inzwischen hat sich die Bewegung auf 132 Länder ausgedehnt.

1948 sandte die KEB in den USA das Missionsehepaar Kiefer nach Deutschland. Heute bestehen Zweigstellen in Augsburg, Berlin, Chemnitz, Crailsheim, Dresden, Frankfurt/M., Hamburg, Hannover, Kaiserslautern, Karlsruhe, Lage (Lippe), München, Marl (Ruhrgebiet), Rostock, Neunkirchen (Siegerland) und Tübingen. 1950 kam Agnes Martens (heute Hofmann) aus Kanada in die Schweiz und begann dort, die Arbeit aufzubauen. Heute bestehen zehn Zweigstellen in der deutschen Schweiz und eine in der französischen Schweiz. In Österreich gibt es sechs Zweigstellen. Die Leitung haben Pfarrer Gerd-Walter Buskies in Deutschland, Wilhelm von Reitzenstein in der Schweiz und Edwin Keimer in Österreich.

Tätigkeit: Zur Tätigkeit der KEB gehören – neben der Kinderevangelisation – die Schulung für die evangelistische Kinderarbeit und die Herstellung und Verbreitung von Kinderarbeitsmaterial. Zu den Angeboten der KEB auf dem

Gebiet der Kinderarbeit zählen Hauskinderstunden, Kinderprogramme mit Wortverkündigung auf Spielplätzen, Campingplätzen und am Strand, ein Geschichtentelefon, Freizeiten, Kinderwochen in Gemeinden und „ZAK" (Zielorientierte Arbeit mit Kindern), ein neues, weltweit durchgeführtes Lehrprogramm (drei aufeinander aufbauende Kurse). Die KEB bildet Gebetszellen für Erwachsene und Kinder. Zur Schulung Erwachsener für die evangelistische Kinderarbeit werden Lehrkurse angeboten (Wochenendschulungen, einwöchige Lehrkurse, dreimonatige Leiterlehrgänge). Evangelistische Veranstaltungen (z.B. Kinderwochen in Gemeinden) werden in der Hauptsache durch die Gemeinden selbst vor- und nachbereitet. Als Hilfe wird ein Kinder-Fernbibelkurs angeboten.

Wirkungsbereich: 132 Länder.

Publ.: „Ideen-Austausch", seit 1951, Aufl. 10.000 (D); KEB-Nachrichten, Informationsblatt, Aufl. 850 (CH), 1050 (A); KEB-Katalog (Verzeichnis aller Anschauungsmittel wie Flanellbilder, Ringbücher, Liedkarten, Bibelverse, Tafeln und Ständer, Arbeitsbücher).

Innere Ausrichtung: Die KEB hat eine ausführliche Glaubensgrundlage in 15 Punkten, die von den Mitarbeitern durch Unterschrift bestätigt wird. Im Zentrum steht Jesus Christus, Gottes Sohn, für unsere Sünden gestorben, der auferstanden ist und wiederkommen wird.

Zusammenarbeit besteht mit evangelikalen Kirchen, Gemeinden und Bibelschulen. Die Arbeit geschieht innerhalb der Evang. Allianz. Die KEB ist Mitglied der „Arbeitsgemeinschaft Evangelikaler Missionen" (AEM).

Organisation und Finanzierung: Die KEB ist in Deutschland ein eingetragener Verein (oberstes Organ: Mitgliederversammlung mit 18 Personen) mit 45 vollzeitlichen Mitarbeitern, 35 Missionaren und 650 freiwilligen Helfern. Der Verein „KEB Schweiz" beschäftigt 15 hauptamtliche Mitarbeiter und sieben Missionare. Für den Verein „KEB Österreich" arbeiten 17 vollzeitliche Mitarbeiter. Weltweit hat die Bewegung 2.000 vollzeitliche und 60.000 ehrenamtliche Mitarbeiter. Die Finanzierung geschieht durch Spenden.

Kinder-Evangelisations-Bewegung in Deutschland e.V.
Am Eichelsberg 3, D-35236 Breidenbach
Tel. 06465/4383, Fax 06465/4705

Kinder-Evangelisations-Bewegung
Parkstr. 1, CH-3072 Ostermundingen
Tel. 031/9322502, Fax 031/9317249

Kinder-Evangelisations-Bewegung
Postfach 33, A-5112 Lamprechtshausen
Tel. 06274/68770, Fax 06274/687715

Internationale Organisation:
Child Evangelism Fellowship Inc.
P.O. Box 348
Warrenton, Missouri 63383, USA

Kinderwerk Lima (KWL)

Das Kinderwerk entstand innerhalb der evang. Kirchengemeinde Heidenheim/ Brenz. Der Impuls kam durch Dr. Moro, der damals Feldleiter der „Schweizer Indianer Mission" war und unter Urwaldindianern im Amazonasgebiet wirkte. Er hatte die Idee eines Heimes für Indiokinder, die in den Elendsvierteln von Lima in ein armseliges Dasein hineingeboren wurden.

Gleichzeitig mit dem deutschen Verein entstand der Schweizer Zweig durch Kontakte von Dr. Moro zu Schweizer Freunden.

Die Leitung hat in Deutschland Jörg Spellenberg (1. Vorsitzender), in der Schweiz Dr. Hanspeter Bürkler (Präsident).

Tätigkeit: Aufgabe des Werks ist die Betreuung und Ausbildung von Kindern und Jugendlichen in Zusammenarbeit mit einheimischen Kirchen in Peru und Paraguay.

Im „El Agustino", einem der Elendsgebiete von Lima (Peru), werden täglich über 1.350 Kinder im Alter von 3-17 Jahren betreut. In „Comas", dem größten Elendsgebiet, besteht seit 1989 eine weitere Kindertagesstätte mit ca. 450 Kindern. Ebenfalls in „Comas" führt das Werk ein Kinderspeisungsprogramm durch.

Im Gemeindezentrum des Werkes finden Gottesdienste, Evangelisationen, Bibelkurse, Frauen-, Jugend- und Kinderkreise statt. Hausbesuche, seelsorgerliche Betreuung und Gemeindeaufbau gehören zum Aufgabengebiet der peruanischen Pastoren und ihrer Mitarbeiter von der Alianza-Kirche.

Jedes der betreuten Kinder in Lima hat einen Paten in Deutschland oder der Schweiz, die mit ihrem Gebet und einem monatlichen Betrag „ihr" Kind unterstützen.

In Asuncion (Paraguay) nahm 1989 das „Colegio Politecnico Johannes Gutenberg" seinen Betrieb auf. 1.350 Kinder und Jugendliche aus den Armenvierteln von Asuncion erhalten eine gute Allgemeinbildung im Geiste Jesu Christi und in den letzten drei Schuljahren eine Berufsausbildung in vier Fachbereichen. Es besteht eine enge Zusammenarbeit mit den Mennonitischen Brüdergemeinden und einheimischen Paraguayern.

Wirkungsbereich: D, CH, Peru, Paraguay.

Einrichtungen: Kindertagesstätten (Kindergarten, Schule, Berufsausbildung, medizinische Betreuung) in Peru und Paraguay.

Publ.: Rundbrief „Kinderwerk Lima e.V.", seit 1969, vierteljährl., Aufl. 17.500; Prospekte, Plakate, Tonbild- und Diaserien.

Innere Ausrichtung: Das KWL sieht seine Aufgabe bewußt innerhalb der Evang. Landeskirche von Württemberg, hat aber auch viele Freunde in den Freikirchen und Gemeinschaften. Die Arbeit geschieht auf dem Boden der Evang. Allianz. Das Werk ist Mitglied der „Arbeitsgemeinschaft Evangelikaler Missionen" (AEM).

Organisation und Finanzierung: Eingetragener Verein mit Vorstand und einem Verantwortlichenkreis (Mitgliederversammlung); 35 ehrenamtliche Mitarbeiter; in der Heimat 2 1/2 hauptamtliche Mitarbeiter; in Lima acht europäische und 160 peruanische Mitarbeiter; in Asuncion 110 einheimische Mitarbeiter; Finanzierung durch Einzelpersonen und regelmäßige Gaben aus dem Freundeskreis, durch Gruppen und Gemeinden und durch die Evang. Landeskirche von Württemberg über das Projektheft „Mission und Ökumene", das Vorschläge von Projekten enthält, die von den Gemeinden zur Unterstützung (z.B. durch Kollekten) ausgewählt werden können.

Kinderwerk Lima e.V.
Fasanenstr. 4, D-89522 Heidenheim
Tel. 07321/51210, Fax 07321/54916

Kinderwerk Lima
Neuhauser Str. 70, CH-8500 Frauenfeld
Tel. 052/7215866

King's Kids

King's Kids ist ein eigenständiger Arbeitsbereich und Dienst von „Jugend mit einer Mission". Auf internationaler Ebene entstand die Arbeit 1976 in Hawai unter der Leitung von Dale und Carol Kauffman. Kindern und Jugendlichen jeder Nation soll Gelegenheit gegeben werden, an dem Missionsauftrag mitzuhelfen und so eine tiefere Beziehung zu Gott als ihrem persönlichen Vater zu gewinnen. Dies geschieht in Zusammenarbeit mit Familien und örtlichen Gemeinden. Die Arbeit hat sich in verschiedenen Ländern schnell ausgebreitet. Bei Anlässen wie der Fußballweltmeisterschaft in Spanien (1982), den Olympischen Spielen in Los Angeles (1984) und dem Lausanner Kongreß für Weltevangelisation in Manila (1989) gab es größere Aktionen der internationalen King's Kids-Arbeit.

Auch in Deutschland, Österreich und der Schweiz wurden Netzwerke aufgebaut, um eine gemeinsame Sicht von Kinder- und Jugendarbeit zu entwickeln, Mitarbeiterschulungen vorzunehmen und Jüngerschaftsprogramme für Kinder und Jugendliche in lokalen Gemeinden zu verbreiten. Die nationalen King's Kids-Büros laden zu der jährlichen Mitarbeiterschule „PKJA" (Prinzipien der Kinder- und Jugendarbeit) ein und bieten zahlreiche Organisationshilfen für die örtliche Arbeit an. Diese geschieht u.a. in Seminaren und auf King's Kids-Konferenzen. Kinder, Teenager und Familien nehmen an nationalen und internationalen Camps teil. Teams praktizieren soziale Hilfsdienste, tragen die Botschaft der Liebe durch Musik, Drama und Tanz in die Alltagswelt der Menschen und suchen, durch sportliche Begegnung und Fairneß im Wettbewerb christliche Werte weiterzugeben.

King's Kids Deutschland
Schloßgasse 1, D-86857 Hurlach
Tel. 082/481801, Fax 082/487254

King's Kids Schweiz
Poststraße 16, CH-2504 Biel
Tel. 032/410983, Fax 032/410920

King's Kids Österreich
Herklotzgasse 14/2, A-1150 Wien
Tel. 0222/ 830271, Fax 0222/ 8127658

King's Kids Europa
Poststraße 16, CH-2504 Biel
Tel. 032/410982, Fax 032/410920

K.K.I. International Directors Office
University of the Nations
75-5851 Kuakini Hwy.
Kailua-Kona, Hawai 96740, USA

Kommunitäten/Bruder-schaften

Mit den Bruderschaften und Kommunitäten entstanden in unserem Jahrhundert wieder verbindliche, ordensähnliche Gemeinschaften im evangelischen Raum, nachdem der Protestantismus jahrhundertelang mönchische Formen abgelehnt hatte. Bereits nach dem Ersten Weltkrieg bildeten sich „Bruderschaften": Gemeinschaften, in denen sich Männer und Frauen, die in ihren normalen Lebensbeziehungen von Beruf, Ehe und Familie bleiben, unter gemeinsame geistliche Ordnungen stellen. Nach dem Zweiten Weltkrieg kam es dann zur Gründung von Kommunitäten: festen Lebensgemeinschaften, deren Glieder sich zu Armut, Ehelosigkeit und Gehorsam, entsprechend den monastischen Gelübden, verpflichten, „um in Hingabe, Verfügbarkeit und Dienst frei zu sein für Gott und die Menschen". Seit Ende der 60er Jahre gibt es auch Familiengemeinschaften, die in einer loseren Form der Bindung miteinander leben.

Diese Gemeinschaften stehen in verschiedenen frömmigkeitsgeschichtlichen Taditionen: Die einen sind stärker liturgisch-hochkirchlich geprägt, die anderen mehr pietistisch-erwecklich, wobei teilweise auch charismatische Formen praktiziert werden. Gemeinsam ist ihnen, daß das geistliche Leben und die Verwirklichung verbindlicher Gemeinschaft für sie primäres Anliegen ist und in der Regel auch den Impuls zu ihrer Entstehung gab. Die praktischen Aufgaben – speziell bei den festen Lebensgemeinschaften – sind demgegenüber sekundär, werden aber immer von dem geistlichen Anliegen her bestimmt sein. Schwerpunkte bilden dabei Angebote meditativer Tagungen sowie seelsorgerlicher und diakonischer Dienste. Die Bedeutung dieser Gemeinschaften liegt vor allem in ihrer geistlichen Ausstrahlung, die immer auch eine missionarische Wirkung hat, auch wenn eine evangelistisch-missionarische Betätigung nicht ausgesprochen beabsichtigt ist.

Im folgenden sollen die wichtigsten Bruderschaften und Kommunitäten nach ihrer Aufgabenstellung aufgeführt werden:
– Bruderschaftliche Zusammenschlüsse, deren Mitglieder sich zu bestimmten Verbindlichkeiten im Alltagsleben verpflichten: Johanniterorden, Pfarrer-Gebetsbruderschaft (gegr. 1913), Evangelische Michaelsbruderschaft (1930).

– Geistliche Zentren mit Angebot von Einkehrzeiten und Meditationstagungen, seelsorgerlichen Diensten u.ä.: Berneuchner Dienst (Kloster Kirchberg), Communität Casteller Ring bei Kitzingen (1950), Christusbruderschaft Selbitz und Christusbruderschaft Falkenstein (1949), Jesus-Bruderschaft Gnadenthal (1961), Lebensgemeinschaft für die Einheit der Christen, Schloß Craheim (1968), Communauté de Grandchamps (Schweiz).

– Evangelistisch-missionarische Zielsetzung: Evangelische Marienschwesternschaft in Darmstadt (1947), Christusträger-Bruderschaft und Christusträger-Schwesternschaft in Bensheim (1961, s. ebd.), Lebenszentrum Adelshofen (1962, s. ebd.).

– Weitere Aufgaben: Kommunität Imshausen (1955), Laurentiuskonvent in Wethen (1959 – u.a. Friedensdienste), Offensive Junger Christen in Reichelsheim (1968 – Pädagogik, Seelsorge, Ökologie), Basisgemeinde Wulfshagenerhütten (1973/1983 – gesellschaftlich-diakonische Anliegen).

Lit.: C. Joest, Spiritualität evangelischer Kommunitäten, Göttingen 1995; I. Reimer, Verbindliches Leben in Bruderschaften, Kommunitäten, Lebensgemeinschaften, Stuttgart 1986.

Konferenz Bekennender Gemeinschaften (KBG)

In der „Konferenz Bekennender Gemeinschaften" schlossen sich 1970 verschiedene Bekenntnisgemeinschaften zusammen, die sich meist in den 60er Jahren in Westdeutschland gebildet hatten.

Der Leiterkreis trifft sich mindestens zweimal jährlich. Vorsitzender ist Pastor Burghard Affeld. Wichtigste Arbeitsgruppe ist der „Theologische Konvent Bekennender Gemeinschaften", der 1969 von der Bekenntnisbewegung gegründet wurde. Präsident des „Theologischen Konvents" ist Prof. Dr. Peter Beyerhaus. 1971 entstand der „Frankfurter Missionskonvent".

Zielsetzung der KBG: „Die bekennenden Gemeinschaften wissen sich von Jesus Christus berufen, als einzelne und miteinander in ihren Kirchen für die schrift- und bekenntnisgebundene Verkündigung des Evangeliums zu beten und zu arbeiten, sich mit dem Evangelium zu Ihm als ihrem Heiland und Herrn zu bekennen und nach ihren Möglichkeiten der Entstellung der Botschaft zu widerstehen mit dem Ziel der inneren Erweckung und Erneuerung der Kirchen."

Die KBG tritt vor allem durch theologische Erklärungen, Eingaben und Stellungnahmen aus aktuellen Anlässen hervor, z. B.: Frankfurter Erklärung zur Grundlagenkrise der Mission (1970, vgl. Anhang), Berliner Ökumene-Erklärung (1974).

1976 wurde eine „Europäische Konferenz Bekennender Gemeinschaften" gegründet, deren Vorsitzender Bischof Oskar Sakrausky war. Sie ging 1983 in der „Internationalen Konferenz Bekennender Gemeinschaften" (International Christian Network) auf, die 1978 in London gebildet worden war.

In der KBG arbeiten zusammen: Arbeitskreis Bekennender Christen in Bayern, Bekennende Gemeinschaft Nordelbien, Bekennende Kirche Sachsen, Bekenntnisbewegung „Kein anderes Evangelium", Evangelisch-Lutherische Gebetsgemeinschaften, Evangelische Notgemeinschaft in Deutschland, Evangelische Sammlung Berlin, Evangelische Sammlung im Rheinland, Evangelische Sammlung in Württemberg, Evangelische Vereinigung für Bibel und Bekenntnis in Baden, Evangelische Vereinigung um Bibel und Bekenntnis in der Pfalz, Kirchliche Sammlung um Bibel und Bekenntnis in Bayern, Kirchliche Sammlung um Bibel und Bekenntnis in Braunschweig, Kirchliche Sammlung um Bibel und Bekenntnis in Nordelbien, Kirchliche Sammlung um Bibel und Bekenntnis in Westfalen, Ludwig-Hofacker-Vereinigung, Sammlung bekennender evangelischer Frauen, Selbständige Evangelisch-Lutherische Kirche (SELK).

Konferenz Bekennender Gemeinschaften in den evangelischen Kirchen Deutschlands Pastor Burghard Affeld (Vorsitzender) Wesereschstr. 74, D-49084 Osnabrück Tel. 0541/73690, Fax 0541/70694

Konferenz bibeltreuer Ausbildungsstätten (KbA)

Seit 1963 treffen sich Lehrer verschiedener gleichgesinnter Seminare in der „Konferenz bibelgläubiger Seminare", seit 1975 „Konferenz bibeltreuer Ausbildungsstätten".

Als gemeinsame Lehrbasis wurde das Bekenntnis von „Trans-World-Radio" (Evangeliums-Rundfunk) festgelegt: Alle Teilnehmer verbindet der persönliche Glaube an Jesus Christus, das Vertrauen auf die Bibel als das irrtumslose und unfehlbare Wort Gottes und der Wille zum missionarischen Zeugnis.

Mitgliedsschulen:
Bibelschule Adelshofen, Wartbergstr. 13, D-75031 Eppingen, Tel. 07262/6080, Fax 07262/4878
Bibelschule Aidlingen, Darmsheimer Steige 1, D-71134 Aidlingen, Tel. 07034/6480, Fax 07034/648111
Bibelschule Beatenberg, CH-3803 Beatenberg, Tel. 033/841 000, Fax 033/8411500
Bibelschule Bergstraße, Hermann-Voland-Str. 6, Postfach 1 16, D-78121 Königsfeld, Tel. 07725/938420, Fax 07725/938411
Bibelschule Burgstädt, Kirchplatz 2, D-09217 Burgstädt, Tel. 037602/7104, Fax 037602/7104
Bibelschule Brake, Postfach 30 40, D-32643 Lemgo, Tel. 05261/8090, Fax 05261/80924
Bibelschule Kirchberg, Villa Schöneck, D-74592 Kirchberg/Jagst

Bibelschule Wallsee, Uferstöckl, A-3313 Wallsee, Tel. 07433/26869
Bibel-Center, Freie Theologische Fachschule, D-58339 Breckerfeld, Tel. 02338/1071, Fax 02338/1074
Bibelseminar Wuppertal, Hindenburgstr. 176, D-42117 Wuppertal, Tel. 0202/744008, Fax 0202/745665
Bibelinstituut Belgié, St. Jansberg Steenweg 97, B-3030 Heverlee
Brüderhaus Tabor – Seminar für Innere & Äußere Mission, Dürerstr. 43, D-35039 Marburg, Tel. 06421/9673, Fax 06421/967411
Ecole Biblique de Genève, Le Roc, CH-1223 Cologny.
Europäisch Mennonitische Bibelschule, Bienenberg, CH-4410 Liestal
Evangelische Theologische Fakultät, St. Jansberg Steenweg 97, B-3030 Heverlee
Freie Hochschule für Mission – Seminar für missionarische Fortbildung, Columbia Biblical Seminary, Extension Zentrum, Hindenburgstr. 36, D-70825 Korntal-Münchingen, Tel. 0711/83965-0, Fax 0711/8380545
Freie Theologische Akademie, Schiffenberger Weg 111, D-35394 Gießen, Tel. 0641/76001, Fax 0641/76039
Institut Biblique Emmaus, CH-1806 St. Légier
Kurzbibelschule des Janz Teams, Feuerbacher Str. 29, D-79400 Kandern
Kurzbibelschule Klostermühle, Klostermühle, D-56379 Obernhof/Lahn, Tel. 02604/4545

Kurzbibelschule von Jugend für Christus, Frankenberg 21, D-95469 Speichersdorf
Missionshaus Bibelschule Wiedenest, Olper Str. 10, D-51702 Bergneustadt, Tel. 02261/4060, Fax 02261/406155
Neues Leben Seminar, Raiffeisenstr. 2, D-57635 Wölmersen, Tel. 02681/2395, Fax 02681/70683
Geistliches Rüstzentrum Krelingen, Studienarbeit, Krelingen 37, D-29664 Walsrode, Tel. 05167/970152, Fax 05167/970160
Theologisches Seminar der Liebenzeller Mission, Postfach 12 40, D-75375 Bad Liebenzell, Tel. 07052/17239, Fax 07052/17239
Seminar für Gemeindebau und Mission, Bernstr. 99, CH-3122 Kehrsatz, Tel. 41/031/9617717, Fax 41/031/9617715
Studiengemeinschaft Wort und Wissen, Rosenbergweg 29, D-72270 Baiersbronn, Tel. 07442/81006, Fax 07442/81008
Theologisches Seminar St. Chrischona, Chrischonarain 200, CH-4126 Bettingen, Tel. 061/6464111, Fax 061/6464575
Theologisch-Diakonisches Seminar Aarau, Frey-Herose-Str. 9, CH-5000 Aarau, Tel. 062/8245051, Fax 062/8246939
Bibelseminar Bonn, Ehrental 2-4, D-53332 Bornheim, Tel. 02222/701200, Fax 02222/701111
Christliche Bildungsstätte Fritzlar, Bibelschule Gemeinde Gottes, Georgenstr. 9, D-34560 Fritzlar,

Tel. 05622/99461011, Fax 05622/
994620

Schulen mit Gaststatus:
Gnadauer Bibelschule Falkenberg,
Haus St. Michael, Karl-Marx-Str.
33, D-16259 Falkenberg, Tel./Fax
033458/249
Bibelschule WEC International, Euro
MTC, Hagelstraat 19, NL-5835
BD Beugen
Institut für Gemeindebau und Welt-
mission, Josephstr. 206, CH-8005
Zürich, Tel. 41/01/2724808
Kurzbibelschule „Wort des Lebens",
Postfach 60, D-82335 Berg
ICI GmbH, Deutsches Büro, Postfach
18 06, Aßlarer Weg 8, 35528 Wetz-
lar, Tel. 06443/2183, Fax 06443/
2451

Konferenz bibeltreuer Ausbildungsstätten
Hartwig Schnurr (1.Vorsitzender)
Bibelschule Wiedenest
Olper Str. 10, D-51702 Bergneustadt
Tel.: 02261/406133 (privat 406167)
Fax 02261/470625

Wilhelm Faix (2.Vorsitzender)
Bibelschule Adelshofen
Wartbergstr. 3
D-75031 Eppingen-Adelshofen
Tel.: 07262/6080 (privat 1498)
Fax 07262/4878

Konferenz Evangelikaler Publizisten (kep)

Die kep ist ein Zusammenschluß christlicher Medienorganisationen und
christlich engagierter Journalisten. Den
in der kep zusammengeschlossenen
Journalisten, Publizisten und Verlegern
geht es um eine klare und überzeugende
Wiedergabe der christlichen Botschaft
in den Massenmedien, eine begleitende
Seelsorge für Journalisten und um das
Angebot einer Lebenshilfe für Hörer,
Zuschauer und Leser. Außerdem bemüht sich die kep um die Vermittlung
eines Gedanken- und Erfahrungsaustausches christlicher Journalisten, Publizisten und Verleger. Deshalb haben
sich die in der kep verbundenen Journalisten, Verleger und Publizisten zur Aktion „Mehr Evangelium in den Medien"
zusammengeschlossen.

Mitglieder: Evangeliums-Rundfunk
(Wetzlar), Informationsdienst der
Evangelischen Allianz – idea (Wetzlar),
Christliche Medien-Cooperation (Aß-
lar), Christus für alle – Filmdienst
(Neuhausen), Christliche Medien-Aka-
demie der Konferenz Evangelikaler Pu-
blizisten (Wetzlar), außerdem folgende
Verlage: Aussaat- und Schriftenmis-
sionsverlag (Neukirchen-Vluyn), Blau-
kreuz-Verlag (Wuppertal), Born-Verlag
(Kassel), Brendow-Verlag (Moers), R.
Brockhaus-Verlag (Wuppertal), Bun-
des-Verlag (Witten), Christliches Ver-
lagshaus (Stuttgart), Edition Trobisch
(Kehl), Hänssler-Verlag (Neuhausen),
Verlag des Bibellesebundes (Marienhei-

de), Verlag der Evangelischen Gesellschaft für Deutschland (Wuppertal), Verlag der Francke-Buchhandlungen (Marburg), Verlag der Liebenzeller Mission (Bad Liebenzell), Verlag der St. Johannis Druckerei (Lahr).

Konferenz Evangelikaler Publizisten e.V.
Moritz-Hensoldt-Str. 20
D-35576 Wetzlar
Postfach 18 69
D-35528 Wetzlar
Tel. 06441/94710, Fax 06441/947120

Konferenz für Gemeindegründung (KFG)

1977 gründete Eckehard Strickert, ein Absolvent des Bibelseminars Wuppertal, die „Deutsche Gemeinde-Mission" mit dem Ziel der Gründung von „freien bibeltreuen Gemeinden in Deutschland". Um die aufbrechenden Visionen zu solchen Gemeindegründungen weiter zu fördern, wurde 1983, wiederum von Eckehard Strickert, in Zusammenarbeit mit anderen die Konferenz für Gemeindegründung (KFG) ins Leben gerufen. Sie hat das Ziel, Gemeinden aufzubauen, die sich „konsequent am biblischen Vorbild der christlichen Urgemeinde orientieren". Die Konferenz will Mut machen, Hauskreise oder Bibelkreise zu freien Gemeinden auszubauen, und Bibelschüler ermutigen, nach ihrer Ausbildung als Gemeindegründer tätig zu werden. Die Zeitschrift „Gemeindegründung" (ca. viermal

jährl., bis 1993 durch Ernst Maier herausgegeben) sowie verschiedene Seminare und Schulungsmaterialien stehen im Dienst dieser Zielsetzung. Zugleich wurde, nach dem Vorbild der amerikanischen „Independent Fundamental Churches" (IFCA), auch eine „Arbeitsgemeinschaft für bibeltreue Gemeinden" (AFBG) ins Leben gerufen, die jedoch durch den Tod von Ernst Maier und Eckehard Strickert zu einem vorläufigen Stillstand kam.

Die Konferenz unterhält Kontakte zu ca. 200 unabhängigen evangelikalen Gemeinden (u.a. freie Brüdergemeinden, freie Baptistengemeinden, Mennoniten Brüdergemeinden, Biblische Missionsgemeinden), die ausdrücklich nicht charismatisch geprägt sind. Sie versteht sich nicht als Gemeindebund. Man schließt sich bewußt keiner Kirche und Gemeinde an und sieht in landeskirchlichen Gemeinden „unbiblische Systeme".

Konferenz für Gemeindegründung e.V.
Wilfried Plock (1. Vorsitzender)
Am Wasser 8, D-36169 Rasdorf

Konferenz Missionarischer Ausbildungsstätten (KMA)

In der Konferenz Missionarischer Ausbildungsstätten, die 1972 in Verbindung mit der „Arbeitsgemeinschaft Missionarische Dienste" (AMD) entstand, treffen sich die Leiter und Leiterinnen einiger Schulen, die innerhalb der evang.

Kirchen im deutschsprachigen Raum arbeiten und nicht in kirchlicher oder staatlicher Trägerschaft stehen. Zum festen Bestandteil der Zusammenkünfte gehören Information und Austausch über Fragen der Ausbildung und des zukünftigen Berufsfeldes der auf den missionarischen Dienst ausgerichteten Studierenden. Bei Anerkennung der Eigenprägung durch Geschichte und speziellen Auftrag der einzelnen Werke bestehen u.a. folgende Gemeinsamkeiten: „1. Der von Jesus Christus seiner Gemeinde gegebene missionarische Auftrag gebietet, das Evangelium von der freien Gnade allen Menschen auszurichten. 2. Dieser Auftrag bestimmt das Ziel unserer Dienste in Kirchengemeinden und freien Werken (z.B. CVJM, EC, Gemeinschaften und Missionsgesellschaften). Durch die Verkündigung des Evangeliums werden Menschen zum Glauben an Jesus Christus gerufen. Diakonische und gesellschaftsbezogene Aufgaben stehen im Dienst dieses Zieles. Sie folgen aus dem Leben in der Nachfolge Jesu Christi nach der Weisung des Wortes Gottes. 3. Auftrag und Ziel des missionarischen Zeugnisses begründet die Priorität des theologischen Unterrichtes. Dieser erfolgt auf dem Grund der Heiligen Schrift nach reformatorischem Verständnis."
Die Konferenz erfüllt ihre Aufgaben in Verbindung mit der „Arbeitsgemeinschaft Missionarische Dienste" (AMD), bei der auch die Geschäftsführung angesiedelt ist. Die Konferenz berät und vertritt gemeinsame Fragen gegenüber der Evangelischen Kirche in Deutschland und den Landeskirchen.

Mitglieder: CVJM-Sekretärschule und private Fachschule für Sozialpädagogik (Kassel), Evangelische Missionsschule der Bahnauer Bruderschaft (Weissach im Tal), Evangelistenschule Johanneum (Wuppertal), Marburger Bibelseminar, Missionarisch-diakonische Ausbildungsstätte Malche (Porta Westfalica), Theologisches Seminar St. Chrischona (Bettingen/Basel), Seminar für evangelischen Gemeindedienst – Bibelschule der Arbeitsgemeinschaft MBK (Bad Salzuflen), Missionsseminar des Ev.-luth. Missionswerkes in Niedersachsen (Hermannsburg).
Gäste: Erziehungsverein Neukirchen-Vluyn, Gnadauer Bibelschule Falkenberg.

Konferenz Missionarischer
Ausbildungsstätten
Arbeitsgemeinschaft Missionarische
Dienste
Postfach 78, D-10411 Berlin
Tel. 030/44660572, Fax 030/44660422

Kontaktmission

1975 kam Ruedi Siegenthaler (1952 in Liestal/CH geboren, Bekehrung durch das „Janz Team", Mitglied der Freien Missionsgemeinden) als Leiter eines Teams von „Operation Mobilisation" nach Österreich. Als sich das Team nach zwei Jahren auflöste, blieb Familie Siegenthaler in Niederösterreich zurück und versuchte, die jungen Gläubigen zu betreuen. Da in diesem Gebiet noch keine Missionsgesellschaft tätig war, wurde 1979 die Kontaktmission gegründet, hinter der von Anfang an ein kleiner Freundeskreis aus der Schweiz stand.

1984 wurden der Verein in Österreich und der deutsche Verein gegründet. Mit der Leitung des deutschen Vereins wurde Dieter Trefz beauftragt (1957 in Wüstenrot/Landkreis Heilbronn geboren, Bibelschulausbildung in Brake/Lemgo, Gemeindeaufbauarbeit in Karlsruhe, weiteres Studium an der Freien Hochschule für Mission in Korntal sowie am Columbia Biblical Seminary, USA).

Tätigkeit: Das Ziel der Kontaktmission ist die Verbreitung des Evangeliums und die Gründung und Betreuung von Gemeinden in vom Evangelium unerreichten Gebieten (Pionierarbeit). Mit Hilfe von Missionseinsätzen, Begegnungsfreizeiten und Schulungen möchte sie junge Menschen für die Missionsarbeit motivieren und durch ansprechende missionarische Aktivitäten mit Menschen in Kontakt kommen. Die Kontaktmission sendet Missionare in „unerreichte Arbeitsgebiete" aus. Sie führt regelmäßige Hilfstransporte nach Osteuropa durch. In der Ukraine und in Rumänien werden einheimische Mitarbeiter über Patenschaften finanziert.

Wirkungsbereich: D, A, CH, Griechenland, Spanien, Rumänien, Ukraine, Litauen, Belgien, Israel.

Publ.: Infobrief „Kontaktmissionsnachrichten", zweimonatl., Aufl. 4.000.

Innere Ausrichtung: Die Kontaktmission ist ein überkonfessionelles Missionswerk. Sie arbeitet auf der Basis der Evang. Allianz und ist Mitglied der „Arbeitsgemeinschaft Evangelikaler Missionen" (AEM) sowie im „Ring Missionarischer Jugendbewegungen" (RMJ). Die Grundlage für das Missionsverständnis ist die „Frankfurter Erklärung zur Grundlagenkrise der Mission" (vgl. Anhang). Es bestehen viele Querverbindungen zu AEM-Missionswerken und Kontakte zu verschiedenen Bibelschulen und theologischen Ausbildungsstätten.

Organisation und Finanzierung: Die Vorstände in den einzelnen Einsatzländern überwachen die Arbeit im jeweiligen Land. Die Kontaktmission hat derzeit 70 Mitarbeiter. Die Finanzierung der Arbeit allgemein sowie der einzelnen Mitarbeiter geschieht durch Spenden. Jeder Mitarbeiter wird teilweise von seinem persönlichen Freundeskreis getragen.

Kontaktmission e.V.
Fuchswiesenstr. 37, D-71543 Wüstenrot
Tel. 07945/950020, Fax 07945/950021

Kontaktmission
Furlenstr. 45, CH-4415 Lausen

Kontaktmission
Hoysgasse 63, A-2020 Hollabrunn

Kreis Charismatischer Leiter (KCL)

Der Kreis Charismatischer Leiter stellt eine Gemeinschaft von Verantwortungsträgern dar, die in Deutschland die charismatische Bewegung mitgestalten. Im Anschluß an den dritten Wimber-Kongreß 1992 in Hamburg und den Jesus-Marsch 1992 kam es 1993 zur Konstituierung des Kreises Charismatischer Leiter, der sich aus den Trägerkreisen dieser Aktivitäten entwickelte. In ihm haben sich Frauen und Männer zusammengeschlossen, die in leitender Verantwortung in der charismatischen Bewegung in Deutschland stehen. Er repräsentiert die Vielfalt der charismatisch-pfingstlichen Bewegung, ohne sich als Delegiertenversammlung einzelner Kirchen zu verstehen. Zu ihm gehören Vertreter der charismatischen Erneuerung in den klassischen Kirchen und Freikirchen (u.a. kath. Kirche, evang. Landeskirchen, Evangelisch-methodistische Kirche). Darüber hinaus sind auch Vertreter der Pfingstbewegung sowie der freien, konfessionsunabhängigen charismatischen Gemeinden und Missionswerke in ihm vertreten. In einem 1995 verabschiedeten Grundlagenpapier hat der KCL die Basis der in ihm repräsentierten verschiedenen Richtungen formuliert.

Tätigkeit: Der KCL trifft sich jährlich zu zwei Klausurtagungen, um die gemeinsamen Anliegen zu beraten. Dieses geschieht durch persönliche Begegnung, Gebet und Informationsaustausch. Zudem werden bundesweite Aktionen weitgehend miteinander abgestimmt und spezifische theologische Fragestellungen aufgenommen und miteinander bedacht. Derzeitige Sprecher des Kreises sind Friedrich Aschoff und Heinrich Christian Rust.

Innere Ausrichtung: Basis des Glaubens und der Frömmigkeit ist die Heilige Schrift und das Bekenntnis zu Gott dem Vater, dem Sohn Jesus Christus und dem Heiligen Geist. In diesem Sinn versteht sich die charismatische Bewegung als evangelikal. Der Heilige Geist weckt im Gläubigen verschiedene Gnadengaben (Charismen), die zur Auferbauung der Gemeinde Jesu und zur Ausbreitung des Reiches Gottes dienen. Alle in der Bibel beschriebenen Charismen sind auch gegenwärtig in der Gemeinde Jesu lebendig.

Zum Kreis Charismatischer Leiter gehören gegenwärtig: Christoph von Abendroth, Geistliche Gemeinde-Erneuerung (GGE); Friedrich Aschoff, GGE; Dr. Norbert Baumert, Katholische Charismatische Erneuerung (CE); Gerhard Bially, Zeitschrift „Charisma"; Wilhelm Bläsing, CVJM München; Wolfgang Breithaupt, GGE; Mike Chance, Glaubenszentrum Bad Gandersheim; Reiner Dauner, Evangelisch-methodistische Kirche (EmK); Peter Dippl, Christliches Zentrum Berlin; Astrid Eichler, GGE; Ingolf Ellßel, Bund Freikirchlicher Pfingstgemeinden (BFP), Dr. Peter Fischer, CE; Rolf Gürich, GGE; Wolf-Dieter Hartmann, Ignis; Walter Heidenreich, Freie Christliche Jugendgemeinschaft, Lüdenscheid; Mechthild Humpert, CE; Christoph Häselbarth, Josua Dienst; Matthias Jordan, (BFP), Reiner Lorenz, Gemeinde & Charisma, Essen, Herbert Lüdtke, kath. Gemeinschaft Immanuel; John MacFarlane, Nehemia-Team, Fürth; Dr. Wolfhard Margies, Gemeinde auf dem Weg; Wolfgang Meissner, Gemeinschaftsverband Mülheim/Ruhr; Ute Minor, EmK; Eckhard Neumann, Christliches Missionswerk Josua; Helmut Nicklas, CVJM München; Rudi Pinke, Christliches Zentrum Frankfurt (CZF); Hermann Riefle, Jugend-, Missions- und Sozialwerk, Altensteig; Heinrich Christian Rust, Bund Evangelisch-Freikirchlicher Gemeinden; Ulrich von Schnurbein, Geschäftsleute des vollen Evangeliums/Christen im Beruf; Ortwin Schweitzer, Adoramus-Gemeinschaft; Wolfgang Simson, DAWN; Horst Stricker, Baptistengemeinde; Paul Toaspern, GGE; Keith Warrington, Jugend mit einer Mission (JmeM); Peter Wenz, Biblische Glaubens-Gemeinde, Stuttgart.

Kreis Charismatischer Leiter
Pastor Dr. Heinrich Christian Rust
Postfach 12 62, D-61282 Bad Homburg
Friedberger Str. 101, 61350 Bad Homburg
Tel. 06172/8004-26/24
Fax 06172/800437

L'Abri Fellowship

L'Abri Fellowship wurde von Francis und Edith Schaeffer gegründet, die 1955 ihr Haus in der Schweiz (nahe des Genfer Sees) für andere öffneten. Es sollte eine Zuflucht (franz. l'abri = Obdach) sein für Menschen, die Antworten auf ihre Fragen und Lebensprobleme suchen. 1984 konnte das Chalet Bellevue als Gästehaus übernommen werden. Im Laufe der Zeit wurden weitere Zweige in mehreren Ländern eingerichtet. Die internationale Leitung hat Wim Rietkerk, die Leitung in der Schweiz hat James R. C. Ingram.

Seit 1994 gibt es auch eine „Deutsche L'Abri Kontaktarbeit", die seit 1996 als eingetragener Verein tätig ist.

Tätigkeit: L'Abri möchte Menschen dazu ermutigen, ein christlich orientiertes Denken und eine biblische Perspektive in den Bereichen Weltanschauung, Kunst, Politik sowie Natur- und Geisteswissenschaften zu entwickeln. Obwohl dabei viel um Wissen und Erkenntnis gerungen wird, ist L'Abri nicht nur ein Platz für Intellektuelle. Das Miteinander-Leben ist genauso wichtig wie das Miteinander-Denken. Deshalb leben die Gäste meist in einem Haus mit den Mitarbeitern und beteiligen sich halbtags an den anfallenden Arbeiten in Küche, Haus und Garten.

Die Gäste werden in ihren Studien durch wöchentliche „Tutorials" von einem der Mitarbeiter begleitet, die sich in unterschiedlichen Bereichen spezialisiert haben (z.B. Philosophie, Literaturwissenschaft oder Theologie). Die gemeinsamen Mahlzeiten werden z.T. als offene Diskussionen gestaltet. An den Abenden werden Vorträge. Filme, Literaturabende und z.T. auch eigene Theaterstücke angeboten.

Die Deutsche L'Abri Kontaktarbeit ist ein Zusammenschluß deutschsprechender L'Abri-Freunde. In verschiedenen Arbeitskreisen wird versucht, das L'Abri-Gedankengut für den deutschen Sprachraum „fruchtbar" zu machen und über die Arbeit der Internationalen L'Abri-Fellowship zu informieren. Zu diesem Zweck werden Freundestreffen sowie Seminare zu aktuellen Themen veranstaltet. Weiterhin wird die Zeitschrift „L'Abri-Akzente" herausgegeben.

Wirkungsbereich: Zentren in CH, England, Holland, Schweden, USA, Australien, Korea; Deutsche L'Abri Kontaktarbeit in D.

Einrichtungen: Die Zentren bestehen jeweils aus einem oder mehreren Häusern, in denen Studenten und Mitarbeiter wohnen.

Publ.: „Lev" (Zeitschrift, holländisch); „L'Abri-Akzente" (deutsch), ca. zweimal jährl.; Freundesbrief (engl.), Kassetten und Bücher von Francis und Edith Schaeffer u.a., Videos und anderes Studienmaterial (englisch, z.T. auch deutsch).

Innere Ausrichtung: L'Abri Fellowship steht in der Tradition eines bibelgläubigen Christentums und ist nicht mit einer bestimmten Kirche verbunden.

Organisation und Finanzierung: In jedem der Zweige leben die Mitarbeiter in mehreren Häusern zusammen und können zwischen acht und 30 Studenten aufnehmen. Bei Entscheidungen wird Einmütigkeit angestrebt. Die Gemeinschaft vertraut darauf, daß Gott für sie sorgt. Sie lebt von den Beiträgen der

Studenten und Gäste (25 %) und von Spenden.

L'Abri Fellowship
Chalet Bellevue, CH-1884 Huemoz
Tel. 024/4952139, Fax 024/4957647

Lausanner Komitee für Weltevangelisation (LCWE)

1974 fand in Lausanne der erste „Internationale Kongreß für Weltevangelisation" statt mit 2.700 Teilnehmern und 1.300 Mitarbeitern und Beobachtern aus über 150 Ländern. Vorausgegangen waren 1966 der von Billy Graham einberufene „Weltkongreß für Evangelisation" in Berlin und weitere nationale Konferenzen in den darauffolgenden Jahren.

Das wichtigste Ergebnis von „Lausanne 74" war die „Lausanner Verpflichtung", die von den meisten Teilnehmern unterschrieben wurde und eine weitreichende Bedeutung in evangelikalen Kreisen erlangte (vgl. Anhang).

1989 fand ein zweiter „Weltkongreß für Evangelisation" („Lausanne II") in Manila (Philippinen) mit 3.000 Teilnehmern aus etwa 170 Ländern statt, der als Schlußdokument „Das Manifest von Manila" herausbrachte, das eine „öffentliche Erklärung von Überzeugungen, Absichten und Motiven" darstellt und „die Anliegen der Lausanner Bewegung fortschreiben, verdeutlichen und aktualisieren will" (vgl. Anhang).

Im Februar 1994 konstituierte sich in

Stuttgart „The New Lausanne". Mit einem Minimum an Struktur wird die 1974 begonnene Arbeit fortgesetzt, die vor allem dazu dient, missionarische und evangelistische Initiativen in aller Welt zu vernetzen (Network). Das LCWE will selbst keine eigene Organisation bilden, sondern den Dienst führender Vertreter von Kirchen, Missions- und Evangelisationsorganisationen fördern und koordinieren, sowohl theologisch als auch strategisch.

Die Ziele des LCWE sind: biblische Verkündigung unter allen Völkern und vom Evangelium unerreichten Volksgruppen; geistliche Erneuerung in allen Kirchen und Gemeinden als Grundlage zur Weltevangelisation; Aufbau eines Netzes von Kontakten und Verbindungen unter denen, die sich für die Evangelisation einsetzen; Bewertung und Auswertung der Fortschritte bei der Weltevangelisation, um gezielt beten zu können und um Menschen und finanzielle Mittel effektiv einzusetzen.

Die Arbeit des LCWE wird getragen von 30 nationalen Verbänden, die in Europa, USA, Kanada, Asien und Australien tätig sind. Die jeweiligen nationalen Vorsitzenden bilden das Internationale Komitee, dem ein Exekutivkomitee zugeordnet ist, das sich mehrmals im Jahr trifft. Mit beratender Funktion steht ihm ein Verwaltungskomitee (fünf Personen) zur Seite und die zwei Co-Vorsitzenden der „Theological Strategy Working Group" sowie der/die Vorsitzende der „Intercession Working Group". Die Arbeit des LCWE wird von zwei Arbeitsgruppen begleitet, der

„Theological Strategy Working Group" (TSWG) – Arbeitsgruppe für Theologie und Strategie – und der „Intercession Working Group (IWG) – der Arbeitsgruppe, die weltweit die Arbeit der Lausanner Bewegung fürbittend begleitet. Ferner sind Beauftragte (sogenannte Senior Associates) tätig für: Disabled, Research, Tentmakers, Women, Partnerships (Koordinierung von missionarischen Organisationen).

Die Lausanner Bewegung unterhält ein Kommunikationszentrum in Oslo. Dort werden das „World Evangelization Magazine", „The Lausanne Letter" und „World Evangelization News Service" herausgegeben.

Die Lausanner Bewegung arbeitet zusammen mit der „World Evangelical Fellowship" (WEF) und der ebenfalls missionarischen Initiative „AD 2000".

In Deutschland arbeitet die „Lausanner Bewegung Deutscher Zweig" (LBDZ) mit der Evang. Allianz und der „Arbeitsgemeinschaft Missionarische Dienste" (AMD) zusammen. Verantwortlich ist ein Trägerkreis, dem zur Zeit (1996) 121 Vertreter aus Kirchen, Freikirchen, Gemeinschaften, freien Werken und Parachurch-Organisationen angehören. 22 Personen bilden den Leiterkreis, der sich zweimal im Jahr trifft. Der Trägerkreis trifft sich nach Bedarf, in der Regel einmal im Jahr. Auf Initiative der LBDZ entwickelte sich die evangelistische Initiative Pro-Christ.

In der Schweiz hat sich das Lausanner Komitee (Schweizer Zweig) 1985 mit der Schweizerischen Evang. Allianz zu-

sammengeschlossen. Die Anliegen des
Lausanner Komitees auf Weltebene
werden im Bezugsrahmen Schweiz
durch die SEA vertreten.

Lausanner Komitee für Weltevangelisation
Pastor Horst Marquart
Trans World Radio
Postfach 14 44, D-35573 Wetzlar

Lebensmission „Jesus für Haiti"

Die Lebensmission wurde 1975 durch
den Kaufmann Helmut Walther in Lan-
dau/Pfalz gegründet. Zunächst wurde
die karitative und entwicklungsbezoge-
ne Arbeit des „Concil des Eglises Evangéliques d'Haiti" unterstützt. 1981 wurde ein erstes Mitarbeiterehepaar entsandt. Helmut Walther leitete das Werk
bis 1986, Bernd von Rochow von 1986
bis 1994. Seit 1995 liegt die Leitung bei
Karlheinz Wittmer, einem freikirchlichen Pastor. Es besteht ein Schwesterverein in der Schweiz.
Tätigkeit: Die Lebensmission sieht ihre
Aufgabe darin, Möglichkeiten für Haitianer zu schaffen, ihr Leben in sozialer
Sicherheit, Würde und Selbstbestim-
mung zu leben. Sie unterstützt und ergänzt die Arbeit haitianischer Kirchen.
Die Projekte sollen feste Arbeits- und
Ausbildungsplätze insbesondere für
junge Menschen bieten. Insgesamt finden mindestens 300 Haitianer (angestellte Mitarbeiter und Familien, Kin-
derdorfkinder, Patenkinder) durch die

Projekte der Lebensmission ein Aus-
kommen. Langfristig ist es Ziel der Lebensmission, auch alle führenden Positionen mit qualifizierten Haitianern zu
besetzen.
Tätigkeitsbereiche in Haiti sind ein
Kinderdorf (seit 1982, 30 Kinder), ein
Patenschaftsdienst für Kinder außer-
halb des Kinderdorfes (ca. 200 Kinder),
eine Lehrwerkstatt (seit 1991, acht
Schreinerlehrlinge), ein kleiner ambu-
lanter medizinischer Notdienst, eine
Mitarbeiterkreditbank, eine Kreditbank
zur Gründung und Förderung kleiner
Betriebe, eine Sockenstrickwerkstatt
(seit 1995, vier Frauen) in Gonaives,
Schulung für kirchliche Mitarbeiter
und Pastoren (ca. 200 Personen) und die
Unterstützung von zwei haitianischen
Studenten in Deutschland.
Wirkungsbereich: D, CH, A, Haiti.
Einrichtungen: Büro in Landau/Pfalz,
Kinderdorf, Lehrwerkstatt und Socken-
strickwerkstatt in Gonaives (Nordwe-
sten Haitis), Missionarischer Dienst in
Port-au-Prince.
Publ.: Missionsrundbrief, viermal jährl.,
Aufl. 6.000; Dokumentationsfilm „Haiti, Paradies ohne Hoffnung?", verschiedene Diaserien.
Innere Ausrichtung: Die Lebensmission
arbeitet überkonfessionell und partei-
politisch neutral. Die Mitarbeiter kommen aus verschiedenen Kirchen und
Freikirchen. Maßgebend für sie ist das
biblische Wort Gottes. Für die Mitarbeit ist „ein fester Glaubensstand in Jesus Christus unerläßlich". Viele Mitarbeiter haben ein persönliches Pfingsten
erlebt.

Die Lebensmission ist Mitglied in der Deutsch-Haitianischen Gesellschaft in Bonn.

Organisation und Finanzierung: Eingetragener Verein mit sechsköpfigem Vorstand, Mitgliederversammlung mit derzeit 28 Mitgliedern; Schwesterverein in der Schweiz mit einer Person auch im deutschen Vorstand vertreten; drei Missionarsehepaare und zwei einzelne Missionare in Haiti, ca. 30 einheimische Mitarbeiter; eine vollangestellte Mitarbeiterin in Deutschland; Finanzierung durch Spenden und durch Erlöse aus dem Verkauf von haitianischem Kunsthandwerk sowie Socken und Holzspielzeug aus eigener Produktion in Gonaives; Baukostenzuschüsse für das Kinderdorf durch die Deutsche Botschaft in Port-au-Prince und durch „The 1 % for Development Fund" (Vereinigung von Mitarbeitern der UNESCO in Wien, die sich verpflichtet haben, 1 % ihres Einkommens für wohltätige Zwecke zur Verfügung zu stellen).

Lebensmission „Jesus für Haiti" e.V.
Badstr. 20, D-76829 Landau
Tel. 06341/82331, Fax 06341/80752

Lebensmission „Jesus für Haiti"
Seestr. 45, CH-8330 Pfäffikon

Lebenszentrum Adelshofen

Gründer ist Pfarrer Dr. Otto Riecker (1896–1989), Krankenhaus- und Gemeindepfarrer, theologischer Schriftsteller, 1950-1960 Pfarrer in Eppingen-Adelshofen. Hier kam es 1955 zu einer Erweckung unter den Bauern und jungen Leuten. Eine starke missionarische Bewegung trug den erwecklichen Funken weiter. Das Anliegen geistlicher Zurüstung für Verkündigung und Seelsorge ließ 1958 eine Bibelschule entstehen. Es bildete sich eine verantwortliche Mitarbeiterschaft, die sich 1962 als verbindliche Lebens-, Arbeits- und Opfergemeinschaft zu einer Kommunität zusammenschloß.

Die Leitung liegt bei Bruder Peter Lohmann (Pfarrverwalter) in Zusammenarbeit mit einem Leitungsteam.

Tätigkeit: Das Jahresteam des Lebenszentrums bietet jungen Menschen zwischen 19 und 35 Jahren die Möglichkeit, drei bis zwölf Monate mit anderen Christen zusammenzuleben. Dabei gelten ehrliches Miteinander und persönliches Engagement als Wesenselemente verbindlicher Gemeinschaft. Im Rahmen des Jahresteams können junge Männer ihren Zivildienst leisten.

Die Bibelschule des Lebenszentrums bietet eine akkreditierte theologische Ausbildung in acht Semestern als Vorbereitung zum vollzeitlichen Dienst im In- und Ausland.

Außerdem ist das Lebenszentrum missionarisch tätig (mehrwöchige Jugend- und Gemeindeevangelisationen; Bibelwochen; evangelistische Kinderarbeit; Freizeiten für Erwachsene, Jugendliche, Kinder und Familien; Seminare für Kinder- und Jugendarbeit, für Seelsorge und Gemeindeaufbau; Pfarrer- und Mitarbeitertage; Jugend- und Kindertage; Teestube; Ausländer-Besuchsteam; Straßen- und Traktatmission; „Ismael-Dienst": Dienstgemeinschaft zur Förderung des Evangeliums in der islamischen Welt).

Wirkungsbereich: D und weltweit.

Einrichtungen: Verschiedene Häuser (für Bibelschule und Freizeiten).

Publ.: „Aus dem Lebenszentrum Adelshofen", seit 1959, vierteljährl.; Traktate, Schriften, Bücher (TELOS), Ton-Dia-Serie über die Entstehung, Prospekte.

Innere Ausrichtung: Das Lebenszentrum hat kein eigenes Glaubensbekenntnis. Es nimmt Bezug auf die alten Glaubensbekenntnisse, die Basis der Evang. Allianz, die „Frankfurter Erklärung" und die „Lausanner Verpflichtung". Die Wiedergeburt nach Joh. 3 wird für die Aufnahme in die Schule wie auch für Lehrer und Mitarbeiter vorausgesetzt. Das Lebenszentrum ist Mitglied der „Arbeitsgemeinschaft Evangelikaler Missionen" (AEM), der „Konferenz bibeltreuer Ausbildungsstätten" (KbA) und im „Ring Missionarischer Jugendbewegungen" (RMJ). Es hat gute Kontakte zu verschiedenen evangelikalen Missionen (DMG, WEC, KEB, DIPM u.a.) und eine enge Verbindung zur Evang. Allianz (Durchführung von Allianzevangelisationen). Der missionarisch-evangelistische Auftrag wird vor allem innerhalb der evang. Landeskirche gesehen.

Organisation und Finanzierung: Träger ist die „Kommunität Adelshofen e.V." (gemeinnütziger Verein), zu der elf ledige Brüder und 27 Schwestern sowie mehrere Ehepaare gehören. Sie verantworten das Gesamtwerk „Lebenszentrum Adelshofen".

Als Dozenten der Bibelschule arbeiten Mitglieder der Kommunität, Pfarrer (nebenamtlich) sowie Gastlehrer. Etwa 250 Absolventen sind im vollzeitlichen Dienst im In- und Ausland tätig. Die Finanzierung erfolgt durch Spenden und freiwillige Beiträge der Studierenden.

Lebenszentrum Adelshofen
Wartbergstr. 13, D 75031 Eppingen
Tel. 07262/6080, Fax 07262/4878

Lepra-Misson – Freundeskreis der Aussätzigenarbeit

Die Arbeit unter Leprakranken entstand im vorigen Jahrhundert: Wellesley Bailey gründete 1874 die „Mission to Lepers" in Irland (später „Leprosy Mission International" mit Sitz in Brentford/Middlesex, GB).

1965 wurde durch A. v. Rothkirch und Panthen in Deutschland die „Lepra-Mission e.V." gegründet. 1991 vereinigte sich der Verein mit dem „Freundeskreis der Aussätzigenarbeit", der 1958 in Esslingen mit dem Ziel gegründet worden war, die Arbeit des Leprakrankenhauses in Chevayur (Indien) zu unterstützen. Prof. Ludwig Ihmels, Vorsitzender beider Organisationen, verstarb 1993. Seitdem hat Dr. Gottfried Riedel den Vorsitz. 1990 wurde eine Geschäftsstelle eingerichtet.

Die „Lepra-Mission" ist durch eine vertragliche Vereinbarung Mitglied der „Leprosy Mission International".

In der Schweiz gründete 1905 Hanna Meyer, die die Arbeit in Großbritannien kennengelernt hatte, einen Helferkreis in Zürich. Seit 1969 besteht ein Verein mit eigenen Statuten („Evangelische Aussätzigenmission").

Tätigkeit: Ziel der „Lepra-Mission" ist, „im Namen Jesu Christi den von Lepra befallenen Menschen Hilfe in ihrer materiellen, sozialen und geistlichen Not zu bringen". Im Heimatland dienen Predigt, Vorträge und Filmvorführungen der Unterrichtung, daß Lepra heilbar ist und daß Personal (Ärzte, Schwestern, Physiotherapeuten u.a.) gesucht und ausgesandt werden kann, um den Auftrag Jesu („macht die Kranken gesund, macht die Aussätzigen rein") zu erfüllen. Die „Lepra-Mission" unterstützt gezielt Projekte in Indien, Bhutan, Thailand und Afrika.

Innere Ausrichtung: Es geht den Mitgliedern um ein ernsthaftes, angewandtes Christentum. „Das Ziel der Mission ist, im Namen Jesu den Leprakranken körperlich, geistig und seelisch zu dienen, ihnen zur Wiederherstellung zu verhelfen und auf eine Ausrottung der Lepra hinzuarbeiten."

Die „Lepra-Mission" ist Vereinbarungspartner des Evang. Missionswerkes in Südwestdeutschland. Zusammenarbeit besteht mit den Kirchen in den Ländern, in denen die „Lepra-Mission" arbeitet.

Organisation und Finanzierung: Die „Lepra-Mission Freundeskreis der Aussätzigenarbeit e.V." ist ein eingetragener Verein (als gemeinnützig und mildtätig anerkannt). Der Geschäftsführer ist fest angestellt (Teilzeit); die übrigen Mitarbeiter sind ehrenamtlich tätig. Die Finanzierung wird ermöglicht durch Spenden, Mitgliedsbeiträge, Kollekten und Unterstützung durch evang. Kirchen.

Publ.: „Aktion Lepra", 4-5mal jährl., Aufl. 21.000 (für das deutsche Sprachgebiet); Faltblätter, Filme, Tonbildschauen, Diaserien, Plakate, Predigthilfen.

Lepra-Mission – Freundeskreis der Aussätzigenarbeit e.V.
Küferstr. 12, D-73728 Esslingen
Tel. 0711/353073

Evangelische Aussätzigenmission
Schweizer Zweig
Postfach 256, CH-4622 Egerkingen

Licht im Osten – Deutschland

Der Missionsbund wurde 1920 durch den reformierten Pastor Walter Jack und den mennonitischen Reiseprediger Jakob Kroeker gegründet. Die beiden aus Rußland stammenden deutschen Theologen wirkten nach dem Ersten Weltkrieg unter russischen Kriegsgefangenen in Deutschland. Daraus erwuchs 1920 eine Bibelschule für russische Prediger in Wernigerode/Harz (bis 1927) und der Missionsbund „Licht im Osten", der zunächst die zurückkehrenden Kriegsgefangenen mit russischen Bibeln und Büchern versorgte und auch Lebensmittelhilfe gab. Als 1934 die Arbeit in Rußland unmöglich wurde, verlegte man die Missionstätigkeit v.a. in die Anliegerstaaten (Baltikum, Polen, Balkan) und versandte Literatur an russische Emigranten in aller Welt. Literatur und Bibeln wurden in den Osten geschmuggelt sowie Gebetsaufrufe und Informationen über inhaftierte Christen verbreitet.

1946 erfolgte die Neugründung des Missionsbundes in Stuttgart-Mühlhausen; seit 1956 hat er seinen Sitz in Korntal. „Licht im Osten" ist auch in den USA und in Kanada vertreten („Light in the East"). In der Schweiz und in den Niederlanden entstanden selbständige Vereine.

Die Leitung liegt in Deutschland bei Pfarrer Martin Hirschmüller (1. Vorsitzender) und Erwin Damson (Geschäftsführer).

Tätigkeit: Verbreitung von Bibeln und christlicher Literatur in Osteuropa, vor allem im Gebiet der ehemaligen Sowjetunion; Aussendung von Missionaren und Unterstützung einheimischer Partnermissionen, die ihren Sitz u.a. in Mittelasien, im Baltikum, in der Ukraine sowie im Kaukasus haben; Hörfunksendungen in russischer, kasachischer und ossetischer Sprache; humanitäre Hilfe bei besonderen Notfällen und in Krisengebieten; jährliche Glaubens- und Missionskonferenz in Korntal; zahlreiche Berichte und Vorträge in verschiedenen Gemeinden.

Wirkungsbereich: D, USA (Missions-freunde); Osteuropa, v.a. ehemalige Sowjetunion (Missionsarbeit); CH (s. eigene Darstellung).

Publ.: Informationszeitschrift in deutscher und englischer Sprache, zweimonatl., Aufl. 25.000; Gebetstelefon mit Informationen und Anliegen; Prospekte und Broschüren; Diaserien und Videofilme über die verschiedenen Arbeitszweige; Bibeln und christliche Literatur in fast allen osteuropäischen Sprachen.

Innere Ausrichtung: Grundlage der Arbeit sind die Aussagen der Bibel, die dort betonte Heilsbedürftigkeit aller Menschen sowie das Heilsangebot Gottes in Jesus Christus. Es bestehen Verbindungen zu anderen Ostmissionen und zentralen Gemeinschaftsverbänden sowie enge Beziehungen zur Evang. Allianz. „Licht im Osten" ist u.a. Mitglied im Diakonischen Werk der Evangelischen Kirche in Württemberg, in der „Arbeitsgemeinschaft Evangelikaler Missionen" (AEM) und in der „Arbeitsgemeinschaft Missionarische Dienste" (AMD).

Organisation und Finanzierung: Eingetragener Verein mit Vorstand (fünf Personen) und Mitgliedern (derzeit 57 weitere Personen); etwa 15 festangestellte Mitarbeiter sowie Teilzeitkräfte und ehrenamtliche Mitarbeiter; Finanzierung vorwiegend durch freiwillige Spenden aus dem Freundeskreis und durch Opfer aus Kirchengemeinden, Freikirchen und Gemeinschaften.

Licht im Osten
Missionsbund zur Ausbreitung des Evangeliums e.V.

*Zuffenhauser Str. 37
D-70825 Korntal-Münchingen
Tel. 0711/8399080, Fax 0711/8399084*

Licht im Osten – Schweiz

Zur Geschichte s. auch „Licht im Osten" (Deutschland).
In der Zwischenkriegszeit waren das deutsche und das schweizerische Werk organisatorisch miteinander verbunden. Mit Ausbruch des Zweiten Weltkrieges löste sich die Schweizer Sektion vom deutschen Schwesterwerk und ist seitdem völlig autonom. Die Leitung hat Walter Bösch.
Tätigkeit: Zweck des Vereins ist die Ausbreitung des Evangeliums und die Unterstützung notleidender Christen in Ost- und Südosteuropa. „Licht im Osten" unterstützt verschiedene Radiosendungen in osteuropäischen Sprachen und verbreitet und finanziert Bibeln, christliche Literatur und christliches Unterrichtsmaterial in den entsprechenden Ländern. Der Verein unterstützt in diesen Ländern einheimische Personen in geistlichen wie materiellen Tätigkeiten. Außerdem organisiert er Studienreisen, Besuchsreisen und Einsatzfreizeiten.
Wirkungsbereich: CH, alle Länder Osteuropas; D (s. eigene Darstellung).
Publ.: Zeitschrift „Licht im Osten", Aufl. 3.500; Videos, Tonbildschauen, Prospekte.
Innere Ausrichtung: Als Mitglied der „Arbeitsgemeinschaft Evangelikaler

Missionen" (AEM) gehört „Licht im Osten" einer Dachorganisation an, die seinerzeit von der Evang. Allianz ins Leben gerufen wurde. Die Mitarbeiter und Spender von „Licht im Osten" sind in Allianz-Kreisen der Reformierten Kirche und verschiedener Freikirchen beheimatet.
Organisation und Finanzierung: Der Missionsbund ist ein eingetragener Verein und in vielen Kantonen der Schweiz als gemeinnützig anerkannt (ca. 40 Vereinsmitglieder). Die Missionsarbeit wird zu einem geringen Teil von den Beiträgen der Vereinsmitglieder, hauptsächlich aber von Spenden finanziert. Der Spenderkreis entspricht im großen und ganzen dem Abonnenten-Kreis der Missionsnachrichten, also etwa 3.500 Personen.

*Schweizerischer Missionsbund
„Licht im Osten"
Tösstalstr. 55, CH-8487 Rämismühle
Tel. 052/3853105, Fax 052/3853916*

Malche – Ost

früher: Frauenmission Malche

Die „Malche" entstand 1898 als „Bibelhaus", in dem junge Frauen für den missionarischen und diakonischen Dienst an Frauen und Kindern in orientalischen Ländern durch einen einjährigen Bibelkurs vorbereitet werden sollten (daher der frühere Name „Frauenmission Malche"). Die Initiative ging von Pfarrer Ernst Lohmann, dem Mitbegründer des „Hilfsbundes für christliches Liebeswerk im Orient" aus. Die in der Erweckungsbewegung jener Jahre wurzelnde Familie Hochstetter stellte Haus und Gelände für die Errichtung der Ausbildungsstätte zur Verfügung. Ihr Wohnsitz befand sich in dem kleinen Tal „Malche" in der Nähe von Bad Freienwalde/Oder (daher der Name „Malche").

1908 entstand neben der Bibelschule ein Missionslehrerinnenseminar mit einer kleinen Grundschule. Diese wurde während der Zeit des Nationalsozialismus verboten. Seit 1928 wurde ein zweites Ausbildungsjahr eingeführt zur Ausbildung kirchlicher Mitarbeiterinnen für den Verkündigungsdienst. Dies wurde für die Zeit nach 1945 entscheidend, als in der damaligen sowjetischen Besatzungszone und späteren DDR die Kirchen die christliche Unterweisung der Schulkinder selbst übernehmen mußten. Während die Möglichkeiten für missionarischen Dienst im Ausland schwanden, ergab sich für die damalige Frauenmission Malche ein wichtiges Aufgabenfeld in der Ausbildung von B-Katechetinnen und Gemeindehelferinnen. Diese wurde im Laufe der Zeit auf drei Jahre verlängert.

Nach 1945 wurde wegen der Teilung Deutschlands im Westen eine zweite „Malche" gegründet. Nach der Vereinigung Deutschlands blieben beide „Malchen" eigenständige Organisationen, die aber eine herzliche Verbundenheit und intensive Beziehungen pflegen (s.

Malche-West).

Die „Malche" in Bad Freienwalde ist heute eine staatlich anerkannte Ergänzungsschule (Fachschulabschluß). Seit 1992 werden auch Männer ausgebildet. Eine Schwesternschaft verantwortet die Ausbildungsstätte geistlich (besonders im Gebet) und finanziell.

Rektor des „Missionshauses Malche" ist seit 1994 Pfarrer Dr. Klaus Michael Führer (geb. 1958). Oberin der Schwesternschaft ist seit 1993 Pfarrerin Dr. Brigitte Seifert (geb. 1956).

Tätigkeit: Zielsetzung des Werkes ist, Gottes Liebe und seinen Sieg in Jesus Christus zu bezeugen als Schwesternschaft und in der Ausbildung für den Verkündigungsdienst.

Die Fachschule bietet ein dreijähriges Direkt-Fachstudium, an das sich ein Anerkennungsjahr anschließt. Die Ausbildung befähigt zum Dienst in Kirchengemeinden, christlichen Vereinen, kirchlichen Einrichtungen, in der Weltmission und an Schulen (mit Zusatzqualifizierung für Religionsunterricht).

Weitere Angebote des Missionshauses sind katechetische Weiterbildungswochen, themenbezogene Tagesseminare und eine „Schreibwerkstatt".

Wirkungsbereich: D. Einige Schwestern und Absolventen arbeiten im Ausland. Die Ausbildung durchlaufen auch Studierende aus Rußland.

Einrichtungen: Gebäude der Fachschule, Mutterhaus der Schwesternschaft mit Wohn- und Pflegeplätzen für Feierabendschwestern.

Publ.: Rundbriefe, ca. viermal jährl.; Prospekte, Dia-Serie.
Innere Ausrichtung: Glaubensgrundlage sind die Heilige Schrift (Wort und Sakrament) sowie die reformatorischen Bekenntnisschriften. In der Mitte der Arbeit steht der lutherische Gottesdienst. Vielfältige Formen bestimmen das Miteinander (liturgisch gebundenes und freies Gebet, protestantischer Choral, gregorianische Gesänge, Taizéchorusse, Lobpreislieder, modernes Liedgut). Die Notwendigkeit geistlicher Erneuerung bei jedem wird betont (ausgehend von der Gültigkeit der Kindertaufe).
Das Missionshaus steht den evang. Landeskirchen besonders nahe und ist im Kirchenkreis und in der Ortsgemeinde verankert. Es sieht sich aber auch in einer Verbindungsfunktion zu erweckten Gruppen verschiedener Prägung. Der Evang. Allianz fühlt es sich verbunden. Das Missionshaus gehört dem „Zehlendorfer Verband für Evangelische Diakonie" und der „Arbeitsgemeinschaft Missionarische Dienste" (AMD) an. Über „Malche" – West ist es vertreten in der „Konferenz missionarischer Ausbildungsstätten" (KmA).
Organisation und Finanzierung: Eingetragener Verein (als gemeinnützig anerkannt) mit Mitgliederversammlung und Vorstand; 17 hauptamtliche, neun ehrenamtliche Mitarbeiter und Mitarbeiterinnen, vier Zivildienstleistende; Freundeskreis ca. 1.300; Schwesternschaft ca. 120 Schwestern und Brüder; ca. 35 Studierende; Finanzierung zu 100 % durch Mitgliedsbeiträge und Spenden.

Missionshaus Malche e.V.
Kirchlich-theologische Fachschule
und Schwesternschaft
Malche 1, D-16259 Bad Freienwalde
Tel. 03344/42970, Fax 03344/429711

Malche – West

früher: Frauenmission Malche

Zur Geschichte der „Malche" s. „Malche" – Ost.
Nach einigen Zwischenstationen fand 1958 die „Malche"-West in Barkhausen an der Porta Westfalica ihren festen Platz. Seit 1970 werden in der Ausbildungsstätte auch Männer unterrichtet. Die Leitung der Malche (West) haben Pfarrer Friedhardt Gutsche und Schwester Ursula Lenz.
Tätigkeit: Die Ausbildungsstätte bietet eine dreijährige Grundausbildung, an die sich ein einjähriges Berufspraktikum anschließt. Die Ausbildung beginnt mit einem Unterkurs (ein Jahr) und einem Gemeindepraktikum (1/2 Jahr). Es folgen der Oberkurs (ein Jahr), der Examenskurs (1/2 Jahr) und das Anerkennungsjahr. Die Absolventen arbeiten in verschiedenen kirchlichen und missionarischen Bereichen (Jugendarbeit, Stadtmission, Gemeindearbeit, missionarisch-diakonische Werke in Deutschland und Übersee).
Sonstige Angebote sind u.a. Kurzkurse/Bibelseminare (zwei Wochen), Fortbildungskurse für hauptamtliche Mitarbeiter, Einkehrtage, Bibeltage und

Kreativangebote für ehrenamtliche Mitarbeiter.

Wirkungsbereich: D.

Einrichtungen: Ausbildungsstätte/Tagungshaus „Ellerhof" in Porta Westfalica, Feierabendhaus, Ferienhaus.

Publ.: Rundbriefe, Malche-Se(a)iten, Malche-Geschichte (1898-1988), Malche-Texte, Dia-Serien.

Innere Ausrichtung: Glaubensgrundlage sind die Heilige Schrift und die reformatorischen Bekenntnisschriften. Das missionarische Anliegen bestimmt die Ausbildung und die Gesamtarbeit. Die „Malche" ist ein freies Werk innerhalb der EKD. Es besteht ein positives Verhältnis zur Evang. Allianz und zu den Landes- und Freikirchen. Die „Malche" ist Mitglied im „Zehlendorfer Verband für Evangelische Diakonie", im Diakonischen Werk Westfalen und in der „Konferenz missionarischer Ausbildungsstätten" (KmA).

Organisation und Finanzierung: Eingetragener Verein mit Mitgliederversammlung und Vorstand; „Malche-Verband" und Freundeskreis; zwei Theologen, eine Diplompsychologin, eine Sozialpädagogin, zwei Gemeindepädagoginnen und Gastdozenten; Finanzierung v.a. durch Spenden (kirchliche Zuschüsse weniger als 10 % des Gesamthaushaltes).

Malche e.V.
Missionarisch-diakonische
Ausbildungsstätte
Portastr. 8, D-32457 Porta Westfalica
Postfach 20 60, D-32443 Porta Westfalica
Tel. 0571/798310, Fax 0571/7983155

Marburger Kreis

Der Marburger Kreis hat seine Wurzel in der auf Dr. Frank Buchman zurückgehenden „Gruppenbewegung" (auch Oxford-Gruppe). Diese Erweckungsbewegung kam Ende der 20er Jahre von England nach Deutschland und hat vor allem auch Pfarrerkreise erfaßt, die in der weltweiten Bewegung mitarbeiteten. Unter dem Druck der politischen Verhältnisse wurden seit 1937 die internationalen Verbindungen abgebrochen, man konnte aber noch im innerkirchlichen Raum weiterarbeiten.

Nach dem Krieg mußte man sich mit der Ideologie der „Moralischen Aufrüstung" (MRA), zu der sich die „Gruppenbewegung" im angelsächsischen Raum weiterentwickelt hatte, auseinandersetzen, von der man sich schließlich distanzierte. 1957 schlossen sich verschiedene Kreise und Richtungen innerhalb Deutschlands, die sich auf die „Gruppenbewegung" zurückführten, zusammen und gaben sich (nach dem Tagungsort) den Namen „Marburger Kreis". Die hauptamtliche Geschäftsführung übernahm Arthur Richter. Das eigentliche Ziel wurde die evangelistisch-seelsorgerliche Arbeit. Für Gäste-Tagungen wurde eine bestimmte Methodik erarbeitet, mit der vor allem der säkularisierte und der Kirche entfremdete Mensch angesprochen werden soll.

Der Marburger Kreis wird geleitet von Holger Bethge, Dr. Dirk Niedermeyer und Heidi Ruetschi.

Tätigkeit: Ziel ist die evangelistisch-seelsorgerliche Arbeit. Die Mitarbeiter versuchen, in Beruf und Nachbarschaft durch Gespräch und Vorbild missionarisch aktiv zu werden. Zu den mehrtägigen missionarischen Gäste-Tagungen (ca. 60 Teilnehmer, davon 1/3 Mitarbeiter) wird persönlich eingeladen. Mitarbeiter-Tagungen werden durchgeführt zur Weiterführung zum Glauben gekommener Christen, zur Einführung in die Bibel, zur Vermittlung seelsorgerlicher Grundbegriffe und zur Einübung in evangelistisch-missionarischen Lebensstil.

Wirkungsbereich: D, A, CH, Frankreich.
Innere Ausrichtung: Der Marburger Kreis versteht sich als missionarische Arbeits- und Dienstgruppe. Wesentliche Elemente, die das geistliche Leben des Kreises prägen, wurden aus der „Gruppenbewegung" aufgegriffen, jedoch neu durchdacht und theologisch reflektiert. Die tägliche „Stille Zeit" als betendes Hören auf Gott wird vom biblischen Wort bestimmt. Die intensive persönliche Seelsorge hat eine besondere Bedeutung in der Arbeit. In den örtlichen „Mannschaften", die sich regelmäßig treffen, wird versucht, ein verbindliches christliches Leben zu verwirklichen.

Die Mitarbeiter kommen aus verschiedenen christlichen Kirchen. Sie arbeiten – wenn möglich – in ihren Heimatgemeinden mit und beteiligen sich auch bei überkonfessionellen Aktivitäten.
Der Marburger Kreis ist Mitglied der "Arbeitsgemeinschaft Missionarische Dienste" (AMD).
Organisation und Finanzierung: Der

Marburger Kreis ist ein eingetragener Verein. Die z.Zt. zwölf Mitglieder des Vereins bilden die Leitungsgruppe. Der Vorstand besteht aus drei Personen, die gleichberechtigt sind und nur einstimmig beschließen können. Der Verein hat fünf hauptamtliche Mitarbeiter zur Koordinierung der missionarischen und seelsorgerlichen Arbeit und ca. 5.000 aktive ehrenamtliche Mitarbeiter in ca. 500 „Mannschaften". Die Finanzierung erfolgt ausschließlich durch Spenden aus dem Kreis der Mitarbeiter und Freunde.

Marburger Kreis e.V.
Fichtestr. 4, D-97074 Würzburg
Tel. 0931/ 71025, Fax 0931/885001

Medien Schriften Dienste – Schweizerische Schallplattenmission (MSD)

1962 taten sich fünf junge Leute unter Leitung von Ernst Trachsel-Pauli zusammen, um die „Schweizerische Schallplattenmission" zu gründen. Das kleine Werk, das zunächst in der Freizeit betrieben wurde und das Evangelium auf Schallplatten anbot, wuchs ständig. In den 60er Jahren wurden Versandstellen in Italien, Deutschland und Österreich eröffnet. Mehrere Missionsstationen in westeuropäischen Ländern folgten. 1972 begann die Verbreitung von Evangeliumsbotschaften auf Tonbandkassetten. 1978 verselbständigte sich die Verlagsabteilung unter der Leitung von Ernst Trachsel-Pauli (bis dahin Missionsleiter), der damit aus dem Gesamtwerk ausschied. Die Missionsleitung ging an Walter Donzé über. Seither nahmen die Kontakte zu afrikanischen Ländern stark zu. Als Schwerpunkt entwickelte sich das Angebot von Gratis-Bibelfernkursen. Die Literaturarbeit wurde ausgebaut und neue Kommunikationsmittel eingesetzt.

Tätigkeit: Die MSD wirkt bei der Ausbreitung des Evangeliums von Jesus Christus mit. Sie tut dies durch Herstellung und Einsatz von Kommunikationsmitteln wie Tonband- und Videokassetten sowie durch Bibelfernkurse und Literatur aller Art. Der Arbeitszweig „Mission per Post" umfaßt auch Briefseelsorge in fünf Sprachen. Die Korrektur der Bibelfernkurse wird zunehmend im Land selbst angeboten, zum Teil mit eigenem Personal, zum Teil in Zusammenarbeit mit anderen Organisationen (bisher: Spanien, Kamerun, Madagaskar). Besonderes Anliegen ist die Gewinnung von Christen für das Zeugnis mit Literatur. Einsätze im In- und Ausland werden von der MSD organisiert.

Wirkungsbereich: CH, Italien, Frankreich, Spanien, Madagaskar, Kontakte in über 120 weitere Länder (u.a. D und A).

Publ.: „Report", evangelistisches Blatt zu verschiedenen Themen (erscheint nach Bedarf in verschiedenen Sprachen); „Kurznachrichten" zur Information des Freundeskreises, zweimonatl. (deutsch und französisch).

Innere Ausrichtung: Die MSD bekennt sich zur uneingeschränkten göttlichen Wahrheit und Autorität der Heiligen Schrift. Sie ist organisatorisch unabhängig, ihre Mitarbeiter gehören verschiedenen, meist freikirchlichen Gemeinden an. Mitglied kann werden, wer aus Gott geboren ist (Joh. 3, 5) und die Vereinsaufgaben unterstützen will. Die MSD arbeitet mit verschiedenen Gemeinden und Missionsverbänden zusammen. Die Gründung eigener Gemeinden ist nicht vorgesehen.

Die MSD ist Mitglied der „Arbeitsgemeinschaft Evangelikaler Missionen" (AEM/CH), außerdem der „Arbeitsgemeinschaft für Ausländermission" (AfA/CH) und der „Arbeitsgemeinschaft Verteilschriften" (AGV) der Schweizerischen Evang. Allianz. Die Evang. Allianz wird positiv, die charismatische Bewegung und die Arbeit des Ökumenischen Rates der Kirchen kritisch-distanziert beurteilt.

Organisation und Finanzierung: Die MSD ist als Verein nach schweizerischem Recht organisiert. Ihre Organe sind die Vereinsversammlung, der Missionsrat und der geschäftsführende Vorstand. Im Missionsbüro Frutigen (Administration, Hausdruckerei, Mission per Post) sind zehn und auswärts (Schweiz und Ausland) ebenfalls ca. zehn besoldete Mitarbeiter beschäftigt. Ein beträchtlicher Teil der Arbeit wird durch ehrenamtliche Mitarbeiter bewältigt. Die Finanzierung erfolgt durch freiwillige Zuwendungen von Einzelpersonen und durch Kollekten. Es werden keine Mitgliedsbeiträge erhoben.

Medien – Schriften – Dienste
Schweizerische Schallplattenmission
Mission Suisse par Disques
Künzisteg, Postfach, CH-3714 Frutigen
Tel. 033/6713671, Fax 033/6711906

Medienkreis Siegen

Der Medienkreis entstand aus einem Hauskreis, der 1977 gegründet wurde. Die Leitung haben Hartmut und Karin Simon.
Tätigkeit: Erstellung von Ton-Dia-Serien und Filmen für die Kinder- und Jugendarbeit, für Evangelisationen, Offene Abende, Gemeindeveranstaltungen usw.
Innere Ausrichtung: Arbeitskreis der Freien evang. Gemeinde Siegen.

Medienkreis Siegen
Friedrichstr. 83, D-57072 Siegen
Tel./Fax 0271/57736

Mission für Süd-Ost-Europa

Das Missionswerk wurde 1903 während einer Gemeinschaftskonferenz in Breslau gegründet durch Martin Urban (geb. 1876, Ausbildung am „Johanneum", 1904-1938 Leiter der Mission). 1905 erfolgte die Gründung eines Missionsseminars mit Schülern aus zehn Nationen. Sitz der Mission war von 1903 bis 1909 Kattowitz, von 1909 bis 1922 Hausdorf/Schlesien, von 1922 bis 1946 Bukowine/Tannhübel. 1943 wurde das Missionsseminar durch die Gestapo geschlossen. Nach der Ausweisung aus Schlesien (1946) folgte der Neuaufbau des Werkes in Siegen-Geisweid. Er wurde begonnen vom damaligen Missionsleiter Paul Wisswede. Derzeitiger Missionsleiter ist Ulrich Bombosch.
Der Schweizer Zweig wurde 1911 erstmals in den „Mitteilungen" erwähnt. Präsident ist Hans Buser (Zürich).
Der „Evangeliumsdienst in Österreich" besteht seit 1952 als eigener Verein. 1. Vorsitzender ist Theodor Hippel (Köstenberg).
Tätigkeit: Aufgabe des Werks ist die Mission unter ausländischen Mitbürgern (aus Griechenland, Italien, Jugoslawien, Nordafrika, Spanien und der Türkei, auch unter Asylanten verschiedener Nationen), unter Sinti und in südosteuropäischen Ländern.
In Griechenland ist das Werk in der Missions- und Gemeindearbeit in Verbindung mit der „Freien evangelischen Gemeinde" tätig. Zum Tätigkeitsbereich des Werks gehören Verlage für religiöse Literatur in griechischer, polnischer, rumänischer, serbokroatischer, tschechischer, türkischer und ungarischer Sprache und in tigrinia sowie die Verbreitung von Literatur in vielen verschiedenen Sprachen. Die Tätigkeit umfaßt außerdem die Verkündigung des Evangeliums bei Hausbesuchen und in Bibelstundenkreisen, Freizeiten unter Kindern und Jugendlichen, Gemeindearbeit, Zeltmissionen und Radioarbeit.

Der „Evangeliumsdienst in Österreich" unterhält neun Missionsstationen im südlichen Kärnten.
Wirkungsbereich: D, CH, A, Griechenland, osteuropäische Länder.
Einrichtungen: Missionszentrale und Verlag in Siegen, Missionsgemeindehaus in Hamburg-Wilhelmsburg, Missionsgemeindehaus in Klagenfurt/Österreich.
Publ.: Missionsmitteilungen „Gottes Wort den Völkern", seit 1904, zweimonatl., Aufl. 14.000; „Wir informieren", zweimonatl., Aufl. 14.000; Traktate, Plakate, Broschüren, Bibelteile, Bücher, Tonbänder und Kassetten in 280 Sprachen.
Innere Ausrichtung: Glaubensgrundlage der Evang. Allianz; Mitglied im „Evangelischen Gnadauer Gemeinschaftsverband" und in der „Arbeitsgemeinschaft Evangelikaler Missionen" (AEM); Mitarbeiter aus den Bibelschulen Adelshofen, Aidlingen, Beatenberg, Brake, St. Chrischona u.a.; Freundeskreis aus Mitgliedern von Kirchen, Freikirchen und Gemeinschaften im Raum der Evang. Allianz.
Organisation und Finanzierung: Eingetragener Verein mit geschäftsführendem Vorstand (fünf Mitglieder) und Gesamtvorstand (Bruderrat: 26 Mitglieder); 45 angestellte Mitarbeiter, außerdem eine große Zahl freiwilliger Helfer; Finanzierung durch Spenden aus dem Freundeskreis, Kollekten bei besonderen Veranstaltungen, zweckbestimmte Zuwendungen von Kirchen und befreundeten Werken.

Mission für Süd-Ost-Europa e.V.
Im Wiesental 48, D-57078 Siegen
Postfach 22 33 45, D-57039 Siegen
Tel. 0271/83061, Fax 0271/870279

Mission für Süd-Ost-Europa
Wilfriedstr. 5, CH-8032 Zürich
Tel. 01/2514572

Evangeliumsdienst in Österreich
Finkenweg 16, A-9300 St. Veit/Glan
Tel. 04212/6562

Mission Menschen in Not

Die Arbeit begann 1986 durch Sandra und Wolfgang Kremer, die ihr Haus für „Menschen in Not" öffneten.
Tätigkeit: Hilfen für Familien von Strafgefangenen, kostenlose Kanu-Mädchenfreizeiten für Kinder von Strafgefangenen, Gefängnisdienste; Kooperationspartner von „Prison Fellowship Deutschland"
Innere Ausrichtung: Evangelikale Arbeit im Rahmen der Calvary Chapel Gemeinde Siegen (Calvary Chapel steht auf der Basis der Evang. Allianz).

Mission Menschen in Not e.V.
Ranch Oberhombach, D-57537 Wissen
Tel. 02747/460, Fax 02747/7553

Mission ohne Grenzen

bis 1992: Christliche Ostmission

Der deutsche Verein wurde 1969 von dem amerikanischen Pastor J. Bass im Rahmen der weltumspanenden Organisation „Underground Evangelism International" gegründet und hatte früher den Namen „Christliche Ostmission". 1988 kam es zur Trennung von J. Bass. Das Werk, das seit 1992 „Mission ohne Grenzen" heißt, ist heute Teil des internationalen Missionsdienstes „Mission without Borders", der von 13 Ländern aus Ostmission durchführt. Leiter von „Mission ohne Grenzen" ist Ernst-Günther Kannler.

Tätigkeit: Das Werk versteht sich als ein Dienst zur geistlichen und materiellen Unterstützung der Gemeinde Jesu in Osteuropa und in China, insbesondere dort, wo sie verfolgt oder in ihrem missionarischen Zeugnis gehindert wurde bzw. noch wird. Im Vordergrund steht die Versorgung mit Bibeln und christlicher Aufbauliteratur, damit die Christen dort selbst Mission und Gemeindebau verwirklichen können. Zur Tätigkeit gehören außerdem Familien-Nothilfe (Osteuropa) und Kinder-Projekt-Patenschaften (Rumänien).

In Deutschland leistet das Werk Vortrags- und Verkündigungsdienste, um den Gemeinden das Ausmaß der Bedürfnisse und das Glaubenszeugnis des Volkes Gottes im Osten mitzuteilen und zur Vertiefung des Glaubens beizutragen.

Wirkungsbereich: D, Albanien, Bosnien-Herzegowina, Bulgarien, Rumänien, Rußland, Ukraine, China.

Publ.: Rundbriefe, monatl.; Jahresbericht (Magazin), jährl.; Plakate, Videos.

Innere Ausrichtung: Glaubensgrundlage ist das Apostolische Glaubensbekenntnis. Das Werk bekennt sich zur Basis der Evang. Allianz. Als wichtig angesehen wird der persönliche Glaube der einzelnen Mitarbeiter an Jesus Christus als ihren Herrn und Erlöser. Bei den Mitarbeitertreffen wird gemeinsam gebetet und Fürbitte geleistet.

Das Werk ist bewußt überkonfessionell. Es erhält Unterstützung von Missionsfreunden und Kirchengemeinden aus dem Raum der evang. Landeskirchen und Freikirchen, vereinzelt auch von katholischen Gemeinden.

Organisation und Finanzierung: Eingetragener Verein, als gemeinnützig und mildtätig anerkannt, mit Vorstand (drei Personen, ehrenamtlich) und Mitgliederversammlung; drei hauptamtliche Mitarbeiter; Finanzierung ausschließlich durch freiwillige Zuwendungen des Freundeskreises, der aus ca. 8.000 Personen besteht.

Mission ohne Grenzen e.V.
Hattsteiner Allee 17
D-61250 Usingen/Taunus
Tel. 06081/66981, Fax 06081/66925

Mission Without Borders International
751 Daily Drive
Camarillo, CA 93010, USA

Mission ohne Grenzen – Evangeliumsmission Tübingen

Das Werk wurde 1923 durch Erino Dapozzo gegründet und wird heute von Fredy Gilgen geleitet.
Tätigkeit: Verbreitung des Evangeliums durch Kalenderaktionen und Evangelisationszelte; materielle Hilfe für bedürftige Evangelisten und Missionare; Organisation von Hilfsaktionen bei Katastrophen.
Wirkungsbereich: Italien, Korsika, Spanien, Portugal, Albanien, Südamerika u.a.
Innere Ausrichtung: Evangelikal.

Mission ohne Grenzen
La Delèze, CH-1164 Buchillon

Evangeliumsmission Tübingen e.V.
Postfach 1722, D-72007 Tübingen

Mission Ost-West

früher: Missionsgemeinschaft „Ost-West"

Leiter der Mission Ost-West ist Gerhard Jan Rötting. Das Werk entstand 1988, als Christen in der damaligen UdSSR und anderen osteuropäischen Ländern G. J. Rötting um biblische Unterweisung für Pastoren baten. Diese Pastoren leiteten bereits Gemeinden und waren auch ordiniert worden, hatten aber bis dahin keine seminaristische Ausbildung erhalten, weil es keine entsprechenden Ausbildungsstätten gab. G. J. Rötting ist ein ehemaliger Mitarbeiter der „Christlichen Ostmission" (Deutschland).
Tätigkeit: Mit ihrem Tätigkeitsschwerpunkt auf der theologischen und biblischen Unterweisung von Pastoren, Jugendleitern und Gemeindeältesten, die bis dahin so gut wie keine seminaristische Ausbildung erfahren hatten, reagiert die Mission Ost-West auf die aufgrund erweiterter Möglichkeiten nunmehr veränderten Bedürfnisse der Christen in Osteuropa. Im Vordergrund stehen nicht mehr die Bibelverbreitung und der Transport religiöser Literatur, sondern die Zurüstung der Gemeinden auf die vergrößerten Wirkungsmöglichkeiten, die sie heute haben.
Weitere Arbeitszweige sind der Literaturtransport, materielle Hilfe, Evangelisationen und Kinderpatenschaften.
Wirkungsbereich: GUS, Ukraine, Rumänien, Albanien.
Publ.: „Mission 'Ost-West'", seit 1988, Aufl. 20.000.
Innere Ausrichtung: Das verbindliche Glaubensbekenntnis ist die Basis der Evang. Allianz. Die Mitarbeiter und Spender kommen aus evangelikalen Kreisen der evangelisch-freikirchlichen Gemeinden (Baptisten, Methodisten) und kirchlichen Organisationen wie dem CVJM und anderen.
Organisation und Finanzierung: Die Mission Ost-West ist ein eingetragener Verein mit zehn Mitgliedern und hat

das Recht, steuerwirksame Spendenquittungen auszustellen. Der Verein beschäftigt vier hauptamtliche und mehrere ehrenamtliche Mitarbeiter. Die Arbeit wird getragen von ca. 10.000 Dauerspendern.

Mission Ost-West e.V.
Am Dieland 22, D-35649 Bischoffen
Tel. 06444/92360, Fax 06444/923622

Missionarischer Dienst im Hotel- und Gaststättengewerbe (MDHG)

früher: Christliche Gasthausmission

1872 begann die Arbeit unter Gaststättenangestellten durch den deutschen Pfarrer H. Schmidt in Cannes. 1897 erschien „Der Kellnerfreund" in Frankfurt/M. sowie der „Kellnerbote" in London. 1906 erfolgte die Gründung des „Internationalen Christlichen Kellnerbundes". In der Folgezeit entstanden verschiedene Kellnerheime. Durch den Ersten Weltkrieg wurde die Arbeit nahezu völlig vernichtet. 1920 änderte der Bund seinen Namen in „Christlicher Bund für Gasthausangestellte", 1933 in „Christliche Gasthausmission". 1941 wurde das Werk verboten und aufgelöst. Nach dem Zweiten Weltkrieg erfolgte ein langsamer Wiederaufbau (u.a. Wiedereinrichtung des Christlichen Kellnerheimes „Kronenhof" in Frankfurt/M.). 1970 wurde das Werk umbenannt in „Missionarischer Dienst

im Hotel- und Gaststättengewerbe". Regionale Schwerpunkte mit teils hauptamtlichen Mitarbeitern wurden in Berlin, Frankfurt/M., München, Nürnberg und Stuttgart aufgebaut.

Die Leitung haben in Deutschland OLKR Horst Dickel (1. Vorsitzender) und Günter Fritzsching, Diakon (Geschäftsführer). In der Schweiz wird das Werk von dem Pfarrer Theo Bertschi (Präsident) geleitet.

Tätigkeit: Der Verein hat den Zweck, den Mitarbeitern im Hotel- und Gaststättengewerbe das Evangelium von Jesus Christus nach der Heiligen Schrift nahezubringen und sie zu betreuen. Er will die Arbeit der Landesverbände in den Landeskirchen und regionaler Institutionen mit gleicher oder ähnlicher Zielsetzung fördern, koordinieren und überregionale Initiativen entfalten. Ziel ist, im Hotel- und Gaststättengewerbe christliches Leben zu wecken und zu pflegen.

Der seelsorgerliche und diakonische Dienst an den Berufsangehörigen des Hotel- und Gaststättengewerbes wird wahrgenommen durch Schriftenmission, durch den Aufbau von Besuchsdienst-Gruppen in einzelnen Städten, durch Seminare und Freizeiten sowie durch eine Vielzahl von Kontakten (zu einzelnen und zu den berufsständischen Organisationen). Ein besonderer Schwerpunkt ist die Arbeit mit Jugendlichen, die im Hotel- und Gaststättengewerbe arbeiten.

Wirkungsbereich: V.a. D, CH, A, Liechtenstein; England über deutschen YMCA.

Publ.: „Der Bote" (internationale Zeitung für das Hotel- und Gastgewerbe), monatl., Aufl. 20.000 – 25.000; „Mitteilungen", halbjährl., Aufl. 1.000; Schriftenreihe zu Grundsatzfragen und praktischen Fragen der Hotel- und Gaststättenseelsorge sowie Informationsmaterial über diesen Dienst.

Innere Ausrichtung: Der MDHG ist Fachverband des Diakonischen Werkes der EKD und Mitglied in der „Arbeitsgemeinschaft Missionarische Dienste" (AMD). Er arbeitet mit zahlreichen evangelischen und katholischen Einrichtungen zusammen. Außerdem arbeitet er als Dachverband eng zusammen mit verschiedenen örtlichen Rechtsträgern, die im gleichen Bereich tätig sind, sowie mit berufsständischen Organisationen.

Organisation und Finanzierung: Das Werk ist ein eingetragener Verein mit Vorstand (sieben Personen). Mitglieder sind natürliche und juristische Personen. Ca. 700 ehrenamtliche Mitarbeiter in 420 Städten und Orten verteilen bei ihren monatlichen Besuchen die Zeitung „Der Bote". Die Finanzierung wird ermöglicht durch Spenden, Mitgliedsbeiträge, Kostenersatz für den „Boten", Zuschüsse einzelner Landeskirchen und deren Diakonischer Werke sowie des Diakonischen Werkes der EKD.

Missionarischer Dienst
im Hotel- und Gaststättengewerbe e.V.
Wagenburgstr. 28, D-70184 Stuttgart
Postfach 10 11 42, D-70010 Stuttgart
Tel. 0711/2159-481/413

Evangelische Arbeitsgemeinschaft
für das Gastgewerbe in der Schweiz
Kirchmoosstr. 14, CH-4800 Zofingen

Missionsdienst Sonnenstrahlen nach Osten

Das Werk entstand Anfang der 50er Jahre durch Käthe Loos. Seit 1986 besteht ein christliches Freizeitheim. Die Leitung hat Helmut Murmann.

Tätigkeit: Ostmission (Verbreitung von Bibeln und christlicher Literatur, Missionszelte, Unterstützung Notleidender, humanitäre Hilfstransporte, Hilfe zur Selbsthilfe, Waisen- und Kinderheime).

Innere Ausrichtung: Pfingstlerische Prägung, überkonfessionelle Arbeitsweise.

Missionsdienst Sonnenstrahlen
nach Osten e.V.
Neuwengert 2
D-74321 Bietigheim-Bissingen
Tel. 0742/30680, Fax 07142/33038

Missionshaus Bibelschule Wiedenest

früher: Bibelschule für Innere und Äußere Mission

Die Bibelschule wurde 1905 in Berlin gegründet und 1919 nach Wiedenest (Oberbergischer Kreis) verlegt. Gründer waren Vertreter der damaligen Evang. Allianz, die zum Teil aus „Brüdergemeinden" kamen.

Jetziger Leiter ist Klaus Brinkmann (geb. 1938, Studium an der Bibelschule Wiedenest und an der Missionsakademie Hamburg, Mitglied im Vorstand des „Arbeitskreises für Evangelikale Missiologie", 23 Jahre lang Missionar in Tansania).

1950/52 begann das Werk mit Missionsarbeit in Österreich, 1952 in Nigeria, 1954 in Japan, 1955 in West-Pakistan, 1957 in Nepal, unter Indianern in Brasilien, in Süd-Tansania, in Spanien, Portugal und Argentinien, 1970 unter Brasilianern, 1975 in Zentralasien, 1990 in Rumänien und 1992 in Rußland.

Tätigkeit: Die Bibelschule bildet aus für neben- und mitberufliche sowie hauptamtliche Dienste in Gemeinde und Mission im In- und Ausland (ein- bis zweijähriger Schulungskurs und dreijähriger Ausbildungslehrgang, Kurzkurse).

Zur Tätigkeit des Werks gehören außerdem Missionseinsätze im Team, Besuchsdienste in Gemeinden und die Aussendung von Missionaren. Es unterhält eine Tagungsstätte (Ferien-Bibelschulen, Arbeitstagungen für gemeindliche und missionarische Mitarbeit, Fortbildungskurse für Missionare, Frauendienst, Schulung von Kinder-, Jungschar- und Jugendmitarbeitern, Missionstagungen, Glaubens- und Missionskonferenzen, Jugendfreizeiten, Kinder- und Jugendarbeit, Seelsorge-Seminare).

In den Missionsländern unterhält das Werk u.a. Krankenhäuser, Polikliniken und berufsbildende Schulen. Zur Tätigkeit gehören außerdem linguistische Arbeit und Förderung im landwirtschaftlichen Bereich.

Wirkungsbereich: D, A, Italien, Frankreich, Rumänien, Rußland, Japan, Zentralasien, Pakistan, Nepal, Korea, Tansania, Brasilien.

Einrichtungen: Missionshaus, Bibelschule, Tagungsstätte in Wiedenest; Krankenhäuser, Polikliniken, Bibelschule, berufsbildende Schulen, Waisenhaus, Verlage in Übersee.

Publ.: „Offene Türen", seit 1908, zweimonatl., Aufl. 10.500; Prospekte (Bibelschule, Mission, Tagungen), Videofilme, Diaserien, Bücher, Arbeitsmaterial für Kinder- und Jugendarbeit.

Innere Ausrichtung: Das Werk ist freikirchlich, insbesondere getragen von den „Brüdergemeinden" (innerhalb und außerhalb des „Bundes Evangelisch-Freikirchlicher Gemeinden"). Die Bibelschule steht Teilnehmern aus allen Freikirchen, Gemeinschaften und Kirchen offen. Voraussetzung ist der persönliche Glaube an den Herrn Jesus Christus gemäß der Heiligen Schrift. Das Werk gründet sich auf die Einheit und Verbindlichkeit der Bibel. Die Glaubensbasis der Evang. Allianz, die Lausanner Verpflichtung und das Missionsverständnis der Frankfurter Erklärung werden anerkannt und gelten als Basis für Zusammenarbeit in der Heimat und auf den Missionsfeldern. Die Glaubenstaufe wird praktiziert. Der Aufbau örtlicher Gemeinden von Gläubigen wird gefördert.

Das Werk ist Mitglied in der „Arbeitsgemeinschaft Evangelikaler Missionen" (AEM) und im „Ring Missionarischer

Jugendbewegungen" (RMJ). Es hat eine sehr enge Verbindung zur Evang. Allianz und beteiligt sich aktiv an Allianz-Veranstaltungen. Die Schule ist Mitglied in der „Konferenz bibeltreuer Ausbildungsstätten" (KbA). Der Ausbildungslehrgang wird von der „Europäischen Evangelikalen Akkreditierungs-Vereinigung" als vergleichbar mit dem B. of Theology anerkannt.

Organisation und Finanzierung: Das Werk ist ein eingetragener Verein mit Vollversammlung (Delegierte der sendenden Gemeinden und verbundenen Werke), Bruderrat, Ausschüssen und Vorstand. Die Bibelschule hat ca. 100 Schüler. Ca. 155 aktive Missionare arbeiten für das Werk. Der tragende Kreis besteht v. a. aus den sendenden Gemeinden und einem Freundeskreis (hauptsächlich aus den Evang.-Freikirchl. Gemeinden). Die Finanzierung wird ermöglicht durch regelmäßige Gaben der Gemeinden, durch Gaben vieler Einzelspender sowie durch gelegentliche Zuschüsse für besondere Projekte.

Missionshaus Bibelschule Wiedenest e.V.
Olper Str. 10, D-51702 Bergneustadt
Tel. 02261/4060, Fax 02261/406155

Missionshilfe Lemgo (MHL)

Gläubige aus verschiedenen Kirchen, Kreisen und Gemeinschaften im Kreis Lippe fühlten sich durch den Missionsbefehl Jesu angesprochen und fanden sich 1968 zu einem Missionsgebetskreis

zusammen. Schon bald sah sich dieser Kreis in den praktischen Dienst an Missionaren gestellt. 1969 wurde die MHL gegründet, um deutschen Missionaren die Möglichkeit zu geben, in Arbeitsgebieten solcher evangelikaler Missionsgesellschaften tätig zu werden, die keine eigene Vertretung in Deutschland haben.

Gründer und Leiter ist Gerhard Eitner (geb. 1930, Therapeut und Klinikleiter).

Tätigkeit: Der Zweck der MHL ist die Ausführung des Missionsbefehls. Sie will dazu beitragen, daß das ganze Evangelium dem ganzen Menschen in der ganzen Welt verkündigt wird. Schwerpunkt ist die Ausbildung von gläubig gewordenen Einheimischen, um sie zu befähigen, selbst Gemeinden zu gründen und zu leiten. Seit 1990 widmet sich die MHL vermehrt auch der Führung und Unterstützung von sozialen Einrichtungen sowie der Katastrophenhilfe und der Krankenpflege.

Wirkungsbereich: D, Philippinen, Haiti, Kanada, Brasilien, Panama, Naher Osten, Kasachstan.

Publ.: MHL-Nachrichten, jährl., Aufl. ca. 3.500; Missionarsrundbriefe.

Innere Ausrichtung: Die MHL gründet sich auf die Heilige Schrift als das vollständig vom Heiligen Geist inspirierte Wort Gottes. Sie arbeitet auf der Basis der Evang. Allianz und ist nicht denominationell gebunden. Sie ist Mitglied der „Arbeitsgemeinschaft Evangelikaler Missionen" (AEM).

Organisation und Finanzierung: Die MHL ist ein eingetragener Verein, als gemeinnützig anerkannt, mit Vorstand und Mitgliedern. Die Arbeit in der Heimat wird ehrenamtlich durchgeführt. 18 Missionare stehen in der Verkündigung bzw. Spracharbeit.

Missionshilfe e.V. Lemgo
Raabeweg 10, D-32657 Lemgo
Postfach 5 06, D-32635 Lemgo
Tel. 05261/12474, Fax 05261/14001

Missionskreis Küps

Der Missionskreis entstand 1964 und wird geleitet von Ernst Roßner.
Tätigkeit: Treffen zu gemeinsamem Bibellesen und Gebet; missionarische Einsätze in Krankenhäusern, Gefängnissen, Altenheimen, Kirchen, Missionszelten, bei Freiversammlungen und anderen Gelegenheiten.
Innere Ausrichtung: Evangelikaler Kreis innerhalb der evang.-luth. Gemeinde.

Missionskreis Küps
Am Rathaus 10, D-96328 Küps
Tel. 09264/6191

Missionsmannschaft Rotes Meer (MRM)

Die internationale Organisation wurde 1951 durch Dr. Lionel Gurney, einen Arzt aus Kanada, gegründet. Dieser hatte seine missionarische Tätigkeit bereits 1934 im Süd-Jemen begonnen. Bei Aufenthalten an der arabischen und afrikanischen Küste des Roten Meers erlebte er, wie die Menschen dort ohne medizinische Versorgung fernab von aller Zivilisation und Technik lebten. Diese Erlebnisse führten ihn zur Gründung des Werks, dessen Ziel sein sollte, unter den Muslimen am Roten Meer zu arbeiten. In Deutschland besteht die MRM seit 1963. Heimatdirektor ist seit 1996 Pfarrer Kurt Vogelsang (geb. 1955, Studium der evang. Theologie, Pfarrdienst in Württemberg, von 1984-1995 Missionsdienst in Thailand). In der Schweiz besteht ebenfalls ein Verein (seit 1981).
Tätigkeit: Aufgabe des Werks ist, Muslimen die Botschaft von Jesus Christus zu bringen. Dies geschieht vorwiegend in Einzelgesprächen, in Verbindung mit medizinischer Arbeit, mit Schulunterricht, Landwirtschaft, Sprach- und Literaturarbeit sowie Radioarbeit. Durch Informationsstände bei Tagungen und durch Vorträge in Gemeinden wird im Heimatland über die Arbeit informiert.
Wirkungsbereich: D, CH, Djibouti, Mali, Pakistan, Tansania, Naher Osten; England und Kanada unter Einwanderern.
Einrichtungen: Kliniken, Buchladen, Schulen.
Publ.: Nachrichten- und Gebetsbrief, seit 1963, Aufl. ca. 2.500; Prospekte, Dias.
Innere Ausrichtung: Das Werk versteht sich als überkonfessionelle und internationale Mission. Die Bibel gilt als das offenbarte Wort Gottes und als der endgültige Maßstab in allen Glaubens- und Verhaltensfragen. Betont wird die absolute Notwendigkeit der Wiedergeburt

des Menschen durch den Heiligen Geist zur Errettung seiner Seele. Durch das gegenwärtige heiligende Wirken des Geistes wird der Christ befähigt, ein gottesfürchtiges und sieghaftes Leben zu führen.

Das Werk ist Mitglied der „Arbeitsgemeinschaft Evangelikaler Missionen" (AEM) und hat Verbindungen zu den Bibelschulen Aidlingen, Adelshofen, Brake und Beatenberg sowie zum „Deutschen Frauen-Missions-Gebetsbund". Gute Kontakte bestehen zur Evang. Allianz, zu Landeskirchen, Freikirchen und Gemeinschaften.

Organisation und Finanzierung: Eingetragener Verein in Deutschland und in der Schweiz; gemeinsames Missionskomitee D/CH mit 18 Mitgliedern; Mitarbeiter aus elf Ländern; Finanzierung durch Spenden. (Als Glaubensmission bittet die MRM grundsätzlich keinen Menschen um Geld, sondern allein Gott.)

Missionsmannschaft Rotes Meer e.V.
Degginger Weg 4, D-73312 Geislingen
Tel. 07334/8600, Fax 07334/922101

Schweizer Heimatkomitee:
Irchelstr. 49, CH-8400 Winterthur
Tel. 052/231592

Internationale Organisation:
Red Sea Mission Team Int.
87 Alcester Road, Moseley
Birmingham B13 8EB, GB

Missions-Team-Hamburg (MTH)

1972 entstand in Hamburg das „Evangeliums-Team", das 1974 in „Missions-Team-Hamburg" umbenannt wurde. Die Leitung haben Beat und Annette Rieder-Pell (Kapitäne der Heilsarmee). *Tätigkeit:* Evangelistischer und diakonischer Dienst in St. Pauli, Straßeneinsätze, Evangelisation, Schulungsveranstaltungen.

Innere Ausrichtung: Das MTH ist ein Zweig der Heilsarmee in Deutschland.

Missions-Team-Hamburg
Manteuffelstr. 1 c, D-22587 Hamburg
Tel. 040/862305

Missions-Unterstützungs-Team (M.U.T.)

M.U.T. wurde 1987 durch folgende Personen gegründet: Volker Embgen (1. Vorsitzender) ist seit 1986 EDV-Berater; vorher arbeitete er zehn Jahre für "Jugend mit einer Mission". Johannes Manz (Geschäftsführer) ist Chemielaborant. Er leitet eine ökumenisch-charismatische Glaubensgruppe in Ludwigshafen. Paul Donders (2. Vorsitzender) ist Architekt. Er leitet seit 1978 eine ökumenische Gemeinschaft in Dortmund („Missionsgemeinschaft Jesusleute"). Wolfgang Striebinger arbeitet als Missionar bei „Jugend mit einer Mission" in Spanien.

Tätigkeit: M.U.T. versteht seine Arbeit

als Dienstleistung für Missionare, christliche Gemeinden, Kirchen und Geber. Die Organisation will langfristige Missionsprojekte und christliche Kulturprojekte unterstützen, die nicht durch große Organisationen getragen werden, sondern auf die Initiative einzelner zurückgehen, die einen Ruf von Gott, aber noch keine sendende oder finanzierende Organisation im Rücken haben. Außerdem unterstützt M.U.T. die Arbeit unter Straßenkindern, Drogenabhängigen, Prostituierten und Armen.

Wirkungsbereich: D, Spanien, Indien, Philippinen, Kambodscha, Kolumbien u.a.

Einrichtungen: Missionsschiff Anastasis.

Publ.: „M.U.T.-Info".

Innere Ausrichtung: Glaubensgrundlage ist die Bibel. Die Lausanner Erklärung gilt als Basis. Im Mittelpunkt steht Jesus als der Herr. Wichtig sind das Wirken des Heiligen Geistes und die Einheit der ganzen Kirche. M.U.T. sucht Verbindungen zu evangelikalen und charismatischen Gruppierungen und Kirchen, darunter auch zu Gruppen innerhalb der Großkirchen. Enge Zusammenarbeit besteht mit „Jugend mit einer Mission" und mit der „Missionsgemeinschaft Jesusleute" in Dortmund. M.U.T. hat außerdem Kontakte zur „Freien Christlichen Jugendgemeinschaft" in Lüdenscheid.

Organisation und Finanzierung: Eingetragener Verein (gemeinnützig); Vorstand aus vier Personen, die ehrenamtlich tätig sind; Unterstützung von zehn Missionaren (meist mit Familien) in Spanien, Indien Kambodscha etc.; Freundeskreis ca. 200 Personen; Finanzierung durch Spenden (95 %) und Mitgliedsbeiträge (5 %).

M.U.T.
Missions-Unterstützungs-Team e.V.
Bergzaberner Str. 18
D-67067 Ludwigshafen/Rhein
Tel. 0621/5295781, Fax 0621/532482

Missionswerk Arche – Evangelische Volks-, Zelt- und Radiomission

Die Volks-, Zelt- und Radiomission mit Zentrum im Missions- und Erholungsheim Arche ist von Samuel Furrer (1902-1966) gegründet worden. S. Furrer war Mechaniker. Er erlebte in der Methodistenkirche Chur eine Bekehrung, trat als 22jähriger in die Kadettenschule der Heilsarmee ein und begann – nach kurzer Tätigkeit als Heilsarmeeoffizier im Toggenburg -, dort als freier Evangelist zu wirken (1928). Um 1932 gründete er die Volks-, Zelt- und Radiomission. Nachfolger und heutiger Leiter ist Peter Steiner-Furrer (geb. 1933). Er hat als gelernter Koch die Bibelschulen in Wiedenest und Beatenberg und drei Semester die Waldenserfakultät in Rom besucht. Nach dreijährigem Dienst als Waldenserpastor übernahm er die Verantwortung für das Missionswerk Arche.

Tätigkeit: Das Werk hat sich zum Ziel gesetzt, „Menschen für Jesus Christus, das Lamm Gottes, zu gewinnen". Das geschieht durch die Radiomission („Stimme des Trostes"; zwei wöchentliche Sendungen über „Radio Luxemburg" und ebenso über „Radio ZP-30, La voz del Chaco Paraguayo" sowie tägliche Sendungen über „Radio AR-Interkontinental"), durch Radiomissionstagungen, durch die Verkündigung und Seelsorge im Missions- und Erholungsheim sowie durch weitere Versammlungen, Seminare, Kurzbibelschulen, auswärtige Tagungen, Konferenzen und Freundestreffen. In freien Abständen werden drei evangelikale Außenmissionen unterstützt.

Wirkungsbereich: CH, D, Frankreich.

Einrichtungen: Missions- und Erholungsheim „Arche", Arche-Verlag.

Publ.: „Stimme des Trostes", monatl., Aufl. 15.000; Bücher, Broschüren, Traktate im eigenen Verlag.

Innere Ausrichtung: Betont werden der Glaube an die göttliche Inspiration und die Unfehlbarkeit der ganzen Heiligen Schrift als höchster Autorität für alle Fragen des Glaubens und des Lebens, die völlige Sündhaftigkeit und Verlorenheit des Menschen und die Erlösung von der Sünde durch den Opfertod Jesu Christi, die unbedingte Notwendigkeit der Wiedergeburt, das Wirken des Heiligen Geistes im Menschen und die Erscheinung des Herrn Jesus Christus zur Entrückung seiner Gemeinde. Wichtig ist außerdem die Erwartung eines neuen Himmels und einer neuen Erde und des ewigen Reiches Gottes.

Das Missionswerk ist als Freundeswerk dem „Bund Freier Evangelischer Gemeinden der Schweiz" assoziiert. Das Verhältnis zu örtlichen landeskirchlichen Gemeinden ist unterschiedlich. Der Ökumenische Rat der Kirchen und seine Tätigkeit werden abgelehnt.

Organisation und Finanzierung: Das Missionswerk ist als Stiftung mit Stiftungsrat organisiert. Acht Personen stehen im vollzeitlichen und zehn im teilzeitlichen Verkündigungsdienst, ca. 20 sind in der Hauswirtschaft tätig. Der Freundeskreis umfaßt ca. 10.000 Personen. Das Werk wird durch Pensionsbeiträge der Gäste im Missions- und Erholungsheim und durch freiwillige Beiträge finanziert.

Missionswerk Arche
Rosenbüelstr. 48
CH-9642 Ebnat-Kappel
Tel. 071/9931757, Fax 071/9933719

Missionswerk Central

Der Gründer, Gottfried Eisenhut, wurde 1923 in der Schweiz geboren und kam 1939 zum Glauben an Jesus Christus. In der Schweiz schloß er sich freien, evangelikalen Gemeinden an. 1968 kam er nach Deutschland und wurde Mitbegründer des Missionswerks Central in Bad Salzschlirf. 1973 wechselte das Missionswerk nach Blekendorf, wo ein Bauernhof zu einem Freizeitheim umgebaut wurde. 1982 wurde das Gästehaus durch einen Neubau erweitert. Die Leitung des Missionswerks hat Hannes Riolo.

Tätigkeit: Zweck des Missionswerks ist die Verkündigung des Wortes Gottes auf Bibelfreizeiten, außerdem Betreuung und Seelsorge, Kinder- und Jugendarbeit, Verkündigung des Evangeliums in bestehenden Gemeinden auf Anforderung, Unterstützung von Missionaren und Glaubenswerken in Europa und Übersee sowie die Betreibung eines Freizeitheimes und eines kleinen Altenheimes.

Wirkungsbereich: D, Spanien.

Einrichtungen: Freizeitheim Blekendorf, Altenheim.

Publ.: „Central", vierteljährl., Aufl. 1.200.

Innere Ausrichtung: „Wir glauben an die Inspiration der ganzen Heiligen Schrift und lehnen jegliche Abwertung und Abschwächung derselben ab. Wir halten an der absoluten Notwendigkeit einer Wiedergeburt fest. Wir glauben, daß Jesus Christus als Sohn Gottes in diese Welt gekommen, um unserer Sünden willen gekreuzigt, gestorben und auch auferstanden ist und daß jeder Mensch, der wahrhaftig in Buße und Glauben zu ihm kommt, auch Vergebung der Sünden empfängt und damit ewiges Leben hat."

Verbindungen bestehen zu freien evangelikalen Gemeinden.

Organisation und Finanzierung: Eingetragener Verein, gemeinnützig, mit Vorstand (zwei Personen), Bruderrat und jährlicher Mitgliederversammlung; Finanzierung durch freiwillige Spenden, durch Einnahmen bei Freizeiten und von den Altenheimbewohnern.

Missionswerk Central e.V.
Lange Straße 36, D-24327 Blekendorf
Tel. 04381/1705, Fax 04381/1643

Missionswerk Christus Central

Gründer und Leiter ist der Evangelist Michael Windhövel (bewußte Glaubensentscheidung 1970, ehrenamtliche Jugendarbeit in der evang. Landeskirche, Absolvierung der Bibelschule Hagen, zwei Jahre Evangelist bei „Neues Leben"). 1983 gründete er das Werk; 1986 wurde ein spezielles Jüngerschaftsprogramm entwickelt mit dem Ziel evangelistischer Multiplikation. 1987 erwarb das Missionswerk die Dorfschule von Bruchertseifen als Bürositz und Schulungszentrum. 1990 begann das Werk mit einer örtlichen missionarischen Kinder- und Jugendarbeit.

Tätigkeit: Ziel ist es, das Evangelium auf vielfältige Weise zu verkündigen, Menschen in die Nachfolge Christi zu rufen, sie in den Grundlagen der Jüngerschaft zu schulen und sie möglichst umfassend in Bibelkunde zu unterrichten. Durchgeführt werden evangelistische Veranstaltungen verschiedener Art (Jugendwochen, Vortragsreihen, missionarische Kinder- und Jugendarbeit, Bibel-Studien-Tage für Erwachsene).

Wirkungsbereich: Deutschsprachiger Raum.

Einrichtungen: Haus für Verwaltung und Schulungsarbeit.

Publ.: „Christus Central" Informationsbrief, vierteljährl., Aufl. ca. 400; vier spezielle Bibel-Studien-Kurse zur Jüngerschulung.

Innere Ausrichtung: „Christus Central weiß sich besonders der Basis und dem Wesen der Deutschen Evang. Allianz verbunden und sucht die Zusammenarbeit mit solchen Gemeinden und Werken, welche sich zu den gleichen biblischen Grundlagen bekennen" (Faltblatt). Zusammengearbeitet wird mit den großen Freikirchen, verschiedentlich mit landeskirchlichen Gemeinden, viel mit jungen Gemeinden oder Gemeindegründungsarbeiten, die noch keinem Verband angeschlossen sind (nicht mit charismatischen Gemeinden). Kontakte bestehen zu verschiedenen internationalen, in Deutschland arbeitenden Missionen.

Organisation und Finanzierung: Eingetragener Verein, als gemeinnützig anerkannt; jährliche Mitgliederversammlung; Gesamtleitung in den Händen von drei Vorstandsmitgliedern; zwei hauptamtliche, ca. fünf ehrenamtliche Mitarbeiter; Finanzierung allein durch Spenden regelmäßiger und gelegentlicher Geber und durch freiwillige Gaben anläßlich von Veranstaltungen; keine Spendenaufrufe bei Veranstaltungen oder in Rundbriefen.

Missionswerk Christus Central e.V.
Alte Schulstr. 6, D-57539 Bruchertseifen
Tel. 02682/4854

Missionswerk „Der Weg zur Freude"

Siegfried Müller leitet das Werk seit Beginn der 70er Jahre. Die Anfänge einer Gemeinschaft um seinen Vater Erwin Müller reichen in die Zeit vor dem Zweiten Weltkrieg zurück. Erwin Müller (geb. 1909) hat dann nach dem Krieg die „Gemeinschaft entschiedener Christen" gegründet.

An die Stelle dieser Gemeinschaft trat 1976 das Missionswerk „Der Weg zur Freude". 1982 konnte ein neues Missionszentrum eingeweiht werden mit Versammlungssaal, Büros, Lager, Tonstudio, Kindertagesstätte und Bücherladen. Der Bau einer großen „Christus-Kathedrale" wurde 1989 vollendet. Zu dem Missionswerk gehören einige Außengemeinden.

Tätigkeit: Ziel ist die Verbreitung des Evangeliums vor allem unter Menschen, die dem Wort Gottes fernstehen. Dies geschieht durch Evangelisationen in Großstädten, Rundfunksendungen (deutschsprachig über Radio Luxemburg), Telefonandachten, eine Zeitschrift und durch Literatur.

Wirkungsbereich: D, deutschprachiges Europa.

Einrichtungen: Missionszentrum in Karlsruhe mit Versammlungshalle und Verlag.

Publ.: „Der Weg zur Freude", seit 1950 (bis 1975: „Die letzte Posaune"), monatl. Aufl. ca. 20.000; Bücher im eigenen Verlag, Traktate, Kassetten, Videofilme.

Innere Ausrichtung: Das Werk bezeichnet sich als überkonfessionell, die Botschaft als christozentrisch. Glaubensgrundlage ist das Wort Gottes. Die wichtigsten Schritte im Glaubensleben sind Bekehrung, Wiedergeburt, Wassertaufe (Glaubenstaufe), Geistestaufe. Das geistliche Fundament des Werks wurde von Anfang an durch die Geistesgaben bestimmt. Dabei spielt die Heilung eine hervorragende Rolle.

Siegfried Müller wurde stark geprägt durch die Begegnung mit Yonggi Cho und seiner „Full Gospel Central Church" in Seoul/Korea und durch die Heilungsevangelistin Kathryn Kuhlman. Er hat Verbindung zu anderen Gemeinden und Werken, die das volle Evangelium verkünden.

Organisation und Finanzierung: Das Missionswerk ist eine gemeinnützige Gesellschaft. Es beschäftigt zwölf hauptamtliche und 100 ehrenamtliche Mitarbeiter. Die Finanzierung erfolgt ausschließlich durch Spenden.

Missionswerk „Der Weg zur Freude"
(Missionswerk Karlsruhe)
Gemeinnützige Missionsgesellschaft mbH
Keßlerstr. 2-12, D-76185 Karlsruhe
Postfach 45 49, D-76029 Karlsruhe
Tel. 0721/952300, Fax 0721/9523050

Missionswerk
DIE BRUDERHAND

Das Missionswerk wurde 1960 gegründet und ging aus einem Gebetskreis hervor, der 1959 in Oppershausen (bei Wienhausen) entstanden war. Gründer waren Siegfried Lange (inzwischen verstorben), Siegfried Röseler (nicht mehr im Werk) und Wilhelm Pahls (geb. 1936, Kfz-Mechaniker, kaufmännische Tätigkeit, mit 20 Jahren bewußte Entscheidung für Jesus Christus durch ein Buch von Werner Heukelbach, aktive Mitarbeit in Kirche und Freikirche, seit 1961 vollzeitlich im evangelistischen Dienst). Wilhelm Pahls ist seit 1973 Leiter des Missionswerks.

Tätigkeit: Das Missionswerk führt Evangelisationen durch (meist 8-13 Tage) in Zusammenarbeit mit örtlichen Gemeinden. Die Vorbereitung und Organisation sowie die Nacharbeit werden von den Verantwortlichen am Ort durchgeführt. Der Evangelist des Missionswerks übernimmt die Verkündigung und Seelsorge. Zur Tätigkeit des Missionswerks gehören außerdem Konfirmandenlager in den Oster- und Sommerferien, Missionseinsätze im In- und Ausland, ein Bücher- und Kassetten-Versand sowie der Versand von kostenlosen Traktaten. Das Werk unterhält Arche-Buchhandlungen in Celle und Braunschweig.

Wirkungsbereich: D, CH, A, Frankreich, Albanien, Südafrika, Südamerika, Nordamerika, GUS.

Einrichtungen: Missionshaus in Wienhausen-Oppershausen, Buchhandlungen.

Publ.: „ECHO" (Mitteilungsblatt), seit 1971, zweimonatl., Aufl. ca. 20.000; Traktate, Bücher, Nacharbeitsmaterial (Bibelkurse), Bibel-Lehrmaterial, Kassetten.

Innere Ausrichtung: Das Missionswerk teilt die Glaubensgrundlage der Evang. Allianz. Zentrale Anliegen sind, daß der Mensch seinen verlorenen Zustand erkennt, eine persönliche Entscheidung für Jesus Christus trifft und sich durch die Nachfolge in der Heiligung bewährt. Die Verkündigung ist evangelistisch und erbaulich. Die Mitarbeiter kommen aus verschiedenen Kirchen und Freikirchen. Sie nehmen aktiv am Leben der durch das Missionswerk in Wienhausen entstandenen Gemeinde teil. Wilhelm Pahls ist Mitglied der „Deutschen Evangelistenkonferenz" und der „Schweizer Evangelistenkonferenz". Kontakte bestehen zu verschiedenen evangelikalen Werken und Ausbildungsstätten.

Organisation und Finanzierung: Das Werk ist ein eingetragener Verein, als gemeinnützig anerkannt, mit Vorstand (Wilhelm Pahls) und Freundeskreis. Die Mitgliederversammlung trifft alle wichtigen Entscheidungen. Zwölf vollzeitliche Mitarbeiter arbeiten für das Werk in Deutschland, acht im Ausland. Außerdem sind einige ehrenamtliche Mitarbeiter tätig. Praktikanten von Bibelschulen helfen u.a. bei missionarischen Einsätzen mit. Die Finanzierung wird größtenteils durch Spenden ermöglicht. Bei den Evangelisationen von Wilhelm Pahls ist jeweils die Kollekte vom zweitletzten Abend für das Missionswerk bestimmt.

Missionswerk DIE BRUDERHAND e.V.
Waldweg 3, D-29342 Wienhausen
Tel. 05149/8488, Fax 05149/92042

Missionswerk Freundes-Dienst

Gründer und Leiter des Missionswerkes ist Josef Schmid (geb. 1926, ehemals Kaufmann). Er hat „im Frühjahr 1948 in einer Stunde lebensgefährlicher Erkrankung die Erlösung durch den Glauben an den Herrn Jesus Christus angenommen und die biblische Wiedergeburt erlebt". 1951 begann er mit dem Versand von Lukasevangelien. 1953/54 besuchte er eine Bibelschule und gab 1954 sein Geschäft auf. Drei Jahre später konnte das Missionshaus in Biberstein gebaut und eine Druckerei eröffnet werden. Bereits 1953 hatte die Arbeit auch im Ausland ihren Anfang genommen. 1959 wurde auf Anregung von Hermann Schulte und Werner Heukelbach die Radiomission aufgenommen. 1974 wurde in Deutschland ein eigener eingetragener Verein gegründet. Seit 1995 ist in der internationalen Leitung auch Pfarrer Samuel J. Schmid, lic. theol., geb. 1972, tätig.

Tätigkeit: Das Missionswerk ist bestrebt, von Gott entfernte Menschen zu Jesus Christus zu führen. Dies geschieht durch Schriften in über 20 Sprachen, durch Traktatverbreitung (eigene Druckereien), durch den Versand von Gratis-Evangelien, durch schriftliche Bibelkurse, Bücher, Broschüren, durch Radiomission (die Sendung „Licht + Leben" über nationale und internationale Radiostationen, täglich über RTL Radio, Luxemburg, und „Die Stimme Rußlands"), durch Telefonmission und Seelsorgeangebote. Jährlich werden über 10 Mill. Traktate, ca. 200.000 Johannes-Evangelien und 100.000 Spruchkartenkalender gedruckt und verbreitet.

In den Missionsländern kümmert sich das Missionswerk auch um die Alphabetisierung, betreibt Schulen und Waisenhäuser und führt Armen- und Kinderspeisungen durch.

Wirkungsbereich: 130 Länder, Missionszentren und -büros in der Schweiz (Zentralstelle) und in zwölf europäischen und zehn außereuropäischen Ländern.

Einrichtungen: Missionshaus mit Druckerei und Verlag in Biberstein (CH); Missionshaus und Druckerei in Frankreich und in Ungarn (mit Waisenhaus, Tagungs- und Ausbildungszentrum); Missionshäuser in Holland, A, Spanien, Portugal, Togo und Haiti; Schulen und Kirchen in Haiti.

Publ.: Missionsschrift, Bibellesehilfe, Kinderzeitschrift, Spruchkartenkalender, Radio- und Telefonkalenderchen, Kassetten, Traktate.

Innere Ausrichtung: Die „Glaubensgrundlage" faßt die innere Ausrichtung in neun Abschnitten zusammen. Die ganze Heilige Schrift gilt als „das von Gott den Menschen eingegebene Wort Gottes. Sie ist göttliche Wahrheit und unfehlbar" und damit höchste Autorität in allen Glaubens- und Lebensfragen. Der völligen Sündhaftigkeit aller Menschen wird die Erlösung allein aus Gnade durch den Opfertod Jesu Christi am Kreuz und die Reinigung durch sein vergossenes Blut gegenübergestellt. „Die absolute Notwendigkeit der Neu-

geburt in Jesus Christus" wird hervorgehoben. Der Mensch ist zum Glauben an die Verheißungen und zur völligen Hingabe im Dienste Gottes bestimmt. Die „Glaubensgrundlage" erwähnt zum Abschluß den Glauben an die Wiederkunft des Herrn Jesus Christus zur Auferweckung der entschlafenen Kinder Gottes, zur Entrückung seiner Gemeinde, zum Gericht und zur „Aufrichtung Seiner Weltherrschaft".

Das Missionswerk hat Kontakte zu Gläubigen aus verschiedenen Landes- und Freikirchen und beteiligt sich an Veranstaltungen und Arbeitsgemeinschaften der Evang. Allianz.

Organisation und Finanzierung: Das Missionswerk ist in der Schweiz als Stiftung mit einem Stiftungsrat (zwölf Personen) organisiert. Der eingetragene Verein in Deutschland ist Zweig der Stiftung. Erster Präsident auf Lebenszeit ist laut Statuten der Gründer Josef Schmid. Er und Samuel J. Schmid führen ein Zweierpräsidium. Das Präsidium ernennt auch das leitende Komitee.

Die „Diakonie-Mitgliedschaft" steht jedem Stiftungsmitglied offen, das „von Gott eine klare Berufung hat, sein ganzes Leben lang dem Herrn Jesus Christus in der Stiftung Freundes-Dienst oder den ihr angegliederten Zweigwerken zu dienen". Das „Diakonie-Mitglied" begnügt sich mit Kost und Logis und einem bescheidenen Taschengeld. Pflege während Krankheit und ein unbesorgter Lebensabend sind gesichert. Etwa 70 hauptamtliche und 1.000 nebenamtliche Mitarbeiter arbeiten für das Werk. Der Freundeskreis umfaßt etwa 30.000 Personen. Das Werk wird ausschließlich durch freiwillige Spenden finanziert.

Missionswerk Freundes-Dienst
CH-5023 Biberstein
Tel. 062/8272727, Fax 062/8273440

Missionswerk Freundes-Dienst e.V.
Postfach 14 32, D-79705 Bad Säckingen

Missionswerk Friedensstimme

Die „Friedensstimme" ist das Missionswerk der Evangeliumchristen-Baptisten (EChB) in der ehemaligen Sowjetunion. Es wurde 1978 von Christen, die in den siebziger Jahren aus der UdSSR in die Bundesrepublik umsiedelten, gegründet. Bis zur Perestroika leistete es verfolgten Christen in Osteuropa Hilfe. Jetzt unterstützt es insbesondere die Missionsarbeit unter den verschiedenen Völkern der ehemaligen UdSSR. Als Leitspruch des Werkes gilt das Wort aus Gal. 6, 2: „Einer trage des anderen Last."
Die Bruderschaft der Evangeliumchristen-Baptisten-Gemeinden in der Sowjetunion bildete sich 1961. Die Angehörigen der nichtregistrierten Baptistengemeinden nahmen bewußt die Gefahren der Illegalität in Kauf, weil sie die Willfährigkeit gegenüber den ungerechtfertigten Forderungen des Sowjetstaates als unvereinbar ansahen mit dem Gehorsam gegenüber Christus. Nach-

dem sie viele Jahre unter Repressalien litten, können sie nun in viel größerem Umfang evangelistisch tätig sein.
Gennadij Krjutschkow, der Leiter der Bruderschaft der Evangeliumchristen-Baptisten-Gemeinden in der GUS (geb. 1926), mußte 1970 in den Untergrund gehen und konnte erst 1990 nach Hause zurückkehren. Leiter des Missionswerks ist Klaus Karsten.
Tätigkeit: Verbreitung von Informationen über die Evangelisationsarbeit und die Lage der Christen in der ehemaligen Sowjetunion, um den Christen im Westen dadurch die Möglichkeit zu geben, ihre Glaubensgeschwister im Osten gezielt durch Gebete und Gaben zu unterstützen; Hilfeleistung durch Versorgung mit Bibeln, geistlicher Literatur u.a.; Unterstützung des Verlages „Christianin"; Hilfsgütertransporte.
Wirkungsbereich: D, CH, Holland, Frankreich, England, USA, Kanada, Brasilien, Australien, Länder der ehemaligen Sowjetunion, Mexiko, Zaire u.a.
Einrichtungen: Verlag „Christianin" in der GUS, Verlag „Friedensstimme" in Deutschland.
Publ.: „Nachrichten von Missionsfeldern im Osten", deutsch, zweimonatl.; „Voice of Peace News", englisch, vierteljährl.; Gebetskalender (deutsch und englisch), jährl.; Bücher und Broschüren (deutsch, englisch und russisch).
Innere Ausrichtung: Als Missionswerk der Evangeliumchristen-Baptisten (EChB) ist die „Friedensstimme" konfessionell dem Baptismus zuzuordnen. Die Evangeliumchristen-Baptisten in

der ehemaligen Sowjetunion zeichnen sich durch eine besonders strenge Auffassung von christlicher Lebensführung aus. Aus diesem Grund bleiben die rußlanddeutschen Baptisten, wenn sie nach Deutschland übergesiedelt sind, meist unter sich und gründen eigene Gemeinden.

Organisation und Finanzierung: Eingetragener Verein; zehn Mitarbeiter; Finanzierung der gesamten Aufgaben (außer der Verlagsarbeit in Deutschland) durch freiwillige Spenden.

Missionswerk Friedensstimme e.V.
Postfach 10 06 38
D-51606 Gummersbach
Tel. 02261/ 60170, Fax 02261/24717

Missionswerk Frohe Botschaft (MFB)

1961 wurde das MFB als „Missionstrupp" in Wissen/Sieg gegründet und bald darauf nach Großalmerode bei Kassel verlegt. Gründer ist der Evangelist Wolfgang Heiner, der das Missionswerk bis 1993 leitete. Heutiger Leiter ist Reinhard Schumacher.

Tätigkeit: Das Missionswerk unterhält ein christliches Freizeitzentrum (Tagungsstätte), das von Gruppen in Anspruch genommen wird, die ihre Freizeiten in eigener Regie durchführen. Es bietet aber auch eigene Freizeiten und Seminare an (Bibelfreizeiten, Seelsorgetage, Gemeindebau-Seminare, Motivationskurse, Wanderfreizeiten, Groß-

almeroder Woche u.a.).

Im Bereich der äußeren Mission ist das MFB u.a. tätig durch Patenschaftsprogramme für Waisenkinder (Uganda und Kenia), durch Einzelprojekte in den Bereichen Hungerhilfe, Evangelistenausbildung, Hilfe zur Selbsthilfe, Flüchtlingshilfe und AIDS-Hilfe. In Kampala (Uganda) unterhält es ein Büro.

Einrichtungen: MFB-Gästehäuser (drei Häuser mit insgesamt 70 Plätzen).

Publ.: Rundbrief (MFB-Informationen), 4-5mal jährl. Aufl. 8.000; Team-Rundbrief, zweimal jährl., Aufl. 350; Informationsmaterial zum Patenschaftsprogramm und zu Einzelprojekten.

Innere Ausrichtung: Der MFB bekennt sich zur Evang. Allianz und hält sich an die Lausanner Verpflichtung.

Es ist Mitglied des Diakonischen Werkes, der „Arbeitsgemeinschaft Missionarische Dienste" (AMD) und im „Ring Missionarischer Jugendbewegungen" (RMJ). Außerdem ist es außerordentliches Mitglied der „Arbeitsgemeinschaft Evangelikaler Missionen" (AEM). Zusammenarbeit besteht mit Allianzkreisen und den Kirchen und Gemeinden am Ort. Besondere Kontakte hat das Missionswerk zu einheimischen Kirchen in Uganda, Kenia, Tansania, Ägypten, Brasilien und Osteuropa.

Organisation und Finanzierung: Das Missionswerk ist ein eingetragener Verein (Mitgliederversammlung mit Vertretern aus Jugendverbänden und Allianzkreisen). Es beschäftigt sechs angestellte (z.T. Teilzeit) und mehrere nebenamtliche Mitarbeiter. Außerdem arbeitet ein MFB-Team (z.Zt. vier Mitglieder) für das Missionswerk. Es setzt sich zusammen aus Mitarbeitern im Rahmen eines „Missionarischen Jahres" und aus Zivildienstleistenden. Die Finanzierung der Aufgaben des MFB erfolgt durch Spenden.

Missionswerk Frohe Botschaft e.V.
Nordstr. 15, Postfach 11 80
D-37243 Großalmerode
Tel. 05601/5066, Fax 05604/7397

Missionswerk „Glaube Hoffnung Liebe"

früher: Christliches Missionsunternehmen

Gründer ist Gerhard Krüger (1914-1987), geb. im damaligen Ostpreußen, aufgewachsen in einem erwecklich geprägten Elternhaus (Ostpreußischer Gebetsverein), ausgebildet als Volksschullehrer. 1935 erlebte er seine Bekehrung in einer Gemeinde der Evangeliumschristen, besuchte die Bibelschule der Osteuropäischen Mission in Danzig (Pfingstbewegung) und kurze Zeit das Predigerseminar der Deutschen Baptisten in Hamburg.
Seit 1945 erfolgte die Gründung freier Gemeinden unter dem Namen „Freie Christengemeinden", vor allem gemeinsam mit früheren Glaubensgenossen, die als Vertriebene nach Deutschland gekommen waren. Seit 1951 besteht eine Zusammenarbeit mit der „Arbeitsgemeinschaft der Christengemein-

den in Deutschland" (ACD – heute BFP). Ab 1960 führte G. Krüger Missionsreisen nach Argentinien, Brasilien, Chile, Indien und nach Osteuropa durch. Es kam zur Gründung der Außenmission.
Leiter des Missionswerks ist seit 1988 Horst Krüger (geb. 1940, von 1965-1986 Missionar in Brasilien).
Tätigkeit: Missionsarbeit mit dem Ziel, Gemeinden des vollen Evangeliums zu gründen; Armenhilfe, Bau von Kinderheimen, Evangelisationen und Zeltmissionen.
Wirkungsbereich: D, Brasilien, Kuba, Argentinien, Indien, Osteuropa, Israel.
Einrichtungen: Kinderheime in Brasilien, Argentinien, Indien; Bibelschule in Brasilien und Indien.
Publ.: „Glaube Hoffnung Liebe", seit 1947, monatl., Aufl. 2.600; Bücher, Traktate und Broschüren von Gerhard und Horst Krüger.
Innere Ausrichtung: Das Missionswerk arbeitet selbständig im Rahmen der Pfingstbewegung. Als wichtig für das Glaubensleben werden angesehen die Buße mit Reue und Bekehrung, die Bereinigung des vorigen Lebens, die Wassertaufe und der Empfang des Heiligen Geistes (gemäß Apg. 2, 8.10.19), ein Leben im Geheiligtsein, die Anwendung der Geistesgaben (jedoch keine direkten Heilungsversammlungen), das Warten auf die Ankunft des Herrn Jesus mit gleichzeitiger evangelistischer Aktivität zur „Seelengewinnung".
Kontakte bestehen zum Theologischen Seminar „Beröa" in Erzhausen und zur Bibelschule der „Assemblies of God"

(Pfingstgemeinschaft aus den USA) in Brüssel.

Organisation und Finanzierung: In Deutschland bestehen 25 Freundeskreise und Gemeinden, in der Schweiz zwei Freundeskreise. Die Gemeinden sind meist als e.V. organisiert. Es besteht jedoch keine übergemeindliche Organisation. Die „Freie Christengemeinde" in Aachen gilt als Missionsgemeinde. Durch sie werden alle finanziellen Abwicklungen getätigt. Auf dem Missionsfeld arbeiten vier Missionsehepaare und ein Missionar aus Deutschland sowie 15 hauptamtliche einheimische Mitarbeiter. Die Finanzierung wird ermöglicht durch freie Spenden und Sammlungen auf Konferenzen.

Missionswerk
„Glaube Hoffnung Liebe" e.V.
Weidenweg 21, D-52074 Aachen
Tel. 0241/872552, Fax 0241/875968

Missionswerk Leben in Jesus Christus

1987 gründeten Herbert und Maria Prean das Missionswerk in Innsbruck, zunächst mit dem Ziel, seelsorgerliche Konferenzen und Seminare im deutschsprachigen Raum durchzuführen sowie Einsätze in Rumänien und Israel. Heute ist das Werk als internationales, überkonfessionelles Werk anerkannt. Es will Arbeiter für die Ernte des Herrn ausbilden und zurüsten (vgl. Matth. 9, 37.38). Zu diesem Zweck wurden ein deutscher und ein österreichischer Verein gegründet. Seit dem Tod ihres Mannes leitet Maria Prean das Missionswerk.

Tätigkeit: Ziel ist, durch überkonfessionelle Veranstaltungen Leib Christi zu bauen. Dies geschieht durch Kongresse im deutschsprachigen Raum (gemeinsam mit anderen Werken und Gemeinden), durch Seminare (Lebens- und Eheseminare, V.I.T.A.L. Seminare: Heilung und Befreiung) und durch eine missionarische Lebensschule (vier Monate).

Wirkungsbereich: A, CH, D, Rumänien, Israel.

Publ.: Rundbriefe; Veranstaltungsprospekte, Aufl. 15 000; Vortragskassetten.

Innere Ausrichtung: Wichtig für den Glauben sind: die Wahrheit, die freimacht; die Liebe, die heilt; das Leben, das erfüllt: Jesus Christus. Praktiziert werden die Glaubenstaufe, die Geistestaufe und charismatische Gaben.

Das Werk hat Verbindungen zu Kirchen und Freikirchen, zu den „Geschäftsleuten des vollen Evangeliums", zu „Frühstückstreffen von Frauen für Frauen" und zur „Geistlichen Gemeinde-Erneuerung" (GGE). Engere Beziehungen bestehen zum „Josua-Dienst" (Dr. Christoph Häselbarth, Strittmatt) und zur „Stiftung Schleife" (Winterthur).

Organisation und Finanzierung: Gemeinnütziger Verein in Deutschland und Österreich; Vorsitzende: Maria Prean; zehn hauptamtliche Mitarbeiter; Finanzierung allein durch Spenden.

Missionswerk
Leben in Jesus Christus
Postfach 197, A-6460 Imst
Tel. 05412/65684 oder 62340, Fax
05412/61401

Leben in Jesus Christus –
Missionswerk e.V.
Brandstr. 12 c
D-82467 Garmisch-Partenkirchen

Missionswerk Neues Leben (NL)

1954 wurde der Verein „Missionswerk Neues Leben" gegründet durch Anton Schulte (geb. 1926, Volksschule, Erlernung des Müllerhandwerks, fünf Jahre Krieg und Gefangenschaft, Besuch der „Bibel- und Missionsschule Wiedenest"). Schulte war Mitarbeiter bei „Jugend für Christus". 1954 begann er mit der ersten evangelistischen Rundfunkarbeit in Deutschland und mit Freiversammlungsmission. Später wurden zwei Zelte gekauft. Die Arbeit wurde durch Einstellung und Anleitung weiterer Evangelisten ausgebaut. 1973 errichtete das Missionswerk ein Nacharbeits- und Seelsorgezentrum in Wölmersen bei Altenkirchen, das 1977 erweitert wurde. 1985 erfolgte die Gründung der theologischen Fachschule „Neues Leben Seminar". 1992 übernahm Peter Schulte die Leitung des Missionswerks. Zweigbüros bestehen in Österreich (seit 1961), der Schweiz (seit 1968) und in Indonesien (seit 1973).

Das Missionswerk gehört der Neues Leben-Gruppe an, zu der außerdem folgende Werke zählen: „Neues Leben Medien", „Neues Leben Reisen GmbH", „Sportler ruft Sportler", „Neues Leben Südamerika".
Tätigkeit: Das Missionswerk versteht sich als Dienstleistungsbetrieb für kirchliche und freikirchliche Gemeinden oder Gruppen. Es gründet keine eigenen Gemeinden. Zur Tätigkeit gehören Evangelisationen, Zeltmissionen, Gemeindeevangelisationen, Kinder-, Teenager- und Jugendveranstaltungen, Sportlermission, Radiomission, Fernsehevangelisation und Literaturmission. Außerdem veranstaltet das Missionswerk Freizeiten und Schulungen. Das „Neues Leben Seminar" bietet ein-, zwei- oder vierjährige Ausbildungskurse an. Selbständige evangelistische Zweige sind in Indonesien, Großbritannien, Österreich, der Schweiz und in Frankreich tätig. Zur Tätigkeit des Zweigbüros in Indonesien gehören Sozialberatung, schulische Weiterbildung sowie die Führung eines Kinderheims.
Einrichtungen: Neues Leben-Zentrum in D-5231 Wölmersen.
Publ.: „Neues Leben", seit 1956, Aufl. 22.000; Rundbriefe und Gebetskalender, Aufl. 35.000.
Innere Ausrichtung: Das Werk steht auf der Glaubensgrundlage der Evang. Allianz. Betont werden die persönliche Annahme des Heils in Jesus Christus, die Einwilligung in den persönlichen Gehorsam gegenüber dem in der Bibel erklärten Willen Gottes und ein verbind-

liches Leben in einer örtlichen Gemeinde. Die Mitarbeiter bringen ihre verschiedene geistliche Prägung mit.

Das Werk ist Mitglied in der „Arbeitsgemeinschaft Missionarische Dienste" (AMD) und im „Ring Missionarischer Jugendbewegungen" (RMJ). Es ist außerdem in der „Deutschen Evangelistenkonferenz" und in der „Konferenz bibeltreuer Ausbildungsstätten" (KbA) vertreten.

Die Arbeit geschieht ausschließlich auf dem Boden der Evang. Allianz. Alle Evangelisationen und Veranstaltungen finden auf Einladung örtlicher Allianzen, Gemeinden oder Hauskreise statt.

Organisation und Finanzierung: Eingetragener Verein mit Vorstand (drei Personen) und Beirat (sechs Personen); 50 feste Mitarbeiter, viele freiwillige Helfer; Freundeskreis ca. 60.000 Personen; Finanzierung durch Spenden.

Missionswerk Neues Leben e.V.
Kölner Str. 23, D-57610 Altenkirchen
Postfach 13 80, D-57609 Altenkirchen
Tel. 02681/9410, Fax 02681/941100

Neues Leben Schweiz
Eidbergstr. 62, CH-8406 Winterthur
Tel. 052/2336545, Fax 052/2336552

Neues Leben Österreich
Rothstr. 4, A-4840 Vöcklabruck
Tel./Fax 07672/74868

Missionswerk Regenbogen

früher: Regenbogen

Leonid Kolomietz, der Gründer der Mission, wurde 1910 in der Ukraine geboren. Als Offizier der Roten Armee gelangte er nach dem Zweiten Weltkrieg in die Sowjetische Besatzungszone in Deutschland. Nach seiner Entlassung ins Zivilleben siedelte er nach Westdeutschland über. Seit seiner Bekehrung (1964) sah Kolomietz seine Lebensaufgabe in der Missionsarbeit für die damalige Sowjetunion. 1968 gründete er das Missionswerk „Regenbogen" und begann mit Radiosendungen in seiner Muttersprache. Diese Tätigkeit behielt er bis zu seinem Tode bei. Im Laufe der Zeit entwickelten sich noch zwei weitere Arbeitszweige: die Herstellung und Versendung von Bibelteilen und die Unterstützung von christlichen Gemeinden in der Sowjetunion. L. Kolomietz ist Mitbegründer der „Christlichen Ostmission" in Deutschland (1969), trennte sich aber schon nach wenigen Jahren von ihr wegen der Unterstützung registrierter Gemeinden. Seit seinem Tod 1985 wird die Geschäftsführung des Missionswerks Regenbogen nebenberuflich durch den Vorstand vorgenommen (Vorsitzender: C. Jung).

Tätigkeit: Rundfunkevangelisation; Herstellung, Transport und Verbreitung religiösen Schrifttums, vor allem in den GUS-Staaten; materielle und ideelle Unterstützung christlicher Gemeinden, Evangelisationen, Öffentlichkeitsarbeit in Deutschland und der Schweiz mit Vorträgen und Dia-Abenden.

Wirkungsbereich: V.a. GUS, aber auch Rumänien, Polen und Ungarn.

Publ.: „Glaubenskampf im Osten und wir", seit 1973, fünfmal jährl., Aufl. 2.500; Verteilmaterial.

Innere Ausrichtung: Das Missionswerk ist von keiner Kirche abhängig und steht mit keinem Verband oder Arbeitskreis in Verbindung. Es weist durch das eigene Glaubensbekenntnis und den theologischen Gehalt der Mitteilungshefte eine eindeutig evangelikale Ausrichtung auf. Entsprechend dem Leitspruch Jes. 59, 19a erblickt es seine geistliche Aufgabe darin, den christlichen Glauben vom Westen in den Osten zu tragen und beide Teile Europas in ihm zu vereinen.

Organisation und Finanzierung: Eingetragener und gemeinnütziger Verein mit 15 Mitgliedern; ein hauptamtlicher Mitarbeiter im Sekretariat und 5-10 ehrenamtliche Helfer; Finanzierung zu 100% durch freiwillige Spenden.

Missionswerk Regenbogen e.V.
Jesu West-Ost-Werk
Postfach 10 06 10
D-60006 Frankfurt/M.
Tel. 069/5075144, Fax 069/5077206

Missionswerk Regenbogen
Postfach 11, CH-5453 Remetschwil
Tel./Fax 056/4966312

Missionswerk Salzburg

Gründerin ist Oberin Lydia Haman (1907-1978). Sie wirkte seit 1934 in Salzburg, zunächst im Rahmen der österreichischen Volksmission. 1938 wurde das Missionswerk selbständig. 1947-1980 bestand eine Bibelschule („Missionsschule Salzburg"). Nach dem Tod der Gründerin versuchte man, die Arbeit entsprechend weiterzuführen. Die Leitung hat I I. Halfter (Vorsitzender).

Tätigkeit: Ziel des Missionswerks ist die Förderung des christlichen Lebens. Man will durch volksmissionarische Arbeit vor allem kirchenferne Menschen erreichen. Durchgeführt werden sonntägliche Abendgottesdienste, Frauenstunden, Jugendkreise, Kinderarbeit und Gemeindeseminare.

Wirkungsbereich: A.

Einrichtungen: Zentrale und Altersheim, Missionshaus (Salzburg), Freizeitheim Kampesberg (Kirchham), Buchhandlung.

Publ.: „Stimme aus Österreich", vierteljährl., Aufl. 900; „Großes hat der Herr getan" von Lydia Haman.

Innere Ausrichtung: Das Missionswerk steht auf der Grundlage des Augsburgischen Bekenntnisses. Richtschnur für die Tätigkeit ist „das Wort Gottes, das in seiner Auswirkung rechtschaffene Ehrfurcht, Buße und den wahren Glauben an den Herrn Jesus Christus und Heilsgewißheit schaffen soll" (Statuten). Es wird Wert gelegt auf einen persönlichen Glauben und auf die Nachfolge Christi.

Das Missionswerk ist der Evang. Kirche A.B. verbunden. Es war viele Jahre die führende Allianzgemeinde in Salzburg. *Organisation und Finanzierung:* Das Missionswerk ist ein religiöser evangelischer Verein. Die Leitung liegt in den Händen des Vorstands, der aus fünf bis neun gewählten Mitgliedern besteht. Er führt die Vereinsgeschäfte. 20 hauptamtliche und zehn (nach Anlaß weitere) ehrenamtliche Mitarbeiter arbeiten für das Missionswerk. Es wird finanziert durch Spenden, Mitgliedsbeiträge und Pensionen der Heimbewohner.

Missionswerk Salzburg
Bräuhausstr. 22, A-5020 Salzburg
Tel. 0662/824839

Missionswerk „Weg zum Leben" (WZL)

Das Werk wurde 1980 gegründet. Leiter (1. Vorsitzender) ist Paul Höfflin. *Tätigkeit:* Das Missionswerk veranstaltet Konferenzen, Freizeiten, Seminare und Vortragswochen, bietet Seelsorge an und verbreitet Literatur. Seit 1992 ist dem Missionswerk das alkohol- und nikotinfreie „Hotel-Restaurant zur Krone" angeschlossen (Familienfeiern, geschlossene Gesellschaften, Urlaub für Familien und Einzelpersonen). *Innere Ausrichtung:* Evangelikales Glaubensbekenntnis, Lehre und Praxis der Glaubenstaufe.

Missionswerk „Weg zum Leben" e.V.
Reinerzaustr. 24, Postfach 80
D-77773 Schenkenzell

Missionswerk Werner Heukelbach

Werner Heukelbach (1898-1968), Gründer und langjähriger Leiter des Werks, erlebte 1928 seine Bekehrung „vom Gottesleugner zum Evangelisten" (Titel einer Schrift) und schloß sich bald der mit der Bibelschule Wiedenest in Verbindung stehenden freikirchlichen Gemeinde („Offene Brüder") an. Als er 1934 wegen eines Herzleidens seinen Beruf als Bahnhofsvorsteher nicht mehr ausüben konnte, widmete er sich ganz der Evangelisationstätigkeit und baute Schritt für Schritt ein großes Verkündigungsunternehmen auf. In den 50er Jahren entwickelte sich die Schriftenmission zum Hauptzweig des Werkes. Nach Werner Heukelbachs Tod übernahmen seine Frau Ilse Heukelbach und der Sohn Karlfried Heukelbach (beide inzwischen verstorben) die Leitung des Missionswerkes. Heute wird es von einem Team unter Leitung von Manfred Paul geführt. *Tätigkeit:* Ziel ist, Menschen zu Jesus, dem Erlöser und Retter, zu führen. Mit dem Slogan „Gerade du brauchst Jesus" wird der einzelne angesprochen und zu einer persönlichen Glaubensentscheidung gerufen. Arbeitszweige sind Schriftenmission (Traktate und Broschüren werden in großen Auflagen hergestellt und über Verteilerpersonen und Einzelversand weitergegeben), Rundfunksendungen (über Radio Luxemburg, „Die Stimme Rußlands", ZP 30 in Paraguay, HCJB Quito/Ecuador), Telefon-Mission (in über 150 Orten Deutschlands, der Schweiz, Österreichs und Luxemburgs kann eine wöchentliche Kurzandacht über Telefon gehört werden), Evangelisationsveranstaltungen auf Einladung der Gemeinde am Ort sowie Seelsorge-Korrespondenz (Menschen werden auf ihre persönlichen Probleme hin angesprochen und auf Literatur verwiesen, die im Rahmen der Missionstätigkeit herausgebracht wurde). Das Missionswerk zielt nicht auf die Gründung eigener Gemeinden, vielmehr werden bibeltreue Gemeinden empfohlen, die die geistliche Betreuung übernehmen.

Wirkungsbereich: D, CH, A, Luxemburg, Rußland, Paraguay, Ecuador u.a. *Publ.:* Freundesbrief, seit 1951, monatl., Aufl. 100.000; Traktate, Broschüren, Kalender und Fernbibelkurse für Erwachsene und Kinder.

Innere Ausrichtung: Glaubensgrundlage ist ausschließlich die Heilige Schrift, an die man sich in allen Fragen des Glaubens und des Lebens gebunden weiß. Das Missionswerk steht der Brüderbewegung („Offene Brüder") nahe. Es arbeitet mit allen Christen zusammen, die sich an der Wahrheit der Heiligen Schrift ausrichten. Es bestehen langjährige Kontakte zu anderen Bibelschulen und Missionswerken, z.B. zum „Missionshaus Bibelschule Wiedenest", zur „Bibelschule Brake", zum „Janz Team"

und zum „Missionswerk Neues Leben".

Organisation und Finanzierung: Das Missionswerk ist ein eingetragener Verein, als gemeinnützig anerkannt, mit Vorstand. Die Vereins-Mitglieder bilden gleichzeitig auch den Bruderrat. Etwa 40 Mitarbeiter und viele Gastredner aus verschiedenen Gemeinden arbeiten für das Missionswerk. Als freies Glaubenswerk wird es ausschließlich von Spenden der Freunde getragen.

Missionswerk Werner Heukelbach e.V.
D-51702 Bergneustadt
Tel. 02261/9450, Fax 02261/94537

Missionswerk Werner Heukelbach e.V.
Postfach 3 08, CH-8402 Winterthur

Mut zur Gemeinde

1967 lernte Hans Bürgi (geb. 1932, CVJM-Jugendsekretär) in den USA die Gemeinde-Erneuerungsbewegung „Lay Witness Mission" kennen. 1970 konnten mit deren Leiter, Ben Johnson, auch in der Schweiz Impulstagungen durchgeführt werden, aus denen „Mut zur Gemeinde" als selbständige Arbeit entstand. Seither sind in vielen Gemeinden der Schweiz und Deutschlands mit jeweils einem Team von auswärtigen Mitgliedern evangelistische Wochenendeinsätze geleistet worden. Als Folge davon entstanden vielerorts neue Hauskreise; bestehende Hausbibelkreise wurden gestärkt, und es wurden Impulse zur Gemeindeerneuerung vermittelt.

Bis 1996 war Hans Bürgi Leiter der Schweizer Arbeit. Inzwischen hat Ernst Kaderli die Leitung übernommen. In Deutschland besteht ein selbständiger Verein, der von Imanuel Dauner geleitet wird.

Tätigkeit: „Mut zur Gemeinde" will zur geistlichen Erneuerung des einzelnen und der Gemeinden beitragen und mitarbeiten beim Aufbau der Gemeinden, bei der Förderung christlicher Gemeinschaft und bei der Schulung freiwilliger Mitarbeiter in den Gemeinden. Zum Programm gehören Schulungskurse, Gemeindeaufbau-Seminare, Wochenendprogramme für Gemeinden, Ferienbibelwochen, Seelsorge-Seminare, Leiterkurse, u.a. Es werden keine eigenen Gemeinden oder „Mut zur Gemeinde"-Hauskreise gegründet, sondern die bestehenden Gemeinden gefördert.

Wirkungsbereich: CH, D.

Publ.: Rundbrief, sechsmal jährl., Aufl. ca. 3.500.

Innere Ausrichtung: Glaubensgrundlage ist das Apostolische Glaubensbekenntnis. „Mut zur Gemeinde" ist dem Bund CVJM/CVJF als selbständiges Arbeitsgebiet angeschlossen und bejaht dessen Glaubensbasis, in der es heißt: „Wir anerkennen Jesus Christus nach der Heiligen Schrift als unseren Gott und Heiland und trachten in unserem Glauben und Leben, seine Jünger zu sein und das Reich unseres Meisters auszubreiten". Die Mitarbeiter gehören zu einer Landes- oder Freikirche. Zu Beginn der Tätigkeit waren die Dienste von „Mut zur Gemeinde" mehr von Freikirchen ge-

fragt. Heute ist die Arbeit zum größeren Teil auf die Landeskirche ausgerichtet.

Organisation und Finanzierung: „Mut zur Gemeinde" ist in der Schweiz als Verein (und Arbeitskreis) mit Vereinsvorstand organisiert und hat vier vollzeitliche und einige hundert gelegentlich freiwillig tätige Mitarbeiter. Am Ferienkurswochen-Programm beteiligen sich 700-800 Erwachsene und etwa 400 Kinder. Pro Jahr werden über 30 Gemeinde-Wochenendeinsätze durchgeführt. Die Finanzierung wird ermöglicht durch Beiträge von einzelnen Kantonalkirchen und Kirchgemeinden, Einnahmen aus Kursen und zu 50% durch freiwillige Gaben aus dem Freundeskreis. In Deutschland ist „Mut zur Gemeinde" ein (eigenständiger) eingetragener Verein.

Mut zur Gemeinde
Nuechtalstr. 26
CH-5415 Nussbaumen bei Baden
Tel. 056/2901060

Mut zur Gemeinde e.V. Deutschland
Boßlerstr. 18, D-73265 Dettingen/Teck
Tel. 07021/55670

Navigatoren

Die Navigatoren entstanden Ende der 30er Jahre in den USA unter Seeleuten der US-Marine (daher der Name „Navigatoren"). Gründer war Dawson E. Trotman (1906-1956). Das Anliegen war von Beginn an, Menschen für einen praxisorientierten Glauben zu gewinnen, sie darin zu begleiten und zur Multiplikation ihres Glaubens zu ermutigen. Durch die Großevangelisationen von Billy Graham wurde das Nacharbeitskonzept von Dawson Trotman (Grundbausteine des Glaubens; später zur Jüngerschaftsschulung weiterentwickelt) in Gemeinden bekannt. Seit 1951 sind die Navigatoren auch in Deutschland tätig, seit 1957 als eingetragener Verein. Sie unterstützten zunächst Gemeinden und Werke bei ihren Evangelisationen in der Nacharbeit. Daraus entwickelte sich dann Bibelstudienmaterial, Arbeitsmaterial zur Jüngerschaft, weiteres Studienmaterial sowie Literatur für die Glaubenspraxis. Von 1964 an bildeten sich Studentengruppen der Navigatoren an verschiedenen Universitäten und Technischen Hochschulen in Westdeutschland. Die Arbeit wurde später auf Berufstätige erweitert. Seit Mitte der 70er Jahre wurden Kontakte in die damalige DDR geknüpft. Es entstand die „Timotheusarbeit", die als Arbeitsgemeinschaft der Evang.-Luth. Kirche in Thüringen registriert war. Nach der Wende schloß sich die „Timotheusarbeit" den Navigatoren an. Die Leitung der Navigatoren hat Horst Günzel.

Tätigkeit: Es ist das Anliegen der Navigatoren, Menschen (zur Zeit überwiegend Studenten und Berufstätige), die keine Beziehung zum christlichen Glauben haben, die christliche Botschaft nahezubringen. Die Navigatoren wollen ihnen helfen, persönliche Glaubensüberzeugungen zu gewinnen und

diese in ihre sozialen Beziehungen einzubringen. Kleingruppen dienen dazu, biblische Aussagen gemeinsam zu erarbeiten und den christlichen Glauben in der Gemeinschaft zu leben. Einzelne werden persönlich in Glaubensfragen begleitet und unterstützt („Mentoring" und „Coaching").

Wirkungsbereich: D, international in über 70 Ländern.

Einrichtungen: Verlag „Navpress".

Publ.. Zeitschrift „Beziehungsweise" (Anstöße, den christlichen Glauben in den sozialen Beziehungen zu leben und weiterzugeben), seit 1992, vierteljährl., Aufl. 2.750; „Gebetsnotizen" (Gebetsinformationen), seit 1993, vierteljährl., Aufl. 800; Studienmaterial und Literatur zur Praxis des christlichen Glaubens.

Innere Ausrichtung: Die Navigatoren sind eine interkonfessionelle, weltweite Bewegung. In Lehrfragen orientieren sie sich an der Basis der Evang. Allianz. Sie sind Mitglied der „Arbeitsgemeinschaft Evangelikaler Missionen" (AEM) und im „Ring Missionarischer Jugendbewegungen" (RMJ). Beziehungen sind vorhanden zu Kirchen und Gemeinden auf örtlicher Ebene sowie zu Gruppen der Evang. Allianz. Engere Verbindungen haben die Navigatoren zu „Campus für Christus" und zur „Studentenmission in Deutschland". Ein gemeinsames Faltblatt („Akzente setzen an der Uni") stellt die Tätigkeit dieser drei Gruppen an den Hochschulen vor.

Organisation und Finanzierung: Die Navigatoren sind ein eingetragener, gemeinnütziger Verein mit Mitgliederversammlung und Vorstand, die Satzungs-, Haushalts- und Personalfragen überwachen. Die Arbeit wird von haupt- und ehrenamtlichen Mitarbeitern über Leiterforum und Arbeitskreise getragen und weiterentwickelt. Die Finanzierung erfolgt durch Spenden aus dem Freundes- und Mitarbeiterkreis.

Navigatoren e. V.
Seufertstr. 5, D-53173 Bonn
Tel. 0228/361031, Fax 0228/361033

Nehemia Initiative

1991 fand sich in Karlsruhe ein kleines Team aus zwei Gruppen zusammen – unter der Leitung von Friedemann Kalmbach (ev.) und Mechthild Humpert (kath.) –, die sich beide von Gott gerufen wußten, der Stadt zu dienen. Ein Jahr später wurde die charismatisch geprägte Nehemia Initiative gegründet. Sie wird getragen von einer verbindlichen ökumenischen Gemeinschaft mit über 60 Erwachsenen und 30 Kindern, die eine gemeindeähnliche Struktur hat. *Tätigkeit:* Gesamtziel ist die Durchdringung des Raumes Karlsruhe mit dem Evangelium in allen Bereichen des Lebens. Schwerpunkte des Dienstes sind dabei: Einheit leben in der eigenen Gemeinschaft (Lobpreisgottesdienste, Kleingruppen, Kinderarbeit usw.); mitwirken an der Erneuerung innerhalb traditioneller und auch neu entstehender Gemeinden (Fürbitte, Schulung, Beratung); Evangelisation (v.a. Bezie-hungsevangelisation); Randgruppenarbeit (die Liebe Gottes ganzheitlich in Wort und Tat zu den Menschen am Rande der Gesellschaft bringen); christliche Buchhandlung „Atempause". *Innere Ausrichtung:* Die Gemeinschaft besteht vorwiegend aus katholischen und evangelischen Christen sowie aus Gliedern der altkatholischen Kirche und evangelischer Freikirchen. Sie weiß sich eingebunden in die weltweite charismatische Bewegung und arbeitet mit anderen christlichen Gemeinschaften und Gemeinden zusammen. Sie ist Mitglied in der Initiative Gemeinschaftsbau in der charismatischen Erneuerung und in einem Netzwerk Karlsruhe. Engere Beziehungen bestehen zu „Vineyard Bern", zu „Jugend mit einer Mission", zur „Freien Christlichen Jugendgemeinschaft" und zu „Koinonia" Augsburg. *Organisation und Finanzierung:* Die Nehemia Initiative ist ein gemeinnütziger e.V., die Buchhandlung ein eigener Geschäftsbetrieb. Die Arbeit wird aus den Beiträgen der Mitglieder (Zehnter) und zweckgebundenen Spenden finanziert.

Nehemia Initiative e. V.
Ettlinger Str. 2 b, D-76137 Karlsruhe
Tel. 0721/32503, Fax 0721/388600

Nehemia-Team

Das Nehemia-Team wurde 1987 von John MacFarlane und Hans Heidelberger gegründet.

Tätigkeit: Unterstützung christlicher Gemeinden und Gruppen in Franken/ Vertiefung ihrer Beziehungen, Schulung Evangelisation, Weltmission.

Publ.: Nehemia-Info, dreimal jährl., Aufl. ca. 8.000.

Innere Ausrichtung: Charismatisch.

Nehemia-Team
Kaiserstr. 99, D-90763 Fürth
Tel. 0911/706040

Neue Gemeindegründungen

Seit den 70er Jahren sind im deutschsprachigen Bereich (in Deutschland, Österreich und der Schweiz) einige hundert freie konfessionsunabhängige charismatische und evangelikale Gemeinden gegründet worden, die teils klein und fast unbemerkt blieben, teils sich zu großen Zentren mit weitausstrahlender Wirkung entwickelten. Vor allem junge Erwachsene und junge Familien (20 bis 40 Jahre) suchen und finden in neuen Gemeinden einen Ort, an dem sie ihrem Glauben Ausdruck verleihen und, z.B. in neuen charismatischen Gemeinden, ein Frommsein mit Begeisterung leben können, das bestimmt ist durch die Suche nach erfahrungsbezogener Glaubensvergewisserung. Auch in innerkirchlichen Gruppen (z.B. der Geistlichen Gemeinde-Erneuerung, GGE, und der Katholischen Charismatischen Erneuerung, CE.) sind Gemeindegründungsperspektiven entwickelt worden, u.a. angesichts der bei ihr eingetretenen Ernüchterung, bestehende Strukturen zu reformieren. Zunehmend wird der Ruf nach neuen, ergänzenden Strukturen laut (beispielsweise auch in der durch Pietismus und Erweckung geprägten und landeskirchlich beheimateten Gemeinschaftsbewegung), die etwa als Richtungs-, Personal- oder Milieugemeinden etabliert werden sollen. Die Freikirchen haben schon von ihrer Geschichte her einen unproblematischeren Zugang zu Gemeindegründungsperspektiven und verstehen diese vor allem im Zusammenhang ihres missionarischen Auftrags. Blickt man über den deutschen Kontext hinaus, z.B. nach England, wird deutlich: Immer mehr Kirchen gehen davon aus, daß die Bildung neuer, z.B. zielgruppenorientierter Gemeinden in gesamtkirchlicher Einbindung ein Weg sein könnte, sich neuen missionarischen und pastoralen Herausforderungen zu stellen.

Als Gesamtphänomen lassen sich neue Gemeindegründungen mit den Stichworten „Verselbständigung aktiver Glaubenskreise" (H.-D. Reimer) oder in soziologischer Perspektive als Pluralisierung und Partikularisierung christlicher, v.a. protestantischer Frömmigkeit beschreiben. Die skizzierten Entwicklungen verdienen Aufmerksamkeit. Sie sind Signale für Wandlungsprozesse innerhalb der christlichen Landschaft und fordern kirchliche und gemeindliche Praxis wie auch das theologische Nachdenken heraus. In den USA ist es nichts Neues, wenn neue Bewegungen neue Gemeinden gründen. Im Kontext flächendeckender parochialer Kirchenstrukturen wirkt jede Gemeindeneubildung als Fremdkörper.

Außerhalb bestehender kirchlicher Strukturen haben sich vor allem zwei Grundtypen von Gemeindeneugründungen ausgebildet, beide mitbestimmt durch Einflüsse aus dem angloamerikanischen Kontext:

- Der eine Typ repräsentiert eine evangelikal-fundamentalistisch orientierte Frömmigkeitsprägung. Er konkretisiert sich u.a. in der „Konferenz für Gemeindegründung" (KFG), die lockere Kontakte zu ca. 200 meist kleinen Gemeinden unterhält.
- Der andere Typ repräsentiert eine pfingstlich-charismatische Frömmigkeitsprägung. Er konkretisiert sich in zahlreichen Christlichen Zentren (vor allem in großstädtischen Kontexten), Gemeinden, die sich unter dem Einfluß der amerikanischen Glaubensbewegung gebildet haben, Gemeinden, die zur Vineyard-Bewegung und der zur Pfingstbewegung zählenden „International Church of the Foursquare Gospel" (Freikirchliches Evangelisches Gemeindewerk) gehören.

Beiden Typen gemeinsam ist ein kongregationalistisches Kirchen- und Gemeindeverständnis und die Betonung der persönlich erfahrenen Wiedergeburt und Glaubenstaufe als Voraussetzung für die Gemeindezugehörigkeit. Das Bibelverständnis ist hinsichtlich des zuerst genannten Typs durchweg, im Blick auf den charismatischen Typ häufig fundamentalistisch geprägt. Für zahlreiche neue Gemeinden gilt, daß sie sich gegenüber den „etablierten Kirchen und Freikirchen" deutlich abgrenzen. Was das Verständnis des Heiligen Geistes, die Praxis der Charismen und die Gestaltung des christlichen Lebens angeht, vertreten beide Typen konträre Positionen. Sowohl zahlenmäßig als auch von der öffentlichen Wirkung her betrachtet, kommt dem pfingstlich-charismatischen Typ die zentralere Bedeutung zu.

Zu einer differenzierten Wahrnehmung neuer Gemeindegründungen gehört es, ihre unterschiedlichen Anlässe und Rahmenbedingungen zu registrieren. Neugründungen entstehen

- durch schmerzliche Abspaltungsprozesse (wenn lang andauernde Konflikte, etwa zwischen einer Gruppe, die bestimmt ist vom Drängen auf eine deutliche Glaubensgestalt, und der Gesamtgemeinde nicht länger durchgestanden werden können),
- durch Evangelisationsarbeit einzelner Leitungspersönlichkeiten, die zu neuer Gemeinschaftsbildung der Angesprochenen und Erweckten führt,
- durch anti-institutionelle Haltungen und die Suche nach einer alternativen christlichen Kultur,
- aufgrund von missionarischen Nullpunktsituationen in gesamtkirchlicher Absprache,

– durch ethnische Minoritäten, die ihren Glauben in den ihnen vertrauten kulturellen Formen leben wollen.

Ein Anlaß zur Gemeindegründung bedarf gesonderter Hervorhebung: Neue Gemeindegründungen gelten als effektive Missionsstrategie. Während die Diskussion über Gemeindeaufbau, die in den 80er Jahren in Gemeindepraxis und Theologie bedeutsam war, in den Hintergrund trat, ist die Missionspraxis innerhalb von Teilen der charismatischen und evangelikalen Bewegung zur Gemeindegründungspraxis geworden, was u.a. auf intensive Einflüsse aus der amerikanischen Gemeinde-Wachstums-Bewegung (church growth) zurückzuführen ist, deren Anliegen die Arbeitsgemeinschaft für Gemeindeaufbau (AGGA) und die DAWN-Bewegung (Dicipling A Whole Nation) im deutschsprachigen Bereich verbreitet haben.

Mitglieder charismatischer und evangelikaler Gemeindeneugründungen kommen zu einem erheblichen Teil aus einer aktiven und nicht selten missionarisch engagierten Kirchenmitgliedschaft, so daß vieles, was von der einen Seite als neuer Aufbruch erlebt wird, von der anderen Seite nur als schmerzhafter Ausbruch empfunden wird (Transferwachstum), so daß die Gründung unabhängiger Gemeinden ein erhebliches Konfliktfeld im evangelisch-landeskirchlichen, katholischen und freikirchlichen Kontext darstellt. Klassisches Beispiel dafür ist die Entstehung der Anskar-Kirche Hamburg, die durch den früheren evangelisch-lutherischen Pfarrer Wolfram Kopfermann ins Leben gerufen wurde und zu der inzwischen mehrere Gemeinden und ein Ausbildungskolleg für Pastoren gehören. Die weitreichenden Visionen und Prognosen Kopfermanns im Blick auf neu zu gründende Gemeinden erwiesen sich jedoch als nicht realistisch und mußten korrigiert werden. Inzwischen ist die Anskar-Kirche selbst auch von Abspaltungsprozessen betroffen.

Die Selbstbezeichnung „freikirchlich" von Seiten vieler neuer Gemeinden ist mißverständlich, da neuen Gemeinden der Lernprozeß, sich als Teil einer größeren, durch Vielfalt geprägten Gemeinschaft von Kirchen zu verstehen, in der Regel noch bevorsteht.

Hinter dem Phänomen der Gemeindeneugründungen stehen ernstzunehmende und wichtige Anfragen an die Großkirchen und Freikirchen, andererseits zahlreiche Konflikte und klärungsbedürftige theologische Voraussetzungen (lehrmäßige Engführungen etwa durch ein charismatisches „Unmittelbarkeitspathos", ein elitäres Verständnis des Christseins, ein pädagogisch und theologisch problematisches Verständnis von geistlicher Leiterschaft etc.).

Angesichts von Entkirchlichungsprozessen können sie in gesamtkirchlicher Einbindung ein sinnvolles Mittel einer missionarisch-ökumenischen Verlebendigung christlicher Präsenz darstellen. Zugleich sind sie ekklesiologisch nicht so unproblematisch, daß sie pauschal und in jeder Situation befürwortet werden können. Es muß unterschieden werden zwischen neuen Gemeinschaftsbildungen/Gemeindegründungen einerseits und neuen Kirchengründungen andererseits. Eine auf Dauer eingestellte separate Kirchengründung bzw. Bildung einer neuen Freikirche ist weder ekklesiologisch zu verantworten noch ökumenisch sinnvoll, weil dadurch der Zersplitterungsprozeß des Protestantismus verstärkt und die Glaubwürdigkeit der Kirche und ihre Einheit weiter beeinträchtigt werden.

Lit.: G. Maier, Gemeindeaufbau als Gemeindewachstum. Zur Geschichte, Theologie und Praxis der „church growth"-Bewegung, Erlangen 1995; Neue Gemeinden in Deutschland. EZW Orientierungen und Berichte 23, hrsg. von R. Hempelmann, Berlin 1996.

Neues Land Emmental (NL)

1991 entstand das Neue Land Emmental aus der Arbeit von Pfarrer Walter Wieland und seiner Frau Susanne Wieland in der evang.-reformierten Kirchgemeinde Lützelflüh. Wieland verließ das Pfarramt und gründete die Erneuerungsbewegung, die sich als „Zweites Programm" innerhalb der evang.-reformierten Landeskirche versteht. In Ergänzung zur traditionellen Kirchgemeinde („Erstes Programm") ist das Ziel, am Glauben interessierte Menschen zu erreichen, die noch in keiner Kirchgemeinde aktiv mitarbeiten. Zur Bewegung Neues Land zählen sich weitere vier Gruppen (Neues Land

Schwarzenberg, Limpachtal, Churer Rheintal, Tebat Uetendorf), die netzwerkartig miteinander verbunden sind.
Tätigkeit: In Emmental werden in wöchentlichen Lobgottesdiensten 100 Erwachsene und Kinder erreicht. Daneben treffen sich jede Woche zahlreiche Kleingruppen in Hauskreisen, Frauengebetsgruppen und zu einem Frühgebet. Zentrale Anliegen des Neuen Landes sind: geistliche Erneuerung, Gemeindeaufbau und Gemeindegründung (Church Planting), Förderung von Jüngerschaft (durch ein eigenes Schulungsangebot mit Glaubenskurs und sechs Jüngerschaftskursen).
Das NL-Büro ist verantwortlich für die Koordination verschiedener NL-Gruppen, für die Herausgabe des Informationsblattes „Neuer Wein" und für NL-Schulungsunterlagen. Außerdem hat in ihm die Geschäftsstelle der Arbeitsgemeinschaft für Gemeindeaufbau (AGGA in der Schweiz) ihren Sitz.
Publ.: Magazin „Neuer Wein", dreimal jährl., Aufl. 1.500; Neues Land – Info., dreimal jährl., Aufl. 500.
Innere Ausrichtung: Die Arbeit wird im Kontext der evang.-reformierten Kirche verstanden. Sie ist geprägt von evangelikaler Lehre (Glaubensgrundlagen der Evang. Allianz und der Lausanner Verpflichtung), der sog. „Dritten Welle" (vgl. Einführung) und den Anliegen der Gemeinde-Wachstums-Bewegung (z.B. DAWN). Verbindungen bestehen zu Vineyard Bern, zur Stiftung Schleife (Winterthur), zur Gemeinschaft der Versöhnung in Jerusalem und Marseille, zum Institut für Gemeinde-

aufbau und Weltmission und zu „Focusuisse", einer Initiative, der es um eine strategisch geplante Erfüllung des Missionsauftrags geht.
Organisation und Finanzierung: Neues Land ist ein Verein mit anerkannter Gemeinnützigkeit. Er wird geleitet durch ein zwölfköpfiges Leitungsgremium, dessen innerste Zelle die drei hauptamtlichen Mitarbeiter sind. Die Finanzierung erfolgt zu 75 % durch Spenden, außerdem durch Erträge von Schulungen, Referaten und Sekretariatsarbeiten.

Neues Land Emmental
Lützelflühstr., CH-3452 Grünenmatt
Tel. 034/4311118 Fax 034/4616442

Neues Leben für Familien

früher: Neues Leben – Neue Familien

Wesentliche Impulse zum Aufbau dieser Arbeit kamen von Donald Kirkby, der 1981 zusammen mit seiner Frau Mary auf Schloß Hurlach, der damaligen Zentrale von „Jugend mit einer Mission", Seminare zur Familienarbeit durchführte. 1987 wird von fünf Ehepaaren, u.a. Claudia und Eberhard Mühlan, Christa und Dirk Lüling, ein Verein gegründet, dem Eberhard Mühlan, der aus der Arbeit der „Geschäftsleute des vollen Evangeliums" kommt, vollzeitlich zur Verfügung steht. Die Tätigkeit weitet sich schnell aus, u.a. auch in der früheren DDR (in Koopera-

tion mit der Ökumenischen Kirchenwochenarbeit).
1990 bekommt die Arbeit den Namen „Neues Leben für Familien", da „Jugend mit einer Mission" den bisherigen Namen und das Logo für die eigene Familienarbeit verwenden möchte.
Auch über den deutschprachigen Bereich hinaus ist die Arbeit bekannt geworden durch Einladungen nach Frankreich, Rumänien und Polen. Unter der Leitung von Hanspeter und Adelinde Hofinger hat sich seit 1994 ein Dienst in Österreich entwickelt.
Tätigkeit: Familienwochen, Wochenendseminare, Rüstzeiten, Eheabendkurse, Seminare für Alleinerziehende, Vater-Sohn-Seminare, Seminare für Ehen in der zweiten Lebenshälfte u.a.
Publ.: „TIPS für die christliche Familie", seit 1987, viermal jährl., Aufl. 50.000. Zahlreiche Videos und Bücher von Claudia und Eberhard Mühlan machen die Arbeit auch über den Bereich der charismatischen Bewegung hinaus bekannt.

Neues Leben für Familien e.V.
Berliner Str. 16, D-58511 Lüdenscheid
Tel. 02351/ 81686, Fax 02351/80664

Neues Leben für Familien
R. u. E. Salathé – Haus Jeruel
CH-3266 Wiler (bei Seedorf)
Tel. 032/825128, Fax 032/824572

Neues Leben für Familien
Hanspeter u. Adelinde Hofinger
Schulgasse 3, A-4770 Andorf
Tel. 07766/2180

Neutestamentliche Gemeinde Bern (NTG)

früher: Gemeinde am Langmauerweg

Die Neutestamentliche Gemeinde Bern entstand aus der Studentenbibelgruppe (VBG) der Universität Bern, mit der Vision, eine christliche Gemeinde nach den Grundsätzen zu bauen, wie sie aus der Bibel – besonders aus dem Neuen Testament – ersichtlich sind. Gründer und Leiter der Gemeinde ist Dr. phil. Daniel Moser. Ein erster Gottesdienst wurde im Oktober 1981 abgehalten. Tochter- bzw. Zweiggemeinden entstanden seit 1993: Neutestamentliche Gemeinde Thun, Neutestamentliche Gemeinde Biglen, Neutestamentliche Gemeinde Thöringen. Seit 1993 finden italienischsprachige Gottesdienste der NTG Bern statt. Daraus entstand die „Aqua viva", Chiesa Italiana Berna.

Tätigkeit: Gottesdienste (mit 300 bis 400 Besuchern, davon 50 % Kinder und Jugendliche), Hauskreisarbeit, Evangelisationswochen, internationale Gemeindekonferenzen etc.

Einrichtungen: Christliche therapeutische Lebensgemeinschaft „Jochgruppenhaus", Lützelflüh; Inspirations-Verlag, Liebefeld; Gästehaus, Thöringen; Christliche Wohngemeinschaft Sahlistraße, Bern.

Publ.: Zeitschrift „Inspiration", seit 1991, vierteljährl., Auflage 2.500.

Innere Ausrichtung: Als Glaubensgrundlage gilt die göttliche Inspiration und Autorität der Heiligen Schrift. Betont werden die Glaubenstaufe, die Taufe mit dem Heiligen Geist und alle Geistesgaben sowie die Gemeindeverantwortung durch Apostel, Propheten, Evangelisten, Hirten und Lehrer, ebenso Älteste und Diakone.

Verbindungen bestehen zu: Pfingstmission, Gemeinde für Urchristentum, Gemeinde entschiedener Christen Thalgut, Assemblée Chrétienne La Tanne, Freie Christliche Gemeinde Rotkreuz, Christliche Gemeinde Volketswil, Christliche Versammlungen, Kaleb Gemeinde Herisau. Begleitet wird die Gemeinde von einem apostolischen Team unter der Leitung von Robert Ewing in Waco, Texas. Es finden Brüdertreffen mit Leitern von unabhängigen Gemeinden statt sowie ein Treffen der Leiter charismatischer Gemeinden in Bern. Engere Beziehungen bestehen zu „Walk in the Light" und zu „Hope for the Nations", Herisau.

Organisation und Finanzierung: Die Gemeinden haben keine äußere rechtliche Form. Zu speziellen Zwecken wie Miete des Gemeindezentrums und Hauskauf etc. wurden Vereine gegründet. Der Gemeindeleiter trifft seine Entscheidungen in Einheit mit dem Ältestenteam. Ein Diakonenteam gibt Anregungen an das Ältestenteam und entscheidet in seinem Kompetenzbereich. Die Finanzierung der Arbeit erfolgt durch Spenden. Bei der Zeitschrift „Inspiration" wird ein Teil der Kosten durch Abonnementbeiträge abgedeckt.

Neutestamentliche Gemeinde Bern
Könizstraße 161, CH-3097 Liebefeld
Tel. 031/9720323, Fax 031/9720221

Odenwälder Heidenmission (OHM)

Gründer und Leiter ist Peter Assmus (geb. 1935; 1952 bewußte Hinwendung zu Gott und Bekehrung während einer Evangelisation von „Jugend für Christus"). Die Gründung erfolgte 1963; 1966 begann der Aufbau einer eigenen Gemeinde in Heppenheim/Bergstraße. Zur Zeit umfaßt OHM-International (in Übersee. „Christ Faith Fellowship", CFF) folgende nationale Gruppen: OHM-Deutschland, CFF-Philippinen, CFF-Nigeria und CFF-Ghana. Auf den Philippinen und in Nigeria bilden CFF-Gruppen eigenständige Kirchen.

Tätigkeit: Internationale Missionskonferenzen in Südhessen (seit 1986 in Heppenheim, jährlich); Arbeitstagungen, Seminare, Evangelisationen (regional in Südhessen); Gemeindearbeit in Heppenheim; Hausbibelkreise (Odenwald, Bergstraße, Ried und in Rheinhessen); Missionsarbeit in Nigeria, Ghana, im Tschad, auf den Philippinen, in Indonesien und Indien; Aussendung eigener Missionare.

Wirkungsbereich: D, CH, A, Nigeria, Ghana, Tschad, Philippinen, Indonesien, Indien u.a.

Einrichtungen: Gemeinde- und Missionszentrum in Heppenheim/Bergstraße (D), Kinderheime in Ghana und auf den Philippinen, Bibelschulen in Nigeria und auf den Philippinen.

Publ.: „DIE GANZE FÜLLE", seit 1961, als Digest seit 1978, unregelmäßige Folge, Aufl. 3.000; Rundbriefe, Schriften, Taschenbücher.

Innere Ausrichtung: Die OHM und ihre Partnermissionen verstehen sich als unabhängig wirkende Gruppen, die nicht an irgendeine Denomination organisatorisch gebunden sind. Glaubensgrundlage ist das Wort Gottes, möglichst frei von menschlichen Traditionen. Wichtig sind die Wiedergeburt zu einem neuen Leben in Christus durch Annahme der göttlichen Erlösung im Glauben, der Glaube an ein ewiges Leben oder ewige Verdammnis und die Verkündigung dieser Botschaft an alle Menschen. Wichtig sind außerdem die Anerkennung charismatischer Gaben und der Glaube an besondere Kraftwirkungen des Heiligen Geistes wie zur Apostelzeit (Taufe im Heiligen Geist, Geistesfülle). Die Wassertaufe folgt nach der Glaubensannahme.

Seit 1994 ist das Werk Mitglied der „Arbeitsgemeinschaft Pfingstlich-Charismatischer Missionen" (APCM), die im gleichen Jahr von Vertretern etwa 25 deutscher Missionswerke in Heppenheim gegründet wurde. Eine freundschaftliche Verbindung besteht zum „Bund Freikirchlicher Pfingstgemeinden" (BFP) und zum Verband der „Ecclesia-Gemeinden". Das Werk hat außerdem Verbindungen zu evangelischen und freikirchlichen Bibelschulen in aller Welt. Es besteht die Bereitschaft zur Zusammenarbeit mit Kirchen und anderen Missionsgesellschaften, wo dies möglich ist, ohne den fundamentalen Glaubensstand aufgeben zu müssen.

Organisation und Finanzierung: Eingetragener Verein mit satzungsmäßigem Vorstand und erweitertem Bruderrat;

etwa 1.000 aktive oder fördernde Freunde; Missionsfreunde aus fast allen neutestamentlich fundierten Kirchen, Freikirchen und Gemeinschaften; zur Zeit acht ausgesandte Mitarbeiter, dazu ca. 150 einheimische Pastoren und Evangelisten in den Missionsländern; Finanzierung durch Spenden der Missionsfreunde und Zuwendungen verschiedener Gemeinden aufgrund von Diensten, Vorträgen oder freundschaftlicher Verbundenheit.

Odenwälder Heidenmission e.V.
Steinbruchstr. 16
D-64658 Fürth-Erlenbach/Odw.
Tel. 06253/3779, Fax 06253/5958

Österreichische Bibelgesellschaft

1850 eröffnete die „Britische und Ausländische Bibelgesellschaft" in Wien eine Agentur, die – wie in zahlreichen anderen Ländern – die Verbreitung der Bibel als Hauptziel betrachtete. Unter den gegebenen konfessionellen Verhältnissen war diese Arbeit mit großen Schwierigkeiten verbunden.
Erst 1970 wurde die selbständige „Österreichische Bibelgesellschaft" gegründet. Als eingetragener Verein führt sie eine Spezialbuchhandlung für Bibelausgaben und ist auch gelegentlich verlegerisch tätig. Sie sucht die enge Zusammenarbeit mit Kirchen und christlichen Werken, um die Verbreitung der Bibel zu fördern bzw. das Verständnis für die Bibel zu vertiefen. Mit dem Katholischen Bibelwerk besteht eine gute Verbindung.
Die Österreichische Bibelgesellschaft ist Vollmitglied des Weltbundes der Bibelgesellschaften und unterstützt nach Maßgabe der Möglichkeiten die Übersetzung und Verbreitung der Bibel in anderen Teilen der Welt. Direktorin ist Dr. Jutta Henneberg.
Die Österreichische Bibelgesellschaft hat drei Organe: Geschäftsführung, Vorstand und Vollversammlung.

Mitglieder der Vollversammlung: Alt-Katholische Kirche, Armenisch-Apostolische Kirche, Christlicher Verein Junger Männer/Frauen, Evangelische Kirche Augsburgischen Bekenntnisses, Evangelische Kirche Helvetischen Bekenntnisses, Evangelischer Presseverband, Evangelisch-methodistische Kirche, Freie Christengemeinden, Gideons International, Griechisch-orientalische Kirchengemeinde, Griechisch-Orthodoxe Kirche, Innere Mission, Österreichische Volksmission, Rumänisch-Orthodoxe Kirche.

Österreichische Bibelgesellschaft
Breite Gasse 8, A-1070 Wien
Tel. 0222/5238240

Österreichische Studentenmission – Christen an der Uni (ÖSM)

Etwa 1966 begann ein TEAM-Missionar, sich mit einer norwegischen Studentengruppe in Wien zu Bibelstudium und Gebet zu treffen. Diese Gruppe vergrößerte sich rasch, so daß 1970 bereits vier derartige (international zusammengesetzte) Gruppen in Wien bestanden. Auf Bitte einiger Studenten aus Österreich kamen zwei Mitarbeiter der „International Fellowship of Evangelical Students" nach Wien und Graz. Damit begann die Arbeit – unterstützt durch örtliche Gemeindeleiter – in Wien und Graz (später auch in Innsbruck) zu wachsen. Weitere Gruppen entstanden im Laufe der Jahre in Salzburg, Linz, Leoben und Klagenfurt. Die Leitung der Österreichischen Studentenmission haben Dr. Manfred Wieser (Vorstand) und Robert Dawson (Generalsekretär).

Tätigkeit: Die ÖSM arbeitet unter Studenten, Schülern und Akademikern. Schwerpunkt ist die Hochschulmission mit dem Ziel, die Studenten Österreichs (auch ausländische Studenten) für Christus zu gewinnen, sie zu einer Versöhnung mit Gott zu führen (2. Kor. 5, 20). Veranstaltet werden Bibelstudienabende, Hochschulevangelisationen, Vorträge, Freizeiten mit biblischen Themen, Filmabende, evangelistische Sommereinsätze, Meinungsumfragen, Büchertische usw. Eine wesentliche Betonung wird auf die Eigenverantwortlichkeit der Mitarbeiter gelegt, die selbständig die Aktivitäten der einzelnen Gruppen gestalten. Gläubig gewordene Menschen sollen in bestehende Gemeinden geführt werden. Es entstehen neue Gruppen, aber es werden bewußt keine neuen Gemeinden gegründet.

Wirkungsbereich: A; D vgl. „Studentenmission in Deutschland".

Publ.: Informations- und Gebetsbrief, seit 1975, zweimonatl., Aufl. ca. 600.

Innere Ausrichtung: Glaubensgrundlage ist die Heilige Schrift (Glaube an die volle Inspiration). Die Glaubensgrundsätze entsprechen im wesentlichen der Basis der Evang. Allianz. Wichtig ist die persönliche Gemeinschaft der Gläubigen untereinander. Ein Grundsatz der ÖSM ist es, sich nicht an einzelne Denominationen zu binden, sondern nach der Lebendigkeit des Glaubenslebens in der jeweiligen Gemeinde zu fragen. Der Kontakt zu lebendigen örtlichen Gemeinden ist der ÖSM sehr wichtig. Kontakte bestehen zur „Bibelschule Wallsee", zur „Arbeitsgemeinschaft Evangelikaler Gemeinden in Österreich" (ARGEGÖ) und zur Evang. Allianz.

Organisation und Finanzierung: Gemeinnütziger Verein; Leitung durch einen Vereinsvorstand, der ehrenamtlich tätig ist; drei hauptamtliche, viele ehrenamtliche Mitarbeiter; Finanzierung ausschließlich durch private Spenden.

Österreichische Studentenmission –
Christen an der Uni
Permosergasse 19, A-5026 Salzburg

Operation Mobilisation (OM)

Die Arbeit von OM Begann in den 50er Jahren in den USA. Seit 1974 gibt es in Deutschland ein eigenes Büro, und kurze Zeit später wurde auch ein eingetragener Verein gegründet. Seit 1981 befindet sich die Zentrale von OM Deutschland in Mosbach (zwischen Heilbronn und Heidelberg). In der Schweiz wurde 1976 ein eigenständiger Verein gegründet. In Österreich arbeitet OM seit 1961, seit 1974 mit einem eigenen Büro in Wien. 1983 wurde „Operation Mobilisation Österreich (Christliche Jugendorganisation)" im Vereinsregister eingetragen. Seit 1995 befindet sich die Zentrale in Marbach/Donau, NÖ.

Die Leitung haben Fritz Schuler (D), Thomas Bucher (CH) und Gilgian Oester (A).

Tätigkeit: Die Aufgaben von OM sind v.a. Mission und Evangelisation sowie die Anleitung von jungen Christen zur Evangelisation und zum aktiven Christsein.

Besondere Tätigkeitsschwerpunkte von OM sind erstens Kurzzeiteinsätze, z.B. Ostertreffs (missionarische Einsätze über die Ostertage in einer deutschen Großstadt), zweitens Trainingsprogramme von sechs Monaten Dauer (in Indien und im Nahen Osten) oder von 12-24 Monaten Dauer („Global Action"). Drittens besteht die Möglichkeit einer Langzeitmitarbeit, z.B. bei der Gemeindegründung im Ausland, bei der Einsatzkoordination, in einer Heimatzentrale, als Teamleiter, bei der Li-teraturarbeit, bei karitativer Arbeit in Krisengebieten oder bei der Flüchtlingshilfe.

Die Aufgabengebiete in der Zentrale in Mosbach sind die Betreuung der deutschen Mitarbeiter von OM und die Organisation von Kurzzeiteinsätzen. Dazu kommt die Öffentlichkeitsarbeit von OM Deutschland, z.B. Gemeinde- und Gebetsveranstaltungen, Seminare und Nachrichtenversand.

Wirkungsbereich: D, A, CH, weltweit in über 80 Ländern.

Einrichtungen: Missionsschiffe „Logos II" und „Doulos".

Publ.: „OM-Nachrichten", neunmal jährl.; „OM-Pulsschlag, viermal jährl. (A); Informationsbroschüren.

Innere Ausrichtung: OM ist ein überkonfessionelles Werk. Glaubensgrundlage ist die ganze Heilige Schrift als inspiriertes Wort Gottes. Besonderer Wert wird gelegt auf Gebet, Anbetung, Einheit und Liebe, ganzes Vertrauen auf Gott in bezug auf die geistlichen und materiellen Bedürfnisse, einfachen Lebensstil und Weltevangelisation.

OM arbeitet mit Landes- und Freikirchen, Gemeinschaften und anderen Gruppen und Werken auf der Grundlage der Evang. Allianz zusammmen. OM Deutschland ist Mitglied in der „Arbeitsgemeinschaft Evangelikaler Missionen" (AEM) und im „Ring Missionarischer Jugendbewegungen" (RMJ).

Organisation und Finanzierung: OM Deutschland ist ein als gemeinnützig anerkannter eingetragener Verein. OM Österreich und OM Schweiz sind ebenfalls eingetragene Vereine. Die Vereinsmitglieder und die Missionsleitung tragen die Verantwortung. Bedingung für die Mitarbeit ist die Aussendung durch eine Gemeinde. OM arbeitet weltweit mit über 2.800 Mitarbeitern (davon ca. 200 aus Deutschland und zwischen fünf und zehn aus Österreich). Das Werk wird durch freiwillige Spenden finanziert.

Missionswerk Operation Mobilisation
Deutschland e.V.
Postfach 15 61, D-74819 Mosbach
Alte Nackarelzer Str. 2, D-74821 Mosbach
Tel. 06261/9470, Fax 06261/18564

Operation Mobilisation Österreich
Kleinkrummnußbaum 117
A-3671 Marbach
Tel. 07413/7649, Fax 07413/76495

Operation Mobilisation Schweiz
Querstr. 1, Postfach, CH-8304 Wallisellen
Tel. 01/8300100, Fax 01/8310022

ORA – Deutscher Hilfsfonds

früher: Deutscher Hilfsfonds

Heinrich Floreck, der Leiter des Werks, wurde 1940 in Ostpreußen geboren. Nach einer Karriere als Geschäftsmann trat er in den Dienst der Mission. Von 1975 bis 1980 arbeitete er für die „Christliche Ostmission" (Deutschland). 1981 gründete er zusammen mit einer Reihe ehemaliger Mitarbeiter der „Christlichen Ostmission" den „Deut-

schen Hilfsfonds", der inzwischen in „ORA e.V. Deutscher Hilfsfond" umbenannt wurde. Nach und nach wurden Tochterorganisationen oder Zweigbüros in den wichtigsten Projektländern errichtet (inzwischen 18).

Tätigkeit: Die Zielsetzung des Werks besteht vor allem darin, den Missionsbefehl nach besten Kräften auszuführen und Flüchtlinge sowie Witwen und Waisen in der Zweiten und Dritten Welt nach dem Gebot der christlichen Nächstenliebe materiell und geistlich zu unterstützen.

Die Aktivitäten des Missionswerks gliedern sich in zwei Bereiche. Zum Bereich „christliche Osthilfe" gehören Armenhilfe, geistliche Hilfe, missionarische Dienste und Evangelisationen, Literaturhilfe, Kinder-, Alten- und Krankenhilfe sowie weltweite Radiomission in russischer Sprache. Zum Bereich „Flüchtlings- und Nothilfe" gehören Katastrophen- und Krisenhilfe, Hungerhilfe, medizinische Hilfe, Kinderhilfsprogramme, Hilfe zur Selbsthilfe sowie Projekthilfe. In Deutschland werden Informationsveranstaltungen durchgeführt und Informationsmaterial verbreitet.

Wirkungsbereich: 28 Länder in Osteuropa, Afrika und Asien.

Einrichtungen: Zentrale in Korbach (Nordhessen), Stützpunkte in 18 Ländern.

Publ.: „Missions-Report", seit 1982, monatl., Aufl. ca. 20.000; „Aktuell", seit 1982, monatl., Aufl. ca. 50.000; themenorientiertes Informationsmaterial, Videofilme über Hilfsprojekte.

Innere Ausrichtung: Das Missionswerk ist überkonfessionell. Menschen aus verschiedenen Denominationen, die Jesus Christus als alleinigen Herrn und Erlöser anerkennen und ihm uneingeschränkt nachfolgen wollen, arbeiten zusammen. Der Verein ist verbunden mit der „Kirchlichen Sammlung um Bibel und Bekenntnis" in Bayern, dessen Vorsitzender, Pfarrer Dr. Fr.-W. Künneth, auch Vorsitzender des Bruderrates von „Ora" ist. Auch mit anderen Organisationen, Kirchen und Institutionen wird kooperiert.

Organisation und Finanzierung: Das Missionswerk ist ein eingetragener Verein (gemeinnützig). Ein Bruderrat steht als unabhängiges Beratergremium dem Vorstand zur Seite. Weltweit sind über 300 haupt- und ehrenamtliche Mitarbeiter für „Ora" tätig. Die Finanzierung erfolgt hauptsächlich durch Spenden.

ORA e.V. Deutscher Hilfsfonds
Am Rothbusch 26, D-34497 Korbach
Postfach 13 80, D-34483 Korbach
Tel. 05631/630-11 bis 14
Fax 05631/63015

Orientdienst

Der Orientdienst wurde 1963 auf Anregung des Deutschen Evangelischen Missionsrates von Pfarrer W. Höpfner (mehrere Jahre Auslandspfarrer in Jerusalem und Kairo, später im Nebenamt Geschäftsführer der Evang. Mission in Oberägypten) gegründet und bis 1983 geleitet. Geschäftsführer ist seit 1983 Jürgen Heusser (Bibelschulbesuch in Schottland, fünf Jahre in der Türkei und im Iran tätig).

Tätigkeit: Ziel des Orientdienstes ist es, missionarisch und karitativ unter muslimischen Ausländern zu wirken und zu einem solchen Einsatz zu motivieren. Zur Tätigkeit gehören die Verbreitung von Literatur, Kassetten und Videofilmen in orientalischen Sprachen, außerdem Einzelkontakte, Korrespondenz mit Lesern und Hörern sowie soziale Aufgaben, Freizeiten, Schulungen, Islamkurse, Missionarstagungen, Kinderstunden, Leseunterricht für Frauen und Öffentlichkeitsarbeit.

Wirkungsbereich: Unter Ausländern in Deutschland (Türken, Kurden, Araber, Iraner, Afghanen, Pakistani, Nordafrikaner).

Einrichtungen: „Bücherstube" (Versandbuchhandlung mit überwiegend fremdsprachigem Material).

Publ.: „Orientdienst-Informationen", seit 1963, zweimonatl., Aufl. 2.300; Traktate, Kassetten, Videofilme, Abreißkalender, Bücher in türkisch, kurdisch, persisch, arabisch, Urdu, Dari, Pushtu, englisch und deutsch.

Innere Ausrichtung: Die Glaubensgrundlage entspricht der Basis der Evang. Allianz. Extrem charismatische oder extrem anticharismatische Mitarbeiter sollten nicht im Orientdienst mitarbeiten. Vereinbarungen bestehen mit dem „Evangelischen Missionswerk in Südwestdeutschland". Der Orientdienst ist Mitglied der „Arbeitsgemeinschaft Evangelikaler Missionen"

(AEM), der „Arbeitsgemeinschaft für Ausländer" (AfA) und der „Evang. Nah-Ost-Kommission". Kontakte bestehen zu verschiedenen evangelikalen Missionswerken und Bibelschulen. *Organisation und Finanzierung:* Das Werk ist ein eingetragener Verein, als gemeinnützig anerkannt. Leitungsgremium ist der Vorstand, der der Mitgliederversammlung verantwortlich ist und von dieser gewählt wird. 14 hauptamtliche Mitarbeiter arbeiten für den Orientdienst. Die Finanzierung erfolgt durch Spenden (42 %), Tagungsbeiträge (5 %), Buchverkaufserlöse (10 %), kirchliche Zuschüsse (18 %) und Zuschüsse nichtkirchlicher Missionswerke (25 %).

Orientdienst e.V.
Schwalbacher Str. 48, D-65183 Wiesbaden
Postfach 45 46, D-65035 Wiesbaden
Tel. 0611/9406138, Fax 0611/9406041

Osteuropa Mission International

Der Gründer der „Osteuropa Mission", C. G. van Olst, war seit 1967 in osteuropäischen Ländern missionarisch tätig. Nachdem seine Reisen und Bibeltransporte zunächst von der eigenen Heimatgemeinde finanziell getragen worden waren, kam es 1969 zur Gründung der ersten Mission in den Niederlanden. Zur gleichen Zeit begann van Olst mit der Herausgabe der Missionszeitschrift „Erneuerung", die heute nicht mehr erscheint. 1969 wurde auch be-

reits das Schweizer Werk gegründet. Das deutsche Zweigwerk entstand 1977. 1986 kam der Gründer bei einem Autounfall ums Leben. Die Mission wird seither von einem internationalen Komitee geleitet.

Das deutsche Zweigwerk wurde von 1977 bis 1994 von Burkhard Rudat geleitet, der sich Anfang 1994 von den ausländischen Schwestermissionen abtrennte und unter dem Namen „Brücke der Hoffnung" weiterarbeitete. Ende 1994 wurde die „Osteuropa Mission" in Deutschland dann forgesetzt unter dem Namen „Osteuropa Mission International" mit Sitz in Aachen. Leiter ist Wiebe S. J. Glastra. In der Schweiz wird die Mission von Felco de Boer geleitet, in Österreich von Josef Jäger.

Tätigkeit: Das Werk besorgt den Druck und die Verteilung von Bibeln und geistlicher Literatur, unterstützt verfolgte Christen materiell und vermittelt Kinderpatenschaften nach Osteuropa. Außerdem organisiert es evangelistische Reisen mit Gesangsgruppen oder Predigern in osteuropäische Länder. Einige vor allem auf materielle Hilfe spezialisierte Arbeitszweige haben sich seit dem Umbruch in Osteuropa 1989/90 stark entwickelt.

Die Information der westlichen Christenheit erfolgt auf vielfältige Weise (Zeitschrift, Veranstaltungen wie jährliche Missionskonferenzen und Trainingskurse, Informationsstände bei Straßeneinsätzen).

Wirkungsbereich: D, CH, A, Rußland und andere osteuropäische Länder, China, Äthiopien.

Einrichtungen: Konferenzzentrum und Druckerei bei Rotterdam, Niederlande.
Publikationsmaterial: „Osteuropamission", monatl.; Filme, Diaserien, Videos.
Innere Ausrichtung: Es handelt sich um eine Mission evangelikaler Prägung. Das von der Mission angenommene Glaubensbekenntnis ist bis auf wenige unwesentliche Abweichungen mit dem Apostolikum identisch. Die Spender der Mission kommen aus verschiedenen evangelikalen Gemeinden. Im Mittelpunkt des aktiven Glaubenslebens der Mission steht die Überzeugung, daß Gottes Verheißung auf dem brüderlichen Teilen und der solidarischen Gemeinschaft der Christen liegt.
Organisation und Finanzierung: Die „Osteuropa Mission International" ist in Deutschland ein eingetagener, gemeinnütziger Verein, der sich zu 100% aus Spenden finanziert.

Osteuropa Mission International e.V.
Postfach 1064, D-52011 Aachen
Tel./Fax 0241/84134

Stiftung Osteuropa Mission
Postfach 45, CH-8621 Wetzikon (ZH) 4
Tel. 01/9327913, Fax 01/9327057

Osteuropa Mission e.V.
Sulzbach 162, A-4820 Bad Ischl

Internationaler Geschäftssitz:
Stichting Oosteuropa Zending
Postbus 81127, NL-3009 GC Rotterdam

Pfingstbewegung

Die Pfingstbewegung ist eine weltweite Erweckungsbewegung, die das Wirken des Heiligen Geistes und die Praxis der Charismen (vor allem Heilung, Glossolalie und Prophetie) in den Mittelpunkt ihrer Frömmigkeit stellt. Ihre Wirkung ist in unterschiedlichen politischen, sozialen und religiösen Kontexten eine je verschiedene. Viel stärker noch als im Kontext moderner Industriegesellschaften breitet sich pfingstlerische Frömmigkeit in der sogenannten Zweidrittelwelt aus, wo es für sie chancenreichere kulturelle Anknüpfungsmöglichkeiten gibt.

Historische Wurzeln der Pfingstbewegung liegen u.a. in der Heiligungs- und Erweckungsfrömmigkeit des ausgehenden 19. Jahrhunderts. Die Sehnsucht nach Glaubenserneuerung und nach mehr Vollmacht im Dienst sind für Entstehung und Entwicklung der Pfingstbewegung charakteristisch und von zentraler Bedeutung. 1901 wurde die Zungenrede als Erkennungszeichen (initial physical sign) der ersehnten Taufe im Heiligen Geist erlebt. 1906 entwickelten sich die Heiligungsversammlungen des farbigen Predigers W. J. Seymour zum Ausgangspunkt einer überaus schnellen Verbreitung pfingstlerischer Frömmigkeit in bald eigenständigen Gemeinden, Gemeindeverbänden, missionarischen Unternehmungen, Glaubenswerken und Bibelschulen.

Bereits 1907 erreichte die Pfingstbewegung Deutschland. Der überschäumende Enthusiasmus der ersten Pfingstversammlungen in Kassel löste tiefes Erschrecken aus und führte in der damaligen Gemeinschaftsbewegung zu heftigen Auseinandersetzungen und Trennungen. In der Berliner Erklärung (1909) distanzierten sich führende Vertreter der Gemeinschaftsbewegung und der Evang. Allianz von der Bewegung. Es bildeten sich eigenständige Pfingstversammlungen in Deutschland, zunächst der Christliche Gemeinschaftsverband Mühlheim/Ruhr, dessen Richtung ein sehr gemäßigtes Pfingstlertum ist. Daneben entwickelten sich zahlreiche Gemeinden außerhalb dieses Verbandes, seit 1922 die Elim-Gemeinden (H. Vietheer), v.a. in Ostdeutschland, seit 1928 die Freien Christengemeinden, seit 1934 die Volksmission entschiedener Christen (v.a. in Württemberg), seit 1937 die Gemeinde Gottes (Church of God, Cleveland).

1954 schlossen sich freie Pfingstgemeinden zur „Arbeitsgemeinschaft der Christengemeinden in Deutschland" (ACD), seit 1982 „Bund Freikirchlicher Pfingstgemeinden" (BFP), zusammen mit Zentrale, Bibelschule und Leuchter-Verlag in Erzhausen. Der Bund ist Mitglied in der „Vereinigung Evangelischer Freikirchen" im Gaststatus, nicht jedoch in der „Arbeitsgemeinschaft Christlicher Kirchen" (ACK). 1979 trat das „Forum Freikirchlicher Pfingstgemeinden" (FFP) zusammen, um eine Gesprächsplattform verschiedener Pfingstkirchen in Deutschland zu bilden. Zu ihm zählen sich ca. 44.000 Mitglieder.

In Österreich entwickelten sich Pfingstgemeinden von dauerndem Bestand erst nach 1946, hervorgerufen durch pfingstlerisch geprägte Flüchtlinge aus Osteuropa. Kontakte dieser Freien Christengemeinden zur Evang. Allianz wurden in den letzten Jahren intensiviert.

Das schweizerische Pfingstlertum formierte sich in der Schweizerischen Pfingstmission (1907 bzw. 1935 entstanden), der Gemeinde für Urchristentum (nach 1927 entstanden) und den Freien Christengemeinden (nach 1933 entstanden). Seit 1961 kamen die Prediger der verschiedenen Pfingstbewegungen zu einer Einheitskonferenz zusammen, die 1974 in den „Bund Pfingstlicher Freikirchen der Schweiz" mündete. Der Bund ist Mitglied des „Verbandes Evangelischer Freikirchen und Gemeinschaften" in der Schweiz (VFG).

Neben den pfingstkirchlichen Zusammenschlüssen und z.T. in enger Kooperation mit ihnen arbeiten pfingstlerisch geprägte Missionswerke wie u.a. das durch Reinhard Bonnke gegründete Werk „Christus für alle Nationen" (CfaN), das von Siegfried Müller gegründete Missionswerk „Der Weg zur Freude" und das von Wolfgang Wegert gegründete Missionswerk „Arche", Hamburg.

Der Glaube der Pfingstler ist stark biblizistisch, in vielen Ausprägungen auch fundamentalistisch geprägt im Sinne einer Orientierung an der Unfehlbarkeit und Irrtumslosigkeit der ganzen Heiligen Schrift. Im Zentrum der Frömmigkeit steht die Suche nach der Erfahrung des Geistes als „Kraft aus der Höhe", die den Glaubenden ergreift, heilt und zu einem Zeugnis befähigt, das von Zeichen und Wundern begleitet ist. Es gehört zum Selbstverständnis zahlreicher, allerdings nicht aller pfingstlerischer Gemeinschaften, überall „neutestamentliche Gemeinden, (d.h. freikirchlich, täuferisch, pfingstlich-charismatische Gemeinden) zu bauen" (R. Ulonska). Entsprechend kann in der Entstehung charismatischer Kreise noch nicht die Verwirklichung biblischen Gemeindebaus gesehen werden. Wie keine andere Erweckungsbewegung hat die Pfingstbewegung zur Zersplitterung der protestantischen Christenheit beigetragen, was u.a. in der hervorgehobenen Erfahrungs- und Erlebnisorientierung ihrer Frömmigkeit begründet liegt, die zu immer neuen Verselbständigungen und Gemeinschaftsbildungen führt.

Die Pfingstbewegung ist evangelikal geprägt, insofern sie zentrale Anliegen dieser Bewegung teilt (Jesus als zentraler Bezugspunkt des Glaubens, Lebensübergabe an Christus, Evangelisation). Das Selbstverständnis pfingstlerischer Frömmigkeit hat seinen Kristallisationspunkt in Erfahrung und Verständnis der Geistestaufe, wobei das Reden in anderen Sprachen als wahrnehmbares Erkennungsmerkmal der erfolgten Geistestaufe begriffen wird. Die Taufe im Heiligen Geist wird als eine der Bekehrung und Wiedergeburt folgende „zweite" Erfahrung göttlicher Gnade verstanden, die zum Zeugnis bevollmächtigt. Sie ist nicht heilsnotwendig im strengen Sinn, wohl aber dienstnotwendig. Zugleich wird sie nicht nur als individuelle Erfahrung, sondern als Strategie göttlichen Handelns in endzeitlicher Erweckungsperspektive begriffen. In dem Maße, in dem die Geistestaufe als notwendiges und obligates Merkmal christlichen Lebens betont wird, ist man genötigt, ein christliches Leben ohne die Erfahrung der Geistestaufe als defizitär anzusehen. Die Umkehrung gilt freilich auch. In dem Maße, in dem das Getauftsein durch den Heiligen Geist in das biblizistisch geprägte Gesamtverständnis eingeordnet wird und in der Hierarchie der Glaubenswahrheiten und ihres Vollzuges einen untergeordneten Stellenwert bekommt, eröffnen sich Möglichkeiten für eine über die eigene Frömmigkeitsform hinausgehenden Gemeinschaft. Gegenwärtig vollzieht sich nach Jahrzehnten großer Distanz eine Annäherung zwischen Pfingstlern und Evangelikalen, die 1996 in einer gemeinsamen Erklärung ihren Ausdruck fand (vgl. Anhang). Für diesen Wandlungsprozeß sind u.a. internationale Entwicklungen ausschlaggebend gewesen, wie die inzwischen selbstverständliche Präsenz von Pfingstlern und Charismatikern in nahezu allen Gremien und Bereichen der internationalen Lausanner Bewegung und der Weltweiten Evangelischen Allianz.

Während die Pfingstbewegung im deutschsprachigen Bereich an Dynamik eingebüßt hat, breitet sich pentekostale Frömmigkeit heute u.a. durch zahlreiche freie charismatische Gruppen aus, die ihrem Selbstverständnis nach „über-konfessionell" sind, in Lehre und Praxis aber dem Pfingstlertum nahestehen und deshalb auch neupfingstlerisch genannt werden. Eine Schlüsselrolle kommt dabei den „Geschäftsleuten des vollen Evangeliums" (GDVEIV)/Christen im Beruf und der Organisation „Jugend mit einer Mission" zu, die beide international geprägt sind.

Lit.: W. J. Hollenweger, Charismatisch-pfingstliches Christentum. Herkunft – Situation – Ökumenische Chancen, Göttingen 1997; K. Hutten, Seher, Grübler, Enthusiasten, 12. Aufl., Stuttgart 1982.

Pioteam Münsterland

Das Team entstand 1982. Initiator und Leiter ist John R. Klassen (Ausbildung: Bibelschule Walzenhausen/New Life). *Tätigkeit:* Missionarische Einsätze, Freizeiten, Kinder- und Jugendarbeit, Gemeindearbeit, Gemeindegründung, Begegnungszentrum „Borkenwirthe", Buchladen „Atempause" in Münster. *Innere Ausrichtung:* Evangelikal; Verbindung zu mennonitischen Brüdergemeinden.

Pioteam Münsterland e.V.
Engeland Esch 33, D-46325 Borken
Tel. 02862/92071, Fax 02862/92073

Prison Fellowship

Das Werk wurde 1993 durch Kooperation zweier Missionsteams gegründet. Es ist mit „Prison Fellowship International" als Netzwerk verbunden, welches in über 75 Ländern der Welt in mehr als 3000 Gefängnissen arbeitet. 1. Vorsitzender ist Barry Powell. *Tätigkeit:* Förderung und Initiierung von Projekten für Gefangene, Ex-Gefangene und ihre Familien; Aufbau eines Netzwerkes von Teams, die in diesem Bereich arbeiten; Kontaktgruppen in Gefängnissen; Familiendienste; Schulung von Gemeinden für Randgruppendienste; „Engelbaum" – kostenlose Weihnachtsgeschenke für Kinder Strafgefangener. *Innere Ausrichtung:* Die Arbeit geschieht überkonfessionell und stimmt mit den Richtlinien der Evang. Allianz überein. Der gesamte Vorstand ist Mitglied der Calvary Chapel Gemeinde Siegen.

Prison Fellowship Deutschland e.V.
Postfach 10 12 02, D-57012 Siegen
Tel./Fax 02747/7553

ProChrist

1993 wurde ProChrist im Zusammenhang einer Großevangelisation mit dem amerikanischen Pastor Billy Graham gegründet. Zeitgleich wurden seine Ansprachen aus der Essener Grugahalle an über 300 Orte in Deutschland, Österreich und der Schweiz und an insgesamt über 1.000 Orte in ganz Europa via Satellit übertragen. Zwei Jahre später gab es die Weiterführung der Veranstaltungsreihe ProChrist mit dem Prediger Ulrich Parzany, der zugleich Projektleiter der gesamten Initiative ist (ProChrist '95, Leipzig; ProChrist '97, Nürnberg).

Leiter der Initiative in der Schweiz ist Attilio Cibien (Schaffhausen), in Österreich Fritz Meier (Regau).

Tätigkeit: Zweck des Vereins ProChrist ist die Verkündigung des Evangeliums von Jesus Christus und die Förderung des christlichen Glaubens in Deutschland und Europa.

ProChrist-Veranstaltungen mit Satellitenübertragung finden alle zwei bis vier Jahre statt, daneben auch ProChrist-Gemeindeforen. Außerdem werden Seminare (für Gebet, Moderation, Öffentlichkeitsarbeit, Seelsorge, Technik usw.), theologische Studientage, Presse-Foren und regionale Arbeitskreise angeboten.

Publ.: Gebetsinfo, seit 1992, zweimonatl., Aufl. 30.000; Schulungsmaterial, Videos, Theologische Flugblätter, Gebetsheft, Werbematerial usw.

Innere Ausrichtung: Die theologische Grundlage ist die Lausanner Verpflich-

tung von 1974. ProChrist ist überkonfessionell und sucht den Kontakt zu Christen in allen Kirchen. Verbindungen bestehen zu den Mitgliedskirchen der EKD und der „Vereinigung Evangelischer Freikirchen" (VEF), zum Gnadauer Verband, zur Evang. Allianz, zum CVJM-Gesamtverband, zum Deutschen EC-Verband, zum „Ring Missionarischer Jugendbewegungen" (RMJ) und zu verschiedenen Missionen, Werken und Bibelschulen. ProChrist ist Mitglied im Diakonischen Werk von Kurhessen-Waldeck und in der Lausanner Bewegung für Weltevangelisation.

Organisation und Finanzierung: Der ProChrist e.V. ist ein gemeinnütziger Verein. Die Mitgliederversammlung besteht aus ca. 80 Personen. Hauptamtlich sind sieben Personen tätig, nebenamtlich fünf Personen. Die Arbeit wird zu 74% durch Spenden finanziert, zu 20% durch Zuschüsse von Stiftungen und Sponsoren, zu ca. 4% aus kirchlichen Geldern.

ProChrist e.V.
Wilhelmshöher Allee 258, D-34131 Kassel
Tel. 0561/937790, Fax 0561/9377937

Promise Keepers

Die Arbeit wurde durch Bill McCartney, einen Footballtrainer, in den USA gegründet. Er hatte den Traum, daß sich ganze Stadien mit Männern füllen würden, die nicht anläßlich eines Footballspiels zusammenkämen, sondern um Jesus Christus zu ehren. Im Juli 1990 wurden 72 Freunde McCartneys eingeladen. Es wurde gebetet und gefastet. Persönliche Integrität, Offenheit und Ehrlichkeit waren Schlagworte, die schließlich zum Motto der Bewegung führten. Seit 1991 fanden Männertreffen in Stadien der USA statt. Sieben nationale Konferenzen erreichten im Jahre 1994 ca. 280.000 Männer aus den Vereinigten Staaten. In zahlreichen Kleingruppen treffen sich Männer, die auf der Grundlage der sieben Versprechen der Promise Keepers zusammenkommen.

Die Bekenntnisgrundlage der Promise Keepers ist evangelikal geprägt. Zentral ist der Glaube an den Dreieinigen Gott. Die Tätigkeit der Promise Keepers zielt darauf ab, Männer zu ermutigen, ihren Platz in der Familie, in der Gemeinde und in der Gesellschaft als konsequent Nachfolgende einzunehmen. Es werden Männergruppen, Männerseminare und Großveranstaltungen organisiert. Schlüsselpersonen (key men) fungieren als Repräsentanten der Gemeinde, aus der sie kommen. Multiplikatoren (ambassadors) üben Leitungsfunktionen aus und werden vom Leitungskreis der Promise Keepers eingesetzt.

Eine entsprechende Männerarbeit in Deutschland, Österreich und der Schweiz befindet sich im Aufbau.

Koordinationsbüro „Promise Keepers"
in Deutschland
Pastor Dr. Heinrich Christian Rust
Postfach 12 62, D-61282 Bad Homburg

Friedberger Str. 101
D-61350 Bad Homburg
Tel. 06172/8004-26/24
Fax 06172/800437

Reich-Gottes-Arbeiter-Tagung (RAT)

Die RAT wurde 1955 von Oberin Lydia Haman (Gründerin des Missionswerks Salzburg) und Prediger Rudolf Pfeifer (Leiter der Mennonitengemeinde in Linz) ins Leben gerufen, um leitende Mitarbeiter aus verschiedenen Gruppierungen (evang. Kirche, Freikirchen, Gemeinschaften und Werke) besser in Verbindung zu bringen. Man trifft sich einmal im Jahr für zwei bis drei Tage zum Gespräch, zur Zurüstung, zur Ermutigung und zur Förderung des Dienstes. Die Tagungteilnehmer stehen weitgehend auf dem Boden der Evang. Allianz. Die Einladung ergeht in Österreich an etwa 300 Personen aus etwa 80 Kirchen, Gemeinden und Werken. Ca. 60 Personen nehmen an den Tagungen teil.

An der RAT beteiligte Werke und Einrichtungen: Bibellesebund, Blaues Kreuz, Christliche Bücherzentrale, Christlicher Bücherdienst, Agape Österreich, Christlicher Missionsverein Kärnten, Evangelium in jedes Haus, Evangeliumsdienst, Evangeliums-Rundfunk, Fackelträger, Greater Europe Mission, Intervarsity Fellowship (Schloß Mittersill), Kinder-Evangelisations-Bewegung, Kontaktmission, Liebenzeller Mission, Mennonitische Brüdergemeinde, Missionswerk Neues Leben, Operation Mobilisation, Scharnsteiner Bibelkreis, Schwedische Allianz Mission, TEAM-Mission, Wycliff-Bibelübersetzer u. a.

Ansprechpartner für die
Reich-Gottes-Arbeiter-Tagung:
Hanns Jörg Theuer
J. Filzer Str. 51
A-5020 Salzburg
Tel. 0662/621142

Ring Missionarischer Jugendbewegungen (RMJ)

Der Ring Missionarischer Jugendbewegungen wurde 1974 gegründet. Auf der Basis der Evang. Allianz schlossen sich Institutionen und Personen aus der missionarischen Jugendarbeit oder der allgemein missionarischen Arbeit zusammen.

Die im RMJ zusammengeschlossenen Werke bejahen den Missionsauftrag, wie er in der Lausanner Verpflichtung zum Ausdruck kommt: „Mission hat die Rettung des ganzen Menschen zum Ziel und beinhaltet zugleich die soziale Verantwortung."

Ziele sind die Förderung missionarischer Arbeit, Erfahrungsaustausch und gegenseitige Information, die Wahrnehmung gemeinsamer Interessen und die Förderung der Mitarbeiterfortbildung.

Die Mitglieder des RMJ unterschrieben die zusammen mit der „Arbeitsgemeinschaft Evangelikaler Missionen" (AEM) und der Evang. Allianz herausgegebenen „Grundsätze für die Verwendung von Spendenmitteln" sowie die „Grundsätze für die Öffentlichkeitsarbeit". Sie weisen nach, daß ihr Jahresabschluß durch einen unabhängigen Steuerberater geprüft wurde.

Der RMJ ist Mitglied in der „Arbeitsgemeinschaft der Evangelischen Jugend in Deutschland" (aej). Außerdem ist er als Fachverband Mitglied im Diakonischen Werk der EKD.

Seit 1994 gibt es neben der Form der ordentlichen Mitgliedschaft im RMJ (für alle, deren Schwerpunkt auf der missionarischen Jugendarbeit liegt) auch die Möglichkeit, außerordentliches Mitglied im RMJ zu werden.

Ordentliche Mitglieder: Bibellesebund (Marienheide), Bibelschule Bergstraße (Königsfeld), Bibelschule Brake (Lemgo), Bibelschule Kirchberg (Kirchberg), Bibel-Memory (Stuttgart), Campus für Christus (Gießen), Christ Camp (Krefeld), Christen in der Offensive (Reichelsheim), Christliche Tagungsstätte Hohe Rhön (Bischofsheim), Christliches Erholungsheim „Westerwald" (Rehe), Christliches Jugendzentrum Bodenseehof (Friedrichshafen), Deutsche Missionsgemeinschaft (Sinsheim), e.r.f. junge welle (Evangeliums-Rundfunk, Wetzlar), Euroteam (Schwarzenborn), Evangelistische Initiative (Rimbach), help center (Dautphetal), Janz Team (Lörrach), Jesus-Gemeinschaft

(Marburg), Jugend für Christus (Mühltal), Jugendwerk des Blauen Kreuzes (Wuppertal), Kirche des Nazareners (Berlin), Kontaktmission (Wüstenrot), Lebenszentrum Adelshofen (Eppingen), Liebenzeller Mission (Bad Liebenzell), Missionarische Familienarbeit (Altenkirchen), Missionshaus Bibelschule Wiedenest (Bergneustadt), Missionswerk Frohe Botschaft (Großalmerode), Missionswerk Neues Leben (Altenkirchen), Monbachtal e.V. (Bad Liebenzell), Navigatoren (Bonn), Operation Mobilisation (Mosbach), Sebulon-Offensive Nord (Ascheberg), Sportler ruft Sportler (Altenkirchen), Studentenmission in Deutschland (Marburg), WegGemeinschaft (Cuxhaven), Wort des Lebens (Berg), Württembergischer Brüderbund (Weinstadt).

Außerordentliche Mitglieder: Aktion: In jedes Haus (Radevormwald), Bibelfernunterricht (Seeheim-Jugenheim), Deutsche Zeltmission (Siegen), Evangelistische Zentrale des DGD (Marburg), Mennonitische Heimatmission (Markt Indersdorf), Missionswerk der Gemeinde Gottes (Winsen).

Gastmitglieder: Apostolische Jugendgruppen (Flensburg), Jugend mit einer Mission (Altensteig).

Ring Missionarischer
Jugendbewegungen e.V.
Sehrtenbachstr. 11, D-57610 Altenkirchen
Tel. 02681/95270, Fax 02681/952720

Ruf zur Versöhnung

Das Werk wurde 1984 durch Arie Ben Israel gegründet. Der Jude Arie Ben Israel kam etwa 1978 zum Glauben an den Messias Jesus Christus. Aus seinem tiefen Haß gegen die Deutschen erlebte er eine Verwandlung, und Gott gab ihm eine tiefe Liebe zu den Deutschen. Er fühlte sich von Gott beauftragt, nach Deutschland zu gehen, und diente als Evangelist und Prediger. Seit seinem Tod 1993 wird der Versöhnungsdienst von Johannes Dieckmann (1. Vorsitzender) weitergeführt. Es besteht ein Zweigbüro in der Schweiz.

Tätigkeit: Durchführung von Informationsveranstaltungen und Israelkonferenzen, Einzelvorträge in Kirchen und Gemeinden, Organisation von Israelreisen, Unterstützung und Durchführung verschiedener Projekte in Israel (z.B. Finanzierung der Heimführung der Juden aus der ehemaligen UdSSR nach Israel, Patenschaften für Holocaust-Opfer in einem Altenheim in Israel, Baumpflanzungen, Unterstützung von Kinderheimen).

Wirkungsbereich: D, CH, A, Israel.

Publ.: „Ruf zur Versöhnung", vierteljährl., Aufl. 6.000.

Innere Ausrichtung: Die Begründung des Eintretens für Israel wollen die Freunde des Vereins nicht einer weltanschaulichen oder politischen Vorstellung entnehmen, sondern den Worten der Bibel. Das Alte und das Neue Testament weisen beide auf die Bedeutung Israels hin. Das Christentum ist untrennbar mit seiner jüdischen Wurzel verbunden.

verbunden. Eine traditionelle Judenmission durch Evangelisation ist nicht Bestandteil der Arbeit. „Ruf zur Versöhnung" ist vielmehr der Auffassung, daß Christen durch ihr Leben und Handeln ein besseres Zeugnis für ihren Herrn ablegen können als durch Worte. Der Auftrag an Israel wird im Gebetsdienst und in der Unterstützung von Bedürftigen in Israel gesehen. Der Verein versteht sich als überkonfessionell. Mit der Internationalen Christlichen Botschaft Jerusalem besteht eine engere Verbindung.

Organisation und Finanzierung: Eingetragener Verein mit Vorstand; ein hauptamtlicher und zwei nebenamtliche Mitarbeiter in Deutschland; ein hauptamtlicher und ein nebenamtlicher Mitarbeiter in der Schweiz.; 30 ordentliche Vereinsmitglieder; ca. 400 Förderkreismitglieder; ca 6.000 Freunde; Finanzierung durch Spenden.

Ruf zur Versöhnung e.V.
Internationale Israel-Arbeit
Teplerstr. 22, D-61169 Friedberg
Tel./Fax 06031/2983

Schweizerische Bibelgesellschaft

Die Schweizerische Bibelgesellschaft steht in der Tradition der Bewegung der Bibelgesellschaften, wie sie 1804 mit der Gründung der „Britischen und Ausländischen Bibelgesellschaft" in London angefangen hat. Im selben Jahr wurde in Basel die erste Bibelgesellschaft in der Schweiz, die zweite Bibelgesellschaft auf dem Kontinent, gegründet. Die Gründung weiterer Bibelgesellschaften folgte in verschiedenen Kantonen. 1947 schlossen sich die verschiedenen kantonalen Bibelgesellschaften zum „Bund Schweizerischer Bibelgesellschaften" zusammen, aus dem 1955 die „Schweizerische Bibelgesellschaft" entstanden ist.

1946 erfolgte die Gründung des Weltbundes der Bibelgesellschaften, an der auch Vertreter aus der Schweiz teilnahmen. Die Schweizerische Bibelgesellschaft ist heute Mitglied des Weltbundes wie rund 120 andere nationale Bibelgesellschaften, die in rund 200 Ländern aktiv sind.

Gemäß dem allgemeinen Auftrag der Bibelgesellschaften fördert auch die Schweizerische Bibelgesellschaft die Übersetzung, den Druck und die Verbreitung von Bibeln und Bibelteilen. Sie unterstützt deshalb die Weltbibelhilfe des Weltbundes der Bibelgesellschaften vor allem mit finanziellen und personellen Mitteln. In der Schweiz selbst bietet sie die Bibel in den Landessprachen deutsch, französisch, italienisch und auch Bibelteile in räto-romanisch an. Sie arbeitet bezüglich der Übersetzung und der Herausgabe eng mit den Schwestergesellschaften in Deutschland, Frankreich und Italien zusammen. Besonders widmet sie sich innerschweizerisch neben dem Vertrieb und dem Verkauf (1995 wurden rund 55.000 Bibeln und Bibelteile verbreitet) auch der Aufgabe der Information über die Bibel und der weltweiten Bibelbverbreitung (zum Beispiel durch Bibelausstellungen und Vorträge) sowie dem Angebot von Hilfsmitteln zum Einstieg und zum Verständnis der Bibel. Die Schweizerische Bibelgesellschft organisiert keine eigenen evangelistischen Veranstaltungen, aber sie stellt Hilfsmittel zur Verfügung.

Generalsekretär ist Pfarrer Urs Joerg, Geschäftsführer ist David Weidmann.

Publ.: „Bibel aktuell" (französische Ausgabe: Bible actualité), viermal jährl., Aufl. 11.000 (deutsch), 8.500 (französisch); Materialien zum Bibelsonntag, Bibelwochenhefte, Faltblätter (deutsch/französich), französiche Blindenbibel in 40 Bänden.

Mitgliedsorganisationen (insgesamt 53): 20 evangelisch-reformierte Kantonalkirchen; ACELIS, Assemblées évangéliques romandes, Basler Bibelgesellschaft, Bernische Bibelgesellschaft, Bibelgesellschaft Baselland, Bibelgesellschaft Schaffhausen, Bibelgesellschaft Solothurn, Bibellesebund, Bund der Baptistengemeinden in der Schweiz, Bund evangelisch-lutherischer Kirchen in der Schweiz und Fürstentum Liechtenstein, Bund freier evangelischer Gemeinden in der Schweiz, Christkatholische Kirche der Schweiz, Conférence des églises mennonites, Groupes bibliques universitaires, Eglise évangélique libre du canton de Genève; Evangelisches Gemeinschaftswerk, Evangelisch-methodistische Kirche in der Schweiz, Gemeinde für Urchristentum, Heilsarmee, Ligue pour la lecture de la Bible,

Mission der Brüdergemeinde, Mission évangélique Braille, Pilgermission St. Chrischona, St. Gallisch-Appenzellische Bibelgesellschaft, Schweizerische Evangelische Allianz, Schweizerische Pfingstmission, Schweizerische Traktatmission, Schweizerischer Evangelischer Missionsrat, Société biblique vaudoise, Société évangélique du canton de Genève, Stiftung Evangelische Gesellschaft des Kantons Zürich, Union Suisse des Eglises adventistes du septième jour, Union synodale réformée Berne-Jura.

Schweizerische Bibelgesellschaft
Waffengasse 20, CH-2501 Biel/Bienne
Tel. 032/3223858, Fax 032/3233957

Schweizerische Glaubensmission

Von 1948 an leitete der Lehrer Albert Gossweiler Bibelgruppen und Rüstzeiten im Rahmen des damaligen Lehrergebetsbundes. Sein Anliegen war, Menschen zu einem segensreichen Leben zu verhelfen, indem sie die Bibel als verbindliches Wort Gottes und wesentliche Glaubensgrundlage nehmen. Zusammen mit Gesinnungsfreunden gründete er 1960 den im Kanton Zürich ansässigen Verein „Schweizerische Glaubensmission". Dieser eröffnete 1961 das Hotel Bellevue in Hasliberg Hohfluh (Berner Oberland) als evangelisches Erholungshaus (reguläre Bibelkurse seit 1966). 1968 folgte die Übernahme des „Güetli" in Rossau-Mettmenstetten (Kanton Zürich) als Bauernhof (anschließend allmählicher Ausbau zu einem Blumen- und Pflanzenhof und zu einem evangelischen Jugend- und Familienzentrum). Heute ist das Güetli eine beliebte Tagungsstätte und ein Ort der Erholung mit abwechslungsreichen Freizeitangeboten.

1975 wurde ein deutscher Zweigverein gegründet und Haus Birkengrund in Dobel (nördlicher Schwarzwald) als evangelisches Freizeit- und Erholungsheim erworben. 1989 erfolgte eine Ausweitung der Tätigkeit auf diakonische Aufgaben in afrikanischen Ländern.

Tätigkeit: Die Schweizerische Glaubensmission ist bestrebt, Menschen jeglichen Alters und Standes zu einem nützlichen Umgang mit der Bibel zu verhelfen, ihnen Jesus Christus und seine Erlösung zu bezeugen und sie zu einem verantwortungsbewußten, missionarischen Christenleben zu führen. Dies geschieht durch die Bibelschule mit längeren und kürzeren Kursen oder Seminaren, durch das Angebot von Ferienwochen, Freizeiten und Erholungsaufenthalten in den Gästehäusern, durch Begleitung von Suchtgefährdeten und Abhängigen anhand sinnvoller Arbeitstherapie und Freizeitgestaltung, durch Literatur und Tonbänder, durch Tagungen, missionarische Einsätze und sozial-christliche Arbeit in Drittweltländern (Werken der äußeren Mssion werden nach Möglichkeit eigene Mitarbeiter zur Verfügung gestellt). Wer durch die erwähnten Aktivitäten erreicht wird, soll nach Möglichkeit in bestehende kirchliche oder freikirchliche Gemeinden eingegliedert werden oder in eigenen Bibelgruppen und Hauskreisen Aufnahme finden.

Wirkungsbereich: CH, D, Slowakei, afrikanische Länder.

Einrichtungen: Güetli (Missionshaus mit Landwirtschaft sowie Blumen- und Pflanzenhof; Ferien auf dem Bauernhof) in Rossau; Hotel Bellevue (Erholungshaus mit Landwirtschaft) in Hasliberg Hohfluh, dort auch Bibelschule; Haus Birkengrund (Freizeit- und Erholungsheim) in Dobel.

Publ.: Periodisch erscheinende Blätter („Glaube und Zeugnis", „Berichte aus unserer Missionsarbeit", „JSG-Mitteilungen für Jugendliche"), Veröffentlichungen im Selbstverlag.

Innere Ausrichtung: Glaubensgrundlage ist die Bibel im Sinne der reformatorischen Bekenntnisse. Die Schweizerische Glaubensmission versteht sich als freies Werk innerhalb der evangelisch-reformierten Landeskirche, aber ohne organisatorische Verbindung mit ihr oder anderen Werken. Es besteht Zusammenarbeit mit der kirchlichen „Schweizerischen Evangelischen Nillandmission" (1996 befinden sich sieben Mitarbeiter auf deren Stationen in Äthiopien und im Sudan) und mit landeskirchlichen Pfarrern bibeltreuer Richtung (Gottesdienst und Gemeindetage in Kirchengemeinden). Das Verhältnis zur Evang. Allianz ist positiv. Ökumenische Aktionen, welche die biblische Grundlage und das alleinige Heil in Jesus Christus verlassen, werden nicht unterstützt.

Organisation und Finanzierung: Die Schweizerische Glaubensmission ist als Verein gemäß schweizerischem und deutschem Recht organisiert. Nur vollzeitliche Mitarbeiter sind Vereinsmitglieder, weshalb keine Mitgliederwerbung erfolgt. Die Leitung hat der Vereinsvorstand (im Sinne eines Bruderrats). Die fünf Vorstandsmitglieder müssen alle drei Jahre gewählt bzw. bestätigt werden. Die Schweizerische Glaubensmission beschäftigt 57 vollzeitliche Mitarbeiter. Voraussetzung zur vollamtlichen Mitarbeit ist ein Bibelschulabschluß und die Bereitschaft zum selbstlosen christlichen Dienen. Leiter und Mitarbeiter verzichten freiwillig auf ein eigentliches Gehalt; sie erhalten freie Station und einen monatlichen Diakonielohn. Bei der Führung von Gästehäusern und anderen Betriebszweigen wird kein Gewinn angestrebt. Die Finanzierung der Arbeit wird ermöglicht durch freiwillige Spenden und Selbstfinanzierung.

Schweizerische Glaubensmission
„Güetli", Rossau
CH-8932 Mettmenstetten ZH
Tel. 01/7670774, Fax 01/7670775

Schweizerische Glaubensmission -
Deutscher Zweig e.V.
Haus Birkengrund
D-75335 Dobel (Schwarzwald)
Tel. 07083/3164, Fax 07083/7830

Schweizerische Missions-Gemeinschaft (SMG)

Die SMG wurde 1949 unter der Leitung von Fritz Kindlimann und einigen Freunden als überdenominationelles Werk gegründet. Anlaß zur Gründung waren die in der Nachkriegszeit dringenden Anfragen von Missionsgesellschaften aus England und den USA zur Aussendung von Missionaren aus der Schweiz nach Übersee. Diese Missionare brauchten eine Heimatbasis, die sie geistlich, administrativ und finanziell unterstützte. 1970 übernahm der aus Kanada zurückgekehrte Missionar Walter Angst die Leitung der SMG (mit inzwischen ca. 70 Mitarbeitern) von Fritz Kindlimann. 1991 wurde John F. Lübbe – langjähriger SMG-Missionar in Namibia – als Missionsleiter berufen. Die Zahl der Missionare und Missionarinnen war bis 1991 auf ca. 130 angewachsen.

Tätigkeit: Jeder Zweig der missionarischen Arbeit der SMG (Evangelisation, Lehre, Arbeit unter Kindern, Jugendlichen Erwachsenen, medizinische und handwerkliche Institutionen, Literaturverbreitung, Missions-Flugdienst, Radio etc.) soll dem Aufbau und der Stärkung der Gemeinde Jesu Christi dienen. Die SMG arbeitet mit Gemeinden, Missionaren und mit Partnerorganisationen zusammen, aber auch Gemeindeverbände, Freundes-, Gebets- und Trägerkreise leisten einen wichtigen Beitrag.

Die SMG will sicherstellen, daß die Missionare in einer Arbeit mit bibeltreuer Ausrichtung eingesetzt werden. Durch das Kandidatenaufnahmeverfahren hilft die SMG der Gemeinde zu beurteilen, ob der Kandidat für das Missionsfeld die notwendigen (geistlichen, beruflichen, gesundheitlichen, charakterlichen) Voraussetzungen mitbringt. Die SMG ist Arbeitgeber des Missionars und übernimmt die administrativen Aufgaben. Sie vermittelt gezielt Missionare an Partnerorganisationen und ist Bindeglied zwischen Partnerorganisation und sendender Gemeinde, deren Möglichkeiten sie – v.a. in missionspezifischen Fragen – ergänzt.

Wirkungsbereich: CH, Europa, Afrika, Südamerika, Asien (rund 30 Länder).

Einrichtungen: Missionshaus in Küsnacht bei Zürich, Zweigstelle in Lausanne.

Publ.: „Horizonte", viermal jährl.

Innere Ausrichtung: Als unabdingbare Grundlage des Glaubens und Handelns gilt die als voll inspiriert anerkannte Heilige Schrift und Jesus Christus als der Erlöser. Die SMG ist Mitglied der „Arbeitsgemeinschaft Evangelikaler Missionen" (AEM) in der Schweiz. Sie hat den Ehrenkodex der „Schweizerischen Evangelischen Allianz" (SEA) unterzeichnet.

Organisation und Finanzierung: Die Schweizerische Missions-Gemeinschaft ist ein Verein mit zweijährlich stattfindender Vereinsversammlung. Diese wählt den mindestens 20 Mitglieder umfassenden Missionsrat, und dieser wählt den fünf- bis neunköpfigen Vorstand, dem die Leitung der gesamten Tätigkeit obliegt, sowie die ein bis drei Mitglieder der Kontrollstelle. Zur Zeit sind in der Geschäftsstelle fünf Personen tätig. Die Mitarbeiter müssen wiedergeborene Christen sein. Die Finanzierung erfolgt durch Mitgliederbeiträge und freiwillige Spenden.

Schweizerische Missions-Gemeinschaft
Zürichstraße 106, CH-8700 Küsnacht ZH
Tel. 01/9107391, Fax 01/9109228

Schweizerische Traktat-Mission (STM)

1804 gründete die Christentums-Gesellschaft (entstanden 1780 in Basel) den Basler Traktatverein. Ihm folgte 1884 im Schoße von Jungmännerversammlungen der Methodistenkirche der „Verein zur Verbreitung christlicher Schriften". Auch anderenorts wurde der Gedanke der Schriftenverbreitung aufgenommen. 1906 bildete sich ein Komitee für Traktatarbeit in der Schweiz mit bald 65 Arbeitsgruppen, aus dem 1910 eine gesamtschweizerische Verteilergesellschaft, die Schweizerische Traktat-Missionsgesellschaft hervorging, heute Schweizerische Traktat-Mission. Man behalf sich zuerst mit Material aus Deutschland. Ab 1915 wurden eigene Traktate geschrieben. Ursprünglich kamen Mitglieder und Leitung hauptsächlich aus freikirchlichen Kreisen. Bald arbeiteten auch landeskirchliche Pfarrer mit. Langjährige Schriftleiter waren Julius Kuder (1917-1946) und Caspar Rissi (1946-1973).

Tätigkeit: Die Schweizerische Traktat-Mission möchte eingedenk des Missionsbefehls Jesu Christi (Matth. 28, 18-20) Menschen, die keine Beziehung zur christlichen Kirche haben, mit dem gedruckten Wort erreichen. Sie veröffentlicht jeden Monat vier Traktate und nach Bedarf Kinder- und Trauertraktate. 15 organisierte Sektionen (Missionsgruppen) und Einzelvertreter tragen die Blätter ins Volk. Weitere Aktivitäten sind das Jahresfest, Rüstzeiten, Gebetsstunden, Informationsvorträge in Gemeinden, Gebetsvorbereitung für geplante Aktionen sowie Kurzbibelkurse.

Wirkungsbereich: CH, A, D.

Publ.: „Mitteilungen vom Arbeitsfeld", zweimal jährl.; Traktate.

Innere Ausrichtung: Die STM ist eine Vereinigung evangelischer Christen, die sich über Gemeinde- und Kirchengrenzen hinweg sammeln, um das Wort der Bibel auszubreiten. Sie steht auf dem Boden der Evang. Allianz. Wichtig sind ihr Bekehrung, Wiedergeburt und ein Leben in der Heiligung. Suchende Menschen werden nach Möglichkeit in bestehende bibeltreue Gemeinden (Landeskirchen und Freikirchen) eingegliedert. Die Mitarbeiter beteiligen sich am Leben der Evang. Allianz. Die STM ist Mitglied des Schweizerischen Diakonieverbandes und hat Kontakte mit Partnern der Schriftenmission.

Organisation und Finanzierung: Die STM ist ein Verein mit Generalversammlung und Zentral-Vorstand (Präsident, Vizepräsident, Aktuar, Kassier, Schriftleiter und Geschäftsführer). Der Schriftleiter ist – unterstützt von der Redaktionskommission – für die Beschaffung der Traktate zuständig. Ein Teil der Arbeiten wird teilzeitlich, viele Aufgaben werden ehrenamtlich erledigt. Die Einnahmen setzen sich aus den Mitgliedsbeiträgen, aus den frei zu bestimmenden Kollektivbeiträgen der Sektionen, aus Kollekten und freiwilligen Gaben sowie aus den Erträgnissen des Schriftenvertriebs zusammen. Ein Gewinn wird nicht angestrebt.

Schweizerische Traktat-Mission
Postfach 21, CH-8410 Winterthur
Tel. 052/3353540

Schweizerische Zeltmission (SZM)

Die Geburtsstätte der SZM liegt in Rämismühle (Tösstal). Dort führten die geistlichen Impulse, wie sie von Männern wie Wesley, Moody, Stockmayer und Rappard sowie vom Pietismus ausgingen, 1885 zur Eröffnung des „Asyls Rämismühle". Eigentliche Gründerinnen waren Schwester Babette Isler und Schwester Elise Gosswiler. Sie erwarben oder erbauten in wenigen Jahren 15 Häuser. Das Werk widmet sich der Verkündigung des Evangeliums und der praktischen Diakonie an Leib und Seele für alle Altersstufen. Zur Verkündigung und Leitung wurden hauptsächlich Absolventen des Prediger- und Missionsseminars St. Chrischona berufen. Georg Steinberger, Hausvater in der Heimstätte Rämismühle, stand in Verbindung mit Jakob Vetter, der um die Jahrhundertwende in England die Zeltarbeit kennengelernt hatte und 1902 die „Deutsche Zeltmission" gründete. 1906 fand die Einweihung des ersten Schweizer Zeltes statt, das ca. 2.000 Personen faßte. Erster Leiter war der Evangelist Ludwig Henrichs, ein Mitarbeiter Vetters. Seither sind die Zelte jeweils während der wärmeren Jahreszeit an verschiedenen Orten der deutschsprachigen Schweiz im Einsatz. Ihren Sitz hat die SZM als eigenständige Organisation weiterhin in Rämismühle. Die Leitung hat Peter Wagen.

Tätigkeit: Die SZM sieht ihre Aufgabe in der Verkündigung des Evangeliums in Zelten. Es stehen ihr zwei große Zelte (2.000er und 250er) und diverse kleinere zur Verfügung. Zweck ist es, einen neutralen Ort zu schaffen, um entkirchlichten und glaubensfernen Menschen den Zutritt zu erleichtern bzw. die „Schwellenangst" überwinden zu helfen. Die Organisation eines Einsatzes ist Aufgabe der Kirchen, Freikirchen und Gemeinschaften eines Ortes oder einer Region, deren Vertreter sich zu Trägerschaften zusammenschließen. Außer den Zelten stellt die SZM auf Wunsch gerne das Knowhow langjähriger Erfahrung zur Verfügung.

Eigene Gemeindegründungen sind nicht vorgesehen. Von der Verkündigung bewegte Zuhörer werden an die mitarbeitenden Ortsgemeinden gewiesen. Die Entscheidung über einen Anschluß an die eine oder andere Gemeinde wird ihnen von der SZM grundsätzlich freigestellt.

Wirkungsbereich: CH.
Publ.: „Zeltgruß", seit 1906, zweimonatl., Aufl. 3.500.
Innere Ausrichtung: Maßgebend ist die Basis der Evang. Allianz und die Lausanner Verpflichtung. Die SZM steht im Dienste Jesu Christi und fühlt sich verpflichtet, den ganzen Ratschluß Gottes (Apg. 20, 27) zu verkündigen. Sie steht Gemeinden nahe, deren Vertreter in der Evang. Allianz mitarbeiten. Gegenwärtig zeichnet sich, unter einer gemeinsamen Zielsetzung, ein vermehrtes Zusammenwirken verschiedener Zeltmissionen und Missionswerke ab. Zusammenarbeit besteht mit der „Evangelischen Mission unter Ausländern" in der Schweiz, einer freien Organisation für evangelistische Tätigkeit unter Ausländern, die ebenfalls im Sinne der Evang. Allianz tätig ist.

Organisation und Finanzierung: Die SZM ist ein Verein mit jährlich durchgeführter Generalversammlung, mit Vorstand, Missionsleiter und Geschäftsführendem Ausschuß. Sie ist keiner bestimmten Denomination verpflichtet. Das Werk beschäftigt einen hauptamtlichen Missionsleiter, bis zu drei nebenamtliche und verschiedene ehrenamtliche Mitarbeiter. Die finanziellen Mittel setzen sich zusammen aus den Vermietungsgebühren für Zelte, aus freiwilligen Gaben und aus Beiträgen von Freunden.

Schweizerische Zeltmission
Heimstätte Rämismühle
Tösstalstr. 71, CH-8487 Rämismühle

Schweizerischer Evangelischer Missionsrat (SEMR)

Der SEMR ist ein Dachverband zur Vertretung der Missionsgesellschaften gegenüber dem „Schweizerischen Evang. Kirchenbund" und gegenüber „Brot für alle" (bis 1990 „Brot für Brüder"). Bei den Delegiertenversammlungen (zweimal jährlich) sind die 18 ordentlichen Mitgliedsorganisationen vertreten (sowie eine angeschlossene Organisation), außerdem der „Schweizerische Evang. Kirchenbund", „Brot für alle" und das „Hilfswerk der evangelischen Kirchen der Schweiz". Der SEMR versteht sich als Forum, in dem grundsätzliche Fragen zur Mission und zur Entwicklungszusammenarbeit besprochen und wichtige Informationen weitergegeben werden. Er ist auch ein Ort der Begegnung mit Vertretern von Partnerkirchen in Übersee. Der SEMR ist Mitglied der „Kommission für Weltmission und Evangelisation" des Ökumenischen Rates der Kirchen.

Mitgliedsgesellschaften: Kooperation Evangelischer Kirchen und Missionen (KEM) und ihre Mitgliedsorganisationen (Basler Mission, Evangelische Mission im Kwango, Mission der Brüdergemeine, Schweizerische Evangelische Nillandmission, Schweizerische Ostasien-Mission, Südafrika-Mission); Département missionaire des Eglises protestantes de la Suisse romande und Mitgliedsorganisationen; Freikirchen, freie Werke und Missionsgesellschaften (Äußere Mission der Evang.-methodistischen Kirche, Alliance Missionnaire Internationale, Christlicher Friedensdienst, CVJM/CVJF-Weltdienst/SEDUC, Heilsarmee, Ligue pour la Lecture de la Bible, Mission Evangélique Braille, Schweizerische Bibelgesellschaft, Schweizerischer Bund des Blauen Kreuzes, Service Missionaire Evangélique, Stiftung Kirche und Judentum); Zigeuner-Mission (Mitglied mit beratender Stimme).

Schweizerischer Evangelischer Missionsrat
Emile Stricker
Florastr. 21, CH-4600 Olten
Tel. 062/266268, Fax 062/263069

Seelsorge

Im Zusammenhang vielfältiger seelsorgerlicher Aktivitäten im Bereich der evangelikalen Bewegung haben sich in den letzten Jahren vor allem zwei Werke im deutschsprachigen Bereich etabliert, deren Ziel es ist, fachliche Psychologie für die christliche Seelsorge und Lebenspraxis im allgemeinen in Anspruch zu nehmen.

„Ignis" (lateinisch: Feuer) wurde 1986 gegründet. 1992 entstand die Ignis-Akademie für christliche Psychologie in Kitzingen. Seitdem kann in einem vierjährigen Vollzeitstudium christliche Psychologie studiert werden (anerkannt in den Pfingstgemeinschaften; ohne landeskirchliche, freikirchliche oder staatliche Anerkennung). Ignis arbeitet mit Gruppierungen und Gemeinden aus verschiedenen Kirchen und Freikirchen zusammen. Die Seminarteilnehmer wie auch die Mitarbeiter haben unterschiedliche konfessionelle Hintergründe, kommen aus unterschiedlichen Berufszweigen, vornehmlich aus dem psycho-sozialen Arbeitsfeld. An der Ignis-Akademie studierten 1996 ca. 80 Personen. Neben dem Ausbildungsbereich entwickelten sich folgende weitere Arbeitszweige: das Ignis-Therapiezentrum, das ambulante Beratung und Psychotherapie sowie eine fünftägige Intensivgruppentherapie (sog. therapeutische Woche) anbietet; der Arbeitszweig des Ignis-Dienstes für Gemeinden; der Arbeitszweig Publikationen (hier erscheint die Zeitschrift „Befreiende Wahrheit").

Aus der Ignis-Arbeit entstand eine kleine psychosomatische Fachklinik (De'Ignis) in Egenhausen bei Altensteig (Nordschwarzwald), die sich jedoch gegenüber Ignis verselbständigte und in keinem direkten institutionellen Verhältnis zur Ignis-Arbeit steht.

Während Ignis charismatisch geprägt ist, ist die Frömmigkeitsprägung der 1987 gegründeten „Deutschen Gesellschaft für Biblisch-Therapeutische Seelsorge" (DGBTS) mit Sitz in Kernen bei Stuttgart pietistisch-evangelikal. Vorsitzender der DGBTS ist Michael Dietrich, der eine Professur für Rehabilitationspsychologie an der Universität Hamburg aufgab und sich vollzeitlich in den Dienst der Biblisch-Therapeutischen Seelsorge (BTS) gestellt hat. Der BTS geht es vor allem um die Schulung von qualifizierten Laienseelsorgern. Sie möchte Christen befähigen, in ihrer Umgebung bei Glaubenskrisen und bei psychischen Leiden zu helfen. Der BTS-Studienführer richtet sich an haupt- und ehrenamtliche Mitarbeiter in Kirchen und Gemeinden und sieht berufsbegleitende Schulung von ca. 500 Stunden in mehreren Abschnitten einschließlich einer Supervisionsphase vor. Die Ausbildung wird innerhalb der Gemeinschaftsverbände und der Freikirchen als Qualifikation für besondere seelsorgerliche Dienste anerkannt, in der württembergischen Landeskirche für eine Probezeit analog der Klinischen Seelsorge Ausbildung (KSA). Im übrigen Bereich evangelischer Landeskirchen wird die BTS-Ausbildung nicht anerkannt. In sieben Städten gibt es Außenstellen, in Österreich und der Schweiz Schwesterorganisationen.

Sowohl Ignis als auch BTS verstehen sich als überkonfessionelle Werke. Ihre Hintergründe unterscheiden sich freilich. Die Wurzeln der BTS liegen im württembergischen Pietismus (Ludwig-Hofacker-Vereinigung) und in der Gemeinschaftsbewegung. Ignis hat seinen Hintergrund im pfingstlich-freikirchlichen Raum sowie in der charismatischen Bewegung. Beide Werke sind darum bemüht, biblische und fachliche Orientierung zu verbinden, wobei Ignis stärker dazu neigt, einen christlich-psychologischen Gegenentwurf zur Fachpsychologie zu entwerfen.

Deutsche Gesellschaft für
Biblisch Therapeutische Seelsorge e.V.

Hackstraße 60, D-70190 Stuttgart
Tel. 0711/285230, Fax 0711/2852399

DE'IGNIS
Fachklinik gGmbH für christliche
Psychiatrie und Psychosomatik
Walddorfer Straße 23
D-72227 Egenhausen
Tel. 07453/93910, Fax 07453/939193

IGNIS-Akademie
für Christliche Psychologie
Kanzler-Stürzel-Str. 2
D-97318 Kitzingen
Tel. 09321/13300, Fax 09321/133041

IGNIS-Therapiezentrum
Im Schulhof 6, D-97318 Kitzingen
Tel. 09321/13310, Fax 09321/133123

Sekretariat Tatjana Goritschewa

Das „Sekretariat Tatjana Goritschewa" wurde 1987 von Menschen ins Leben gerufen, die Tatjana Goritschewa bei Vorträgen kennengelernt und von der Verfolgung und Not der Christen in der damaligen Sowjetunion erfahren hatten. Sie machten es sich zur Aufgabe, ihnen mit Bibeln und religiösen Büchern zu helfen. Durch die sich in den letzten Jahren verschlechternde wirtschaftliche Notlage der Menschen in der ehemaligen Sowjetunion sah sich das Sekretariat veranlaßt, durch Hilfstransporte humanitäre Hilfe zu leisten.
Tatjana Goritschewa (geb. 1947) wurde

mit 26 Jahren orthodoxe Christin, gründete mit Leningrader Frauen die erste Frauenbewegung in der Sowjetunion, organisierte religiöse Seminare und veröffentlichte zwei Zeitschriften im Untergrund. Nach vielen Verhören und Verhaftungen wurde sie 1980 ausgewiesen und lebt heute in Paris.
Tätigkeit: Das erste Anliegen des Sekretariates war es, den Menschen in der ehemaligen Sowjetunion eine neue geistliche Ausrichtung zu vermitteln. Dies geschah durch den Druck religiöser Literatur (liturgische Bücher, Bibeln, Kinderbibeln, Katechismen u.a.) für die orthodoxe Kirche in Rußland (kostenlose Verteilung an Gläubige im ganzen Land, v.a. in Moskau und St. Petersburg). Damit wurde auch der Aufbau der Sonntagsschulen in den Gemeinden gefördert. Zusätzlich zur Verbreitung religiöser Literatur leistet das Sekretariat finanzielle Hilfe beim Wiederaufbau verfallener Klöster und Kirchen sowie humanitäre Hilfe (Lebensmittel, Medikamente, Kleidung, technische Geräte für Krankenhäuser und Ärzte). Seit 1994 unterstützt das Sekretariat durch die Übernahme von Patenschaften ein Projekt für Straßenkinder in St. Petersburg. Auch werden Patenschaften für arme, kinderreiche Familien übernommen.
Zwei jährliche Vortragsreisen, die T. Goritschewa unternimmt, werden durch das Sekretariat koordiniert. Sie ermöglichen es, auf die Anliegen von T. Goritschewa sowie des Sekretariates aufmerksam zu machen und Freunde zu gewinnen.

Wirkungsbereich: D, GUS.

Publ.: Bücher, Broschüren, Kassetten.

Innere Ausrichtung: Die Ursprünge des Sekretariates bildete ein Freundeskreis von T. Goritschewa aus dem katholischen Bereich. Inzwischen hat sich dieser Kreis überkonfessionell ausgerichtet. Das Sekretariat hat auch das Ziel, die Begegnung mit der orthodoxen Kirche in Rußland zu fördern, aber auch im Westen Zugänge zur orthodoxen Frömmigkeit zu erschließen.

Organisation und Finanzierung: Das Sekretariat ist ein privater Arbeitskreis ohne organisatorische Form. Einige ständige ehrenamtliche Mitarbeiter und wechselnde sonstige Helfer (z.B. Jugendgruppen, Frauengruppen) stehen zur Verfügung. Die Finanzierung erfolgt ausschließlich durch private Spenden.

Sekretariat Tatjana Goritschewa
Sieglinde Fiedler
Königsberger Straße 11
D-67071 Ludwigshafen
Tel. 06237/3393

Seminar für Gemeindebau und Mission (SGUM)

früher: Bibelschule Walzenhausen

Die Schule ist aus der „New Life"-Bewegung hervorgegangen, die Anfang der 70er Jahre in der Schweiz von Absolventen der Bibelschule Brake unter Leitung von Heinz Strupler (geb. 1945)

ins Leben gerufen wurde. Durch Straßeneinsätze konfrontierten sie viele Menschen mit dem Evangelium. Die „Junggläubigen" wurden durch besondere Schulungskurse im christlichen Glauben unterwiesen. Die Gründung der Bibelschule erfolgte 1974/75.

1984 wurde ein Schulungszentrum in Kirchberg/Jagst (D) in einem ehemaligen Schullandheim der Stadt Stuttgart errichtet („Bibelschule Kirchberg", heute selbständig).

Im Rahmen der „New Life"-Arbeit entstanden Gemeinden in Zürich, Bern, Rorschach, Bremgarten, Wohlen, St. Gallen, Basel, Bregenz, Augsburg, Lindau, Meran und Bozen. Sie sind zusammengefaßt im „Bund Evangelischer Gemeinden" (BEG).

Die Bibelschule Walzenhausen zog 1995 nach Kehrsatz bei Bern um, um im Stadtkontext eine lebensnahe Ausbildung anzubieten. Sie heißt seither „Seminar für Gemeindebau und Mission". Die Leitung hat Andreas Ruh.

Tätigkeit: Die Schule bietet eine theologisch-missionarische Ausbildung an, die auf drei Ausbildungsbereiche (Lehre, Praxis, Persönlichkeitsbildung) ausgerichtet ist. Möglich ist der Besuch einer Kurzbibelschule (drei bis neun Monate), konzipiert für junge Christen, die Orientierung für ihr Leben suchen. Die Langzeitausbildung dauert zwei bis vier Jahre und will zur neben-und hauptamtlichen Mitarbeit in Kirche und Mission ausbilden.

Wirkungsbereich: CH; D (Bibelschule Kirchberg)

Einrichtungen: Schule ohne Internat.

Publ.: Update, zweimonatl., Aufl. 3.500.

Innere Ausrichtung: Die Bibelschule bekennt sich zum Bekenntnis der europäischen Allianz, zur Lausanner Verpflichtung und zum Manifest von Manila. Die Schule hat eine Glaubensgrundlage in neun Punkten auf fundamentalistischer Basis: Die Bibel ist in ihrem ganzen Umfang inspiriert und unfehlbar. Der Mensch ist seit dem Fall Adams völlig verderbt und verloren. Entscheidend sind für ihn Bekehrung, Buße und Wiedergeburt. Alle Menschen werden leibhaftig auferstehen, die Gläubigen zur ewigen Herrlichkeit, die Ungläubigen zur ewigen Verdammnis.

Man sucht die Bruderschaft zu allen Kirchen und Gemeinschaften; die eigene Prägung ist eher freikirchlich. Die Schule ist Mitglied der „Konferenz bibeltreuer Ausbildungsstätten" (KbA) und der „Arbeitsgemeinschaft Evangelikaler Missionen" (AEM), Schweiz.

Organisation und Finanzierung: Verein; Finanzierung durch Schulgelder und Spenden.

Seminar für Gemeindebau und Mission
Bernstr. 99, CH-3122 Kehrsatz
Tel. 031/9617717, Fax 031/9617715

SIM International

1893 reisten drei Nordamerikaner nach Nigeria aus, um den damaligen Sudan (das Südsaharagebiet) mit dem Evangelium zu erreichen. Rowland Bingham, der als einziger dieses Unternehmen überlebte, gilt als Gründer der „Sudan Inland Mission" (SIM). Im Laufe der Jahre dehnte sich die Arbeit auf Länder im Westen, Osten und Süden Afrikas aus. Durch den Zusammenschluß mit Missionen, die in Südamerika und in Asien im Einsatz waren, kamen in den achtziger Jahren diese beiden Kontinente als Einsatzgebiete hinzu.

Auf internationaler Ebene wird das Werk von Dr. Jim Plueddemann geleitet. Die Leitung für Südeuropa hat Claude Brocqueville.

Tätigkeit: Die SIM sieht sich berufen, den Menschen sowohl in ihrer geistlichen als auch in ihrer physischen Not zu helfen. Daher werden Missionare mit den unterschiedlichsten Fähigkeiten gebraucht, die sich in der Verkündigung des Evangeliums, in der Gründung und im Aufbau von Gemeinden, in der theologischen Aus- und Weiterbildung einheimischer Mitarbeiter, in der Radio- und Fernseharbeit, in landwirtschaftlichen Projekten, in der Erforschung einheimischer Sprachen und der Übersetzung der Bibel, in der Literaturarbeit, in der medizinischen Versorgung der Bevölkerung, in der Verwaltung und in vielen anderen Bereichen einsetzen.

Wirkungsbereich: Missionare aus fünf Erdteilen sind im Einsatz in 17 Ländern Afrikas, in fünf Ländern Asiens, in acht Ländern Amerikas und in drei Ländern Europas.

Publ.: „SIM heute", viermal jährl., in deutscher, französischer, englischer und italienischer Sprache; Videos in verschiedenen Sprachen, zahlreiche (vorwiegend englische) Bücher.

Innere Ausrichtung: Die SIM geht davon aus, daß die Bibel wortgetreu vom Heiligen Geist eingegeben worden ist und somit als maßgebendes Wort Gottes gilt. Sie glaubt an die Dreieinigkeit Gottes, an die Existenz Satans, an die Verlorenheit des gefallenen Menschen, der einer geistlichen Neugeburt bedarf, an die Errettung aus Gnade durch den Glauben an Jesus Christus, an das ewige Leben in Gemeinschaft mit Gott für die Erretteten und die ewige Strafe für die Verlorenen, an die weltweite Gemeinde Jesu, bestehend aus allen Gläubigen, die aus Gottes Geist neugeboren sind, und schließlich daran, daß der Missionsbefehl Christi allen seinen Jüngern gilt. Die SIM steht auf der Glaubensgrundlage der Evang. Allianz und ist Mitglied der „Arbeitsgemeinschaft Evangelikaler Missionen" (AEM), Schweiz. Sie unterhält Kontakte zu evangelikal geprägten Kirchen, Freikirchen und Gemeinschaften und zu bibeltreuen theologischen Ausbildungsstätten.

Organisation und Finanzierung: Die SIM unterhält weltweit acht Heimatzentralen, darunter die Heimatzentrale für Südeuropa mit Sitz in Lausanne (zuständig für die Schweiz, Belgien, Frankreich, Luxemburg, Liechtenstein, Italien, Spanien und Portugal). Sie ist als gemeinnütziger Verein anerkannt und untersteht einem Vorstand und einer Generalversammlung. In Deutschland ist die SIM indirekt vertreten durch verschiedene Partnermissionen (DMG, VDM, CFI, Liebenzeller Mission u.a.). Die SIM versteht sich als Glaubenswerk, das sich aus freiwilligen Gaben von Einzelpersonen, Gemeinden und Gruppen trägt.

Heimatzentrale für Südeuropa und die Deutschschweiz:
SIM International
Postfach 60, CH-1000 Lausanne 20
Tel. 021/6255139, Fax 021/6255169

SIM International
P.O. Box 7900
Charlotte NC 28241, USA

Staatsunabhängige Theologische Hochschule Basel (STH BASEL)

bis 1994: Freie Evangelisch-Theologische Akademie Basel (FETA)

Die „Freie Evangelisch-Theologische Akademie Basel" erhielt 1970 die staatliche Genehmigung zur Errichtung und Führung einer vom Staat und von der Universität unabhängigen Lehrstätte auf Hochschulebene zur Ausbildung evangelischer Pfarrer (Einstufung: wissenschaftliche Hochschule). Sie wurde am 4. Oktober 1970 in Basel eröffnet. Seit 1987 besteht das „Freie Seminar der Theologie" in Genf für Doktoralstudien unter der Verantwortung der STH Basel mit dem Ziel der Promotion zum Doktor der Theologie. Rektor der STH ist Prof. Dr. Samuel Külling.

Tätigkeit: Das Studium ist in fünf Studienjahre eingeteilt (jeweils Oktober bis

Juni). Es dient der Ausbildung evangelischer Pfarrer. Ziele sind eine gründliche biblische Ausbildung und die Vermittlung theologischen Wissens auf Hochschulebene, die Vermittlung einer umfassenden Sicht der geistlichen Bedürfnisse der Welt, die Förderung geistlichen Lebens auf der Grundlage der Heiligen Schrift und die Entfaltung und Förderung der Gaben und Fähigkeiten der Studenten im Blick auf den Dienst in Gemeinde, Evangelisation, Mission u.a.

Wirkungsbereich: Europa (CH, D, A, Niederlande, Frankreich, Belgien, Großbritannien, Spanien), Mittel- und Südamerika (Chile, Argentinien, Brasilien, Paraguay, Peru u.a.), Afrika (Elfenbeinküste, Südafrika, Angola, Zentralafrikanische Republik, Namibia, Tansania, Kamerun, Guinea), Asien (Indonesien, Korea, Japan u.a.), Vorderasien (Türkei, Jordanien).

Einrichtungen: Studienhaus in Riehen, Immanuel-Verlag.

Publ.: „Fundamentum", vierteljährl.; Prospekte, Informationsmaterial, Kassetten, Bücher im Immanuel-Verlag.

Innere Ausrichtung: Die Grundlage der Hochschule ist das Selbstzeugnis der Heiligen Schrift als vom Heiligen Geist inspirierte, göttliche Offenbarung (keine mechanische Inspirationsvorstellung). Notwendigkeit und Bedeutsamkeit der Textforschung werden anerkannt. Die Hochschule bekennt sich zur uneingeschränkten göttlichen Wahrheit und Autorität der ganzen Heiligen Schrift (im Sinne ihrer Irrtumslosigkeit) in jeder Hinsicht.

Die STA Basel will eine Alternative gegenüber den entsprechenden staatlichen und kirchlichen Ausbildungsstätten bieten, durch die gezeigt werden soll, daß man gründliche theologische Arbeit in wissenschaftlicher Weise ohne Bibelkritik leisten kann.

Organisation und Finanzierung: Die Leitung hat das Kuratorium. Der Rektor leitet im Auftrag des Kuratoriums die Verwaltung der Hochschule. Trägerin der STH Basel ist die „Immanuel Stiftung". Es unterrichten haupt- und nebenamtliche Professoren und Dozenten, Lektoren und Gastdozenten. Die Hochschule hat ca. 90 Studenten. Die Finanzierung wird ermöglicht durch Studiengebühren sowie Spenden aus dem Freundeskreis.

Staatsunabhängige Theologische Hochschule Basel
Mühlestiegrain 50
CH-4125 Riehen/Basel
Tel. 061/6411188, Fax 061/6413798

Stiftung Gott hilft

1916 begann der ehemalige Heilsarmeeoffizier Emil Rupflin (1885-1966), in einem familienähnlichen Heim in Felsberg bei Chur heimatlose Kinder zu betreuen. Bald folgten weitere Heime und heilpädagogische Pflegefamilien. Durch seine von Eva von Thiele-Winckler übernommene Art der Heimführung faßte der Gedanke der Familien- oder Gruppenerziehung in der

Schweiz Fuß. Rupflin verstand seine Tätigkeit als Evangeliumsdienst mit Volksmission. In diesem Sinn kamen 1944 und 1945 zwei Gästehäuser für Erholung, Verkündigung, Seelsorge und Bildung dazu. 1965 wurde eine Höhere Fachschule für Sozialpädagogik gegründet, 1995 eine Erziehungs- und Lebensberatungsstelle. Die Leitung des Werks hat Daniel Zindel.

Tätigkeit: Einsatz zugunsten von Kindern und Jugendlichen aus schwierigen Verhältnissen, Beheimatung und Erziehung heimatloser und verhaltensbehinderter Kinder in evangelischem Geiste, Hilfe für Menschen mit Lebensproblemen durch Verkündigung und Seelsorgeangebote, Ausbildung von Sozialpädagogen und Sozialpädagoginnen, Erziehungs- und Lebensberatung.

Wirkungsbereich: CH.

Einrichtungen: Vier Kinderheime, Sonderschulheime, zwei Gästehäuser, Alters- und Pflegeheim, Höhere Fachschule für Sozialpädagogik, Erziehungs- und Lebensberatungsstelle, Landwirtschaftsbetriebe.

Publ.: Mitteilungsblatt der Stiftung Gott hilft, Aufl. 7.200; „Lebendige Gemeinde", Aufl. 10.000.

Innere Ausrichtung: „Die Stiftung Gott hilft ist als Glaubenswerk nicht nur eine menschliche Gründung, sondern eine Tat des lebendigen Gottes. Sie stützt sich darum auf sein Wort und seine Verheißungen und bekennt sich im Glauben zur Heiligen Schrift als Gottes Wort" (aus: Grundsätze für den Dienst in der Stiftung Gott hilft). Es besteht keine festformulierte Glaubensbasis.

Mitarbeiter und Helfer anerkennen Jesus Christus als alleinigen Retter und Herrn ihres Lebens. Sie wissen sich mit allen Glaubenden im Sinne der Evang. Allianz verbunden und nehmen an deren Veranstaltungen teil. Der Stiftung ist die Integration in die Gemeinden am Ort ein Anliegen. Sie sucht und pflegt Kontakte zu bekennenden Christen jeder Denomination.

Organisation und Finanzierung: Gemeinnützige Stiftung mit einem 15köpfigen Stiftungsrat, einem fünfgliedrigen Leitungsgremium und einem Freundeskreis. In den verschiedenen Zweigen sind ca. 120 feste Mitarbeiter sowie 30 kurzfristige Helfer und Praktikanten tätig. Die Finanzierung erfolgt durch Pensions- und Kostgelder, gewisse staatliche Zuschüsse für Sonderschulheime und zu knapp 25 % durch freiwillige Spenden (Kollekten, Basarerträge usw). Die Freunde werden regelmäßig und möglichst umfassend über die Arbeit informiert. Spendenaufrufe oder Bittrufe werden nicht verschickt.

Stiftung Gott hilft
CH-7205 Zizers
Tel. 081/3073800

Stiftung Schleife

Die Stiftung Schleife ist aus der evang.-ref. Kirchgemeinde Winterthur-Seen herausgewachsen, in der Geri und Lilo Keller 1982 bis 1992 im Gemeindepfarramt tätig waren. Aus dem von ihnen verantworteten Gemeindeaufbau entstand neben weiteren gemeindlichen und übergemeindlichen Aktivitäten eine sog. Mitarbeitergemeinde, bestehend aus etwa 200 Gemeindegliedern, die in Hauskreisen oder Dienstgruppen zusammengefaßt waren. Dazu kamen zunehmend auswärtige Verpflichtungen, die sich mit einem normalen Gemeindepfarramt auf die Dauer nicht mehr zusammenbringen ließen, so daß Geri und Lilo Keller freiwillig aus dem Gemeindedienst ausschieden und zusammen mit dem innersten Leitungskreis 1992 die Stiftung Schleife gründeten – so genannt nach der Fabrikliegenschaft, in welcher Räumlichkeiten gemietet werden konnten.

Tätigkeit: Die Stiftung Schleife will kirchliche Gemeinden aller Denominationen, christliche Werke sowie andere Gruppierungen in ihrer praktischen und geistlichen Entwicklung fördern und unterstützen. Zu diesem Zweck schafft sie geeignete gottesdienstliche und seelsorgerliche Angebote sowie Schulungsangebote, die auf dem Evangelium von Jesus Christus gründen. Dazu gehören überkonfessionelle Reithalle-Gottesdienste (einmal im Monat, 1.200 Besucher), Leiterschaftsseminare (für Pfarrer, Gemeindeleiter mit Teams), Gemeindebegleitung, Seminare für Fürbitte und prophetisches Dienen, Seminare für bestimmte Gruppen (z.B. Ehepaare, Frauen, Männer), Kongresse (z.B. „Feste Speise" in Winterthur).

Wirkungsbereich: D, CH.

Publ.: Jahresprogramm und Seminar-

prospekte an 3.000 Adressen, Lobpreis-CDs von Lilo Keller und der Reithalle-Band, Vortragskassetten.

Innere Ausrichtung: Die Stiftung Schleife hat ihren Bestand und lebt aus der geschwisterlichen Zelle der Verantwortlichen (Stiftungsrat). Die einzelnen Berufungen und Dienste sind Ausfluß dieser Gemeinschaft. Grundlage ist Jesus, der als der auferstandene Sohn Gottes Schlüssel zum Leben ist. Die Frömmigkeitsprägung ist charismatisch. Engere Beziehungen bestehen zum „Josua-Dienst" (Dr. C. und U. Häselbarth, Strittmatt, D), zum Missionswerk „Leben in Jesus Christus" (Imst), zu „Morning Star" (Rick Joyner, USA), zur „Geistlichen Gemeinde-Erneuerung" (GGE) und zur AGGA. Man arbeitet zusammen mit Gemeinden, die für geistliche Aufbrüche offen sind.

Organisation und Finanzierung: Rechtsform ist die gemeinnützige Stiftung. Die Leitung liegt beim Stiftungsrat und einem Team. Das Werk beschäftigt neun hauptamtliche und drei nebenamtliche Personen; dazu kommen 120 ehrenamtliche Mitarbeiter; Finanzierung zu 55 % aus Spenden, zu 35 % aus Seminarbeiträgen, zu 10 % aus Kassettenverkäufen.

Stiftung Schleife
Pflanzschulstr. 1, Postfach 75
CH-8411 Winterthur
Tel. 052/2336080, Fax 052/2336082

Stimme der Erneuerung

Gründer und Leiter von „Stimme der Erneuerung" sind Georg und Helen Jesze. Georg Jesze wurde während des Zweiten Weltkriegs in Polen geboren und kam später nach England. Mit elf Jahren erlebte er die Taufe im Heiligen Geist, mit 19 Jahren besuchte er die Bibelschule der „Assemblies of God" (Pfingstgemeinschaft aus den USA) in Kenley bei London. In der Schweizer Pfingstmission wurde er ordiniert. 1965 lernte er seine zukünftige Frau kennen, die bei einer englischen Mission arbeitete. 1971 kam das Ehepaar nach Deutschland und gründete 1974 den Verein „Stimme der Erneuerung". Der englische Zweig ist seit 1986 mit eigenem Vorstand tätig. Ein Verein besteht auch in Holland („Stichting Stemder Vernieuwing").

Tätigkeit: Das Ehepaar Jesze will sich für eine Erneuerung in allen Kirchen und Gemeinden einsetzen, will Brücken zwischen Denominationen bauen. Hierzu dienen evangelistische Einsätze in Gemeinden, Bibelfreizeiten und Seminare, Missionsreisen (z.B. nach Indien oder Sri Lanka) und das Organisieren von Veranstaltungen für ausländische Redner. G. Jesze ist auch als Übersetzer tätig (Dr. Yonggi Cho, Harold Hill, Steve Lightle, David du Plessis, Lance Lambert, Clifford Hill, Reinhard Bonnke, Haralan Popov u.a.).

Wirkungsbereich: D, England, Holland, Rußland, Rumänien, USA, Indien u.a.

Publ.: Rundbriefe (deutsch, englisch, holländisch), unregelm.; Bücher von G.

und H. Jesze („Der Dolmetscher Gottes", englisch, deutsch, indonesisch; „Sieg über die Sorgen", englisch, deutsch, schwedisch, indonesisch, thailändisch, russisch, holländisch, in englisch in Braille, z.T auch auf Kassetten; „Geboren zum Siegen", englisch, deutsch, holländisch); Gedichtband von Helen Jesze; Kassetten (Lieder, Gedichte von Helen Jesze).

Innere Ausrichtung: Glaubensgrundlage ist die ganze Bibel als das Wort Gottes, inspiriert durch den Heiligen Geist. Betont wird, daß Jesus der Erretter, der Heiler des Leibes, der Befreier von jeder Gebundenheit und der Kommende ist. Außerdem wird die Taufe im Heiligen Geist betont.

Die Arbeit ist überkonfessionell. Man will dem ganzen Leib des Herrn dienen, der aus allen Denominationen besteht. Enge Verbindungen bestehen zu den "Geschäftsleuten des vollen Evangeliums" und zu Pfingstgemeinden (BFP). In England ist das Werk seit 1987 Mitglied in der „Evangelical Alliance".

Organisation und Finanzierung: Eingetragener Verein; Finanzierung durch Spenden.

Stimme der Erneuerung e.V.
Postfach 13 22, D-73240 Wendlingen
Tel. 07024/51824, Fax 07024/52971

Voice of Renewal UK International
28 Cedar Ave.
Nuthall, Nottingham NG 16 1AF, GB

Studenten für Christus

bis 1987: Christen in Aktion

John Koeshall aus Wisconsin/USA, geb. 1941, wurde als Missionar der „Assemblies of God" (Pfingstgemeinschaft in den USA) ausgesandt und gründete 1980 in München die erste europäische Gruppe von „Christen in Aktion". 1986 entstanden weitere Gruppen in Augsburg, Freiburg und Köln. 1987 wurde der Name in „Studenten für Christus" geändert, um die Verbundenheit mit ähnlichen christlichen Studentenvereinigungen in anderen Ländern (z.B. in Australien und Indien: „Students for Christ") zu verdeutlichen. 1991 wurde Steve Pecota, ebenfalls Missionar der „Assemblies of God", als Leiter eingesetzt.

Tätigkeit: Die „Studenten für Christus" wollen das Evangelium von Jesus Christus an den Hochschulen bezeugen und Studentinnen und Studenten zu einer persönlichen Beziehung zu Jesus Christus führen. Außerdem wollen sie christlichen Studentinnen und Studenten für die Zeit ihres Studiums eine lebendige christliche Gemeinschaft bieten, in der sie durch persönliche Beziehungen mit anderen, durch verbindliche Gemeinschaft in Kleingruppen („Jüngerschaftsgruppen"), durch gemeinsames Bibelstudium und durch Seminare als Person und als Christ wachsen können. Dabei wird Wert darauf gelegt, die Studentinnen und Studenten zur Übernahme von Verantwortung anzuleiten und ihnen Erfahrungen im

christlichen Dienst zu ermöglichen. Es entstehen keine neuen Gemeinden; vielmehr geht es um Eingliederung der Studenten in bestehende Gemeinden.

Wirkungsbereich: D (Augsburg, Bonn, Dresden, Erfurt, Fulda, Freiburg, Hamburg, Karlsruhe, Kiel, Köln, Mannheim, München).

Publ.: Rundbriefe, Traktate, Kassetten, Plakate.

Innere Ausrichtung: Die Arbeit wird getragen von den „Assemblies of God" in den USA. In Deutschland sind die „Studenten für Christus" dem „Bund Freikirchlicher Pfingstgemeinden" (BFP) freundschaftlich verbunden und haben v.a. zu BFP-Gemeinden engere Kontakte. Auf Ortsebene bestehen auch gute Beziehungen zu katholischen, landeskirchlichen und freikirchlichen Gemeinden. Zusammengearbeitet wird z.T. mit missionarischen Studentengruppen, z.B. „Campus für Christus". Grundlage des Glaubens ist die Heilige Schrift, die als unfehlbares Wort Gottes und Richtschnur des Handelns gilt. Das Apostolische Glaubensbekenntnis wird als Bekenntnis der christlichen Kirche anerkannt. Es wird betont, daß der Mensch durch den Glauben an Jesus Christus wiedergeboren und somit des Heils teilhaftig wird. Man glaubt, daß Gott auch heute noch durch Geistesgaben wirkt, und ist für dieses Wirken offen. Die Erfüllung mit dem Heiligen Geist ist für ein kraftvolles Leben als Christ und für einen vollmächtigen Dienst in Kirche und Welt nötig. Zeiten des Lobpreises und der Anbetung prägen die gemeinsamen Treffen.

Organisation und Finanzierung: Eingetragener Verein mit Vorstand, Beirat und Mitgliederversammlung; zwölf Gruppen in Deutschland, 14 in Frankreich, eine in Belgien; fünf hauptamtliche Mitarbeiter in Deutschland; Finanzierung der Arbeit durch Spenden und des Lebensunterhalts der Missionare durch die „Assemblies of God".

Studenten für Christus e.V.
Holstenstr. 5, D-22767 Hamburg
Tel. 040/3194529, Fax 040/3196643

Studentenmission in Deutschland (SMD)

Die SMD versteht ihre Arbeit als Fortführung der früheren „Deutschen Christlichen Studenten-Vereinigung" (Gründung 1895 in Großalmerode unter Anwesenheit von John Mott, in der NS-Zeit Kontakt zur Bekennenden Kirche, 1938 Verbot). Seit 1946 entstanden an verschiedenen Hochschulen Studentenkreise, die sich regelmäßig zu Gebet und Bibelstudium trafen und missionarisch aktiv waren. 1949 schlossen sie sich in Kloppenheim/Wiesbaden zur „Studentenmission in Deutschland" zusammen. 1963 erolgte die Gründung des „Arbeitskreises für Weltmission" (AfW). Die SMD ist mit der „International Fellowship of Evangelical Students" (IFES) international verbunden. Die Leitung haben Helmut Simon (Vorsitzender) und Dr. Jürgen Spieß (Generalsekretär).

Tätigkeit: Die SMD setzt sich mit haupt- und ehrenamtlichen Mitarbeitern dafür ein, daß an weiterführenden Schulen und Universitäten sowie in akademischen Berufen die Botschaft von Jesus Christus verkündigt wird. Ca. 600 Schülerbibelkreise haben Kontakt zur SMD. Zehn SMD-Reisesekretäre beraten sie, führen Seminare oder Schulungswochen durch und gestalten Tagungen und Wochenendfreizeiten. Dazu kommen etwa 40 Sommerfreizeiten im europäischen Ausland. SMD-Studentengruppen gibt es an 54 deutschen Hochschulen (zusätzlich 26 Freundesgruppen). Die örtliche Arbeit wird von Studenten der verschiedensten Studienrichtungen selbständig geplant und durchgeführt (z.B. Büchertische, Flugblatt-Aktionen, Offene Abende, Gesprächskreise, Kreise für ausländische Studenten, Hörsaalvorträge, Freizeiten). Zehn Reisesekretäre beraten die Studentengruppen und führen Mitarbeiterschulungen durch. Durch ein Gastfreundschaftsprogramm werden Kontakte zwischen ausländischen Studenten und deutschen Familien vermittelt.

Die Arbeit unter Akademikern geschieht in Hauskreisen, bei Wochenendtagungen und Familienfreizeiten. Die biblisch zurüstenden Tagungen behandeln Fragen des Glaubens und der Lebensgestaltung. Auf den fachbezogenen Tagungen werden Fragen erörtert, die das Leben als Christ im jeweiligen Beruf betreffen.
Wirkungsbereich: D, Osteuropa.
Publ.: „transparent", Zeitung mit Nach-

richten aus der Schüler-, Studenten-
und Akademikerarbeit, viermal jährl.,
Aufl. 10.000; „transparent spezial", Zeitung für Studenten, viermal jährl., Aufl.
2.000; „Aha", Zeitschrift für Schüler,
mit Regionalteil, dreimal jährl., Aufl.
1.200; „PORTA", thematische Zeitschrift, zweimal jährl., Aufl. 3.000;
„Porta Studien", fachbezogene Auseinandersetzung zwischen Wissenschaft
und Glaube; „Mini porta"; evangelistische Verteilhefte.
Innere Ausrichtung: Glaubensgrundlage
ist die Basis der Evang. Allianz. Ein dieser „Basis" entsprechendes Bekenntnis
wird von den Mitarbeitern der SMD
(auch von den verantwortlichen ehrenamtlichen Mitarbeitern) im Rahmen
von „Richtlinien" durch Unterschrift
anerkannt. Die SMD arbeitet überkonfessionell. Zusammenarbeit besteht mit
anderen Studentengruppen, soweit diese den gleichen missionarischen Auftrag
durchführen wollen (Campus für Christus, Navigatoren, Deutscher Christlicher Technikerbund).
Organisation und Finanzierung: Eingetragener Verein mit Vorstand und Rat
(16 Mitglieder); ca. 35 hauptamtliche
Mitarbeiter; Freundeskreis ca. 10.000
Personen; Finanzierung durch Spenden.

Studentenmission in Deutschland e.V.
Universitätsstr. 30, D-35037 Marburg
Postfach 5 54, D-35017 Marburg
Tel. 06421/91050, Fax 06421/21277

Studiengemeinschaft Wort und Wissen

Die Studiengemeinschaft Wort und
Wissen ist ein Zusammenschluß von
Christen aus überwiegend naturwissen-
schaftlichen Berufen. Der Verein wurde
1979 gegründet mit dem Ziel, Studenten und Akademiker mit dem biblischen
Zeugnis zu erreichen. Dabei soll in der
kritischen Auseinandersetzung mit säkularen Denkvorstellungen gezeigt
werden, wie die wissenschaftlichen Daten aus der biblischen Perspektive ge-
deutet werden können. Der thematische Schwerpunkt liegt dabei auf der
kritischen Auseinandersetzung mit dem
Evolutionismus.
Das Anliegen der Bildungsarbeit wird
verwirklicht durch allgemeinverständli-
che Veröffentlichungen, Vorträge in
Gemeinden, Schulen und an Universitäten, Tagungen und Seminare für Pädagogen, Studenten, Schüler und Interessierte, Exkursionen sowie Materialien
für den Unterricht.
Publ.: Mitteilungsblatt „Wort und Wissen Info"; (interdisziplinäre) Fachbe-
richtsreihe „Studium Integrale".

Studiengemeinschaft Wort und Wissen e.V.
Sommerhalde 10, D-72270 Baiersbronn
Tel. 07442/4472, Fax 07442/50523

Studienhäuser

Die Auseinandersetzung mit der bibel-
kritischen Theologie und deren Auswirkungen für die kirchliche Verkündigung unter evangelikalen Christen
führte seit den 70er Jahren zur Entstehung von theologischen Studienhäu-
sern. Sie zielten zunächst vorrangig auf
die theologische und seelsorgerliche
Begleitung des universitären Theolo-
giestudiums, bieten aber zunehmend
begleitende und ergänzende Studien-
gänge an.

Die an verschiedenen Universitäten bestehenden Kreise für Theologiestudie-
rende werden koordiniert vom „Arbeitskreis für geistliche Orientierung
im Theologiestudium" (AgO, Schwanallee 53, D-35037 Marburg).

Studienhäuser: Albrecht-Bengel-Haus
(Ludwig-Krapf-Str. 5, D-72072 Tübin-
gen), Friedrich-Hauß-Studienzentrum
(Heidelberger Str. 32, D-69198
Schriesheim b. Heidelberg), Bodel-
schwingh-Studienhaus (Schwanallee
53, D-35037 Marburg), Geistliches
Rüstzentrum Krelingen (s. ebd.), Kre-
linger Studienhaus (Schlesierring 60,
D-37085 Göttingen), Philipp-Jakob-
Spener Haus (Kaiserstr. 13, D-55116
Mainz), Bruderschaft Liemehna
(Dorfstr. 20, D-04838 Liemehna).

Taschenbibelbund (Tbb)

Helen Cadbury, geb. 1877 (England),
aus einer Quäker Familie stammend
(Vater Schokoladenfabrikant), kam mit
zwölf Jahren bei einer Evangelisation
zum bewußten Glauben und gründete
in ihrer Schule einen „Taschenbibelbund". 1902 heiratete sie den Evange-
liumssänger Charles Alexander aus Ten-
nessee/USA. Mit ihm machte sie mehrere Weltreisen und verbreitete den
Gedanken des Taschenbibelbundes. Es
entstanden eigene Zentralen in den
USA, Großbritannien, Frankreich,
Deutschland, Holland, Australien,
Schweden und China. 1928 wurden anläßlich der ersten internationalen Konferenz in Birmingham Grundlagen und
Ziele des Tbb in einer gemeinsamen
Basis festgelegt. Nach dem Zweiten
Weltkrieg gingen von den USA große
missionarische Aktivitäten aus.

Die nationalen Werke arbeiten eigenständig, unterstützen sich aber gegenseitig bei ihren missionarischen Aktionen.

1922 begann die Arbeit in Deutschland
in Zusammenhang mit einer Gemeinschaftskonferenz. In Staßfurt, Wernige-
rode und Gevelsberg wurden Zentralen
gebildet. Nach 1945 gab es einen Neu-
beginn in Bad Harzburg in Verbindung
mit dem dortigen Diakonissen-Mutterhaus „Kinderheil". 1954 erfolgte die
Gründung als e.V. Die Leitung des Tbb
in Deutschland hat Pastor Wolfgang
Zimmermann.

Tätigkeit: Verteilung von Evangelien
und kleinen Neuen Testamenten, bibel-

missionarische Seminare, Tbb-Konferenzen in Bad Harzburg alle zwei Jahre, Einsätze mit internationalen Teams (Besuch in Gemeindekreisen, Schulklassen und Gottesdiensten, Straßenmission) in enger Zusammenarbeit mit den örtlichen Gemeinden (meist auf Einladung der Evang. Allianz).
Wirkungsbereich: Weltweit.
Publ.: Tbb-Nachrichten „Suchet in der Schrift", seit 1950, halbjährl., Aufl. 7.000; Johannes-Evangelium in über 70 Sprachen, „Gottes Wort ist nicht gebunden" (Selbstdarstellung), Kleinschriften.
Innere Ausrichtung: Im Mittelpunkt steht der Glaube an die Autorität der ganzen Heiligen Schrift. Jedes Mitglied macht es sich zur Lebensregel, täglich einen Abschnitt aus der Bibel zu lesen und stets eine Bibel oder ein Neues Testament bei sich zu tragen. Außerdem bemüht es sich, das Wort Gottes in Form von handlichen Evangelien oder kleinen Testamenten weiterzugeben.
Eine enge Verbindung besteht zu den Gemeinschaften des „Evangelischen Gnadauer Gemeinschaftsverbandes" und zum EC. Der Tbb arbeitet mit der Deutschen Bibelgesellschaft und mit der Evang. Allianz zusammen.
Organisation und Finanzierung: Eingetragener Verein mit Vorstand und Beirat; jährliche Begegnung mit allen europäischen Tbb-Organisationen; ehrenamtliche Mitarbeiter; Finanzierung durch Spenden aus dem Freundes- und Mitgliederkreis und durch den Verkauf von Bibeln.

Taschenbibelbund für Deutschland e.V.
Kleine Krodostr. 6
D-38667 Bad Harzburg
Postfach 14 61, D-38656 Bad Harzburg
Tel. 05322/78945 oder 7890

Internationale Organisation:
Pocket Testament League Inc.
11, Toll Gate Road
P.O. Box 800, Lititz
Pennsilvania 17543-7026, USA

Teen Challenge (TC)

Teen Challenge geht zurück auf David Wilkerson, der 1958 in New York begann, sich für straffällige und süchtige junge Menschen einzusetzen und ihnen durch die Christusbotschaft zu einer völligen Rehabilitation nach Geist, Leib und Seele zu verhelfen. Seine Arbeit wurde durch das Buch „Das Kreuz und die Messerhelden" weltweit bekannt. In Deutschland begann die Teen-Challenge-Arbeit 1970 in Berlin, 1972 in München und Stuttgart, angeregt durch Harold Schmitt (Mitglied der amerikanischen Pfingstgemeinschaft „Assemblies of God"), der damals als Gastlehrer an der Bibelschule „Beröa" (Erzhausen) wirkte. Heutiger Leiter ist Michael Fischer.
Tätigkeit: Streetwork-Evangelisation auf Straßen und Plätzen, durch Teestuben, in persönlichen Gesprächen, besonders in Krankenhäusern und Gefängnissen; ambulante Beratung und Therapie; Therapievorbereitung und

-vermittlung; Betreuung beim klinischen Entzug; Rehabilitation (Intensivtherapieprogramme, die 12-15 Monate dauern, mit geistlichem, beruflichem und sozialem Training); Resozialisierung (Hilfestellung bei Arbeits- und Wohnungssuche, spezielle Wiedereingliederungsprogramme, Krisenintervention); niederschwellige Angebote (Duschen, Essen, Schlafen); Information und Aufklärung auf Konferenzen, in Gemeinden, Schulen, Jugendgruppen, durch Film- und Videoarbeit und durch Literatur; Mitarbeiterschulung und Weiterbildung; Praktika.

Wirkungsbereich: USA, Kanada, Australien, asiatische und südamerikanische Länder, D, CH, A, fast alle westeuropäischen Länder, mehrere osteuropäische Länder.

Einrichtungen: Rehabilitationszentren in Metzdorf bei Öhringen, Dänschendorf auf Fehmarn, Ohren bei Limburg, Hasselbrock bei Walchum; Übergangseinrichtungen und Wohngemeinschaften in Schneedenhaarbach bei Landshut, Berlin, Kerken bei Duisburg und München; Teestuben in Berlin, Fulda, Mainz, Moers, Bautzen.

Publ.: „Challenger", seit 1970, zweimal jährl., Aufl. 5.000; David Wilkerson, „Das Kreuz und die Messerhelden" (Buch und Film); Diavorträge.

Innere Ausrichtung: TC arbeitet interkonfessionell und ist nicht an eine bestimmte Kirche gebunden. In seiner Glaubensgrundlage ist es eng verbunden mit der Pfingstbewegung („Bund Freikirchlicher Pfingstgemeinden"). Betont werden Bekehrung, Wiedergeburt, Glaubenstaufe und die Erfüllung mit dem Heiligen Geist. Das geistliche Leben ist geprägt von gemeinsamem Gebet und Anbetung, von Lobpreis Gottes im Lied, von der Betätigung geistlicher Gaben, von verbindlicher Seelsorge und von Offenheit im gemeinsamen Leben. Einzelne Einrichtungen von Teen Challenge sind Mitglied im Diakonischen Werk, in der „Arbeitsgemeinschaft Christlicher Lebenshilfen" (ACL) und in der örtlichen Evang. Allianz.

Organisation und Finanzierung: Die Mitarbeiter der Zentren bilden jeweils eine geistliche Lebensgemeinschaft. Vertreter aller Einrichtungen treffen sich zu jährlichen Mitgliederversammlungen und Mitarbeiterseminaren. Leiter und Mitarbeiter der nationalen TC-Arbeiten treffen sich zu jährlichen Europa-Konferenzen. „EurAsia Teen Challenge" koordiniert die nationalen Arbeiten in Europa, Nahost und Südasien. Die Finanzierung erfolgt vor allem durch Spenden aus dem Freundeskreis. Dazu kommen gelegentlich Zuschüsse, Pflegegelder von Sozialämtern, Krankenkassen und Rentenversicherungsträgern.

Teen Challenge in Deutschland e.V.
Emil-Geis-Str. 39
D-81379 München
Tel. 089/7239030

Teen Challenge Schweiz
Agape Zentrum
Postfach 19, CH-8873 Amden

Teen Challenge Österreich
Oskar Kaufmann
Richard-Wagner-Gasse 1
A-2620 Neunkirchen

Europäische Zentrale:
EurAsia Teen Challenge
Hohlweg 33, D-65396 Walluf
Tel. 06123/74207

Theologisch-Diakonisches Seminar Aarau (TDS)

früher: Schweizerische Evangelische Bibelschule

Das „Theologisch-Diakonische Seminar" wurde 1960 als „Schweizerische Evangelische Bibelschule" von den Pfarrern H. Bolliger, G. Henny und E. Hunzinger in Aarau gegründet. Erster Rektor war Pfarrer Hans Bolliger von 1966 bis 1985. Sein Nachfolger wurde Pfarrer Mag. W. Henning aus Gütersloh (D) nach 14jähriger Pfarrtätigkeit in der Reformierten Landeskirche der Schweiz. Zusammen mit drei Dozenten leitet er heute das Seminar. Etwa 15 in Teilzeitarbeit beschäftigte Dozenten ergänzen den Lehrkörper.
Tätigkeit: Das TDS vermittelt Frauen und Männern ab 21 Jahren eine theologisch-diakonische Berufsausbildung. Die Ausbildung dauert vier Jahre und umfaßt neben der theologischen Grundausbildung die theoretische und praktische Vorbereitung in Katechetik, Seelsorge, Sozialdiakonie und Gemeindearbeit. Der Unterricht wird durch drei Praktika ergänzt (Sozialpraktikum: drei Monate, Gemeindepraktikum: vier Monate, Berufswahlpraktikum: zwei Monate). Die Examina werden von externen Prüfungsexperten (Professoren der theologischen Fakultäten, Mitglieder der Konkordatsprüfungsbehörde und Fachexperten der Kirchen) begleitet und begutachtet.
Seit 1994 nimmt die Zahl der Teilzeitstudenten zu, die sich berufsbegleitend aufgrund eines ihren individuellen Bedürfnissen angepaßten Lehrplans zusätzliche Kenntnisse und Fähigkeiten aneignen wollen. Parallel dazu bietet das TDS seit 1994 sogenannte „Laienkurse" abends und samstags an, die jährlich von etwa 500 Teilnehmern besucht werden. Die bisherigen Erfahrungen deuten ein Bedürfnis an, dem das TDS in Zukunft konzentrierte Aufmerksamkeit widmen möchte.
Wirkungsbereich: V.a. CH, aber auch weltweite Beziehungen.
Einrichtungen: Seminargebäude, Studentenwohnhaus.
Publ.: Mitteilungsblatt „Was geht bei uns vor?", zweimonatl., Aufl. ca. 6.000.
Innere Ausrichtung: Glaubensgrundlagen sind vor allem die Bibel, dann die altkirchlichen und reformatorischen Bekenntnisse sowie die Glaubensbasis der Europäischen Evang. Allianz. Ausbildungsziel ist, die Bibel als Gottes lebendiges Wort verstehen und leben zu können, um es dann im konkreten Gesellschaftshorizont in Wort und Tat weiterzugeben in der Einheit von theologischer, geistlicher und fachlicher Kompetenz.

Der Unterricht wird von täglichen Andachten und einem Wochengottesdienst begleitet. Haus- und Gebetskreise sowie weitere geistlich geprägte Angebote gestaltet die Studentenschaft in eigener Verantwortung. Von allen Mitarbeitern und Mitarbeiterinnen im Verwaltungsbereich werden ebenso wie vom Dozententeam eine christliche Glaubens- und Lebenshaltung und fachliche Kompetenz erwartet.

Das TDS versteht sich als ein „freies Glaubenswerk", das allen Kirchen, Gemeinden und christlichen Werken geeignete und gut ausgebildete Mitarbeiterinnen und Mitarbeiter zur Verfügung stellen will. Deshalb finden in unregelmäßigen Abständen Gespräche mit den Ausbildungsverantwortlichen der verschiedenen Kirchen statt, um den Lehrplan den jeweiligen Bedürfnissen anzupassen. Seit 1994 ist die vierjährige Ausbildung vom Ausbildungsrat der Diakoniekonferenz der Schweizerischen Kirchenkonferenz anerkannt. Absolventen sind in allen deutschschweizerischen Landeskirchen wählbar und können ordiniert werden.

Das TDS ist Mitglied im „Diakonieverband der Schweiz", in der „Arbeitsgemeinschaft Evangelikaler Missionen" (AEM Schweiz) und in der „Europäischen Evangelikalen Akkreditierungsvereinigung". Zur „Schweizerischen Evangelischen Allianz" (SEA) besteht ein konstruktiv unterstützendes Verhältnis.

Organisation und Finanzierung: Träger des TDS ist ein Verein mit einem Vorstand. Er hat die Seminarleitung an das Rektorat und die Leitung der Verwaltung an die Geschäftsführung delegiert. Die Studentenschaft (ca. 75) organisiert sich im zehnköpfigen Studentenrat, der den seminaristischen Alltag konstruktiv-kritisch begleitet und gestaltet. Ein Kreis von Mitgliedern, Freunden und Gönnern (etwa 6.000) begleitet und unterstützt das TDS durch regelmäßige Beiträge und Gaben. Kollekten von Kirchgemeinden und eine jährliche, namhafte Subvention der Schweizerischen Kirchenkonferenz helfen mit, trotz eines Eigendeckungsgrades von nur ca. 45 % vollumfänglich arbeiten zu können.

Theologisch-Diakonisches Seminar
Frey-Herosé-Str. 9, CH-5000 Aarau
Tel. 062/8245051, Fax 062/8246939

Treffpunkt Leben

Die Gemeinde „Treffpunkt Leben" in Ditzingen entwickelte sich zunächst im Bereich der in Württemberg verwurzelten und zur Pfingstbewegung gehörenden Volksmission entschiedener Christen und verselbständigte sich 1993 unter der Leitung von Michael Winkler zu einer eigenständigen Gemeinde mit ca. 400 Gottesdienstbesuchern am Sonntag. Treffpunkt Leben versteht sich als eine Gruppe von Menschen aller Altersgruppen, die sich durch persönliche Erfahrungen der Liebe Gottes und der Erlösung Jesu Christi sowie durch die Anerkennung der Königsherrschaft Jesu verbunden wissen und zu einer Gemeinde formiert haben.

Tätigkeit: Neben den vielfältigen Gemeindeaktivitäten (Gottesdienst, Hauskreise, missionarische Dienste u.a.) fördert Treffpunkt Leben Neugründungen von eigenständigen Gemeinden, die sich möglichst wiederum vervielfältigen. So entstanden die „Arche" in Asperg, die „Jesus City Friends" in Stuttgart und die „Netzwerkgemeinde Schönbuch" in Holzgerlingen. Der Schwerpunkt der Arbeit liegt im missionarisch-evangelistischen Bereich. Barmherzigkeitsdienste erfolgen durch ein 1994 gegründetes mildtätiges Missionswerk „Hope e.V."; in einer Werkstatt für Gemeindeaufbau geschieht Schulung für Leiterschaft und Gemeindeneugründung.

Innere Ausrichtung: Die Gemeinde sieht sich dem Apostolischen Glaubensbekenntnis und der Lausanner Verpflichtung verbunden und ist charismatisch geprägt. Ihren Aufgabenbereich sieht sie darin, das Evangelium von Jesus Christus allen Menschen bekanntzumachen und die Nachfolger Christi aufzurufen, sich in christusorientierten Gemeinden zusammenzuschließen. Die Taufe wird als Glaubenstaufe praktiziert.

Organisation und Finanzierung: Die Leitung der Gemeinde geschieht durch haupt- und nebenberuflich tätige Älteste (sechs Älteste, davon vier hauptamtlich) sowie durch einen Kreis von Koordinatoren. Die Gesamtheit der Ältesten und Diakone stellt den Verein „Treffpunkt Leben Förderkreis" dar, sofern

sie dem Verein beigetreten sind. Die Arbeit wird aus Spenden finanziell getragen.

Treffpunkt Leben
Berblingerstraße 2, D-71254 Ditzingen
Tel. 07156/93130, Fax 07156/931313

Tübinger Offensive Stadtmission (TOS)

Jobst Bittner und seine Frau Charlotte, beide geprägt durch Volkhard Spitzer und die Jesus-People-Bewegung in Berlin, begannen nach Abschluß ihres Studiums (Theologie bzw. Geschichte und Germanistik), ab 1986 durch Gebet, Seelsorgeseminare und Evangelisation eine stadtmissionarische Arbeit in Tübingen aufzubauen.

Tätigkeit: Ziel ist, gottferne Menschen in nächster Umgebung und im Ausland zu erreichen gemäß dem Missionsbefehl Apg. 1,8 und ihnen zu helfen, ihre Berufung zur Nachfolge Jesu in der Gemeinschaft aktiv zu leben. Dies geschieht durch Missionsarbeit, Evangelisation, Konferenzen, Seelsorge, Hauskreisarbeit, Dienst an Hilfsbedürftigen, Schulung. In Tübingen bestehen folgende Arbeitszweige: Gemeinde Eisenbahnstraße, Jesus live-Gemeinde, Dynamis-Hochschulgemeinde, Non-stop Evangelisation, Jesus live-Laden, Treffpunkt Bursagasse, Frauencafé, Ausländerarbeit, Obdachlosenspeisung, Royal Rangers, Kinderarbeit, Medienarbeit, Radio „helle welle", Dynamis-Bibel-Institut. Missionarische Einsätze sowie Hilfstransporte werden für Weißrußland organisiert.

Wirkungsbereich: D, Weißrußland.

Einrichtungen: Zentren Eisenbahnstraße und Bursagasse, Jesus live-Laden.

Publ.: Zeitung „Offensiv", seit 1991, Aufl. 2000; „Mehr! Vollmacht auf der Straße. Gebetsexpedition Berlin-Moskau", Aufbruch-Verlag, Berlin 1994; Gebetsexpedition Berlin-Moskau" (Video); Kassetten (TOS-Medienkreis).

Innere Ausrichtung: Die TOS will in ihrer Theologie biblisch, in ihrer Struktur freikirchlich, in der Arbeitsweise interkonfessionell und im Stil charismatisch sein.

Grundlage von aller Lehre und deren Anwendung ist die Bibel (2. Tim. 3,16f). Die Gemeinschaft geht davon aus, daß der Heilige Geist in jedem Menschen wirken will, und betont die Neuwerdung des gerechtfertigten Sünders durch den Heiligen Geist und seine fortschreitende Heiligung durch diesen Geist.

Die TOS ist mit dem Netzwerk charismatischer Gemeinden und Werke freundschaftlich verbunden, das durch den „Kreis Charismatischer Leiter", den „Kreis der Einheit" und „Marsch für Jesus" repräsentiert wird.

Organisation und Finanzierung: Die TOS ist ein gemeinnütziger Verein (e.V.). Hauptamtlich sind sieben Personen beschäftigt, nebenamtlich fünf; dazu kommen ca. 35 ehrenamtlich tätige Hauskreisleiter, Bereichsleiter usw. Pro Woche besuchen ca. 450 Personen den Gottesdienst (einschl. Kinder). Die TOS wird nur von Spenden finanziert; sie hält sich an die in Freikirchen übliche Praxis des „Zehnten".

Tübinger Offensive Stadtmission e.V.
Eisenbahnstr. 124, D-72072 Tübingen
Tel. 07071/35600, Fax 07071/36341

Überseeische Missions-Gemeinschaft (ÜMG)

früher: China Inland Mission (CIM)

Dr. J. Hudson Taylor (1832-1905) arbeitete 1853-1860 im Auftrag einer englischen Missionsgesellschaft als Arzt in China. 1865 gründete er die China Inland Mission in England, die bald auch Mitarbeiter aus anderen englischsprachigen Ländern hatte. In Deutschland entstand durch seine Anregung um die Jahrhundertwende die Liebenzeller Mission. In der Schweiz nahm 1895-1950 die Pilgermission St. Chrischona die Interessen der China Inland Mission wahr.

1949 mußten nach der kommunistischen Machtübernahme in China alle Missionare das Land verlassen. Neue Möglichkeiten für die Missionsarbeit zeichneten sich in Ost- und Südostasien ab. 1965 wurde die Mission umbenannt in „Überseeische Missions-Gemeinschaft".

Die Gründung eines selbständigen Schweizer Zweiges erfolgte 1950. Seit 1952 reisten deutsche Missionare über CIM-ÜMG Schweiz aus. 1967 wurde der deutsche Zweig gegründet. Die Leitung von ÜMG hat in Deutschland Wolfgang Schröder, in der Schweiz Armin Keller.

Tätigkeit: Evangelisation, Gemeindebau, Rundfunk-, Literatur-, Schüler- und Studentenarbeit, medizinische und andere soziale Aufbauarbeit, Lehrtätigkeit an Universitäten, Entsendung von Fachkräften und Mitarbeit auf Einladung einheimischer Kirchen in allen christlichen Arbeitsgebieten, Arbeit unter Asiaten in Deutschland und in der Schweiz, Missionstage, -freizeiten, -konferenzen, -wochenenden, -seminare, Missionarsbesuche.

Wirkungsbereich: Großbritannien, Niederlande, D, CH, Südafrika, USA, Kanada, Japan, Hongkong, Taiwan, Philippinen, Thailand, Malaysia, Singapur, Korea, Indien, Australien, Neuseeland, Indonesien (Heimatländer); Japan, Korea, Hongkong, Taiwan, Philippinen, Indonesien, Singapur, Malaysia, Thailand, Pakistan, Kambodscha, Vietnam, Mongolei (Arbeitsgebiete).

Einrichtungen: Missionshaus in Mücke, Missionshaus in Zürich.

Publ.: „Ostasiens Millionen", zweimonatl., Aufl. ca. 6.000; Beterkalender, monatl.; Missions-Kinderblatt, vierteljährl.; Bücher, Tonbildserien.

Innere Ausrichtung: Die Ausrichtung ist evangelikal, evangelistisch, international, interdenominationell. Bewerber werden gebeten, zu folgenden Punkten ihre eigenen Ausführungen zu machen: Inspiration und Autorität der Heiligen Schrift, Dreieinigkeit Gottes, Zustand des natürlichen Menschen und die Notwendigkeit einer Wiedergeburt, Versöhnung, Rechtfertigung und Heiligung, Wesen und Auftrag der Gemeinde in der Welt, Inhalt der christlichen Hoffnung.

ÜMG ist Mitglied der „Arbeitsgemeinschaft Evangelikaler Missionen" (AEM) und hat Kontakte zur Evang. Allianz. Verbindungen bestehen zu den evangelischen Kirchen, Freikirchen und Gemeinschaften.

Organisation und Finanzierung: ÜMG ist ein eingetragener Verein. Die Leitung liegt in den Händen des Generaldirektors, der vom Überseedirektor und den anderen Direktoren sowie vom Zentralrat beraten wird. ÜMG hat ca. 1.000 vollzeitliche Mitarbeiter aus westlichen und asiatischen Ländern. Die Finanzierung wird ermöglicht durch freiwillige Spenden von Einzelpersonen und Gemeinden.

Überseeische Missions-Gemeinschaft e.V.
Am Flensungerhof 12, D-35325 Mücke
Tel. 06400/9055, Fax 06400/90056

Überseeische Missions-Gemeinschaft
Postfach, CH-8028 Zürich

OMF International
(Overseas Missionary Fellowship)
2 Cluny Road
Singapore 259570, Republic of Singapore

Ungarische Schriftenmission

Die Ungarische Schriftenmission arbeitet im Rahmen der „Mission für Süd-Ost-Europa" (Siegen). Árpád Kovács (geb. 1935, seit 1956 in Deutschland) baute die Arbeit auf (anfangs zusammen mit A. Ungar, gest. 1970). Seit 1957 verbreitete er christliche Literatur unter den Ungarn, v.a. unter Emigranten in verschiedenen Ländern. Seit sich die Grenzen geöffnet haben, ist er zunehmend in Osteuropa tätig, vor allem in Ungarn, wo seit 1988 die meisten Druckwerke durch die dortige Vertretung verlegt werden, außerdem in Rumänien (in Siebenbürgen leben knapp 3 Mill. Ungarn), in der Slowakei (800.000 Ungarn), in Karpato-Ukraine (300.000 Ungarn) und im ehemaligen Jugoslawien (400.000 Ungarn).

Tätigkeit: Die Ungarische Schriftenmission ist ein Missionsverlag für christliche Literatur in ungarischer Sprache. Etwa 50 Titel sind ständig auf Lager. Die Schriften werden in 30 Länder der Welt versandt, in denen ungarische Landsleute zu erreichen sind. Gelegentlich werden Hilfsgüter-Transporte nach Osteuropa organisiert und Besuche durchgeführt.

Wirkungsbereich: Etwa 30 Länder.

Publ.: 120-130 verschiedene Traktate; „vetés és aratás" (Saat und Ernte), seit 1963, dreimonatl., Aufl. 60.000 (32seitig; die Schrift enthält keine Nachrichten, sondern dient nur der Vermittlung der biblischen Botschaft); etwa 360 Buchtitel (Taschenbücher, Andachtsbücher, Kinderbücher); christliche Tonbänder, Bibeln, Bibelteile, Spruchkarten.

Innere Ausrichtung: Die Ungarische Schriftenmission teilt die Glaubensbasis der Evang. Allianz. Im Mittelpunkt steht die Erlösung durch den Glauben an Christus allein. Die herausgegebenen Schriften sind christozentrisch, interkonfessionell und frei von jeglicher politischen, kulturellen und sonstigen Färbung.

Gute Verbindungen bestehen zur württembergischen Landeskirche, zu Freikirchen, Gemeinschaften und missionarischen Werken. Das Werk arbeitet bei Allianzveranstaltungen mit.

Organisation und Finanzierung: Das Werk hat drei Angestellte, eine freie Mitarbeiterin und gelegentliche freiwillige Helfer. Es wird durch Spenden finanziert. Für manche Bücher wurden die Kosten von Missionsgesellschaften, Verlagen oder Autoren zur Verfügung gestellt.

Ungarische Schriftenmission
Ganzenstr. 13, D-70567 Stuttgart
Tel. 0711/717660, Fax 0711/712141

Zentrale in Ungarn:
Evangéliumi Kiadó
Ó-utca 16
H-1066 Budapest VI

Verband evangelischer Freikirchen und Gemeinden in der Schweiz (VFG)

Auf Anregung der Schweizerischen Evangelischen Allianz schlossen sich 1919 Freikirchen, Gemeinschaften und andere evangelische Werke zum „Verband unabhängiger evangelischer Korporationen (Kirchen, Gemeinschaften, Gesellschaften und Vereine) der Schweiz" zusammen. Ziel war, über eine rechtliche Körperschaft zu verfügen, die im Namen ihrer Mitglieder reden und handeln konnte.

Die im VFG zusammengeschlossenen Freikirchen und Gemeinden verbindet das Bekenntnis zu Jesus Christus auf der Basis der Heiligen Schrift, der Auftrag der Verkündigung des Evangeliums, der gemeinsame Bezug auf das Apostolische Glaubensbekenntnis und die Lausanner Verpflichtung. Zum Verband gehören zwölf freikirchliche Körperschaften mit über 600 lokalen Gemeinden und einem breiten Fächer angeschlossener diakonischer Werke (v.a. in der deutschen Schweiz). Die Leiterkonferenz der Freikirchen bildet zugleich die Generalversammlung des Verbandes.

Tätigkeit: Zusammenarbeit im Blick auf den missionarischen Auftrag, Förderung und Pflege einer vertieften Gemeinschaft unter den Verbandsmitgliedern, Förderung der Akzeptanz der Freikirchen in der Öffentlichkeit, Gesprächspartner sein für andere Kirchen und Verbände, Eintreten für christlich-ethische Werte in unserer Gesellschaft.

Mitglieder: Bund der Baptistengemeinden, Bund Evangelischer Gemeinden (BEG), Bund der Evangelischen Täufergemeinden (BET), Bund Freier Evangelischer Gemeinden (FEG), Bund Pfingstlicher Freikirchen (BPF), Evangelisches Gemeinschaftswerk (EGW), Evangelisch-methodistische Kirche (EMK), Gemeinde für Urchristentum, Heilsarmee, Konferenz der Mennoniten der Schweiz (Alttäufer), Pilgermission St. Chrischona (Evang. Chrischona-Gemeinden), Vereinigung Freier Missionsgemeinden (VFMG).

Verband evangelischer Freikirchen
und Gemeinden in der Schweiz
Chrischonarain 200, CH-4126 Bettingen
Tel. 061/6464502, Fax 061/6464573

Verbreitung der Heiligen Schrift

Der Evangelist Erich Bonsels (1912-1984) begann die Arbeit 1964. Zunächst belieferte er Strafanstalten, später auch Altenheime, Krankenhäuser und private Verteiler mit Bibeln und Schriften.

Tätigkeit: Kostenloser Schriftenversand (ca. 90 verschiedene Verteilschriften; in einem Jahr werden etwa 8 Mill. Evangeliumsschriften gedruckt); Hotel- und Krankenhausaktionen (Auslage von Bibeln und dreisprachigen Neuen Testamenten in Hotels, Pensionen, Krankenhäusern, Kurhäusern); monatlicher Brief zur Ermunterung von Kranken, Alten, Einsamen und Freunden; Versorgung von Strafanstalten mit Bibeln, Taschenbüchern und ausgewählten Schriften.

Wirkungsbereich: D, CH, A.

Publ.: Traktate und Broschüren, Bibeln, Neue Testamente und Johannes-Evangelien, dreisprachige Neue Testamente, monatlicher Rundbrief.

Innere Ausrichtung: Als Glaubensgrundlage gilt die ganze Heilige Schrift (das inspirierte Wort Gottes). Im Bewußtsein der Verantwortung vor Gott soll in klarer und unverfälschter Weise den Menschen das Evangelium nahegebracht werden. Es wird überkonfessionell gearbeitet (ohne organisatorische Verbindung mit anderen Werken).

Organisation und Finanzierung: Formloser Verein mit Anerkennung der Gemeinnützigkeit; Leitung durch ein Mitarbeiterteam in Verbindung mit einem Bruderrat; fünf feste und viele freie Mitarbeiter (entschiedene, wiedergeborene Christen, denen die Verbreitung des Evangeliums am Herzen liegt; die Aufgaben werden uneigennützig durchgeführt); Finanzierung durch freiwillige Spenden.

Verbreitung der Heiligen Schrift
Friedrichstr. 49, D-35713 Eschenburg
Tel. 02774/6335, Fax 02774/6541

Vereinigte Bibelgruppen in Schule, Universität, Beruf (VBG)

Angeregt durch die Teilnahme an einem Treffen der bereits 1935 unter der Leitung von Dr. jur. René Pache entstandenen „Groupes Bibliques Universitaires" (GBU), gründete Hans Bürki (geb. 1925) 1945 am Lehrerseminar Küsnacht bei Zürich, an dem er ausgebildet wurde, eine erste Seminarbibelgruppe. Bürki war als Student und später als Dr. phil. durch Vorträge und Schriften evangelistisch tätig. Bald entstanden an anderen Lehrerseminaren weitere Bibelgruppen. Seit 1950 wurden Akademiker- und Lehrerbibelgruppen, ab 1953 solche für Krankenschwestern gegründet. 1954 erfolgte der Zusammenschluß als VBG.

Hans Bürki war erster Generalsekretär, von 1957-1963 zusammen mit seiner Frau auch Leiter des neueröffneten Ferienzentrums Casa Moscia bei Ascona. 1976-1979 war er für die internationale Studentenarbeit freigestellt. Heute leitet er auf dem Hintergrund seines evangelischen Glaubens als ausgebildeter Transaktionsanalytiker vor allem Fortbildungskurse für Personale Integration. Seit 1983 liegt die Gesamtleitung der VBG in den Händen des Biologen und Kantonschullehrers Dr. Rolf Lindenmann.

Tätigkeit: Die Tätigkeit der VBG in der Schweiz ist vergleichbar mit der Tätigkeit der „Studentenmission in Deutschland". Die VBG arbeiten vor allem unter Mittelschülern, Studenten, Lehrern,

Akademikern und Krankenschwestern. Zur Tätigkeit gehören die Bildung von Gruppen für Bibelstudium, evangelistische und weiterbildende Veranstaltungen, Fachgruppen zum Thema „Glauben im Beruf", Ferienlager und Kurse (vor allem in den eigenen Ferienzentren), Wochenendtagungen, Studententreffen und Gottesdienste. Die Vorbereitung geschieht durch Teams.

Zu den Fachgruppen gehört auch die selbständig organisierte „Arbeitsgemeinschaft evangelischer Ärzte der Schweiz" (AGEAS).

Wirkungsbereich: Deutschsprachige Schweiz und Tessin; Schwesterorganisation in der franz.-sprachigen Schweiz („Groupes Bibliques Universitaires", GBU).

Einrichtungen: Ferienzentren Casa Moscia bei Ascona und Campo Rasa in Rasa (Centovalli), beide im Tessin.

Publ.: „Bausteine", zweimonatl.; Rundbriefe, unregelmäßig.

Innere Ausrichtung: Die Glaubensbasis formuliert in sieben kurzen Abschnitten den Glauben an den dreieinigen Gott, an die Erlösung durch Jesus Christus und an ein ganzheitliches Christsein. Die Bibel gilt als von Gott eingegeben und uneingeschränkt vertrauenswürdig; sie ist die einzig maßgebende Autorität in allen Belangen des Glaubens und der Lebensführung. Den VBG liegt an einem nahen Lebensbezug des Glaubens im Sinne der Nachfolge Jesu Christi aufgrund eigener Entscheidung und Verantwortung. Sie legen Wert auf freie Gottesdienstformen, Gebrauch der Charismen im Gottesdienst und im All-

tag, auf gemeinsames Bibellesen und allgemeines Priestertum.

Die VBG arbeiten als unabhängige Organisation mit landes- und freikirchlichen Gemeinden zusammen, wo gemeinsame Aufgaben erkannt und innere Übereinstimmung in der bewußt bibelbezogenen Glaubensauffassung festgestellt werden können. Mitarbeiter und Freunde beteiligen sich am Leben der Evang. Allianz. Die VBG sind Mitglied der „International Fellowship of Evangelical Students" (IFES).

Organisation und Finanzierung: Unter dem Namen „Vereinigte Bibelgruppen in Schule, Universität, Beruf (VBG)" besteht ein Verein zur Förderung missionarischer Bibelgruppen in der Schweiz mit Sitz in Zürich. Die Organe sind die Mitgliederversammlung, der Vorstand, der Generalsekretär und die beiden Rechnungsrevisoren. Die Mitgliederversammlung (VBG-Rat) wählt den Vorstand sowie den Generalsekretär und setzt Kommissionen zur Erfüllung besonderer Aufgaben und deren Leiter ein. Der weitere Freundeskreis umfaßt etwa 1.800 Personen. Die Finanzierung der verschiedenen Aufgaben erfolgt durch freiwillige Gaben von Einzelpersonen und gelegentliche Kollekten einzelner Kirchgemeinden.

Vereinigte Bibelgruppen in Schule,
Universität, Beruf
Vogelsangstr. 18, CH-8033 Zürich
Tel. 01/3620855

Vereinigte Deutsche Missionshilfe (VDM)

Die Gründung erfolgte 1961 durch Willi Bohlmann, James Rathlef und Ernst Bührer (erstes Büro in Gerlingen). Die ersten Missionare waren das Ehepaar Bohlmann, das nach Südafrika ausreiste. Von dort aus leitete Willi Bohlmann in den folgenden 24 Jahren die Missionsgeschäfte der VDM, so daß diese in Deutschland relativ unbekannt blieb. 1985 übernahm Karl-Heinz Klapprodt die Missionsleitung, was mehr Öffentlichkeitsarbeit in Deutschland ermöglichte. 1990 zog die VDM in eigene Räume in Bassum bei Bremen um. Inzwischen hat sich die Arbeit auf 27 Länder ausgeweitet, in denen mehr als 120 Missionare tätig sind.

Tätigkeit: Die Arbeit geschieht hauptsächlich in Partnerschaft mit anderen Missionsgesellschaften oder einheimischen Kirchen, die die „Feldaufsicht" vor Ort haben. Schwerpunkt der Arbeit ist der Gemeindebau. Die VDM fördert und unterstützt diesen durch Pioniermission, durch Gemeindeleitung, Schulung, soziale Dienste und Kinderarbeit.

Wirkungsbereich: D, Australien, Bénin, Bolivien, Botswana, Brasilien, Chile, Ecuador, Elfenbeinküste, Frankreich, Griechenland, GUS, Haiti, Hongkong, Italien, Japan, Kroatien, Niederlande, Österreich, Peru, Philippinen, Portugal, Puerto Rico, Spanien, Tansania, Slowenien, Südafrika, USA.

Publ.: „VDM-Report" (früher: „Vor dir ... eine offene Tür"), seit 1966, zweimonatl.; Dias, Videos.

Innere Ausrichtung: Mitglied der „Arbeitsgemeinschaft Evangelikaler Missionen" (AEM); Zusammenarbeit u.a. mit der „Arbeitsgemeinschaft Radio HCJB".

Organisation und Finanzierung: Eingetragener Verein mit Vorstand, Mitgliederversammlung und jährlicher Bilanzveröffentlichung; ca. 120 Missionare, sechs Angestellte im Heimatbüro; Finanzierung der Einsätze durch einzelne Freundeskreise (zweckbestimmte Spenden).

Vereinigte Deutsche Missionshilfe e.V.
Bremer Str. 41, D-27211 Bassum
Postfach 13 05, D-27203 Bassum
Tel. 04241/5071, Fax 04241/5874

Vereinigte Kamerun- und Tschad-Mission (VKTM)

1904 wurde in England die „Sudan United Mission" gegründet. In der Schweiz entstand 1949 durch amerikanische und kanadische Missionare dieser Mission die „Vereinigte Sudan Mission". In den 60er Jahren bildete sich ein deutscher Freundeskreis des Schweizer Zweiges. Die Vereinigte Kamerun- und Tschad-Mission wurde 1980 gegründet als Zusammenschluß dieses Freundeskreises mit der „Evangelischen Mission im Tschad" (die sich dann 1984 wieder als selbständige Mission konstituierte). Gott schenkte seit 1980 einen neuen Aufbruch: Junge Männer und Frauen ließen sich von Jesus Christus in den Missionsdienst nach Afrika rufen.

Die Leitung des Missionswerks haben in der Schweiz Georg Leimeroth, in Deutschland Pfarrer Karl Barth (1. Vorsitzender) und Kurt Ostertag (Geschäftsführer).

Tätigkeit: Menschen sollen zum persönlichen Glauben an Jesus Christus geführt und im Glauben gegründet werden. Gemeinde Jesu soll entstehen und wachsen. Außerdem will das Missionswerk Menschen in ihren äußeren Nöten helfen.

Aufgaben im Heimatland sind die Gewinnung von Missionskandidaten, Betern und unterstützenden Freunden. Aufgaben auf den Arbeitsfeldern Nordkamerun und Tschad sind die Verkündigung des Evangeliums, die Schulung afrikanischer Mitarbeiter, theologische Ausbildung, Schularbeit, Religionsunterricht, Krankenarbeit und Hilfe in Notsituationen (z.B. Brunnenbau).

Wirkungsbereich: England, CH, D, Kamerun, Tschad.

Publ.: „Gehet hin", viermal jährl., Aufl. 4.800; Gebetsbrief, viermal jährl.; Rundbriefe der Missionare.

Innere Ausrichtung: Die VKTM versteht sich als interdenominationelles Glaubenswerk auf der Basis der Evang. Allianz. Das Werk hat eine eigene „Glaubensgrundlage" mit Betonung der göttlichen Inspiration der Heiligen Schrift, der Erlösungstat Jesu und seiner Auferstehung und Wiederkunft. Verbindungen bestehen zu pietistisch-evangelikalen Kirchen, Freikirchen, Gemeinschaften und CVJM-Kreisen. Das Werk

ist Mitglied der „Arbeitsgemeinschaft Evangelikaler Missionen" (AEM).

Organisation und Finanzierung: Die VKTM ist ein als gemeinnützig anerkannter eingetragener Verein mit Vorstand, Arbeitsausschuß und Missionsrat. Ca. 20 Personen arbeiten von Deutschland aus im Tschad und in Kamerun.

*Vereinigte Kamerun-
und Tschad-Mission e.V.
Weilheimer Str. 39
D-73230 Kirchheim/Teck
Tel. 07021/94280, Fax 07021/94288*

*Vereinigte Sudan-Mission
Moosbrunnenstr. 5, CH-8426 Lufingen
Tel. 01/8136171*

*Internationale Zentrale:
Sudan United Mission
Action Partners
Bawtry Hall, Bawtry / Doncaster
South Yorkshire DN106JH, GB*

Vereinigte Missionsfreunde (VMF)

Der Bund wurde 1931 von Otto Karrenberg gegründet. Er war Leiter der „Christlichen Gemeinschaft" in Velbert, die heute dem „Bund Freikirchlicher Pfingstgemeinden" (BFP) angehört. Auch Siegerländer Kreise waren bei der Gründung beteiligt. Die ersten Missionare gingen nach China, wo sie vor allem unter den Bergstämmen mis-

sionierten, bis die Revolution sie zum Verlassen des Landes zwang.
Die Vereinigten Missionsfreunde mit Sitz in Freudenberg/Siegerland begannen 1961 eine neue Arbeit in Kamerun. 1969 wurde das Missionswerk unter dem Namen „Full Gospel Mission Cameroon" vom Staat offiziell anerkannt (z.Zt. ca. 250 Gemeinden). 1974 fingen die VMF eine Arbeit in Nigeria an, die ebenfalls vom Staat anerkannt ist (z.Zt. ca. 50 Gemeinden). 1975 gingen die ersten Missionare der VMF nach Chile und arbeiteten unter den Mapuche-Indianern („Mision Unida"). 1973 traf der Bund der VMF mit der „Gemeinde der Christen – Ecclesia" ein Abkommen, Missionare der Ecclesia über die VMF auszusenden. Die Leitung der VMF hat Albert Sänger.
Tätigkeit: Evangelisations- und Bibelwochen, Jugend und Kinderfreizeiten, Missionsfreizeiten, Seminare für Älteste und dienende Brüder, Kurzbibelschule (Nacharbeit und persönliche seelsorgerliche Betreuung geschieht durch die einzelnen Gemeinden); Missionsarbeit.
Wirkungsbereich: Europa, Chile, Mexiko, Kamerun, Nigeria, Tschad, Japan, USA.
Einrichtungen: Missions- und Freizeitheim (in Schlageten bei D-79837 St. Blasien), vier Missionsstationen in Übersee.
Publ.: „Das Erntefeld", seit 1972, Aufl. 1.250.
Innere Ausrichtung: Als Glaubensgrundlage gilt die ganze Heilige Schrift. Das Fundament ist Christus. Betont werden

Wiedergeburt, Glaubenstaufe, Geisteserfüllung, Heiligung, Entrückung. In den Gottesdiensten nimmt die Anbetung (zeitweise mit Gabendienst) vor dem Predigtdienst einen breiten Raum ein.
Zusammenarbeit besteht mit der „Gemeinde der Christen – Ecclesia". Das Werk hat u.a. Verbindung zur „Odenwälder Heidenmission" und ist Mitglied im „Forum Freikirchlicher Pfingstgemeinden" (FFP). Die Evang. Allianz wird bejaht.
Organisation und Finanzierung: Das Werk ist ein eingetragener Verein mit Vorstand und Mitgliederversammlung. Der Missionsbund besteht aus zehn fest angeschlossenen Mitgliedsgemeinden, einer Anzahl Einzelmitgliedern in Deutschland und den Missionaren samt ihren Gemeinden in den Missionsländern. Einsatzteams werden bei Bedarf für Pioniereinsätze im Inland zusammengestellt. Z.Zt. haben die VMF acht Ehepaare und sechs Einzelmissionare aus Deutschland und der Schweiz ausgesandt. Es werden daneben aber noch einheimische Missionare finanziell unterstützt (in Kamerun, Nigeria, Chile). Die Finanzierung erfolgt durch Spenden vor allem aus den Mitgliedsgemeinden und von Einzelmitgliedern sowie von nahestehenden, befreundeten Gemeinden, in denen die Brüder der VMF hin und wieder Dienst tun.

Vereinigte Missionsfreunde e.V.
Oranienstr. 18, D-57258 Freudenberg
Tel. 02734/1762, Fax 02734/40063

Vereinigung Christlicher Beamter in Baden-Württemberg

Die 1899 gegründete Vereinigung ist eine Gemeinschaft christlich gesinnter Angehöriger des öffentlichen Dienstes in Baden-Württemberg. Leiter ist Gustav Fuchs.
Innere Ausrichtung: Pietistisch-evangelikal; Arbeit auf der Basis der Evang. Allianz.

Vereinigung Christlicher Beamter
in Baden-Württemberg
Bismarckstr. 2, D-72622 Nürtingen
Tel. 07022/32174

Vereinigung Christlicher Friseure

früher: Vereinigung gläubiger Friseure

1899 entstand die erste Friseurabteilung im CVJM Berlin. 1904 fand die eigentliche Gründung in Herrnhut durch Wilhelm Schumann statt. Inserate in christlichen Zeitschriften brachten gläubige Friseure zu der Vereinigung. Derzeitiger Leiter ist Hans Reuber.
Tätigkeit: Die Vereinigung will Menschen erreichen, die im Friseurberuf arbeiten. Man trifft sich zum Austausch von Erfahrungen mit Jesus Christus im Berufsleben. Jährlich werden zwei Tagungen veranstaltet.
Neben der Förderung der Gemeinschaft unter christlichen Friseuren ist die Vereinigung auch missionarisch tätig durch Öffentlichkeitsarbeit (Friseurfachpresse) und missionarische Einsätze bei Jugendkongressen und Gemeindetagen. In den Friseurgeschäften der Mitglieder wird auf den Glauben an Jesus Christus aufmerksam gemacht durch Zeitschriften oder persönliche Gespräche.
Wirkungsbereich: D.
Publ.: „Mitteilungen Christlicher Friseure", seit 1904, viermal jälıı l., Aufl. ca. 350.
Innere Ausrichtung: Die Vereinigung Christlicher Friseure steht auf dem Boden der Evang. Allianz. Kreuzestod und Auferstehung Jesu bilden die Grundlage des gemeinsamen Glaubens.
Organisation und Finanzierung: Loser Zusammenschluß mit einem offenen Bruderrat; nur ehrenamtliche Mitarbeiter; Finanzierung durch Spenden.

Vereinigung Christlicher Friseure
Hans Reuber
Schubertstr. 49, D-58762 Altena
Tel. 02352/50703

Vereinigung Evangelischer Freikirchen (VEF)

Die Vereinigung wurde 1926 in Leipzig gegründet als Arbeitsgemeinschaft der drei klassischen Freikirchen (Bund Freier evangelischer Gemeinden, Baptisten und Methodisten), um gegenüber den staatlichen Behörden und den Großkirchen gemeinsame Belange vertreten zu können. Die regelmäßigen Konferenzen dienen dazu, die zwischenkirchlichen Beziehungen zu vertiefen und die gemeinsame Arbeit der Mitgliedskirchen und Ortgemeinden im öffentlichen Leben zu fördern. Gemeinsame theologische Grundlage ist die Bibel als verbindliche Richtschnur für Glauben, Lehre und Leben. Das Präsidium der VEF besteht aus jeweils bis zu drei Vertretern der Mitgliedskirchen und je einem Vertreter der Gastmitglieder. Es trägt die Verantwortung für die gesamte Arbeit der VEF. Beschlüsse des Präsidiums müssen von den Freikirchenleitungen ratifiziert werden.

Für besondere Aufgaben bestehen zehn Arbeitsgruppen: Evangelisation und missionarischer Gemeindeaufbau; Presse und Verlage; Rundfunk und Fernsehen, neue Medien; Jugend- und Teenagerarbeit; Kinder- und Sonntagsschularbeit; Jungschararbeit; Betreuung der Soldaten; Betreuung der Kriegsdienstverweigerer; Aus- und Weiterbildung, theologische Seminare; Studentenarbeit.

Gesamtkirchliche Einrichtungen sind die „Konferenz freikirchlicher Theologischer Ausbildungsstätten" und der „Verband freikirchlicher Diakoniewerke".

Geschäftsführung:
Kirchenkanzlei der EmK
Wilhelm-Leuschner-Str. 8
D-60329 Frankfurt/M.
Tel. 069/239373

Mitgliedskirchen der VEF und ihre evangelistisch-missionarischen Einrichtungen:

Bund Evangelisch-Freikirchlicher Gemeinden in Deutschland KdöR (Baptisten)

Bundesdirektoren: Pastor Gerd Rudzio, Pastor Eckhard Schaefer (verantwortlich für Heimatmission), Pastor Manfred Sult

Bundesheimatmission:
1. Evangelisation und Neulandmission (Evangelisten: die Pastoren Wilfried Bohlen, Karl-Heinz Gromberg, Jörg Swoboda, Manfred Walz)
2. Gemeindeaufbau (Leiter: Pastor Dr. Heinrich Christian Rust)
3. Gemeindebibelschule (Leiter: Bodo und Ursula Riedel)

Europäische Baptistische Mission (EBM; Leiter: Generalsekretär Pastor Hans Guderian)

Bundesmissionshaus
Friedberger Str. 101
D-61350 Bad Homburg
Postfach 1262, D-61282 Bad Homburg
Tel. 06172/80040

Bund Freier evangelischer Gemeinden in Deutschland KdöR

Präses: Pastor Peter Strauch
Geschäftsführer: Klaus Kanwischer
Bundessekretäre: Pastor Wolfgang Dünnebeil (Pastorenbetreuung), Pastor

Wolfgang Schulze (Gemeindeberatung)

Auslandhilfe (Leiter: Pastor Manfred Eibach, Jahnstr. 43, D-35716 Dietzhölztal)

Flüchtlings- und Ausländerarbeit (Leiter: Klaus Schulte, Postfach 22 34 29, D-57040 Siegen)

Theologisches Seminar Ewersbach (Rektor: Pastor Gerhard Hörster, Jahnstr. 49, D-35716 Dietzhölztal))

Inlandmission: Gemeindegründung, missionarischer Gemeindeaufbau (Leiter: Pastor Erhard Michel, Bundesgeschäftsstelle)

Zeltmission, Evangelisation (Leiter: Pastor Bernd Gaumann, Weberweg 3, D-58566 Kierspe)

Bundesgeschäftsstelle
Goltenkamp 4, D-58452 Witten
Tel. 02302/9370, Fax 02302/93799

Evangelisch-methodistische Kirche (EmK)

Bischof: Dr. Walter Klaiber
Leiter der Kirchenkanzlei: Pastor Günter Winkmann

Behörde für Evangelisation (Geschäftsführer: Pastor Hartmut Kraft, Rother Weingartenweg 5, D-65812 Bad Soden):
1. Missionarischer Gemeindeaufbau (Leiter: Pastor Hartmut Kraft)

2. Evangelisation, Zeltmission (Leiter: Pastor Wilfried Bolay, Im Brühl 28-32, D-89150 Laichingen)
3. Rundfunkmission, Privatfunk (Motorstr. 36, D-70499 Stuttgart)

Behörde für Mission und internationale kirchliche Zusammenarbeit (Missionssekretär: Pator Bodo Schwabe, Nekkarstr. 20, D-63179 Obertshausen))

Weitere evangelistische Aktivitäten:
1. Missionarische Jugendarbeit (Pastor Markus Jung, Giebelstr. 16, D-70499 Stuttgart)
2. Christuszeugen – Team der Süddeutschen Jährlichen Konferenz (Superintendent Reinhold Braun, Birkenwaldstr. 104, D-70191 Stuttgart)
Konferenzevangelist (Pastor Friedhold Vogel, Roßbergstr. 27/1, D-70771 Leinfelden-Echterdingen)

Kirchenkanzlei
Wilhelm Leuschner-Str. 8
D-60329 Frankfurt/M.
Tel. 069/239373, Fax 069/239375

Arbeitsgemeinschaft Mennonitischer Gemeinden in Deutschland KdöR

Deutsches Mennonitisches Missionskomitee (Missionssekretär und Geschäftsstelle: Franz W. Esau, Im Grün 28, D-79312 Emmendingen)

Christliche Dienste – Geschäftsstelle für missionarische und diakonische

Freiwilligendienst im In- und Ausland (Barbara Hege-Galle, Hauptstr. 86, D-69245 Bammental)

Weitere missionarisch-evangelistische Arbeitszweige mennonitischer Gemeinden:
1. Europäisch Mennonitische Bibelschule (Bienenberg, CH-4410 Liestal)
   Mennonitische Heimatmission (Missionssekretär und Geschäftsstelle: Helmut Funck, Buchenweg 12, D-85305 Jetzendord-Priel)
2. Bibelheim Thomashof (Konferenz- und Tagungsstätte, Stupfericher Weg 1, D-76227 Karlsruhe)
3. Youth Evangelism Service (YES) im Jugendwerk der Konferenz Süddeutscher Mennonitengemeinden (Rittnerstr. 265, D-76227 Karlsruhe)
4. Arbeitskreis für missionarischen Gemeindeaufbau und Inlandmission (Augrund 39, D-74889 Sinsheim)

Arbeitsgemeinschaft Mennonitischer Gemeinden in Deutschland
Peter J. Foth (1. Vorsitzender)
Mennonitenstr. 20, D-22769 Hamburg
Tel. 040/857112, Fax 040/8507069

Kirche des Nazareners

Theologisches Seminar: European Nazarene Bible College, Junkerstr. 68, D-78266 Büsingen)

Kirchenverwaltung
Elsa-Brandström-Str. 19, D-63452 Hanau

Christlicher Gemeinschaftsverband Mülheim a.d. Ruhr GmbH

Hauptstr. 36, D-34305 Niedenstein, Tel. 05624/775

Die Heilsarmee in Deutschland

Nationales Hauptquartier
Salierring 23-27, D-50677 Köln
Tel. 0221/208190

Gastkirchen:

Europäisch-Festländische Brüder-Unität, Herrnhuter Brüdergemeine

Herrnhuter Missionshilfe e.V. (Missionsarbeit in Nicaragua, Tansania, Südafrika, Surinam)

Europäisch-Festländische Brüder-Unität
Badwasen 6, D-73087 Bad Boll
Tel. 07164/94210

Bund Freikirchlicher Pfingstgemeinden – s. ebd.

Gemeinschaft der Siebenten-Tags-Adventisten in Deutschland

Fischerstr. 19, D-30167 Hannover

Vineyard Bern

bis 1996: Basileia Vineyard Bern

Vineyard Bern versteht sich als eigenständige Laienbewegung innerhalb der evang.-ref. Landeskirche des Kantons Bern und möchte die Kirche in der Ausübung ihres Auftrages unterstützen. Seit 1994 ist sie Mitglied der „Association of Vineyard Churches".
Die Anfänge liegen in einem Hauskreis, in dem sich 1981 drei, später zehn Leute trafen, deren Zusammensein von einem eher kommunitären Lebensstil geprägt war. Sie hatten eine klare Sicht für Gemeindegründung, waren den kirchlichen Institutionen gegenüber jedoch zunächst kritisch eingestellt. Durch die persönliche Bekanntschaft zwischen Martin Bühlmann, dem Leiter der Gruppe, und Pfarrer Marcel Dietler, geschah eine Öffnung. Ab 1984 versammelten sich die ca. 40 „Basilöwen" (von „Basileia") in der Johanneskirche, wo Marcel Dietler als Ortspfarrer tätig war. Sie wollten durch eine konsequente Christusnachfolge die örtliche Kirchgemeinde mittragen und erneuern und durch zeitgemäße Ausdrucksformen ihres Glaubens auch kirchenferne Menschen ansprechen. Das Wachstum und die regionale Ausrichtung der Basileia führten zu Auseinandersetzungen mit dem Kirchgemeinderat, in deren Folge die Gemeinschaft zunehmend ein Eigenleben mit Parallelstrukturen entwickelte.
Seit Oktober 1994 ist die Basileia Bern offiziell mit der von John Wimber geleiteten Vineyard-Bewegung verbunden, nachdem über Jahre hinweg freundschaftliche Beziehungen bestanden hatten. Beide haben dieselben Prioritäten hinsichtlich ihrer Gemeindekonzeption. Sie wollen in Europa neue Gemeinschaften gründen, aber durch Kongresse etc. weiterhin auch der kirchlichen Erneuerung dienen. Die lokale Gemeinde ist innerhalb der Vineyard-Bewegung eigenständig. Bis 1996 ist die Gemeinde in Bern auf 1.250 Mitglieder (inkl. Kinder) angewachsen, 60 % sind im Alter zwischen 20 und 39 Jahren.
Die Vineyard-Bewegung DACH in den deutschsprachigen Ländern, in der Vineyard Bern eine führende Rolle einnimmt, umfaßt in Deutschland (D) acht Gemeinden (Aachen, Augsburg, Chiemgau, Hamburg-Harburg, Hof, Inntal, München, Speyer), in Österreich (A) drei Gemeinden (Imst, Innsbruck-Land, Wien) und in der Schweiz (CH) vier Gemeinden (Bern, Basel, Genf, Winterthur).
Tätigkeit: Vineyard Bern will Christus fernstehende und nicht eingemeindete Menschen erreichen, sie in die Gemeinde integrieren, fördern und zum Dienst freisetzen (Finden – Fördern – Freisetzen). Außer den wöchentlichen Gottesdiensten mit 800 bis 900 Besuchern und Besucherinnen finden monatlich sechs Gottesdienste in verschiedenen Regionen von Bern statt. Herzstück der Gemeinschaft sind die ca. 40 Kleingruppen (Hauskreise, Interessengruppen, Dienstgruppen). Die Kinder-, Teenie- und Jugendarbeit erreicht ca. 300 Kinder und Jugendliche. Zur Tätigkeit ge-

hören außerdem Beratung und Seelsorge in verschiedener Weise, Gebetstreffen, Weiterbildungskurse, evangelistische Einsätze, Straßengottesdienste usw., außerdem Mission in Afrika und Kambodscha und Gemeindegründungen im deutschsprachigen Raum.

Publ.: „Life live" (Magazin), viermal jährl., Aufl. 15.000; „Erlebt" (Zeitung), viermal jährl., Aufl. 2.000; „Inside" (Pastoralbrief), viermal jährl., Aufl. 750.

Innere Ausrichtung: Glaubensgrundlage ist die Bibel und das Glaubensbekenntnis (von Nizäa-Konstantinopel).

Freundschaftliche Verbindungen bestehen zu vielen der charismatischen Erneuerung nahestehenden Gruppen, Gemeinden, Freikirchen wie auch landeskirchlichen Gemeinschaften, vor allem zur Geistlichen Gemeinde-Erneuerung. Im Rahmen der Evang. Allianz werden Aufgaben auf lokaler und nationaler Ebene mitgetragen.

In „Sieben Power Points" hat die Gemeinde ausgeführt, wie sie das Evangelium Jesu Christi in Wort und Tat leben und weitergeben will: eine lebendige, von Innigkeit und Liebe gezeichnete Beziehung zu Jesus Christus ausleben, die Denken, Handeln und Sein prägt; Gott mit dem ganzen Sein anbeten; einander lieben (füreinander beten und verbindliche Beziehungen leben); der Welt dienen: (Werkzeug des Reiches Gottes sein); Christen zum Werk des Dienstes fördern und freisetzen, damit der Leib Christi (die Lokalgemeinde) erbaut wird; dem Nächsten dienen (für Kranke beten, für die Armen sorgen); Christus Fernstehende mit Jesus Christus bekanntmachen und in die Gemeinschaft mit ihm führen.

Organisation und Finanzierung: Vineyard Bern (bis 1996 Basileia Vineyard) ist eine juristische Person. Vereinsmitglieder und Vorstand sind identisch. Das Leitungsteam, das sich als geistlicher Verantwortungsträger versteht, setzt sich aus fünf Ehepaaren zusammen. Martin und Georgia Bühlmann tragen die Gesamtverantwortung und sind zugleich die Koordinatoren für die Vineyard Bewegung im deutschsprachigen Raum. Die einzelnen Basilöwen werden keine Vereinsmitglieder, können jedoch durch Unterschrift ihre Zugehörigkeit zur Gemeinschaft zum Ausdruck bringen. Die Arbeit wird zu ca. 95 % durch Gaben (Zehnter) und Opfer finanziert.

Vineyard Bern
Stockerenweg 6, CH-3000 Bern 22
Tel. 031/3330430, Fax 031/3331519

Volksmission Wien

früher: Evangelische Gesellschaft in Österreich

Prägende Persönlichkeit der Volksmission war Pfarrer Max Monsky (geb. 1876 in Ostpreußen, gest. 1969), der 57 Jahre in ihr wirkte. 1901 kam er nach dem Studium der Theologie vom Berliner Domkandidatenstift nach Österreich und betreute erst als Vikar, dann als Pfarrer in Krems/Donau eine weitverstreute Gemeinde. Von dort übersiedelte er 1911 nach Graz in das Friedensheim des Christlichen Bestrebungsvereins, um die Gemeinschaftsarbeit zu fördern. 1912 wurde die „Evangelische Gesellschaft in Österreich" gegründet, aus der die Volksmission hervorging; Monsky wurde ihr Generalsekretär. In den 20er und 30er Jahren entstanden aus Hausgebetskreisen und Bibelstunden zahlreiche örtliche Volksmissionen. 1938 wurde das Werk von der NS-Regierung aufgelöst, nahm aber nach dem Krieg die volksmissionarische Arbeit sofort wieder auf.

Nach Max Monskys Tod übernahm Schwester Gertrud Stasny die Leitung. Die Volksmission Wien wurde als Verein neu angemeldet; das Büro übersiedelte von Mödling nach Wien. 1972 erhielt die Volksmission ein neues Zentrum. Seit 1985 steht Prediger Günter Ludwig (geb. 1950, ausgebildet im Brüderhaus Tabor) als Volksmissionar im Dienst der Gemeinschaftsarbeit in Wien.

Tätigkeit: Die Volksmission Wien will Glauben verkünden durch missionarische Veranstaltungen (Evangelisation, Bibeltage, Wochenendseminare, Straßeneinsätze) und Glauben vertiefen durch Sonntagsgottesdienste, Kindergottesdienste, Bibelstunden, Jungschararbeit, den Frauen-Missions-Gebetsbund u.a. Sie will Glauben leben bei Ausflügen, Freizeiten, Feiern u.a. und Glauben weitergeben in Hauskreisen, Bibelkreisen und Frauenkreisen.

Wirkungsbereich: A.

Einrichtungen: Zentrum mit Versammlungsräumen in Wien.

Publ.: Rundbrief „Stadtlicht", seit 1970, viermal jährl., Aufl. 2.000; „Im Kampf um Christus" von Max Monsky.

Innere Ausrichtung: Glaubensgrundlage ist das Wort Gottes des Alten und Neuen Testaments und das Augsburger Glaubensbekenntnis. Die Volksmission arbeitet im Rahmen der Evang. Kirche A.B. und H.B. in Österreich. Sie ist Mitglied der „Arbeitsgemeinschaft österreichischer Gemeinschaftskreise" und arbeitet in der Evang. Allianz mit. Engere Beziehungen bestehen zum „Leonhard-Kaiser-Seminar" in Linz, zum „Seminar für Innere und Äußere Mission Tabor" (Marburg), zur „Deutschen Missionsgemeinschaft" (Sinsheim), zum „Deutschen Frauen-Missions-Gebetsbund" (Siegen), zur „Volksmission Graz", zur „Evangelischen Missionsgemeinschaft Salzburg" und zum „Evangelischen Gnadauer Gemeinschaftsverband".

Organisation und Finanzierung: Verein (im Rahmen der Evang. Kirche A.B. und H.B. in Österreich) mit Vereinsausschuß; entspricht der Gemeinde mit Ältestenrat; hauptamtlicher Vereinsleiter und hauptamtliche Gemeindemitarbeiterin, Praktikanten, ca. 40 ehrenamtliche Mitarbeiter; Finanzierung durch Spenden.

Volksmission Wien
Wurzbachgasse 13/32a, A-1150 Wien
Tel. 0222/9857687

Volksmissionskreis Sachsen

Der Volksmissionskreis ging aus der Arbeit eines Posaunenquartetts hervor, das der Bekennenden Kirche nahestand. Er wurde 1945 gegründet und dem Landeskirchlichen Amt für Innere Mission der Evang.-Luth. Landeskirche Sachsens angeschlossen. Gründer ist Pfarrer Hans Prehn (1913-1992). Leiter war von 1981 bis 1983 Pfarrer Christoph Richter; seit 1983 wird der Volksmissionskreis von Pfarrer Gottfried Rebner (geb. 1928) geleitet.

Tätigkeit: Der Volksmissionskreis versteht sich als „ein bruderschaftlicher Zusammenschluß von Männern und Frauen, denen die geistliche Erweckung unseres Volks, die Vollendung der Einen Heiligen Katholischen (Allgemeinen) und Apostolischen Kirche, die Erneuerung der Gemeinden und das bewußte Christsein des Einzelnen am Herzen liegt" (Satzung). Diesem Zweck sollen u.a. folgende Arbeitsgebiete dienen: Evangelisationen, Rüstzeiten und Tagungen; Bibel- und Einkehrtage; Freizeiten für Kinder, Jugendliche und Familien; Sammlung in Gebets- und Hauskreisen; Konvente und Regionaltreffen; Seelsorge- und Besuchsdienste; Pflege ökumenischer Lebensverbindungen; Fürbittdienste für Kirche und Welt; finanzielle Unterstützung missionarischer und karitativer Aufgaben.

Wirkungsbereich: D (östliche Bundesländer, v.a. Sachsen).

Publ.: Rundbriefe, ca. viermal jährl., seit 1945, Aufl. ca. 1300; Freundesbriefe monatl., seit 1965, Aufl. ca. 2.500.

Innere Ausrichtung: Der Volksmissionskreis Sachsen ist offen für geistliche Segnungen und Lebensströme aus anderen Kirchen, Konfessionen und Denominationen des Volkes Gottes und teilt die Bruderschaft mit Christen aus verschiedenen Bereichen. Außer zur Evang.-Luth. Landeskirche Sachsens bestehen engere Kontakte zur Christentumsgesellschaft in Deutschland und dem Schweizerischen Diakonieverein, zum „Marburger Kreis", zum „Christusdienst Thüringen" und zur „Ökumenischen Kirchenwochenarbeit". Der Volksmissionskreis ist Mitglied im Diakonischen Werk der Evang.-Luth. Landeskirche Sachsens, in der „Arbeitsgemeinschaft Missionarische Dienste" (AMD) und in der „Evangelistenkonferenz".

Organisation und Finanzierung: Der Volksmissionskreis ist seit 1991 ein eingetragener Verein. Die Gesamtverantwortung liegt in den Händen eines Vorstands. Die Finanzierung erfolgt zu 70 % aus Spenden, zu ca. 30 % durch kirchliche Gelder.

Volksmissionskreis Sachsen e.V.
Torgauer Str. 4, D-01127 Dresden
Tel./Fax 0351/8488653

WEC International – Weltweiter Einsatz für Christus

früher: Weltweiter Evangelisations-Kreuzzug (WEK)

Das Werk wurde 1913 gegründet durch den englischen Missionar C. T. Studd (1862–1931), der zuvor in China und Indien missionarisch tätig war und schließlich für das unerreichte Zaire die Mission gründete. Die Arbeit dehnte sich dann auf weitere Länder und Kontinente aus mit dem Ziel, unerreichten Völkern und Volksgruppen das Evangelium zu bringen.

1948 kam David Bachelor aus Schottland auf den Kontinent und gründete die Missionszentren in der Schweiz und in Deutschland (Verein in der Schweiz 1948, in Deutschland 1959). Missionsleiter in Deutschland ist seit 1994 Traugott Böker (geb. 1948, 15 Jahre in Indonesien als theologischer Lehrer tätig). Missionsleiter in der Schweiz ist seit 1994 Hans Ruidi Lehmann.

Tätigkeit: Evangelisation und Gemeindeaufbau, Kinder- und Jugendarbeit, theologische und missiologische Ausbildungsstätten, Bibelübersetzung, Literaturarbeit, Bibelkorrespondenzkurse, medizinische Arbeit, Radioarbeit, landwirtschaftliche und handwerkliche Projekte, Mission unter ausländischen Mitbürgern in Deutschland.

Wirkungsbereich: Missionszentren in D, CH, Frankreich, Holland, England, USA, Kanada, Australien, Neuseeland, Südafrika, Brasilien, Singapur, Hongkong, Indonesien; Missionsgebiete in etwa 60 Ländern.

Einrichtungen: Missionshäuser in D-65817 Eppstein, D-95632 Wunsiedel, D-28876 Oyten-Bassen, CH-8630 Rüti ZH.

Publ.: „Weltweit", seit 1948, zweimonatl., Aufl. 5.500 (D), 2.800 (CH); Gebets- und Nachrichtenbrief, missionsspezifische Bücher, Prospekte.

Innere Ausrichtung: In der Glaubensgrundlage des Werks wird Wert gelegt auf den Glauben an die Gottheit jeder Person der Dreieinigkeit und an die göttliche Inspiration der ganzen Heiligen Schrift. Die Arbeitsbasis des Werks ist, Jesus Christus (den gekreuzigten, auferstandenen und wiederkommenden Herrn) zum Zentrum der Verkündigung zu machen. Betont werden der Gehorsam gegenüber dem Befehl Jesu Christi, alle Menschen aufrichtig und ohne Ansehen der Person zu lieben, und das kindliche Vertrauen und der vorbehaltlose Glaube an den Willen und an die Macht Gottes, für alle Bedürfnisse seiner Boten zu sorgen. Zur Ausübung des Auftrages sind vier Kriterien entscheidend: Opfer, Glaube, Heiligung, Gemeinschaft (s. „Geistlich wachsen", Grundsätze zum missionarischen Dienst, Hänssler-Verlag).

Der WEC ist ein internationales und interdenominationelles Missionswerk. Seine Mitarbeiter kommen aus Kirchen, Freikirchen und Gemeinschaften, die in der Evang. Allianz zusammenarbeiten. Es bestehen Beziehungen zu vielen anderen Werken und Bibelschulen. WEC International ist Mitglied in der „Arbeitsgemeinschaft Evangelikaler

Missionen" (AEM) seit deren Gründung im Jahr 1972.

Organisation und Finanzierung: Das Werk ist ein eingetragener Verein. Jedes Missionsgebiet hat eine eigene Verwaltung mit Gebietskonferenz, Gebietskomitee und Gebietsleiter. Die internationale Leitung geschieht durch den Internationalen Sekretär in Zusammenarbeit mit dem Beratenden Ausschuß. Höchste gesetzgebende Instanz ist der Rat der Leiter (Missions- und Gebietsleiter). Das Werk hat knapp 150 deutsche, zehn Schweizer und weltweit 1.600 Mitarbeitern. Die Finanzierung geschieht ausschließlich durch Spenden von Gemeinden, Kreisen und Einzelpersonen. Es bestehen keine Freundeskreise mit Zahlungsverpflichtung. Der WEC International betrachtet sich als ein Glaubenswerk auf der Grundlage von Matth. 6, 33.

WEC International e.V.
Hof Häusel 4, D-65817 Eppstein
Tel. 06198/9005, Fax 06198/7914

WEC International
Falkenstr. 10, CH-8630 Rüti ZH
Tel. 055/2405540

WEC International
Bulstrode, Gerrards Cross
Bucks. SL9 8SZ, GB

Wegweiserdienst

Der Wegweiserdienst, der von Folkert Abels geleitet wird, entstand 1969 und hieß zunächst „Missiontrupp für Ostfriesland" (Umbenennung 1971).

Tätigkeit: Schriftenmission (speziell für Leidtragende, Behinderte, Abhängige und Kranke); Bibelfernkursarbeit (für Kinder, Jugendliche und Erwachsene), Bücherbörse, Zeitungsmission.

Innere Ausrichtung: Glaubensgrundlage der Evang. Allianz und evangelikale Glaubensgrundsätze.

Wegweiserdienst e.V.
Osterende 6, D-26849 Filsum
Tel. 04957/426, Fax 04957/507

West-Europa-Mission (WEM)

Das Missionswerk wurde 1974 durch den Verleger Hermann Schulte (gest. 1983) gegründet mit dem Ziel, das Evangelium von Jesus Christus in den missionarisch vernachlässigten westeuropäischen Ländern auszubreiten. Die Leitung hat Klaus Loh (1. Vorsitzender).

Tätigkeit: Unterstützung von Missionaren als Partner in Zusammenarbeit mit Missionswerken und Einzelpersonen, die bereits in diesen Ländern arbeiten; Subventionierung biblisch orientierter oder evangelistischer Literatur; gelegentliche Freizeiten in den Ländern der Missionspartner; Schriftenmission und Schulung in Deutschland.

Wirkungsbereich: D, Italien, Frankreich, Belgien, Spanien.

Publ.: „WEM-Nachrichten", Aufl. 6.500; Traktate.

Innere Ausrichtung: Glaubensgrundlage in fünf Punkten mit Hervorhebung von Bekehrung, Wiedergeburt und Missionsbefehl; Verbindung zu Landes- und Freikirchen; gutes Verhältnis zur Evang. Allianz; Mitglied der „Arbeitsgemeinschaft für Ausländer" (AfA) und der „Arbeitsgemeinschaft Evangelikaler Missionen" (AEM).

Organisation und Finanzierung: Eingetragener Verein; zwei vollzeitliche Mitarbeiter, eine Teilzeit-Mitarbeiterin, Freundeskreis ca. 5.000; Finanzierung durch Spenden.

West-Europa-Mission e.V.
Karl-Kellner-Ring 29
D-35576 Wetzlar
Postfach 29 07, 35539 Wetzlar
Tel. 06441/42822, Fax 06441/43179

Wort des Lebens

Die internationale Jugendarbeit „Word of Life" nahm 1940 ihren Anfang in den USA. Dort begann Jack Wyrtzen, ein junger Kapellmeister, Straßenevangelisationen zu halten, aus denen sich bald eine kleine Rundfunk-Missionsarbeit entwickelte. Ende der 40er Jahre kamen Jugendfreizeiten hinzu.

1964 kamen vier junge Kanadier als „Wort-des-Lebens-Quartett" nach Deutschland. 1965 ließen sie sich zu-

nächst in Lemgo nieder und gründeten „Wort des Lebens". 1969 konnten sie Schloß Allmannshausen am Starnberger See übernehmen, zwei Jahre später ein weiteres, nur 600 Meter davon entfernt liegendes Schloß, die Seeburg. „Wort des Lebens" beherbergt jährlich über 5.000 Gäste. Von Deutschland aus entstand 1970 eine Missionsarbeit in Kenia. Missionsleiter in Deutschland ist Andreas Wenzel.

Tatigkeit: Hauptarbeitszweig ist die Freizeitarbeit für alle Altersgruppen. Im Winter finden mehrere Bibelseminare zu verschiedenen Themen statt. Außerdem gibt es besondere Freizeitwochen (Musikwoche, Wanderwochen, Silvesterfreizeit u.a.). Es besteht auch die Möglichkeit, als Einzelgast einige Urlaubstage bei „Wort des Lebens" zu verbringen. Junge Christen können ein freiwilliges soziales Jahr oder ihren Zivildienst ableisten. „Wort des Lebens" führt evangelistische Veranstaltungen mit viel Musik in Kirchen, Schulen etc. durch.

Weitere Tätigkeitbereiche sind ein Missionsverlag (CDs und Musikkassetten, evangelistische und im Glauben weiterführende Literatur), Bibelfernkurse und Kurzbibelschulen sowie die Missionsarbeit in Kenia (Freizeiten für einheimische Jugendliche und Kinder in den Zentren bei Mombasa und Nairobi, christliche Schule in Mombasa; Deutsche können die Missionsarbeit während einer Missionsfreizeit kennenlernen).

Wirkungsbereich: D, Kenia, die internationale Organisation weltweit in 37 Län-

dern und europaweit in 13 Ländern.
Einrichtungen: Freizeitzentren am Starnberger See, in Nairobi und Mombasa/Kenia.
Publ.: Rundbrief, Aufl. 17.000; Prospekte, Musikproduktionen, Bücher.
Innere Ausrichtung: Das Werk hat eine Glaubensgrundlage in acht Punkten. Hervorgehoben werden die Verbalinspiration der Schriften des Alten und Neuen Testaments, die Gottheit Christi, sein Sühnetod, seine leibliche Auferstehung und unmittelbar bevorstehende Wiederkunft, die sündhafte Natur aller Menschen, die Wiedergeburt aus dem Heiligen Geist, die leibliche Auferstehung der Gerechten wie auch der Gottlosen, die ewige Seligkeit der Erretteten und die nie endende, bewußte Strafe der Verlorenen.
„Wort des Lebens" ist ein freies Missionswerk, das in Verbindung mit der Evang. Allianz arbeitet. Es ist Mitglied im „Ring Missionarischer Jugendbewegungen" (RMJ).
Organisation und Finanzierung: Eingetragener Verein, als gemeinnützig und als „Freier Träger der öffentlichen Jugendpflege" anerkannt; ca. 50 Mitarbeiter, Freundeskreis ca. 17.000; Finanzierung durch Spenden aus dem Freundeskreis und eigenen Einnahmen aus der Freizeitarbeit am Starnberger See.

Wort des Lebens e.V.
Postfach 60, D-82328 Berg
Tel. 08151/96190

Internationale Organisation:
Word of Life

Shroon Lake
New York, N.Y. 12870, USA

Wort & Tat – Allgemeine Missions-Gesellschaft

früher: Aktion Gute Botschaft; Anzeigen-Missions-Gesellschaft; Allgemeine Missions-Gesellschaft

1972 begannen missionarisch orientierte und engagierte Laien-Christen mit der „Aktion Gute Botschaft", vor allem mit der Zielsetzung der Verbreitung des Evangeliums über Anzeigen in Zeitungen und Zeitschriften. 1974 erfolgte eine Änderung des Vereinsnamens in „Anzeigen-Missions-Gesellschaft". 1977 wurde die Missionstätigkeit erweitert (insbesondere um die „AMG-Leprahilfe") und der Verein „Allgemeine Missions-Gesellschaft" gegründet (mit den beiden Arbeitszweigen „Aktion Gute Botschaft" und „AMG-Leprahilfe"). 1984 übertrug das Werk den Arbeitszweig „Aktion Gute Botschaft" an „Aktion: In jedes Haus", mit der eine jahrelange Zusammenarbeit bestand. 1992 wurde der Vereinsname in „Wort & Tat – Allgemeine Missions-Gesellschaft" geändert. Die Leitung hat Dr. med. Dr. phil. h.c. Heinz-Horst Deichmann (Vorsitzender).
Tätigkeit: Missionsarbeit durch Wort und Tat; Verkündigung der frohen Botschaft von Jesus Christus; Hilfe zur Selbsthilfe für Menschen in Not; Unterstützung des Verkündigungsdienstes

einheimischer Evangelisten und Bibelfrauen durch Schulungsmaßnahmen und Bibelverbreitung; Gemeindeaufbau durch Förderung von Bibelschulen und Herausgabe von Veröffentlichungen; Errichtung und Unterhaltung von Lepradörfern, Kliniken und Pflegestationen (für Lepra- und Tuberkulosekranke sowie andere Patienten wie Augen- und Poliokranke), Heimen, Schulen, Ausbildungs- und Werkstätten für Kinder, Jugendliche und Erwachsene zur Behandlung und Betreuung an Leib und Seele.

Wirkungsbereich: V. a. Indien und Europa.

Einrichtungen: Lepradörfer; Kliniken und Pflegestationen für Lepra-, Tuberkulose-, Augen- und Poliokranke; Heime, Schulen und Werkstätten für Kinder, Jugendliche und Erwachsene; Bibelschulen.

Publ.: Zeitschrift „Wort & Tat", viermal jährl.

Innere Ausrichtung: Arbeit auf biblischer Grundlage und Bekenntnis zu den Glaubensgrundsätzen der Evang. Allianz; Mitglied der „Arbeitsgemeinschaft Evangelikaler Missionen" (AEM) und Zusammenarbeit mit anderen Missionsgesellschaften.

Organisation und Finanzierung: Eingetragener Verein, gemeinnützig; Arbeit in Deutschland durch ehrenamtliche Mitarbeiterinnen und Mitarbeiter; Finanzierung ausschließlich durch Spenden.

Wort & Tat
Allgemeine Missions-Gesellschaft e.V.

Boehnertweg 9, D-45359 Essen
Postfach 11 01 11, D-45331 Essen
Tel. 0201/678383

Wycliff-Bibelübersetzer (WBÜ)

Das Werk wurde 1934 durch Cameron Townsend in den USA gegründet. Townsend ging 1917 als Bibelkolporteur nach Guatemala. Da aber die Indianer mit der spanischen Bibel nichts anfangen konnten, begann er, ihre Sprache zu erforschen und aufzuschreiben. Er übersetzte das Neue Testament, stellte Lesefibeln her, gab Leseunterricht und bildete Lehrer aus. Er gründete ein Krankenhaus, fünf Schulen, ein Internat und eine Bibelschule. Dabei erkannte er die Notwendigkeit der Sprachforschung und Bibelübersetzung. 1934 fand das erste Seminar statt, bei dem Townsend weitergab, was er sich in jahrelanger Kleinarbeit selbst angeeignet hatte. Daraus entwickelten sich die „Seminare für Sprachmethodik", in denen heute viele junge Leute auf die Erforschung ungeschriebener Sprachen vorbereitet werden. Diese Seminare (Summer Institute of Linguistics) sind in den USA und in England den Universitäten angeschlossen.

1963 fand ein erstes Seminar für Sprachmethodik in Deutschland statt. 1970 wurde das Wycliff-Zentrum in Holzhausen aufgebaut (mit Verwaltung und Schulungszentrum für Seminare, Schulungen, Konferenzen, Freizeiten usw.). 1964 wurde das erste Heimatkomitee für die Schweiz gegründet. 1967 folgte der Aufbau des Büros in Großhöchstetten. 1983 wurde in Österreich ein gemeinnütziger Verein gegründet. Die Leitung des Werks haben Richard Steinbring (D), Marcel Gasser (CH) und Wolfgang Binder (A).

Tätigkeit: Zur Tätigkeit gehören linguistische und ethnologische Forschung, Bibelübersetzung, Alphabetisierung und Herstellung von Literatur, außerdem Entwicklungshilfe in kleinem Umfang in den Bereichen Medizin, Landwirtschaft und Schulbildung. Das Seminar für Sprachmethodik der WBÜ bietet einen Grundkurs (zehn Wochen) und einen Aufbaukurs (sieben Wochen) an. Gelehrt wird eine Methodik zum Erforschen und Erlernen noch unerforschter Sprachen. Das Sprachlernseminar (fünf Wochen) vermittelt eine Methodik zum systematischen und zielbewußten Lernen einer Sprache.

Wirkungsbereich: Sprachliche Minoritätsgruppen ohne Bibel auf allen Kontinenten.

Einrichtungen: Zentrum in Burbach-Holzhausen mit Verwaltung, Schulungs- und Tagungszentrum; ein Büro in der Schweiz, eines in Österreich.

Publ.: Zeitschrift „Übersetzung heute", seit 1971, zweimonatl., Aufl. 12.000 (D); Prospekte, Bücher, Videos, Tondiaserien, Jahresberichte.

Innere Ausrichtung: Das Werk hat eine Glaubensgrundlage in sieben Punkten (1. Die göttliche Inspiration und die daraus resultierende Autorität sämtlicher kanonischer Schriften. 2. Die Lehre von der Dreieinigkeit. 3. Die Menschen sind von Gott abgefallen und folglich geistlich-sittlich völlig verderbt und bedürfen der Wiedergeburt. 4. Die Versöhnung mit Gott durch den stellvertretenden Tod Jesu Christi. 5. Die Lehre von der Rechtfertigung durch den Glauben. 6. Die leibliche Auferstehung der Gerechten und Ungerechten. 7. Das ewige Leben der Gerechten und die ewige Verdammnis der Verlorenen). Die WBÜ sind außerordentliches Mitglied der „Arbeitsgemeinschaft Evangelikaler Missionen" (AEM) in Deutschland und ordentliches Mitglied der AEM in der Schweiz. Das Werk arbeitet mit allen Gemeinden und Kreisen zusammen, die der Evang. Allianz nahestehen.

Organisation und Finanzierung: Eingetragene Vereine in Deutschland, der Schweiz und Österreich; Finanzierung aller Mitarbeiter durch freiwillige Spenden aus ihren Heimatgemeinden und aus Freundeskreisen, in Einzelfällen zweckbestimmte Zuschüsse von Kirchen oder anderen Werken für besondere Projekte.

Wycliff-Bibelübersetzer e.V.
Postfach 6 03, D-57295 Burbach
Tel. 02736/3027, Fax 02736/3680

Wycliff-Bibelübersetzer
Poststr.16, CH-2504 Biel
Tel. 032/420246, Fax 032/420248

Wycliff-Bibelübersetzer
Franz-Xaver-Gruber-Str. 140
A-5112 Lambrechtshausen
Tel. 06274/6331

Internationale Organisation:
Wycliffe Bible Translators, Inc.
7500 West Camp Wisdom Road
Dallas, TX 75236, USA

ZeLeM – Verein zur Förderung des messianischen Glaubens in Israel

Bezeichnung in Israel: Messianische Bekenntnisgemeinschaft

Klaus Mosche Pülz, Gründer und Leiter des Werkes, wurde 1936 in Halle geboren und wanderte 1967 mit seiner Familie nach Israel ein. Im Alter von 40 Jahren wandte er sich vollzeitlich theologischen Fragen und Aufgaben über Judentum und Christentum zu. Ihm geht es um eine wahrheitsgemäße Berichterstattung über das Geschehen in Israel, wobei er im Sinne von Israels universaler Berufung auch Einfluß auf die traditionelle christliche Theologie zu nehmen versucht. Seine Bemühungen um eine Allianz-Bildung der judenchristlichen Gemeinden in Israel führte 1978 zur Gründung eines Glaubens- und Begegnungszentrums in Ramat-Hascharon bei Tel Aviv. Auf einer konstituierenden Sitzung wurde 1980 die Messianische Bekenntnisgemeinschaft ins Leben gerufen, die ihre Aufgaben und Ziele in einer Grundsatzerklärung definierte. Zur finanziellen Absicherung der Arbeit entstand 1986 in Deutschland der ZeLeM-Verein zur Förderung des Messianischen Glaubens in Israel.

Tätigkeit: Öffentliche Veranstaltungen in Israel wollen das Volk zur Buße rufen und auf die heilsgeschichtliche Bedeutung des Messias Jeschua hinweisen. Durch ein- bis dreiseitige Anzeigen in Tageszeitungen wird auf spezifische Aussagen in der ganzen Bibel aufmerksam gemacht, die auch die politische Entwicklung in einen theologischen Kontext bringen. Auch werden kostenlose Exemplare der ganzen Bibel angeboten.

In Deutschland und auch in der Schweiz finden in verschiedenen evangelischen und freikirchlichen Gemeinden und Gemeinschaften Vortrags- und Seminarveranstaltungen statt, in denen das Wirken Gottes im heutigen Israel vom prophetischen Wort der Bibel her deutlich gemacht wird.

Wirkungsbereich: D, Israel.

Innere Ausrichtung: Die gemeindliche Arbeit in Israel knüpft an die judenchristliche Urform an, zu der auch die „Agape" (Tischgemeinschaft) gehört. Wichtigster Bestandteil ist die Unterweisung durch das unverfälschte Wort Gottes, wie es in der Bibel vorliegt. Es gilt, an die Bibel als Imperativ zu glauben oder diese abzulehnen. Die Taufe wird nur als Glaubenstaufe vollzogen. Verbindungen bestehen zum „Theologischen Konvent Bekennender Gemeinschaften" zum „International Christian Network" (ICN; Vorsitzender Prof. Dr. P. Beyerhaus) sowie zum Missionswerk „Arche" in Ebnet-Kappel (Schweiz). Der ZeLeM-Verein ist beim Deutschen Bundestag als Verband akkreditiert.

Organisation und Finanzierung: Eingetragener Verein mit Gemeinnützigkeitsstatus. Für den jährlichen Geschäftsbericht ist ein unabhängiges Wirtschaftsbüro beauftragt. Die Arbeit wird ausschließlich durch Einzelspenden finanziert.

ZeLeM – Verein zur Förderung
des messianischen Glaubens in Israel e.V.
Xantener Str. 29, D-67583 Guntersblum
Tel. 06249/7860, Fax 06249/7682

Zentralafrika-Mission (ZAM)

früher: Missions-Verlag Martin Vedder

1971 wurde der „Missions-Verlag Martin Vedder" gegründet, 1976 die „Zentralafrika-Mission". Gründer und Leiter ist Martin Vedder (geb. 1942 in Köln, Pädagogikstudium, Sonderschullehrer, Französischstudium und Studium der Tropenmedizin, 1969-1971 missionarischer Dienst in Kamerun). Die Zentralafrika-Mission gründete Bibelcenter in Afrika (seit 1985), in Europa und Mittelamerika (seit 1991) und in Asien (seit 1994). 1994 wurde die Arbeit auf die GUS ausgeweitet.
Tätigkeit: Druck und Herausgabe, Versand und Verbreitung christlicher Literatur, Unterstützung einheimischer afrikanischer Prediger und Pastoren, Fernbibelkurse für die Ausbildung afrikanischer Christen zu aktivem Gemeindedienst und missionarischer Tätigkeit, Übersetzungen in afrikanische Dialek-

te, Radiosendungen, soziale Hilfestellung in Notsituationen (Kleider- und Brillenversand), fünf Gehörlosenschulen in Zaire, Blinden- und Leprahilfe, Bibelseminare in Afrika, geistliche Betreuung vorhandener Gemeinden unterschiedlichster Prägung und Gründung neuer Gemeiden in der Pioniermission.
Wirkungsbereich: D, weltweit in über 60 Ländern mit Schwerpunkt in West- und Zentralafrika (v.a. Zaire, Kamerun, Nigeria, Zentralafrikanische Republik und Elfenbeinküste), GUS.
Einrichtungen: Verlag und Fernbibelschule Emmaus, über 500 Bibelcenter in Afrika, Gehörlosenschulen.
Publ.: Informationsschriften, Diaserie über die Missionsarbeit, franz. und afrikan. Broschüren und Traktate.
Innere Ausrichtung: Glaubensgrundlage ist die gesamte Heilige Schrift; dabei bezieht man sich auf die Glaubensbasis der Evang. Allianz. Hervorgehoben werden die persönliche Wiedergeburt, die Inspiration der Heiligen Schrift (Ablehnung jeglicher Bibelkritik, doch Anerkennung echter Textforschung), die Gottheit und Menschheit Jesu, seine leibliche Auferstehung und sein Wiederkommen in Macht und Herrlichkeit, das allgemeine Sühneopfer Jesu, das Leben in der persönlichen Heiligung. Gottesdienstform in den Missionsgemeinden ist die der Brüderversammlungen, denen das Werk nahesteht. Verbindungen bestehen auch zu Freien evang. Gemeinden und zu Baptisten. Das Werk arbeitet bei Allianzveranstaltungen mit.

Organisation und Finanzierung: Eingetragener Verein; vier feste Angestellte in Deutschland, ca. 300 freie Mitarbeiter in Deutschland, Frankreich, Kanada und der Schweiz, über 1.500 Mitarbeiter weltweit; Finanzierung durch Spenden.

Zentralafrika-Mission e.V.
Holpener Str. 1, D-51597 Morsbach
Tel. 02294/1807

Die Glaubensbasis der Evangelischen Allianz in den Ländern Deutschland/Österreich einerseits und der Schweiz andererseits ist in den wesentlichen Aussagen übereinstimmend. Da der genaue Wortlaut jedoch differiert, dokumentieren wir die entsprechenden Texte in den jeweiligen Fassungen.

Deutsche Evangelische Allianz

Glaubensbasis der Deutschen und Österreichischen Evangelischen Allianz (1972)

(Der Hauptvorstand der Deutschen Evangelischen Allianz hat in Übereinstimmung mit dem Präsidium der Europäischen Evangelischen Allianz auf seiner Sitzung am 6. April 1972 in Berlin in Anlehnung an die neue Formulierung der Englischen Evangelischen Allianz die folgende Basis beschlossen. Auch die Österreichische Evangelische Allianz hat diesen Wortlaut aufgenommen.)

Als Evangelische Allianz bekennen wir uns zur Offenbarung Gottes in den Schriften des Alten und Neuen Testaments. Wir heben folgende biblische Leitsätze hervor, die wir als grundlegend für das Verständnis des Glaubens ansehen und die uns als Christen zu gegenseitiger Liebe, zu diakonischem Dienst und evangelistischem Einsatz eine Hilfe sein sollen.

– Wir bekennen uns zur Allmacht und Gnade Gottes, des Vaters, des Sohnes und des Heiligen Geistes in Schöpfung, Offenbarung, Erlösung, Endgericht und Vollendung.

– Wir bekennen uns zur göttlichen Inspiration der Heiligen Schrift, ihrer völligen Zuverlässigkeit und höchsten Autorität in allen Fragen des Glaubens und der Lebensführung.

– Wir bekennen uns zur völligen Sündhaftigkeit und Schuld des gefallenen Menschen, die ihn Gottes Zorn und Verdammnis aussetzen.

– Wir bekennen uns zum stellvertretenden Opfer des menschgewordenen Gottessohnes als einziger und allgenugsamer Grundlage der Erlösung von der Schuld und Macht der Sünde und ihren Folgen.

– Wir bekennen uns zur Rechtfertigung des Sünders allein durch die Gnade Gottes aufgrund des Glaubens an Jesus Christus, der gekreuzigt wurde und von den Toten auferstanden ist.

– Wir bekennen uns zum Werk des Heiligen Geistes, welcher Bekehrung und Wiedergeburt des Menschen bewirkt, im Gläubigen wohnt und ihn zur Heiligung befähigt.

– Wir bekennen uns zum Priestertum aller Gläubigen, die die weltweite Gemeinde bilden, den Leib, dessen Haupt Christus ist, und die durch seinen Befehl zur Verkündigung des Evangeliums in aller Welt verpflichtet ist.

– Wir bekennen uns zur Erwartung der persönlichen, sichtbaren Wiederkunft des Herrn Jesus Christus in Macht und Herrlichkeit. Zum Fortleben der von Gott gegebenen Personalität des Menschen. Zur Auferstehung des Leibes zum Gericht und zum ewigen Leben der Erlösten in Herrlichkeit.

Glaubensbasis der Schweizerischen Evangelischen Allianz (SEA)

(Die Basis der Europäischen Allianz wurde übernommen.)

Evangelische Christen bekennen sich zu der in den Schriften des Alten und Neuen Testaments gegebenen Offenbarung des dreieinigen Gottes und zu dem im Evangelium niedergelegten geschichtlichen Glauben. Sie heben folgende Lehrsätze hervor, die sie als grundlegend für das Verständnis des Glaubens ansehen und die gegenseitige Liebe, praktischen Dienst der Christen und evangelistischen Einsatz bewirken sollen:

1. Die Allmacht und Gnade Gottes des Vaters, des Sohnes und des Heiligen Geistes in Schöpfung, Erlösung und Endgericht.

2. Die göttliche Inspiration der Heiligen Schrift, ihre völlige Zuverlässigkeit und höchste Autorität in allen Fragen des Glaubens und der Lebensführung.

3. Die völlige Sündhaftigkeit und Schuld des gefallenen Menschen, die ihn Gottes Zorn und Verdammnis aussetzen.

4. Das stellvertretende Opfer des menschgewordenen Gottessohnes als einzige und allgenügsame Grundlage der Erlösung von der Schuld und Macht der Sünde und ihren ewigen Folgen.

5. Die Rechtfertigung des Sünders allein durch die Gnade Gottes aufgrund des Glaubens an Christus, der gekreuzigt wurde und von den Toten auferstanden ist.

6. Das Werk des Heiligen Geistes, der Bekehrung und Wiedergeburt des Menschen bewirkt, im Gläubigen wohnt und ihn zur Heiligung befähigt.

7. Das Priestertum aller Gläubigen, die die weltweite Gemeinde bilden, den Leib, dessen Haupt Christus ist, und die durch Seinen Befehl zur Verkündigung des Evangeliums in aller Welt verpflichtet ist.

8. Die Erwartung der persönlichen, sichtbaren Wiederkunft des Herrn Jesus Christus in Macht und Herrlichkeit.

Frankfurter Erklärung zur Grundlagenkrise der Mission (1970)

„Wehe mir, wenn ich das Evangelium nicht predigte!" (1. Kor. 9,16)

Die Kirche Jesu Christi hat das heilige Vorrecht und die unabdingbare Verpflichtung, an der Sendung des dreieinigen Gottes in die Welt teilzunehmen. Dadurch soll sein Name unter allen Völkern verherrlicht, von seinem zukünftigen Zorn bedrohte Menschen gerettet und zu einem neuen Leben geführt und die Herrschaft seines Sohnes Jesus Christus in Erwartung seiner Wiederkunft aufgerichtet werden.

So hat die Christenheit den Sendungsauftrag Christi seit je verstanden und wahrgenommen, wenn auch nicht immer in der gleichen Treue und Klarheit. Die Erkenntnis von der Größe der Aufgabe und von der missionarischen Gesamtverpflichtung der Kirche führte zum Bemühen um die Hineinnahme der Mission in die Landeskirchen und 1961 in den Ökumenischen Rat der Kirchen als dessen Kommission und Abteilung für Weltmission und Evangelisation. Ihr Ziel laut ihrer Verfassung ist es, darauf hinzuwirken, „daß das Evangelium von Jesus Christus in der ganzen Welt verkündigt wird, damit alle Menschen an ihn glauben und errettet werden". In dieser Bestimmung sehen wir das apostolische Grundanliegen des Neuen Testamentes ebenso wie das Sendungsverständnis der Väter der evangelischen Missionsbewegung zutreffend wiedergegeben.

Heute ist jedoch die organisierte christliche Weltmission in eine tiefe Grundlagen-krise geraten. Daran tragen nicht nur die äußeren Widerstände und unsere erlah-mende geistliche Kraft in Kirchen und Missionsgesellschaften Schuld. Gefährlicher ist die Verschiebung ihrer vorrangigen Aufgaben aufgrund einer schleichenden theologischen Verfälschung ihrer Begründung und Zielsetzung. Durch diese innere Zersetzung bedrängt, sehen wir uns veranlaßt, folgende öffentli-che Erklärung abzugeben.

Wir wenden uns damit an alle evangelischen Christen, die sich durch den Glauben an die Erlösung durch Jesus Christus für den Fortgang seines Rettungswerkes an der nichtchristlichen Menschheit verantwortlich wissen. Wir wenden uns an die Lei-tungen der Kirchen und Gemeinden, denen die weltweite Perspektive ihres geistli-chen Auftrages deutlich geworden ist. Wir wenden uns schließlich an alle evangeli-schen Missionsgesellschaften und ihre übergreifenden Organe, die entsprechend ihrer geistlichen Tradition besonders berufen sind, über die echte Zielsetzung mis-sionarischen Handelns zu wachen.

Wir bitten Sie herzlich und eindringlich, nachfolgende Thesen auf ihre biblische Begründung zu prüfen und festzustellen, inwieweit die abgewehrten Irrtümer und Handlungsweisen der tatsächlichen gegenwärtigen Lage in Kirche, Mission und Ökumene entsprechen. Im Falle Ihrer Zustimmung bitten wir Sie, dies durch Ihre Unterschrift zu bekunden und sich in Ihrem Wirkungsbereich mit uns bußfertig und entschlossen für die Geltendmachung dieser Leitsätze einzusetzen.

Sieben unaufgebbare Grundelemente der Mission

1. „Mir ist gegeben alle Gewalt im Himmel und auf Erden. Darum gehet hin und machet zu Jüngern alle Völker: Taufet sie auf den Namen des Vaters und des Sohnes und des Heili-gen Geistes und lehret sie halten alles, was ich euch befohlen habe. Und siehe, ich bin bei euch alle Tage bis an der Welt Ende" (Matth. 28, 18-20).

Wir erkennen und bezeugen:
Die christliche Mission erfährt ihre Begründung, Zielsetzung, Arbeitsaufgabe und den Inhalt ihrer Verkündigung *allein aus dem Auftrag des auferstandenen Herrn* Jesus Christus und aus seinem Heilswerk, wie uns beides im Zeugnis der Apostel und der Urchristenheit im Neuen Testament berichtet wird. Mission liegt im Wesen des Evangeliums begründet.

Damit wenden wir uns gegen die heutige Tendenz, Wesen und Aufgabe der Mission aus den gesellschaftlichen Analysen unserer Zeit und den Anfragen der nichtchristlichen Menschheit zu bestimmen. Was das Evangelium den heutigen Menschen im tiefsten zu sagen hat, ergibt sich nicht erst in der Begegnung mit ihnen, sondern ist durch das apostolische Zeugnis ein für alle Male normativ vorgegeben. Es bekommt durch die Situation nur einen neuen Aspekt der Anwendung. Die Preisgabe des Schriftprinzips führt zur Konturlosigkeit der Mission und zu ihrer Verwechselung mit einer allgemeinen Weltverantwortung.

2. *„Also will ich denn herrlich, heilig und bekannt werden vor vielen Heiden, daß sie erfahren sollen, daß ich der Herr bin"* (Hes. 38, 23). *„Ich will dir danken, Herr, unter den Heiden und deinem Namen lobsingen"* (Psalm 18, 50 und Röm. 15, 9).

Wir erkennen und bezeugen:
Das erste und oberste Ziel der Mission ist die *Verherrlichung* des Namens des einen *Gottes* auf der ganzen Erde und die Kundmachung der Herrschaft Jesu Christi, seines Sohnes.

Damit wenden wir uns gegen die Behauptung, es ginge in der Mission jetzt nicht mehr so sehr um den Hinweis auf Gott, sondern um das Offenbarwerden des neuen Menschen und die Ausbreitung einer neuen Menschlichkeit in allen gesellschaftlichen Bezügen. Die *Humanisierung* ist nicht vorrangiges Ziel der Mission, sondern eine Auswirkung unserer Neugeburt durch Gottes Erlösungshandeln in Christus an uns oder auch ein indirektes Ergebnis der christlichen Verkündigung in ihrer weltgeschichtlichen Durchsäuerungskraft.

Die vereinseitigende Ausrichtung des missionarischen Interesses auf den Menschen und seine Gesellschaft führt zum Atheismus.

3. *„In keinem andern ist das Heil, ist auch kein anderer Name unter dem Himmel den Menschen gegeben, darin wir sollen selig werden"* (Apg. 4, 12).

Wir erkennen und bezeugen:
Jesus Christus unser Heiland, wahrer Gott und wahrer Mensch, wie er uns in der Heiligen Schrift in seinem Persongeheimnis und seinem Heilswerk vor Augen gestellt ist, ist Grund, Inhalt und Autorität unserer Sendung. Ziel dieser Sendung ist es, allen Menschen in allen Lebensbereichen die Gabe seines Heils bekanntzumachen.

Dadurch fordern wir die Nichtchristen, die ja auf Grund der Schöpfung Gott gehören, zum Glauben an ihn und zur Taufe auf seinen Namen auf; denn in ihm allein ist ihnen ewiges Heil verheißen.

Damit wenden wir uns gegen die seit der 3. Weltkirchenkonferenz zu Neu-Delhi in der Ökumene sich verbreitende falsche Lehre, daß sich *Christus anonym* auch in den Fremdreligionen, dem geschichtlichen Wandel und den Revolutionen so offenbare, daß ihm der Mensch ohne die direkte Kunde des Evangeliums hier begegnen und sein Heil in ihm finden könne. .

Wir verwerfen zugleich die unbiblische Beschränkung der Person und des Werkes Jesu auf seine Menschlichkeit und sein sittliches Beispiel. Damit ist die Einzigartigkeit Christi und des Evangeliums zugunsten eines Humanitätsprinzips preisgegeben, das andere auch in anderen Religionen und Weltanschauungen finden können.

4. *„Also hat Gott die Welt geliebt, daß er seinen eingeborenen Sohn gab, auf daß alle, die an ihn glauben, nicht verloren werden, sondern das ewige Leben haben"* (Joh. 3, 16).

„So bitten wir nun an Christi Statt: Lasset euch versöhnen mit Gott (2. Kor. 5, 20).

Wir erkennen und bezeugen:
Mission ist verkündigende, sakramentale und diakonische *Bezeugung und Darbietung des ewigen Heiles* in der Stellvertretung Jesu Christi durch seine Gemeinde und seine bevollmächtigten Sendboten. Dies Heil beruht auf dem ein für alle Male geschehenen Kreuzesopfer Jesu Christi für die gesamte Menschheit.

Die Zueignung dieses Heiles an die einzelnen Menschen geschieht jedoch erst durch die in die Entscheidung rufende Verkündigung und durch die Taufe, die die Glaubenden in den Dienst der Liebe stellen. Ebenso wie der Glaube in Buße und Taufe das ewige Leben empfängt, führt der Unglaube durch seine Ablehnung des Heilsangebotes in die Verdammnis.

Damit wenden wir uns gegen die optimistische Meinung, als ob in Kreuz und Auferstehung Jesu Christi bereits die ganze Menschheit aller Zeiten neu geboren sei und unabhängig von dem Wissen um das geschichtliche Heilshandeln Gottes und ihren Glauben daran schon Frieden mit ihm hätte. Durch solche falsche Auffassung verliert der Evangelisationsauftrag seine Vollmacht und Dringlichkeit. Die unbekehrten Menschen werden in eine verhängnisvolle Sicherheit über ihr ewiges Schicksal gewiegt.

5. *„Ihr aber seid das auserwählte Geschlecht, das königliche Priestertum, das Volk des Eigentums, daß ihr verkündigen sollt die Wohltaten des, der euch berufen hat von der Finsternis zu seinem wunderbaren Licht"* (1. Petr. 2, 9).

„Stellet euch nicht dieser Welt gleich!" (Röm. 12, 2).

Wir erkennen und bezeugen:
Das vorrangige sichtbare Arbeitsziel der Mission ist die *Sammlung der messianischen Heilsgemeinde* aus und unter allen Völkern.

Die missionarische Verkündigung soll überall zur Pflanzung der Kirche Jesu Christi führen, die eine neue, ausgegrenzte Wirklichkeit als Salz und Licht in ihrer gesellschaftlichen Umwelt darstellt.

Den Gliedern der Gemeinde schenkt der Heilige Geist durch das Evangelium und die Sakramente das neue Leben und eine geistliche Gemeinschaft mit dem real bei ihnen gegenwärtigen Gott und untereinander, die in Ewigkeit Bestand hat. Aufgabe der Gemeinde ist es, durch ihr Zeugnis auch die Verlorenen, die noch außerhalb ihrer Gemeinschaft leben, zur heilbringenden Gliedschaft am Leibe Christi zu bewegen und das Evangelium als neue Gemeinschaft darzustellen.

Damit wenden wir uns gegen die Anschauung, als ob die Kirche – als Gemeinde Jesu – nur ein Teil der Welt sei. Wir verneinen die Einebnung des seinshaften Unterschiedes zwischen beiden in einen bloß erkenntnismäßigen und funktionalen. Wir bestreiten, daß die Kirche der Welt nichts anderes voraus habe als allein das Wisssen um das zukünftige Heil angeblich aller Menschen.

Wir wenden uns weiter gegen das einseitig verdiesseitigte Heilsverständnis, nach dem Kirche und Welt nur gemeinsam an einer rein sozialen Versöhnung Anteil haben. Das würde zur Selbstauflösung der Kirche führen.

6. *„Gedenket daran, daß ihr vormals ... Heiden gewesen seid ... zu jener Zeit waret ohne Christus, ausgeschlossen vom Bürgerrecht in Israel und fremd den Testamenten der Verheißung; daher ihr keine Hoffnung hattet und waret ohne Gott in der Welt"* (Eph. 2, 11-12).

Wir erkennen und bezeugen:
Das Heilsangebot in Christus richtet sich ausnahmslos an alle Menschen, die ihm noch nicht im bewußten Glauben verbunden sind. Die Anhänger fremder *Religionen und Weltanschauungen* können an diesem *Heil* nur dadurch Anteil bekommen, daß sie sich von ihren vormaligen Bindungen und ihren falschen Hoffnungen befreien lassen, um durch *Glauben und Taufe* in den Leib Christi eingegliedert zu werden. Auch Israel soll sein Heil in der Bekehrung zu Jesus Christus finden.

Damit verwerfen wir die Irrlehre, als ob die Religionen und Weltanschauungen auch Heilswege neben dem Christenglauben seien.

Wir bestreiten, daß christliche Präsenz unter den Anhängern der Fremdreligionen und wechselseitiger religiöser Austausch mit ihnen im Dialog ein Ersatz für die zur Bekehrung drängende Verkündigung des Evangeliums seien, statt allein eine gute Form missionarischer Anknüpfung. Wir bestreiten, daß die Entlehnung christlicher Ideen, Hoffnungsziele und sozialer Verhaltungsweisen – abgesehen von deren ausschließlicher Beziehung auf die Person Jesu Christi – die Fremdreligionen und Ideologien zu einem Ersatz für die Kirche Christi machen können. Sie geben ihnen vielmehr eine synkretistische und damit antichristliche Ausrichtung.

7. „Und es wird gepredigt werden dies Evangelium vom Reich in der ganzen Welt zum Zeugnis für alle Völker, und dann wird das Ende kommen" (Matth. 24, 14).

Wir erkennen und bezeugen:
Die christliche *Weltmission* ist das entscheidende fortschreitende Heilshandeln Gottes unter den Völkern *zwischen Auferstehung und Wiederkunft Jesu Christi.*

Durch die Predigt des Evangeliums werden immer neue Völker und Menschen in die Entscheidung für oder gegen Christus gerufen.

Wenn alle Völker das Zeugnis von ihm gehört und ihre Antwort darauf gegeben haben, wird sich der Konflikt zwischen der Gemeinde Jesu und der Welt unter deren Führung durch den Antichristen aufs bedrängendste zuspitzen. Dann wird der wiederkommende Christus selbst diese Weltzeit abbrechen, die dämonischen Mächte des Bösen unschädlich machen und sein messianisches Reich sichtbar und uneingeschränkt aufrichten.

Wir verwerfen die unbegründete Behauptung, daß die Zukunftserwartung des Neuen Testaments durch das Ausbleiben der Wiederkunft Jesu widerlegt worden und darum aufzugeben sei.

Damit verwerfen wir zugleich die schwärmerische Ideologie, als ob entweder unter dem Einfluß des Evangeliums oder unter der anonymen Wirksamkeit Christi in der Weltgeschichte die gesamte Menschheit schon in dieser Weltzeit auf einen Zustand allgemeinen Friedens und der Gerechtigkeit zugehe und schließlich unter Christus zu einer großen *Weltgemeinschaft* vereint werden würde.

Wir verwerfen die Ineinssetzung von Fortschritt, Entwicklung und sozialem Wandel mit dem messianischen Heil und ihre fatale Konsequenz, daß Beteiligung an der Entwicklungshilfe und revolutionärer Einsatz in den Spannungsfeldern der Gesellschaft die zeitgenössischen Formen christlicher Mission seien. Diese Ineinssetzung wäre vielmehr die Selbstauslieferung an die schwärmerischen Bewegungen unserer Zeit in Richtung auf deren antichristlichen Fluchtpunkt.

Wir bejahen dagegen das entschlossene Eintreten aller Kirchen für die Gerechtigkeit, den Frieden und den Entwicklungsdienst als zeitgemäße Verwirklichung der göttlichen Forderung nach Barmherzigkeit und Recht sowie des Liebesgebotes Jesu.

Wir sehen darin eine wichtige Begleitung und Beglaubigung der Mission. Wir bejahen auch die humanisierenden Konsequenzen der Bekehrung als zeichenhafte Hinweise auf den kommenden messianischen Frieden.

Wir betonen aber, daß im Unterschiede zur ewig gültigen Vergebung im Glauben an das Evangelium all unsere sozialen Errungenschaften und politischen Teilerfolge durch das eschatologische „noch nicht" des kommenden Reiches und die noch nicht vernichtete Macht der Sünde, des Todes und des Teufels, des „Fürsten dieser Welt", begrenzt werden.

Das setzt unserem missionarischen Dienst seine Prioritäten und stellt ihn in die sich ausstreckende Erwartung dessen, der uns verheißt:

„Siehe, ich mache alles neu!" (Offb. 21, 5).

Diese Erklärung wurde einmütig angenommen vom „Theologischen Konvent", einer Zusammenkunft schrift- und bekenntnisgebundener Theologen, auf seiner Tagung am 4. März 1970 im Dominikaner-Kloster Frankfurt am Main.

Zu den Erstunterzeichnern gehören unter anderem:

Prof. Dr. P. Beyerhaus, Tübingen
Prof. Dr. W. Böld, Saarbrücken
Prof. Dr. H. Engelland, Kiel
Prof. Mg. H. Frey, Bethel
Landessuperintendent
Prof. Dr. J. Heubach, Lauenburg
Dr theol. habil. A. Kimme, Leipzig
Prof. D. Dr. W Künneth, DD., Erlangen

Prof. D. O. Michel, Tübingen
Prof. D. W. Mundle, Marburg
Prof. Dr. H. Rohrbach, Mainz,
Prof. D. .G. Stählin, Mainz
Prof. Dr. G. Vicedom, DD.,
Neuendettelsau
Prof. Dr. U. Wickert, Tübingen
Prof. Dr. J. W. Winterhager, Berlin

Aus: P. Beyerhaus, Die Grundlagenkrise der Mission, Wuppertal 1970, S. 29–37

Die Lausanner Verpflichtung (1974)

Einleitung

Wir, Glieder der Gemeinde Jesu Christi aus mehr als 150 Nationen, Teilnehmer am Internationalen Kongreß für Weltevangelisation in Lausanne, loben Gott, weil Er sein Heil geschenkt hat, und freuen uns an der Gemeinschaft, die Er uns mit Ihm und untereinander schenkt. Gottes Wirken in unserer Zeit bewegt uns tief. Unser Versagen führt uns zur Buße. Die unvollendete Aufgabe der Evangelisation fordert uns heraus. Wir glauben, daß das Evangelium Gottes gute Nachricht für die ganze Welt ist. Durch Seine Gnade sind wir entschlossen, dem Auftrag Jesu Christi zu gehorchen, indem wir Sein Heil der ganzen Menschheit verkündigen, um alle Völker zu Jüngern zu machen. Darum wollen wir unseren Glauben und unseren Entschluß bekräftigen und unserer Verpflichtung öffentlich Ausdruck geben.

1. Der Plan Gottes

Wir bekräftigen unseren Glauben an den einen, ewigen Gott, Schöpfer und Herrn der Welt, Vater, Sohn und Heiliger Geist, der alle Dinge nach dem Ratschluß Seines Willens regiert. Er hat Sein Volk aus der Welt herausgerufen und sendet es zurück in die Welt, damit sie Seine Diener und Zeugen sind. Er hat sie zur Ausbreitung Seines Reiches, zur Erbauung des Leibes Christi und zur Verherrlichung Seines Namens herausgerufen. Wir bekennen und bereuen, daß wir unserer Berufung oft untreu gewesen sind und unseren Auftrag nicht erfüllt haben, indem wir uns der Welt anpaßten oder uns von ihr zurückzogen. Doch freuen wir uns daran, daß das Evangelium, selbst wenn es in irdenen Gefäßen gefaßt ist, ein kostbarer Schatz ist. Erneut übernehmen wir die Aufgabe, diesen Schatz durch die Kraft des Heiligen Geistes bekanntzumachen.

Jes 40,28; Mt 28,19; Eph 1,11; Apg 15,14; Joh 17,6.18; Eph 4,12; 1. Kor 5,10; Röm 12,2; 2. Kor 4,7

2. Die Autorität der Bibel

Wir bekräftigen die göttliche Inspiration, die gewißmachende Wahrheit und Autorität der alt- und neutestamentlichen Schriften in ihrer Gesamtheit als das einzige geschriebene Wort Gottes. Es ist ohne Irrtum in allem, was es verkündigt, und ist der einzige unfehlbare Maßstab des Glaubens und Lebens. Wir bekennen zugleich die Macht des Wortes Gottes, seinen Heilsplan zu verwirklichen. Die Botschaft der Bibel ist an die ganze Menschheit gerichtet, denn Gottes Offenbarung in Christus und in der Heiligen Schrift ist unwandelbar. Der Heilige Geist spricht noch heute durch diese Offenbarung. Er erleuchtet den Geist Seines Volkes in allen Kulturen. So erkennen sie Seine Wahrheit immer neu mit ihren eigenen Augen. Der Heilige Geist enthüllt der ganzen Gemeinde mehr und mehr die vielfältige Weisheit Gottes.

2. Tim 3,16; 2. Petr 1,21; Joh 10,35; Mt 5,17.18; Eph 1,17.18; 3,10.18

3. Einzigartigkeit und Universalität Jesu Christi

Wir bekräftigen: Es gibt nur einen Erlöser und nur ein Evangelium, jedoch eine große Vielfalt evangelistischer Arbeitsweisen. Zwar wissen wir, daß alle Menschen aus der allgemeinen Offenbarung in der Natur Gott erkennen können, aber wir bestreiten, daß sie dies erretten kann, denn sie unterdrücken die Wahrheit durch Ungerechtigkeit. Als Herabsetzung Jesu Christi und des Evangeliums lehnen wir jeglichen Synkretismus ab und jeden Dialog, der vorgibt, daß Jesus Christus gleichermaßen durch alle Religionen und Ideologien spricht. Jesus Christus, wahrer Mensch und wahrer Gott, hat sich selbst als die einzige Erlösung für Sünder dahingegeben. Er ist der einzige Mittler zwischen Gott und Menschen. Es ist auch kein anderer Name, durch den wir gerettet werden. Alle Menschen gehen an ihrer Sünde verloren, Gott aber liebt alle. Er will nicht, daß jemand verloren werde, sondern daß sich jedermann zur Buße kehre. Wer aber Jesus Christus ablehnt, verschmäht die Freude des Heils und verdammt sich selbst zur ewigen Trennung von Gott. Wenn Jesus als der „Erlöser der Welt" verkündigt wird, so heißt das nicht, daß alle Menschen von vornherein oder am Ende doch noch gerettet werden. Man kann erst recht nicht behaupten, daß alle Religionen das Heil in Christus anbieten. Vielmehr muß Gottes Liebe einer Welt von Sündern verkündigt werden. Alle Menschen sind eingeladen, Ihn in persönlicher Hingabe durch Buße und Glauben als Heiland und Herrn anzuerkennen. Jesus Christus ist erhöht über alle Namen. Wir sehnen uns nach dem Tag, an dem sich aller Knie vor Ihm beugen und alle Zungen bekennen, daß Er der Herr sei.

Gal 1,6-9; Joh 1,9; Apg 17,26-28; 1. Tim 2,5.6; Apg 4,12; 2. Petr 3,9; 1. Tim 2,3.4; Joh 3,16-19; 4,42; Phil 2,9-11

4. Wesen der Evangelisation

Evangelisieren heißt, die gute Nachricht zu verbreiten, daß Jesus Christus für unsere Sünden starb und von den Toten auferstanden ist nach der Schrift und daß Er jetzt die Vergebung der Sünden und die befreiende Gabe des Geistes all denen anbietet, die Buße tun und glauben. Für Evangelisation ist unsere Präsenz als Christen in der Welt unerläßlich, ebenso eine Form des Dialogs, die durch einfühlsames Hören zum Verstehen des anderen führt. Evangelisation ist ihrem Wesen nach die Verkündigung des historischen, biblischen Christus als Heiland und Herrn. Ziel ist es, Menschen zu bewegen, zu Ihm persönlich zu kommen und so mit Gott versöhnt zu werden. Wer die Einladung des Evangeliums ausspricht, darf nicht verschweigen, daß Nachfolge etwas kostet. Jesus ruft alle, die Ihm nachfolgen möchten, auf, sich selbst zu verleugnen, ihr Kreuz auf sich zu nehmen und sich mit Seiner neuen Gemeinschaft zu identifizieren. Das Ergebnis der Evangelisation schließt Gehorsam gegenüber Jesus Christus, Eingliederung in Seine Gemeinde und verantwortlichen Dienst in der Welt ein.

1. Kor 15, 3.4; Apg 2,28; Joh. 20,21; 2. Kor 4,5; 5,11; Apg 2, 47; Mk 10, 43-45

5. Soziale Verantwortung der Christen

Wir bekräftigen, daß Gott zugleich Schöpfer und Richter aller Menschen ist. Wir müssen deshalb Seine Sorge um Gerechtigkeit und Versöhnung in der ganzen menschlichen Gesellschaft teilen. Sie zielt auf die Befreiung der Menschen von jeder Art von Unterdrückung. Da die Menschen nach dem Ebenbild Gottes geschaffen sind, besitzt jedermann, ungeachtet seiner Rasse, Religion, Farbe, Kultur, Klasse, seines Geschlechts oder Alters, eine angeborene Würde. Darum soll er nicht ausgebeutet, sondern anerkannt und gefördert werden. Wir tun Buße für dieses unser Versäumnis und dafür, daß wir manchmal Evangelisation und soziale Verantwortung als sich gegenseitig ausschließend angesehen haben. Versöhnung zwischen Menschen ist nicht gleichzeitig Versöhnung mit Gott, soziale Aktion ist nicht Evangelisation, politische Befreiung ist nicht Heil. Dennoch bekräftigen wir, daß Evangelisation und soziale wie politische Betätigung gleichermaßen zu unserer Pflicht als Christen gehören. Denn beide sind notwendige Ausdrucksformen unserer Lehre von Gott und dem Menschen, unserer Liebe zum Nächsten und unserem Gehorsam gegenüber Jesus Christus. Die Botschaft des Heils schließt eine Botschaft des Gerichts über jede Form der Entfremdung, Unterdrückung und Diskriminierung ein. Wir sollen uns nicht scheuen, Bosheit und Unrecht anzuprangern, wo immer sie existieren. Wenn Menschen Christus annehmen, kommen sie durch Wiedergeburt in Sein Reich. Sie müssen versuchen, Seine Gerechtigkeit nicht nur darzustellen, sondern sie in einer ungerechten Welt auch auszubreiten. Das Heil, das wir für uns beanspruchen, soll uns in unserer gesamten persönlichen und sozialen Verantwortung verändern. Glaube ohne Werke ist tot.

Apg 17, 26.31; 1. Mose 18, 25; Jes 1, 17; Ps 45, 7; 1. Mose 1, 26.27; Jak 3, 9; 3. Mose 19, 18; Lk 6, 27.35; Jak 2, 14-26; Joh 3, 3.5; Mt 5.20; 6, 33; 2. Kor 3, 18; Jak 2, 20

6. Gemeinde und Evangelisation

Wir bekräftigen, daß Jesus Christus Seine erlöste Gemeinde in die Welt sendet, wie der Vater Ihn gesandt hat. Das erfordert, daß wir ebenso tief und aufopfernd die Welt durchdringen. Wir müssen aus unseren kirchlichen Ghettos ausbrechen und in eine nichtchristliche Gesellschaft eindringen. Bei der Sendung der Gemeinde zum hingebungsvollen Dienst steht Evangelisation an erster Stelle. Die Evangelisation der Welt verlangt, daß die ganze Gemeinde der ganzen Welt das ganze Evangelium bringt. Die Gemeinde bildet die Mitte des weltumfassenden Planes Gottes und ist Sein auserwähltes Werkzeug zur Verbreitung des Evangeliums. Eine Gemeinde, die das Kreuz predigt, muß selber durch das Kreuz geprägt sein. Eine Gemeinde wird zum ernsthaften Hindernis der Evangelisation, wenn sie das Evangelium preisgibt, in keinem wirklich lebendigen Verhältnis zu Gott steht, die Menschen zu wenig liebhat und ihr auch in jeder Hinsicht, einschließlich Werbung und Finanzangelegenheiten, Lauterkeit fehlt. Die Gemeinde ist nicht so sehr Institution, als vielmehr die Gemeinschaft des Volkes Gottes und darf mit keiner bestimmten Kultur, keinem sozialen oder politischen System, keiner von Menschen gemachten Ideologie gleichgesetzt werden.

Joh 17, 18; 20, 21; Mt 20, 19.20; Apg 1,8; 20, 27; Eph 1, 9.10; 3, 9-11; Gal 6, 14.17; 2. Kor 6, 3, 4; 2. Tim 2, 19.21; Phil 1, 27

7. Zusammenarbeit in der Evangelisation

Wir bekräftigen, daß die sichtbare Einheit der Gemeinde in Wahrheit Gottes Ziel ist. Evangelisation ruft uns auch zur Einheit auf, weil unsere Uneinigkeit das Evangelium der Versöhnung untergräbt. Wir stellen jedoch fest, daß es organisatorische Einheit in vielen Formen geben kann, dadurch aber nicht unbedingt die Evangelisation gefördert wird. Wir aber, die wir den gleichen biblischen Glauben haben, sollen uns eng in Gemeinschaft, Dienst und Zeugnis vereinen. Wir bekennen, daß unser

Zeugnis manchmal durch sündhaften Individualismus und unnötige Überschneidung beeinträchtigt wurde. Wir verpflichten uns, eine tiefere Einheit in Wahrheit, Anbetung, Heiligung und Sendung zu suchen. Wir drängen auf die Entwicklung regionaler und funktionaler Zusammenarbeit, um die Sendung der Gemeinde, die strategische Planung, die gegenseitige Ermutigung, die gemeinsame Nutzung der Mittel und Erfahrungen voranzutreiben.

Joh 17, 21.23; Eph 4.3.4; Joh 13, 35; Phil 1, 27; Joh 17, 11-23

8. Gemeinden in evangelistischer Partnerschaft

Wir freuen uns, daß ein neues Zeitalter der Mission angebrochen ist. Die beherrschende Stellung westlicher Missionen schwindet zusehends. Gott hat in jungen Kirchen eine große neue Quelle der Weltevangelisation entstehen lassen und zeigt damit, daß die Verantwortung für die Evangelisation dem ganzen Leib Christi zukommt. Jede Gemeinde soll daher Gott und sich selbst fragen, was sie tun muß, um nicht nur in ihrem eigenen Bereich zu wirken, sondern auch Missionare in andere Teile der Welt zu entsenden. Eine neue Überprüfung unserer missionarischen Verantwortung und Aufgabe soll ständig vollzogen werden. Auf diese Weise wächst die Partnerschaft der Gemeinden, und der weltweite Charakter der einen Gemeinde Christi wird deutlicher hervortreten. Wir danken Gott für die Werke, die sich um die Übersetzung der Bibel, um theologische Ausbildung, Massenmedien, christliche Literatur, Evangelisation, Mission, Erneuerung der Gemeinde und andere Aufgabenbereiche bemühen. Auch sie sollen sich in ständiger Überprüfung fragen, ob ihre Wirksamkeit als Bestandteil der Sendung der Gemeinde gelten kann.

Röm 1, 8; Phil 1, 5; 4, 15; Apg 13, 1-3; 1. Thess 1, 6-8

9. Dringlichkeit der evangelistischen Aufgabe

Über 2,7 Milliarden Menschen, mehr als zwei Drittel der Menschheit, müssen noch mit dem Evangelium bekanntgemacht werden. Wir schämen uns, daß so viele vernachlässigt wurden; das ist ein ständiger Vorwurf gegen uns und die ganze Kirche. Jedoch ist jetzt in vielen Teilen der Welt eine beispiellose Aufnahmebereitschaft für den Herrn Jesus Christus zu erkennen. Wir sind überzeugt, daß jetzt die Zeit für Gemeinden und übergemeindliche Werke gekommen ist, ernsthaft für das Heil der bisher nicht Erreichten zu beten und neue Anstrengungen für Weltevangelisation zu unternehmen. In einem Land, das das Evangelium gehört hat, kann es bisweilen notwendig sein, Missionare und Geld aus dem Ausland zu reduzieren, um den Gemeinden im Land die Möglichkeit zum selbständigen Wachstum zu geben und um Hilfen für Gebiete, die das Evangelium noch nicht gehört haben, freizusetzen. Missionare sollen in zunehmendem Maße von allen Kontinenten in alle Kontinente im Geist demütigen Dienstes ungehindert gehen. Ziel soll sein, alle verfügbaren Mittel zu benutzen, so früh wie möglich jedem die Gelegenheit zu geben, die gute Nachricht zu hören, zu verstehen und anzunehmen. Ohne Opfer werden wir dieses Ziel nicht erreichen. Die Armut von Millionen erschüttert uns alle. Wir sind verstört, über die Ungerechtigkeit, die diese Armut verursacht. Wer im Wohlstand lebt, muß cinen einfachen Lebensstil entwickeln, um großzügiger zur Hilfe und Evangelisation beizutragen.

Joh 9, 4; Mt 9, 35-38; 9, 1-3; 1. Kor 9, 19-23; Mk 16, 15; Jes 58, 6.7; Jak 1, 27; 2.1-9; Mt 25, 31-46; Apg 2, 44.45; 4, 34.35

10. Evangelisation und Kultur

Die Entwicklung von Strategien zur Weltevangelisation erfordert bei der Wahl der Methoden Einfallsreichtum. Mit Gottes Hilfe werden Gemeinden entstehen, die in Jesus Christus fest gegründet und eng mit ihrer kulturellen Umwelt verbunden sind. Jede Kultur muß immer wieder von der Schrift her geprüft und beurteilt werden. Weil der Mensch Gottes Geschöpf ist, birgt seine Kultur Schönheit und Güte in reichem Maße. Weil er aber gefallen ist, wurde alles durch Sünde befleckt. Manches geriet unter dämonischen Einfluß. Das Evangelium gibt keiner Kultur den Vorrang, sondern beurteilt alle Kulturen nach seinem eigenen Maßstab der Wahrheit und Gerechtigkeit und erhebt absolute ethische Forderungen gegenüber jeder Kultur. Missionen haben allzuoft mit dem Evangelium eine fremde Kultur exportiert, und Gemeinden waren mitunter mehr an eine Kultur als an die Schrift gebunden. Evangelisten Christi müssen demütig danach trachten, sich selbst zu verleugnen, ohne ihre Persönlichkeit preiszugeben, um Diener anderer werden zu können. Die Gemeinden sollen Kultur umgestalten und bereichern, damit Gott verherrlicht wird.

Mk 7, 8.9.13; 1. Mose 4, 21.22; 1. Kor 9, 19-23; Phil 2, 5-7; 2. Kor 4, 5

11. Ausbildung und Gemeindeleitung

Wir bekennen, daß wir manchmal das Wachstum der Gemeinde auf Kosten ihrer Vertiefung betrieben haben und Evangelisation an den Fernstehenden von der geistlichen Stärkung der Gemeinde getrennt haben. Wir geben auch zu, daß einige unserer Missionswerke zu lange gezögert haben, einheimische Führungskräfte zuzurüsten und zu ermutigen, die ihnen zustehende Verantwortung zu übernehmen. Daher bejahen wir den Grundsatz der Eigenständigkeit und streben an, daß jede Gemeinde einheimische Leiter hat, die christlichen Führungsstil verwirklichen, der sich nicht im Herrschen, sondern im Dienen zeigt. Wir erkennen die Notwendigkeit, die theologische Ausbildung, insbesondere für diejenigen, die die Gemeinde leiten sollen, zu verbessern. In jedem Volk und in jeder Kultur sollte es ein wirkungsvolles Ausbildungsprogramm für Pastoren und Laien in Glaubenslehre, Nachfolge, Evangelisation, Erbauung und Dienst geben. Ein solches Ausbildungsprogramm sollte sich nicht auf schablonenhafte Methodik verlassen, sondern durch schöpferische, einheimische Initiative nach biblischen Maßstäben entwickelt werden.

Kol 1, 27.28; Apg 14, 23; Tit 1, 5.9; Mk 10, 42-45; Eph 4, 11.12

12. Geistliche Auseinandersetzung

Wir glauben, daß wir uns in einem ständigen geistlichen Kampf mit den Fürsten und Gewaltigen des Bösen befinden, die versuchen, die Gemeinde zu überwältigen und sie an ihrer Aufgabe der Evangelisation der Welt zu hindern. Wir erkennen die Notwendigkeit, uns mit der Waffenrüstung Gottes zu versehen und diesen Kampf mit den geistlichen Waffen der Wahrheit und des Gesetzes zu führen. Denn wir entdecken die Aktivität des Feindes nicht allein in falschen Ideologien außerhalb der Gemeinde, sondern gleichermaßen in der Gemeinde durch die Verkündigung eines anderen Evangeliums, das die Schrift verkehrt und den Menschen an die Stelle Gottes setzt. Wir müssen wachsam sein und die Geister unterscheiden, um die biblische Botschaft zu gewährleisten. Wir geben zu, daß wir selber nicht immer gegen die Weltlichkeit in unseren Gedanken und Taten immun sind, so daß wir uns dem Säkularismus ausliefern. Obwohl, um ein Beispiel zu nennen, sorgfältige Untersuchungen über zahlenmäßiges und geistliches Wachstum der Gemeinde richtig und wertvoll sind, haben wir sie manchmal nicht beachtet. Manchmal haben wir unsere Botschaft verwässert und durch Manipulation unsere Zuhörer unter Druck gesetzt, um für das Evangelium einen Erfolg zu erzielen. Wir haben zu großen Wert auf Statistiken gelegt und diese Unterlagen sogar unlauter benutzt. All dies ist weltlich. Die Gemeinde muß in der Welt leben, aber die Welt darf die Gemeinde nicht beherrschen.

Eph 6, 12; 2. Kor 4, 3.4; Eph 6, 11.13-18; 2. Kor 10, 3-5; 1. Joh 2, 18-26; 4, 1-3; Gal 1, 6-9; 2. Kor 2, 17; 4, 2; Joh 17, 15

13. Freiheit und Verfolgung

Es ist Gottes Auftrag für jede Regierung, die Bedingungen für Frieden, Gerechtigkeit und Freiheit zu gewährleisten, unter denen die Gemeinde Gott gehorchen, dem Herrn Christus dienen und das Evangelium ohne Beeinträchtigung verkünden kann. Deshalb beten wir für die, die in den Nationen Verantwortung tragen, und appellieren an sie, die Freiheit der Gedanken und des Gewissens zu garantieren und die Freiheit zur Ausübung und Ausbreitung der Religion in Übereinstimmung mit dem Willen Gottes zu gewährleisten, wie dies in der allgemeinen Erklärung der Menschenrechte festgelegt ist. Zugleich bringen wir unsere tiefe Sorge für all diejenigen zum Ausdruck, die unrechtmäßig in Gefangenschaft sind, besonders für unsere Bruder, die wegen ihres Zeugnisses für ihren Herrn Jesus leiden. Wir geloben, für ihre Freiheit zu beten und zu wirken. Ebenso weigern wir uns, uns durch ihr Schicksal einschüchtern zu lassen. Gott möge uns helfen, daß auch wir uns gegen Ungerechtigkeit auflehnen und dem Evangelium treu bleiben, was immer es koste. Wir vergessen die Warnung Jesu nicht, daß Verfolgung unausweichlich ist.

1. Tim 1, 1-4; Apg 4, 19; 5, 29; Kol 3, 24; Heb 13, 1-3; Lk 4, 18; Gal 5, 11; 6, 12; Mt 5, 10-12; Joh 15, 18-21

14. Die Kraft des Heiligen Geistes

Wir glauben an die Kraft des Heiligen Geistes. Der Vater sandte seinen Geist zum Zeugnis für Seinen Sohn; ohne Sein Zeugnis ist unser Zeugnis vergeblich. Erkenntnis der Sünde, Glaube an Christus, Wiedergeburt und Wachstum im Glauben sind Sein Werk. Der Heilige Geist ist ein missionarischer Geist. Evangelisation soll deshalb aus der geisterfüllten Gemeinde wie von selbst erwachsen. Wenn eine Gemeinde keine missionarische Gemeinde ist, widerspricht sie sich selbst und dämpft den Geist. Weltweite Evangelisation vermag nur dann eine Chance der Verwirklichung zu finden, wenn der Heilige Geist die Gemeinde in Wahrheit und Weisheit, in Glaube und Heiligung, in Liebe und Vollmacht erneuert. Wir rufen deshalb alle Christen auf, um ein gnädiges Kommen des souveränen Geistes Gottes zu beten, daß alle Seine Früchte in seinem ganzen Volk sichtbar werden und alle Seine Gaben den Leib Christi bereichern. Nur dann wird die ganze Gemeinde ein taugliches Werkzeug in seiner Hand sein, damit die ganze Welt Seine Stimme hört.

1. Kor 2, 4; Joh 15, 26.27; 16, 8-11; 1. Kor 12, 3; Joh 3, 6-8; 2. Kor 3, 18; Joh 7, 37-39; 1. Thess 5, 19; Apg 1, 8; Ps 85, 4-7; 67, 1-3; Gal 5, 22.23; 1. Kor 12, 4-31; Röm 12, 3-8

15. Wiederkunft Christi

Wir glauben, daß Jesus Christus persönlich und sichtbar in Macht und Herrlichkeit wiederkommen wird, Heil und Gericht zu vollenden. Die Verheißung Seines Kommens ist ein weiterer Ansporn für unsere Evangelisation, denn wir gedenken Seiner Worte, daß die Botschaft zuerst allen Völkern verkündigt werden muß. Wir glauben, daß die Zeit zwischen Christi Himmelfahrt und Seiner Wiederkunft von der Sendung des Volkes Gottes gefüllt werden muß. Wir haben kein Recht, die Mission vor dem Ende der Zeiten abzubrechen. Wir erinnern uns an Seine Warnungen, daß falsche Christusse und falsche Propheten sich als Vorläufer des Antichristen erheben werden. Deshalb widerstehen wir dem stolzen Traum, daß die Menschheit jemals Utopia auf Erden bauen kann. Unser christlicher Glaube ruht darin, daß Gott Sein Reich vollenden wird, und wir blicken erwartungsvoll auf den Tag, an dem ein neuer Himmel und eine neue Erde sein werden, in denen Gerechtigkeit wohnt und Gott für immer regiert. Bis dahin verpflichten wir uns zum Dienst für Christus und die Menschen in freudiger Hingabe an Seine Herrschaft über unser ganzes Leben.

Mk 14, 62; Heb 9, 28; Mk 13, 10; Apg 1, 8-11; Mt 28,20; Mk 13, 21-23; Joh 2, 18, 4, 1-3; Lk 12, 32; Offb 21, 1-5; 2. Petr 3, 13; Mt 28, 18

Verpflichtung

Deshalb verpflichten wir uns im Licht dieses unseres Glaubens und unserer Entscheidung feierlich vor Gott und voreinander, für die Evangelisation der ganzen Welt zusammen zu beten, zu planen und zu wirken. Wir rufen andere auf, sich uns anzuschließen. Möge Gott uns durch Seine Gnade helfen, damit wir zu Seiner Ehre dieser unserer Verpflichtung treu bleiben.

Amen.

Das Manifest von Manila (1989) (Auszug)

Einleitung

Im Juli 1974 fand der Internationale Kongreß für Weltevangelisation in Lausanne (Schweiz) statt. Dort wurde die Lausanner Verpflichtung beschlossen.

Im Juli 1989 sind über 3000 von uns aus etwa 170 Ländern zur Förderung der Weltevangelisation in Manila zusammengekommen. Während dieser Konferenz wurde das Manifest von Manila verfaßt. Wir danken unseren philippinischen Brüdern und Schwestern, daß sie uns so herzlich willkommen geheißen haben.

In den 15 Jahren zwischen den zwei Kongressen wurden mehrere kleinere Konsultationen abgehalten, die sich mit den folgenden Themen beschäftigt haben: Evangelium und Kultur, Evangelisation und Soziale Verantwortung, Einfacher Lebensstil, Der Heilige Geist und die Bekehrung. Diese Treffen und ihre Berichte haben dazu beigetragen, das Denken der Lausanner Bewegung weiterzuentwickeln.

Ein „Manifest" ist eine öffentliche Erklärung von Überzeugungen, Absichten und Motiven. Das Manifest von Manila greift die beiden Themen des Kongresses auf: „Verkündigt Christus, bis er wiederkommt!" und „Die ganze Kirche ist aufgerufen, der ganzen Welt das ganze Evangelium zu bringen". Der erste Abschnitt besteht aus einer Serie von 21 Bekräftigungen. Der zweite Abschnitt führt diese in zwölf Artikeln weiter aus. (Nicht dokumentiert!) Sie seien hiermit den Kirchen zusammen mit der Lausanner Verpflichtung zum Studium und zur Anwendung empfohlen.

I. Wozu wir stehen (21 Bekräftigungen)

1. Wir bekräftigen, daß die Lausanner Verpflichtung nach wie vor als Grundlage unserer Zusammenarbeit in der Lausanner Bewegung bindend ist.

2. Wir bekräftigen, daß Gott uns in den Schriften des Alten und Neuen Testaments eine autoritative Offenbarung seines Wesens und Willens, seiner Erlösungstaten samt ihrer Bedeutung und seines Missionsauftrags gegeben hat.

3. Wir bekräftigen, daß das biblische Evangelium Gottes bleibende Botschaft für unsere Welt ist. Wir sind entschlossen, das biblische Evangelium zu verteidigen, es zu verkündigen und es durch unser Leben zu bewähren.

4. Wir bekräftigen, daß die Menschen, obwohl sie zum Ebenbild Gottes geschaffen wurden, sündig, schuldig und ohne Christus verloren sind, und daß ohne diese Wahrheit das Evangelium nicht nötig ist.

5. Wir bekräftigen, daß der historische Jesus und der verherrlichte Christus ein und dieselbe Person ist und daß dieser Jesus Christus absolut einzigartig ist, denn er allein ist der menschgewordene Gott, der unsere Sünden trug, der den Tod überwand und der als Richter wiederkommen wird.

6. Wir bekräftigen, daß Jesus Christus am Kreuz unseren Platz einnahm, unsere Sünden trug und unseren Tod starb. Allein aus diesem Grund vergibt Gott solchen, denen zur Buße und zum Glauben geholfen wird.

7. Wir bekräftigen, daß andere Religionen und Ideologien keine anderen möglichen Wege zu Gott sind. Die nicht von Christus erlöste Religiosität des Menschen führt nicht zu Gott, sondern ins Gericht; denn Christus ist der einzige Weg zum Vater.

8. Wir bekräftigen, daß wir Gottes Liebe sichtbar darstellen müssen, indem wir uns derer annehmen, die von Gerechtigkeit, Würde, Nahrung und Obdach ausgeschlossen sind.

9. Wir bekräftigen, daß wir jede persönliche und strukturelle Ungerechtigkeit und Unterdrückung verurteilen müssen, wenn wir die Gerechtigkeit und den Frieden des Reiches Gottes verkündigen. Wir werden von diesem prophetischen Zeugnis nicht abgehen.

10. Wir bekräftigen, daß das Zeugnis des Heiligen Geistes von Christus für die Evangelisation unerläßlich ist und daß ohne sein übernatürliches Wirken weder Wiedergeburt noch neues Leben möglich ist.

11. Wir bekräftigen, daß geistlicher Kampf geistliche Waffen erfordert. Wir müssen sowohl das Wort der Kraft des Geistes predigen als auch ständig darum beten, daß wir in den Sieg Christi über die Mächte und Gewalten des Bösen hineingenommen werden.

12. Wir bekräftigen, daß Gott der ganzen Kirche und jedem ihrer Glieder die Aufgabe übertragen hat, Christus in der ganzen Welt bekannt zu machen. Wir sehnen uns danach, daß alle Laien und Ordinierten zu dieser Aufgabe aufgerufen und für diese Aufgabe ausgebildet werden.

13. Wir bekräftigen, daß wir, die wir uns als Glieder des Leibes Christi bezeichnen, innerhalb unserer Gemeinschaft die Grenzen von Rasse, Geschlecht und Klasse überwinden müssen.

14. Wir bekräftigen, daß die Gaben des Geistes dem ganzen Volk Gottes, Frauen und Männern, gegeben sind und daß die Partnerschaft von Frau und Mann in der Evangelisation zum gemeinsamen Wohl zu begrüßen ist.

15. Wir bekräftigen, daß wir, die wir dies Evangelium verkündigen, es in einem Leben der Heiligkeit und Liebe unter Beweis stellen müssen. Sonst verliert unser Zeugnis seine Glaubwürdigkeit.

16. Wir bekräftigen, daß sich jede christliche Gemeinde ihrer örtlichen Umgebung im evangelistischen Zeugnis und im hingebungsvollen Dienst zuwenden muß.

17. Wir bekräftigen, daß es für Gemeinden, Missionsgesellschaften und andere christliche Organisationen unbedingt notwendig ist, bei Evangelisation und sozialer Aktion zusammenzuarbeiten, indem sie jeglichen Wettbewerb miteinander ablehnen und Doppelungen vermeiden.

18. Wir bekräftigen unsere Pflicht, die Gesellschaft, in der wir leben, zu untersuchen, um ihre Strukturen, Werte und Bedürfnisse zu verstehen und so eine angemessene Missionsstrategie zu entwickeln.

19. Wir bekräftigen, daß Weltevangelisation dringlich ist und daß es möglich ist, die unerreichten Volksgruppen zu erreichen. Deshalb entschließen wir uns, uns im letzten Jahrzehnt des 20. Jahrhunderts diesen Aufgaben mit neuer Entschlossenheit zu widmen.

20. Wir bekräftigen unsere Verbundenheit mit denen, die um des Evangeliums willen leiden. Wir werden versuchen, uns auf dieselbe Möglichkeit vorzubereiten. Ebenso werden wir uns an jedem Ort für religiöse und politische Freiheit einsetzen.

21. Wir bekräftigen, daß Gott die ganze Kirche beruft, das ganze Evangelium der ganzen Welt zu bringen. Deshalb sind wir entschlossen, es treu, dringlich und opferbereit zu verkündigen, bis Jesus wiederkommt.

Aus: H. Marquard/U. Parzany (Hg.), Evangelisation mit Leidenschaft. Berichte und Impulse vom Zweiten Lausanner Kongress für Weltevangelisation in Manila, Neukirchen/Vluyn 1990, S. 320ff

Die „Chicago-Erklärung zur Irrtumslosigkeit der Bibel (1978)"

Der Internationale Rat für Biblische Irrtumslosigkeit (International Council on Biblical Inerrancy (ICBI) bestätigte 1978 in Chicago erneut die Lehre von der Irrtumslosigkeit der Schrift in einem für das fundamentalistische Bibelverständnis charakteristischen Text, der im folgenden ohne Vorwort und erklärenden Kommentar abgedruckt ist:

Artikel

Artikel I:
Wir bejahen, daß die Heilige Schrift als autoritatives Wort Gottes aufzunehmen ist.
Wir verwerfen die Ansicht, daß die Schrift ihre Autorität von der Kirche, der Tradition oder irgendeiner anderen menschlichen Quelle empfinge.

Artikel II:
Wir bejahen, daß die Schrift die höchste, schriftliche Norm ist, durch welche Gott das Gewissen bindet, und daß die Autorität der Kirche der Autorität der Schrift untergeordnet ist.
Wir verwerfen die Ansicht, daß kirchliche Bekenntnisse, Synoden oder Deklarationen eine die Autorität der Bibel übertreffende oder ihr gleichkommende Autorität hätten.

Artikel III:
Wir bejahen, daß die Bibel als geschriebenes Wort in ihrer Ganzheit die von Gott gegebene Offenbarung ist.
Wir verwerfen die Ansicht, daß die Bibel lediglich ein Zeugnis der Offenbarung sei, oder nur in der Begegnung Offenbarung würde, oder im Blick auf ihre Gültigkeit von menschlicher Aufnahme abhinge.

Artikel IV:
Wir bejahen, daß Gott, der den Menschen nach seinem Bilde schuf, die Sprache als Mittel der Offenbarung gebraucht hat.
Wir verwerfen die Ansicht, daß die menschliche Sprache durch unsere Kreatürlichkeit so beschränkt sei, daß sie nicht mehr als Träger göttlicher Offenbarung genüge.
Wir verwerfen weiter die Ansicht, daß die Verderbtheit der menschlichen Kultur und Sprache durch die Sünde Gottes Werk der Inspiration vereitelt habe.

Artikel V:
Wir bejahen, daß Gottes Offenbarung in der Heiligen Schrift progressiv war.
Wir verwerfen die Ansicht, daß spätere Offenbarung, welche frühere Offenbarung

erfüllen kann, diese jemals korrigiere oder ihr widerspräche. Wir verwerfen ferner die Ansicht, daß seit dem Abschluß des neutestamentlichen Kanon je normative Offenbarung gegeben worden wäre.

Artikel VI:
Wir bekennen, daß die Schrift als Ganzes und in allen ihren Teilen, bis hin zu den einzelnen Wörtern der Originalschriften, von Gott inspiriert wurde.
Wir verwerfen die Ansicht, daß die Inspiration der Schrift mit Recht auf ihr Ganzes, nicht aber auf ihre Teile, oder auf einige Teile, nicht aber auf ihr Ganzes, bezogen werden könne.

Artikel VII:
Wir bejahen, daß die Inspiration das Werk Gottes war, in dem er uns über seinen Geist, durch menschliche Schreiber, sein Wort gab. Die Schrift ist göttlichen Ursprungs. Der Modus der göttlichen Inspiration bleibt für uns größtenteils ein Geheimnis.
Wir verwerfen die Ansicht, daß die Inspiration auf menschliche Einsicht oder auf gehobene Bewußtseinszustände irgendwelcher Art reduziert werden könne.

Artikel VIII:
Wir bejahen, daß Gott in seinem Werk der Inspiration die einzelnen Persönlichkeiten und literarischen Ausdrucksweisen der Schreiber, die er erwählt und zubereitet hatte, verwandte.
Wir verwerfen die Ansicht, daß Gott, indem er diese Schreiber gerade die Wörter gebrauchen ließ, die er haben wollte, dabei ihre Persönlichkeiten ausgeschaltet habe.

Artikel IX:
Wir bejahen, daß die Inspiration, auch wenn sie nicht Allwissenheit verlieh, im Blick auf alles, was die biblischen Autoren auf Veranlassung Gottes sprachen und schrieben, wahre und zuverlässige Aussagen garantierte.
Wir verwerfen die Ansicht, daß die Endlichkeit oder die Gefallenheit dieser Schreiber, notwendigerweise oder sonstwie, Gottes Wort verzerrt oder verfälscht habe.

Artikel X:
Wir bejahen, daß sich die Inspiration, streng genommen, nur auf den autographischen Text der Schrift bezieht, der nach der Vorsehung Gottes anhand der heute verfügbaren Manuskripte mit großer Genauigkeit ermittelt werden kann. Wir bejahen weiter, daß Abschriften und Übersetzungen der Schrift insofern Wort Gottes sind, als sie das Original getreu wiedergeben.

Wir verwerfen die Ansicht, daß irgendein wesentlicher Bestandteil des christlichen Glaubens durch das Fehlen der Autographen beeinträchtigt würde. Wir verwerfen weiter die Ansicht, daß dieses Fehlen die Verteidigung der Irrtumslosigkeit der Bibel wertlos oder irrelevant mache.

Artikel XI:
Wir bejahen, daß die Schrift, durch göttliche Inspiration gegeben, unfehlbar ist; sie leitet uns also nicht in die Irre, sondern ist im Blick auf alle Bereiche, zu denen sie spricht, wahr und zuverlässig.
Wir verwerfen die Ansicht, daß die Bibel unfehlbar sei und sich zugleich in ihren Aussagen irren könne. Unfehlbarkeit und Irrtumslosigkeit können zwar unterschieden, aber nicht getrennt werden.

Artikel XII:
Wir bejahen, daß die Schrift als Ganzes irrtumslos und ohne jede Unwahrheit, Fälschung oder Täuschung ist.
Wir verwerfen die Ansicht, daß die Unfehlbarkeit und Irrtumslosigkeit der Bibel auf geistliche, religiöse oder die Erlösung betreffende Themen beschränkt seien, sich aber nicht auf historische und naturwissenschaftliche Aussagen bezögen. Wir verwerfen ferner die Ansicht, daß Hypothesen der Wissenschaft im Blick auf die Erdgeschichte mit Recht verwandt werden könnten, um die biblische Lehre über Schöpfung und Flut umzustoßen.

Artikel XIII:
Wir bejahen, daß es angemessen ist, die Irrtumslosigkeit als theologischen Terminus in bezug auf die völlige Wahrhaftigkeit der Schrift zu gebrauchen.
Wir verwerfen die Ansicht, daß es angemessen sei, die Schrift nach Maßstäben von Wahrheit und Irrtum zu bewerten, die ihrem Gebrauch und ihrem Zweck fremd sind. Wir verwerfen ferner die Ansicht, daß die Irrtumslosigkeit von biblischen Phänomenen wie dem Fehlen modern-technischer Präzision, Unregelmäßigkeiten in der Grammatik oder der Orthographie, beobachtungsgemäßer Beschreibungen der Natur, Wiedergabe von Unwahrheiten, Verwendung von Übertreibungen und runden Zahlen, thematischer Anordnung des Stoffes, unterschiedlicher Auswahl des Materials in Parallelberichten oder der Verwendung von freien Zitaten annulliert würde.

Artikel XIV:
Wir bejahen die Einheit und innere Übereinstimmung der Heiligen Schrift. Wir verwerfen die Ansicht, daß angebliche Fehler und Diskrepanzen, die noch nicht gelöst wurden, den Wahrheitsanspruch der Bibel hinfällig machten.

Artikel XV:
Wir bejahen, daß die Lehre von der Irrtumslosigkeit in der Lehre der Bibel über die Inspiration ihren Grund hat. Wir verwerfen die Ansicht, daß man die Aussagen Jesu über die Schrift durch Berufung auf eine Anpassung oder auf irgendeine natürliche Begrenzung seiner Menschheit abtun könne.

Artikel XVI:
Wir bejahen, daß die Lehre von der Irrtumslosigkeit ein integraler Bestandteil des christlichen Glaubens in seiner ganzen Geschichte war.
Wir verwerfen die Ansicht, daß die Lehre von der Irrtumslosigkeit von einem scholastischen Protestantismus erfunden worden und als rückschrittliche Position aufzufassen wäre, die als Reaktion auf die Bibelkritik postuliert worden sei.

Artikel XVII:
Wir bejahen, daß der Heilige Geist von der Schrift Zeugnis ablegt und die Gläubigen in bezug auf die Wahrhaftigkeit des geschriebenen Wortes Gottes vergewissert.
Wir verwerfen die Ansicht, daß dieses Zeugnis des Heiligen Geistes von der Schrift getrennt oder gegen diese wirke.

Artikel XVIII:
Wir bejahen, daß der Text der Heiligen Schrift durch eine grammatisch-historische Exegese auszulegen ist, die ihre literarischen Formen und Mittel in Rechnung stellt, und daß die Schrift sich selbst auslegt.
Wir verwerfen als illegitim jede Behandlung des Textes und jede Suche nach hinter dem Text liegenden Quellen, die zu einer Relativierung, Entgeschichtlichung oder Verwerfung seiner Lehren, oder zur Ablehnung seines Anspruchs auf Autorität führen.

Artikel XIX:
Wir bejahen, daß ein Bekenntnis zur völligen Autorität, Unfehlbarkeit und Irrtumslosigkeit der Schrift für ein gesundes Verständnis des ganzen christlichen Glaubens von lebenswichtiger Bedeutung ist. Wir bejahen weiter, daß ein solches Bekenntnis dazu führen sollte, daß wir dem Ebenbild Jesu Christi immer ähnlicher werden.
Wir verwerfen die Ansicht, daß ein solches Bekenntnis für die Erlösung notwendig sei. Wir verwerfen jedoch auch die Ansicht, daß die Irrtumslosigkeit der Heiligen Schrift ohne ernste Konsequenzen für den einzelnen wie für die Gemeinde abgelehnt werden könne.

Aus: Evangelische Schriftauslegung, hrsg. v. J. Cochlovius/P. Zimmerling, Wuppertal 1987, S. 315 – 318.

Was verbindet die Charismatiker? (1996)

Eine Stellungnahme des Kreises Charismatischer Leiter (KCL) in Deutschland

(Der „Kreis Charismatischer Leiter in Deutschland" hat ein Grundlagenpapier verabschiedet, das die Basis der verschiedenen Richtungen darstellt. Zum Leiterkreis gehören 35 Repräsentanten aus den beiden Volkskirchen, Freikirchen und unabhängigen Gemeinden. In Deutschland wird die Zahl der Charismatiker auf rund 150000 geschätzt. Vorliegende Stellungnahme soll eine Hilfe zur Orientierung für den innerkirchlichen und außerkirchlichen Dialog bieten. Vgl. auch Darstellung KCL).

1. Die charismatische Erneuerungsbewegung – ein weltweiter Aufbruch

Die charismatische Bewegung in Deutschland versteht sich als Teil des weltweiten pfingstlerisch-charismatischen Aufbruchs unserer Zeit. Zu diesem geistlichen Aufbruch zählen gegenwärtig ca. 460 Millionen Christen aus allen Konfessionen (D. Barrett, 1995). Ein Großteil der charismatischen Bewegung ist als eine Erneuerungsbewegung innerhalb der klassischen Kirchen und Freikirchen anzusehen (katholische, lutherische, orthodoxe, episkopale Kirchen, Anglikaner, Baptisten, Methodisten u.a.). Ebenso verstehen sich viele Pfingstkirchen als der charismatischen Bewegung zugehörig. Weiterhin gibt es einen breiten Flügel von unabhängigen charismatischen Gemeinden und Werken, die sich zum Teil zu Arbeitsgemeinschaften (Netzwerken) zusammengeschlossen haben.

Nachdem sich die klassischen Pfingstkirchen seit Anfang des 20. Jahrhunderts immer mehr ausbreiteten, gab es auch in anderen Kirchen eine zunehmende Offenheit für einen charismatischen Aufbruch. Zu den Anfängen der gegenwärtigen charismatischen Erneuerungsbewegung zählen u.a. auch Gruppierungen wie die Oxford-Gruppenbewegung, die Darmstädter Marienschwestern, die baptistisch geprägte „Rufer-Bewegung" oder auch die 1953 gegründete Laienbewegung der „Geschäftsleute des vollen Evangeliums". In den Anfängen der sechziger Jahre breiteten sich die Impulse der charismatischen Bewegung innerhalb der protestantischen Kirchen und Freikirchen aus. Ab 1967 brach die „charismatische Erneuerungsbewegung" auch in der römisch-katholischen Kirche auf. In Deutschland wurden die anfänglichen Impulse zum Teil in volksmissionarischen Diensten (z.B. Pfälzische Landeskirche; Volksmissionskreis Sachsen) sowie von Tagungszentren (z.B. Schniewindhaus, Lebenszentrum Craheim) aufgenommen. 1976 wurde in der Bundesrepublik

Deutschland der „Koordinierungsausschuß für charismatische Gemeindeerneuerung" und in der DDR der „Arbeitskreis für geistliche Gemeindeerneuerung" innerhalb der evangelischen Landeskirche gegründet. Parallel dazu entstand eine
Koordinierungsgruppe in der katholischen Kirche und Arbeitskreise in verschiedenen Freikirchen Deutschlands. Seit 1993 besteht der „Kreis Charismatischer Leiter
in Deutschland", der sich als eine Gemeinschaft von leitenden Persönlichkeiten aus
den wesentlichen charismatischen Zusammenschlüssen innerhalb und außerhalb
der großen Konfessionen versteht.

2. Kennzeichen der charismatischen Erneuerungsbewegung

Der Name „charismatische Bewegung" steht nicht für einen organisatorischen Zusammenschluß (eine Art „Überkirche"), sondern will betonen, daß in allen Kirchen
und kirchlichen Gemeinschaften ein ähnliches Wirken des Heiligen Geistes wahrgenommen wird, das man als „pfingstlerisch-charismatisch" bezeichnen kann. Die
Christen, die sich der charismatischen Bewegung zugehörig wissen, verstehen sich
auch als Glieder ihrer jeweiligen Kirche oder Gemeinde. Aufgrund dieser unterschiedlichen konfessionellen Prägung gibt es in der charismatischen Bewegung gegenwärtig in einigen theologischen Fragen und auch in der Spiritualität unterschiedliche Positionen und Akzente. Dennoch lassen sich deutlich gemeinsame
Merkmale herausstellen, die für das Anliegen und die Spiritualität der Erneuerungsbewegung kennzeichnend sind.

(1) Basis des Glaubens und der Frömmigkeit ist die Heilige Schrift und das Bekenntnis zu Gott dem Vater, dem Sohn Jesus Christus und dem Heiligen Geist. In
diesem Sinne versteht sich die charismatische Bewegung als evangelikal.

(2) Am Anfang der bewußten Nachfolge Jesu Christi steht eine geistliche Grunder-
fahrung, die den neutestamentlichen Zusammenhang von Buße, Glaube, Taufe und
Geistempfang (Geistestaufe) betont.

(3) Der Heilige Geist führt und leitet den Gläubigen in die Nachfolge Jesu (Jüngerschaft), zur Heiligung (Frucht des Geistes), zur Indienstnahme (Aufgaben des Heiligen Geistes), zur Freude und Gehorsam am Wort Gottes und am Gebet sowie in die
Gemeinschaft mit anderen Christen.

(4) Der Heilige Geist weckt im Gläubigen verschiedene Gnadengaben (Charismen), die zur Auferbauung der Gemeinde Jesu und zur Ausbreitung des Reiches
Gottes dienen. Hierbei kann es zu einer Vielzahl von unterschiedlichen Ausprägungen von Gaben kommen, die der Heilige Geist entsprechend den Anforderungen

und Nöten unserer Zeit gibt. Alle in der Bibel beschriebenen Charismen sind auch gegenwärtig in der Gemeinde Jesu Christi lebendig (vgl. 1. Korinther 12,8-10; Römer 12,1-13; Epheser 4,11).

(5) Die Erfahrungen der verschiedenen Wirkungsweisen des Heiligen Geistes im Wort Gottes, im Sakrament, im christlichen Leben, in geistlicher Leitung und in den Charismen usw. führen zur Gemeinschaft der Glaubenden. In der Einheit gemeindlicher Existenz kommt zugleich die Verschiedenheit der Gaben und Dienste zum Tragen. Dabei ist jeder eingebunden in das Gemeindeverständnis seiner Kirche oder kirchlichen Gemeinschaft.

(6) Die Tatsache, über nationale und konfessionelle Grenzen hinweg mit anderen Christen glauben, Gott bekennen und zu ihm beten zu können, macht neu bewußt, daß das Wirken des Heiligen Geistes alle Christen umgreift und daß er alles unter Christus als dem Haupt zusammenfassen möchte (Epheser 1,10; Apostelgeschichte 11,17; Johannes 17,21).

(7) Die Glaubenden wissen sich hineingestellt in den Auftrag, das Evangelium von Jesus Christus in Wort und Tat zu bezeugen (Evangelisation und Diakonie). Die Verkündigung vom Reich Gottes verbindet sich mit der Erwartung von mitfolgenden Zeichen der Kraft Gottes. Vielfach ist damit die Erwartung eines umfassenden geistlichen Wirkens (Erweckung) verknüpft, durch das Völker neu für ein Leben unter der Herrschaft Jesu Christi gewonnen werden könnten.

(8) Die charismatische Spiritualität ist geprägt von dem Bewußtsein der lebendigen Beziehung zum Dreifaltigen Gott. Kennzeichnend sind u.a. die Betonung von Lobpreis und Anbetung Gottes (vor allem auch durch neues gemeinsames Liedgut); die Praxis von Segnungen und die Einbeziehung der Geistesgaben in gottesdienstlichen Zusammenkünften (u.a. auch die Praxis prophetischer Gaben, Sprachenrede und Auslegung derselben sowie Gaben der Heilungen).

3. Zur Praxis charismatischer Frömmigkeit

Die Begegnung von charismatischer Frömmigkeit mit kirchlich traditionellem Frömmigkeitsstil oder auch mit modernem Lebensstil hat nach den Erfahrungen der letzten Jahre immer wieder zu Anfragen und Konfrontationen geführt, die zum Teil aus Mangel an Kenntnis von Glaubensüberzeugungen erwachsen sind, die der charismatischen Spiritualität zugrunde liegen.

(1) Gottesdienst

Charismatische Gottesdienste orientieren sich an dem biblischen Verständnis, daß jeder Gläubige sich seinen Gaben gemäß einbringen kann (1. Korinther 14,26). Die Redeweise vom „allgemeinen Priestertum aller Gläubigen" wird darin ernst genommen und in die Praxis umgesetzt. In charismatisch geprägten Zusammenkünften soll unter Einbeziehung des Amtes der Leitung auch Raum für das spontane Wirken des Heiligen Geistes sein. Anbetung, Freude, Lob und Dank zu Gott werden vielfach auch durch körperliche Gesten zum Ausdruck gebracht (Erheben der Hände, Klatschen, Tanzen etc.). Menschen spüren, daß sie nicht nur mit ihrem Verstand, sondern auch mit ihrer Seele und ihrem Leib Impulse des Heiligen Geistes empfangen und darauf reagieren können. Hierbei kann es auch zu Begleitphänomenen (Fallen, Lachen, Weinen, Zittern etc.) kommen. Hinsichtlich der biblischen Einordnung dieser Begleitphänomene besteht die Notwendigkeit des weiteren Gesprächs. Jedoch nicht die körperlichen und seelischen Begleiterscheinungen, sondern das verkündigte Evangelium von Jesus Christus und die erfahrene Gegenwart Gottes sollen im Mittelpunkt eines jeden charismatischen Gottesdienstes stehen.

(2) Gemeindliches Leben

Ein Großteil der Christen, die sich der charismatischen Erneuerung zugehörig zählen, leben in ihren Kirchen und kirchlichen Gemeinschaften. Vielfach sind Basisgruppen und charismatische Bibel- und Gebetskreise entstanden, die zur Belebung der einzelnen kirchlichen Gruppen beitragen.
Eine Anzahl von charismatisch geprägten Christen sehen ihre gemeindliche Zuordnung auch in einer der vielen unabhängigen Gemeinden. Fast alle diese unabhängigen Gruppen und Gemeinden charismatischer Prägung sind organisiert als selbständige Vereine. Untereinander sind sie netzwerkartig z. T. sehr eng miteinander verbunden. Es ist nicht hinzunehmen, wenn diese unabhängigen Gemeinden immer wieder als Sekten diffamiert werden, nur weil sie nicht zu einer der klassischen Kirchen oder Freikirchen im Land gehören. Es ist an der Zeit, zur Kenntnis zu nehmen, daß sich biblisch orientiertes, gemeindliches Leben nicht ausschließlich unter dem Dach der klassischen Kirchen und Freikirchen abspielt, sondern auch in der zunehmenden Zahl von freien, unabhängigen Gemeinden. Diese Tatsache kommt gegenwärtig sowohl in kirchlichen als auch in säkularen Veröffentlichungen und Aktionen zu wenig zum Tragen. Es ist jedoch zu betonen, daß alle Formen gemeindlicher Existenz sich einer Beurteilung anhand der biblischen Aussagen stellen müssen. Der Respekt voreinander und vor dem Wirken Gottes in anderen Kirchen und kirchlichen Gemeinschaften schließt ein, daß im Kirchenverständnis jeder in seiner Gemeinde und deren theologischen Überzeugungen verankert bleibt.

(3) Das Gebet um Heilung

Weltweit gehört das Gebet für Kranke zu den charakteristischen Merkmalen charismatischer Frömmigkeit. Gemäß dem Vorbild Jesu geschieht dieses Gebet häufig auch öffentlich, zumeist im Rahmen eines Gottesdienstes. Die Begründung erfolgt aufgrund des biblischen Gesamtzeugnisses: Die einen weisen stärker darauf hin, daß dieses im Heilungsauftrag Jesu (vgl. Matthäus 10,1 ff; Markus 16,15-20; Lukas 10,3+9) begründet ist. Andere wiederum betonen die Verankerung in dem umfassenden Geschehen des Todes und der Auferstehung Jesu Christi (vgl. Jesaja 53). Das Heilungsgeschehen hat missionarische Kraft und wird im Sinne von Markus 16 als mitfolgendes Zeichen zur Verkündigung verstanden; es hat aber auch innergemeindlich seine Bedeutung (Jakobus 5). Die Auswirkungen des Heilungsdienstes werden unterschiedlich erfahren: Neben eindeutigen Heilungen steht die Erfahrung bleibender Krankheitsnot, in der aber die tröstende Nähe Gottes und die Kraft zur Annahme erfahren wird. Dennoch bleibt der eindeutige Auftrag des Gebetes um Heilung bestehen. – Es sei nicht verschwiegen, daß sich auf diesem Gebiet immer wieder auch Anspruch und Wirklichkeit vermengen und vereinzelt bewußt Mißbrauch mit Heilungserfahrungen geschieht, die einer Überprüfung nicht standhalten können. Diese unreife Handhabung des Heilungsdienstes hebt aber den Auftrag der Gemeinde Jesu nicht auf, diesen Dienst in Demut und Glauben erwartungsvoll zu praktizieren. In dem Gesamtgeschehen von Krankheit und Heilung ist auch die seelsorgerliche Begleitung in Krankheitsnot von großer Bedeutung.

(4) Der Dienst der Befreiung

Der Dienst Jesu und der Dienst der Gemeinde Jesu geschieht als eine Proklamation der Herrschaft Gottes. Dabei ist davon auszugehen, daß die Welt und mit ihr einzelne Menschen und Systeme unter der bedrohlichen Herrschaft Satans und der Realität des Dämonischen stehen. Nach den Worten des Apostels Paulus „kämpfen wir nicht gegen Fleisch und Blut, sondern gegen Mächte und Gewalten der Finsternis" (Epheser 6,12). Diese Mächte führen zur Zerstörung und führen von Gott weg. Der Kampf, von dem der Apostel Paulus spricht, kommt in dem wirksamen Bekenntnis zu Jesus Christus zum Tragen, dem alle finsteren Mächte unterlegen sind (Matthäus 28,18; Galater 4,8+9; Epheser 2,1-3). Gerade in der Evangelisationspraxis gilt es, den Sieg Jesu über die Mächte der Finsternis zu bekennen. Dieser geistliche Kampf findet in Inhalt und Form in der Praxis charismatischer Gruppierungen unterschiedliche Ausprägungen. Auch der Dienst der Befreiung an Einzelpersonen von dem bedrohlichen Einfluß der Realität des Dämonischen geschieht – je nach Ausmaß und je nach konfessioneller Praxis – innerhalb der charismatischen Bewegung in unterschiedlicher Weise. Die Praxis des Befreiungsdienstes bedarf besonderer seelsorgerlicher Sorgfalt. Leider ist es gelegentlich zu Formen des Befreiungsdienstes gekommen, welche die Würde des Menschen und auch die biblischen Maßstäbe seelsorgerlichen Handelns nicht eindeutig genug berücksichtigt haben. Berechtigte Kritik wollen wir ernstnehmen und in der Praxis des Befreiungsdienstes dazulernen. Mit der Übernahme des biblischen Ansatzes wird nicht gesagt, daß jede psychische und somatische Krankheit dämonischen Ursprungs sei. In der Seelsorge wird vielmehr diagnostisch jede andere mögliche Krankheitsursache zuerst beleuchtet, bevor die Möglichkeit dämonischer Belastung in Ansatz gebracht wird.

4. Anliegen der charismatischen Erneuerung

In den unterschiedlichen charismatischen Gruppierungen wird die Möglichkeit einer umfassenden geistlichen Erneuerung betont. Hierbei ist sowohl die Einzelperson als auch die Gemeinde Jesu Christi im Blick. Erneuerung findet dort Raum, wo es zur Buße (Umkehr) kommt und wo konkrete geistliche Schritte getan werden. Impulse der Erneuerung gehen vom Wort Gottes (Bibel) und dem Geist Gottes aus. Die Aufgabe geistlicher Unterscheidung und Prüfung der Impulse gehört zur Grundlage charismatischer Frömmigkeit.

Ein weiteres Anliegen in der charismatischen Erneuerung ist die Evangelisation, die vielfach im umfassenden Sinne auch mit dem Stichwort „Erweckung" betont wird. So gesehen ist die charismatische Erneuerung auch eine Missionsbewegung innerhalb der Kirchen. In diesem Zusammenhang kommt es zunehmend zu einer stärkeren Zusammenarbeit mit anderen missionsorientierten Bewegungen. Das Einstehen für die Einheit all derer, die zum Leib Jesu gehören, ist prägend für die charismatische Erneuerung. In diesem Sinne versteht sich die charismatische Bewegung auch als eine ökumenische Bewegung.

Aus: MD der EZW 6/96, S. 175 – 179

Deutsche Evangelische Allianz (DEA) und Bund Freikirchlicher Pfingstgemeinden (BFP)

Erklärung zu Grundlagen der Zusammenarbeit

(Die Deutsche Evangelische Allianz (DEA) und der Bund Freikirchlicher Pfingstgemeinden (BFP) haben nach zweijährigen Gesprächen eine Erklärung zu Grundlagen der Zusammenarbeit im Rahmen der Evangelischen Allianz verabschiedet. Am abschließenden Gespräch nahmen von seiten der Allianz teil: Rolf Hille, Christoph Morgner, Hartmut Steeb, Peter Strauch, Manfred Kern; von seiten des BFP waren vertreten: Ingolf Ellßel, Gottlob Ling, Gerhard Oertel, Richard Krüger. Wir dokumentieren nachfolgend den Wortlaut der Erklärung.)

Wir sind dankbar, daß nach offenen Gesprächen zwischen Vertretern der Deutschen Evangelischen Allianz (DEA) und des Bundes Freikirchlicher Pfingstgemeinden (BFP) Vertrauen gewachsen ist. Nachdem bereits auch an vielen Orten gut zusammengearbeitet wurde, veröffentlichen wir gemeinsam folgende Erklärung.

1. Der BFP bekennt sich uneingeschränkt zur Glaubensbasis der DEA. Christen aus den freikirchlichen Pfingstgemeinden sind bereit, auf dieser biblisch-theologischen Grundlage in der DEA mitzuarbeiten und die Gemeinsamkeit des Glaubens in den Mittelpunkt zu stellen. Sie werden unterschiedliche Lehrmeinungen und spezifische Formen der Frömmigkeit innerhalb der DEA respektieren und eigene Unterschiede zu anderen Kirchen und Gemeinschaften um des gemeinsamen Zeugnisses und Dienstes willen in der Allianzarbeit zurückstellen. Das Gebet Jesu um die Einheit seiner Jünger gewinnt für uns auch angesichts der zunehmenden Säkularisierung der Gesellschaft wachsende Bedeutung.

2. Im Blick auf die Lehre über den Heiligen Geist und Praxis der Geistesgaben (Charismen) betonen DEA und BFP folgende Übereinstimmungen und treten für deren Verkündigung und praktische Umsetzung ein:

2.1 Wir bekennen uns zum dreieinigen Gott, dem Vater, dem Sohn und dem Heiligen Geist. Der Heilige Geist ist zugleich Gottes unverfügbares und unverdientes Geschenk an gerechtfertigte Sünder. Wir nehmen diese Gabe demütig und dankbar an.

2.2 Das grundlegende Werk des Heiligen Geistes besteht darin, daß er zur Erkenntnis der Sünde, zu echter Reue und Buße und zum rettenden Glauben an Jesus

Christus führt. Der Heilige Geist verherrlicht Christus und bewirkt mit dem Wort Gottes die Wiedergeburt eines Christen. Er rüstet die Gläubigen mit Gaben aus und gibt die Kraft zum Leben in der Heiligung, wirkt die „Frucht des Geistes" (Galater 5,22) und bevollmächtigt zum Dienst. Diese Sicht läßt kein mehrstufiges Heilsverständnis zu.

2.3 Wir bejahen die Gnadengaben des Heiligen Geistes und die Dienste, wie sie im Neuen Testament bezeugt werden (1. Korinther 12 und 14 und Römer 12). Diese dienen zur Erfüllung des missionarischen Auftrags, zum Bau der Gemeinde und zur persönlichen Erbauung. Die Praxis der Dienste und Gaben soll von Liebe und Demut geprägt sein. „Einer achte den andern höher als sich selbst" (Philipper 2,3; vgl. auch 1.Korinther 13 in seiner zentralen Bedeutung für die Gabenlehre).

2.4 Die Gabendienste und ihre Träger sind auf Ergänzungen und Korrektur angewiesen. Sie müssen sich am in der Bibel offenbarten Wort Gottes messen lassen. Deshalb dürfen die verschiedenen Geistesgaben (z.B. Zungenreden, Heilungen, Unterscheidung der Geister etc.) nicht höher geachtet werden als die Dienste (z.B. Lehre, Leitung, Evangelisation, Barmherzigkeit etc.).

2.4.1 Prophetie im neutestamentlichen Sinne gibt es sowohl durch vollmächtige Auslegung der Heiligen Schrift in die gegenwärtige Situation von Gemeinde und Welt hinein als auch als geistgewirkte prophetische Rede. Alle Lehre, Weissagung und prophetische Rede ist am Wort der Schrift zu prüfen und zu beurteilen.

2.4.2 Beim Sprachengebet und der Sprachenrede wird die apostolische Ordnung nach 1.Korinther 14 verbindlich anerkannt.

2.4.3 Krankenheilungen sind freie und unverfügbare Geschenke Gottes. Sie weisen zeichenhaft auf den vollbrachten Sieg am Kreuz und auf das kommende Gottesreich hin. Da wir aber „im Glauben und nicht im Schauen" (2.Korinther 4,18) leben, gilt es, in Verkündigung und Seelsorge neben der Bitte um Krankenheilung stets deutlich zu machen, daß Gott auch in Zeiten der Krankheit segnen und sich verherrlichen kann.

3. Wir bedauern, daß spektakuläre Erscheinungen, wie z.B. das „Ruhen im Geist", „Lachen im Geist", die Austreibung sogenannter „territorialer Geister" usw. zur Verunsicherung, Verwirrung und zu Spaltungen in der Gemeinde Jesu geführt haben. Ungeachtet der unterschiedlichen Bewertungen im einzelnen sind wir uns einig, daß, um des gemeinsamen Auftrags in der Evangelischen Allianz willen, insbesondere im Zusammenhang von Veranstaltungen, Projekten usw., die im Rahmen

und in der Verantwortung der Evangelischen Allianz durchgeführt werden, solche umstrittenen Inhalte keinen Raum finden.

4. Das Präsidium Freikirchlicher Pfingstgemeinden und der Hauptvorstand der Deutschen Evangelischen Allianz sind bereit, bei sich ergebenden Schwierigkeiten in der praktischen Zusammenarbeit auf örtlicher oder regionaler Ebene an klärenden Gesprächen mitzuwirken.

Stuttgart/Erzhausen, den 1. Juli 1996

Aus: MD der EZW 9/96, S. 270f

Literatur

U. Betz, Evangelisches Gemeindelexikon, Wuppertal 1978

P. Beyerhaus, Krise und Neuaufbruch der Weltmission. Vorträge, Aufsätze und Dokumente, Bad Liebenzell 1987

E. Beyreuther, Kirche in Bewegung. Geschichte der Evangelisation und Volksmission, Berlin 1968

Evangelisches Lexikon für Theologie und Gemeinde, Bände 1 – 3, hrsg. von H. Burkhard und U. Swarat, Wuppertal/Zürich 1992-1994

Roger J. Busch, Einzug in die festen Burgen? Ein kritischer Versuch, die Bekennenden Christen zu verstehen, Hannover 1995

Die guten Seiten, Das Infobuch für Christen '97/ '98, Wiesbaden 1997

O. Eggenberger, Die Kirchen, Sondergruppen und religiösen Vereinigungen. Ein Handbuch (6. Aufl.), Zürich 1994

R. Frieling (Hg.), Die Kirchen und ihre Konservativen, Bensheimer Hefte 62, Göttingen 1984

Neue transkonfessionelle Bewegungen. Dokumente aus der evangelikalen, der aktionszentrierten und der charismatischen Bewegung. Ökumenische Dokumente III, hrsg. von Günter Gaßmann u.a., Frankfurt a.M. 1976

E. Geldbach, Freikirchen – Erbe, Gestalt, Wirkung, Bensheimer Hefte 70, Göttingen 1989

Evangelisches Gemeindelexikon, hrsg. v. E. Geldbach u.a., Wuppertal 1978; 2. Sonderausgabe 1990

St. Holthaus, Fundamentalismus in Deutschland. Der Kampf um die Bibel im Protestantismus des 19. und 20. Jahrhunderts, Bonn 1993

Informationen über Ost-Aktivitäten: Institut Glaube in der 2. Welt, Postf. 9, CH-8702 Zollikon

Ökumene-Lexikon. Kirchen, Religionen, Bewegungen, hrsg. v. H. Krüger u.a., Frankfurt a. M. 1983

F. Laubach, Aufbruch der Evangelikalen, Wuppertal 1972

Was Evangelikale glauben. Die Glaubensbasis der Evangelischen Allianz erklärt, hrsg. von Fr. Laubach und H. Stadelmann, Wuppertal 1989

Leben will gelernt sein. Die Arbeitsgemeinschaft Christlicher Lebenshilfen (ACL) stellt sich vor, (3. Aufl.), Aßlar 1991

H. Marquard/U. Parzany (Hg.), Evangelisation mit Leidenschaft. Berichte und Impulse vom Zweiten Lausanner Kongress für Weltevangelisation in Manila, Neukirchen/Vluyn 1990

A. McGrath, Evangelicalism and the Future of Christianity, London 1993

Lexikon zur Weltmission, hrsg. v. St. Neill u.a., Erlangen 1975

Die Herausforderung des Proselytismus und die Berufung zu gemeinsamen Zeugnis. Eine Studiengruppe der gemeinsamen Arbeitsgruppe des Ökumenischen Rates der Kirchen und der Römisch-Katholischen Kirche, in: Ökumenische Rundschau (1995), 479 – 490

D. Pawson, Fourth Wave, London 1992

H.-D. Reimer/O. Eggenberger, ...neben den Kirchen. Gemeinschaften, die ihren Glauben auf besondere Weise leben wollen. Informationen, Verständnishilfen, Auseinandersetzung, Kritische Fragen, Christliche Verlagsanstalt, (9. Aufl.), Konstanz 1990.

H. Rüegger, Ökumene angesichts zunehmender innerkirchlicher Pluralisierung, Una Sancta 49 (1994), 327 – 333

N. Scotland, Charismatics and the next Millennium. Do they have a future? Edinburgh 1995

Katholikinnen und Katholiken vor der evangelikalen Herausforderung. SKZ-Sonderdruck, Luzern/Balgach 1995

J. Stott und B. Meeking (Hrsg.), Der Dialog über Mission zwischen Evangelikalen und der Römisch-Katholischen Kirche. Ein Bericht mit einem Vorwort von P. Beyerhaus, Theologie und Dienst 52, Wuppertal 1987

Th. Wettach, Begegnung mit Israel und dem Judentum. Einzeldarstellungen – Übersichten – Adressen, hrg. v. Arbeitskreis Kirche und Judentum der Vereinigten Evang.-Luth. Kirche Deutschlands und des Deutschen Nationalkomitees des Luth. Weltbundes, Hannover 1988

Mission erklärt. Ökumenische Dokumente von 1972 – 1992, hrsg. von J. Wietzke für die Theologische Kommission des Evangelischen Missionswerkes, Hamburg/Leipzig 1993

J. Wüst, Reizworte des Glaubens. Argumente, Kontroversen, Positionen, Neukirchen-Vluyn 1994

Stichwort Spendenwesen. Ein Handbuch für Spender, Organisationen, Behörden und Medien mit 43 Selbstdarstellungen gemeinnütziger Organisationen und einem Abdruck maßgeblicher Gesetze, hrsg. v. R. Borgmann-Quade, Eigenverlag des Deutschen Zentralinstituts für soziale Fragen (DZI), Berlin 1982

Abkürzungen

ACG Aktion Christliche Gesellschaft

ACL Arbeitsgemeinschaft Christlicher Lebenshilfen

aej Arbeitsgemeinschaft der Evangelischen Jugend

AEM Arbeitsgemeinschaft Evangelikaler Missionen

AfA Arbeitsgemeinschaft für Ausländer

AGGA Arbeitsgemeinschaft für Gemeindeaufbau

AGJE Arbeitsgemeinschaft Jugendevangelisation

ags Arbeitsgemeinschaft Soldatenseelsorge

AIMS Association of International Missions Services

AJH Aktion: In jedes Haus

AKI Arbeitskreis Israel

AMD Arbeitsgemeinschaft Missionarische Dienste

amzi Arbeitsgemeinschaft für das messianische Zeugnis an Israel

APCM Arbeitsgemeinschaft Pfingstlich-Charismatischer Missionen

ARGEGÖ Arbeitsgemeinschaft Evangelikaler Gemeinden in Österreich

AVC Aktionskomitee für verfolgte Christen

AWZ Agape Wort Zentrum

BEGÖ Bund Evangelikaler Gemeinden in Österreich

BESJ Bund Evangelischer Schweizer Jungscharen

BFP Bund Freikirchlicher Pfingstgemeinden in Deutschland

BFU Bibelfernunterricht

BGG Biblische Glaubens-Gemeinde

BLB Bibellesebund

BPF Bund Pfingstlicher Freikirchen der Schweiz

BTS Biblisch-Therapeutische Seelsorge

C.A.T. Christliche Aktionsteams

CBKV Christliche Bäcker- und Konditorenvereinigung

CBM Christoffel Blindenmission

CBMCI Christian Business Men's Committee International

CCM Cross Continental Missions

CDK Christen im Dienst an Kranken

CFA Christus für alle

CfaN Christus für alle Nationen

CfC Campus für Christus

C.I.D.A. C.I.D.A. Christus ist die Antwort

CiG Christen im Gesundheitswesen

CLM Christliche Literatur-Mission

cma Christliche Medien-Akademie

CMD Christlicher Missionsdienst

CMG Chinesische Missionsgemeinschaft

CoV Cornelius-Vereinigung

CVDE	Christliche Vereinigung Deutscher Eisenbahner	EGW	Evangelisches Gemeinschaftswerk
CVJF	Christlicher Verein Junger Frauen	EIJH	Evangelium in jedes Haus
CVJM	Christlicher Verein Junger Männer/Menschen	EmK	Evangelisch-methodistische Kirche
CZA	Christus Zentrum Augsburg	EMO	Evangeliumsgemeinschaft Mittlerer Osten
CZM	Charismatisches Zentrum, München	EMT	Evangelische Mission im Tschad
CZW	Christliches Zentrum Wuppertal	EMW	Evangelisches Missionswerk in Deutschland
DCTB	Deutscher Christlicher Techniker-Bund	ERF	Evangeliums-Rundfunk
DEA	Deutsche Evangelische Allianz	ETB	Evangeliums-Team für Brasilien
DFMGB	Deutscher Frauen-Missions-Gebetsbund	FCJG	Freie Christliche Jugendgemeinschaft
DIGUNA	Die gute Nachricht für Afrika	fegw	Freikirchliches Evangelisches Gemeindewerk
DIM	Deutsche Inland-Mission	FFD	Fürbitte für Deutchland
DIPM	Deutsche Indianer Pionier Mission	FFF	Frühstückstreffen für Frauen
DMÄT	Deutsches Missionsärzte-Team	FGBMFI	Full Gospel Business Men's Fellowship International
DMG	Deutsche Missionsgemeinschaft	F.M.C.D.	Freundeskreis für Mission unter Chinesen in Deutschland
dzm	Deutsche Zeltmission	FMIB	Freunde Mexikanischer Indianer-Bibelzentren
EAS	Evangelischer Ausländerdienst, Dortmund (früher: Solingen)	FTA	Freie Theologische Akademie
EBM	Europäische Baptistische Mission	GAE	Gesellschaft zur Ausbreitung des Evangeliums
EC	Entschieden für Christus	GCL	Christliches Glaubenscentrum Lichtenstein
EEA	Europäische Evangelische Allianz	GDVEIV	Geschäftsleute des vollen Evangeliums – Internationale Vereinigung
EfA	Evangelium für Alle		
EKD	Evangelische Kirche in Deutschland	GEM	Globe Europe Missionsgesellschaft

GGE	Geistliche Gemeinde-Erneuerung	KfG	Konferenz für Gemeindegründung
HAFA	Hamburger Arbeitskreis für Ausländer	KMA	Konferenz Missionarischer Ausbildungsstätten
HCJB	Heralding Christ Jesus' Blessings / Höre Christi Jesu Botschaft (Arbeitsgemeinschaft Radio HCJB)	KWL	Kinderwerk Lima
		LCWE	Lausanne Committee for World Evangelization
HMK	Hilfsaktion Märtyrerkirche	LEF	The Laymen's Evangelical Fellowship (Internationale Evangelikale Laiengemeinschaft)
IAM	Internationale Arbeitsgemeinschaft Mission		
IBL	Internationaler Bibellehrdienst	MBK	Missionarisch-biblische Dienste unter Jugendlichen und Berufstätigen (früher: Mädchen-Bibelkreise)
ICA	International Christian Association		
ICCC	International Christan Chamber of Commerce		
idea	Informationsdienst der Evangelischen Allianz	MDHG	Missionarischer Dienst im Hotel- und Gaststättengewerbe
IFES	International Fellowship of Evangelical Students	MFB	Missionswerk Frohe Botschaft
IVCG	Internationale Vereinigung Christlicher Geschäftsleute	MHL	Missionshilfe Lemgo
		MRM	Missionsmannschaft Rotes Meer
IWG	Institut für Weltmission und christliche Gesellschaft	MSD	Medien-Schriften-Dienste (Mission Suisse par Disques)
JFC	Jugend für Christus		
JMEM	Jugend mit einer Mission	MTH	Missions-Team-Hamburg
JMS	Jugend-, Missions- und Sozialwerk, Altensteig	M.U.T.	Missions-Unterstützungs-Team
KbA	Konferenz bibeltreuer Ausbildungsstätten	NL	Missionswerk Neues Leben
KBG	Konferenz Bekennender Gemeinschaften	NL	Neues Land Emmental
		NTG	Neutestamentliche Gemeinde Bern
KCL	Kreis Charismatischer Leiter	ÖEA	Österreichische Evangelische Allianz
KEB	Kinder-Evangelisations-Bewegung	OHM	Odenwälder Heidenmission
kep	Konferenz Evangelikaler Publizisten		

OJC	Offensive Junger Christen	TOS	Tübinger Offensive Stadtmission
OM	Operation Mobilisation		
ÖRK	Ökumenischer Rat der Kirchen	ÜMG	Überseeische Missions-Gemeinschaft
ÖSM	Österreichische Studentenmission	VBG	Vereinigte Bibelgruppen in Schule, Universität, Beruf
RAT	Reich-Gottes-Arbeiter-Tagung	VCK	Verband Christlicher Kaufleute (Christen in der Wirtschaft)
RMJ	Ring Missionarischer Jugendbewegungen		
		VDM	Vereinigte Deutsche Missionshilfe
SEA	Schweizerische Evangelische Allianz	VEF	Vereinigung Evangelischer Freikirchen
SELK	Selbständige Evangelisch-Lutherische Kirche	VFG	Verband Evangelischer Freikirchen und Gemeinden in der Schweiz
SEMR	Schweizerischer Evangelischer Missionsrat		
SEV	Slawische Evangeliums Vereinigung (Bibel-Mission)	VKTM	Vereinigte Kamerun- und Tschad-Mission
		VMF	Vereinigte Missionsfreunde
SGUM	Seminar für Gemeindebau und Mission	WBÜ	Wycliff-Bibelübersetzer
SIM	SIM International (Sudan Inland Mission)	WEC	Weltweiter Einsatz für Christus
SMD	Studentenmission in Deutschland	WEF	World Evangelical Fellowship (Weltweite Evangelische Allianz)
SPM	Schweizerische Pfingstmission		
		WEM	West-Europa-Mission
STH	Staatsunabhängige Theologische Hochschule Basel	WZL	Missionswerk „Weg zum Leben"
STM	Schweizerische Traktatmission	YMCA	Young Men's Christian Associations
SZM	Schweizerische Zeltmission	YWCA	Young Women's Christian Associations
Tbb	Taschenbibelbund	ZAM	Zentralafrika-Mission
TC	Teen Challenge		
TDS	Theologisch-Diakonisches Seminar Aarau		
TEAM	The Evangelical Alliance Mission		

Register

Die fettgedruckten Einträge werden
ausführlich behandelt.

A

Aanderud, Daniel 196
Abels, Folkert 340
Abendroth, Christoph von 232
action 365 – ökumenische Basisgrup-
    pen 45
Adams, R. 93
Adoramus-Gemeinschaft 232
Aebi, Ernst 57
Affeld, Burghard 224
Afrika-Inland-Mission 128
Agape Christliche Vereinigung, Salz-
    burg 192
Agape Gemeinschaft München 23f
Agape Internationale Dienste 74f, 77
Agape Österreich 139, 293
Agape Wort Zentrum 24
Aglow 24f
Ahldener Bruderschaft, s. Geistliches
    Rüstzentrum Krelingen
AIMS 25f
**Aktion christliche Gesellschaft
    27f**
Aktion Gute Botschaft 29
Aktion: In jedes Haus 28f, 38, 159,
    342
**Aktionskomitee für verfolgte Chri-
    sten 30**, 47, 73
Alban Arbeit 31
Albietz, Karl 28
Albrecht-Bengel-Haus 38, 89, 316
Allgaier, Wolfgang und Sandra 24
Allgemeine Missions-Gesellschaft s.
    Wort & Tat

Alliance Missionnaire Internationale
    303
Allianz Mission 38
Allianz-Hilfe Schweiz   s. Tear Fund
Alttäufer 325
Amt für Evangelisation und Gemein-
    deaufbau, Sierning 47, 138f, 167
Anskar-Kirche Hamburg 211, 277
Antonietti, Bruno 97
Apostolische Jugendgruppen, Flens-
    burg 295
Aqua viva 280
Arbeitsgemeinschaft Biblische Frauen-
    arbeit (der DEA) 135f
**Arbeitsgemeinschaft Christlicher
    Lebenshilfen 31ff**
**Arbeitsgemeinschaft christlicher
    Plakatmissionen 35**
Arbeitsgemeinschaft der Christenge-
    meinden Deutschlands, s. Bund
    Freikirchlicher Pfingstgemeinden
**Arbeitsgemeinschaft der Evangeli-
    schen Jugend 35f**
Arbeitsgemeinschaft Diakonie (der
    SEA) 140
Arbeitsgemeinschaft Evangelischer
    Einkehrtage 45
**Arbeitsgemeinschaft Evangelikaler
    Gemeinden in Österreich 36f**,
    64, 71, 283
**Arbeitsgemeinschaft Evangelikaler
    Missionen – Deutschland** 19,
    21, **37f**, 136
**Arbeitsgemeinschaft Evangelikaler
    Missionen – Schweiz** 19, **39f**
Arbeitsgemeinschaft Evangelisation
    (der SEA) 140
Arbeitsgemeinschaft evangelischer
    Ärzte der Schweiz 327